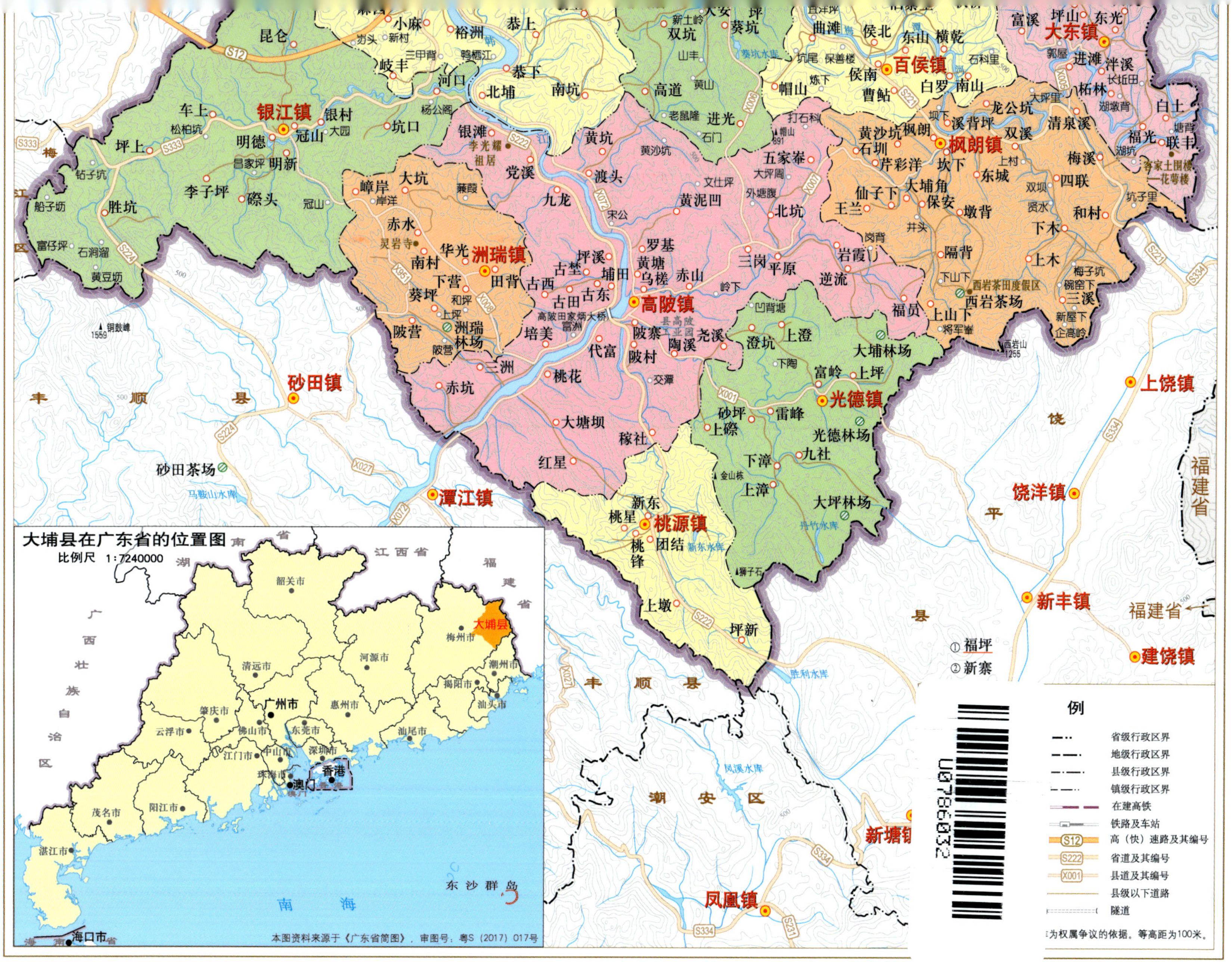

比例尺1：252000 本图资料截止时间为2015年12月 审图号：粤S（2018）08-004号

大埔年鉴

DABU YEARBOOK

2021

大埔年鉴编纂委员会 编

方志出版社
Publishing House of Local Records

图书在版编目（CIP）数据

大埔年鉴．2021/大埔年鉴编纂委员会编．--北京：方志出版社，2021.12

ISBN 978-7-5144-4961-7

Ⅰ．①大…Ⅱ．①大…Ⅲ．①大埔县—2021—年鉴Ⅳ．①Z526.54

中国版本图书馆CIP数据核字（2021）第259119号

大埔年鉴（2021）

编　　者：大埔年鉴编纂委员会
责任编辑：刘方圆

出 版 者：方志出版社
地址　北京市朝阳区潘家园东里9号（国家方志馆4层）
邮编　100021
网址　http://www.zgfzcb.cn

发　　行：方志出版社图书经销中心
电话（010）67110500

经　　销：各地新华书店

印　　刷：梅州程江彩色印刷厂有限公司

开　　本：787×1092　1/16

印　　张：25.625

字　　数：638千字

版　　次：2021年12月第1版　2021年12月第1次印刷

印　　数：0001～1000册

ISBN 978-7-5144-4961-7　**定价**：200.00元

编 辑 说 明

一、《大埔年鉴（2021）》以马克思列宁主义、毛泽东思想、邓小平理论、“三个代表”重要思想、科学发展观、习近平新时代中国特色社会主义思想为指导，坚持辩证唯物主义和历史唯物主义的立场、观点和方法，坚持社会主义先进文化前进方向，着重记载2020年大埔县自然、政治、经济、文化、社会等方面的基本情况，供各级领导、有关单位及社会各界人士了解和研究大埔参考使用，为编修地方史志积累史料，为推动大埔经济社会发展服务。

二、《大埔年鉴（2021）》采用述、记、录、图、表等体裁，以文为主，图文结合。正文内容采用分类编辑法，设篇目、类目、分目、条目四个结构层次，以条目为表现内容的基本形式。为方便阅读，篇目和分目一级的标题配以花边底纹，条目一级的标题统一用黑体字加【 】号表示，并设置了书眉。全书设特辑、大事记、县情概览、政治、经济、教科文卫体、社会生活、镇场简况、人物、附录等10篇。

三、《大埔年鉴（2021）》内容在2020年基础上做了一些调整。“概况”篇改为“县情概览”；“政治”篇“中共大埔县纪律检查委员会”类目改为“大埔县纪委监委”，“社会团体”类目改为“群众团体”，“法治”类目增设“法治政府建设”分目；“教科文卫体”篇取消“教育”类目中的“师资队伍培养培训”分目，增设“民办教育”“队伍建设”分目；“社会生活”篇增设“长寿事业”类目。

四、《大埔年鉴（2021）》资料、稿件由大埔县辖区内有关单位提供。该书所用的统计数字，原则上采用县统计局提供《大埔县统计年鉴（2020年）》的统计数字，有些数字亦采用部门的数据。由于统计口径不一，个别数字可能不尽一致，使用时应以县统计局提供的《大埔县统计年鉴》的数字为准。

五、《大埔年鉴（2021）》设副科级以上供稿单位负责人名录。

大埔年鉴编纂委员会

大埔年鉴编辑部

县歌与县花（红山茶）

大埔县县歌

1=C 4/4
坚定 豪迈 每分钟116拍

蔡国华 词
罗奕欢 曲

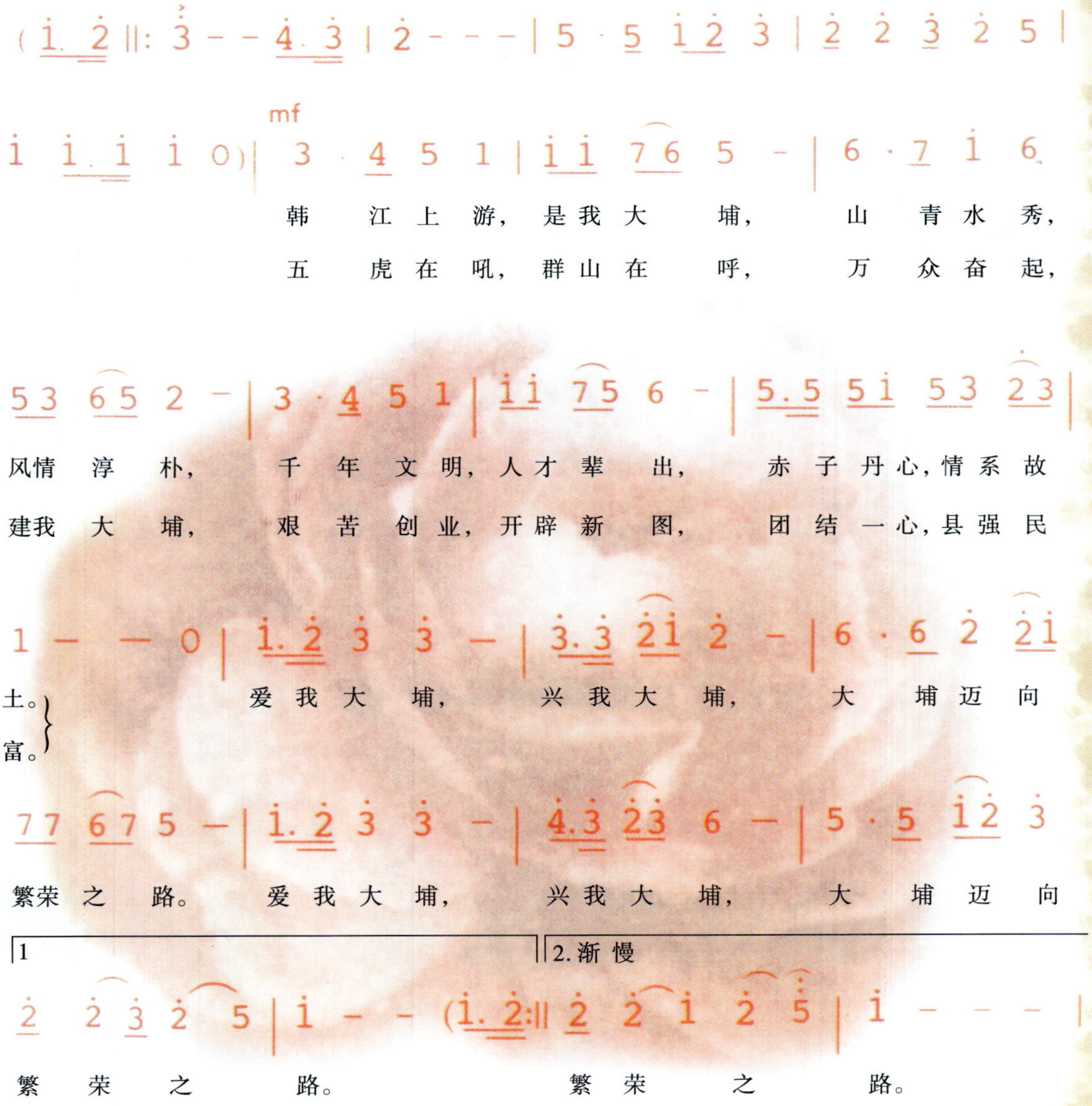

领导关怀

2020年10月20日，广东省委常委、政法委书记张虎（右一）到大埔县调研政法工作（詹军摄）

2020年11月10日，副省长覃伟中（左三）到大埔县调研韩江流域综合治理保护工作（肖华新摄）

领导关怀

2020年12月7日，退役军人事务部党组成员、副部长朱天舒（右二）到大埔县调研退役军人事务建设工作（黎明翔摄）

2020年9月8日，福建省委常委、宣传部部长邢善萍（前排中）带队到大埔县调研中央红色交通线保护利用情况（黄燕琴摄）

领导关怀

2020年9月18日，广东省人大常委会副主任王学成（左三）带领调研组到大埔县调研“传承红色基因，加强岭南革命遗址保护”工作。图为到三河坝战役纪念馆参观调研（梁新唐摄）

2020年11月28—29日，文化和旅游部党组成员王晓峰（前排左三）到大埔县调研文旅工作。图为到三河坝战役纪念园调研（丘胜辉摄）

领导关怀

2020年11月18日，广西壮族自治区政协副主席、党组副书记黄道伟（左三）带领考察组到大埔县参观考察。图为考察组一行在广东省政协原副主席刘日知（左四）等陪同下，到三河坝战役烈士纪念碑参观瞻仰（县政协办提供）

2020年9月4日，省政协原副主席唐国忠（右二）一行到大埔县调研。图为到三河坝战役纪念馆参观（邬向阳摄）

领导关怀

2020年11月1日，中国工程院院士刘仲华（前排左三）一行到大埔县调研。图为到现代农业产业园参观农业大数据中心建设情况（大埔移动公司提供）

2020年10月2日，中国工程院院士邱冠周（中）到大埔县指导工作，对大埔县矿产资源的开发、利用提出专业的意见和建议。图为到大埔县小吃文化城会议室参加座谈会（詹军摄）

领导关怀

2020年9月9日，中宣部文艺局副局长王强（左二），福建省人大常委会原党组副书记、原副主任袁锦贵（右一）一行到大埔县调研红色文化资源保护开发利用工作。图为到三河坝战役纪念碑调研（郭琪琪摄）

2020年6月28日，市委书记陈敏（前排左一）到大埔县茶阳镇调研乡村振兴工作（县委办新闻组提供）

领导关怀

2020年8月22日，市长张爱军（右一）到大埔县调研重点项目规划建设工作。图为到梅州市博富能电池有限公司调研（县委办新闻组提供）

2020年3月17日，市政协主席陈建青（前排右二）到大埔县调研政协委员企业新冠肺炎疫情防控和复工复产工作情况。图为到广东晖祥陶瓷有限公司走访（县政协办提供）

重要会议

2020年1月11日，京津冀埔人联谊暨大埔长寿食品公共品牌发布会在北京华尔顿爱华国际中心举行（黎武强摄）

2020年1月15日，中共大埔县委第十二届委员第九次全体会议在县科技信息大楼一楼会场召开（县委办新闻组提供）

重要会议

2020年3月31日，中共大埔县第十二届纪律检查委员会第五次全体会议在县委、县政府二楼会议室召开（县纪委办提供）

2020年6月6日，大埔县传达贯彻习近平总书记重要讲话精神暨全国“两会”精神专题会议在县科技信息大楼一楼会场召开（梁新唐 摄）

重要会议

2020年6月20—22日，政协大埔县第十四届委员会第五次会议在县影剧院召开（县政协办提供）

2020年6月21—23日，大埔县第十五届人民代表大会第五次会议在县科技信息大楼一楼会场召开（县人大办提供）

重要会议

2020年11月1日，第三届广东茶叶产业大会暨广东（梅州）茶业产品展销会在大埔县开幕（刘招迎摄）

2020年11月2—4日，粤港澳大湾区知识产权交易博览会推进会暨梅州市特色产业知识产权主题研讨会在大埔县召开（刘南军摄）

重要活动

2020年3月9日，大埔县反电诈中心在县公安局揭牌（县公安局提供）

2020年3月24日，“心系疫情 为鄂出发 大埔县扶贫农产品驰援湖北发车仪式”在县城游客服务中心举行（县农业农村局提供）

2020年3月30日，县政协组织部分政协委员专题调研大埔县中小学校线上教育工作情况（县政协办提供）

重要活动

2020年4月7日，大埔县在县科技信息大楼迎接三位支援湖北新冠肺炎疫情防控医护人员顺利归来（县委办新闻组提供）

2020年4月24日，大埔县在县城城区、各镇（场）开展主题为“防疫有我·爱卫同行”“文明健康·有你有我”“美丽梅州·美好家园”环境卫生大清洁的专项行动（县委宣传部提供）

2020年6月8日，大埔县在枫朗镇召开全县乡村振兴现场会（枫朗镇提供）

重要活动

2020年6月18日，“梅州市侨胞侨眷美丽乡村行”活动在大埔县举行（县妇联提供）

2020年6月24日，省市场监管局携手碧桂园集团共建“广东省蜜柚种植标准化示范区”在西河镇漳北村揭幕（县委办新闻组提供）

2020年6月30日，广州市海珠区帮扶大埔县“千企帮千户”行动在枫朗镇启动（县委办新闻组提供）

重要活动

2020年6月30日，梅州媒体践行“四力”落实“走转改”教育活动在大埔县三河坝战役纪念园举行启动仪式（张良知摄）

2020年6月30日，在大埔县三河坝战役纪念园举行全国爱国主义教育示范基地（三河坝战役纪念碑）揭牌仪式（张良知摄）

2020年7月10日，中国移动梅州分公司与大埔县人民政府在县科技信息大楼二楼会议室签署大埔县5G+农业大数据服务项目框架合作协议（大埔移动公司提供）

重要活动

2020年7月28—29日，闽粤赣边三省十县（区）政协第48次联系协作会议在大埔县瑞锦酒店召开（县政协办提供）

2020年8月4日，大埔县在西河镇漳北村举行漳北村打造乡村振兴标杆示范村启动仪式（西河镇提供）

2020年9月3日，广东梅州柚·大埔蜜柚开采节暨产销对接会在大埔县西河镇漳北村举行（黎武强摄）

重要活动

2020年9月12日，世界长寿乡·广东梅州柚·大埔蜜柚广州推介会暨海珠区对口帮扶消费扶贫月活动启动仪式在广州市海珠区举行（张利娜摄）

2020年9月19日，梅州柚子宴暨2020大埔美食旅游季在大埔县西湖公园万人广场启幕（县委办新闻组提供）

2020年9月22日，大埔县在县应急管理局举行大埔县安全生产委员会、大埔县突发事件应急委员会、大埔县减灾委员会、大埔县防汛防风防旱指挥部、大埔县森林防灭火指挥部、大埔县防震抗震救灾指挥部（简称“三委三部”）挂牌揭幕仪式（张利娜摄）

重要活动

2020年9月25日，大埔县在县城文化广场举行大埔县“全民志愿行·美丽迎华诞”志愿服务大行动暨大埔县乡村文明实践志愿服务提升行动启动仪式（县委宣传部提供）

2020年10月20日，大型革命历史题材电视剧《绝密使命》在大埔县大麻镇大埔码头举行开拍仪式（大麻镇提供）

2020年12月24日，广东省韩江高陂水利枢纽工程航运设施迁改工程大麻码头完工验收（大埔航标所提供）

重要活动

2020年12月28日，大埔至潮州高速公路（含大埔至漳州支线）通车仪式在大潮高速公路主线光德服务区举行（詹军摄）

大潮高速公路大麻韩江大桥外貌（大麻镇提供）

大潮高速公路大漳支线枫朗镇清泉溪大桥外貌（县委办新闻组提供）

目　　录

特　　辑

大　事　记

县情概览

政　　治

经　济

教科文卫体

社会生活

镇场简况

人　物

附　录

封面照片：大潮高速公路高陂赤山互通全景（县委办新闻组提供）

特 辑

凝心聚力再出发 砥砺奋进新征程
奋力打造宜居宜业宜游生态县

——中共大埔县委书记朱汉东在县委十二届十一次全会上的报告

（2021 年 1 月 25 日）

这次全会的主要任务是，以习近平新时代中国特色社会主义思想为指导，深入贯彻落实习近平总书记出席深圳经济特区建立 40 周年庆祝大会和视察广东重要讲话、重要指示精神，深入学习贯彻党的十九届五中全会、中央经济工作会议精神，认真落实省委十二届十一次、十二次、十三次全会和市委七届十次全会精神，总结我县 2020 年工作，谋划“十四五”时期我县经济社会发展，审议《中共大埔县委关于制定国民经济和社会发展第十四个五年规划和二〇三五年远景目标的建议》，部署 2021 年工作，奋力打造宜居宜业宜游生态县，开启全面建设社会主义现代化国家伟大征程。

一、2020 年主要工作

2020 年是极不平凡的一年，面对突如其来的新冠肺炎疫情和经济下行压力，县委常委会坚持以习近平新时代中国特色社会主义思想为指导，认真落实党中央决策部署和省委、市委工作要求，统筹推进疫情防控和经济社会发展，推进“六稳”工作，落实“六保”任务，交出了决战脱贫攻坚、决胜全面建成小康社会的大埔答卷。2020 年，全县生产总值 91.1 亿元，同比增长 1.7%；固定资产投资 73.55 亿元，同比增长 2.8%；本级一般公共预算收入 7.15 亿元，同比增长 1.5%。

一年来，坚持政治引领，思想根基持续筑牢。巩固深化“两学一做”学习教育、“不忘初心、牢记使命”主题教育，抓好《习近平谈治国理政》的系统学习，围绕学习贯彻习近平总书记出席深圳经济特区建立40周年庆祝大会和视察广东重要讲话、重要指示精神和党的十九届五中全会精神，开展新一轮“大学习、深调研、真落实”工作，县领导带头开展17个重大课题调研，实现全县科级以上干部学习培训全覆盖，党员干部“四个意识”更加牢固，“四个自信”更加坚定，践行“两个维护”更加坚决。

一年来，坚持担当作为，战疫战贫取得双胜利。始终坚持人民至上，坚决打赢疫情防控阻击战和脱贫攻坚战。一是战疫取得重大胜利。坚决响应习近平总书记的号召，严格按照省委和市委的统一部署，全县一盘棋、全民一条心，党群携手战疫情，实现本地防控“零感染、零扩散、零死亡”，1例输入型确诊病例治愈出院。涌现出黄森昌、邹益香、赖燕萍等一批先进模范代表；西河省际联合检疫检查站被评为广东省抗击新冠肺炎疫情先进集体。全县上下万众一心、共克时艰，与全国人民一起书写了可歌可泣的抗疫史诗。二是脱贫取得重大战果。大力实施产业、就业、消费扶贫，“产业园+龙头企业+贫困户”模式拓宽脱贫奔康路，为贫困户购买防返贫保险实现脱贫“双保险”等经验，得到省市领导充分肯定。全县建档立卡贫困户4805户10478人全部达到脱贫退出标准，57个省定相对贫困村全部达到退出标准，顺利通过省检，位居全市全省前列。

一年来，坚持绿色发展，实体经济持续向好。按照“双统筹”“双胜利”的要求，脚踏实地、克难奋进，经济发展保持平稳增长。一是产业发展提质增效。成立梅州柚都都果业有限公司，发布区域公用品牌“嘟嘟蜜柚”，荣获“2020年度茶业百强县”称号，西岩茶叶、凯达茶业上榜2020中国茶业百强企业。大埔发电厂二期基本完成动工前期工作，签订三大机组采购合同。2020年全县蜜柚、茶叶产值分别为14.4亿元、9.48亿元；规上陶瓷产值14.4亿元，规上电力产值18.5亿元。二是平台建设提档升级。完成省级茶叶现代农业产业园核心区西岩万公顷茶文化产业园，以及省级蜜柚现代农业产业园核心区、大埔蜜柚研究院、院士工作站科研平台、5G+农业大数据平台建设，受到省委叶贞琴常委和农业农村部领导的充分肯定。广州海珠（大埔）产业转移工业园起步区10家入园企业，9家建成投产。县城工业小区三通一平基本完成，鸿富瀚科技有限公司一期项目建成投产。全市首家综合性知识产权服务机构梅州市中兴达知识产权有限公司落户大埔，与嘉应学院签订《战略合作协议》，欣红陶瓷股份有限公司发光陶瓷材料实现量产，全县新增国家级高新技术企业12家（含重新认定8家）、科技型中小企业35家，为产业发展注入新动力、新活力。三是重点项目提速攻坚。121项重点项目全年完成投资77.56亿元，蜜柚康养小镇酒店动工建设，坑口至高陂二级公路、湖寮至枫朗一级公路加快推进，三河坝干部学院主体结构封顶，广东韩江高陂水利枢纽工程下闸蓄水，从此高峡出平湖，九龙展新姿。四是品牌创建亮点纷呈。圆满完成第三届广东茶叶产业大会承办任务。成功创建广东省全域旅游示范区，入选2020年“中国候鸟旅养小城百佳榜”；“三河坝红色主题历史文化游径”上榜第一批广东省历史文化游径名单，红色历史文化乡村游入选第二批省级乡村旅游精品线路，陶瓷文化之旅线路入选广东省级工业旅游精品线路；西河镇入选第二批广东省旅游风情小镇，县博物馆成功晋升为国家二级博物馆，三河中山纪念堂入选全国重点文物保护单位革命文物名录，文旅兴县大放异彩、再创佳绩。

一年来，坚持统筹协调，城乡面貌持续改善。大力推动新型城镇化，不断提升人居环境，城乡面貌日益改善。持续抓好“巩文创卫”和“两美行动”，县城完成大埔大道等十二条道路（一期）和大兴路提升改造工程，拆除虎源路“拦路房”，打通内环东路、文化路、梅潭河堤岭下段“断头路”，啃下“硬骨头”；奥园商业广场建成开放，中央城、山水城、东景城、西湖御景“三旧”改造项目成效明显；荣获“国家卫生县城”称号。高陂镇青花瓷小镇初具雏形；茶阳古镇胜利路、骑楼老街万川路和高福路改造工程，以及邹鲁故居修缮提升工程初现成效；大东镇、银江镇、西河镇等圩镇建设扎实推进，提质扩容步伐加快，人居环境日益改善。西河镇成功创建省级生态宜居美丽乡村示范镇，漳北村入选广东十大美丽乡村，北塘艺术部落入选省休闲农业与乡村旅游示范点，全县 245 个行政村达到干净整洁村标准，其中 123 个行政村达到美丽宜居村标准，枫朗镇红色党建引领绿色发展示范带得到省市领导充分肯定，农村面貌日新月异、越来越美。

一年来，坚持改革开放，发展环境持续优化。紧抓营商环境改革，加快交通路网建设，发展环境提速优化。一是营商环境实现“三个减”。深化“最多跑一次”改革，1428 项业务实现“一次办好”“一窗办结”，在市平台统一办理的 141 项政务服务事项纳入“免证办”，实现“减程序”；大力推进多证合一、证照联办，企业开办全流程压减到 1 个工作日，行政许可事项时限压减率、即办率居全市前列，实现“减时限”；下放 627 项事项到镇级办理，推动审批服务“就近办”，深化高陂镇行政体制改革，镇级政务服务平台可办理服务事项 766 项，实现“减距离”。二是对外通道实现“大联通”。大丰高速进入勘察设计阶段，大埔至潮州港疏港铁路前期工作扎实推进。特别是大潮高速公路（含大漳支线）建成通车，东连厦门、漳州，西通梅县机场、梅汕高铁，南达潮汕机场、汕头港口，缩短了我县与大湾区、海西区的空间距离，逐步实现融湾联海。

一年来，坚持五治融合，治理效能持续提升。纵深推进扫黑除恶专项斗争，深入开展“六清”“六建”行动，被市扫黑除恶领导小组评为“2019 年扫黑除恶先进县”。百侯镇侯南村评为“全国文明村”，西河镇漳北村、百侯镇侯南村成功创建“广东省民主法治示范村”，党建引领“五治融合”基层社会治理工作经验得到省委张虎常委充分肯定，社会和谐有序，人民安居乐业。

一年来，坚持人民至上，民生福祉持续增进。八成以上财政支出用于民生事业，十件民生实事基本完成。虎山中学主楼东西两翼改建、城东实验学校、高陂实验学校扎实推进，西岭实验学校动工建设；虎山中学评为广东省文明校园，虎山中学和张云栽实验小学评为广东省创建全国文明校园先进学校。县人民医院门诊大楼、内儿科楼主体结构封顶，县妇幼保健院综合楼和县慢性病防治院门诊楼投入使用，高陂中心卫生院迁建工程扎实推进；县人民医院成功引进国家级骨科帮扶专家。深入实施“粤菜（客家菜）师傅”“广东技工”“南粤家政”工程，全县城镇新增就业 2050 人，失业率保持 2.4%。落实“免、减、延、缓、保、返”等惠民措施，共减免企业社保费 5781.81 万元，发放各项失业保险 450.96 万元、医疗救助资金 1028.17 万元、特殊困难群众救助资金 9464.48 万元，群众获得感、幸福感进一步增强。

一年来，坚持从严治党，基层建设持续加强。坚定政治立场，贯彻落实新时代党的建设总要求和组织路线，坚决服从省委巡视安排，自觉接受巡视监督；压实意识形态主体责任，确保意识形态绝对安全，县级融媒体中心、新时代文明实践中心建设顺利通过验收；认真落实省委“两个维护”十项制度机制，坚决全面彻底肃清李嘉、万庆良恶劣影响，做到“三个决不允许”。坚持固本强基，完成党的基层组织建设“三年行动计划”，完成全县256个村（社区）支委换届工作；放大“红色村”党建示范效应，成功打造三河湖寮镇“一票通六村”党建发展新模式、枫朗镇红色党建引领绿色发展示范带，基层党组织全面进步、全面过硬。坚持正确选人用人导向，激励党员干部担当作为。坚持党要管党，全面从严治党，全年立案165件165人，给予党纪政务处分154人，挽回经济损失281.25万元，县委十二届巡察任务全面完成，风清气正的政治生态持续巩固提升。

回首过去的一年，奋斗的历程充满艰辛，取得的成就令人欣喜，积累的经验值得铭记。具体来说，就是做到四个始终：一是始终坚持党的领导，坚决维护以习近平同志为核心的党中央一锤定音、定于一尊的权威，增强“四个意识”、坚定“四个自信”、做到“两个维护”，始终沿着正确方向稳步前行。正是因为我们紧跟总书记、党中央的英明决策和省委市委的果断部署，才能推动“双统筹”实现“双胜利”。二是始终坚定制度自信，坚持发挥集中力量办大事的制度优势，全县上下思想上统一认识、政治上团结一心、行动上步调一致，形成共克时艰的磅礴力量。面对来势汹汹的疫情，“天使白”“橄榄绿”“守护蓝”“志愿红”迅速集结，全县上下众志成城，海内外乡贤肩并肩心连心，各行各业共渡难关，为统筹经济社会发展打下坚实基础。三是始终坚持绿色发展，坚决践行“两山”理念，保持战略定力，按照省委、市委赋予大埔的发展定位和任务，坚持生态优先、突出人文引领、推动绿色发展，一张蓝图绘到底，打造梅州康养文旅融合之星迈出新步伐、取得新成效。四是始终坚持人民至上，牢记为人民服务的根本宗旨，不断满足人民对美好生活的向往和追求，切实解决人民群众上学难、就医难、行路难等热点难点问题，打通服务群众“最后一千米”，不断增强人民群众的获得感、幸福感和安全感。

一年来，县人大、县政协，人武部、统战部、工商联、工会、共青团、妇联等单位始终与县委同频共振、同轴共转、同向推进，工作亮点纷呈、成绩可圈可点。特别是在疫情防控和复工复产中各尽所能、各展所长，扛起担当，贡献力量，政治性、先进性、群众性更加彰显。

这些成绩的取得，是总书记思想科学指引，以及党中央和省委、市委坚强领导和关心支持的结果，是全县广大党员干部和56万大埔人民共同努力、团结奋斗的结果，是社会各界及离退休老同志齐心协力、鼎力支持的结果。在此，我代表县委常委会向全县党员干部、人民群众和社会各界人士、港澳同胞、台湾同胞、海外侨胞表示衷心的感谢，并致以崇高的敬意。

二、“十四五”时期面临的形势与任务

当前，“十三五”规划圆满收官，“十四五”规划开局起步。五年来，面对复杂多变的外部环境和经济下行压力持续加大的严峻形势，我们牢记总书记对老区苏区的厚爱和嘱托，牢记省委李希书记对梅州大埔的深情和厚望，坚定信心，感恩奋进。立足国家重点生态功能区定位，精心实施“生态立县、实业富县、文旅兴县”发展思路，坚持生态优先、突出人文引领、推动绿色发展，推动大埔老区苏区振兴发展，为开启全面建设社会主义现代化国家新征程奠定了坚实基础。

一是生态底色更亮了。认真践行“两山”理念，全县林地面积19.72万公顷，森林覆盖率78.99%，连续五年居全省前列、全市前三名；水环境质量全市排名第一，大气质量全市排名第二。成功创建世界长寿乡、阴那山国家森林公园；瑞山和西岩山崈顶湖森林康养基地成为广东省试点示范基地，入选“最美中国旅游县”，大埔大地山美水美人更美。

二是发展基础更实了。“十三五”期间，

地区生产总值年均增长5%，人均生产总值年均增长4.5%，居民人均可支配收入年均增长7.7%，其中农村居民可支配收入年均增长8.2%，高于GDP和城镇居民收入增速。479项重点项目建设扎实推进，累计完成投资376.22亿元。嘉应茶·大埔乌龙茶入选全国名特优新农产品名录，大埔获评“全国柑橘产业30强县”；陶瓷产业基地认定为国家外贸转型升级基地，广州海珠（大埔）产业转移工业园升级为省级产业转移园；大埔发电厂一期建成运营，二期建设扎实推进，绿色产业体系初步形成，经济社会发展稳中求进、奋力前行。

三是交通环境更优了。围绕“对外大联通、对内大循环”总体思路，累计投入112.1亿元，增加公路通车里程720千米，公路密度达到每百平方千米134.3千米，比“十二五”末增长22.1%，以县城为中心的放射状交通路网基本成型。大潮高速（含大漳支线）建成通车，新增高速出口4个，打通连接粤港澳大湾区、海西经济区和沿海经济带的快速通道，从此山不再高、海不再远。

四是城乡面貌更美了。县城“九街一场”和西湖公园、梅河公园提质升级工程全面完成，中央城、碧桂园、奥园广场等优质小区拔地而起，道路宽了、夜景靓了、县城越来越美了。一条高速路、一座工业园、一个青花瓷小镇，让高陂白玉城重现辉煌；一条国道路、一片开发区、一座莲塘桥，让大麻商贸古镇再现活力；一条胜利路、一条微改街、一个金山人文片区，让茶阳千年古镇又焕新颜。百侯、三河等镇发展建设各具特色、各有千秋，“一主三附多点”城镇发展架构正在形成。

五是发展信心更足了。圆满完成首届中国农民丰收节梅州（大埔）分会场活动，成功举办纪念“八一”起义军三河坝战役90周年、招商大会等重大活动，筹集2.2亿元成立县教育发展基金。2019年省委书记李希一个月内两次莅埔调研指导，并在我县召开全省推进老区苏区振兴发展工作现场会。乡村振兴、特色现代农业等得到省委书记李希和主题教育中央第九督导组杜德印组长等领导充分肯定。在红色村创建一系列红色党建品牌，得到省委张义珍常委和省委组织部充分肯定，红色党建引领乡村振兴、产业发展、社会治理，基层基础不断夯实。这一系列工作成效和领导点赞，更加坚定了大埔老区苏区振兴发展的信心决心。

当前，我们正处在一个伟大时代，置身于两个大局之中，正好站在“两个一百年”奋斗目标的历史交汇点上。“时”与“势”前所未有，“危”与“机”叠加共存，“稳”与“进”同等重要。我们要胸怀“两个大局”，把握好“十四五”时期的重大机遇，准确识变、科学应变、主动求变，善于在危机中育先机、于变局中开新局，在全面建设社会主义现代化国家新征程上奋勇前行。

（一）要正确判断当前面临的大变局。一要深刻把握变与不变。我们要深刻认识到国际国内形势正在发生变化，在新冠肺炎疫情全球大流行的背景下，发展不稳定不确定因素明显增多。但是和平与发展的时代主题没有变，我国发展仍然处于重要战略机遇期。党中央布局建设粤港澳大湾区，省委省政府加快构建“一核一带一区”区域发展格局，笃定心志推进“双区”“双城”建设,为我县带来更多的发展机遇、发展政策和发展空间。我们要深刻认识到基本县情没有变，交通基础设施落后、财政收支矛盾突出、民生领域欠账较多、城乡发展不平衡不充分等经济社会发展的突出问题仍然存在。我们要坚定融入“双循环”发展新格局，主动融入“双区”“双城”发展大局，完善现代交通体系和商贸流通体系，从更高水平上推动“三进一出”，紧紧跟上全国全省建设现代化步伐。二要坚定办好自己的事。大发展小困难、小发展大困难、不发展难上难。全县上下必须感恩总书记对老区苏区的长期挂念和关心，落实省委“1+1+9”工作部署和市委“六争六补”工作要求，传承苏区精神，保持苏区风骨，坚定信心决心，集中力量办好事关大埔经济社会发展的大事要事，在推动老区苏区振兴发展中展现新担当新作为。

（二）要明确中长期和远景规划新目标。党的十九届五中全会对“十四五”规划和到2035年的远景目标作出统筹谋划，省委十二届十二次、十三次全会和市委七届十次全会作出了全面部署，描绘了广东和梅州“十四五”发展新蓝图，我们必须认真学习贯彻，并落实到大埔的各项工作之中。

——经过五年努力，到2025年全县综合实力实现新跨越，城乡融合呈现新局面，改革开放取得新突破，治理效能得到新提升，民生福祉跃上新水平，实现美丽与发展共赢。

——争取到2035年，全县综合实力将大幅跃升，生态优势更加凸显，特色经济体系基本建成，改革开放迈出坚实步伐，民生福祉改善更有温度，人均主要经济指标更加接近全国平均水平，基本实现社会主义现代化远景目标。

全县上下要围绕发展目标和重点任务，坚定不移将创新、协调、绿色、开放、共享新发展理念贯穿于全过程、各领域，紧紧把握“12341”原则，努力实现大埔中长期和远景规划目标。一要坚守一个定位。始终坚持国家重点生态功能区定位，坚定不移走好绿色发展之路。二要突出两项重点。统筹推进高质量发展和基层社会治理现代化，打造共建共治共享社会治理格局。三要搞好三个基建。持续扩大有效投资，着力在5G基站网络、大数据中心、云计算、工业互联网、人工智能研发等新基建上谋篇布局，在仓储、水电燃气、水利、环保等老基建上强弱补短，在铁路、公路、机场等大基建上久久用功。四要发展四新经济。坚持创新驱动发展，在引进科创人才、建强科创平台、做大科创产业上下功夫，加大力度引进、培育、扶持新产业、新技术、新模式、新业态，让“四新”经济成为推动大埔高质量发展的核心力量。五要抓好一个统筹。坚持统筹发展和安全，坚决维护国家政治、经济安全和社会稳定；更加重视法治建设，打造更高水平的平安大埔法治大埔。

（三）要准确把握当前发展新格局。大埔作为边远山区，必须破除“内陆思维”，围绕广东打造新发展格局的战略支点，找准大埔定位，主动接受支点辐射，主动服务支点建设，主动参与“双循环”。一要在交通互联上见成效。以融入湾区“123”交通圈为目标，加快推动大丰高速、大埔至潮州港疏港铁路等项目建设，争取平蕉大高速、梅漳高铁等项目列入专项规划，打造“井”字形高速路网和更加完善的融湾联海交通网络。二要在产业互动上求发展。以大埔所长湾区所需为导向，积极对接粤港澳大湾区科创走廊，着眼新技术、新领域，承接湾区产业外溢辐射，参与区域产业分工；推动陶瓷、农业等传统产业，主动融入“双区”产业链，从完善产业链向融入湾区产业创新链、价值链转变。三要在市场互融上下功夫。牢牢抓住扩大内需战略基点，立足“搞活大流通、对接大市场”，深化与顺丰速运等物流公司战略合作，加强“梅州柚·大埔蜜柚”“嘉应茶·大埔乌龙茶”“寿乡水”“青花瓷”等优质产品品牌体系和流通体系建设，让更多的大埔产品进入国内国际双循环供应链。

三、2021年工作安排

今年是“十四五”规划的开局之年，也是中国共产党成立100周年，做好今年的各项工作意义重大。今年工作的总体要求是，以习近平新时代中国特色社会主义思想为指导，全面贯彻党的十九大和十九届二中、三中、四中、五中全会以及中央经济工作会议精神，围绕总书记赋予广东在全面建设社会主义现代化国家新征程中走在全国前列、创造新的辉煌的使命任务，按照省委十二届十一次、十二次、十三次全会和市委七届十次全会的部署要求，认真落实省委“1+1+9”工作部署和市委“六争六补”工作要求，坚持稳中求进工作总基调，立足新发展阶段，贯彻新发展理念，参与打造新发展格局战略支点，以推动高质量发展为主题，以深化供给侧结构性改革为主线，以改革创新为根本动力，以满足人民日益增长的美好生活需要为根本目的，坚持系统观念，巩固拓展疫情防控和经济社会发展成果，更好统筹发展和安全，扎实做好“六稳”工作，全面落实“六保”任务，深入实施“生态立县、实业富县、文旅兴县”发展思路及“456”具体举措，坚持生态优先，突出人文引领，推动绿色发展，打造梅州康养文旅融合之星，建设宜居宜业宜游生态县，确保“十四五”开好局、起好步，以优异成绩庆祝建党100周年。

在深调研的基础上，经县委常委会研究，今年发展的主要目标是全县地区生产总值增长5%，一般公共预算收入增长5%，全体居民可支配收入增速与经济增长基本同步。我们要同心同德、努力奋斗，确保全面完成任务，力争完成得更好。着重抓好以下八项工作。

（一）要用更强担当守护绿水青山。绿色是大埔发展最亮的底色。要立足国家重点生态功能区定位，让绿色优势更优质。一要让绿色家底更加厚实。构建“三线一单”分区管控体系，持续打好污染防治攻坚战，深入开展蓝天、碧水、净土保卫战。落实林长制，深入实施“绿满梅州”行动，积极推进建设广东南岭国家公园辐射区大埔段，大力推动“高质量水源涵养林”“碳普惠”项目和碳排放交易，全力创建县级国家森林城市。严格保护饮用水源地，加大城乡污水治理力度，积极推进垃圾分类处理，确保国考省考断面水质稳定达标。落实河长制，加强韩江流域水质保护，实施茶阳防洪堤治理工程，加快推动韩江治理工程（大埔段）和梅潭河（三河至湖寮段）、漳溪河、汀江青溪段等碧道工程建设，确保江河安澜、秀水长清。二要让绿色释放更多红利。坚决践行“两山”理念，充分发挥“世界长寿乡”品牌效应，主动对接省支持北部生态发展区生态补偿和产业引导实施意见，推动生态产业化、产业生态化。探索推行“长寿+”模式，规划建设世界长寿博物馆、长寿食品产业园，举办长寿讲坛。大力推广“健康+”模式，促进健康与养老、旅游、健身休闲、食品等产业融合，抓好中医健康养生产业园建设，力争蜜柚康养小镇进入“千企千镇”国家项目库，努力构建康养产业发展示范区。

（二）要用更实举措推动高质量发展。深入实施创新驱动发展战略，推动动能转换、经济转型，力促发展“换道超车”。一要坚持创新增动能。加强创新主体培育，支持欣红、通美、顺兴等企业发展新技术，支持吉玉、欣红等企业合并上市，组建创新联合体，带动科技型中小企业创新发展。加大创新人才支撑，深入落实“省科创12条”“市科创20条”和《大埔县加快人才发展的实施意见》等政策，编制急需紧缺人才名录，对接“珠江人才计划”“广东特支计划”“扬帆计划”，大力引进和培育高层次科技人才、实用型技能人才、产业创新型人才。加快创新体系建设，深化县校战略合作，加强与中国农科院、省科学院、嘉应学院等科研院校在陶瓷、农业等领域开展“产学研”攻关，力争共性技术、关键技术取得突破；充分发挥省知识产权保护中心大埔服务站作用，建强用好院士工作站、蜜柚研究院、光电研究所等公共研发平台，争取建立省级研发平台和产业创新中心，辐射带动全县产业创新升级。二要坚持集群壮产业。聚焦五大产业，坚持龙头带动，加快构建绿色产业体系。实施“品种、品牌、品质”提升工程，大力发展农产品精深加工业，积极创建油茶省级现代农业产业园，推动蜜柚、茶叶产业园争创国家级现代农业产业园。加快广州海珠（大埔）产业转移工业园创建省级高新区步伐；积极探索“园中园”发展模式，力促德达智慧陶瓷产业园年内建成投产，推动陶瓷产业向新材料、新技术转型升级；完善县城工业小区基础设施建设，确保卓粤、旭平等企业建成投产，鸿富瀚科技有限公司增资扩产。主动融入梅江韩江绿色健康文化旅游产业带，以“大埔客厅”为龙头，辐射带动文化旅游产业加快发展，确保6月底前完成梅潭河（五丰段）碧道建设，争取6月底前建成红色苏区旅游接待中心，力争张弼士故居旅游区评定为国家AAAA级旅游景区；结合乡村振兴，规划建设“九龙湖”周边环境和公共设施，打造“韩江画廊”，全力创建国家全域旅游示范区。三要坚持联动促开放。立足粤东北交通区位，把大埔置身于全国、全省发展大局，敢于打破思维定式，勇于打破地域限制，畅通交通体系、物流体系、供应体系，打造联通粤北、闽西、赣南桥头堡。面向“双区”“双城”和沿海经济带、粤闽边城市群，以赤山园区为平台打造闽粤经济合作区（大埔园区），实现山海联动发展，构建更高水平的对外开放新格局。

（三）要用更大魄力推进深化改革。坚持向改革要动力，向机制要活力。一要激发改革原动力。坚持问题导向，对照“双区”“双城”，深入查找体制机制、服务管理等差距，突破制约我县改革发展的传统观念、习惯做法和路径依赖，深挖问题根源，破解疑难问题，把解放思想转化为克难攻坚实际行动。深入推进投融资体制改革，积极采用多元化市场融资方式，做好“放水养鱼”“疏浚通渠”和“借鸡生蛋”文章，助力“十四五”时期重点项目投资建设，以财政小投入撬动社会大投资。二要做优营商软环境。坚持服务导向，持续深化“放管服”改革，加大“粤省事”“粤商通”“粤政易”推广应用，学习广州、深圳“一网通办”“一网通管”的经验，打造政务服务大埔品牌。积极推行“企业吹哨、部门报到”工作机制，着力破解审批手续多、落地难问题。实行审批部门股室负责人竞岗交流、跨部门交流和下派锻炼制度，坚决打通政务服务“中梗阻”。

（四）要用更大力度打牢基础支撑。坚持集中力量大抓项目、抓大项目，为高质量发展筑牢“四梁八柱”。一要着眼全局谋划项目。抢抓国家“两新一重”和省市扶持政策机遇，聚焦交通水利基础设施、产业发展平台、红色资源保护利用、民生保障等领域，重点抓好总投资1757.85亿元、“十四五”期间计划投资1256.64亿元的300项重大项目，争取更多的项目进入国家和省市项目库。二要精准对接招引项目。聚焦陶瓷新材料、农产品深加工和新技术、新产业，引进一批产业链关键环节、核心企业、上下游配套企业。深入推动乡贤回乡投资兴业工程，瞄准龙头企业、上市公司，聚力招引“大而强”项目、“新而特”产业，不断培育新的经济增长点。三要加大力度推动项目。推进建设104项总投资474.04亿元、年度投资84.9亿元的重点项目。确保大埔发电厂二期6月底前动工，韩江高陂水利枢纽工程3月底前首台机组发电；力争大丰高速年内动工建设，大埔至潮州港疏港铁路完成动工前期工作。加快推进平蕉大高速、梅漳厦高铁、梅坎铁路扩能改造等项目规划建设，为“十四五”时期高质量发展蓄势赋能。

（五）要用更大功夫推动乡村振兴。把

推进乡村振兴作为“三农”工作重心，做好巩固拓展脱贫攻坚成果与乡村振兴有效衔接，力争走在全市前列。以农业高质高效、乡村宜居宜业、农民富裕富足为目标，落实“五大行动+一套机制”，掀起“互学互比”乡村建设行动热潮。因地制宜发展“一村一品”“一镇一业”，打响一批“埔字号”品牌。强化县域统筹、镇域集聚、系统整治，持续推进美丽细胞和回乡联村工程，实施农村人居环境整治提升五年行动，以农房管控“小切口”带动乡村风貌“大变化”，促进农村环境从干净整洁向美丽宜居迈进。围绕“一村一亮点、一镇一示范”，推行“10+5”竞选机制，打造一批示范村，加快推进东部以百侯为中心的客家人文示范区，南部以高陂为中心的韩江人文生态瓷乡示范区，西部以三河为中心的红色引领乡村振兴示范区，北部以茶阳为中心的生态功能保护示范区建设；加大力度推进高陂桃源“人居环境+陶瓷”、三河湖寮“红色+研学点”示范片、省际边界风貌示范带，打造乡村振兴新标杆，做到“点上出彩、线上精彩、面上多姿多彩”。

（六）要用更高品位建设美丽城镇。坚持“软硬”兼施，建设各美其美、美美与共的美丽城镇。一要以文明创建为引领，打造客家人文秀区。启动新一轮全国文明城市创建工作，统筹推进“五大文明创建”活动，大力弘扬优秀客家文化和红色革命文化。加强非物质文化遗产、名人名居、革命旧址等文化资源保护开发利用，确保5月20日邹鲁故居椿森第和老县委办公楼完成修缮重新开放、张弼士博物馆和田家炳爱国主义教育基地建成开放，打造大埔文化特色IP品牌。二要以提质扩容为重点，打造山水品质之城。实施旧城改造、街区微改造、道路改造、新区建设“三改一建”工程。加快推进中央城、山水城、东景城等“三旧”改造，以及财政小区等8个老旧小区改造。用绣花功夫做好老旧街道、背街小巷微更新、微治理、微改造，因地制宜建设袖珍公园、文化街区。加快推进大埔大道等十二条市政路（二期）、北环路等改造提升工程，积极推动县城过境公路（三期）、工业小区大道建设，打通断头路，拓宽瓶颈路，提升老旧路。高标准规划建设高圳甲子口新区、万川休闲康养新城，完善璜腾坑文化旅游商贸区、内环东路综合市场等功能配套，抓好第二自来水厂、第二水质净化厂等基础设施建设，谋划建设群众文体中心，把县城打造成为更加名副其实的最美小城。三要以产城融合为抓手，打造生态宜居小镇。围绕“一主三附多点”城镇发展格局，集中优势资源，每年统筹财政资金1500万元，通过PK方式选定1个镇（场），打造特色示范圩镇。加快推进高陂青花瓷小镇建设，统筹抓好三河红色小城镇、百侯和茶阳历史文化小城镇规划建设，打造生态宜居的美丽圩镇。

（七）要用更高标准保障民生福祉。坚持以人民为中心，继续办好十项民生实事，用小财政办好大民生。坚持办好人民满意教育，实施名师、名校长、名校工程，发挥教育发展基金激励效应，“内培外引”相结合，聘请名校长、名教师，建好办强西岭实验学校，并积极争创省一级示范学校；全面完成虎山中学主楼东西两翼、高陂实验学校、城东实验学校（二期）建设，推进教育优质均衡发展和城乡一体化。全力创建省卫生强县，加快推进县人民医院二期工程、高陂中心卫生院迁建工程、县妇幼保健院升级改造工程等项目建设；主动对接省政府县级医院综合能力提升行动，实施“创名院、建名科、树名医”品牌战略，吸引更多医疗专科人才，打造省市临床重点专科，推动县人民医院创建三甲医院。深入实施“粤菜（客家菜）师傅”“广东技工”“南粤家政”工程，以及“农村电商”“乡村工匠”“高素质农民培育”工程，加快建设大埔小吃线上平台，争取城镇新增就业2000人，城镇失业人员再就业1800人，城镇登记失业率控制在3.0%以内。落实养老保险、医疗保险、失业和工伤保险、社会救助制度，全县基本养老保险覆盖率达到85%，基本医疗保险参保率稳定在98%以上。做好退役军人服务保障工作，完善安全生产、食品药品安全等应急管理体系，健全重大疫情防控体系，提高防灾减灾抗灾救灾能力。

（八）要用更严要求抓好疫情防控。做好今年的经济社会发展工作，必须把常态化疫情防控作为前提条件。坚决担起疫情防控政治责任，坚决克服麻痹思想，慎始如终、全力以赴抓好常态化疫情防控工作。坚持外防输入、人物同防，结合疫情防控新形势新变化，不断完善防控预案，加强应急物资储备和核酸检测能力。坚持依法防控、科学防控、联防联控，强化重点场所、重点人群、重点行业管控，把基层社区和农村地区作为疫情防控重中之重，强化网格化管理和滚动式摸排，确保防控不松懈、疫情不反弹、发展不停步。

四、全面加强党的建设

坚定不移加强党的全面领导和党的建设，为“十四五”开好局提供坚强政治保证和组织保证。

（一）要持续强化政治建设。坚决把党的政治建设摆在首位、贯穿始终，提高党员干部的政治判断力、领悟力、执行力。持续坚决全面彻底肃清李嘉、万庆良恶劣影响，牢记“五个必须”，杜绝“七个有之”，进一步增强“四个意识”、坚定“四个自信”、做到“两个维护”。深入开展“大学习、深调研、真落实”工作，始终把学习贯彻习近平新时代中国特色社会主义思想作为首要任务，持续巩固“不忘初心、牢记使命”主题教育成果，教育引导广大党员干部坚定理想信念，践行初心使命。

（二）要加强党的全面领导。从制度机制上落实党委领导经济社会发展职责，定期听取县人大、县政府、县政协、县法院、县检察院党组的工作情况；支持人大、政协依法依规履行职责，加强群团工作领导，增强各级党组织的执行力。深化“三好一正”工程，坚持党管宣传、党管意识形态、党管武装、党管民族宗教事务，在大是大非面前态度鲜明、立场坚定。举一反三抓好省委巡视反馈意见整改工作，做到事事有回音、件件有落实。严格执行省委“两个维护”十项制度机制，坚决按照总书记的重要指示要求办事，党中央提倡的坚决响应、党中央决定的坚决执行、党中央禁止的坚决不做，切实把坚决维护党中央权威和集中统一领导落到大埔工作的各方面、全过程。

（三）要打牢务实基层基础。全面落实省委新一轮加强基层党组织建设三年行动计划，扩大基层党的组织覆盖和工作覆盖，推动基层党组织全面进步全面过硬。深入实施“头雁”工程和南粤党员先锋工程，探索党建引领乡村产业振兴和乡村建设行动融合机制，推动实现“一镇一品牌、一村一特色”。发挥红色资源优势，打造“红色大讲堂”，积极谋划建党100周年“七个一”系列活动，确保三河坝干部学院7月1日前建成运营，向建党100周年献礼。坚持项目化推进市域社会治理现代化试点工作，放大“红色村”示范效应，以红色党建为引领，走好“党建领治、村民自治、乡村善治”之路。深化法治建设“三级同创”，加强政法队伍教育整顿，认真贯彻实施《民法典》，推动扫黑除恶常态化制度化，建设更高水平的平安大埔。

（四）要激励干部担当作为。事业起于担当，成就源于尽责。要激发担当干事的锐气，落实好新时期好干部标准，突出政治第一，谋划做好县、镇、村换届工作。坚持正确选人用人导向，健全绩效激励与效能监察机制，不断提升党员干部“八项本领”“七个能力”，营造“只要想干就有舞台”的干事创业氛围。要提高担当干事的底气，完善干部选、育、管、用全链条机制，定期选派优秀干部到重要岗位、重点项目一线锻炼；严格落实“三个区分开来”，坚持严管和厚爱相结合,健全容错纠错机制，理直气壮为担当者担当、为负责者负责、为干事者撑腰。

（五）要坚持正风肃纪反腐。坚持严的主基调，严格落实中央八项规定精神及其实施细则，持之以恒纠治“四风”，坚决破除形式主义、官僚主义，持续为基层松绑减负。坚持以案说纪，加强廉洁文化和家风建设，引导党员干部修身律己、廉洁齐家。坚持监督和纪律挺在前，深化运用“四种形态”，用好监督执纪“七个看”和问责“六字诀”。严惩生态环保、民生保障、涉农等重点领域腐败问题，坚持无禁区、全覆盖、零容忍，保持高压态势，一体推进不敢腐不能腐不想腐。

政府工作报告

——大埔县人民政府县长熊锋松在大埔县第十五届人民代表大会第六次会议上的报告

2021 年 2 月 4 日

2020 年主要工作和“十三五”发展回顾

2020 年是极不平凡的一年。面对突如其来的新冠肺炎疫情和艰巨繁重的改革发展稳定任务，我们坚持以习近平新时代中国特色社会主义思想为指导，在省委、省政府、市委、市政府和县委的坚强领导下，在县人大、县政协的监督支持下，科学统筹疫情防控和经济社会发展，深入实施“生态立县、实业富县、文旅兴县”发展思路，坚持生态优先，突出人文引领，推动绿色发展，扎实做好“六稳”“六保”工作，决胜全面建成小康社会取得决定性成就。全县生产总值 91.1 亿元，固定资产投资 73.55 亿元，本级一般公共预算收入 7.15 亿元，分别同比增长 1.7%、2.8%和 1.5%，增速分别排在全市第五、第四和第四。

——精准施策强推进，“三大攻坚”成效显著。全体居民人均可支配收入突破 2 万元，达到 20625 元。如期完成新时代脱贫攻坚目标任务，累计筹集扶贫资金 6.86 亿元，实施到村项目 3100 多个、到户项目 21 万多个，全县建档立卡贫困户 4805 户、贫困人口 10478 人全部达到脱贫标准，57 个省定相对贫困村均达到退出标准，全面小康胜利在望。消费扶贫深入开展,20 家企业 80 个农产品进入省扶贫产品信息名录，实现销售收入 2.02 亿元。持续推进污染防治，国考断面水质达标率、省考断面水质优良率均达100%，县城空气质量优良率99.7%，水环境质量、大气质量分别排在全市第一和第二。国家生态功能区考核取得较好成绩，获得中央奖补资金1.9亿元。落实总体国家安全观，重点领域风险有效防控，政府全年无新增隐性债务，金融秩序保持稳定。

——聚焦聚力稳增长，实体经济提质增效。新冠肺炎疫情发生后，我们坚决响应习近平总书记和党中央号召，始终坚持人民至上、生命至上，全县动员、全民行动，迅速构筑起抗击疫情的坚固防线，唯一一例外省输入型确诊病例经过16天治疗康复出院，实现本地防控“零感染、零扩散、零死亡”。我们坚持一手抓疫情防控、一手抓经济社会发展，努力夺取“双统筹、双胜利”，及时出台实施17条措施支持企业复工复产，3月初规上工业企业全面复工，新增减免税费1.42亿元、降低社保费8781万元、延期还本付息2.49亿元。广州海珠（大埔）产业转移工业园5家企业建成新生产线，建成10家展销展示中心、2家创新孵化中心，高陂镇青花瓷小镇初具雏形。县城工业小区入园企业5家，其中鸿富瀚全年产值4100万元，实现当年建设、当年投产、当年上规；旭平首饰建成4栋厂房，预计春节后可正式投产。博富能公司实现逆势增长，全年产值达2.27亿元、同比增长30%。引进梅州市博钺电子有限公司落户大麻镇，有效解决高陂水利枢纽工程移民就业问题。大埔电厂实现产值16.47亿元，二期工程征地拆迁基本完成并签订了三大机组采购合同。启动赤山园区规划建设工作，初步确定了选址。投入4.7亿元完成省级蜜柚、茶叶现代农业产业园核心区建设，建成大埔蜜柚研究院、院士工作站科研平台，完成西岩山万公顷茶文化产业园建设。成功承办第三届广东茶叶产业大会。投入2200万元建成全市唯一的5G+农业大数据平台，在全省茶叶产业大会和2020世界数字农业大会参展期间得到省委、省政府和农业农村部领导的好评。大埔入选省农业科技园区建设名单，获得“2020中国茶业百强县”称号，西岩茶叶、凯达茶业上榜2020中国茶业百强企业。顺兴、万川千红2家蜜柚企业产品获得出口美国市场认证。梅州柚·大埔蜜柚获“欧盟认证”，正式受到欧盟协定保护。与顺丰集团丰农科技联合成立梅州柚都都果业有限公司，区域公用品牌“嘟嘟蜜柚”初具影响力。动工建设蜜柚康养小镇酒店，完成长寿文化馆建设。成功创建省级全域旅游示范区，新增国家AAA级旅游景区2家。三河坝红色主题历史文化游径入选省历史文化游径名单，陶瓷文化之旅线路入选省级工业旅游精品线路。

——破难攻坚补短板，发展基础更加坚实。全力以赴推进总投资399.32亿元、年度投资计划96.44亿元的121项重点项目建设，全年完成投资77.56亿元。大潮高速（含大漳支线）建成通车，进一步拉近了与潮汕揭和厦漳泉的时空距离。大丰高速进入勘察设计阶段，大埔至潮州港疏港铁路前期工作扎实推进。完成高陂赤山至留田段过境公路一期、三河至松口、茶阳至三河、西河北塘至纯德、根子栋至光德、大麻坑尾至裕洲、枫朗隔背至崁顶湖等路面改造工程和密坑大桥建设，完成“四好农村路”建设225千米，县城过境公路二期基本完成。省道S221线湖寮至枫朗段、S222线坑口至高陂段、高陂水利枢纽工程库周公路改建、莲塘大桥等项目建设扎实推进。三河坝干部学院主体工程全面封顶。高陂水利枢纽工程全面完成809.2公顷土地、701座房屋的征拆，如期下闸蓄水，实现无上访、无阻工、无障碍。第二自来水厂正式动工，完成富溪水等3宗28.12千米中小河流治理工程，梅潭河三河至湖寮段等碧道建设扎实推进。集中精力、破难攻坚，顺利解决了新诚基五丰稀土矿扩界、县城工业小区山林纠纷等问题，征拆了张云栽实验小学路口2栋旧房、岭下堤水路1座老屋，新争取建设用地指标119.3公顷、新征土地135公顷，有力保障了重点项目顺利实施。

——坚持不懈优环境，城乡发展出新出彩。成功创建国家卫生县城。打通县城内环东路、梅潭河堤岭下段和文化路延伸段，完成大埔大道一期、大兴路、黎家坪河堤路提升改造，县城垃圾填埋场除险加固全面完成，县城第二水质净化厂建设扎实推进。奥园商业综合体建成开业。西河镇“十村联动”、大麻镇“六村共同缔造”等示范片取得新进展，成功打造枫朗红色党建引领绿色发展示范带。深入开展“两美”行动和“三清三拆三整治”回头看，245个行政村达到干净整洁村标准，其中123个行政村达到美丽宜居村标准。新增“一村一品、一镇一业”项目22个，建设了15个联村兴业富民服务中心。西河镇漳北村获评“广东十大美丽乡村”。建成高标准农田1033.3公顷，完成水田垦造377.3公顷。拆旧复垦累计交易面积56.8公顷，获得交易资金3.8亿元。粮食作物播种面积稳定在7200公顷以上，生猪存栏出栏水平加快恢复。

——坚定不移激活力，改革创新深入推进。深化“放管服”改革，141项政务服务事项实现“免证办”，行政许可事项时限压减率93.9%，即办率96.6%，下放627项事项至镇级、63项至村级办理。工程建设项目审批实现全流程“一个窗口”“一站式”服务，不动产登记全面提速。“数字政府”改革建设扎实推进，167项可查询事项进驻“粤省事·梅州”。实施创新驱动战略和知识产权强县工程，新增国家级高新技术企业12家、科技型中小企业35家，专利申请量达449件。成功引进全市首家综合性知识产权服务机构梅州市中兴达知识产权有限公司，成功承办2020粤港澳大湾区知识产权交易博览会推进会暨梅州市特色产业知识产权主题研讨会，挂牌成立全省首个县级知识产权保护中心服务站。

——倾心倾力惠民生，社会事业全面进步。全县八成以上财政支出用于民生领域，十件民生实事基本完成。虎山中学老校区主楼东西两翼改建和城东实验学校、高陂实验学校建设加快，动工建设西岭实验学校。县人民医院门诊大楼、内儿科楼主体结构全面封顶，县妇幼保健院公共卫生业务用房综合楼、县慢性病防治院门诊楼、光德卫生院迁建工程和大东、洲瑞卫生院保障房建成投入使用，高陂中心卫生院迁建工程宿舍楼封顶、住院大楼和综合楼建设有序推进。全年新登记市场主体3574户，同比增长53%；城镇新增就业2050人，城镇登记失业率2.4%。平安之乡先行地建设成效明显，扫黑除恶纵深推进，社会持续和谐稳定。百侯侯南村评为“全国文明村”，西河漳北村、百侯侯南村成功创建省民主法治示范村。中国红色政权首个公安局——大埔县工农革命政府公安局历史陈列馆开馆。县博物馆晋升为国家二级博物馆。完成第七次全国人口普查登记工作。县档案馆新馆、气象综合探测基地建成投入使用。安全生产、食品药品安全形势持续稳定。

——从严从实强自身，服务能力持续提升。坚持把政治建设摆在首位，深入学习贯彻党的十九届五中全会、《习近平谈治国理政》以及习近平总书记重要讲话、重要指示批示精神，认真落实省委“两个维护”十项制度机制，坚决全面彻底肃清李嘉、万庆良恶劣影响，“四个意识”更加牢固，“四个自信”更加坚定，“两个维护”更加坚决。坚持向县委、县人大及其常委会报告工作，向县政协通报情况，全年共办理人大代表建议27件、政协委员提案38件，办复率和满意率均为100%。巩固深化主题教育成果，强化党风廉政建设，严格落实中央八项规定精神，驰而不息纠治“四风”。自觉接受省委巡视监督，立行立改、即知即改巡视发现指出的问题。加强审计监督和整改，严格预算管理制度。积极创建模范机关，涌现出一批抗疫先进、劳动模范等典型。

各位代表，2020年各项目标任务顺利完成，“十三五”规划胜利收官。时间丈量着发展的进度，也标示出攀登的高度。“十三五”时期是全县上下开拓进取、跨越赶超的五年，是外在影响力、美誉度不断扩大的五年，是县域实力加速提升、群众获得感明显增强的五年。五年来，我们始终坚持以习近平新时代中国特色社会主义思想为指导，积极应对各种挑战，努力破解发展难题，基本完成“十三五”规划确定的各项目标任务。

这五年，综合实力稳步提升。2020年全县生产总值91.1亿元、人均生产总值23601元，分别是“十二五”末（2015年，下同）的1.29倍、1.26倍，年均分别增长5.3%和4.8%。固定资产投资、规上工业增加值、社会消费品零售总额分别是“十二五”末的1.35倍、1.31倍和1.25倍，年均分别增长6.2%、5.6%和4.6%。本级一般公共预算收入质量不断提高。放大全省推进老区苏区振兴发展工作现场会在我县召开的效应，积极向上争取政策资金支持，“十三五”期间获得中央和省转移支付资金149亿元、各类政府债券资金25.4亿元。

这五年，三次产业协调发展。三次产业结构由“十二五”末的25：25：50调整为30：20：50。新增省级现代农业产业园2个、省级农业科技园区1个、院士工作站1个、“新三板”挂牌企业2家。广州海珠（大埔）产业转移工业园升级为省级产业转移园，入园企业30家，其中“上规”16家；县城工业小区成功享受省级产业转移政策。实施技改项目85个，16家企业申报技改扶持资金4474万元。陶瓷产业基地认定为全市首个国家外贸转型升级基地，高陂陶瓷文化创意产业园成功申报为省级文化产业示范园区。新增国家高新技术企业25家、省级以上“星创天地”5家、省现代农业科技创新中心1家。圆满完成首届中国农民丰收节梅州（大埔）分会场等系列活动。大埔获评“全国重点产茶县”“全国柑橘产业30强县”“中国最美茶乡”，嘉应茶·大埔乌龙茶入选全国名特优新农产品名录、获得国家农产品地理标志登记保护，梅州柚·大埔蜜柚入选中欧地理标志、获评“中国气候生态优品”，北塘村入选首批全国乡村旅游重点村。文旅兴县取得显著成效、大放异彩，全县AAAA级景区达到2个、AAA级景区9个，获得国家级荣誉15项、省级荣誉17项。

这五年，发展环境不断改善。“十三五”期间，扎实推动479项重点项目建设，累计完成投资376.22亿元。完成交通投资112.1亿元，比“十二五”翻一番。全县公路通车总里程达到3455千米，五年增加720千米，公路密度达到每百平方千米134.3千米，比“十二五”末增长22.1%。大潮高速公路（含大漳支线）建成通车，新改建、改造国省道170.3千米，100人以上自然村通达公路624千米，完成357条1835千米县乡道生命防护工程，新建大桥5座、改造危桥12座。投入11.75亿元推进水利基础设施建设，完成17宗131.5千米中小河流治理和79宗村村通自来水、83宗人居环境集中供水工程。完成电网投资5.8亿元。

这五年，城乡面貌深刻变化。实施城市更新“微改造”，县城建成区面积8.5平方千米，比“十二五”末增长16.4%。全县常住人口城镇化率48.2%，比“十二五”末提高2.6个百分点。实施“三旧”改造项目5个，提升改造县城28条16.77千米市政道路。

圩镇建设扎实推进，百侯镇、西河镇入选“广东旅游风情小镇”。深入实施乡村振兴战略，“三清三拆三整治”成效明显，农村基础设施和公共服务水平全面提升。深入推进农村“厕所革命”，完成无害化卫生户厕改厕数10.3万户、普及率达100%，建成公厕1067个。完成国家级电子商务进农村综合示范县建设。

这五年，生态环境持续优化。被纳入国家重点生态功能区，完成碳汇造林3600公顷、森林抚育4.78万公顷，森林覆盖率78.99%。坚决打赢污染防治攻坚战，县城环境空气质量优良率连续五年居全市前列，出境水质常年保持II类以上，韩江入选全国“最美家乡河”，成功创建世界长寿乡、阴那山国家森林公园，创建县级国家森林城市获得备案，西河镇北塘村、黄堂村被评为“国家森林乡村”。河（湖）长制全面落实，“五清”“清四乱”成效明显。新建镇级污水处理厂19座、村级污水处理站30座、镇村污水管网83千米，新增污水治理能力2.13万吨/日。

这五年，社会事业长足进步。坚持每年办好省市县十件民生实事，五年投入财政资金32.06亿元实施重点民生工程建设。新增城镇就业1.14万人，城乡低保等6项底线民生保障水平逐年提高。投入8.62亿元，新改扩建学校21间，增加学位8100个。筹集2.2亿元成立县教育发展基金。成功创建“广东省推进教育现代化先进县”“国家级农村职业教育和成人教育示范县”。投入16.7亿元，迁（改扩）建医院15间，新建乡镇卫生院保障房7间，完成村卫生站规范化建设232间。成功创建9个省卫生镇、160个省卫生村。全县国家级重点文物保护单位达到6处、超过全市11处的一半，23个村落入选中国传统村落。三河坝战役烈士纪念碑入选全国爱国主义教育示范基地。群众体育蓬勃发展，镇、村级公共体育设施覆盖率100%，新建各类足球场58块。平安大埔、法治大埔建设深入推进，获评“广东省最安全城市”，圆满完成扫黑除恶三年专项斗争，群众安全感和政法工作满意度保持全省前列。完成“七五”普法工作，西河司法所被评为“全国模范司法所”。国防动员、人民防空、兵员征集和退役军人、双拥等工作扎实推进。稳妥应对强台风、强降雨等自然灾害，三级应急体系基本建成。妇女儿童、老龄、慈善等事业取得新进步，食品药品监管、信访、外事侨务、机构编制、档案、地方志、民族宗教、气象等工作取得新成绩。

各位代表，五年的艰苦奋斗，五年的辉煌成就，奠定了大埔乘势而上、加速振兴的坚实基础，开启了转型升级、跨越发展的崭新局面。这些成绩取得，是习近平新时代中国特色社会主义思想科学指引的结果，是省委、省政府、市委、市政府和县委正确领导的结果，是全县人民奋力拼搏及各方面大力支持的结果。在此，我代表大埔县人民政府，向全县人民，向人大代表、政协委员、各民主党派、各人民团体、无党派人士，向驻埔人民解放军、武警官兵和省市驻埔单位，向关心支持大埔发展的海外侨胞、港澳台同胞和社会各界朋友，表示衷心的感谢并致以崇高的敬意！

各位代表！稳不忘忧，好中知难。在我们前进的道路上，还存在不少困难和问题：经济总量不大，主导产业不强，农业产业化水平不高，经济结构还需优化；融入大湾区、海西区，承接产业转移的各类要素还不够集聚，平台还需优化，提高产业链供应链现代化水平还存在压力；教育、就业、医疗、养老等民生领域短板仍较突出，生态环保任重道远，社会治理还有弱项；城乡居民人均收入尚有差距，推进脱贫攻坚和乡村振兴有效衔接亟须破题；部分干部在新发展阶段贯彻新发展理念、构建新发展格局，推动高质量发展的能力还有待提高。对此，我们将进一步增强斗争精神，强化使命担当，直面短板问题，采取更加有力措施，切实加以解决，决不辜负全县人民的信任和重托！

“十四五”主要目标任务和 2021 年工作安排

各位代表，“十四五”时期，是我们乘势而上、开启全面建设社会主义现代化国家新征程、向第二个百年奋斗目标进军的第一个五年。抓好“十四五”时期各项工作，极其重要。根据县委提出的《中共大埔县委关于制定国民经济和社会发展第十四个五年规划和二〇三五年远景目标的建议》，我们编制了《大埔县国民经济和社会发展第十四个五年规划和二〇三五年远景目标纲要（草案）》，提请本次大会审议通过后实施。

“十四五”时期经济社会发展的指导思想是：高举中国特色社会主义伟大旗帜，坚持以习近平新时代中国特色社会主义思想为指导，深入贯彻党的十九大和十九届二中、三中、四中、五中全会精神，全面落实省委十二届十一次、十二次、十三次全会要求和“1+1+9”工作部署，市委七届十次全会要求和“123456”“六争六补”思路举措，县委“456”工作举措和“12341”原则，坚持稳中求进工作总基调，坚持系统观念，把握新发展阶段，贯彻新发展理念，构建新发展格局，以推动高质量发展为主题，以供给侧结构性改革为主线，以改革创新为根本动力，以满足人民日益增长的美好生活需要为根本目的，更好统筹发展和安全，扎实抓好“六稳”“六保”工作，深入实施“生态立县、实业富县、文旅兴县”发展思路，坚持生态优先，突出人文引领，推动绿色发展，打造梅州康养文旅融合之星，建设宜居宜业宜游生态县，确保在社会主义现代化建设新征程中开好局、起好步。

“十四五”时期经济社会发展主要目标是：到 2025 年，全县综合实力实现新跨越，实现地区生产总值、人均地区生产总值、城乡居民收入同步协调增长，全县综合经济实力、竞争力和可持续发展能力显著增强。展望 2035 年，全县综合实力将大幅跃升，生态优势更加凸显，特色经济体系基本建成，改革开放迈出坚实步伐，民生福祉改善更有温度，人均主要经济指标更加接近全国平均水平，基本实现社会主义现代化远景目标。

实现“十四五”时期经济社会发展目标，我们必须坚定不移将创新、协调、绿色、开放、共享新发展理念贯穿于全过程、各领域，努力实现大埔中长期和远景规划目标。

——坚持创新发展，构建现代产业新体系。坚定不移走科技创新引领高质量发展之路，强化创新平台和协同创新体系建设，提升科技成果转化和产业化能力，完善科技人才激励机制，不断激发全社会创新创业动力和活力。至 2025 年，研究与实验发展经费支出占 GDP 比重达 1.35%以上，主导产业实现转型升级，新兴产业占比持续提升，“四新”经济成为高质量发展的核心力量，现代产业体系加快构建。

——坚持协调发展，形成城乡融合新局面。统筹推进交通、水利、能源等基础设施建设，补齐城乡发展短板。全力推进高速公路、高速铁路等建设，加速融入湾区“123”交通圈，逐步形成“井”字形对外高速路网。进一步优化县域城镇空间格局，合理配置城乡资源，加快城乡协调融合发展。至 2025 年，县城补短板强弱项、重点镇提质升级、乡村全面振兴取得显著成效，力争全县常住人口城镇化率达到 58%，美丽宜居村达到 90%以上。

——坚持绿色发展，塑造生态文明新优势。始终坚持国家重点生态功能区定位，坚定不移走好绿色发展之路。开展大规模国土绿化行动，建设高质量水源涵养林、生态景观林带、乡村绿化美化等林业生态工程。深入打好污染防治攻坚战，深化河（湖）长制，全面提升水、大气、土壤等环境质量，让绿色优势更优质。至2025年，国考、省考断面水质稳定达标，生态优势更加凸显，资源节约集约利用水平进一步提升，人居环境明显改善，生态文明制度建设取得新进展，绿色低碳发展理念深入人心。

——*坚持开放发展，开拓合作共赢新格局*。深化“放管服”改革和“数字政府”改革建设，打造一流的营商环境。围绕广东打造新发展格局的战略支点，主动参与“双循环”，积极融入“双区”“双城”建设，深化海珠—大埔对口帮扶，高标准建设广州海珠（大埔）产业转移工业园赤山园区，承接大湾区、海西区产业外溢辐射，参与区域产业分工，推动陶瓷、农业等传统产业融入“双区”产业创新链、价值链。至2025年，重要领域和关键环节改革取得突破性进展，对外发展空间得到有效拓展，开放型经济发展水平全面提高。

——*坚持共享发展，谱写民生福祉新篇章*。加大投入，构建更加优质均衡的教育、医疗、养老等公共服务体系。落实就业优先政策，多渠道促进就业创业，提高城乡居民收入。健全完善多层次社会保障体系，强化困难群众基本生活保障，加强特殊群体关爱救助。统筹安全与发展，进一步提升社会治理效能，建设更高水平的平安大埔、法治大埔。至2025年，人民日益增长的美好生活需要和不平衡不充分的发展之间的矛盾有效缓解，社会更加安定和谐，人民生活满意度显著提高。

2021年是“十四五”规划开局之年，也是开启全面建设社会主义现代化国家新征程的起步之年，做好今年工作意义重大。今年经济社会发展的主要预期目标是：地区生产总值同比增长5%；一般公共预算收入同比增长5%；社会消费品零售总额同比增长8%；规模以上工业增加值同比增长9%；居民人均可支配收入增速与经济增速基本同步；城镇新增就业2000人，城镇登记失业率控制在3%以内；固定资产投资、外贸进出口总额与去年基本持平；完成市下达能耗双控指标。重点抓好以下八方面工作：

一、抓项目稳增长，筑牢更加坚实的发展根基

精准发力谋项目。紧盯上级产业政策和资金投向动态，围绕新型基础设施、新型城镇化、交通水利等重点领域，谋划一批打基础、管长远的优质项目，争取更多项目纳入国家和省市投资计划。强化动态管理机制，充实完善“十四五”重大项目储备库。聚焦产业转移方向，全面对接大湾区、海西区，大胆谋划引进一批体量大、质量高、带动强的重大项目。

凝心聚力建项目。坚持“项目为王”，千方百计扩大有效投资，确保总投资474.04亿元的104项重点项目完成投资84.9亿元以上。力争年内开工建设大丰高速，完成大埔至潮州港疏港铁路前期工作，积极争取梅漳厦高铁、平蕉大高速、韩江三河坝至潮州港航道扩能、梅坎铁路扩能改造等项目列入规划。推进县城过境公路（三期）、省道S221线湖寮至枫朗段、S222线坑口至高陂段、S227线枫朗至高陂段、国道G235线胜坑至丰埔桥和茶阳至县城段改建，以及湖寮至高陂、高陂赤山至留田段过境公路二期等项目建设，抓好高陂赤山至桃花段、大东镇坪山至花萼楼和洲瑞赤水至党溪旅游公路、大麻至高陂旅游产业道路、莲塘大桥等项目建设。推进国省道提档升级和美丽公路建设，完成60千米新农村公路硬底化。完成湖寮镇密坑水生态清洁型小流域治理和韩江治理工程大埔段等5宗中小河流治理、梅潭河等3宗碧道建

设，抓好茶阳防洪堤项目前期工作。加快三河坝干部学院建设，争取7月1日前建成投入使用，向建党100周年献礼。

统筹资源抓保障。用好县重大工程建设项目总指挥部和专项指挥部，统筹各类项目库建设，严格落实领导干部挂钩联系重点项目制度和“五个一”机制，大力推行“一线工作法”，强化要素保障和全程跟踪服务，全力突破征地拆迁、用林、用地、环评、资金、基础配套等瓶颈制约，积极争取中央预算内投资、专项债券等资金支持，保障重点项目顺利推进。

二、调结构促转型，构建更高质量的产业体系

大力发展制造业。以提高发展质量和效益为目标，推动电力、陶瓷等传统产业上规模、增效益、壮品牌。引进陶瓷上下游大型龙头企业，探索陶瓷与酒店、酒类、家具、茶叶、文创等行业跨界合作。发挥大数据作用，推动陶瓷等企业“上云上平台”。支持陶瓷等企业利用电商平台、社交媒体、短视频等载体，稳住国际市场、拓展国内市场。突出高陂青花瓷小镇产业特色，推动陶瓷文化和旅游文化深度融合，打造特色街区。全力确保大埔电厂二期上半年动工建设，高陂水利枢纽工程首台机组3月份发电。支持博富能等企业扩能增效；加快德达陶瓷智慧园区建设，确保欣红光电功能陶瓷和玉丰特陶延链扩产项目年内建成投产，丰富大埔陶瓷品种；支持吉玉、欣红等企业合并上市，全力打造制造业“龙头”。抓好“保规上”“育上规”，新增规上企业3—5家。

发展壮大文旅康养产业。做好“红色、绿色、古色”三篇文章，加快创建国家级客家文化生态保护示范区和国家全域旅游示范区。以高陂水利枢纽工程水库为核心，以水为轴、文化为魂，串联周边景区景点，按国家AAAAA级旅游景区和国家级水利风景区标准建设九龙湖风景区，抓好周边环境和公共设施建设，打造“韩江画廊”，力争打造岭南地区最佳滨水康养度假胜地。加快规划建设大埔客厅，6月底前完成梅潭河五丰段碧道和红色苏区旅游接待中心建设。全力确保5月20日前邹鲁故居椿森第和老县委办公楼完成修缮重新开放、张弼士博物馆和田家炳爱国主义教育基地建成开放，力争张弼士故居旅游区评定为国家AAAA级旅游景区。规划建设世界长寿博物馆、长寿食品产业园，举办长寿讲坛，抓好蜜柚康养小镇建设，努力打造康养产业发展示范区。

培育发展新兴产业。大力发展数字经济，推动5G、人工智能、工业互联网等新一代信息技术产业快速发展，投入2.36亿元新建123个移动5G基站，谋划建设县产业转移工业园智慧化改造工程、5G+农业大数据二期等项目，有序推进市政、交通、能源、水利、农业等领域设施数字化、网络化、智能化升级。支持企业研发机电制造、汽车电子等领域的陶瓷新材料，加快融入先进制造业产业链条。大力鼓励支持快递物流行业发展壮大，加快建设县城物流园。

加快建设产业园区。推进广州海珠（大埔）产业转移工业园赤山园区（一期）建设，打造闽粤经济合作区（大埔园区），力争两年内成功申报为省级高新区。加快县城工业小区配套设施建设，谋划建设工业小区大道。加强服务、创造条件，力促卓粤汇鑫、旭平首饰、国良食品、嘉颖新材料、鸿富瀚上下游企业（聚酰亚胺及石墨片项目）等入园企业当年建设、当年投产。推动蜜柚、茶叶省级现代农业产业园提质增效，争创国家级现代农业产业园。积极争创油茶省级现代农业产业园。强化要素保障和平台服务，完善园区绩效评价，提高项目公顷均效益。

强力推进招商引资。压实镇（场）和部门招商责任，强化驻外招商工作队前哨作用，瞄准大湾区、潮汕揭和厦漳泉等重点区域，深入实施“乡贤回乡投资兴业工程”，用好商会、展会、乡贤等资源，推动“客商回归”工作常态化、项目化，力争全年引进亿元以上项目15个。

三、重科技强创新，打造更加强劲的发展引擎

加快创新载体建设。规划建设县工业园产业创新中心和科技孵化园。加快省级农业科技园区建设，支持大埔蜜柚研究院、大埔茶学院、光电功能陶瓷实验室等产业科技研发平台建设，促进农业新品种、种植新技术、陶瓷新材料等创新成果应用转化和产业化。力争新增省、市级工程技术研究中心5家。

提升企业创新能力。深入实施高新技术企业树标提质行动，力争规上工业企业设立研发机构比例达到40%，新培育认定5家高新技术企业、28家科技型中小企业，申报专利500件、专利转化400件。推进国家知识产权强县工程试点县建设，依托中兴达知识产权公司和大埔知识产权保护中心服务站等平台，提升中小企业知识产权创造、运用、保护和管理能力。

努力建设人才高地。认真落实省“科创12条”、市“科创20条”和县“人才发展17条”，培育引进一批专业技术人才、高技能人才、创新创业人才和科研团队。支持大埔职校与嘉应学院合作开设特色专业，加大农业种养、陶瓷生产、食品精深加工和销售人才的培养力度。完善人才服务保障体系，在医疗保障、子女入学和配偶就业等方面为创新创业人才提供优质服务。

四、夯基础促统筹，推动更加协调的城乡发展

加快城镇提质扩容。启动新一轮全国县级文明城市创建。深入实施“三改一建”工程。科学制定县城“三旧”改造规划和统一的拆迁补偿安置标准，抓好奥园广场及城东等3个“三旧”改造项目建设，配套规划建设市场、学校、市政道路等基础设施。推进8个县城老旧小区改造。确保内环东路综合市场建成投入使用。加快大埔大道等12条道路二期、北环路提升改造工程，打通人民东路和内环中路，抓好翰林华府路口和大埔大道人行天桥建设。加快第二自来水厂、第二水质净化厂、城区截污管网等建设。统筹财政资金1500万元通过竞争方式选定1个镇（场）打造特色示范圩镇，加快推进高陂青花瓷小镇建设，统筹抓好三河红色小城镇、百侯和茶阳历史文化小城镇规划建设。加强城市综合执法，实施新型智慧城市建设。引入社会资本建设智慧停车场，推进城区公共车位智慧化管理。

全面实施乡村振兴战略。聚焦农业高质高效、乡村宜居宜业、农民富裕富足，做好巩固拓展脱贫攻坚成果同乡村振兴有效衔接。健全防止返贫动态监测和帮扶机制。深入开展“百企帮百村”，持续推动农村集体经济和农民增收。掀起“互看互比互学”乡村建设行动热潮，大力推行“10+5”竞选机制，打造一批乡村振兴示范村，加快推进以百侯为中心的客家人文示范区、以高陂为中心的韩江人文生态瓷乡示范区、以三河为中心的红色引领乡村振兴示范区、以茶阳为中心的生态功能保护示范区，以及高陂桃源“人居环境+陶瓷”、三河湖寮“红色+研学点”示范片建设。推进美丽细胞和回乡联村工程，实施农村人居环境整治提升五年行动。完成293个全域自然村集中供水工程建设，加强镇村自来水管理，让群众喝上“放心水”。规范农村宅基地管理，实施农房管控和乡村风貌提升大行动，抓好“四沿”乡村风貌带建设。

打造农业特色品牌。以蜜柚、茶叶省级现代农业产业园为龙头，加快构建“一镇一业、一村一品”现代农业产业体系。争创国家级、省级数字农业试点县，运用农业大数据平台，实现农产品“种、管、采、销”精准化。建立蜜柚生产标准，加强“三品一标”管理，用好大埔蜜柚研究院科研阵地，培育一批新优品种，扶持梅州柚都都果业等龙头企业打造蜜柚高端精品。与省农科院合作建设大埔茶叶研究院，强化技术、人才、品牌等全产业链综合服务，促进茶叶品质提升。加快广东供销（梅州大埔）天昭冷链物流产业园建设，推动建立农产品精深加工产业链条。探索绿水青山转化为金山银山路径，大力发展林业产业和林下经济。加快电子商务进农村，让大埔的优质农产品“卖得出”“卖得好”。解决好种子和耕地问题，加强种子库建设。实施藏粮于地、藏粮于技战略，抓好高标准农田建设、水田垦造、拆旧复垦工作，加强粮食仓库建设。

五、深改革增动能，推进更高水平的改革开放

持续优化营商环境。落实减税降费、助企纾困政策，千方百计保企业，激发市场主体活力。加快推进“证照分离”改革全覆盖试点，推行“证照联办”改革，探索商事登记确认制改革。优化企业投资项目、工程建设项目审批流程，推进行政审批标准化和审批服务便民化。加快“数字政府”建设，实施“粤系列”移动应用触达工程，深化政务服务“一网通办”，完成大埔政务云中心、公共财政综合管理平台（一期）等项目建设。大力推行承诺制，完善失信约束和公平竞争审查制度，提高信用大埔建设水平。

深化体制机制改革。深化镇级体制改革，赋予县级行政职权，动态完善权责清单，实行镇级综合行政执法。深化事业单位改革，推进政事分开、事企分开、管办分离。深化财政预算编制执行监督管理、土地管理等领域改革。完善重大疫情及疾病预防控制体制机制，健全公共卫生应急管理体系。深化农村土地“三权分置”改革，探索土地经营权有序流转模式，发展多种形式适度规模经营。全面铺开农村集体经营性资产股份合作制改革，打造一批农村“三变”改革示范点，健全农村金融服务体系，发展新型农村集体经济。

积极融入构建“双循环”新发展格局。主动服务国内大循环，以大埔所长湾区所需为导向，全面对接“双区”“双城”、海西区和沿海经济带，参与区域产业分工，推动陶瓷、农业等传统产业主动融入“双区”产业链。深挖构建“双循环”新发展格局带来的内需潜力，立足“搞活大流通、对接大市场”，深化与顺丰速运等物流公司战略合作，加强产品品牌体系和流通体系建设，鼓励陶瓷工业和茶叶、蜜柚等特色农业企业在国内大中城市设立分销点，让更多的大埔产品进入国内国际双循环供应链。以陶瓷产业基地被认定为国家级外贸转型升级基地为契机，建设好陶瓷博物馆、青花瓷广场和展示中心、陶瓷大卖场等，提升陶瓷产业国内大循环水平；探索海外仓建设，培育跨境电商和外贸新业态，推动国内国际双循环相互促进。

六、治环境优生态，推动更可持续的绿色发展

持续夯实生态屏障。高质量完成国土空间规划编制。实施山水林田湖草生态保护修复，严格落实河（湖）长制。完善跨界污染联防联治机制，实施韩江流域水质保护规划项目，确保国考、省考断面水质达标率保持100%。落实森林火源管理条例，全面实施“林长制”。开展高质量国土绿化行动，抓好广东南岭国家公园辐射区大埔段建设，推进“碳普惠”“碳中和”项目和碳排放交易，全力创建县级国家森林城市和森林小镇。

持续强化环境保护。抓好农村生活污水处理设施和管网建设，新增村级污水处理设施 89 个、新建污水管网 25.8 千米。坚持治污精细化管控，确保县城空气质量优良天数比例保持98.5%以上。积极创建“无废城市”。推行垃圾分类，加快推进大麻生活垃圾中转站建设，抓好全县生活垃圾转运至梅州市奇龙坑垃圾焚烧厂进行焚烧处理工作。实行最严格的生态环境保护制度，落实领导干部任期生态文明建设责任制。开展绿色生活创建活动。

七、惠民生增福祉，促进更加公平的成果共享

强化兜底保障暖民心。实施积极就业政策，完成职业技能培训1800人次以上。加强高校毕业生、农民工、退役军人等群体就业服务，托底帮扶困难人员就业。高质量推进“粤菜（客家菜）师傅”“广东技工”“南粤家政”工程，加快大埔小吃线上平台建设。做好劳资纠纷预防处置和矛盾化解工作。办好养老、医疗保险，加大低保救助、特困供养、孤儿保障力度，确保城乡困难家庭应保尽保、动态管理。完善流浪乞讨人员救助管理工作机制。依法保护未成年人和残疾人权益，做好农村留守儿童和妇女、老年人的关爱服务。加快医保支付方式改革，理顺医保经办机制体制。

发展社会事业聚民心。落实新时代教育评价改革总体方案。稳定教育投入，推进全国义务教育优质均衡县创建，坚持每年从土地出让收入中安排4%用于教育。加快推进西岭实验学校建设，完成高陂实验学校和城东实验学校二期工程，新增学位2700个。积极争取省政府再投入60亿元支持县级医院综合能力提升政策资金，加快推进县人民医院二期改扩建、高陂中心卫生院迁建、县人民医院后勤保障综合楼、县妇幼保健院（原疾控中心）升级改造、大埔县慢性病防治院精神科住院大楼、县中医康复中心建设。加快创建全国基层中医药工作先进县，推进县人民医院创建三甲医院。扎实开展爱国卫生运动。编制全县公墓建设规划，加强骨灰安葬（放）设施建设管理和违建墓地专项整治。建设一批非遗展示馆、传习中心和传习所。谋划建设县城群众文体中心。开展乡村文化、社区文化等基层文化活动。创作更多文艺精品，打磨提升《血色三河》等作品，争取全国巡演，扩大文艺影响力。

提升治理水平安民心。抓好市域社会治理现代化试点项目建设，完善社会治安防控体系和常治长效扫黑除恶机制。探索建立“党建引领基层治理”“红色基因引导乡村善治”等基层治理大埔模式，全面构建“五治联动”乡村治理体系。健全社区管理和服务机制，推动社会治理向基层放权赋能。强化安全生产和消防安全专项整治，提高应急管理、抢险救援和防灾减灾能力。完善食品药品安全监管体系，保障人民群众“舌尖上的安全”。完善信访制度，强化排查化解稳控。健全退役军人工作体系和保障制度，推动国防动员、军民融合等工作取得新进步。

办好十件民生实事。今年首次实行人大代表票决制，我们拟订了2021年县政府十件民生实事候选项目，提交会议审议。我们将把更多财力用于保障民生、保障基本公共服务，既量力而行、又尽力而为，切实办好十件民生实事，不断增强群众的获得感、幸福感。

八、讲政治敢担当，建设更加高效的服务政府

坚持党建引领。坚持党的全面领导，始终把党的建设摆在首位，严守党的政治纪律和政治规矩，坚决全面彻底肃清李嘉、万庆良恶劣影响，切实增强“四个意识”、坚定“四个自信”，把“两个维护”贯彻到政府工作全过程各方面，确保上级和县委各项重大决策部署不折不扣落实到位。

坚持依法行政。全面学习贯彻习近平法治思想，深入开展法治政府建设示范创建，

2021年2月4日，大埔县第十五届人民代表大会第六次会议在县科技信息大楼一楼会场开幕（县委办新闻组提供）

提升运用法治思维和法治方式推动发展的能力。坚持重大事项向县人大及其常委会报告，向县政协通报，办好建议和提案，自觉接受依法监督和民主监督。认真落实巡视整改事项，加强审计监察，推进依法治统，加大政务公开力度。

坚持高效执政。坚持不懈转作风，将老区苏区精神和特区精神充分融合，坚持“实在、实干、实绩”工作导向，对重点工作、重点工程、重大项目实行项目化管理，努力让政府工作“定必干、干必成、成必优”。积极创建模范机关，完善绩效考核制度，充分调动干部工作积极性。

坚持廉洁从政。持之以恒正风肃纪，严格落实中央八项规定精神，坚持纠“四风”与树新风并举，紧盯重点领域、重大工程、关键岗位监督问效，实现勤政廉政两手抓、双促进。树牢“过紧日子”思想，严控“三公经费”和一般性支出。持之以恒抓好政府系统党风廉政建设和意识形态工作，始终保持反腐高压态势，确保政治清明、政府清廉、干部清正。

各位代表，当前全球新冠肺炎疫情仍在扩散蔓延，我国多地接连发生局部聚集性疫情，我们必须慎终如始，时刻绷紧防范之弦，发扬伟大抗疫精神，强化常态化疫情防控各项措施的落实，毫不放松抓好“外防输入、内防反弹”工作，坚持做好内外同防、进出同防、城乡同防、人物同防，强化重点场所、重点人员和重点环节管理，筑牢疫情防控安全网，确保不出现规模性输入和反弹，为经济社会平稳健康发展创造良好条件。

附件

1.“六稳”：稳就业、稳金融、稳外贸、稳外资、稳投资、稳预期。

2.“六保”：保居民就业、保基本民生、保市场主体、保粮食能源安全、保产业链供应链稳定、保基层运转。

3.“四好”农村路：“建好、管好、护好、运营好”农村公路，逐步消除制约农村发展的交通瓶颈。

4.“两美”行动：“美丽梅州·美好家园”城乡环境大提升行动。

5.“三清三拆三整治”：“三清”，即清理村巷道及生产工具、建筑材料乱堆乱放，清理房前屋后和村巷道杂草杂物、积存垃圾，清理沟渠池塘溪河淤泥、漂浮物和障碍物；“三拆”，即拆除危旧房、废弃猪牛栏及露天厕所茅房，拆除乱搭乱建、违章建筑，拆除非法违规商业广告、招牌等；“三整治”，即整治生活垃圾、生活污水、水体污染。

6.“放管服”改革：简政放权、放管结合、优化服务的简称。“放”即简政放权，降低准入门槛；“管”即公正监管，促进公平竞争；“服”即高效服务，营造便利环境。

7.“三旧”改造：对旧城镇、旧厂房、旧村庄的改造。

8.“五清”：清污（清理非法排污口）、清源（清理水面漂浮物）、清淤（清理底泥污染物）、清障（清理河湖障碍物）、清违（清理涉河湖违法违建）。

9.清“四乱”：对乱占、乱采、乱堆、乱建等河湖管理保护“四乱”突出问题开展专项清理整治。

10.“12341”：县委十二届十一次全会指出，要紧紧把握“12341”原则，即坚守一个定位（国家重点生态功能区定位），突出两项重点（高质量发展和基层社会治理现代化），搞好三个基建（新基建、老基建、大基建），发展四新经济（新产业、新技术、新模式、新业态），抓好一个统筹（统筹发展和安全）。

11.湾区“123”交通圈：大湾区主要城市间1小时通达，大湾区与粤东西北各市陆路2小时左右通达、与周边省会城市陆路3小时左右通达。

12.“双区”：粤港澳大湾区和深圳先行示范区。

13.“双城”：广州、深圳。

14.“三改一建”：旧城改造、街区微改造、道路改造、新区建设。

15.“四沿”：沿铁路、高速路等交通线，沿省际边界线，沿城市郊区，沿旅游景区。

16.“三品一标”：无公害农产品、绿色食品、有机农产品和农产品地理标志。

17.“三权”分置：所有权、承包权、经营权三权分置。

18.农村“三变”改革：农村资源变资产、资金变股金、农民变股东改革。

19.“林长制”：按照“分级负责”原则，构建省市县乡村五级林长制体系，各级林长负责督促指导本责任区内森林资源保护发展工作，协调解决森林资源保护发展重大问题，依法查处各类破坏森林资源的违法犯罪行为。

20.“碳普惠”：对小微企业、社区家庭和个人的节能减碳行为进行具体量化和赋予一定价值，并建立起以商业激励、政策鼓励和核证减排量交易相结合的正向引导机制。二氧化碳当量作为碳普惠制核证减排的单位。广东省纳入碳普惠制试点地区相关企业或个人，其通过自愿参与实施的减少温室气体排放（如节水、节电、公交出行等）和增加绿色碳汇等低碳行为产生的减排量，将正式允许进入广东碳交易市场。

21.“碳中和”：单位、企业、团体或个人测算在一定时间内直接或间接产生的温室气体排放总量，通过植树造林、节能减排等形式，以抵消自身产生的二氧化碳排放量，实现二氧化碳“零排放”。

22.“五治”：政治引领、法治保障、德治教化、自治强基、智治支撑。

大 事 记

1月

从2020年1月1日起，大埔县农村低保标准由人月平均484元提高到532元，人月平均补差由251元提高到276元。城镇低保标准由人月平均702元提高到772元，人月平均补差由554元提高到609元。农村特困供养标准由800元提高到852元，城镇特困供养标准由1125元提高到1236元。集中供养孤儿基本生活标准由人月平均1685元提高到1820元，分散供养基本生活标准由人月平均1025元提高到1110元，困难残疾人护理补贴由人月平均165元提高到175元，重度残疾人护理补贴由人月平均220元提高到235元。

1日，桃源镇成立全梅州市第一个镇级文学艺术界联合会。

2日，粤东首个县级公安机关智慧办证大厅在大埔县政务服务中心正式启用。

是日，大埔县在富大陶瓷股份有限公司举行故土韩江万川情——黄广才作品展暨富大艺术馆揭幕仪式。中国美术家协会河山画会副会长、著名篆刻家、画家詹志峰，市委宣传部副部长、版权局局长汤铭琛，副县长刘辉堂，县陶产办、县科工商务局、广州海珠（大埔）产业转移工业园管委会等有关单位负责人以及社会团体代表、企业家代表等100人参加揭幕仪式。

6日，在虎山中学、田家炳实验中学两个考点举行大埔县普通高中学业水平合格性考试，普通高中学业水平合格性考试报名人数2242人，设76个考场。

是日，副县长饶凌云带领县退役军人事务局相关负责人走访慰问部分退役军人。

7日，省农业农村厅扶贫办主任梁多华带领厅有关对口帮扶干部，到对口帮扶村大埔县三河镇旧寨村开展扶贫工作调研、2020年春节慰问贫困户及对口帮扶工作。

是日，广东省红十字会党组成员、副会长兼秘书长李何荣一行到高陂镇三岗村，对红十字博爱家园项目建设工作进行督导。

8日，副市长温向芳到大埔县高陂镇，调研督导安全生产和农村饮水安全工作。

11日，2020京津冀埔人联谊暨大埔长寿食品公共品牌发布会，在北京市华尔顿爱华国际中心举行。中国新闻社原社长章新新，大埔县委常委、副县长曹丙利，副县长刘辉堂等参加活动。

13日，市政协副主席李忠良、周秋明、曾祥海、陈元星一行到青溪镇青华村开展春节慰问活动。

是日，县委书记朱汉东，县长熊锋松，县委常委、宣传部部长陈伟平，县委常委、组织部部长陈军营，县委常委、常务副县长蓝欣，县人大常委会副主任邓立新，副县长罗春达，县政协副主席杨竹玲，开展春节走访慰问活动。

14日，市委常委、组织部部长杜敏琪带队到大麻镇桃石村，开展春节慰问贫困户活动。

是日，县委书记朱汉东到县人武部开展走访慰问活动。

是日，县委书记朱汉东到百侯镇、枫朗镇，调研民宿项目和红色村建设情况。

是日，桃源“助残·关爱”基金会在桃源中心小学礼堂举行2020年暖春活动，为残疾人、贫困户、困难学子发放慰问金。县政协主席李礼醒，县委常委、统战部部长张红梅，县人大常委会副主任邓立新，全国自强模范、梅州市政协委员、大埔县人大常委会委员、大埔县桃源助残关爱基金会创会功勋会长陈衡礼，桃源镇（村）干部、志愿者、部分教师以及该镇6个村的困难家庭学生等150人参加活动。

15日，中共大埔县委十二届九次全会在县科技信息大楼一楼会场召开。

是日，全县“不忘初心、牢记使命”主题教育总结会议在县科技信息大楼一楼会场召开。

16日，县委书记朱汉东带队到西河镇漳北村禾肚里稻田民宿，调研乡村振兴发展工作。

是日，县人大常委会主任黄建庭，县政协主席李礼醒，副县长饶凌云，县纪委副书记、监委副主任邝金禄开展春节慰问工作。

16—17日，中国国际电子商务中心专家组一行到大埔县，对大埔县电子商务进农村综合示范项目进行中期评估，并在县电子商务公共服务中心三楼会议室召开反馈会。副县长刘辉堂，县委宣传部、县科工商务局、县林业局等有关单位负责人参加会议。

17日，县委常委、宣传部部长陈伟平，县委常委、常务副县长蓝欣，县人大常委会副主任廖金鑫，县政协副主席张友群一行走访慰问部分老科技人员、老艺人、老教师、名教师、高山电视转播台工作人员。

是日，县委常委徐杞文带队检查大埔县部分企业、商家安全生产工作。

是日，县委常委、统战部部长张红梅，副县长刘辉堂分别到县人民医院、县中医医院、县妇幼保健院、供电局、自来水公司和行政服务中心等地走访慰问，向奋战在一线的干部职工送上慰问金和新春祝福。

19日，县委常委、县委办主任杨自强，县纪委副书记、监察委员会副主任严庆东到湖寮镇黎家坪村、龙岗村和西河镇北塘村，走访慰问贫困户、困难老党员。

20日，“红旗漫卷耀万川—大埔县革命文物史料藏品展”在大埔县博物馆开展，县委常委、宣传部部长陈伟平，梅州市客侨博物馆馆长魏金华等70人参加启动仪式。

21日，县委书记朱汉东带队检查市场情况、市容市貌和安全生产工作。

22日，县委书记朱汉东、县长熊锋松到枫朗镇督导，检查省脱贫攻坚迎检准备情况和红色文化引领绿色产业发展示范带建设推进情况。

是日，县委书记朱汉东，县委副书记、政法委书记李宏一行慰问一线环卫工人、公安干警、道班工作人员、应急管理人员。

23日，大埔县在县科技信息大楼二楼会议室召开全县新型冠状病毒疫情防控工作会议，传达贯彻全市新型冠状病毒感染的肺炎疫情工作会议精神，深入学习贯彻落实习近平总书记重要指示精神和李克强总理批示要求，对大埔县疫情防控工作进行再部署、再推动、再落实。

25日，市委书记陈敏到大埔县，检查新型冠状病毒感染的肺炎疫情防控工作。

是日，大埔县发布紧急通知，要求全县旅游景区、景点、宾馆、酒店、民宿等一律暂停接待新的客人，一律暂停网络订票订房，一律暂停举办群众聚集活动，做好紧急关闭的准备，全力做好新冠肺炎疫情防控工作。此外，全县旅行社及在线旅游企业暂停经营团队旅游及“机票+酒店”旅游产品。

是日，大埔县在县委、县政府大楼五楼会议室召开交通运输疫情防控工作会议。县长熊锋松，县委常委、统战部部长张红梅，县委常委、县委办主任杨自强，县府办、县公安局、县卫健局、县交通运输局及各镇（场）相关负责人等参加会议。

26日，县委常委、统战部部长张红梅，副县长饶凌云到大东镇白土村与福建省界检查点，检查新冠肺炎疫情防控工作。

是日，中国移动大埔分公司紧急开通6间疾控隔离病房的企宽WIFI覆盖，为新冠肺炎疫情防控工作提供保障。

是日，由于新冠病毒感染的肺炎疫情造成市场恐慌现象，接到出现群众抢购大米的信息，大埔县发改局主要领导立即召开紧急会议，制订相关应急措施，联合县市场监督管理局采用“温馨提醒”的方式在公众平台发布“大埔县内粮食物资储备充足，请广大群众不信谣、不传谣，合理采购大米，共同维护良好市场秩序”的信息，及时平息群众恐慌情绪。粮食业务工作人员全面协调大埔县16个应急网点商家大米市场供应；同时县发改局立刻临时增储大米5万千克，准备随时投放市场；与各货源商家联系，超市迅速外调大量粮源，及时补充断档大米。

27日，市公路事务中心主任王忠率队到大埔县，开展慰问道班一线职工和督查新冠肺炎疫情防控、安全生产、春运等工作。

是日，大埔县在县科技信息大楼二楼会议室召开县防控新型冠状病毒感染的肺炎疫情工作领导小组会议，深入贯彻落实1月25日中共中央政治局常务委员会会议精神特别是习近平总书记重要讲话精神，以及省、市防疫工作会议精神，并对大埔县疫情防控工作进行再部署、再推动、再落实。县领导朱汉东、熊锋松、张红梅、蓝欣、杨自强、饶凌云、黄伟胜及县防控新型冠状病毒感染的肺炎疫情工作领导小组成员单位主要负责人参加会议。

是日，县委书记朱汉东带队到茶阳太宁村、西河上黄砂村、茶阳省际高速公路检查站等地，检查新型冠状病毒感染的肺炎疫情防控工作。

是日，县长熊锋松，县委常委、统战部部长张红梅到县卫健局等地，检查大埔县新冠肺炎疫情防控工作。

28日，县委副书记、政法委书记李宏到大麻镇，开展新冠肺炎疫情防控“网格化”工作督导检查。

29日，市新型冠状病毒感染的肺炎疫情防控指挥部召开电视电话会议，进一步研究部署推动梅州市疫情防控工作。县委书记朱汉东，县委常委、统战部部长张红梅，副县长饶凌云在县委、县政府大楼二楼会议室大埔分会场收听收看会议视频。

30日，县委常委、常务副县长蓝欣带队检查粮油市场供应情况。大埔县粮食应急供应网点正常营业，库存量充足、供货渠道通畅；食用油供应稳定，价格未出现波动，县内粮油市场供应完全能够满足群众正常需求。

是日，县委常委、统战部部长张红梅，县委常委、县委办主任杨自强到湖寮镇督导，检查新冠肺炎疫情防控工作，并重点检查社区小区疫情防控工作部署情况。

31日，市委常委、市政府党组副书记黄文沐到大埔县，检查交通运输行业新冠肺炎疫情防控和野生动物源头管控工作。县长熊锋松，副县长廖昌元，丰溪省级自然保护区管理处主任、林业局局长罗振康陪同检查。

是月，大埔县生活垃圾填埋场应急加固及渗滤液处理站扩容改造工程进场施工，至2020年12月完工。

2月

1—4日，县委副书记、政法委书记李宏带队到全县各镇（场）及相关村（社区）、客运站、火车站、高速路口检查站等地，开展新冠肺炎疫情防控工作督导。

1日，副县长罗春达带队检查大埔县省际边界检查站新冠肺炎疫情防控工作。

是日，大埔县组织对全县重点疫区返大埔人员进行核酸样本采集工作。

3日，县委书记朱汉东代表县委、县政府看望慰问在一线抗击疫情的医务工作者家属，并通过他们向全县的医务工作者及其家属表示感谢。

是日，县委书记朱汉东，县长熊锋松，县委常委、宣传部部长陈伟平分别到湖寮镇督查新型冠状病毒感染的肺炎疫情防控工作，并检查县城部分小区、超市、药店关于疫情防控工作的部署情况。

4日，县政协主席李礼醒，副县长饶凌云到枫朗镇督导，检查新型冠状病毒感染的肺炎疫情防控工作。

5日，县长熊锋松到高陂镇、光德镇督导，检查乡镇新冠肺炎疫情防控工作和企业复工复产准备情况。

是日，县人大常委会主任黄建庭,县纪委副书记、监委副主任邝金禄到光德镇，督查新型冠状病毒引起的肺炎疫情防控工作。

是日，县委副书记、政法委书记李宏到大麻镇小留村、社区、中心卫生院和派出所，检查新冠肺炎疫情防控“网格化”工作落实情况，并到大麻中心卫生院和大麻派出所看望慰问一线医护人员和执勤干警。

是日，县委常委、统战部部长张红梅，副县长饶凌云到县城药店和餐饮服务企业、黎家坪农贸市场、人民医院等地督导，检查新冠肺炎疫情防控工作。

是日，大埔县人社局开展2020年大埔县春暖梅州网络招聘活动，有20家企业提供近千个就业岗位。

6日，县委书记朱汉东采取不打招呼、不设路线的方式，到枫朗镇、百侯镇检查新型冠状病毒感染的肺炎疫情防控工作。

是日，县委常委、副县长曹丙利一行到西河镇，督导新冠肺炎疫情防控工作。

7日，农业银行大埔县支行向大埔县教育局捐赠“新冠肺炎”防控物资一批，包括一次性口罩500个、3M口罩100个、75%乙醇消毒剂700支、板蓝根冲剂100盒，支持大埔县师生员工抗击新型冠状病毒疫情。

是日，大埔首批集中医学隔离观察点新冠肺炎密切接触者，经过14天医学观察，未发现任何症状后，有19人正式解除隔离观察，平安回家。

是日，副市长温向芳到大埔县，督导新型冠状病毒感染的肺炎疫情防控工作。

是日，县长熊锋松、副县长刘辉堂到部分企业检查，督导新冠肺炎疫情防控工作和复工复产情况。

是日，县委书记朱汉东到省际道路联合体温检测点、高速公路口体温检测点等地，对新冠肺炎疫情防控工作进行督导检查，并看望慰问一线工作人员。

是日，县委常委、常务副县长蓝欣到县教育局，检查新冠肺炎疫情防控工作。

8日，县委常委、统战部部长张红梅到大埔县部分医疗单位，检查预检分诊和发热门诊工作。张红梅一行在主动接受体温检测后，到县人民医院、县妇幼保健院、县中医医院，大东、枫朗、百侯镇卫生院等地实地察看各医疗单位发热门诊诊室实际情况。

9 日，县政协主席李礼醒到部分政协委员企业督导，检查企业开工复产工作和新冠肺炎疫情防控落实情况。

是日，中国移动大埔分公司开通大东镇东光村省界通道联合检疫检查站 4G 信号。至此，大埔区域内全部 9 个省界通道检疫检查站均实现 4G 信号覆盖。

10 日，大埔县在县科技信息大楼二楼会议室召开全县企业复工复产专题工作会议，熊锋松、张红梅、陈伟平、徐杞文、罗春达、刘辉堂、廖昌元、邓玉伦等县领导参加会议。

11 日，副县长饶凌云带队督导，检查大埔县养老机构新冠肺炎疫情防控工作。

是日，副县长刘辉堂到中国移动大埔分公司，督导新冠肺炎疫情防控及通信保障工作。

11—13 日，县委副书记、政法委书记李宏率队到枫朗镇、百侯镇、三河镇、银江镇、高陂镇、光德镇，检查新冠肺炎疫情防控“网格化”等工作。

12 日，大埔县在县委应急指挥中心视频会议室召开县防控新冠肺炎疫情工作领导小组（扩大）会议，专题研究企业复工复产工作，确保在维护公众生命安全和身体健康，抓好疫情防控工作的同时统筹抓好企业安全有序复工复产。朱汉东、熊锋松、李宏、陈伟平、蓝欣、徐杞文、杨自强、饶凌云、罗春达、刘辉堂、邓玉伦等县领导，县委办、县府办、县卫健局、县发改局、县财政局、县科工商务局、县交通运输局、县住建局等有关单位负责人参加会议。

是日，市委常委、组织部部长杜敏琪到大埔县调研，督导党建引领新冠肺炎疫情防控工作和看望慰问驻村第一书记和党建指导员。

是日，省新冠肺炎疫情防控指挥部办公室疫情防控组到大埔县人民医院，进行防控专项指导。省疫情防控指导组一行重点核查县人民医院预检分诊和发热门诊设置情况、防控和诊疗指南培训和落实情况以及医务人员个人防护情况等。

13 日，大埔县在县疾控中心大楼门坪举行邓振龙第三批抗疫物资捐赠仪式。县长熊锋松，县委常委、统战部部长张红梅，县委常委、常务副县长蓝欣，副县长饶凌云，县府办、县卫健局、县红十字会等单位相关负责人参加捐赠仪式。

是日，县长熊锋松走访慰问大埔县驰援武汉的医务人员家属，代表县委、县政府向家属们表达慰问，感谢他们在国家大义和家庭责任面前做出的贡献。

是日，县委书记朱汉东到三河镇，检查新冠肺炎疫情防控和企业复工复产、安全生产工作。

是日，县人大常委会主任黄建庭到大麻镇新冠肺炎疫情防控一线，调研督导人大代表在防控工作中的履职表现，并看望慰问奋战在防控一线的人大代表及工作人员。

14 日，市委副书记、市长张爱军到粤电大埔电厂，就深入贯彻落实习近平总书记关于新冠肺炎疫情防控工作的重要讲话和重要指示精神，做好企业疫情防控和复工复产工作进行调研。

是日，县政协主席李礼醒到湖寮片区和大潮高速公路工程工地检查点督导，检查对外来返工人员排查新冠肺炎疫情防控工作情况，到枫朗大埔角南方工委旧址等地督查防疫情况，并检查枫朗镇防御大暴雨和次生灾害发生准备工作。

15 日，县委书记朱汉东到高陂镇、桃源镇、光德镇的农村、社区、企业，检查新冠肺炎疫情防控工作。

是日，市公路事务中心主任王忠带领市

调研组一行到大埔，检查指导大埔县各高速路口段新冠肺炎疫情防控工作。副县长罗春达及县府办、县公路局等相关单位负责人陪同检查。

17日，大埔县在县委、县政府大楼一楼县委应急指挥中心召开农村新冠肺炎疫情防控和春耕备耕工作视频会议。县委副书记、政法委书记李宏，县政府党组成员邓玉伦，县农业农村局、县委宣传部、县卫健局等县直有关单位负责人在主会场参加会议，各镇（场）分管农业农村工作相关负责人在分会场参加会议。

是日，县长熊锋松带队到莲塘韩江大桥、广东韩江高陂水利枢纽工程项目部和广东大潮高速公路有限公司，调研企业复工复产和新冠肺炎疫情防控工作。

18日，大埔县开展定点药店新冠肺炎疫情防控工作落实情况专项检查行动。副县长罗春达带领县医保局、县社保局等相关部门人员组成的监督检查工作组，以“不打招呼、直达现场的形式”开展检查。

是日，市委常委、纪委书记、监委主任黄建固到大埔县，检查督导新冠肺炎疫情防控工作，看望慰问一线防疫工作人员。

是日，县委书记朱汉东带领县委常委、组织部部长陈军营和县、镇有关单位代表到梅州市人民医院，探望慰问在抗击新冠肺炎疫情一线突发重病的大麻镇北埔村党支部委员何伟钟及其家属。

是日，县委常委徐杞文带队到大东镇，督促检查新冠肺炎疫情防控和项目复工复产工作，并到垦造水田、拆旧复垦、“三旧”改造现场了解各项目工作进展情况。

19日，市委副书记、市长张爱军到大埔，调研重点项目新冠肺炎疫情防控和复工复产情况。常务副市长吴晓晖、副市长温向芳、县委书记朱汉东、县长熊锋松等陪同调研。

是日，副市长、公安局局长宁惠军一行到大埔县茶阳镇S221省际检疫检查站，参加送奖到岗活动。县委副书记、政法委书记李宏,副县长、公安局局长钟旭东等参加活动。

20日，县委常委、县委办主任杨自强，县纪委副书记、监委副主任严庆东到湖寮镇，督查指导新冠肺炎疫情防控工作。

是日，县委常委、统战部部长张红梅到民康精神病医院和县人民医院，检查新冠肺炎疫情防控和复工复产等工作。

是日，副县长刘辉堂到县电商公共服务中心、县级物流配送中心，调研电商企业复工复产工作。

21日，县委书记朱汉东到大埔县看守所、民康精神病医院，检查指导新冠肺炎疫情防控工作。

24日，市政协副主席陈元星到湖寮镇密坑村通美实业有限公司，开展新冠肺炎疫情防控和复工复产调研工作。

是日，县委书记朱汉东、县长熊锋松分别到大埔县民政服务机构检查新冠肺炎疫情防控工作。熊锋松一行还到广东三河坝酒业股份有限公司、广东衎衎实业有限公司等地查看企业复工复产工作情况。

25日,大埔县开展2020年大埔县—海珠区专场网络招聘活动,有12家企业提供1693个就业岗位。

是日，县长熊锋松、县委常委徐杞文一行到高陂镇古西村鹤山片特大型滑坡群地质灾害治理工程点和三河镇梓里村特大型地质灾害治理项目点，现场察看地质灾害隐患点周边地形、地貌及隐患点防护情况，详细了解地质灾害治理工作方案。

26日，市人大常委会副主任伍德凤一行到大埔县，督导新冠肺炎疫情防控和复工复产工作。县人大常委会副主任邓立新及高陂镇有关负责人陪同督导。

27日，县长熊锋松到大东镇，调研春耕生产和“四沿”村建设等工作。

28日，大埔县召开教育系统新冠肺炎疫情防控、线上教育和开学准备工作视频会议，学习贯彻落实上级有关会议精神，安排部署疫情防控、线上教育和开学准备工作。县委常委、常务副县长蓝欣，县府办、县教育局、县教师发展中心等相关负责人，各中小学（幼儿园）行政人员、校医等分别在主会场及分会场参加会议。

3月

2日，市委组织部副部长吴席军受省委组织部和市委委托，看望慰问在抗击新冠肺炎疫情一线突发重病去世的何伟钟的家属。县委常委、组织部部长陈军营代表县委和县委组织部一同进行慰问。何伟钟生前是大麻镇北埔村支部委员，自疫情防控工作开展以来，连续22天坚守工作岗位，2月13日病倒在抗战新冠肺炎疫情防控一线，于2020年2月28日去世，年仅57岁。

是日，副市长温向芳一行到大埔县，督导新冠肺炎疫情防控和企业复工复产工作。

是日，县委副书记、政法委书记李宏到茶阳镇西湖、群丰村，检查县扶贫开发成效模拟考核工作。

3日，县长熊锋松，县委常委、常务副县长蓝欣一行到虎山中学初中部和高中部，现场观看虎山中学线上教育直播，听取相关负责人汇报新冠肺炎疫情防控和线上教育工作情况。

是日，县委常委、副县长曹丙利一行到大埔县万通电脑科技有限公司、大埔县通美实业有限公司，开展“暖企”活动。

是日，县人大常委会副主任谢以美、张长先，县政协副主席刘广明，县纪委副书记邝金禄分别到陶瓷企业指导新冠肺炎疫情防控、复工复产工作。

4日，县委书记朱汉东到西河镇调研旅游、农业产业发展规划，县委常委、宣传部部长陈伟平，县委常委、县委办主任杨自强等陪同。

5日，县委常委、常务副县长蓝欣，县政协副主席张友群一行到茶阳镇衎衎实业有限公司，指导检查企业新冠肺炎疫情防控和复工复产工作。

是日，副县长罗春达在县人社局和光德镇相关负责人的陪同下，到梅州峰联陶瓷有限公司和大埔漳联瓷业发展有限公司，检查新冠肺炎疫情防控和复工复产工作，并赠送一批防疫物资。

是日，副县长刘辉堂一行到中国移动大埔分公司，调研新冠肺炎疫情防控、智慧城市及5G建设工作。

6日，市委书记陈敏到大埔县，深入农村、企业和项目现场调研检查，强调要深入贯彻落实习近平总书记关于统筹新冠肺炎疫情防控和经济社会发展的一系列重要讲话和重要指示精神，因地因时统筹抓好各项工作，推动经济社会发展早日全面步入正常轨道。

是日，大埔县客家村镇银行与大埔县电子商务协会在电商公共服务中心三楼会议室，举行合作签约暨“电商贷、复工贷”启动仪式。副县长刘辉堂，县科工商务局、大埔县电子商务协会及大埔县客家村镇银行等相关单位负责人出席签约仪式。

是日，大埔县建筑企业新冠肺炎疫情防控应急处置演练在大埔奥园广场建筑工地宿舍区举行。县住建、卫健、疾控中心、应急管理、公安、科工商务、湖寮镇等相关单位负责人到现场指导，相关建筑工地项目经理、各卫生院分管业务副院长到现场观摩学习。

8日，县住建局、县应急管理局、县消防救援大队、县卫健局等多部门负责人到集中隔离医学观察点梅河宾馆开展安全隐患排查，重点检查房屋结构、消防以及防疫等各项安全情况。

9日，大埔县在县公安局举行大埔县反电信网络诈骗中心揭牌仪式暨打击治理电信网络新型违法犯罪工作会议。县长熊锋松，县委副书记、政法委书记李宏，副县长、公安局局长钟旭东，县打击治理电信网络违法犯罪新型工作局际联席会议成员单位主要负责人，各镇镇长、分管政法副书记，县公安局相关部门负责人、各派出所所长等参加会议。

10日，县长熊锋松到中国移动大埔分公司，调研大数据对农业发展运用的工作。

是日，市委常委、政法委书记到大埔县，调研社区新冠肺炎疫情防控网格化管理工作。县委副书记、政法委书记李宏，副县长、公安局局长钟旭东，县人民检察院检察长张映文陪同调研。

是日，大埔县组织有关单位负责人在电信大楼7楼电视电话会议室，收听收看全国森林草原防灭火工作电视电话会议。县委常委、常务副县长蓝欣，县森林防灭火指挥部成员单位、各镇（场）主要负责人参加会议。

12日，市委常委、宣传部部长陈晓建率市委宣传部有关人员到大埔，深入新时代文明实践站、企业、乡村调研了解新时代文明实践中心和县级融媒体中心建设、重点项目复工建设、精准扶贫等方面的情况。

是日，县委常委徐杞文带领相关单位负责人，对大埔县第二自来水厂建设项目相关事宜进行调研。县人大常委会副主任、总工会主席谢以美，县政协副主席刘广明，县城综局、县自然资源局、县水务局、县林业局、县环保局等相关单位负责人陪同调研。

13日，省委、省政府召开全省决战决胜脱贫攻坚推进会视频会议，省委书记李希出席会议并作讲话。

15日，广东省扶贫基金会理事长赵松峰一行到大埔县，调研“厕所革命”工作。县委书记朱汉东，县委副书记、政法委书记李宏，县政府党组成员邓玉伦等陪同调研。

17日，市政协主席陈建青率队到大埔县实地走访委员企业，调研督导新冠肺炎疫情防控和复工复产等工作。

18日，县委书记朱汉东、县长熊锋松一行到枫朗镇西岩茶叶集团有限公司、上山下村岗头西岩茶叶生产专业村及茶文化广场、西岩万亩茶园玻璃观光栈道和崇顶湖茶场，开展实地调研乡村振兴工作。

19日，县委常委、常务副县长蓝欣到湖寮镇下坜村，调研西岭学校规划选址工作。

19—20日，广东林业科学规划设计院党组书记邓诗泉一行到大埔县，检查新冠肺炎疫情防控及森林保护等工作。

20日，县政协主席李礼醒率领部分县政协委员组成的调研组到田家炳实验中学、张云栽实验小学，专题调研大埔县中小学校线上教育开展情况。

是日，副县长刘辉堂率队到县公共服务中心，调研工程建设项目审批“一窗受理”工作。

22日，市公路事务中心主任王忠率领公路新冠肺炎疫情防控和复工复产工作督查组到大埔县，调研督查公路疫情防控和复工复产工作。

23日，县委副书记、政法委书记李宏到三河镇五丰、汇东、汇城村，调研乡村振兴工作。

是日，副县长廖昌元带领相关单位负责人到大东等镇，检查汛前防汛及安全生产工作。

23—24日，县委书记朱汉东到湖寮、高陂、百侯、枫朗等镇随机进村入户走访贫困户，实地督导检查大埔县脱贫攻坚工作。

24日，县委常委徐杞文一行到茶阳镇角庵、安乐村，调研垦造水田工作。

是日，大埔县在大埔游客服务中心广场举办“心系疫情、为鄂出发”——大埔县扶贫农产品驰援湖北发车仪式。

25日，大埔县在县疾控中心举行捐赠仪式。全国自强模范、县人大常委会委员陈衡礼向大埔县捐赠一批价值约25.08万元的防疫物资，支援家乡抗击新冠肺炎疫情。

是日，副县长罗春达带领县调研组人员到企业单位，实地调研“广东技工”“粤菜（客家菜）师傅”“南粤家政”三大工程工作。

是日，大埔县召开决战决胜脱贫攻坚推进会，会议深入学习贯彻落实习近平总书记在决战决胜脱贫攻坚座谈会上的重要讲话精神，动员全县上下团结一心、众志成城，统筹推进新冠肺炎疫情防控和脱贫攻坚工作，坚决打赢脱贫攻坚战，确保如期全面建成小康社会。

25—26日，广州市海珠区副区长、区扶贫办主任陈建彬一行到大埔县开展扶贫工作调研，实地查看了解对口帮扶村扶贫项目建设推进情况。

26日，县长熊锋松到三河镇余里村，调研大埔县新诚基工贸有限公司五丰稀土矿余里扩大区开采工作。

27日，县长熊锋松带队到高陂镇，调研高陂工业园二期选址规划工作。

30日，县长熊锋松，县委常委、宣传部部长陈伟平到百侯镇百侯社区、侯中堤路结合工程现场、南山村委等地，实地调研新冠肺炎疫情防控和安全防护工作。

是日，县政协组织部分政协委员专题调研大埔县中小学校线上教育工作情况。

31日，大埔县在县委、县政府二楼会议室召开中国共产党大埔县第十二届纪律检查委员会第五次全体会议。

是月，受新冠肺炎疫情影响，大埔县实施阶段性减免社保费政策，帮助企业渡过难关，推动企业复工复产。

4月

1日，县委书记朱汉东到防境外输入隔离点、县城工业园和湖寮镇，调研清明期间新冠肺炎疫情防控和安全防护工作。

2日，大埔县在县城瑞锦酒店三楼会场召开企业座谈会，县领导与企业家代表面对面、零距离交流沟通，全面了解在新冠肺炎疫情影响下企业发展的现状和存在的困难问题，共同探讨应对之策，坚决打赢疫情防控阻击战和化危为机谋发展的主动战。

是日，大埔县在县城电信大楼七楼电视电话会议室，组织收听收看全国禁毒工作电视电话会议。副县长、公安局局长钟旭东，县禁毒委员会成员单位分管领导，县公安局相关部门主要负责人，县禁毒办全体成员收听收看会议。

是日，大埔县在县委、县政府二楼会议室，组织收听收看2020年全国防汛抗旱工作和全省防汛防旱防风工作电视电话会议。

3日，县委书记朱汉东、县长熊锋松等县班子领导与干部职工共同参与2020年大埔县义务植树活动。

5日，市委副书记、市长张爱军到大埔县，调研景区、企业复工复产和新农村建设等情况。

7日，大埔县在县科技信息大楼迎接三位支援湖北新冠肺炎疫情防控医护人员顺利归来。

9日，市税务局党委书记、局长练富强率队到大埔县税务局，开展新冠肺炎疫情防控、企业复工复产等工作调研。

是日，县委书记朱汉东、县长熊锋松带队到三河镇五丰、余里、汇城、旧寨、汇东村调研，强调要用大景区理念加强三河镇的发展规划设计，以三河坝干部学院为龙头，有效串联周边的红色现场教学点、红色村落，以“红色引擎”为抓手，助力乡村振兴。

是日，县人大常委会主任黄建庭到光德镇富岭、雷峰村，检查指导脱贫攻坚工作。

是日，平远县考察团到大埔县考察乡村振兴和民宿产业发展。平远县委副书记曾小喜一行到西河镇漳北村禾肚里稻田民宿、漳北村、北塘村和百侯镇企南轩、三十六巷、华农互联现代农业园等地，实地考察大埔县民宿产业发展现状、运营模式、市场前景等。

9—10 日，华南师范大学党委书记朱孔军、校长王恩科到大埔考察古民居保护工作，市委常委、副市长霍阳，县委书记朱汉东，县委常委、宣传部部长陈伟平陪同考察。

10 日，大埔县在县委、县政府大楼二楼会议室，组织收听收看全国安全生产及全省第二季度防范重特大生产安全事故暨消防工作电视电话会议。

是日，县委书记朱汉东、县长熊锋松一行到粤电大埔电厂有限公司调研，协调解决该公司二期项目工程存在的困难和问题。

13 日，省委、省政府召开全省污染防治攻坚战工作推进会视频会议，大埔县在县委、县政府大楼二楼分会场组织收听收看视频会议。

14 日，县委书记朱汉东到大麻镇，调研精准扶贫工作。

是日，省发改委党组成员、副主任魏以军一行到韩江高陂水利枢纽工程现场调研。

是日，市市场监管局局长罗颖安一行到三河市场监管所，开展调研指导工作，副县长饶凌云等陪同调研。

是日，市生态环境局副局长吴启鸿一行到“不留白色污染”示范村——西河镇北塘村，调研自觉抵制白色污染的环保意识深入乡村情况。

是日，县委副书记、政法委书记李宏率队到县龙山市场、西湖公园、丽水湾小区，现场调研“平安社区”工作情况。

15 日，县政协主席李礼醒、副县长饶凌云到枫朗镇梅溪村、隔背村，督查指导脱贫攻坚工作。

是日，县委副书记、政法委书记李宏率队到县人民医院、县民康医院，现场调研“平安医院”工作情况。

16 日，县委副书记、政法委书记李宏率队到县虎山中学、田家炳实验中学、张云栽实验小学，现场调研“平安校园”工作情况。

是日，广州金控集团总经理梁宇、党委副书记马智彬等一行，到大东镇柘林、福光、白土村调研精准扶贫工作。

16—17 日，省知识产权保护中心副主任谢红一行到大埔，开展知识产权、松材线虫病害防治工作。

17 日，县委书记朱汉东带队到五华县学习考察，学习五华在“红色+”旅游产业和碧道建设等方面的先进理念和工作经验，加快大埔振兴发展。

是日，副市长张晨到大埔县，检查指导春季学期学生返校准备工作。县委常委、常务副县长蓝欣，市、县教育局等相关负责人陪同检查。

是日，大埔县人社局开展梅州市鸿富瀚科技有限公司网络招聘活动，提供 58 个就业岗位。

21 日，县委书记朱汉东到虎山中学、实验中学、家炳一中，调研学校新冠肺炎疫情防控和学生返校准备工作。

是日，副县长饶凌云带领县退役军人事务局有关负责人走访慰问大埔县部分退役军人，把党和政府的温暖送到他们的心坎上。

22 日，县人武部组织县民兵应急连到三河坝战役纪念园参观学习，缅怀革命先烈，重温革命历程。

是日，县委书记朱汉东到茶阳镇，调研精准扶贫、乡村振兴工作。

是日，省市场监管局巡视员翁永卫率队到西河镇漳北村，开展脱贫攻坚督导检查工作。

是日，县人大常委会主任黄建庭到县城中学，督导开学前新冠肺炎疫情防控工作。

23日，省水利厅党组书记、厅长王立新带领调研组到大埔县，调研水利工作并检查指导防汛备汛、防洪堤工程规划建设等工作。市委常委、市政府党组副书记黄文沐，县长熊锋松等陪同调研。

24日，大埔县在县城城区、各镇（场）开展主题为“防疫有我·爱卫同行”“文明健康·有你有我”“美丽梅州·美好家园”环境卫生大清洁专项行动。

26日，县委书记朱汉东带队到城区、乡镇部分中学，调研检查推动复学复课各项准备工作落细落实情况。

27日，县委书记朱汉东带队到大麻镇和县城，调研市政设施建设和城区环境卫生管理工作。

是日，市人大常委会副主任、市总工会主席蓝伟东一行到大埔县，调研弘扬劳模精神和工匠精神的情况。

28日，市委常委、市政府党组副书记黄文沐到大麻镇、三河镇，调研镇级污水处理设施推进情况和地质灾害治理情况。

是日，县委书记朱汉东带队到银江镇调研乡村振兴相关工作，并参观位于银江镇坑口村的银江金花小镇长寿珍品展销中心。

是日，大埔县在县委、县政府二楼分会场，组织收听收看全省国有企业退休人员社会化管理工作电视电话会议。县委常委、常务副县长蓝欣，县直有关单位负责人收听收看会议。

是日，市海事局副局长李忠辉带领督查组到大埔县，开展汛期准备工作情况督查。

是日，中康瑞鑫（深圳）科技有限公司董事长廖庆文一行到大埔县，进行招商引资项目考察。

29日，县委书记朱汉东率队检查大潮高速公路新冠肺炎疫情防控和施工安全生产工作。

是日，大埔县在县委、县政府大楼二楼会议室举行招商引资项目集中签约仪式。县长熊锋松、县委常委刘晓泉、副县长刘辉堂、县政协副主席吴振石等县领导参加签约仪式，县长熊锋松还与县科工商务局、湖寮镇和高陂镇人民政府负责人签订招商引资责任书。

是日，市退役军人事务局局长谢钦文带队到大埔县，调研退役军人事务工作。

是日，市消防救援支队政治委员郑海生，县委常委、宣传部部长陈伟平为大埔县消防救援大队新时代文明实践站揭牌。

30日，县政协主席李礼醒带队到茶阳镇，开展“企业复工复产和重点项目建设”民主监督活动。县政协副主席杨竹玲、刘广明参加活动。

是日，大埔县人社局开展博富能科技有限公司网络招聘活动，提供近70个就业岗位。

5月

1—2日，省发改委社会发展处处长顾万君一行到大埔县考察。顾万君带领联合精准医疗技术集团董事长王得坤一行在县长熊锋松、县政协副主席黄伟胜及县府办、县发改局等有关单位负责人的陪同下，到县长寿展览馆、县陶瓷展览馆、县博物馆、县人民医院、县中医医院、百侯镇侯北笙曹筱筑、华农互联公司、百侯镇游客服务中心农耕馆、大东镇坪业梯田、湖寮镇双髻山蜜柚公园等地，实地考察大埔县人文历史、投资环境。

6日，市油茶产业发展调研组到大埔，调研油茶产业发展情况。

7日，市气象局局长张晨辉到湖寮镇黎家坪村，调研大埔县气象综合探测基地建设工作情况，副县长廖昌元陪同调研。

8日，市委书记陈敏到大埔县，就深入学习贯彻习近平总书记关于统筹推进新冠肺炎疫情防控和经济社会发展的重要讲话和重要指示精神，推动陶瓷特色产业发展、企业复工复产、乡村振兴等工作进行调研。副市长温向芳，县委书记朱汉东等陪同调研。

是日，南方报业传媒集团党委书记刘红兵一行到大埔调研。市委常委、宣传部部长陈晓建，县委书记朱汉东等陪同调研。

9日，大埔县在电信七楼会议室，组织收听收看2020年全国打击侵权假冒工作电视电话会议。

是日，县政府党组成员邓玉伦带队到茶阳镇、青溪镇，调研“沿省际边界”示范带项目建设情况。

12日，县委书记朱汉东，县委副书记、政法委书记李宏一行到龙山市场小区、西湖公园，实地调研平安社区、智慧新警务等建设情况。

14日，大埔城区瑞锦酒店基站完成内验，中国移动大埔分公司超前完成5G二期全部39个站点的建设任务，基本实现县城核心区域5G信号连续覆盖。

是日，市委副书记王庆利到大埔县，调研乡村振兴、教育教学等工作。

是日，梅州市医院感染防控工作暗访组对大埔县人民医院、县中医医院进行督查，及时指出院感新冠肺炎疫情防控工作中存在问题。

15日，县人大常委会主任黄建庭，常务副主任刘坤明，副主任廖金鑫、谢以美、张昭锋、邓立新、张长先一行到桃源镇新东村，调研新农村建设工作。

是日，大埔县人社局组织开展“推进复工复产　助力就业稳岗”奥园千人招聘会，招聘会在大埔奥园广场营销中心外广场举办。

16日，大埔县在县田家炳体育中心足球场，举行2020年大埔县贺岁超级杯足球邀请赛（补赛）。

17日，市委副书记、市长张爱军领衔“官方带货团队”，带领市、县领导轮番卖力为“嘉应茶”“梅州柚”等直播带货，县长熊锋松和县委常委、宣传部部长陈伟平参加有关活动。

18日，省政协原副主席刘日知一行到大埔县，深入枫朗镇调研红色文化建设情况。县委书记朱汉东等陪同调研。

是日，县委书记朱汉东，县委常委、宣传部部长陈伟平一行到西河镇，现场办公研究推进张弼士博物馆项目建设。

19日，县委书记朱汉东，县委常委、宣传部部长陈伟平，县委常委、县委办主任杨自强一行到茶阳镇，调研邹鲁故居椿森第修复情况。

20日，由省委农办、省农业农村厅、省扶贫办指导，广东农产品采购商联盟秘书处、中共大埔县委、大埔县人民政府、梅州市农业农村局主办的“长寿大埔·常来长寿”“爱与好货不容错过”县长直播荐珍品活动，在大埔县高陂镇青花瓷小镇举办，县长熊锋松化身“主播”，为网友推介大埔特色小吃、茶叶、矿泉水、长寿农产品以及陶瓷。

是日，县委书记朱汉东到宣传部门开展专题调研，深入贯彻落实习近平总书记对宣传思想工作的重要讲话、重要论述和重要指示批示精神，并看望慰问宣传思想工作一线的干部职工。

21日，大埔县人民法院在西河镇北塘景区设立旅游巡回法庭。

是日，大埔县在人民银行大埔县支行五楼会议室召开政银企联席座谈会。

22日，中共大埔县委教育工作委员会成立。7月1日，在大埔县教育局举行中共大埔县委教育工委挂牌仪式。

是日，国家统计局广东调查总队党组书记、总队长赵云城一行到大埔调查队，调研指导统计调查工作。

是日，市公路事务中心主任王忠率队到大埔县，开展国、省道重点项目和“十三五”“迎国评”督查工作。副县长罗春达和县公路事务中心相关人员陪同督查。

是日，县人武部组织防汛抗洪排在人武部三楼会议室收听收看全国“两会”直播，学习领会“两会”精神，引导民兵们关心国家大事，以过硬的思想素质、军事本领和工作作风，积极投身民兵训练中。

是日，大埔县推进制造业高质量发展暨科技创新工作大会，在县科技信息大楼一楼会场召开。

23—24 日，南方报业传媒集团社委田东江、理论评论部主任金强一行在县委常委、宣传部部长陈伟平的陪同下，到三河坝战役纪念园、泰安楼、县博物馆、花萼楼、百侯名镇旅游区等地，对大埔县文旅融合发展工作情况进行调研。

25 日，大埔县在银江镇河口村，举办广东省韩江高陂水利枢纽工程施工期间超标准洪水受影响群众安全转移预案应急演练。县应急管理局、县水务局、县移民工作局、银江镇等相关单位负责人参加活动。

是日，市国动委联合工作组在县委常委、县人武部部长王浩等陪同下，对大埔县国防动员“十三五”规划落实情况和民兵整组工作进行检查评估。

是日，县人大常委会主任黄建庭到光德镇，调研防御强降雨工作。

是日，县委常委、组织部部长陈军营，县人大常委会副主任邓立新带队到大东镇，检查防汛防灾工作。

26 日，市应急管理局党组书记、局长温勇登一行到省定贫困村青溪镇河背村，参加脱贫攻坚座谈会活动。

是日，县人大常委会副主任张长先率县人大专项督查组一行到大埔县气象综合探测基地，现场调研工程建设进展情况。

27 日，县政协主席李礼醒带领县政协专项督查组采取现场实地督查方式，到有关重点项目建设工地，督导相关单位攻坚克难，加快重点项目建设。

是日，副县长刘辉堂到中国电信大埔分公司，进行“新基建”项目推进调研指导。

是日，大埔县文广旅体局组织大埔县文化企业经营单位和星级酒店共 26 家经营单位，在帝锦俱乐部开展“文化娱乐场所新冠肺炎疫情应急处置演练”。

28 日，广东海事局党组书记、局长陈毕伍一行到梅州大埔海事处辖区大麻渡口、莲塘韩江大桥、韩江高陂水利枢纽工地等地调研，并督导全国“两会”期间水上交通安全监管工作。

是日，市教育局局长彭旭率队到大埔县，督查 2020 年春季学期幼儿园、特殊教育学校和校外培训机构复学准备工作。

是日，县人大常委会主任黄建庭带领县人大专项督查组到湖寮、大麻、银江、高陂、百侯等镇，开展 2020 年县重点项目督查工作。

是日，团市委书记李敏一行到大埔县湖寮镇莒村养正学校，开展“情暖童心·特别的爱”儿童节关爱慰问活动，并看望学校支教教师。

是日，县人大常委会常务副主任刘坤明、副主任廖金鑫带领执法检查组一行，对全县贯彻实施《广东省野生动物保护管理条例》情况进行检查。

是日，大埔县在梅河公园举行 2020 年民兵轻舟分队防汛抗洪排集训成果汇报演练。县委常委、常务副县长蓝欣，县委常委、县人武部部长王浩，县人武部、县应急管理局、县消防救援大队单位负责人到现场观摩演练。

29 日，县政协组织部分政协委员开展“决战决胜脱贫攻坚”专题调研活动。

6 月

1 日，大埔县组织开展关爱困境儿童走访慰问活动。县委常委、组织部部长陈军营带领县妇联、县教育局、县民政局等有关单位负责人到湖寮镇下坜村、长教村慰问部分单亲、困境、留守儿童。

2 日，县委书记朱汉东带队检查应急物资储备、汛期值班值守、隐患排查整改等各项防汛措施落实情况。

是日，建设银行广东省分行党委副书记、副行长麦文盛一行到大埔调研，与县长熊锋松等进行座谈交流，助推大埔县实体经济复工复产、复商复市。

是日，市检查组一行到大埔县，开展“扫黄打非”进基层工作和新闻出版行业安全生产、新冠肺炎疫情防控工作检查。

是日，县委书记朱汉东、县长熊锋松实地调研幼儿园复学复课工作情况。

3 日，县委书记朱汉东带队到茶阳镇，调研“沿省际边界”示范带建设、茶阳老街提升改造和邹鲁故居修缮保护等工作。

是日，县长熊锋松到县城工业小区，调研企业生产建设有关情况，协调解决企业生产建设中遇到的困难和问题。

是日，县长熊锋松到大麻镇，调研韩江高陂水利枢纽工程移民安置区建设工作，现场协调解决相关问题。

是日，农业银行广东省分行行长朱正罡一行到大埔调研。农业银行广东省分行将开辟“快车道”全力支持大埔重点项目建设，助大埔企业尽快步入复工复产的“春天”。

是日，大埔县在县委、县政府大楼二楼会议室，组织收听收看全国普通高等学校毕业生就业创业工作电视电话会议。

4 日，县委书记朱汉东到洲瑞镇，调研脱贫攻坚、新农村建设、交通水利基础设施和民生工程等经济社会发展情况。

是日，县长熊锋松到茶阳、西河垦造水田项目建设现场进行督导检查。

是日，驻省委外办纪检监察组组长朱谷典带领监察组一行，到大埔县大麻镇小麻村开展扶贫专项检查。

5 日，省红十字会党组书记、常务副会长史先东带领调研组一行，到大埔县高陂镇三岗村调研“博爱家园”项目建设工作。

是日，省农业农村厅副厅长冯彤到大埔，

2020 年 6 月 5 日，省农业农村厅副厅长冯彤（前排右二）到大埔县指导第三届广东茶叶产业大会筹备工作（县委办新闻组提供）

深入茶场、茶叶生产专业村检查指导第三届广东茶叶产业大会筹备工作。

6日，大埔县召开传达贯彻习近平总书记重要讲话精神暨全国“两会”精神专题会议。全国人大代表、深圳市绿基置业有限公司董事长、杰出乡贤邓振龙参加完全国“两会”后回到家乡，向大埔党员干部传递全国“两会”声音和国家最新政策。

8日，市人大常委会城建环资工委主任曾光带领督查组一行到大埔县，开展城市（县城）、圩镇污水处理设施建设调研督查工作。

8—9日，大埔县召开2020年全县农村工作暨实施乡村振兴战略和决战决胜脱贫攻坚现场推进会。

8—11日，省水利厅派出复核检查工作组，对韩江高陂水利枢纽工程征地补偿和移民安置资金管理稽察整改落实情况进行复核检查。

10日，市“弘扬左联文化”调研组到大埔县，开展专题调研工作。

11日，县人大常委会主任黄建庭以普通县人大代表身份参加大麻镇代表小组活动，就大麻镇贯彻落实全县农村工作暨实施乡村振兴战略和决战决胜脱贫攻坚现场推进会精神、统筹推进新冠肺炎疫情防控和经济社会发展工作进行专题调研。

是日，大埔县组织相关单位在县移动公司大楼三楼会议室，收听收看2020年全国、全省、全市普通高校招生考试安全工作电视电话会议。

是日，省公安厅党委委员、广州市副市长、公安局局长杨江华带领广州市公安局扶贫组一行，到三河镇梓里村调研考察精准扶贫工作。

12日，梅州市普通国省干线公路养护管理暨服务设施建设工作现场会在大埔县召开。

是日，省文化和旅游厅公布第二批广东省全域旅游示范区名单，大埔县被认定为第二批广东省全域旅游示范区。

14日，副县长罗春达到银江镇，指导台风“鹦鹉”防御工作。

16日，县委书记朱汉东带队到三河镇、茶阳镇、西河镇，调研镇、村污水处理设施建设工作。

是日，副县长饶凌云带领县府办、县市场监管局、县农业农村局和县卫监所等相关单位负责人到超市、农贸市场等场所，开展端午节前食品安全和新冠肺炎疫情防控工作检查。

是日，大埔县安委办组织县应急管理局、县公安局、县住建局、县水务局、县气象局、县城综局、县交通运输局、县市场监管局、县消防救援大队、县妇联、大埔供电局、湖寮镇政府、中燃公司大埔分公司等单位在县城文化广场举办以“消除事故隐患，筑牢安全防线”主题的2020年“安全生产月宣传咨询日”和“安全生产万里行”活动。

是日，大埔县文广旅体局指导成立大埔县旅游协会。

17日，市政协主席陈建青带队到市政协办公室挂钩联系的大埔县青溪镇青华村，调研精准扶贫精准脱贫工作。

是日，副市长、公安局局长宁惠军到大埔县调研公安工作。宁惠军一行在县委副书记、政法委书记李宏，副县长、公安局局长赖宽等陪同下，到光德镇九社村反电诈主题公园、光德派出所、高陂派出所、县公安局合成作战中心等地，实地了解大埔县公安工作整体情况，特别是反电诈工作的措施及成效。

18日，县委书记朱汉东、县长熊锋松分别带队到农贸市场、超市，就学习贯彻习近平总书记重要讲话和重要指示精神，落实17日全省新冠肺炎疫情防控工作领导小组（指挥部）电视电话会议精神，加强公共场所疫情防控，做细做实各项疫情防控措施进行调研检查。

是日，广州市海珠区政协主席、党组书记潘瑞雄一行到大埔县，开展扶贫工作调研。

是日，大埔县在西河镇北塘村乡村旅游区，开展“6·5”环境日宣传活动暨“不留白色污染”主题实践活动。

是日，美之臣、广东嘉大控股集团董事长陈公颜和中健农开（广东）市场发展有限公司执行总经理范良锦一行到大埔县，就新农贸综合体项目进行考察交流。

是日，省政府召开推进广东供销公共型农产品冷链物流基础设施骨干网建设工作电视电话会议。大埔县在县委、县政府二楼会议室设分会场组织相关部门人员收听收看会议视频。

是日，市侨联组织泰国、印度尼西亚、马来西亚等在梅州部分海外侨胞侨眷和梅州市东南亚归侨联谊会、梅州市华侨历史学会等代表到大埔县，开展“梅州市侨胞侨眷美丽乡村行”活动。

18—19日，香港大世界投资集团有限公司考察团一行到大埔县考察。

19日，县委书记朱汉东带队到大麻镇，调研莲塘韩江大桥、库周道路、枢纽工程、新城区开发建设征地情况以及“六村共同缔造”项目等工作的进展情况。

是日，县委常委徐杞文到银江镇坪上村，指导垦造水田工作。

是日，全国人大代表、东山中学教师李杏玲到光德镇人民政府宣讲全国“两会”精神，并到学校调研山区教育工作。

20日，市委常委、常务副市长、市副总河长、汀江市级河长吴晓晖到大埔县，巡查汀江并开展调研。

20—22日，中国人民政治协商会议大埔县第十四届委员会第五次会议在县影剧院召开。严庆东被选为政协副主席。

21—23日，大埔县第十五届人民代表大会第五次会议在县科技信息大楼一楼会场召开。

22日，市医保局、市卫健局组织检查组对大埔县人民医院、县中医医院、高陂中心卫生药品和医用耗材采购管理工作进行专项督查。

23日，大埔县在电信大楼7楼会议室，组织收听收看全国禁毒工作先进集体和先进个人表彰电视电话会议。

24日，广东省市场监督管理局在西河镇漳北村举行2020年扶贫济困日系列活动。活动现场发布三个广东省乡村振兴战略首批地方标准，并进行漳北村系列产品签约，金额近300万元。

是日，大埔县在西河镇漳北村举行“广东省蜜柚种植标准化示范区”揭牌仪式，广东省市场监管局携手碧桂园集团共建广东省蜜柚种植标准化示范区的建设。

是日，大埔县禁毒办联合县政法委、妇联、公安局及司法局等单位到田家炳实验中学，开展以“抗疫情、讲科学、反邪教”“健康人生·绿色无毒”为主题的宣传教育活动。

24—25日，广东首部大型原创民族歌剧《血色三河》在广州友谊剧院演出。

28日，市委书记陈敏到大埔县茶阳镇邹鲁故居“椿森第”，调研并听取规划保护情况介绍。

28日至7月1日，水利部检查组到大埔县，对韩江高陂水利枢纽工程建设资金开展专项检查。

30日，广州市海珠区委副书记、区长李海洲一行到大埔县枫朗镇，调研精准扶贫工作，并参加广州市海珠区帮扶大埔县“千企帮千户”行动启动仪式。

是日，市政协主席陈建青带领市政协机关党员，到大埔县开展党日活动。县政协主席李礼醒、副主席刘广明等参加活动。

是日，市委常委、市纪委书记、市监委代主任蒋万军带队到大埔县，调研基层党风廉政建设和反腐败工作。

是日，市政务服务数据管理局党组成员、副局长刘采峰率队到大埔县，开展公共政务服务体系建设情况调研。副县长刘辉堂等陪同调研。

是日，“红色文化引领乡村振兴”——梅州媒体践行“四力”落实“走转改”教育活动及全国爱国主义教育示范基地揭牌仪式在大埔县三河坝战役纪念园举行。市委常委、宣传部部长陈晓建，县委书记朱汉东，县委常委、宣传部部长陈伟平等参加仪式。

7月

1日，县长熊锋松一行到广州海珠（大埔）产业转移工业园，调研陶瓷超市规划建设情况。

2日，市委书记陈敏一行到大埔县，调研西河镇张弼士博物馆建设情况。

是日，县委书记朱汉东带队到光德镇，调研反电诈工作。

是日，市直机关工委书记曾碧玉一行到大埔县人民检察院、县中医医院，调研党建和模范机关创建工作情况。

3日，广东省首部大型原创民族歌剧《血色三河》总导演谭颖、编剧陈晓琳等主创人员一行到大埔县，检查指导《血色三河》（精华版）的制作。

是日，市政协副主席韩小林带领市政协调研组到大埔县，调研基层公共卫生队伍和防控新冠肺炎疫情能力建设情况。

是日，市地方志办主任钟伟基，副主任黎俊红、连申威带领党员干部一行到枫朗镇中共南方工作委员会旧址，开展“铭记光辉历史，传承红色基因”党支部主题党日活动，县地方志办负责人共同参加主题党日活动。

6日，市工商业联合会党组书记罗桂芳一行到大埔县，开展走访调研企业工作。

7日，市委政法委常务副书记李庆明一行到百侯镇，调研督导市域社会治理现代化试点工作。

8日，市委常委、组织部部长罗盛芬到大埔县调研基层党建工作。

10日，中国移动梅州分公司与大埔县人民政府签署大埔县5G+农业大数据服务项目框架合作协议,合同金额1090万元。县长熊锋松,分公司总经理李永强、副总经理李小睿等出席签订仪式。

是日，潮州市潮安区委常委、宣传部部长黄志刚带领宣传部机关党委部分党员一行到大埔县，开展“担当作为、一线建功”主题党日活动。

是日，县人大常委会组织部分市、县人大代表开展活动，视察镇级污水处理设施建设及运行情况。

11日，广东人民出版社副总编辑钟菱带领调研组一行到大埔县，开展调研活动，补充完善省委宣传部建党一百周年献礼图书《激战三河坝》相关编纂出版工作。

是日，汕尾市政协机关党委副书记林勉勉带领机关党员和职工代表到大埔县三河坝战役纪念园，开展“追忆革命历史,坚守为民初心”主题党日活动。县政协办负责人等陪同活动。

13日，县委书记朱汉东、县长熊锋松带队到高陂镇，调研产业园、高速公路出口提升改造等项目推进情况。

是日，大埔县举行大埔县农民合作社服务中心成立揭牌仪式。

是日，大埔县林业局放生野生动物人工繁育场养殖的动物，抓好以食用为目的的陆生野生动物人工繁育退出补偿和处置工作，全县退出的有9家、转型1家，完成以食用为目的的陆生野生动物人工养殖场退出工作。

15 日，江门市政协副主席胡念芳一行到大埔县，开展“凝侨心建侨乡，加强基层侨务阵地建设”专题调研。

是日，国家柑橘产业技术体系岗位科学家、华南农业大学教授团队一行到大埔县，调研蜜柚产业发展情况。

15—16 日，肇庆市德庆县委副书记吴亮一行到大埔县，考察交流乡村振兴工作有关情况。

16 日，大埔县市场监督管理局与广东中兴达知识产权公司在县市场监督管理局四楼会议室召开签约仪式，双方正式签订合作协议。据悉，广东中兴达知识产权公司是梅州市引进的首家知识产权企业。

17—21 日，大埔县成功举办“2020 年大埔县翰林装饰杯青年男子篮球赛”，大埔县乒乓球协会成功举行“山水城杯”乒乓球邀请赛。

21 日，2020 年大埔县省级非遗项目—广东汉剧公益性培训班在大埔县文化馆开班，150 位学员免费学习广东汉剧专业知识。

是日，县委书记朱汉东到枫朗镇、高陂镇，调研乡村振兴工作，以枫朗镇大埔角“红色村”为龙头，西岩万亩茶文化产业园为抓手，串联周边“三镇十村一场”，打造大健康产业发展示范区和健康养生最佳目的地。

是日，县长熊锋松在县科技信息大楼二楼会议室，主持召开全县制造业及园区重大项目建设专项指挥部会议。副县长刘辉堂、廖昌元等参加会议。

23 日，广东省科学院党委书记、院长廖兵一行到西河镇上黄砂村，调研了解脱贫攻坚、乡村振兴等工作。

是日，高考放榜，大埔全县高考成绩 600 分以上 24 人，优先投档上线 181 人，本科上线人数 967 人，本科上线率 34.97%。

24 日，广州金融控股集团副总经理林清伟带队到大东镇柘林、福光、白土村，调研精准扶贫工作。

是日，广东富大陶瓷文化发展股份有限公司获省人社厅批准设立 2020 年度广东省博士工作站。

27 日，梅州市加快推进市域社会治理现代化试点工作现场会在大埔县百侯镇召开。市委常委、政法委主要负责人，省委政法委基层社会治理处处长邓少君一行到百侯镇参观考察，并参加会议。

是日，省卫健委副主任、省中医药局局长徐庆锋一行到大埔县，调研中医药事业发展情况。

27—28 日，广州市海珠区委副书记马红安一行到大埔县，调研精准扶贫、乡村振兴等工作。

28—29 日，闽粤赣边三省十县（区）政协第 48 次联系协作会议在大埔县召开。市政协副主席周秋明、县委书记朱汉东出席会议并讲话。江西省寻乌县、安远县、会昌县，福建省武平县、上杭县、永定区，广东省蕉岭县、梅县区、平远县、大埔县等 10 个县（区）政协主席、副主席、秘书长或办公室、专委会主任等共 70 多人参加会议。

29 日，农行梅州分行行长陈跃辉一行到大埔县，出席梅州农行服务大埔区域发展座谈会暨授信颁牌、消费扶贫爱心卡发放仪式，分行副行长王正、县长熊锋松等参加活动。

是日，大埔县文明委第一次会议暨决战创建县级文明城市誓师大会在县科技信息大楼一楼会场召开。

29—30 日，省统计局数据中心主任叶涛等到大埔县，检查指导“第七次全国人口普查地图”绘制工作情况，并到湖寮镇、三河镇各两个村（社区）实地查看。

30 日，县委书记朱汉东到西河镇北塘村和漳北村调研乡村振兴工作，并从物质文明、精神文明、生态文明建设着手，打造“乡村振兴标杆示范村”。

31日，大埔县在县委、县政府二楼会议室，组织收听收看全国安全生产电视电话会议和全省第三季度防范重特大生产安全事故暨消防工作视频会议。县长熊锋松，常务副县长蓝欣，各镇（场）主要负责人，县安委会、县消安委成员单位主要负责人，县纪委监委、县委组织部负责人，部分省、市驻大埔有关单位主要负责人收听收看会议视频。

是日，在梅州的全国人大代表小组到大埔县，开展乡村振兴战略专题调研。全国人大代表张晓、邓振龙、李杏玲、彭唱英参加调研，市人大常委会副主任李远青，县人大常委会主任黄建庭、副主任张长先等陪同调研。

是日，大埔县在县城文化广场举行文明出行“百日整治”行动启动仪式，县委常委、宣传部部长陈伟平,县委宣传部、团县委、县公安交警、县城综局、志愿者共100多人参加启动仪式。

8月

1日起，大埔县提高部分退役军人和其他优抚对象等人员抚恤和生活补助标准。

3日，县博物馆举行大埔县首届“爱我大埔”小小讲解员培训班开班仪式。8月17日，大埔县首届“爱我大埔”小小讲解员培训班结业，在田家炳演艺中心翰林剧场举行汇报演出。

是日，大埔县在县科技信息大楼一楼会场，举办大埔县防范和处置非法集资知识培训会，邀请嘉应学院金融研究中心主任李继红进行现场授课。

4日，漳北村打造广东乡村振兴标杆示范村启动仪式在西河镇漳北村举行。省市场监管局一级巡视员翁永卫，县委书记朱汉东，县委副书记、政法委书记李宏等参加启动仪式。

是日，副县长饶凌云到县地方志办调研地方志工作。

是日，惠州市惠城区人大常委会主任陈娟率人大考察团到大埔县三河坝战役纪念园和三河镇人大代表中心联络站考察调研。

5日，县委书记朱汉东到农贸市场、居民小区、市政道路施工点、青少年活动中心等场所，调研创建全国县级文明城市工作，县委常委、宣传部部长陈伟平，县委常委、县委办主任杨自强等参加调研。

是日，首都国投（广东）实业投资有限公司领导到大埔县，商讨新农贸综合体项目规划设计论证工作。县长熊锋松、县人大常委会主任黄建庭、副县长刘辉堂与广东省人大代表、首都国投华南总部副董事长兼总裁陈公颜等在县科技信息大楼二楼会议室进行座谈交流。

6日，县人大常委会主任黄建庭到光德镇雷峰、富岭村，调研扶贫攻坚工作。

是日，县政协主席李礼醒、副县长饶凌云到枫朗镇梅溪村，督导扶贫攻坚工作。

7日晚，以“相约魅力球赛，共享全民健康,展长寿乡风采”为主题的2020年“体育彩票杯”大埔县机关干部职工男子篮球赛，在县全民健身广场灯光篮球场举行。

11日，省农业农村厅副厅长陈东一行到大埔县，调研数字农业和市场体系建设工作。

12日，“万川杯”男子足球友谊赛在大埔县田家炳体育中心开赛，县委常委、宣传部部长陈伟平参加活动。

12—13日，深圳无界投资控股集团考察团一行到大埔县考察投资环境，寻求合作商机。县长熊锋松，副县长刘辉堂，二级调研员、县驻外专业招商队队长吴振石，县府办、县科工商务局等相关单位负责人陪同考察或参加座谈会。

12—13 日，广东省老区建设促进会会长陈开枝带领调研组到大埔县，考察老区苏区振兴发展工作。

13 日，珠海市委常委、统战部部长、市海外联谊会会长郭才武带领珠海市海外联谊会成员一行到大埔县参观考察。考察团一行在县委常委、统战部部长张红梅和有关部门负责人的陪同下，到县城泰安楼、百侯古镇、西河张弼士故居、西河漳北村禾肚里民宿参观考察。

13—14 日，国家广播电视总局第三批 2018—2022 年重点电视剧和中宣部重点项目——电视剧《绝密使命》的导演组到大埔县采风，选取电视剧拍摄场景。

13—14 日，省水利厅总工程师、工程建设总指挥部副总指挥邝明勇率工作组到大埔县，深入韩江高陂水利枢纽工程建设现场检查指导工作。

14 日，县委常委刘晓泉参加中国电信大埔分公司“文明健康，有你有我”“美丽梅州，美好家园”主题清洁活动，并到大埔分公司进行调研指导。

15—16 日，水利部水利水电规划设计总院党委书记陈伟一行到大埔县，开展韩江高陂水利枢纽工程征地移民实施调整报告审查工作。县长熊锋松、副县长廖昌元等陪同调研。

17 日，广东金润源陶瓷股份有限公司、广东晏弘陶瓷股份有限公司和广东裕丰陶瓷股份有限公司被梅州市科学技术局认定为 2020 年度第一批梅州市工程技术研究中心。

19 日，大埔县在县委、县政府二楼会议室召开深化乡镇体制改革完善基层治理体系工作动员大会。

是日，大埔县在县中医医院四楼会议室召开“中国医师节”座谈会，表彰一批抗击新冠肺炎疫情战役中表现突出的优秀医务工作者。县委常委、统战部部长张红梅，县政协副主席、县人民医院院长黄伟胜等参加座谈会。

是日，大埔县在县科技信息大楼二楼会议室召开 2020 年总河长会议，会议签订“河长+检察长+警长”联动工作机制框架协议。县领导熊锋松、李宏、徐杞文、廖昌元，县检察长及各县直有关单位负责人、各镇（场）党委书记、县河库保护中心全体工作人员等参加会议。

20 日，市人大常委会副主任张映平带领市人大常委会全面推行河长制实施工作调研组一行，在县人大常委会主任黄建庭、常务副主任刘坤明，副县长廖昌元等陪同下，到茶阳镇、韩江高陂大桥、韩江高陂水利枢纽工程建设现场调研。

是日，大埔县在枫朗镇森泰实业有限公司举办非煤矿山坍塌事故应急救援演练活动。县森林防灭火指挥部、县应急管理局等各相关单位负责人、县 11 家非煤矿山企业主要负责人到现场观摩。

21 日，副市长温向芳到大埔县，调研第三届广东茶产业大会筹备工作和蜜柚营销工作。

是日，县委副书记、政法委书记李宏，县人大常委会常务副主任刘坤明到枫朗镇大埔角村，督促“三清三拆三整治回头看”工作。

22 日，市委副书记、市长张爱军到大埔县，调研重点项目规划建设工作。

24 日，2020 年廖光明教育基金会奖教奖学助学金发放仪式，在大埔县科技信息大楼一楼会场举行。廖光明捐资 60 万元奖励优秀师生，资助品学兼优的贫困学生。

26 日，大埔县与顺丰速运共建的梅州柚·大埔蜜柚物流集散中心，在大麻镇举行启动仪式。

是日，大埔县 2020 年“筑梦广东·人力同行”“保居民就业·促苏区发展”“高校毕业生就业工作”“民营企业招聘月”暨就业扶贫等系列现场招聘会，在三河镇工业园区举办。

是日，大埔县在县科技信息大楼二楼会议室，举行邓振龙奖教奖学金颁奖仪式。邓振龙捐资60万元，奖励考取浙江大学的张雯、李誉、罗维洛各5万元，奖励培养3位名校学生的教师共45万元。

27日，市统计局局长凌松宏等到大埔县，检查指导第七次全国人口普查工作情况,并到湖寮镇城西社区、城北社区实地开展督导工作。县委常委、常务副县长蓝欣陪同。

是日，大埔县在科技信息大楼二楼会议室，举行梅州市瑞山天泉有限公司扶贫爱心捐赠仪式。

28日，县政协主席李礼醒、副主席严庆东带领部分政协常委、委员以及有关单位负责人，开展“打赢污染防治攻坚战”专题视察。

29日，2020年“客家村镇银行”梅州市足球联赛乙级比赛首轮轮空赛在大埔县体育场馆举行。

31日，县委书记朱汉东到县城部分中小学校，调研秋季开学准备工作情况。

是月，百侯名镇旅游区入选广东省森林旅游特色线路以及广东省工业旅游精品线路。

9月

1日，县委书记朱汉东到茶阳镇，调研“沿省际边界”20千米示范带项目建设和骑楼老街提升改造项目建设情况。

2日，联合国世界旅游组织专家、教授贾云峰团队一行到大埔县，考察大健康产业发展。县委常委、统战部部长张红梅，县长寿文化研究会会长袁光明，县文广旅体局、县长寿事业发展中心等有关单位负责人陪同考察。

2—4日，县委理论学习中心组召开学习会，县领导用3天时间集中学习研讨《习近平谈治国理政》（第三卷）。

3日，大埔县文广旅体局、大埔县文化馆、大埔小学等相关人员到青溪镇实验学校，推进省级非物质文化遗产项目——青溪黑蛟龙灯舞、青溪仔狮灯进校园工作。

是日，2020广东梅州柚·大埔蜜柚开采节暨产销对接会在大埔县西河镇漳北村举行。市人大常委会副主任、市总工会主席蓝伟东，副市长温向芳，市政协副主席、民盟梅州市委会主委韩小林，中国邮政集团有限公司广东省分公司副总经理陈明志，广东省农业农村厅农业展览馆副馆长蔡丽君，市政府副秘书长梁志坚，市农业农村局局长黄增国，县领导朱汉东、熊锋松、刘晓泉、谢以美、刘辉堂、邓玉伦等参加活动。

4日，省政协原副主席唐国忠一行到大埔县调研。县政协主席李礼醒、副县长饶凌云、县政协副主席张友群等陪同调研。

7日，县委书记朱汉东到县华侨事迹展馆调研，察看展馆布置情况。

8日，县委书记朱汉东率队到三河镇五丰大桥、汇东村等现场实地调研。

是日，福建省委常委、宣传部部长邢善萍带队到大埔县，调研中央红色交通线保护利用情况。县委书记朱汉东，县委常委、宣传部部长陈伟平，县委常委、县委办主任杨自强等参加活动。

9日，红色革命历史题材电视剧《绝密使命》在福建省龙岩市永定区城郊镇伯公凹举行开机仪式。广东省委宣传部常务副部长刘红兵，梅州市委副书记王庆利，大埔县委书记朱汉东，县委常委、宣传部部长陈伟平等参加开机仪式。

是日，中宣部文艺局副局长王强，福建

省人大常委会原副主任、省关工委常务副主任袁锦贵，广东省委宣传部常务副部长刘红兵一行到大埔县，调研红色文化资源保护开发利用工作。

是日，大埔县政协历届委员联谊会会员到县重点项目建设现场参观，详细了解项目建设进展相关情况。

11 日，《大埔年鉴（2019）》被省地方志办评为全省 2019 卷二等年鉴。

是日，全国各地柚果经销商、采购商到大埔县，开展大埔蜜柚基地考察和产销对接活动。

12 日，举行大埔县百侯镇“童声合唱乡村行”公益活动暨大埔县童声合唱团启动仪式。活动仪式由嘉应学院音乐与舞蹈学院、大埔县百侯镇人民政府、大埔县文学艺术界联合会主办，并由梅州市侯宝斋文化投资有限公司、大埔县侯宝斋志愿者协会、嘉应学院“唓个”合唱团、梅州市女美术家协会协办，在百侯镇侯北村笙曹筱筑·侯宝斋（百侯）艺术馆举行。

是日，世界长寿乡·广东梅州柚·大埔蜜柚广州推介会暨海珠区对口帮扶消费扶贫月活动启动仪式在广州市海珠区举行。县长熊锋松参加活动。

13 日，大埔县在三河镇梓里村成立全梅州市第一个村级文学艺术界联合会。

14 日，省人社厅领导和新华社记者到大埔县，报道粤菜（客家菜）师傅工程。县委常委、宣传部部长陈伟平，副县长罗春达等陪同。

15 日，县委书记朱汉东带队到枫朗镇、高陂镇，检查第三届广东茶叶产业大会筹备工作情况。

16 日，省水利厅副厅长蔡泽辉一行到大埔县，深入韩江高陂水利枢纽工程检查安全生产工作。

是日，省文旅厅一级调研员屈其仁率领省、市相关领导及梅州市、潮州市文化站站长共计 200 人到大埔县，开展实地现场教学活动，重点学习大埔县文化阵地建设以及文旅融合发展情况。

是日，市委副书记、市长张爱军到大埔县督导检查中央直达资金、新增债券资金支出进度和重点项目投资推进情况，检查茶叶产业大会筹备工作、开展巡河工作。

是日，市委党史研究室主任邓文庆一行在县委常委、宣传部部长陈伟平，县委常委、组织部部长陈军营等陪同下，到大麻镇、三河镇、青溪镇、茶阳镇实地调研挖掘红色文化、保护利用红色文化工作。

是日，大埔县开展“传承弘扬好家风好家教”家庭教育大讲堂活动，在百侯镇侯南村家风家教实践基地进行。活动由县委宣传部指导，县教育局、团县委、县妇联联合举办，百侯镇人民政府承办，大埔新华书店有限公司协办。百侯幼儿园、百侯中心小学学生及家长、百侯巾帼志愿者、百侯社工等共 100 人参加活动。

17 日，县人大常委会开展《关于加快创建省卫生强县工作的议案》实施情况工作调研。

18 日，省人大常委会副主任王学成带领调研组到大埔县，调研“传承红色基因,加强岭南革命遗址保护”工作。

是日，省总工会副主席谢炳生到大埔县，调研县工人文化宫建设工作。

18—19 日，烟台张裕葡萄酿酒股份有限公司总经理孙健一行到大埔县，就大埔县投资环境和发展情况进行实地考察。

19 日，梅州柚子宴暨 2020 大埔美食旅游季在大埔县西湖公园万人广场启幕。市委常委、副市长孙春明，县长熊锋松，市文化广电旅游局副局长张卫东等出席活动。活动由大埔县人民政府、梅州市文化广电旅游局主办，广东客都文旅有限公司承办。

22日，省政协提案委员会主任姚恒尹率省政协委员第一视察团一行到大埔县,视察大埔县现代农业产业园建设情况。县政协主席李礼醒、副主席张友群陪同。

是日，大埔在县应急管理局举行大埔县安全生产委员会、大埔县突发事件应急委员会、大埔县减灾委员会、大埔县防汛防风防旱指挥部、大埔县森林防灭火指挥部、大埔县防震抗震救灾指挥部（简称“三委三部”）的挂牌揭幕仪式。

是日，大埔县人力资源和社会保障局、县退役军人事务局主办的“保居民就业 促苏区发展”招聘月暨退役军人招聘会在县城文化广场举办。

23日，大埔县在广东富大陶瓷文化发展股份有限公司成功举办中国青花瓷之乡·大埔青花瓷茶器设计创意大赛，共有25家陶瓷企业114件作品参赛，最终获奖作品15件。

24日，县委书记朱汉东带队到大潮高速公路部分标段，检查工程施工情况。

25日，大埔县在县城文化广场，举行2020年大埔县“全民志愿行·美丽迎华诞”志愿服务大行动暨大埔县乡村文明实践志愿服务提升行动启动仪式。

26日，九三学社中央宣传部综合处处长郭培君一行到大埔县，考察爱国主义教育基地，调研古民居开发保护利用课题。

27日，市委政法委负责人一行到大埔县，开展社会面和宗教场所国庆节前安全检查工作，调研“平安之乡”实践创新项目建设情况。

是日，市、县检查组到大埔县，联合开展交通运输行业中秋、国庆节前安全生产大检查。

27—28日，五华县委书记吴晖带队到大埔县，考察工业、农业、旅游业等产业发展情况及乡村振兴工作。

28日，市委常委、常务副市长、汀江市级河长吴晓晖到大埔县，实地巡查汀江并开展调研。

是日，国际自然医学会中国总部主任、世界长寿乡科学认证委员会副主席、教育经济学博士王智墨一行，到大埔县调研康养文旅产业发展工作。

是日，广东省人大代表、首都国投华南总部总裁陈公颜一行到大埔开展调研，寻求合作机遇，推动双方共赢发展。

是日，大埔县在枫朗镇仙子下村双坑，举行2020年度森林防灭火技能培训暨实战演练。

是日，大埔县在县科技信息大楼一楼会场，举办大埔县领导干部党章党规党纪教育培训班。培训班以“严守政治纪律，践行‘两个维护’”为主题。

29日，华能集团南方分公司党委委员、副总经理黄和龙等带队到大东镇进滩村，开展扶贫调研与慰问活动。

是日，市公路事务中心主任王忠率队到大埔县，督查国、省道重点项目和“十三五”迎国评工作。

是日，市司法局党组书记、局长叶仁基一行到大埔县司法局，开展基层司法行政系统干部队伍情况调研。

是日，副县长饶凌云带领县残联、广东狮子会虎山服务队等相关人员，到湖寮镇城西社区康园工疗中心、百侯镇社区康园工疗中心，开展“关爱残疾人·暖心慰问”活动。

30日，大埔县在三河坝战役纪念园举行烈士纪念日公祭活动。

是日，“奋进新时代·携手奔小康”主题摄影展暨广东“非遗”剪纸公益行活动在湖寮镇龙岗村窠里中宪第举办，现场展出摄影作品约100幅。县政协副主席张友群，县政协、县文联、湖寮镇等有关单位负责人参加摄影展开幕式。

10月

2日，中国工程院院士邱冠周到大埔县指导工作，对大埔县矿产资源的开发、利用提出专业的意见和建议。

9日，中共大埔县委十二届十次全会在县科技信息大楼一楼会场召开。

是日，县委书记朱汉东、县长熊锋松、中国移动梅州分公司总经理李永强等到大埔县蜜柚产业园区，实地调研蜜柚博览中心、农业大数据展示控制中心、农业产业信息化平台建设等情况。

9—10日，大埔公安在梅龙高速西河公安检查站连续2天查获2辆运输假烟的货车，现场查扣标称为“中华”“芙蓉王”“小熊猫”“红双喜”等品牌假烟共计240箱，案值总计200万元。

10日，由广东省妇幼保健协会、深圳市妇幼保健院主办，梅州市妇幼保健协会、大埔县妇幼保健院协办的广东省妇幼保健协会超声专业委员会直通车梅州站培训班在大埔县瑞锦酒店三楼金色大厅开班。原广东省卫生厅厅长、广东省妇幼保健协会创会会长黄庆道，大埔县委常委、统战部部长张红梅出席开班仪式并作讲话。来自江西省、河源市、梅州市市直以及各县（区）医疗单位和大埔县各镇卫生院医务人员共计100人参加培训。

是日，大埔县卫生健康局在文化广场开展以“18岁以上知晓血压”为主题的大型义诊活动。

10日至11月1日，顺德区伦教街道机关人员2020年素能提升培训班分四批到大埔县委党校，共计340名学员参训。

11日，县委书记朱汉东到高陂镇银滩村、党溪村，督导韩江高陂水利枢纽工程征地拆迁、移民安置和依法征收扫尾工作。

是日，大埔县在西河镇禾肚里稻田民宿，举办梅州市（大埔县）农村电商“一村一品”带头人培训班。县人社局、梅州市佳美职业培训学校、嘉应学院培训教授等相关单位负责人及参培学员参加开班仪式。

12日，大埔县召开庆祝中国少年先锋队建队71周年暨第八次全国少代会精神宣讲会。会议表彰2019年度大埔县少先队工作先进集体和个人；传达学习贯彻习近平总书记致第八次全国少代会贺信精神和第八次全国少代会精神。

是日，广东省气象公共安全技术支持中心主任蔡占文到广东粤电大埔发电有限公司调研，共商火电事业气象服务事宜。

13日，省委第十三巡视组巡视大埔县工作动员会议召开。动员会上，省委第十三巡视组组长刘丹就开展巡视工作进行安排部署、提出具体要求。梅州市委副书记王庆利出席动员会并代表市委作表态发言。大埔县委书记朱汉东主持会议并作表态发言。

是日，大埔县在县委、县政府二楼会议室召开县委常委会会议，深入贯彻落实习近平总书记关于巡视工作的重要论述，深刻领会省委第十三巡视组巡视大埔县工作动员会精神和市委副书记王庆利讲话精神，动员全县上下全力支持配合省委第十三巡视组巡视大埔工作。

14日，深圳经济特区建立40周年庆祝大会在深圳市举行，中共中央总书记、国家主席、中央军委主席习近平出席大会并发表重要讲话。县委书记朱汉东，县人大常委会主任黄建庭，县政协主席李礼醒，县委副书记、政法委书记李宏等县班子领导，县人武部政委，法检“两长”，县纪委副书记（监委副主任），县委办、县府办负责人在县委、县政府大楼二楼会议室收听收看会议。

是日，县委书记朱汉东，县委常委徐杞

文到茶阳镇安乐村、迪麻村，实地查看环境状况，调研垦造水田工作的进展情况。

是日，大埔县举行旅游商品展销中心揭牌仪式。县人大常委会主任黄建庭，县委常委、宣传部部长陈伟平等领导参加揭牌仪式，并为大埔县旅游商品展销中心揭牌。

15 日，副市长、公安局局长宁惠军到位于大埔县茶阳镇的大埔县工农革命政府公安局旧址，实地调研旧址修缮保护工作，推进旧址展览馆及纪念广场建设工作。

是日，副县长饶凌云一行到光德镇富岭村，向烈属代表颁授烈士光荣证，并送上烈士褒扬金和一次性抚恤金。

维修后的大埔县工农革命政府公安局旧址外貌（市公安局提供）

是日，大埔县文广旅体局设计的自驾路线“客家香格里拉，世界长寿乡——大埔！梦想中的伊甸园 4 天深度游”获 2019 年度“最受欢迎的国内十大自驾路线”奖项第一名。

16 日，副县长、公安局局长赖宽率队到中国电信大埔分公司，就打击治理通信网络新型违法犯罪工作开展现场调研、督导。

是日，县委政法委联合湖寮镇在县城丽水湾小区和碧桂园小区开展“一感二度三率”入户宣传工作。

是日，省发展研究中心党组书记、主任钟旋辉到大埔县，调研“十四五”时期广东省精准帮扶省际边界地区政策措施有关工作。

是日，县民政局、县未成年人救助保护中心、县农村留守儿童关爱保护和困境儿童保障中心联合县教育局、县关工委、团县委在大麻镇中心小学，举行“我和树洞有个小秘密”信箱活动揭箱仪式。

是日，梅州军分区司令员、梅州军分区政治委员和部分党员干部到三河坝烈士纪念园，开展主题党日活动，缅怀革命先烈、参观红色展馆，加强党性教育。

17—20 日，市红十字会、县红十字会、大埔农商银行联合举办 2020“救在身边”救护员培训。大埔农商银行有 120 人参加培训。

19 日，大埔县在县旅游服务中心一楼影视厅，举行 2020 年大埔县讲解员（导游员）职业技能培训班开班仪式。县委常委、宣传部部长陈伟平，县文广旅体局负责人，全县讲解员（导游员），含旅行社持有导游证的专、兼职导游员、工作人员，各景区(点)讲解工作人员以及各镇（场）旅游干部参加开班仪式。

是日，省委农办农村社会事业促进处乡村风貌提升工作督查专员温小峰一行到大埔县，开展第二届“广东十大美丽乡村”系列评选活动实地考察工作。

是日，县长熊锋松带队前往大麻镇、高

陂镇，督导韩江高陂水利枢纽工程征地拆迁和移民安置工作。

是日，大埔县在科技信息大楼二楼会议室，召开重大项目谋划及专项债券资金申报座谈会。县委常委、常务副县长蓝欣，县府办、县发改局、县财政局等县直相关单位负责人，广东省国际工程咨询有限公司团队参加座谈会。

是日，大埔县首个商标品牌培育指导站——大埔蜜柚行业协会商标品牌培育指导站挂牌成立。

19—21 日，大埔县林业局举办为期三天的无人机操作培训班。

20 日，省委常委、政法委书记张虎到大埔调研政法工作。省委政法委常务副书记李水华，市委常委、政法委书记，县委书记朱汉东，县委副书记、政法委书记李宏，副县长、公安局局长赖宽等参加活动。

是日，建党 100 周年献礼剧《绝密使命》在大埔县大麻镇大埔码头举行开拍仪式。县委书记朱汉东，县委常委、宣传部部长陈伟平，华策影视杭州剧集中心总经理、电视剧《绝密使命》制片人张敏，电视剧《绝密使命》执行制片人武林、制片主任高格、导演白涛，县人武部、县委办、县委宣传部、韩江高陂水利枢纽工程建管处、县委党史研究室、县文广旅体局、县广播电视台、茶阳镇、青溪镇、百侯镇等有关单位负责人及电视剧《绝密使命》剧组主创团队、演职人员和大麻镇干部职工等参加开拍仪式。

是日，梅州军分区司令员一行到大埔县人武部，调研武装部的全面建设情况。

是日，广东省韩江高陂水利枢纽工程下闸蓄水阶段移民安置顺利通过自验、初验技术验收。县长熊锋松、副县长廖昌元参加技术验收工作。22 日，通过自验、初验行政验收。

是日，大埔县在县科技信息大楼二楼会议室，举行大埔县人民政府与梅州农村商业银行股份有限公司战略合作框架协议签订仪式暨金融工作座谈会。

是日，市委常委、组织部部长罗盛芬到市委组织部挂钩扶贫点大麻镇桃石村，调研精准脱贫工作。

是日，省社保局党委书记夏青一行到大埔县，开展社保经办重点工作检查调研和选调生基层锻炼工作。

21 日，佛山市南海区人大常委会副主任武小文一行到大埔县，考察推进县镇人大工作和建设美丽乡村、促进文化振兴等方面的工作。

是日，在深圳市电影电视家协会主席、著名纪录片导演李亚威，梅州日报社总经理梁庚的带领下，《绝密使命》剧组主创团队分别前往青溪镇的红色交通线中站、多宝坑小站以及大麻镇的中兰村实地取景。

22 日，大埔县妇女第十三次代表大会在县科技信息大楼一楼会议室举行。县委书记朱汉东，梅州市妇联党组书记、主席蔡雪嫦，县长熊锋松，县人大常委会主任黄建庭，县政协主席李礼醒，县委常委、组织部部长陈军营，县人大常委会副主任邓立新，县政协副主席张友群、杨竹玲出席开幕式。陈军营主持开幕式。

是日，县长熊锋松到高陂镇，督导韩江高陂水利枢纽工程征地拆迁和移民安置工作。

是日，县委副书记、政法委书记李宏，县委常委、组织部部长陈军营到湖寮镇，走访慰问离（退）休老领导、老干部。

是日，“四海同心”台湾客籍子弟原乡文化寻根之旅交流活动走进大埔县。交流团一行到张弼士故居、泰安楼、百侯古镇等地，实地了解大埔历史文化、经济社会发展等方面的情况。

是日，市委常委、市纪委书记、市监委

代主任蒋万军带队到大埔县，调研家风家训馆的建设工作。

23日，大埔县广东汉剧传承保护中心、县广东汉剧协会艺术团到县福利院，开展“温暖重阳”慰问演出。

24日，大埔县在西河镇北塘艺术部落崇德堂艺术（展览）中心，举行“秋行客家—佛山市中国画学会走进大埔写生作品展”活动。梅州市文联、大埔县委宣传部、大埔县文联、佛山市中国画学会等有关单位领导嘉宾、专家学者、参展作者出席活动开幕式。

25日，大埔县在县城文化广场，举办庆祝2020年老年节全民健身系列活动之太极拳专场展演。

26日，大埔县在县城文化广场，举行庆祝广东省第二十七届环卫工人节暨生活垃圾分类宣传活动。

是日，大埔县在高陂镇水质净化厂，举行大埔县镇级污水厂全面完工验收仪式。

是日，2020年度大埔县行政执法人员综合法律知识和行政执法业务培训班，在县小吃文化城五楼会议室开班。

是日，副市长温向芳到大埔县，检查第三届广东茶叶产业大会筹备工作情况。县委书记朱汉东、县长熊锋松陪同检查。

27日，大埔县在县科技信息大楼二楼会议室，召开《大埔县韩江（高陂）水利风景区旅游规划》和《大埔红色苏区旅游接待中心修建性详细规划》汇报会。县委书记朱汉东，县长熊锋松，县人大常委会主任黄建庭，县政协主席李礼醒，县领导陈伟平、陈军营、罗春达，梅州市大埔韩江高陂水利枢纽工程建设管理处分管负责人，县文广旅体局、县府办、县林业局、县住建局、县水务局等单位相关负责人，湖寮镇、高陂镇、三河镇、大麻镇、洲瑞镇、银江镇、茶阳镇党委书记，福州市规划设计研究院和广州普邦园林股份有限公司规划团队参加会议。

是日，大埔县人民检察院与县工商联联合开展“服务‘六稳’‘六保’护航民企发展”检察开放日活动。

是日，县长熊锋松带队到县城工业小区卓粤汇鑫工地、梅州旭平首饰公司、梅州鸿富翰科技有限公司和大埔县新城基工贸有限公司查看，督导企业生产发展情况。

是日，县政协开展“充分利用祠堂文化资源 助力乡村振兴”专题视察活动。

28日，国际自然医学会康养专家张华正一行到大埔县调研，考察交流合作发展事宜。

是日，省供销合作联社理事会副主任林少俊一行到大埔县，调研联农带农工作。林少俊一行在副县长饶凌云、廖昌元等陪同下，到三河基层供销社助农服务中心、大埔县通美实业有限公司柚果精深加工厂、县电子商务产业园、广东供销（梅州大埔）天业冷链物流产业园、湖寮基层供销社助农服务中心等进行实地调研。

是日，市委常委、市政府党组副书记黄文沐带队，对大埔县江河水质情况进行调研，推进江河水环境整治。黄文沐带领调研组一行，在县长熊锋松、副县长廖昌元，县府办、市生态环境局大埔分局、县水务局相关负责人的陪同下，到韩江大麻水质自动监测站、航道所码头、三河码头、三河镇镇级污水处理厂(社区)、旧寨村污水处理设施现场、梅潭河沿线现场、三河电站等地进行实地调研。

是日，梅州市人民检察院联合大埔县人民检察院在大埔县检察院六楼听证室，召开廖某明等四人非法狩猎刑事附带民事公益诉讼案公开听证会。

是日，县委书记朱汉东带队到高陂镇、桃源镇，调研青花瓷小镇规划建设、新农村人居环境整治和“人居环境+陶瓷”乡村振兴示范片建设推进情况。

29日，大埔县召开2020粤港澳大湾区知识产权交易博览会推进会暨梅州市特色产业知识产权主题研讨会筹备工作协调会。

是日，河源市地方志办副主任黄彬一行到大埔县，调研地方志工作，并到三河坝战役烈士纪念园、三河中山纪念堂、张弼士故居、青溪红色交通站旧址参观。

29—30日，广东省教育厅学生体质健康测试专家组一行到大埔县，对大埔县6所学校的中小学生体质健康水平进行抽测。

30日，全县干部大会在县科技信息大楼一楼会场召开。大会传达学习贯彻习近平总书记出席深圳经济特区建立40周年庆祝大会和视察广东重要讲话、重要指示精神，以及全省干部大会、省委书记李希到梅州市调研讲话精神、全市干部大会精神。

是日，腾讯公司、裕同科技和深圳市东启供应链股份有限公司等企业考察团到大埔县，考察陶瓷产业发展、生产工艺、产品销售等情况。

是日，大埔县在高陂镇产业转移园，举办2020年大埔县就业扶贫暨“广东技工”“粤菜师傅”“南粤家政”三项工程就业招聘会。

31日，第三届广东茶叶产业大会文艺晚会在大埔县西湖公园公颜汉乐厅举行。晚会以“长寿之乡嘉应茶，一芽一叶吐芳华”为主题，展现客家茶、山歌、汉乐等文化。

11月

1日，由广东省农业农村厅、梅州市人民政府联合主办的第三届广东茶叶产业大会在梅州市大埔县举行，中国工程院院士陈宗懋、刘仲华等国内多名茶叶研究专家和上百家广东茶企齐聚世界长寿乡梅州大埔，展示广东茶企风采，交流茶叶产业发展经验，探寻广东茶叶产业高质量创新发展之路。陈宗懋、刘仲华，广东省人民政府副秘书长郑伟仪，中共梅州市委书记陈敏，广东省农业农村厅厅长顾幸伟，梅州市人民政府市长张爱军，海南省军区原副政委、少将黄声云，中国农业科学院茶叶研究所副所长鲁成银，南方报业传媒集团副总编辑王更辉等领导，以及梅州市领导王庆利、余其豹、张映平、温向芳、吴泽桐、李利平，县领导朱汉东、熊锋松、黄建庭、李礼醒等，省财政厅、省农科院、省农垦集团、南方报业传媒集团、华南农业大学、中国农业科学院茶叶研究所、中国食品土畜进出口商会、南方茶叶商会，及省、市农业农村部门有关负责人，国家产业技术体系专家，各茶叶商会、企业、采购商和新闻媒体记者等出席大会。

是日，梅州市乡贤回归兴业重点工程——大埔县康养蜜柚小镇首期工程龙兴蜜柚酒店举行动工仪式。

是日，以“做优做强茶产业”为主题的广东茶叶营销与品牌发展峰会在大埔县瑞锦酒店十五楼会场举行。中国工程院院士陈宗懋、刘仲华，省农业农村厅副厅长冯彤，副市长温向芳，中国农业科学院茶叶研究所副所长鲁成银，县长熊锋松等领导嘉宾出席峰会。

是日，中国工程院院士刘仲华到大埔县枫朗镇的茶叶产业园进行实地调研，强调要充分利用大埔的生态环境优势，加强政府、行业和茶农间的联动，将茶与文旅、大健康、金融等领域高度融合，不断做大做强茶产业。

是日，中山大学校长办公室主任杨建林一行到大埔县，调研邹鲁故居椿森第修缮与布展工作。

2—4日，2020粤港澳大湾区知识产权交易博览会推进会暨梅州市特色产业知识产权主题研讨会在大埔县城举办。此次研讨会由广东省市场监督管理局（知识产权局）指导，梅州市人民政府、广东省知识产权保护中心主办，大埔县人民政府、梅州市市场监督管理局（知识产权局）承办，梅州市中兴达知识产权有限公司协办。

3日，县委常委、常务副县长蓝欣一行到湖寮镇城东居委会和城北居委会，调研督导第七次全国人口普查工作。

是日，由吴汉东带领的知识产权专家组一行到大埔县西河镇漳北村，考察新农村建设工作。中南财经政法大学原校长、广东中策知识产权研究院首席专家吴汉东，广东省知识产权保护中心副主任谢红一行在副县长刘辉堂的陪同下考察。

3—4日，副县长、公安局局长赖宽带队到大麻、茶阳两镇街区，检查指导城镇交通秩序管理工作。

4日，县委书记朱汉东采取不打招呼、不发通知、随机抽查、直奔现场的方式，到高陂镇尧溪村、代富村就脱贫攻坚工作开展情况进行检查。

是日，来自全国各地近30家媒体组成的“脱贫奔康·粤来越好”网络主题采访团走进大埔县，用笔和镜头记录大埔脱贫攻坚取得的成效。

5日，大埔县新的社会阶层人士联合会成立大会在田家炳演艺中心翰林剧场召开。市委统战部副部长、市工商联党组书记罗桂芳，县委书记朱汉东，县委常委、统战部部长张红梅，县委常委、县委办主任杨自强，市新的社会阶层人士联合会会长刘榆厚，县新的社会阶层人士联合会全体成员，各镇（场）统战委员，县直有关部门主要负责人，县委统战部相关负责人参加成立大会。

是日，深圳五方文化旅游投资有限公司CEO张云带队到大埔县，考察大埔丰富的文旅资源。

是日，市妇儿工委督查组到大埔县督查相关工作。督查组一行在副县长、县妇儿工委主任饶凌云等陪同下，到大麻镇自来水厂、三河镇政府，现场检查村村通工程、自来水厂建设和省级卫生镇创建等方面的情况。

是日，大埔县举行丰溪林场库区江河人工增殖放流活动。县政府党组成员邓玉伦，县府办、县农业农村局、丰溪林场等相关负责人及各村代表参加活动。

是日，省水利厅总工程师、工程建设副总指挥邝明勇率工作组到韩江高陂水利枢纽工程现场，检查指导工程下闸蓄水相关准备工作。

6日，大埔县在县城体育中心，举行2020年“119”消防安全宣传月活动启动仪式暨第四届消防业务技能大比武活动。县委常委、常务副县长蓝欣，县消安委、县应急管理局等相关单位主要负责人参加活动。

是日，大埔县在小吃文化城五楼，举办2020年安全生产监管业务知识培训。县安委会有关成员单位分管领导、业务负责人，各镇（场）分管领导、应急办负责人，县应急管理局相关股室人员参加培训。

是日，大埔县家政服务行业协会在县城怡景雅苑揭牌成立，并召开第一届第一次会员大会，完成协会选举工作。副县长罗春达为大埔县家政服务行业协会揭牌，为协会会长单位授牌。

6—8日，县委常委、统战部部长张红梅带领县长寿事业发展中心、部分企业代表以及网络主播等工作人员，参加在广州市保利世贸博览馆举行的第七届中国国际老龄产业博览会。

8日，按照中央统一部署，中央宣讲团中共十九届五中全会精神宣讲报告会在广州举行。中央宣讲团成员、省委书记李希作宣讲报告，省长马兴瑞主持会议。宣讲报告会以电视电话会议形式开至各地级以上市、各县（市、区）和省委党校。省委第十三巡视组副组长郑伟及其他组员，县委书记朱汉东，县长熊锋松，县人大常委会主任黄建庭，县政协主席李礼醒等县班子领导，县人武部军政主官，县法院、县检察院主要负责人，县纪委监委副书记（副主任），各镇（场）党政主要负责人，县直正科和省、市驻大埔各单位主要负责人在县委、县政府大楼二楼会议室收听收看报告会。

9日，电视剧《绝密使命》剧组在田家炳演艺中心翰林剧场举行电视剧《绝密使命》剧组大埔赠旗仪式。县长熊锋松，县委常委、宣传部部长陈伟平，华策影视杭州剧集中心总经理、电视剧《绝密使命》制片人张敏，电视剧《绝密使命》制片主任高格，县直相关单位负责人，各镇（场）宣传委员等出席活动。

9—11日，深圳泊心云舍民宿文化发展有限公司董事长钟祥诚一行到大埔县，考察投资环境等事项。

10日，副省长覃伟中到大埔县，调研韩江流域综合治理保护工作。省政府副秘书长杨鹏飞，省水利厅厅长王立新，省生态环境厅副厅长何淼，省住建厅副厅长刘玮，省韩江流域管理局局长陈图钧，市领导温向芳，县领导徐杞文、廖昌元等参加调研。

是日，省退役军人服务中心（站）考核组到大埔县，考核验收星级示范创建工作。

是日，省水利厅二级巡视员肖飞带领调研组一行到大埔县，调研韩江高陂水利枢纽工程建设征地和移民安置工作。

11日，省港澳办党组书记、主任李焕春，省港澳办一级巡视员叶维园带队到大埔县大麻镇小麻村，调研指导精准扶贫和乡村振兴工作。县长熊锋松，县领导张红梅、邓玉伦等陪同调研。

12日，市委常委、组织部部长罗盛芬到大埔县，调研乡镇街道体制改革和党建工作。

是日，大埔县在县委、县政府大楼二楼会议室，组织收听收看全国冬春农田水利暨高标准农田建设电视电话会议。县政府党组成员邓玉伦，县府办、县委宣传部、县水务局、县农业农村局等相关单位负责人收听收看视频会议。

是日，汕头海关党委委员、副关长杨述明带领调研组一行，到大埔县调研蜜柚出口工作。

是日，县委常委、统战部部长张红梅带队检查新冠肺炎疫情防控工作及防疫应急物资储备情况。

是日，陆河县政协主席叶祥振一行到大埔县，开展“红色文化挖掘和乡村振兴工作”专题调研，县政协主席李礼醒、副主席张友群等陪同调研。

13日，大埔县在粤港澳埔籍青年文化学习交流中心，举行大埔县团代表联络站和大埔县青年文化学习交流中心联合揭牌仪式。县委常委、组织部部长陈军营，县委统战部、团县委、县青年文化学习交流中心有关负责人，部分团代表、青年代表等参加揭牌仪式。

是日，县委政法委联合县委宣传部、县公安局、县教育局、县司法局、县妇联、团县委、湖寮镇等单位在县老干部第二活动中心，举办“防范邪教侵害　守护平安家园”宣传活动。

13日，广州—梅州（大埔）人才和劳务对接现场招聘会在大埔县城文化广场举办，此次招聘会为求职者提供130个岗位，1200个职位。

14日，民盟广东省委、民盟中山大学北校区总支领导到大埔县开展义诊活动，调研基层医疗卫生工作。

15日，大埔县新的社会阶层人士联合会携手县家政服务行业协会、梅州市大埔商会青年委员会部分成员，开展“跨界大融合　交流共成长”为主题的参访学习交流活动。

是日，市委常委、副市长、广州对口帮扶指挥部总指挥、梅州高新区党工委书记、管委会主任霍阳带队，到大东镇福光村调研脱贫攻坚工作。

16日，县长熊锋松到茶阳镇沿坑村，调

研重点项目大埔县第二自来水厂及管网建设工程（自来水一期）推进情况。

是日，市税务局、市医疗保障局，市社会保险基金管理局联合组成督导组，到大埔县就城乡居民基本医疗保险基金上缴和基金征缴工作情况进行督导检查。副县长罗春达及县府办、县医疗保障局、县税务局等相关单位负责人陪同检查。

是日，副市长温向芳到定点联系镇大埔县枫朗镇调研，并在大埔角村为基层党员干部上党课。

17日，县委书记朱汉东到茶阳镇下马湖村，对该村脱贫攻坚、基层党建等工作进行暗访督导。

是日，首度揭秘展现中央红色交通线使命与贡献的近代革命历史剧《绝密使命》在浙江横店影视城圆满杀青。县委常委、宣传部部长陈伟平参加杀青仪式。

18日，广西壮族自治区政协副主席、党组副书记黄道伟带领考察组到大埔县参观考察。黄道伟带领考察组在广东省政协原副主席、理论研究会会长刘日知，市领导曾尚忠、李忠良的陪同下，到三河坝战役纪念园，瞻仰三河坝战役烈士纪念碑，深切缅怀革命先烈的丰功伟绩。县政协主席李礼醒参加活动。

是日，第十六届中国茶业经济年会在云南省西双版纳傣族自治州勐海县召开。大会发布2020中国茶业百强县榜单，其中大埔县上榜，位列第83位。同时还有2020中国茶业百强企业榜单，其中广东省大埔县西岩茶叶集团有限公司、广东凯达茶业股份有限公司等2家茶企上榜。

是日，湛江市麻章区政协副主席陈一波一行到大埔县，开展“重点提案”撰写及办理和“乡村旅游发展”专题调研。县政协党组成员罗振康等陪同调研。

19—20日，县委常委、统战部部长张红梅对大埔县突发公共卫生事件应急物资储备工作进行督查。

20日，广东省气象局监测处专家一行到大埔县气象综合探测基地，开展大埔国家基本气象站新址验收工作。

是日，大埔县在县水务局十楼会议室，举办《广东省河道管理条例》学习宣传动员会暨专题培训。

20—23日，珠海市金湾区侨联与澳门珠海金湾三灶同乡会一行，到大埔县访问交流。

20—28日，在田家炳体育中心举行大埔县2020年“钟声杯”教职工男子篮球决赛。虎山中学代表队获冠军,茶阳镇代表队获亚军，局机关县城小学联队获第三名。

23日，国务院根治拖欠农民工工资工作领导小组办公室召开根治欠薪冬季专项行动动员部署电视电话会议，全国电视电话会议结束后套开全省、全市电视电话会议，大埔县分会场设在县人社局六楼会议室。副县长罗春达，县府办、县根治拖欠农民工工资工作领导小组成员单位负责人参加会议。

是日，大埔县在县城文化广场，举办以“万物和谐　美丽家园”为主题的2020年保护野生动物宣传月暨广东森林文化周宣传活动。县林业局、团县委、县农业农村局等相关单位负责人和志愿者参加活动。

23—25日，全县科级干部专题研讨班在县科技信息大楼一楼会场开班，深入学习贯彻习近平总书记出席深圳经济特区建立40周年庆祝大会和视察广东重要讲话、重要指示精神，同时学习贯彻中共十九届五中全会精神。

24日，大埔县在茶阳镇古村蜜柚基地，召开蜜柚产业发展现场研讨会。市政协副主席李忠良，县政府党组成员邓玉伦，全国知名农业专家蔡德龙博士及品牌孵化团队，县农业农村局、茶阳镇、聚德农业有限公司等有关单位负责人参加研讨会。

25日，湛江市霞山区政协副主席陈兆鹏

一行到大埔县，开展“历史文化保护与开发利用成果”专题调研。

是日，大埔县在茶阳镇开展“护苗成长构建和谐家园”暨“11·25”国际反家庭暴力日宣传活动。

26日，梅州市国动委对大埔县党管武装工作落实情况进行检查考评。

是日，县人大常委会主任黄建庭带领视察组一行，到虎山中学老校区主楼东西两翼改建及人防工程附属设施建设项目、下坜西岭实验学校现场、张云栽实验小学、高陂镇实验小学等地,视察项目推进情况和平安校园创建工作及校园周边环境整治情况。

是日，县政协组织部分政协委员开展“加快产业平台建设，助推实体经济发展”对口协商调研活动。县政协主席李礼醒，副主席张友群、严庆东参加调研活动。

27日，南方医科大学中西医结合医院纪委书记马镇国带领专家一行，到大埔县中医医院开展2020年“大医精诚——中医名家走基层”活动。

28—29日，文化和旅游部党组成员王晓峰到大埔县，调研文旅工作。省文化和旅游厅副厅长曾晓峰，市长张爱军，市委常委、副市长孙春明，县长熊锋松，县委常委、宣传部部长陈伟平等参加有关活动。

30日，大埔县组织相关部门人员，开展韩江高陂水利枢纽工程库底清理专项验收工作。

是日，县委常委、统战部部长张红梅，县政协副主席刘广明到洲瑞镇调研脱贫攻坚工作。

是日，县委常委、常务副县长蓝欣，县政协副主席张友群到茶阳镇开展脱贫攻坚调研并慰问。

12月

1日，中国写实水彩高研班导师作品巡回展在西河镇北塘艺术部落崇德堂艺术（展览）中心开展，画展云集了全国各地名师写实水彩作品，展览时间从2020年12月1日至2021年1月6日。

是日，广州市海珠区副区长叶芳一行到枫朗镇调研精准扶贫工作，并参加隔背村广东珠光集团有限公司捐建项目珠光豆制品厂揭牌仪式。

是日，第一届“梅州市工艺美术大师”颁证暨梅州市第二届工业设计大赛颁奖大会在中国客家博物馆召开，对39位“梅州市工艺美术大师”和33位梅州市第二届工业设计大赛获奖作品主创设计师进行颁证颁奖。大埔县的郭福康、丘汉松、罗景龙等24人被授予“梅州市工艺美术大师”称号。大埔县怡丰园实业的《以工业设计驱动传统陶瓷制造企业的创新力》、富大陶瓷的《文旅助推大埔陶瓷产业发展》分别获梅州市第二届工业设计大赛产业组金奖、铜奖；峰联陶瓷的《丹顶鹤青花瓷长壶》、怡丰园实业的《“唐装”骨瓷长方托盘茶具》、昌隆陶瓷的《30头薄胎青花勾连通花茶具》获产品组优秀奖；富大陶瓷的《柒》获概念组优秀奖。同时，溪山陶瓷的《奇趣昆虫》、怡丰园实业的《以工业设计驱动传统陶瓷制造企业的创新力》获第十届“省长杯”工业设计大赛总决赛优秀奖。

是日，广东欣红陶瓷股份有限公司、大埔县发源发展有限公司、大埔县怡丰园实业有限公司、广东吉玉陶瓷股份有限公司被省科技厅、省财政厅、省税务局认定为广东省2020年第一批高新技术企业。

2日，大埔县LNG气化站举行开工奠基

仪式，该项目的破土动工标志着大埔县人民安全用气、便捷用气将得到更好的保障。县城综局、梅州中燃、大埔中燃等单位相关负责人参加开工仪式。

是日，大埔县在西湖公园举行新时代文明实践活动——文化进万家2020年大埔县文化志愿者文艺演出。

3日，县委书记朱汉东到高陂镇，调研脱贫攻坚、新农村建设和村“两委”换届等工作。

是日，副市长张晨和嘉应学院领导到大埔县实地考察调研，其间，大埔县人民政府与嘉应学院签署校地合作框架协议。

是日，广东省军区副司令员到大埔县人民武装部，检查指导民兵综合救援排训练情况。

4日，县政协开展“加快美丽乡村建设 助推乡村振兴发展”专题视察活动。

5日，省市场监管局党组书记、局长麦教猛带队，到大埔县西河镇漳北村调研指导脱贫攻坚工作。

是日，省港澳办党组书记、主任李焕春带队到大埔县，调研指导精准扶贫和乡村振兴等相关工作。

是日，宝安区新联会第三期红色教育培训暨“凝聚·点燃·引领”宝安新联会第一届会员大会第三次会议在大埔县召开。宝安区委统战部、大埔县委统战部、宝安新联会、大埔县新联会等有关单位负责人参加活动。

6日，大麻中学教师刘开湘被广东省科教委聘为广东省第二批科技教育名师工作室主持人，是省级名师工作室首次在大埔县学校挂牌成立。11日，在大麻中学举行授牌仪式。

7日，退役军人事务部党组成员、副部长朱天舒一行到大埔县，调研退役军人服务站建设工作。

是日，梅州农行大埔县支行联合县公安局、县人民银行开展“杜绝‘两卡’犯罪构筑平安校园”宣传活动。

8日，梅州市社区矫正中心“开放日”活动在大埔县司法局举办。市委政法委、全市公安、检察院、法院和司法行政系统社区矫正工作部门代表，社区矫正对象家属代表及社区矫正小组成员代表，大埔县部分人大代表、政协委员、基层群众、社会工作者及志愿者参加活动。

9日，县政协主席李礼醒、副县长饶凌云到枫朗镇督导扶贫工作。

9—11日，在田家炳体育中心体育场举办2020年大埔县中小学生田径运动会，有44支代表队424名运动员参加，有10人次7个项目打破全县最高纪录。

10日，市人大常委会组织在梅州的全国人大代表、梅州选出的省人大代表到大埔县开展集中视察活动。在市人大常委会副主任伍德凤，市人大常委会秘书长黄立强，市人大常委会代表联络工委主任郭文烈，县长熊锋松，县人大常委会主任黄建庭陪同下，全国、省人大代表前往县长寿文化展览馆、县蜜柚省级现代农业产业园、西河镇人大代表中心联络站、西河镇漳北村等地视察。

是日，大埔县在县应急管理局三楼会议室，组织收听收看全国、全省安全生产工作视频会议。副县长刘辉堂，县府办、县安委办、县应急管理局、县安委会成员单位相关负责人收听收看视频会议。

是日，县反诈中心、县科工商务局、三大运营商（电信、移动、联通）以及湖寮派出所，联合在大埔县城文化广场开展“断卡”行动宣传活动。

11日，省科学院党委书记、院长廖兵带队到西河镇上黄砂村，调研指导扶贫工作，并开展走访慰问活动。廖兵一行在县委常委徐杞文等陪同下，到上黄砂村新时代文明实践站参观农产品展示厅、村史展览室、农家书屋、乡村课堂，并为上黄砂村新时代文明实践站揭牌。

是日，市国考断面水质工作督导组到大埔县汀江青溪电站、梅潭河三河水电站、梅江蓬辣滩水电站，督导国考断面水质工作。

12 日，2020 世界数字农业大会、第十九届广东种业博览会在广州举行，梅州市大埔县的 5G+农业大数据平台在大会上亮相。

14 日，大埔县在县科技信息大楼二楼会议室召开 2021 年度城乡居民基本医疗保险参保缴费工作推进会暨梅州医保补充保险“保尚保”项目培训会。

14—19 日，国务院人普办第七次全国人口普查事后质量抽查组，到大埔县开展人普抽查工作。

14—15 日，市委组织部和大埔县委组成考察团赴韶关学习考察，学习韶关在红色资源保护利用、干部学院规划建设、文化旅游发展和乡村振兴等方面的先进做法和成功经验。韶关市委常委、组织部部长肖展欣，市委组织部副部长、市直机关工委书记李志斌，韶关南雄市委书记王碧安等会见考察团；梅州市委组织部副部长、公务员局局长钟利文，县委书记朱汉东，县领导陈伟平、陈军营、杨自强、邓玉伦等参加考察。

15 日，写生中国·中国油画写生俱乐部广东分部北塘写生基地暨北塘艺术部落振德楼手工坊挂牌仪式，在西河镇北塘艺术部落崇德堂艺术（展览）中心举行。

是日，大埔县人社局联合广东通驿高速公路服务区有限公司粤东分公司在大埔县城文化广场，举办 2020 年大潮（大漳）高速公路服务区专场招聘会，就业 130 人。

是日，县委副书记、政法委书记刘裕君到百侯镇，调研政法部门“一站式”服务基地情况。

16 日，大埔县在县委、县政府大楼二楼会议室，召开村（社区）“两委”换届工作动员部署会议。

是日，副市长温向芳一行到大埔县，调研广东韩江高陂水利枢纽工程下闸蓄水准备工作情况。

是日，市委常委、市政府党组副书记、常务副市长吴晓晖带领巡查组一行，到大埔县巡河并开展调研工作。

是日，省司法厅副厅长林楚明一行到大埔县，调研市域社会治理现代化试点建设工作。

16—20 日，县委常委、副县长、海珠区驻大埔县对口帮扶工作队队长刘晓泉，带领海珠区驻大埔县对口帮扶工作队成员，县府办、县农业农村局等有关人员，赴贵州福泉市、瓮安县学习考察脱贫攻坚工作。

17 日，华能集团南方分公司党委副书记、总经理周秋月带队，到大东镇进滩村调研扶贫工作。县人大常委会副主任邓立新等有关人员陪同调研。

17—18 日，县委常委、宣传部部长陈伟平带队，到汕头、潮州开展“长寿大埔·常来长寿”旅游推介会。

18 日，县委书记朱汉东带队调研韩江高陂水利枢纽工程下闸蓄水前建设工作，县委副书记、政法委书记刘裕君，县委常委、县委办主任杨自强参加调研。

是日，由省委党校党史党建部副主任、教授、博士王玉云带领省委党校中青班学员一行，到大埔县三河坝战役纪念园缅怀革命先烈，传承红色基因，深化党性教育。

是日，湘粤赣闽第八联防区第 56 届、潮揭梅三市九县（区）第 57 届边界护林联防大会在大埔县召开。

18—20 日，广深企业家商务考察团一行到大埔县，就生态旅游、健康养生等方面进行考察。

19 日，深圳市妇幼保健院生殖医学专家团队到大埔县妇幼保健院开展义诊活动。

22日，市委副书记王庆利到大埔县调研督导村（社区）“两委”换届工作。

是日，公安部办公厅副主任、一级巡视员宗胜利一行，到大埔县工农革命政府公安局旧址调研。

23日，韩国驻广州总领事洪性旭一行到大埔县参观考察。

是日，大埔县委政协工作会议在县委、县政府大楼二楼会议室召开。

是日，广东省韩江高陂水利枢纽工程下闸蓄水阶段移民安置终验工作在大埔县召开。省水利厅副厅长刘中春，省水利厅移民处处长李奕雄，县长熊锋松、副县长廖昌元，省有关部门和梅州市、大埔县人民政府及有关部门、规划设计和监督评估等单位代表、特邀专家等参加会议。

24日，县委书记朱汉东带队到茶阳、西河镇，调研省际边界示范带、张弼士博物馆项目建设进展情况和大埔县工农革命政府公安局旧址、茶阳镇邹鲁故居椿森第、县委旧址保护利用工作。

是日，广东省韩江高陂水利枢纽工程航运设施迁改工程大麻码兴通过交工验收，交付大埔航标与测绘所使用。该工程于2019年5月11日开工建设。

25日，2020年大埔县“稳就业 保民生”就业招聘活动，在大埔县城文化广场举办。

是日，省水利厅副厅长刘中春带领验收组一行，对大埔县茶阳水电站工程竣工验收移民安置工作进行终验。

26日，佛山市广东省大埔县商会成立庆典大会暨大埔县招商推介会在佛山市召开，县领导李礼醒、刘辉堂、杨竹玲与各单位代表、杰出乡贤及商会成员参加大会。

27日，大埔县新闻战线庆祝2021年元旦暨“好记者讲好故事”演讲比赛在大埔县融媒体中心演播厅举行。

28日，大埔至潮州高速公路（含大埔至漳州支线）通车仪式在大潮高速公路主线光德服务区举行。省交通集团党委副书记、总经理刘晓华宣布通车，市长张爱军、潮州市市长何晓军参加通车活动仪式并讲话。

是日，全市梅州柚冬园管理现场会在大埔县召开。副市长温向芳出席现场会并实地考察蜜柚产业发展和冬园管理情况。

是日，由政协大埔县委员会、中共大埔县委宣传部主办，梅州市书法家协会、梅州市书法研究会、大埔县文学艺术界联合会承办，广东顺兴种养股份有限公司、大埔县博物馆、大埔县书法家协会协办的“顺兴蜜柚杯”梅州市书法名家作品邀请展在县博物馆举行首展。

是日，大埔县新建档案馆举行揭牌仪式。县委常委、县委办主任杨自强，副县长饶凌云等为新建档案馆揭牌，县委办、县府办有关人员和县档案馆全体职工出席揭牌仪式。

是日，大埔县气象综合探测基地正式揭

大埔县气象局新办公楼外貌（县气象局提供）

牌启用。同时，启用大埔县气象局新办公楼。

29日，“书香政协·文化家园”大埔专题图书展在县政协文化和学习委员会委员工作室举行启动仪式。

是日，县委常委徐杞文带队，到工程项目施工点开展岁末年初安全生产检查工作。

是日，印尼美国国际日报报业集团总裁、印尼熊氏集团董事长、印尼工商会馆中国委员会执行主席熊德龙一行，到大埔县高陂镇、大麻镇参观考察。

30日，大埔县第五届乡镇足球联赛在县城体育中心正式开赛。县委常委、宣传部部长陈伟平，县文广旅体局有关负责人和来自全县各镇（场）的9支球队运动员参加开幕式。

是日，县长熊锋松到项目现场调研，检查县城“三旧”改造工作和节前建筑行业安全生产工作。

是日，大埔县在县科技信息大楼二楼会议室，召开国土空间总体规划（2020—2035）“三线”划定方案（初稿）汇报会。

是日，大埔县人民医院卒中中心、市临床重点专科授牌仪式，在县人民医院综合楼四楼会议室举行。梅州市医学会会长张荣在，县委常委、统战部部长张红梅，县政协副主席、县人民医院院长黄伟胜，县卫健局主要负责人，县人民医院领导班子成员和全体中层干部参加授牌仪式。

是日，由中共大埔县委宣传部主办，大埔县文化广电旅游体育局、大埔县融媒体中心协办的“大埔县新时代文明实践活动——党的十九届五中全会精神和《习近平谈治国理政》第三卷知识竞赛”，在大埔县文化活动中心翰林剧场举行。

是月，2020“中国候鸟旅养小城百佳榜”在第四届中国（贵州）康博会上发榜公示，大埔县以“风情万川·香茶蜜柚”入选2020年“中国候鸟旅养小城百佳榜”——诗意田园全国四佳。

是年，大埔县长寿文化馆改造升级完工。该馆总布展面积906.90平方米，投入420万元打造，包含五大板块，以现代布展方式为主，融入客家元素，古今融合，相得益彰，各大板块图文并茂，内容翔实，融知识性和趣味性于一体。

是年，1月发布新冠肺炎疫情防控物资募捐倡议后，截至12月31日，大埔县红十字会累计接受社会各界捐赠物资127批次，总件数96.15万件（只、套、个），捐赠物资件数位列全市各县（区）第一、全省前列；收到疫情防控捐款2笔共25.60万元。

县情概览

基本地情

【位置面积】大埔县位于广东省东北部、韩江中上游，地处北纬24° 01′—24° 41′、东经116° 18′—116° 56′之间，东和北紧靠福建省漳州市平和县和龙岩市永定区，东南连接潮州市饶平县，西依梅县区、梅江区，南邻丰顺县和潮州市潮安区。全县区域总面积2462平方千米。

【建置沿革】大埔县始建于东晋义熙九年（413年）。秦、汉及西晋时属揭阳县地。东晋义熙九年立义招县，属义安郡。隋大业三年（607年）改义招为万川县。义招、万川县治均设在湖寮（古城村）。唐武德四年（621年）废万川并入海阳县，属潮州。历宋、元及明前期，仍属海阳县光德乡。明成化十四年（1478年）立饶平县，县域属之。明嘉靖五年（1526年）析饶平县之清远、滤洲二都重置县，改名大埔县，县治在茶阳，属潮州府。民国3年（1914年）隶潮循道，民国25年（1936年）属广东省第六行政督察区。1949年中华人民共和国成立后，先后属兴梅专区、粤东行政区、汕头专区。1965年隶属梅县专区，1983年属梅县地区，1988年属梅州市。1961年春，县治由茶阳迁至湖寮五虎山北麓。

【行政区划】2020年，大埔县辖14个镇（湖寮、百侯、枫朗、大东、高陂、光德、桃源、大麻、三河、银江、洲瑞、茶阳、西河、青溪）和丰溪林场，镇、场下设256个村委会（居委会），其中村委会245个、居委会11个，4065个村民小组。

【人口·民族】2020年，大埔县户籍总人口55.23万人，常住户籍人口33.09万人。全县人口主要为汉族，有蒙古族、回族、藏族、苗族、彝族、壮族、布依族、朝鲜族、满族、侗族、瑶族、白族、土家族、哈尼族、傣族、黎族、傈僳族、畲族、高山族、水族、景颇族、土族、仫佬族、毛南族、仡佬族、赫哲族等26个少数民族的少量居民。全县语言属客家方言，光德镇九社、高陂镇埔田等村间有漳州、潮州语。祖籍大埔的华侨、华人有近50万人，素有“华侨之乡”美称。

【气候特点】大埔县属亚热带季风气候。2020年，大埔县年平均气温22.6℃，比历年平均气温高1.5℃；年总降水量979.60毫米，比历年雨量少552毫米，年降水量≥0.1毫米降水日数130天，比历年少18.1天；年日照时数

1778.1 小时，比历年多 85.8 小时。年极端最高气温 39.9℃，出现在 7 月 14 日；年极端最低气温 0.7℃，出现在 1 月 3 日。最冷月（12 月）平均气温 15℃，比历年同期平均偏高 1.7℃；最热月（7 月）平均气温 30.5℃，比历年同期平均偏高 2.4℃。一日最大降水量 74.2 毫米，出现在 9 月 12 日。2020 年，平均气温正常略偏高，年降雨量偏少，年日照时数较历年偏多。据大埔县三防办统计，2020 年 9 月 12—13 日，受强雷雨云团的影响，大埔县普降大到暴雨，局部大暴雨。其中高陂镇受灾较为严重，出现山体滑坡 10 处、内涝 3 处，受灾人口 21 人，农作物受灾面积 10 公顷，直接经济损失 210 万元。

【物产·资源】大埔县水力资源丰富，理论蕴藏量为 70 万千瓦，可开发量为 53.10 万千瓦，已开发 39.95 万千瓦，是全国水电农村电气化县。矿产资源主要有铁、镍、铅、锌、钨、钼、锡、铜、金砂等金属矿，有磷、水晶石、长石、石英石、瓷土、紫砂陶土等非金属矿。瓷土储量 4.38 亿吨，紫砂陶土储量超 1 亿吨，有近 800 年制作陶瓷的历史，大埔青花瓷、高陂陶瓷产品远销欧美、中东及东南亚等 110 个国家和地区，是“陶瓷之乡”。土特产主要有天然矿泉水、瓷器、蜜柚、茶叶、烟叶、金针菜等，还有各式各样的风味小吃，有中国青花瓷之乡、中国蜜柚之乡、中国名茶之乡、世界长寿乡、中国小吃名县、全国重点产茶县、2018 年国家级电子商务进农村综合示范县的称誉。国家质检总局批准西岩乌龙茶、大埔青花瓷为国家地理标志保护产品。大埔蜜柚、大埔乌龙茶被农业部批准为“国家农产品地理标志”的农产品。梅州柚·大埔蜜柚入选首批中欧地理标志协定保护名录。

【地貌·河流】大埔县为“八山一水一分田”的边远山区，森林覆盖率 79%。县境山脉大部分为北南走向，四周高、中间低，层峦起伏，千岩万壑，纵横交错，海拔千米以上的山峰有 27 处，均散布于四周边陲，最高峰为西南部银江镇的明山嶂银窿顶，海拔 1357 米；最低处是高陂镇黄竹居的韩江岸，海拔 26 米；中部丘陵广布。综观全境，海拔 500 米以上的中低山约占 10%，海拔 100—500 米之间的高中丘约占 80%，海拔 100 米以下的低丘、小盆地约占 10%。境内溪河众多，地处韩江流域、梅江水系，有规模以上（500 平方千米以上）河流 5 条，大埔韩江总长 46.86 千米，集雨面积 965.68 平方千米；大埔梅江总长 18.57 千米，集雨面积 129.89 平方千米；大埔汀江总长 41.35 千米，集雨面积 641.06 平方千米；大埔梅潭河总长 83 千米，集雨面积 678 平方千米；大埔漳溪河总长 33.82 千米，集雨面积 158.52 平方千米；规模以下（500 平方千米以下 30 平方千米以上）河流 19 条，总长 392.18 千米，集雨面积 1414.89 平方千米。水库 48 座，总库容 1.18 亿立方米，重点山塘 170 处。

【人文】大埔县民间艺术丰富多彩，是中国民间艺术之乡“花环龙之乡”、中国民族民间文化艺术之乡“广东汉乐之乡”，广东汉乐被列入国家级非物质文化遗产名录。大埔县是革命老区，是广东省首个中央苏区县，是全国文化先进县、第三批国家级农村职业教育和成人教育示范县、国家卫生县城。大埔县三河坝战役烈士纪念碑入选全国爱国主义教育示范基地。百侯镇、茶阳镇、三河镇是中国历史文化名镇，百侯镇侯北村、侯南村是“全国文明村”。大埔钟灵毓秀、人杰地灵，素有“文化之乡”美称。“父子进士”（饶相、饶与龄）、“一腹三翰林”（杨缵绪、杨黼时、杨演时）、“兄弟三将军”（范汉杰、范剑江、范作人）、一县同期“四位省主席”（罗卓英、吴奇伟、范汉杰、赵公武）、“父子两总理”（李光耀、李显龙）被传为佳话，还有中国民族工业之父张弼士、中国首任驻日公使何如璋、中国共产党早期革命活动家罗明、中山大学首任校长邹鲁、首届感动香港十大人物之一的田家炳、现代著名作家杜埃和碧野，中国科学院院士郑度、杨文采、蒲慕明和中国工程院院士饶芳权、邱冠周、涂善东等杰出人物。

【旅游】大埔县主要旅游景点有全国红色旅游经典景区“八一”起义军三河坝战役纪念园，全国重点文物保护单位（茶阳“父子进士”牌坊、大东花萼楼、湖寮泰安楼、西河光禄第、百侯肇庆堂、三河中山纪念堂）6处，国家AAAA级旅游景区（泰安楼客家文化旅游产业园、百侯名镇旅游区）2个，国家AAA级旅游景区（坪山梯田旅游区、张弼士故居旅游区、富大陶瓷工业旅游区、三河坝战役纪念园、大埔县江畔人家休闲旅游度假区、李光耀祖居旅游景区、大埔西河北塘乡村旅游区、瑞山生态旅游度假区、西岩茶乡度假村）9个，还有明朝兵部尚书翁万达墓、广东省丰溪自然保护区、粤东名胜万福寺、大埔阴那山国家森林公园、双髻山省级森林公园、田家炳祖居拱辰楼等。是中国十大文化休闲基地、中国特色旅游休闲度假胜地、全国休闲农业与乡村旅游示范县、十佳中国最美的小城、中国绿色生态·蜜柚示范县、中国深呼吸小城100佳、中国最美丽县、国家重点生态功能区、2017年度中国最美茶乡、新时代·中国最佳生态康养旅游名县、最美中国旅游县、中国文旅融合特色创新示范区。

【交通】大埔县地处广东东北部的边远地区，县境山川多，中华人民共和国成立前有水路运输，几乎没有公路交通,出门要步行，陆运靠肩挑，十分闭塞。中华人民共和国成立后，成立交通机构，多方筹集资金逐步发展交通运输事业。1956年开通第一条埔城至福建永定峰市的公路。截至2020年年底，全县公路通车里程达到3455千米,有高速公路2条〔梅龙高速、大潮高速（含大漳支线）〕、国道1条（G235线）、省道6条、县道6条、乡村道1153条，公路密度134.30千米/百平方千米。全县乡镇通车率100%。对外实现高速公路、国道、省道联通；对内实现县城至15个镇（场）及245个行政村全部通公路并且公路硬底化，300人以上自然村实现公路硬底化。境内航道总长104千米，能通航的有梅江、韩江干流64千米；还有梅坎铁路（梅州至福建坎市）2000年9月通车，大埔段里程48.59千米，县级站设于三河。如今交通运输发达，形成了水路、公路（高速）、铁路并举，内外畅通的综合交通体系。

（黄万海）

2020年经济社会发展状况

【国民经济】2020年，大埔县经济社会保持平稳发展。全县生产总值91.10亿元，同比增长1.7%，增速排在全市第五；规上工业增加值12.22亿元，同比下降4.3%;固定资产投资73.55亿元，同比增长2.8%，排在全市第四；贸易进出口总额1.86亿美元，同比下降26.7%；社会消费品零售总额46.64亿元，同比下降8.8%；本级一般公共预算收入7.15亿元，同比增长1.5%。

【疫情防控】2020年，新冠肺炎疫情发生后，大埔县坚决响应习近平总书记和党中央号召，迅速构筑起抗击疫情的坚固防线，唯一一例外省输入型确诊病例经过16天治疗康复出院，实现本地防控“零感染、零扩散、零死亡”。涌现出黄森昌、邹益香、赖燕萍等一批先进模范代表，西河省际联合检疫检查站被评为广东省抗击新冠肺炎疫情先进集体。

【产业发展】2020年，大埔县出台实施17条措施支持企业复工复产，3月初规上工业企业全面复工，新增减免税费 1.42 亿元、降低社保费 8781 万元、延期还本付息 2.49 亿元。广州海珠（大埔）产业转移工业园 5 家企业建成新生产线，建成 10 家展销展示中心、2 家创新孵化中心，高陂镇青花瓷小镇初具雏形。县城工业小区入园企业 5 家，其中鸿富瀚全年产值 4100 万元，实现当年建设、当年投产、当年上规；旭平首饰建成 4 栋厂房。博富能公司实现增长，全年产值 2.27 亿元、同比增长 30%。引进梅州市博钺电子有限公司落户大麻镇，有效解决高陂水利枢纽工程移民就业问题。大埔电厂实现产值 16.47 亿元，二期工程征地拆迁基本完成并签订三大机组采购合同。启动赤山园区规划建设工作，初步确定选址。投入 4.70 亿元完成省级蜜柚、茶叶现代农业产业园核心区建设，建成大埔蜜柚研究院、院士工作站科研平台，完成西岩山万亩茶文化产业园建设。成功承办第三届广东茶叶产业大会。投入 2200 万元建成全市唯一的 5G+农业大数据平台。大埔入选省农业科技园区建设名单，获得“2020 中国茶业百强县”称号，西岩茶叶、凯达茶业上榜 2020 中国茶业百强企业。顺兴、万川千红 2 家蜜柚企业产品获得出口美国市场认证。梅州柚 · 大埔蜜柚入选首批中欧地理标志协定保护名录。与顺丰集团丰农科技联合成立梅州柚都都果业有限公司，区域公用品牌“嘟嘟蜜柚”初具影响力，促进物流发展。动工建设蜜柚康养小镇酒店，完成长寿文化馆建设。成功创建省级全域旅游示范区，新增国家 AAA 级旅游景区 2 家。三河坝红色主题历史文化游径入选省历史文化游径名单，陶瓷文化之旅线路入选省级工业旅游精品线路。

【重点项目】 2020 年，大埔县推进总投资 399.32 亿元、年度投资计划 96.44 亿元的 121 项重点项目建设，全年完成投资 77.56 亿元。大潮高速（含大漳支线）建成通车。大丰高速进入勘察设计阶段，大埔至潮州港疏港铁路前期工作顺利推进。完成高陂赤山至留田段过境公路一期、三河至梅县区松口、茶阳至三河、西河北塘至纯德、根子栋至光德、大麻坑尾至裕洲、枫朗隔背至岽顶湖等路面改造工程和湖寮密坑大桥建设，完成“四好农村路”建设 225 千米，县城过境公路二期基本完成。省道 S221 线湖寮至枫朗段、S222 线银江坑口至高陂段、韩江高陂水利枢纽工程库周公路改建、大麻莲塘大桥等项目建设扎实推进。三河坝干部学院主体工程全面封顶。韩江高陂水利枢纽工程全面完成土地、房屋的征拆，如期下闸试蓄水。第二自来水厂正式动工，完成富溪水等 3 宗 28.12 千米中小河流治理工程，梅潭河三河至湖寮段等碧道建设扎实推进。解决新诚基五丰稀土矿扩界、县城工业小区山林纠纷等问题，依法征拆张云栽实验小学路口 2 栋旧房、岭下堤水路 1 座老屋，新争取建设用地指标 119.33 公顷、新征土地 135 公顷。

【三大攻坚战】 2020 年，大埔县全体居民人均可支配收入 20625 元。如期完成新时代脱贫攻坚目标任务，累计筹集扶贫资金 6.86 亿元，实施到村项目 3100 个、到户项目 21 万个，全县建档立卡贫困户 4805 户、贫困人口 10478 人全部达到脱贫标准，57 个省定相对贫困村均达到退出标准。20 家企业 80 个农产品进入省扶贫产品信息名录，实现销售收入 2.02 亿元。推进污染防治，国家考核断面水质达标率、省考核断面水质优良率均为 100%，县城空气质量优良率 99.7%，水环境质量、大气质量分别排在全市第一、第二。国家生态功能区考核取得较好成绩，获得中央奖补资金 1.90 亿元。落实总体国家安全观，重点领域风险有效防控，政府全年无新增隐性债务，金融秩序保持稳定。

【改革创新】 2020 年，大埔县深化“放管服”改革，141 项政务服务事项实现“免证办”，行政许可事项时限压减率 93.9%、即办率

96.6%，下放627项事项至镇级、63项至村级办理。工程建设项目审批实现全流程“一个窗口”“一站式”服务，不动产登记全面提速。“数字政府”改革建设扎实推进，167项可查询事项进驻“粤省事·梅州”。实施创新驱动战略和知识产权强县工程，新增国家级高新技术企业12家、科技型中小企业35家，专利申请量449件。成功引进全市首家综合性知识产权服务机构“梅州市中兴达知识产权有限公司”，成功承办2020粤港澳大湾区知识产权交易博览会推进会暨梅州市特色产业知识产权主题研讨会，挂牌成立全省首个县级知识产权保护中心服务站。

【城乡环境】2020年，大埔县成功创建国家卫生县城。打通县城内环东路、梅潭河堤岭下段和文化路延伸段，完成大埔大道一期、大兴路、黎家坪河堤路提升改造，县城垃圾填埋场除险加固完成，县城第二水质净化厂建设扎实推进。奥园商业综合体建成开业。西河镇“十村联动”、大麻镇“六村共同缔造”等示范片取得新进展，成功打造枫朗红色党建引领绿色发展示范带。开展“两美”行动和“三清三拆三整治”回头看，245个行政村达到干净整洁村标准，其中123个行政村达到美丽宜居村标准。新增“一村一品、一镇一业”项目22个，建设15个联村兴业富民服务中心。西河镇漳北村获评“广东十大美丽乡村”。建成高标准农田1033.33公顷，完成水田垦造377.27公顷。拆旧复垦累计交易面积56.80公顷，获得交易资金3.80亿元。粮食作物播种面积稳定在7200公顷以上，生猪存栏出栏水平加快恢复。

【民生福祉】2020年，大埔县八成以上财政支出用于民生领域，十件民生实事基本完成。虎山中学老校区主楼东西两翼改建和城东实验学校、高陂实验学校建设加快，动工建设西岭实验学校。县人民医院门诊大楼、内儿科楼主体结构全面封顶，县妇幼保健院公共卫生业务用房综合楼、县慢性病防治院门诊楼、光德卫生院迁建工程和大东、洲瑞卫生院保障房建成投入使用，高陂中心卫生院迁建工程宿舍楼封顶、住院大楼和综合楼建设有序推进。全年新登记市场主体3574户，同比增长53%；城镇新增就业2050人，城镇登记失业率2.4%。平安之乡先行地建设成效明显，扫黑除恶纵深推进，社会持续和谐稳定。百侯侯南村被评为“全国文明村”，西河漳北村、百侯侯南村成功创建省民主法治示范村。中国红色政权首个公安局——大埔县工农革命政府公安局历史陈列馆开馆。大埔县博物馆晋升为国家二级博物馆。完成第七次全国人口普查登记工作。大埔县档案馆新馆、大埔县气象综合探测基地建成投入使用。安全生产、食品药品安全形势持续稳定。

（饶伟明）

政　治

中共大埔县委员会

主要会议简述

【中国共产党大埔县第十二届委员会第九次全体会议】于 2020 年 1 月 15 日在县城召开。全会主要议题：传达中央经济工作会议和省委十二届八、九次全会及市委七届八次全会精神。县委书记朱汉东代表县委常委会向全会作报告。审议通过《中共大埔县委贯彻落实〈中共广东省委贯彻落实《中共中央关于坚持和完善中国特色社会主义制度推进国家治理体系和治理能力现代化若干重大问题的决定》的实施意见〉的行动方案》。审议通过《大埔县支持深圳建设中国特色社会主义先行示范区的行动方案》。审议通过《大埔县支持广州市推动“四个出新出彩”的若干措施》。县委副书记、县长熊锋松就经济工作作专题讲话。县委常委会向全会报告抓党建工作情况。审议通过全会《决议（草案）》。参加会议人员范围：县委委员、候补委员出席全会。不是县委委员、候补委员的县人大常委会、县政府、县政协、县纪委监委领导，副处级干部，镇（场）党委、政府主要负责人，县人大常委会、县政协各专（工）委主任，县直副科级以上单位和省、市驻大埔单位各一位党员主要负责人，县委巡察组组长，县纪委委员，村（社区）党组织书记，以及县第十二次党代会部分基层代表列席全会。

【乡村振兴战略工作推进会】2020 年 4 月 8 日上午，全省实施乡村振兴战略工作推进会在广州召开。会议深入学习贯彻习近平总书记关于“三农”工作重要论述和对广东重要讲话、重要指示批示精神，总结工作，分析问题，研究部署下一阶段工作。大埔县在县委、县政府大楼二楼分会场组织收听收看会议视频。县委书记朱汉东，县长熊锋松，县委副书记、政法委书记李宏等县领导，县委办、县府办、县直相关部门主要负责人、各镇（场）党委书记等收听收看会议视频。省委书记李希出席会议并讲话，省长马兴瑞主持会议。会议强调，要认真学习贯彻习近平总书记关于“三农”工作重要论述和对广东重要讲话、重要指示批示精神，以高度的政治责任感和历史使命感，奋力促进乡村振兴战略。实施乡村振兴战略是党中央做出的重大决策部署，是决胜全面建成小康社会、全面建设社会主义现代化国家的重大历史任务，是新时代“三农”工作的总抓手。各级各部门要进一步把思想和行动统一到党中央的战略意图和决策部署上来。会议要求，要紧扣“3年取得重大进展”阶段性目标，不折不扣推进乡村振兴硬任务落实见效。要加强领导和组织保障，进一步压实工作责任、转变工作作风，坚持农业农村优先发展，加强干部和人才队伍建设，加大财政资金投入力度，不断增强广大农民群众的获得感、幸福感、安全感。

【深化乡镇体制改革完善基层治理体系工作动员大会】2020年8月19日上午，大埔县在县委、县政府二楼会议室召开深化乡镇体制改革完善基层治理体系工作动员大会。县委书记朱汉东，县委副书记、政法委书记李宏，县委常委、组织部部长陈军营，丰溪省级自然保护区管理处主任、县林业局局长罗振康，县有关单位主要负责人，各镇党委书记、组织委员，县委编办有关负责人参加会议。会议由李宏主持。会上，陈军营就做好大埔县深化乡镇体制改革、完善基层治理体系工作作动员部署。朱汉东在会上强调三点意见：一要提高站位，明确抓好改革是完善基层治理水平的需要、是推进乡村振兴发展的需要、是实现更高水平发展的需要。二要紧抓重点，突出坚持“党的全面领导”、坚持“以人民为中心”、坚持“服务改革发展”、坚持“优化协同高效”、坚持“以法治方式推进改革”。三要压实责任，强化组织领导、强化工作衔接、强化纪律督导、强化宣传引导。县委和县政府分管领导、各镇（场）、各相关单位要注重统筹协调，形成改革合力，强化纪律督导，加强宣传引导，确保改革工作积极稳妥推进。

【中国共产党大埔县第十二届委员会第十次全体会议】于2020年10月9日在县城召开，会期半天。全会主要议题。传达省委十二届十次全会、市委七届九次全会精神（书面）；县委书记朱汉东代表县委常委会向全会作报告；县委副书记、县长熊锋松就经济工作作专题讲话；审议通过全会《决议（草案）》。参加会议人员范围。县委委员、候补委员出席全会。不是县委委员、候补委员的县人大常委会、县政府、县政协、县纪委监委领导，县人武部政委、县法院党组书记，镇（场）党委、政府主要负责人，县人大常委会、县政协各专（工）委主任，县纪委常委、监委委员，县委巡察组组长，县直正科级以上单位和省、市驻大埔单位各一位党员主要负责人，村（社区）党组织书记列席全会。

【第三届广东茶叶产业大会】为深入推进农业供给侧结构性改革，推动广东省茶叶产业绿色发展，建设美丽茶乡，打造广东好茶，促进茶叶产业提质增效，带动农业增效农民增收，省农业农村厅、梅州市人民政府于2020年11月1日（星期日）上午9时在大埔县西湖公园联合举办第三届广东茶叶产业大会。参加人员：陈敏、张爱军、王庆利、温向芳等市委、市政府领导，市人大常委会、市政协各一位领导，张运全、陈亮、刘裕君、梁志坚；各县（市、区）党委主要负责人，政府分管负责人，农业农村局主要负责人；嘉应学院校长，市委政研室、市发展和改革局、市科学技术局、市工业和信息化局、市财政局、市商务局、市文化广电旅游局、市市场监督管理局、市统计局、市林业局、市扶贫工作局、市供销社、市气象局、市政府研究室、市农林科学院主要负责人，市农业农村局主要负责人、分管负责人。

【迎接2020年扶贫开发工作成效省级考核工作会议】2020年11月27日，大埔县在县科技信息大楼二楼会议室召开迎接2020年扶贫开发工作成效省级考核工作会议。县委书记朱汉东、县长熊锋松、县人大常委会主任黄建庭、县政协主席李礼醒等县领导班子成员，各镇（场）党委书记，县扶贫开发领导小组成员单位和相关责任单位主要负责人，县农业农村局主要负责人、分管负责人和相关股室业务人员等参加会议。会议传达学习梅州市迎接2020年扶贫开发工作成效省级考核工作会议精神，并研究部署迎检工作。高陂镇、茶阳镇、西河镇、县农业农村局、县委宣传部、县住建局、县档案馆等镇（场）党委和县直相关单位负责人作表态发言。会议强调，各镇（场）、各部门要以必检的心态和必胜的信心，全面抓好迎检各项工作。责任要再落实，全员上阵决战；工作要再细化，全面查缺补漏；能力要再提升，全力冲刺省考。

【县委常委（扩大）会议】2020年1月8日，县委书记朱汉东主持召开县委常委会议，研究有关人事任免等事项。参加会议的有朱汉东、熊锋松、李宏、张红梅、陈伟平、陈军营、蓝欣、王浩、杨自强、吴东华、曹丙利共11位常委。县政协主席李礼醒列席会议。会议研究决定如下事项：一、县人民医院、县中医医院、县妇幼保健计划生育服务中心的党组织领导班子由县卫生健康局党组提名，县委组织部考察任免，其中党组织书记由县委任命。二、按照梅州市编委会《关于印发〈梅州市生态环境垂直管理制度改革实施方案〉的通知》精神，大埔县环境保护局机构重新组建为梅州市生态环境局大埔分局。根据县环境保护局党组《关于县环境保护局党组更名的请示》，同意“中共大埔县环境保护局党组”更名为“中共梅州市生态环境局大埔分局党组”。三、干部提调任免。

1月8日，县委书记朱汉东在县科技信息大楼二楼会议室主持召开县委常委会会议。出席会议的有县委常委，列席会议的有不是县委常委的其他县领导、法检“两长”，各镇（场）党委书记和县直有关单位主要负责人。会议传达学习贯彻上级有关会议精神，听取有关工作汇报，审议通过有关事项，研究部署当前有关工作。会议传达学习贯彻习近平总书记在中央政治局“不忘初心、牢记使命”专题民主生活会的重要讲话精神，省委十二届九次全会、全省“四好农村路”建设工作电视电话会议以及省委常委施克辉到梅州调研讲话精神。会议听取县委十二届九次全会、大埔县第十五届人大五次会议、大埔县政协十四届五次会议筹备情况和关于第五轮县级交叉巡察及县委村级巡察情况工作汇报。会议审议并原则通过县委十二届九次全会报告和《中共大埔县委贯彻落实〈中共广东省委贯彻落实《中共中央关于坚持和完善中国特色社会主义制度、推进国家治理体系和治理能力现代化若干重大问题的决定》的实施意见〉的行动方案》《大埔县支持深圳建设中国特色社会主义先行示范区的行动方案》《大埔县支持广州市推动“四个出新出彩”的若干措施》等文件稿。

1月29日，县委书记朱汉东在县科技信息大楼二楼会议室主持召开县委常委会会议。出席会议的有县委常委，列席会议的有县政府领导班子成员、县人大常委会主任、县政协主席，县纪委监委、县委办、县府办、县委调研室、县委宣传部、县卫健局、县交通运输局、县公安局、县市场监管局、县发改局、县文广旅体局、县住建局、县广播电视台负责人。会议传达学习贯彻上级有关会议和文件精神，听取有关工作汇报，部署当前有关工作。会议专题传达学习了习近平总书记关于新型冠状病毒感染的肺炎疫情的重要指示精神、1月25日中央政治局常委会会议精神和习近平总书记重要讲话精神，以及1月28日省新型冠状病毒感染的肺炎疫情防控工作电视电话会议精神和《广东省人民政府关于企业复工和学校开学时间的通知》市新型冠状病毒感染的肺炎疫情防控指挥部《关于迅速开展排查全市宾馆酒店等涉湖北来客信息的紧急通知》等文件精神。会议专题听取全县新型冠状病毒感染的肺炎疫情防控工作情况，县卫健局、县交通运输局、县公安局、县市场监督管理局、县发改局、县文广旅体局、县住建局等县直单位作补充发言。会议强调，按照上级要求，县林业局、县农业农村局要在高速公路茶阳服务区等5个现场监测点各安排1名工作人员；每个现场监测点要新增2名医护人员，加快测量体温速度，减少交通拥堵现象；要增加手套、口罩等防护用品的供给，确保一线工作人员人身安全。同时，要加大对贩卖、兜售野生动物的打击力度，形成强大震慑力，全面提高野生动物疫情防控能力。

2月2日，县委书记朱汉东在县委应急指挥中心视频会议室主持召开县委常委（扩大）会议，会议以视频会议形式开至各镇（场）。县领导熊锋松、李宏、张红梅、陈伟平、陈军营、廖若旦、蓝欣、徐杞文、杨自强、饶凌云、罗春达、黄伟胜，县纪委监委、县委办、县府办、县委调研室、县委组织部、县委宣传部、县委政法委、县公安局、县卫健局、县交通运输局、县市场监管局、县发改局、县住建局、县文广旅体局、县疾控中心等单位负责人参加会议。会议传达学习贯彻上级有关会议和文件精神，听取有关工作汇报，部署当前有关工作。会议专题传达学习1月27日习近平总书记关于新型冠状病毒感染的肺炎疫情的重要批示精神及有关领导批示精神，2月1日省防控工作领导小组（指挥部）视频会议、2月1日市委常委扩大会议暨市防控新型冠状病毒感染的肺炎疫情工作领导小组会议精神，以及《关于全面落实“四个一”应急处置机制实施“网格化”疫情防控工作的紧急通知》（粤防疫指办明电〔2020〕6号）、《关于印发梅州市开展新型冠状病毒检测全覆盖工作方案的通知》（市防疫指函〔2020〕7号）等文件精神。会议专题听取全县新型冠状病毒感染的肺炎疫情防控工作情况、存在问题及下一步工作打算，县卫健局作补充发言，县领导陈伟平、蓝欣、徐杞文、黄伟胜分别作发言。会议强调，各级党员领导干部，特别是一把手要带头冲在疫情防控第一线；落实好防控责任，实行网格化管理，横向到边、纵向到底；全面彻底排查，盯住重点人群（重点疫区来人），抓住重点区域（农村、社区和小区），确保不留死角、不留盲区、不落一人、不放过任何一条线索；全力做好防控和生活物资双保障工作；全力救治，要不惜一切代价，组织最强的技术力量，做到科学规范有效救治。

2月12日，县委书记朱汉东在县委应急指挥中心视频会议室主持召开县委常委会（扩大）会议，会议以视频会议形式开至各镇（场）。县领导熊锋松、李宏、陈伟平、蓝欣、徐杞文、杨自强、饶凌云、罗春达、刘辉堂、邓玉伦，县委办、县委宣传部、县府办、县委调研室、县卫健局、县发改局、县财政局、县科工商务局、县交通运输局、县住建局、县市场监管局、县文广旅体局、县城综局、县水务局、县农业农村局、县应急管理局、县公路局、县工业园管委会、县陶产办等单位负责人参加会议。会议传达学习贯彻上级有关会议和文件精神，研究确定有关事项，部署当前有关工作。会议专题传达学习习近平总书记在2月3日中共中央政治局常务委员会会议、2月5日中央全面依法治国委员会第三次会议和在北京市调研指导新型冠状病毒肺炎疫情防控工作时的重要讲话精神，2月4日省委常委会暨省新冠肺炎疫情防控工作领导小组（指挥部）会议、2月6日省委常委会暨省新冠肺炎疫情防控工作领导小组（指挥部）会议、2月11日省委常委会暨省新冠肺炎疫情防控工作领导小组（指挥部）会议和2月10日市委常委会会议、2月11日市委书记陈敏在收听收看省新冠肺炎疫情防控工作领导小组（指挥部）电视电话会议后的讲话的主要精神。会议研究确定企业复工复产疫情防控工作相关事项，县领导熊锋松作补充发言。会议强调，全县各级各部门要严格实施“网格化”疫情防控工作，在抓好疫情防控工作前提下，统筹抓好企业安全有序复工复产。县疫情防控指挥部办公室要迅速出台关于应对新冠肺炎疫情做好企业复工复产工作的通知，明确责任分工，明确措施要求，加强监督检查，确保有序复产和疫情防控“两不误”。

2月19日，县委书记朱汉东在县科技信息大楼二楼会议室主持召开县委常委会会议。出席会议的有县委常委，县领导黄建庭、李礼醒、饶凌云、罗春达、刘辉堂、廖昌元、邓玉伦、刘晓泉，各镇（场）和县直有关单位主要负责人列席会议。会议传达学习贯彻上级有关会议精神，研究确定有关事项，部署当前有关工作。会议专题传达学习习近平总书记在2月12日中央政治局常务委员会会议和2月14日中央全面深化改革委员会第十二次会议上的重要讲话精神，省委书记李希在2月13日省委常委会会议、2月13日省新冠肺炎疫情防控领导小组（指挥部）视频会议上的讲话精神，全省新冠肺炎医疗救治视频会议、省推进企业复工复产工作暨重大工程建设项目总指挥部第二次全体会议精神，市委书记陈敏在2月17日市委常委会会议上的讲话精神，市农村疫情防控和春耕备耕工作专题会议以及市委常委黄建固到大埔检查督导疫情防控工作时的讲话精神。会议研究确定全县疫情防控以及企业复工复产工作，县领导熊锋松、张红梅作补充发言。会议强调，各镇（场）各单位要始终做到守土有责、守土负责、守土尽责，着重在责任领导、责任单位、责任人员“三个责任”上下功夫；特别是在复工复产方面，要特别注重落实好企业主体责任，切实降低风险。县卫健局要切实做好医疗机构院感防控工作，组织人力对全县各医疗单位预检分诊和发热门诊（含各村站）逐一进行检查，指导各镇各村规范设置，严防院感事件发生。要通过各种途径，加大力度筹集防控物资，确保满足后期医用需求。

2月27日，县委书记朱汉东在县委、县政府大楼二楼会议室主持召开县委常委会会议。出席会议的有县委常委，县领导黄建庭、李礼醒、饶凌云、罗春达、刘辉堂、廖昌元、邓玉伦、刘晓泉，各镇（场）和县直有关单位负责人列席会议。会议传达学习贯彻上级有关会议精神，研究布置有关事宜，审议通过有关事项，研究部署当前有关工作。会议传达学习习近平总书记在统筹推进新冠肺炎疫情防控和经济社会发展工作部署会议上的重要讲话精神以及就关心爱护参与疫情防控工作的医务人员的重要指示精神；中央政治局会议、全国恢复交通运输秩序电视电话会议、省委常委会暨省新冠肺炎疫情防控领导小组（指挥部）会议、省委常委会（扩大）会议、省委全面依法治省委员会第三次会议、省委财经委会议和市委常委会会议精神；传达贯彻全国、全省春季农业生产工作电视电话会议，省委、市委政法工作会议，市扫黑除恶专项斗争工作会议和全市农村饮水安全工作会议精神并提出大埔县贯彻意见。会议研究布置统筹推进全县疫情防控和经济社会发展以及疫情防控期间安全生产和森林防灭火工作。会议通报全县疫情防控工作情况，布置下一阶段疫情防控工作。会议要求，全县各级各单位要按照“今年目标不减、任务不少”的要求，做到全力推动企业复工复产、全力扩大有效投资、全力深挖消费及扩大进出口、全力帮助企业纾困解困、全力多渠道稳就业、全力抓好春耕生产、全力抓好增收节支工作、全力打赢脱贫攻坚战，实现经济社会发展和疫情防控双胜利。

3月3日，县委书记朱汉东在县科技信息大楼二楼会议室主持召开县委常委会会议。出席会议的有县委常委，列席会议的有不是县委常委的其他县领导、法检“两长”，县委办、县府办、县委调研室、县发改局和县卫健局等单位负责人。会议传达学习贯彻上级有关会议和文件精神，听取并研究有关事宜，部署当前有关工作。会议传达学习贯彻习近平总书记对全国春季农业生产工作的重要指示精神和在中央政治局常委会会议上的重要讲话精神，2月26日、27日省委常委会暨省新冠肺炎疫情防控领导小组（指挥部）会议和3月2日市委常委会会议精神，以及《中共中央组织部关于组织党员自愿捐款支持新冠肺炎疫情防控工作的通知》精神。会议通报全县疫情防控工作并布置下一阶段疫情防控工作，研究布置统筹推进全县疫情防控和经济发展工作。

3月16日，县委书记朱汉东在县科技信息大楼二楼会议室主持召开县委常委会会议。出席会议的有县委常委，列席会议的有不是县委常委的其他县领导，法检“两长”，各镇（场）和县直相关单位主要负责人。会议传达学习贯彻落实上级有关会议精神，听取有关工作汇报，审议有关事项，研究部署当前有关工作。会议传达学习习近平总书记在中共中央政治局常务委员会会议、决战决胜脱贫攻坚座谈会上及在北京考察新冠肺炎疫情防控科研攻关工作、湖北省考察新冠肺炎疫情防控工作时的重要讲话精神，3月3日、5日、10日、11日省委常委会暨省新冠肺炎疫情防控领导小组（指挥部）会议，省委常委会会议，全省决战决胜脱贫攻坚推进会，全省、全市组织部部长会议暨老干部局长会议，3月9日、13日市委常委会会议和市委书记陈敏到大埔调研检查统筹疫情防控和经济社会发展工作时的讲话精神。同时，传达学习贯彻全省民政系统进一步加强新冠肺炎疫情防控工作暨脱贫攻坚兜底保障动员电视电话会议、全市迎接“十三五”全国干线公路养护管理评价工作会议和“广东技工”“粤菜（客家菜）师傅”“南粤家政”三大工程推进会精神并提出大埔县贯彻落实意见。会议听取全县脱贫攻坚工作、大埔县2019年意识形态工作，以及大埔县创建全域旅游示范区验收工作情况汇报。会议听取并审议《大埔县保护利用国家重点文物保护单位实施方案》，县委常委逐一发表意见或表态，原则上同意上述事项。

4月10日，县委书记朱汉东在县科技信息大楼二楼会议室主持召开县委常委会会议。出席会议的有县委常委，列席会议的有不是县委常委的其他县领导，各镇（场）和县直相关单位主要负责人。会议传达学习习近平总书记3月18日和4月8日在中共中央政治局常务委员会会议、3月26日在二十国集团领导人应对新冠肺炎特别峰会上的重要讲话、3月27日在中央政治局会议、3月29日至4月1日在浙江考察时的重要讲话精神和对四川西昌市经久乡森林火灾作出的重要指示精神。传达学习全国、省、市统战部长会议，3月25日、29日省委常委会暨省新冠肺炎疫情防控领导小组（指挥部）会议，全省实施乡村振兴战略工作推进会议，省地质灾害防治三年行动动员部署暨地质灾害防治工作视频会议，3月27日和4月2日市委常委会会议精神。同时，专题组织学习中共中央办公厅《党委（党组）落实全面从严治党主体责任规定》。会议听取全县船舶防汛安全隐患整治工作和全县乡村振兴工作情况汇报。会议听取并审议《中共大埔县委　大埔县人民政府关于加强乡村振兴重点工作决胜全面建成小康社会的实施意见》《2019年大埔县普法依法治理工作情况及 2020 年工作计划》《大埔县政协党组 2020 年工作要点》《大埔县政协 2020 年协商工作计划》，县委常委逐一逐项发表意见或表态，一致同意实施上述事项。根据《中共大埔县委常委会“三重一大”事项集体决策制度实施意见》要求，会议听取并审议《关于请求审议通过〈大埔县关于加快文化旅游产业发展壮大的实施意见〉的请示》等 11 项“三重一大”事项。

4 月 20 日，县委书记朱汉东在县科技信息大楼二楼会议室主持召开县委常委会会议。出席会议的有县委常委，列席会议的有不是县委常委的其他县领导，各镇（场）党委书记和县直相关单位主要负责人。会议传达学习习近平总书记在 4 月 17 日中共中央政治局常委会会议上的重要讲话、4 月 20 日对安全生产的重要指示，以及给武汉市东湖新城社区全体社区工作者回信精神；4 月 9 日、12 日、14 日、15 日省委常委会暨省新冠肺炎疫情防控领导小组（指挥部）会议；4 月 10 日省委常委会会议、省委国家安全委员会全体会议，以及 4 月 9 日和 15 日市委常委会会议精神。会议听取全县疫情防控工作情况、全县第一季度经济形势分析、2020 年春季学期学生返校防疫准备工作、赴五华县学习考察情况、全县公务员职务与职级并行制度落实情况，以及大丰华高速公路大埔段、大埔电厂二期、大潮铁路等重点项目进展情况汇报。会议对全县经济工作、脱贫攻坚迎省检工作和下一步疫情防控工作进行布置。

5 月 7 日，县委书记朱汉东在县科技信息大楼二楼会议室主持召开县委常委会会议。出席会议的有县委常委，县领导黄建庭、李礼醒、饶凌云、罗春达、刘辉堂、廖昌元、邓玉伦，各镇（场）和县直相关单位负责人。会议传达学习习近平总书记在陕西考察时、4 月 29 日中共中央政治局常务委员会会议、中央全面深化改革委员会第十三次会议上的重要讲话、关于总体国家安全观的重要论述，以及寄语新时代青年精神；中央、省、市统战工作会议，4 月 19 日、23 日、30 日省委常委会暨省新冠肺炎疫情防控领导小组（指挥部）会议，4 月 30 日省委常委会会议，全省统筹推进新冠肺炎疫情防控和经济社会发展工作会议，全省基层党建三年行动计划工作推进会暨组织系统落实常态化疫情防控工作部署会精神，4 月 23 日、30 日市委常委会会议，5 月 6 日市委书记陈敏到大埔调研，2020 年全市“扫黄打非”工作会议精神以及全市退役军人工作会议精神并提出大埔县贯彻意见。同时，传达学习梅州市纪委监委《关于 4 起基层形式主义、官僚主义典型问题的通报》文件精神。会议听取全县疫情防控工作情况以及布置下一步疫情防控工作，全县 2020 年春季学期学生返校工作及学校疫情防控工作情况，全县信访维稳工作情况，大埔县 2019 年度镇级和县直有关单位主要负责人向县纪委全会述责述廉情况报告，2019 年度抓基层党建工作述职评议结果，2019 年度县管党费收缴、使用、管理情况，2019 年度全县发展党员工作情况。会议研究 2020 年度县管党费使用计划和 2020 年发展党员计划。同时，会议通报市党廉办《关于反馈述责述廉评议情况的函》、市委组织部《关于反馈 2019 年度抓基层党建工作述职评议考核结果的函》、落实县委主要领导 2019 年调研部署重点工作督查情况和大埔县 2019 年机关作风评议得分情况。会议听取并审议通过《大埔县 2019 年度党（工）委书记抓基层党建述职评议综合得分情况表》《2020 年县委常委会“一月一研判”基层党建工作安排》《中共大埔县人大常委会党组 2020 年工作要点》《大埔县人大常委会 2020 年工作要点》《大埔县人大常委会 2020 年监督工作计划》。根据《中共大埔县委常委会“三重一大”事项集体决策制度实施意见》要求，会议听取并审议《关于同意实施高陂工业园区二期4号地块场地平整（土石方）工程请示》等10项“三重一大”事项。

5月22日，县委书记朱汉东在县委、县政府大楼三楼县委组织部会议室主持召开县委常委会会议。出席会议的有县委常委，列席会议的有县人大、县政协主要负责人。会议传达学习上级有关精神，审议有关事项，部署当前有关工作。会议传达学习习近平总书记关于巡视工作的重要指示精神，赵乐际在全国巡视工作会议暨十九届中央第五轮巡视动员部署会的讲话精神，以及全省巡视巡察工作会议暨十二届省委第六轮巡视动员部署会精神。会议听取并审议通过《大埔县加强党的基层组织建设三年行动计划2020工作要点》《关于成立中共大埔县委教育工作委员会的方案》。

6月1日，县委书记朱汉东在县科技信息大楼二楼会议室主持召开县委常委会会议。出席会议的有县委常委，列席会议的有县领导黄建庭、李礼醒、饶凌云、罗春达、刘辉堂、廖昌元、赖宽、邓玉伦，法检“两长”，各镇（场）党委书记和县直相关单位主要负责人。传达学习上级有关精神。会议传达学习习近平总书记在全国“两会”期间系列重要讲话、5月15日中央政治局常委会会议上的重要讲话、5月18日在世界卫生大会开幕式上的致辞、对毛南族实现整族脱贫的重要指示和5月29日在中央政治局第二十次集体学习时的重要讲话精神；全国“两会”，全国、全省、全市扫黑除恶专项斗争会议，全省传达贯彻习近平总书记重要讲话精神暨全国“两会”精神干部大会，省委常委会会议，5月29日市委常委会会议，全市农村工作暨实施乡村振兴战略和决战决胜脱贫攻坚现场推进会，全市巡察工作会议暨七届市委第七轮巡察和第六轮县级交叉巡察动员部署会，全市老旧小区改造工作会议和全市打击走私工作电视电话会议精神。听取有关工作汇报。会议听取县人大常委会党组、县政府党组、县政协党组、县法院党组和县检察院党组2019年以来工作情况汇报。审议有关事项。会议听取并审议通过《政府工作报告》《大埔县2020年财政收支预算》和《大埔县2019年国民经济和社会发展计划执行情况和2020年计划草案的报告》3个文件稿。

6月17日，县委书记朱汉东在县科技信息大楼二楼会议室主持召开县委常委会会议。出席会议的有县委常委，列席会议的有县领导黄建庭、李礼醒、饶凌云、罗春达、刘辉堂、廖昌元、邓玉伦，各镇（场）和县直相关单位负责人。会议传达学习上级有关会议精神，研究布置有关事宜，对下一步工作提出要求。会议传达学习国务院联防联控机制会议精神、6月17日省防控新冠肺炎疫情领导小组（指挥部）会议、6月17日市防控新冠肺炎疫情领导小组（指挥部）会议和全市教育系统疫情防控工作视频会议精神。会议通报近期疫情防控工作并部署下一步疫情防控工作。会议要求，全县各级各单位要扎实抓好新冠肺炎疫情常态化防控的各项政策措施的落实，坚持全面从严管控不放松、不懈怠。

7月9日，县委书记朱汉东在县科技信息大楼二楼会议室主持召开县委常委会会议。出席会议的有县委常委，列席会议的有县领导黄建庭、饶凌云、罗春达、刘辉堂、廖昌元、刘广明、邓玉伦，各镇（场）和县直相关单位负责人。会议传达学习上级有关会议和文件精神，听取有关工作汇报，审议有关事项，研究部署当前有关工作。会议传达学习习近平总书记6月1日寄语广大少年儿童和6月2日在专家学者座谈会上的重要讲话、6月8—10日在宁夏考察时的重要讲话、6月17日在中非团结抗疫特别峰会时的主旨讲话、6月29日在中共中央政治局会议、

6月29日在中央政治局第二十一次集体学习时的重要讲话、6月30日在中央全面深化改革委员会第十四次会议上的重要讲话精神，对禁毒工作、防汛救灾工作的重要指示精神；全国农村乱占耕地建房问题整治工作电视电话会议，中央、省、市统战专项工作会议，中央巡视工作领导小组成员、办公室主任王鸿津在市县巡察工作中南片区调研座谈会上的讲话精神，省委常委会会议，6月2日省委全面深化改革委员会会议，6月4日、15日、19日和7月3日省委常委会暨省新冠肺炎疫情防控领导小组（指挥部）会议，省人大常委会贯彻落实省委人大工作会议精神交流会会议，全省中医药大会，省、市政治安全和社会稳定形势分析会议精神，6月4日、23日市委常委会会议，市委政协工作会议，2020年梅州市未成年人思想道德建设工作会议，上级国安有关会议精神，2020年梅州市食品安全委员会全体（扩大）会议精神及大埔县贯彻意见，以及《省委办公厅关于印发〈贯彻落实中央办公厅关于持续解决形式主义八条措施的分工安排〉通知》精神。同时，专题学习《中华人民共和国民法典》《全国人民代表大会关于建立健全香港特别行政区维护国家安全的法律制度和执行机制的决定》《中国共产党巡视工作条例》《中华人民共和国公职人员政务处分法》。会议通报全县垦造水田工作情况、2020年6月各镇（场）新农村建设资金支出情况、县人大常委会第二季度重点项目督查情况、县政协第二季度重点项目督查情况、全县近期疫情防控工作情况并布置疫情防控下一阶段工作、2020年上半年意识形态工作情况并布置下一步工作。听取学习考察团赴潮州市湘桥区学习考察情况。分析上半年重点项目建设情况，并布置下一步工作。布置收回单位存量资金、规范部门账户管理及清理闲置资产工作。会议听取并审议通过《大埔县委实施〈中国共产党党和国家机关基层组织工作条例〉重点任务清单》。根据《中共大埔县委常委会“三重一大”事项集体决策制度实施意见》要求，会议听取并审议《关于大埔县人民医院申请流动资金贷款的请示》等10项“三重一大”事项。

8月7日，县委书记朱汉东在县科技信息大楼二楼会议室主持召开县委常委会会议。出席会议的有县委常委，列席会议的有县领导黄建庭、饶凌云、罗春达、刘辉堂、廖昌元、赖宽、张友群，各镇（场）和县直相关单位负责人。会议传达学习上级有关会议和文件精神，听取有关工作汇报，研究部署当前有关工作。会议传达学习习近平总书记7月21日在企业家座谈会上的重要讲话、7月22—24日在吉林考察时的重要讲话、7月23日在“八一”前夕视察空军航空大学时的重要讲话、7月28日在党外人士座谈会上的重要讲话、7月30日在中央政治局第二十二次集体学习时的重要讲话、7月31日在北斗三号全球卫星导航系统建成暨开通仪式上的重要讲话精神；对进一步做好防汛救灾工作的重要指示、对“十四五”规划编制工作的重要指示、对研究生教育工作的重要指示精神；7月7日给广大高校毕业生的回信、7月15日给“全球首席执行官委员会”成员代表的回信、7月23日致信祝贺中国少年先锋队第八次全国代表大会召开、7月28日在亚洲基础设施投资银行第五届理事会年会视频会议开幕式上的致辞；7月17日中共中央政治局常务委员会会议、7月30日中共中央政治局会议精神，以及中央有关意识形态文件精神、习近平总书记关于坚持和完善人民代表大会制度的重要思想。7月13日、19日、24日和8月3日等省委常委会会议，7月19日、24日等省委常委会暨省新冠肺炎疫情防控领导小组（指挥部）会议，全省精神文明建设工作推进会，省民营企业座谈会精神。7

月10日、16日、23日和8月6日市委常委会会议，全市上半年经济形势研判会暨重大工程建设项目总指挥部第二次会议，全市加快推进市域社会治理现代化试点工作会议，2020年梅州市文明委第一次会议暨精神文明建设和创建全国文明城市工作推进会，市创文指挥部工作会议，全市中医药大会，梅州综合保税区基础设施启动仪式和建设动员大会，市委退役军人工作领导小组第二次会议精神，市委、市政府主要领导对大埔县政府2018年度履行教育职责评价的意见和开展2019年度评价的指示精神，以及2019年各县（市、区）党委和政府扶贫开发工作成效市级考核情况通报文件精神。同时，专题学习《习近平谈治国理政》第三卷。会议通报全县1—7月经济运行和重点项目建设情况，并提出下一步工作意见，2020年7月各镇（场）新农村建设资金支出情况，2020年6月大埔县“三清三拆三整治”“回头看”验收工作情况。听取全县未成年人思想道德建设工作情况，布置全县2019年度履行教育职责评价工作。

8月28日，县委书记朱汉东在县科技信息大楼二楼会议室主持召开县委常委会会议。出席会议的有县委常委，列席会议的有县领导黄建庭、李礼醒、饶凌云、罗春达、刘辉堂、廖昌元、赖宽、邓玉伦，各镇（场）和县直相关单位负责人。会议传达学习上级有关会议和文件精神，专题传达学习贯彻省委十二届十次全会精神，审议有关事项，研究部署当前有关工作。会议传达学习贯彻习近平总书记8月18—21日在安徽考察时的重要讲话、8月20日在听取军队参与防汛救灾情况汇报时的重要讲话、8月20日在扎实推进长三角一体化发展座谈会上的重要讲话、8月24日在经济社会领域专家座谈会上的重要讲话、8月26日向中国人民警察队伍授旗并致训词时的重要讲话精神，对制止餐饮浪费行为作出的重要指示精神，8月17日致信祝贺全国青联十三届全委会和全国学联二十七大召开、向全国广大医务工作者致以节日的祝贺和诚挚的慰问精神。8月23日等省委常委会会议精神，8月17日、21日等省委常委会暨省新冠肺炎疫情防控领导小组（指挥部）会议精神。8月20日、28日市委常委会会议精神。同时，组织学习《中国共产党巡视工作条例》。专题学习传达贯彻省委十二届十次全会精神。

9月27日，县委书记朱汉东在县科技信息大楼二楼会议室主持召开县委常委会会议。出席会议的有县委常委，列席会议的有县领导黄建庭、李礼醒、杨润世、饶凌云、罗春达、刘辉堂、赖宽、邓玉伦，各镇（场）和县直相关单位负责人。会议传达学习上级有关会议和文件精神，听取有关工作汇报，研究部署当前有关工作。会议传达学习习近平总书记8月28—29日在中央第七次西藏工作座谈会上的重要讲话、9月1日在中央全面深化改革委员会第十五次会议上的重要讲话、9月3日在纪念中国人民抗日战争暨世界反法西斯战争胜利75周年座谈会上的重要讲话、9月8日在全国抗击新冠肺炎疫情表彰大会上的重要讲话、9月9日在中央财经委员会第八次会议上的重要讲话、9月11日在科学家座谈会上的重要讲话、9月16—18日在湖南考察时的重要讲话、9月17日在基层代表座谈会上的重要讲话、9月21日在联合国成立75周年纪念峰会上的重要讲话、9月22日在教育文化卫生体育领域专家代表座谈会上的重要讲话、9月22日在第七十五届联合国大会一般性辩论上的重要讲话精神；对做好新时代民营经济统战工作作出的重要指示、对供销合作社工作作出重要指示、2020年对安全生产工作的重要指示批示和重要论述精神；8月30日给建设和守护密云水库乡亲们的回信、9月4日在2020年中国国际服务贸易交易会全球服务贸易峰会上的致辞、向全国广大教师和教育工作者致以节日祝贺和诚挚慰问、向全国广大农民和工作在“三农”战线上的同志们致以节日祝贺和诚挚慰问精神;8月31日中共中央政治局会议，民政部等11个部门关于安葬（放）设施违规建设经营专项摸排暨违建墓地专项整治成果巩固提升行动电视电话会议精神。9月23日林克庆在省新冠肺炎疫情防控指挥办电视电话会议上有关安全生产讲话精神并布置大埔县安全生产工作；广东省第十九期领导干部党章党规党纪教育培训班，9月1日省委常委会扩大会议，9月1日省委常委会暨省新冠肺炎疫情防控领导小组（指挥部）会议，9月4日、15日、22日等省委常委会会议，9月23日省新冠肺炎疫情防控指挥办会议，全省决战决胜脱贫攻坚视频会，全省村（社区）“两委”换届工作筹备会议，全省、全市重点文艺创作推进会精神；省委办公厅《关于加大有效投资力度加快构建“一核一带一区”区域发展格局的意见》文件精神。市领导关于高校思想政治工作和学校思政课建设工作的讲话精神并布置大埔县学校思政课建设工作，梅州市领导干部党章党规党纪教育培训班，8月28日、9月24日市委常委会会议，全市生活垃圾分类工作暨“美丽梅州·美好家园”三年行动2020年工作推进会，全市农村乱占耕地建房问题摸排工作会议，全市统战专项工作会议，梅州市妇女第七次代表大会会议，全市“广东技工”“粤菜（客家菜）师傅”“南粤家政”三项工程工作推进会议精神。《关于2019年度推进乡村振兴战略工作实绩考核情况的反馈意见》文件精神。同时，专题传达学习习近平总书记对领导干部个人有关事项报告工作的重要指示批示精神以及《领导干部报告个人有关事项规定》《领导干部个人有关事项报告查核结果处理办法》等文件精神。会议汇报2021年大埔县政府专项债及涉农资金项目谋划情况和申报2021年中央资金、债券资金有关工作情况，第三届广东省茶叶产业大会筹备情况，全县“广东技工”“粤菜（客家菜）师傅”“南粤家政”三项工程工作开展情况，全县普速铁路安全隐患综合治理、“十三五”迎国评、“四好农村路”建设攻坚工作情况，全县村村通自来水、农村污水处理设施建设进展情况，全县100人以上自然村村道硬底化工作情况，第六轮县级交叉巡察工作情况，韩江高陂水利枢纽工程征地拆迁等工作情况；通报2020年7月大埔县“三清三拆三整治”“回头看”验收工作和8月各镇（场）新农村建设资金支出情况并布置大埔县实施乡村振兴战略“百日攻坚”行动。布置当前有关工作；研究决定干部纪律处分事项。根据《中共大埔县委常委会“三重一大”事项集体决策制度实施意见》要求，会议听取并审议《关于批准2020年8月地方政府新增专项债券资金使用计划的请示》等12项“三重一大”事项。

10月21日，县委书记朱汉东在县科技信息大楼二楼会议室主持召开县委常委会会议。出席会议的有县委常委，列席会议的有县领导黄建庭、李礼醒、杨润世、饶凌云、罗春达、刘辉堂、廖昌元、赖宽、邓玉伦，县法院、县检察院主要负责人、各镇（场）和县直相关单位负责人。会议传达学习上级有关会议和文件精神，专题传达学习贯彻省委十二届十次全会精神，审议有关事项，听取有关工作汇报，研究部署当前有关工作。会议传达学习习近平总书记9月25—26日在第三次中央新疆工作座谈会上的重要讲话，10月1日在联合国大会纪念北京世界妇女大会25周年高级别会议上发表的重要讲话，10月10日在中央党校（国家行政学院）中青年干部培训班开班式上的重要讲话，10月13日在视察海军陆战队时的重要讲话，10月16日在中央政治局第二十四次集体学习时的重要讲话,10月12—13日习近平总书记在广东考察时的重要讲话,10月14日习近平总书记在深圳经济特区建立40周年庆祝大会上的重要讲话，10月19日在参观“铭记伟大胜利捍卫和平正义——纪念中国人民志愿军抗美援朝出国作战70周年主题展览”时的重要讲话，对“十四五”规划编制工作网上意见征求活动作出的重要指示，对脱贫攻坚工作作出的重要指示精神，9月28日、10月16日中共中央政治局会议精神；省委全面深化改革委员会会议，全省支持深圳开展建设中国特色社会主义先行示范区综合改革试点工作部署推进会,10月18日全省传达学习贯彻习近平总书记出席深圳经济特区建立40周年庆祝大会和视察广东重要讲话重要指示精神干部大会，9月22日、29日和10月8日等省委常委会会议，9月29日省委常委会暨省新冠肺炎疫情防控领导小组（指挥部）会议，省市主要领导在省老促会贯彻落实《关于进一步推动我省革命老区和原中央苏区振兴发展的意见》调研报告上的批示精神；上级巡视巡察相关工作会议,10月16日市委常委会扩大会议，全市决战决胜脱贫攻坚工作推进会暨扶贫开发领导小组会议精神。同时，专题传达学习《全面准确认识当前形势努力完成今年经济社会发展目标任务》等文件精神。会议汇报第三届广东茶叶产业大会筹备工作情况，举办2020粤港澳大湾区知识产权交易博览会推进会暨梅州市特色产业知识产权主题研讨会筹备情况，韩江高陂水利枢纽工程征地拆迁和移民安置工作情况；通报垦造水田工作。会议审议并原则上通过《中共大埔县委总体工作情况汇报》稿。

11月10日,县委书记朱汉东在县科技信息大楼二楼会议室主持召开县委常委会会议。出席会议的有县委常委，列席会议的有县领导黄建庭、李礼醒、杨润世、饶凌云、罗春达、廖昌元、赖宽、邓玉伦，县法院、县检察院主要负责人，各镇（场）和县直相关单位负责人。会议传达学习上级有关会议和文件精神，专题传达学习贯彻中共十九届五中全会精神，听取有关工作汇报，研究部署当前有关工作。会议传达学习习近平总书记10月19日在参观“铭记伟大胜利捍卫和平正义——纪念中国人民志愿军抗美援朝出国作战70周年主题展览”时的重要讲话，10月23日在纪念中国人民志愿军抗美援朝出国作战70周年大会上的重要讲话，11月2日在参加第七次全国人口普查登记时的重要讲话，对推进农村土地制度改革、做好农村承包地管理工作作出重要指示，对川藏铁路开工建设作出重要指示，8月25日中共中央党外人士座谈会，给四川省革命伤残军人休养院全体同志回信，11月4日在第三届中国国际进口博览会开幕式上发表主旨演讲，10月22日中共中央政治局常务委员会会议，11月2日中央全面深化改革委员会第十六次会议精神；全国疫情防控工作电视电话会议精神,10月21日省委书记李希在全省抗击新冠肺炎疫情表彰大会上的讲话，11月4日李希在2020年省委党校秋季学期中青年干部培训班上的讲话，10月23日、11月6日等省委常委会会议,10月30日省委常委会扩大会议，11月3日全省传达学习贯彻中共十九届五中全会精神干部大会，11月5日省委理论学习中心组专题学习会，11月8日中央宣讲团中共十九届五中全会精神宣讲报告会精神；省发改委关于2020年广东省营商环境试评价工作情况报告精神及大埔县贯彻意见，省领导王荣、张义珍、张虎到梅州调研有关精神；市委书记陈敏在市委网络安全和信息化委员会会议上的讲话、陈敏到大埔县调研检查时的讲话、10月23日全市干部大会、11月9日市委常委会会议精神。同时，专题传达学习中共十九届五中全会精神。会议汇报大埔县2020年“四好农村路”建设攻坚任务进展情况，县人大常委会第三季度重点项目督查情况，县政协第三季度重点项目督查情况，十二届县委第八轮村级巡察情况；布置扶贫和乡村振兴迎省检工作，以及当前有关工作。会议专题研究全县意识形态工作。

12月4日，县委书记朱汉东在县科技信息大楼二楼会议室主持召开县委常委会（扩大）会议。出席会议的有县委常委，列席会议的有不是县委常委的其他县领导，县法院、县检察院主要负责人，各镇（场）党委书记和县直相关单位主要负责人。会议传达学习上级有关会议和文件精神，听取有关工作汇报。会议传达学习习近平总书记11月16—17日在中央全面依法治国工作会议上的重要讲话、11月17日出席金砖国家领导人第十二次会晤时的重要讲话、11月17—18日就做好关心下一代工作作出重要指示、11月19日在亚太经合组织工商领导人对话会上的主旨演讲、11月20日在亚太经合组织第二十七次领导人非正式会议上的重要讲话、向2020中国5G+工业互联网大会致贺信、向2020年“读懂中国”国际会议（广州）致贺信、11月21日在二十国集团领导人第十五次峰会第一阶段会议上的重要讲话、11月22日在二十国集团领导人第十五次峰会第二阶段会议上的重要讲话、在二十国集团领导人利雅得峰会“守护地球”主题边会上的致辞、11月23日向世界互联网大会·互联网发展论坛致贺信、11月24日在全国劳动模范和先进工作者表彰大会上的重要讲话、11月25日在中央军委军事训练会议上的重要讲话、11月27日在第十七届中国—东盟博览会和中国—东盟商务与投资峰会开幕式上的致辞、11月28日致信祝贺“奋斗者”号全海深载人潜水器成功完成万米海试并胜利返航和11月30日中共中央政治局会议、给人民教育出版社老同志回信、在中央政治局第二十五次集体学习时的重要讲话精神；11月22日国家卫健委新冠肺炎疫情防控工作电视电话会议精神和全国、全省、全市根治欠薪冬季专项行动动员部署电视电话会议；省委十二届十一次全会、11月17日省委召开的正省级领导同志及老同志座谈会、中共广东省委党外人士座谈会、基层代表座谈会、11月20日全省人大系统学习贯彻习近平总书记关于坚持和完善人民代表大会制度的重要思想交流会、11月22日省委常委会会议暨省委全面依法治省委员会第五次会议、省委常委会暨省新冠肺炎疫情防控领导小组（指挥部）会议、11月22日和27日等省委常委会会议、11月25日全省民族团结进步表彰大会、11月27日省委常委会会议暨省委平安广东建设领导小组第二次会议、12月2日2020年广东省劳动模范和先进工作者以及先进集体表彰大会精神，省《关于做好村（社区）“两委”换届工作的通知》文件，全省村（社区）“两委”换届工作电视电话会议和省委、市委政法委村（社区）“两委”换届工作专题会议，省、市安全生产专项行动动员部署专项整治三年行动和自然灾害防治能力建设九项工程推进视频会和省委有关通报精神；11月18日市委书记陈敏在全市县处级干部学习贯彻习近平总书记出席深圳经济特区建立40周年庆祝大会和视察广东重要讲话重要指示精神暨学习贯彻中共十九届五中全会精神专题研讨班开班上的讲话、11月20日市委常委会会议、11月30日市委常委会（扩大）会议和市委保密委员会会议精神。会议听取全县村级换届、迎接市对县食品药品安全工作考核情况。

12月16日，县委书记朱汉东在县科技信息大楼二楼会议室主持召开县委常委会（扩大）会议。出席会议的有县委常委，列席会议的有不是县委常委的其他县领导，各镇（场）党委书记和县直相关单位主要负责人。会议传达学习上级有关会议和文件精神，听取有关工作汇报，研究部署当前有关工作。

会议传达学习习近平总书记12月3日在中共中央政治局常务委员会会议上的重要讲话、12月3日向清华大学经济管理学院顾问委员会2020年会议的致辞、12月8日在党外人士座谈会上的重要讲话、12月8日同尼泊尔总统班达里互致信函、12月10日祝贺首届全国职业技能大赛举办的致信、12月11日在中央政治局第二十六次集体学习时的强调讲话、12月12日在气候雄心峰会上的重要讲话精神，以及12月3—4日全军思想政治教育工作会议、12月11日中共中央政治局会议、全国安全生产工作视频会议精神；省委十二届十二次全会，12月4日、9日等省委常委会会议，12月4日省委常委会暨省新冠肺炎疫情防控领导小组（指挥部）会议，12月3日省委全面深化改革委员会会议，广东省与中央企业合作发展座谈会暨战略合作框架协议签约活动，省精神文明建设委员会会议，省委系列提案办理情况汇报会会议，12月9日广东省精神文明建设表彰大会，《关于将基层“扫黄打非”工作融入新时代文明实践中心建设的通知》《广东省纪委监委关于4起违反村（社区）“两委”换届纪律典型问题的通报》文件精神；12月7日全市村（社区）“两委”换届工作会议，12月9日、15日市委常委会会议，全市国家安全发展示范城市创建工作视频会议，以及《关于印发〈在梅州市“扫黄打非”工作领导小组会议上的讲话〉和〈市“扫黄打非”工作领导小组会议纪要〉的通知》、市“扫黄打非”办转发省“扫黄打非”办《关于转发〈全国“扫黄打非”工作小组关于进一步落实意识形态工作责任制切实履行“扫黄打非”工作责任的通知〉的通知》的通知、《市“扫黄打非”工作领导小组会议纪要》、《市委网络安全和信息化委员会会议纪要》文件精神。会议通报2020年扶贫开发工作成效省级考核工作情况、大埔县农村削坡建房风险点整治进展情况，听取2020年大埔县“扫黄打非”、网络安全和信息化工作等意识形态工作情况汇报。

重大决策事项

【中共大埔县委关于印发《中共大埔县委贯彻落实〈中共广东省委贯彻落实《中共中央关于坚持和完善中国特色社会主义制度、推进国家治理体系和治理能力现代化若干重大问题的决定》的实施意见〉的行动方案》的通知】2020年3月，为深入贯彻中共十九届四中全会精神，全面落实省委十二届八次全会审议通过的《中共广东省委贯彻落实〈中共中央关于坚持和完善中国特色社会主义制度、推进国家治理体系和治理能力现代化若干重大问题的决定〉的实施意见》和市委七届八次全会审议通过的《中共梅州市委贯彻落实〈中共广东省委贯彻落实《中共中央关于坚持和完善中国特色社会主义制度、推进国家治理体系和治理能力现代化若干重大问题的决定》的实施意见〉的行动方案》，结合大埔实际，制定本行动方案。

总体要求　以习近平新时代中国特色社会主义思想为指导，增强“四个意识”、坚定“四个自信”、做到“两个维护”，坚持党的领导、人民当家作主、依法治国有机统一，固根基、扬优势、补短板、强弱项，探索建设国家重点生态功能区的治理体系，提升城乡治理能力，着力把制度优势转化为治理效能，推动大埔振兴发展、绿色发展、加快发展。

主要任务　（一）坚持和完善党的领导制度体系。（二）坚持和完善人民当家作主制度体系。落实人民代表大会制度、多党合作和政治协商制度、巩固和发展爱国统一战线、基层群众自治制度的要求，发展社会主义民主政治。（三）健全和落实中国特色社

会主义法治体系。（四）构建职责明确、依法行政的政府治理体系。优化政府职责体系、组织结构和各级政府权责关系，完善行政执行体制，推进“数字政府”改革建设，打造服务型政府。（五）坚持和完善社会主义基本经济制度。（六）健全服务融入粤港澳大湾区、支持深圳建设先行示范区、支持广州推动“四个出新出彩”建设机制。（七）健全加快苏区振兴政策转化运用机制。贯彻落实国家和省推动老区苏区振兴发展的规划部署，推动大埔老区苏区融入全国全省新一轮区域协调发展大潮。（八）建立完善生态功能区建设制度体系。（九）坚持和完善繁荣发展社会主义先进文化的制度。（十）完善统筹城乡的民生保障体系。（十一）完善现代社会治理体系。（十二）坚持和完善党和国家监督体系。健全权力监督制度、完善权力配置和运行制约机制，构建一体推进不敢腐、不能腐、不想腐体制机制。（十三）坚持和落实党对人民军队的绝对领导制度、“一国两制”方针、独立自主的和平外交政策。大力支持国防和军队建设，全面准确贯彻“一国两制”方针，扎实做好地方外事工作，服务国家大局，维护国家利益。

组织保障　全县各级各部门要加强组织领导，确保行动方案落实落地。

【大埔县支持深圳建设中国特色社会主义先行示范区的行动方案】2020 年 3 月，为全面贯彻落实党中央、国务院《关于支持深圳建设中国特色社会主义先行示范区的意见》和省委、省政府《关于支持深圳建设中国特色社会主义先行示范区的若干重大措施》，以及《梅州市支持深圳建设中国特色社会主义先行示范区的行动方案》，积极创造条件，主动支持深圳建设中国特色社会主义先行示范区，特制定本行动方案。

总体要求　以习近平新时代中国特色社会主义思想为指导，深入贯彻习近平总书记对广东、深圳重要讲话和重要指示批示精神，践行高质量发展要求。

主要任务　（一）加快交通互联互通。1．加快高（快）速铁路建设。2．积极谋划通用机场建设。3．构建便捷公路网络。全力推进大潮高速公路（含大漳支线）和大东出口建设，确保 2020 年年底建成通车。（二）推动产业互补发展。4．积极承接示范区先进制造业转型。5．对接示范区大市场提升农业效益。6．顺应示范区消费需求发展大文旅和大健康产业。7．推进产业链互补招商。落实市招商引资三年行动方案，强化面向深圳先行示范区的招商引资，围绕大力发展特色现代农业、文化旅游、大健康、陶瓷电力和新兴产业的思路，对接先行示范区产业转移需求，深入实施“乡贤回归工程”，推进以商招商、以情招商，推动“总部在深圳，生产基地在大埔”“总部在大埔，研发基地在深圳”等模式发展。（三）推动资源要素共享。8．加强科技交流合作。9．推动人才往来互通。10．促进资本对接流通。加强资金资本市场的对接，积极引进深圳金融机构到大埔设立分支机构、创新金融产品、提供金融服务，助力本地企业获得更多金融支持。（四）推动文化相融共进。11．推动城市文明互学互鉴。加强文化交流合作，学习深圳先行示范区在构建高水平公共文化服务体系和现代文化产业体系方面的先进经验，积极创建全国县级文明城市。12．推动文旅深度融合发展。充分利用红色文物资源和广东汉乐汉剧、文化馆等平台，发挥同属大客家地区的人缘相亲优势，创造性开展“红色苏区”和“先行示范区”文旅交流合作，探索开发到深圳看中国改革开放发展史、到大埔看中国近现代革命斗争史“两区”相连、“两史”结合的文化旅游线路。（五）推动法治城市共建。13．对标示范区优化营商环境。参照深圳建设“法治城市示范”的一流标准，对标先行示范区和自贸区改革创新经验，进一步深化“放管服”改革，扩大商事制度改革效应，实现市场规则与大湾区和先行示范区有序衔接。14. 加强社会治理共建共治共享。（六）推动民生领域合作。15. 深化教育合作。大力推进基础教育、职业教育等多层面的交流共建。探索与深圳中小学、幼儿园缔结“姊妹”学校、“姊妹”园。16. 推动医疗交流融合。（七）携手扩大对外开放。17. 积极参与“一带一路”建设。依托世界客商大会、市政府16个海外经贸文化联络处、23个海（内）外旅游推广中心和用好县招商大会平台，鼓励陶瓷、农业、旅游等企业积极参加国（内）外展销会、博览会等活动，加强与“一带一路”沿线国家和地区的经贸、文化、旅游等交流合作。18. 合作共建对外开放平台。

组织保障　成立县推进粤港澳大湾区建设工作领导小组及其办公室，统筹做好服务支持深圳建设社会主义先行示范区各项工作，加强组织领导、统筹协调和督促检查，完善工作机制，推动工作落实。

【大埔县支持广州市推动“四个出新出彩”的若干措施】2020年3月，为贯彻落实《中共广东省委全面深化改革委员会关于印发广州市推动“四个出新出彩”行动方案的通知》（粤改委发〔2019〕16号）和《梅州市支持广州市推动“四个出新出彩”的若干措施》精神，深化大埔·海珠对口帮扶，积极服务融入粤港澳大湾区建设，推动大埔老区苏区振兴发展，特制定如下措施。

总体要求　以习近平新时代中国特色社会主义思想为指导，深入贯彻习近平总书记对广东重要讲话和重要指示批示精神，落实省委“1+1+9”工作部署，按照市委“六争六补”，构建“五星争辉”区域发展格局的要求，完善大埔·海珠对口帮扶机制，发挥比较优势，更好融入广州经济圈、交通圈、人文圈、生活圈，打造梅州康养文旅融合之星，建设宜居宜业宜游生态县，助力广州推动“四个出新出彩”实现老城市新活力，为构建“一核一带一区”区域发展新格局作出大埔贡献。

重点举措　（一）提升区域合作平台。1. 推进共建工业园提质增效。2. 打造产业共建前端孵化基地。以市加快推进与南沙自贸区改革创新协同发展机遇，充分利用自贸区政策、平台优势，做好招商引资工作，吸引更多优质企业进驻大埔。（二）推动产业协同发展。3. 探索产业共建新模式。促进产业链跨区域布局，探索推广“广州总部+大埔基地”“广州研发+大埔生产”“广州孵化+大埔产业化”等产业共建新模式，培育打造绿色低碳制造业集群，增强发展内生动力。4. 共建特色现代农业和优质食品产业。5. 大力发展大健康产业。6. 推动互联网与数字经济协同发展。（三）推动基础设施互联互通和物流协同发展。7. 构建融入广州1.5小时经济生活圈的交通物流网络。8. 推动信息基础设施连通。（四）推动跨区域协同创新。9. 对接广深港澳科技创新走廊建设。（五）加强民生服务领域交流合作。10. 扩大教育交流合作。11. 深化医疗资源协作共享。12. 推动文旅康养融合发展。13. 加强家政服务合作。

保障措施　成立县推进粤港澳大湾区建设工作领导小组及其办公室，统筹做好支持广州市推动“四个出新出彩”各项工作。

中共大埔县委书记、副书记、常委名录

县委书记：朱汉东

副 书 记：熊锋松　李　宏（—2020.10）
刘裕君（2020.11—）

县委常委：朱汉东　熊锋松
李　宏（—2020.10）
刘裕君（2020.11—）
张红梅（女）　陈伟平　陈军营
廖若旦　蓝　欣　徐杞文
王　浩（—2020.9）　杨自强

吴东华（挂职，—2020.1）
曹丙利（挂职，—2020.4）
刘晓泉（挂职，2020.2—）

中共大埔县委办公室负责人名录

主　　任：杨自强

副 主 任：黄更亮（常务）
张云东（—2020.7）　沈开鉴
庄忠伟（2020.7—）

（钟菁）

组织工作

【思想政治建设】2020年，中共大埔县委组织部严格落实“第一议题”制度，始终坚持把学习贯彻总书记思想作为一项长期的政治任务抓紧抓实。组织学习贯彻总书记重要讲话重要指示批示和中共十九届五中全会精神，严格执行省委坚决落实“两个维护”十项制度机制，严肃党内组织生活，开展新一轮“大学习、深调研、真落实”工作，举办科级干部培训班、青年干部培训班等3期次，分批对全县科级以下公务员及基层党组织书记进行全覆盖培训。扎实开展“党课开讲啦”活动，录制17个精品课件、微党课。高质量完成3个“红色村”党建示范工程建设，高标准打造1个省级和2个市级镇党校示范点。依托“云党课”平台，在全县7个村试行开展线上学习会，充分应用学习强国、广东党建云等平台，掀起学习贯彻热潮，推动全县党员干部增强“四个意识”、坚定“四个自信”、做到“两个维护”。

【干部管理监督工作】2020年，大埔县委组织部坚持以强化担当为重点，做好干部工作。规范选人用人。严格按照《党政领导干部选拔任用工作条例》和《党委（党组）讨论决定干部任免事项守则》等条例规程，规范开展干部选拔任用工作，强化对干部政治素质的考察把关，配合市委组织部做好15名市管干部提拔重用或职级晋升的推荐考察工作，提交县委常委会研究干部任免13批405人次，全县职级晋升365人次。强化干部担当作为。针对当前一些党员领导干部守摊子、中梗阻、绕弯子、混日子、装傻子等现象，县委在县自然资源局召开强化担当作为加快振兴发展专题会，把作风建设解决在干部办公室门口。做好干部考核评议。配合市委组织部完成大埔县2019年度选人用人工作以及2019年度13名新任“一把手”的民主评议。组织开展县处级领导和各镇（场）、县直单位“一把手”及全县公务员2019年度考核工作，结合干部考核工作要求，组织做好县领导班子和领导干部在疫情防控工作中表现情况专项考核，制定印发《大埔县镇（场）工作绩效考核办法》和《大埔县县直机关事业单位工作绩效考核办法》，落实绩效奖励。推进公务员管理工作。组织开展2020年度招录公务员工作，做好2019年度从优秀村（社区）党组织书记中选拔乡镇公务员工作，对试用期满的90名公务员进行转正定级和公务员登记，公务员调出县外49人、调入4人。从严监督管理干部。强化领导干部出国（境）管理工作，对全县800多名副科级以上领导干部进行重新登记备案，组织全县各镇（场）、县直各单位进行了登记备案信息自查和更新，梳理规范干部出国（境）管理制度。畅通“12380”信访举报平台，对4起群众反映的信访问题进行调查核实，加大提醒函询诫勉力度，对2名干部的函询回复进行采信了结。提前谋划镇级换届工作。全年提拔调整乡镇领导班子成员44人，其中提拔镇党政正职5人、新进班子28人，35岁以下干部占新进班子人数的85.7%，全日制大专以上学历26人（全日制大学14人）。

【基层党建工作】2020年，大埔县委组织部坚持以党建引领为核心，夯实基层基础。推

2020年7月8日，市委常委、组织部部长罗盛芬（女）到大埔县调研基层党建工作（县委办新闻组提供）

进村级换届工作。高规格成立村（社区）“两委”换届工作领导小组，细化成员单位工作任务。抽调各单位骨干人员，成立换届办，县财政拨出750万元、县管党费拨出76.8万元专项经费，人财物力全力保障村级换届工作。对全县256个村（社区）展开“拉网式”排查，确定16个重点、难点村。开展农村“头雁”优化提升行动，需调整的62名村党组织书记全部于9月底前调整到位。至2020年12月，各项工作平稳有序推进，全县256个村（社区）全部顺利选出新一届支委班子；同时，村（居）委换届工作扎实进行。推进抓党建促脱贫攻坚、促乡村振兴。举办脱贫攻坚专题培训班，全覆盖培训256名村（社区）党组织书记。发挥全县157个乡村振兴工作队作用。在全县机关事业单位党组织开展“决战脱贫·携手同行”主题党日活动，组织1万多名党员到基层开展“五个一”活动。发挥60个农民专业合作社和广东顺兴种养公司党支部作用，带动贫困户脱贫增收。12月上旬大埔县扶贫工作顺利通过省检。扎实做好扶持壮大17个村级集体经济试点村工作，在三河镇探索实施“六村联动”强村富民工程，整合“红绿古”三色资源，成立三河坝纪念园旅游服务有限责任公司，“一票通六村”，实现组团发展、差异发展。做好新冠肺炎疫情防控工作。把疫情防控作为巩固拓展主题教育成果大战场、大考场，迅速下发《致全县各级党组织和全体共产党员的倡议书》，组建100多个党员先锋队、成立4个疫情防控临时党支部、选派600多名党员干部支援社区一线。在中央和省、市下拨30万元基础上再配套34万元党费，并及时安排2020年度“两新”组织党建工作专项经费66.05万元用于支持抗疫一线工作和关心关爱困难党员、群众。广大党员干部慷慨解囊、勇当先锋，共计捐款1.49万人次、192.02万元，138人向所在党组织提出入党申请，6名医护人员一线入党，2名援鄂医护人员及时聘为事业编制人员。做好离任村干部信息采集和发展党员工作。采集并归档正常离任村干部3950人。下发《关于下达2020年发展党员指导性计划的通知》，严格按照发展党员标准，做好县委组织部提前预审，2020年新发展党员252人，超额完成指导性计划。其中35岁及以下168人，占比66.7%；大专及以上学历155人，占比61.5%。统筹抓好各领域基层党建。全面完成15个软弱涣散村党组织整顿转化；完成14个镇机构改革，设立党建办，配强力量；深入开展“模范机关”创建，全面加强党对公立医院和学校的领导，升格3个县级公立医院党委，成立县委教育工委，乡镇学校党组织划入教育工委管理；扎实开展非公企业党建“双同步”工作，新单独组建2家非公企业党支部和1家社会组织党支部。

【人才工作】2020年，大埔县委组织部坚持以重实效为原则，抓好人才引育。出台《关于大埔县加快人才发展的实施意见》17条，县财政每年投入不少于1000万元，用于人才引进、培养、激励、保障等，对特需人才实行“一事一议”“一人一议”。至2020年12月，聘请1名享受国务院特殊津贴、国家科学技术进步奖评审专家担任县人民医院心脑血管临床专家，引进1名高级工艺美术师落户广州海珠（大埔）产业转移工业园。开展急需紧缺人才引进工作，制订《梅州市2020年第一轮引进急需紧缺人才（大埔职位）考试实施方案》，引进急需紧缺人才30人。完善县管专业技术拔尖人才选拔管理办法等，评定第七批县管拔尖人才15人，并在现行基础上，人才补贴提高20%。对做出贡献的人才给予政治荣誉和社会地位。

【公务员队伍管理】2020年，大埔县委组织部坚持“以业绩论英雄、凭实绩选干部”，激励干部见贤思齐、担当作为。公务员职级晋升和管理工作稳步推进。截至2020年12月，公务员职级晋升334人次，其中晋升三级调研员17人、四级调研员35人、一级主任科员61人、二级主任科员33人、三级主任科员146人、四级主任科员42人。公务员职级管理台账同步更新，精确掌握各单位职级职数情况。公务员招录相关工作。全年设置县级职位46个（不含法检，公安），拟招录50人，其中应届毕业生岗位30个，拟招录应届毕业生33人；乡镇职位29个，拟招录70人，其中应届毕业生岗位23个，拟招录应届毕业生54人。在“从优秀应届毕业生选拔乡镇公务员”岗位设置了城乡建设、农业发展等与农村基层建设相关的专业，力求为乡镇选拔一批优秀应届毕业生支持脱贫攻坚、乡村振兴等工作。完成日常工作。2020年办理公务员调任1人，办理县内调动39人，调往县外36人，其中调往市8人、调往其他县（市）区24人、调往市外4人。2020年8月完成公务员（含机关工勤人员）2019年度考核工作，共考核公务员（含机关工勤人员）2153人，其中确定为优秀等次355人，称职（合格）等次1701人，不定等次98人。高质量完成公务员登记、调（转）任、信息数据更新采集，扎实提高公务员队伍管理的科学化、法制化、规范化水平。

【老干部工作】到2020年年底，大埔县有离休干部78人，其中行政机关41人、事业单位13人、企业单位24人。抗战时期入伍的1人，解放战争时期入伍的77人。离休干部平均年龄90.65周岁，90岁以上的36人，年纪最大的98周岁，年纪最小的83周岁。全县副处级以上退休干部37人。2020年，全县离休干部离休费按时足额发放，医药费按规定实报实销，全年支付离休干部医药费187.8万元。定期组织实施离（退）休老干部阅读文件、参加重要会议和重大活动、情况通报、参观考察等机制。采取集中学习、上门送学的模式，教育引导老干部与时俱进、常学常新。征订资料送学上门，为老干部征订《梅州日报》《秋光》《老人报》等刊物，给离（退）休干部党员发放《中国共产党章程》《习近平新时代中国特色社会主义思想学习纲要》和《习近平谈治国理政》第三卷及各类教育读本，全年提供学习资料5000多份。全年组织老干部学习政治理论会5场，协助“五老组织”、各老干部支部组织学习15场次，参与学习1200人次，切实加强老干部的思想政治建设。

【组织部门自身建设】2020年，大埔县委组织部强化自身建设，努力建设模范部门。强化思想武装。坚持高标准、严要求，开展“不忘初心、牢记使命”主题教育，坚持把学习贯彻习近平新时代中国特色社会主义思想贯穿始终，制订详细学习计划安排，部机关党支部9月开展为期一周专题学习研讨，10月至12月每周安排半天时间组织专题学习会，集中学习习近平总书记重要讲话精神、《习近平谈治国理政》第三卷及《中国共产党农村基层组织工作条例》《党政领导干部选拔任用工作条例》《中国共产党党组工作条例》等最新业务知识的学习交流，做到业务能力水平、指导实践水平有新提升新突破。健全管理制度。按照全面从严治党新常态对组织部门自身建设提出的新要求，对部机关内部管理制度进行梳理，修订完善《中共大埔县委组织部管理制度汇编》，对涉及组工干部日常事务、组织纪律、下基层调研检查、群众来信来访、专项资金使用、“三重一大”等方面做了具体的规定，形成严格按制度规定办事、按程序规矩办事的工作机制。

中共大埔县委组织部负责人名录

部　长：陈军营

副部长：许彩文（女，常务，—2020.4）
罗伟国（—2020.4）　范柳登
张荣强　何赞营（兼职）

（杨开德）

宣传思想工作

【简述】2020年，中共大埔县委宣传部深入学习贯彻习近平总书记出席深圳经济特区建立40周年庆祝大会和视察广东重要讲话重要指示精神，全面贯彻落实中共十九大和十九届四中、五中全会精神，按照县委、县政府的统一工作部署，围绕决战脱贫攻坚决胜全面小康，抓好理论学习开展理论宣讲，着力推动习近平新时代中国特色社会主义思想深入人心，全力守好意识形态安全“南大门”，把握主基调、汇聚正能量、振奋精气神，为推动世界长寿乡美丽新大埔高质量发展提供强大精神动力。

【理论武装】2020年，大埔县委宣传部开展学习贯彻中共十九届五中全会精神和习近平总书记关于疫情防控、脱贫攻坚、视察广东等重要讲话精神，共协调组织县委中心组集中学习23场次35个专题；学好用好“学习强国”平台，有290篇稿件入选广东学习平台；擦亮“大埔学习论坛”品牌，举办中共十九届五中全会精神解读等5场次大型专题报告会；邀请市创文专家授课，组织宣传口党员干部、镇（场）党委宣传委员、文明创建骨干人员集中培训，提升创文工作业务水平。组织好、发挥好县宣讲团及百姓宣讲团作用，重点推动中共十九届五中全会、习近平总书记出席深圳经济特区建立40周年庆祝大会和视察广东重要讲话重要指示精神进机关、进企业、进农村、进学校、进社区，组织开展60场次百姓报告会、90场次理论宣讲辅导，不断扩大理论宣传覆盖面，全县受益党员干部、群众学生2万人。同时，成立国防教育宣讲团，制订国防教育宣讲工作方案。

【宣传报道】2020年，大埔县委宣传部做好疫情防控宣传。新冠肺炎疫情发生后，紧跟中央和省委部署，快速行动、主动发声，制订细化完善疫情防控宣传工作方案，建立多平台调度机制，全面协同作战，宣传普及防控知识，及时发布权威信息，凝聚强大正能量，营造全县上下团结奋进抗击疫情的良好社会氛围，为夺取疫情防控和经济社会发展“双胜利”提供坚强舆论支撑。精彩讲好大埔脱贫故事。扎实推进社会主义核心价值观示范点建设，编辑出版《大埔宣传》。组织好“决战脱贫攻坚决胜全面小康”重大主题宣传，邀请中央和省、市媒体记者深入基层、深入一线，其中《人民日报》报道了“山下红色讲古，山上绿色品茗，梅州大埔脱贫奔康”新闻专稿，全方位、多角度展示大埔县脱贫攻坚取得的成效和贫困群众脱贫后的喜悦。打造大埔影视品牌。配合创排大型原创民族歌剧《血色三河》，在梅州首演、省城献演。联合举办“美丽大埔·美好家园”摄影比赛，协调组织好32集电视剧《绝密使命》剧组进驻大埔取景拍摄；协调摄制《中国最美丽县·大埔》宣传片、《田家炳》大型超高清纪录片、第三届广东茶叶产业大会嘉应茶主题歌曲《天地清香天地醉》等。

【阵地建设】2020年，大埔县委宣传部配合省委第十三巡视组意识形态工作责任制专项检查组到大埔巡视期间相关工作，落实意识形态工作责任制，对巡视检查期间发现问题立行立改，迅速补齐管理工作短板。贯彻落实《中国共产党宣传工作条例》，制定完善意识形态工作通报及考核机制，协调签订责任书，定期召开意识形态工作联席会议，牵头抓好意识形态工作责任制绩效年度考核，持续深化对各镇（场）、各单位党委（党组）意识形态工作巡察，牢牢把好意识形态领域正确政治方向。有效提升“客家香格里拉”政务微信平台宣传质量，管好用好网络舆情，加强疫情防控期间及全国“两会”等时间节点大埔网、大埔人网等新媒体管控，大埔未发生影响不良的网络安全事件。抓好省融媒体中心建设试点县工作，投入380万元推进软硬件建设，完成定机构、定编制、定职能任务，实现“新闻+政务+服务”运行模式，实施带货直播助力陶瓷企业、全媒传播推进暖心助农，初步形成多媒体平台融合发展格局，顺利通过省检查组验收。

中共大埔县委宣传部负责人名录

部　长：陈伟平

副部长：蔡　忠（常务）

陈秀鸿　罗质平

蔡　葵

（邓祥友）

精神文明建设工作

【理想信念教育】2020年，大埔各级党组织和党员干部、群众深入学习习近平新时代中国特色社会主义思想、《习近平谈治国理政》第三卷、中共十九届五中全会精神、习近平总书记出席深圳经济特区建立40周年庆祝大会重要讲话和视察广东重要讲话精神、习近平总书记关于精神文明建设的重要论述等。加强“学习强国”学习平台推广运用，全县2.39万人注册进入“学习强国”平台参加学习。

【新时代文明实践活动】2020年，大埔县精神文明建设委员会办公室（简称大埔县文明办）推进新时代文明实践中心（省试点县）建设，建立1个新时代文明实践中心、15个实践所、256个实践站，并全部达到有机构、有队伍、有阵地、有教材、有保障“五有”标准。组建以县委书记为总队长的志愿服务总队和43支镇（场）及县直志愿服务分队、256支村（社区）志愿服务小分队，完善“五大实践平台”，并建立理论宣讲、教育、文化等8个志愿服务联盟。编辑出版《大埔县

2020年7月31日，县委宣传部、团县委、公安交警、城综局、志愿者5支队伍举行新时代文明实践活动启动仪式（县委宣传部提供）

新时代文明实践中心优秀课程选篇》等辅导教材，围绕彰显大埔苏区“红色”、生态“绿色”、人文“古色”，开展传思想、传道德、传文化、传政策、传科技“五传”实践活动，有效打通宣传群众、教育群众、关心群众和服务群众的“最后一公里”。

【公民道德建设】2020年，大埔县文明办开展道德模范、“身边好人”推荐评议活动，郭展明、罗秀琴分别获第九届梅州市道德模范和提名奖，赖逢芬被评为第二季度“梅州好人”。开展评先树优活动，丘牡香、赵义良被评为第二届“客都好乡贤”，黄奇等5名教师被评为2020年梅州市“最美教师”，大埔县实验中学河小青志愿服务队被评为2020年梅州市“最佳志愿服务组织”，房繁荣被评为2020年梅州市“最美志愿者”，罗梓瑜等5位学生获评2020年梅州市“新时代好少年”称号。加强先进典型宣传展示，通过电视报道、微信发布等形式，宣传“道德模范”、“身边好人”、文明家庭、最美志愿者、新乡贤先进典型事迹，营造“崇德向善、见贤思齐”社会氛围。推进未成年人思想道德建设，组织中小学校以“扣好人生第一粒扣子”为主题，开展“我的中国梦”宣传教育、中华优秀传统文化传承和优秀客家童谣传唱、“传承红色基因”系列教育活动，开展“暑假读一本好书”、成年礼、“新时代好少年”学习宣传、学雷锋志愿服务等教育实践活动。协调抓好中央专项彩票公益金扶持9所乡村学校少年宫建设，实现全县乡村学校少年宫“全覆盖”。规划建设校外未成年人心理健康辅导站，开展心理健康辅导活动，推进未成年人思想道德建设。

【精神文明创建活动】2020年，大埔县文明办抓好文明城市创建提质增效，实施公共交通、农贸市场、公共文化、志愿服务等精神文明创建九大提升行动，抓好西环路、大兴路等街道和农贸市场设施改造提升，文明城市创建工作顺利通过省复查考核，2020年12月省文明委授予大埔县继续保留“广东省县级文明城市”称号。深化文明单位创建，大埔县人民检察院继续保留全国文明单位称号，县税务局获新一届广东省文明单位称号，湖寮镇城北社区、大埔供电局继续保留广东省文明单位称号。推进文明村镇创建，开展乡风民风建设，全县实现文明村镇达标创建全覆盖，百侯镇侯南村被评为第六届全国文明村，百侯镇侯北村继续保留全国文明村称号，大麻镇小留村继续保留广东省文明村称号。开展文明校园创建，大埔县虎山中学获评广东省文明校园称号，大埔中学等3所中学、茶阳镇中心小学等3所小学获评第四届梅州市文明校园称号。开展星级文明户创评和文明家庭推荐评议活动，评选出3600户“五星级文明户”，选树罗书礼家庭等3户家庭为梅州市文明家庭。

【志愿服务活动】2020年，大埔县文明办成立大埔县志愿服务促进中心，组织机关、学校、医院、基层镇村等建立和发展志愿服务组织，全县成立各类志愿者组织180个，注册志愿者4.8万人。各志愿服务组织开展疫情防控、学雷锋志愿服务、环境卫生整治、扶贫帮困、爱心助残等活动，为群众提供志愿服务。

大埔县精神文明建设委员会办公室负责人名录

主　任：陈秀鸿

副主任：连云学

（邓祥友）

新闻出版工作

【扫黄打非】2020年，大埔县新闻出版局开展“扫黄打非·正道”“扫黄打非·新风”集中行动，推进“清源”“固边”“净网”“护苗”“秋风”等五大专项整治，对印刷企业、出版物市场、宗教场所等联合清查 4 次，出动力量 30 人次，检查各类书店、印刷复制、影城、宗教场所等 40 家次，查获各类非法出版物 32 本。开展“护苗 2020 · 绿书签”征文比赛活动，推进“扫黄打非”进基层，重点抓好镇（场）、村（社区）以及重点单位、重点部位基层站点规范化标准化建设，做好田家炳实验中学第四批全国“扫黄打非”进基层示范点创建工作。组织县“扫黄打非”工作人员参加全国“扫黄打非”进基层直播培训。

【出版发行】2020 年，大埔县有各类出版物发行单位 29 家，其中图书报刊发行单位 20 家、网上书店 3 家、音像制品零售单位 6 家；电影院 1 家，农村电影放映队 1 家，印刷企业 4 家。全年大埔县新闻出版局审批一次性内部资料准印证 26 个。开展“绿书签行动”暨版权宣传周进校园宣传学习，补充更新农家书屋出版物，加强出版物市场管理，清查出版行业市场，强化出版发行导向。推进企业使用软件正版化，确保出版发行领域文化安全。

【电影放映】2020 年，大埔县新闻出版局做好与大埔县湖寮镇农村公益电影服务站签订采购书面合同工作，抓好疫情期间农村电影公益放映，有序有效推动影院复工复产、完成院线电影院许可证旧证更换新证工作。推进高陂、三河、光德镇影院试点建设，筹建湖寮镇嘉逸文化传媒有限公司。

【农家书屋】2020 年，大埔县新闻出版局开展南国书香节暨“文明上网”“我的书屋 · 我的梦”农村少年儿童阅读实践活动，推荐上送的虎山中学学生管盟作品“松江农家书屋——梦想起航的地方”获省级优秀奖。

大埔县新闻出版（版权）局负责人名录

局　长：张云彩（女）

（邓祥友）

互联网信息工作

【网络舆情】2020 年，大埔县互联网信息办公室抓好保障网络安全，做好重要时间节点舆情管控，提高对负面网络舆情的有效研判、应对、引导和处置效率。通过“客家香格里拉”微信公众号与融梅发布 APP 平台，开展“网络传播品牌建设工程”“‘4 · 15’国家安全日”“汇聚南粤正能量，争做中国好网民”“网络中国节”“网络安全宣传周”“金融知识普及月”等主题网络宣传活动，加强网上热点舆情应对处置，提升技术治网能力水平。统筹协调保护好网络意识形态安全，强化政务网络媒体安全防护。

【队伍建设】2020 年，大埔县互联网信息办公室严格落实网络安全工作责任制，加强全县网信领域干部职工理论学习，加强网络平台管理与网络安全工作人员培训，加大工作交流力度，提升全县网信队伍整体实力。

大埔县互联网信息办公室负责人名录

主　任：蔡葵

（邓祥友）

爱国统一战线工作

【简述】2020 年，中共大埔县委统一战线工作部（简称大埔县委统战部）坚持以习近平新时代中国特色社会主义思想为指导，贯彻中共十九大和十九届二中、三中、四中、五中全会精神，贯彻落实习近平总书记关于加强和改进统一战线工作的重要思想，贯彻落实习近平总书记视察广东重要讲话和重要指示批示精神，围绕加强党对统战工作的集中统一领导这个根本，以强化思想政治引领为主题、主线，围绕落实中央、省委、市委和县委的重要决策部署，发挥作用服务大局，突出重点抓好落实，持续强化队伍建设和制度建设，提升统战工作科学化规范化水平，开创大埔县统一战线工作新局面。

【党外代表人士工作】2020年，大埔县委统战部坚持把提高党外代表人士参政议政水平作为重要任务来抓，突出凝聚智慧，支持他们更好地建言履职，提升民主协商制度效能。将团结和协商贯穿于各项工作的始终，坚持有事多协商、遇事多协商、做事多协商。落实年度协商计划，组织开展重大决策征求意见、调研协商、经济社会发展情况通报等活动6场。以“献策”为主题，组织党外政协委员、党外人大代表、新的社会阶层人士等党外代表人士开展考察调研活动，形成调研报告、提出意见建议等10条，供县委、县政府决策作参考。以“共享”为理念，整合党外人士智力优势，开展各类社会服务5场，服务群众300人次，在扶贫济困、助残救孤等活动中捐赠款物500万元。

【促进非公经济发展】2020年，大埔县委统战部立足统战优势，以钉钉子精神，坚决消除不利于经济发展的因素，力促大埔县非公经济健康发展。坚持关心支持爱护与正确教育引导并举，推动广大民营企业以新担当展现新作为。抓实企业党建，要求行业商会必须同步建立商会党支部，扩大党的组织和工作覆盖。深化理想信念教育，举办年轻一代非公经济人士理想信念教育培训班，民营企业座谈会、研讨会等5场专题会议，参加培训200人次。搭建政策信息平台，利用大埔县工商联微信群为平台，及时发布传递企业需要的有关政策及信息，增进企业间的沟通交流，激发企业发展活力；搭建法律维权平台，成立民营企业投诉中心、商会人民调解委员会，为民营企业提供及时法律维权服务，维护民营企业家合法权益；搭建沟通交流平台，组织会员企业与外地企业及商会之间的考察、交流，增进友谊，推介大埔；搭建银企对接平台，为会员企业拓宽融资渠道，破解民营企业融资难题；搭建招聘用工平台，组织会员企业参加“就业帮扶招聘会”等活动，解决企业的“用工难”问题，推动就业扶贫。抓好新冠肺炎疫情防控和复工复产。动员广大会员、民营企业家为抗击疫情捐款捐物资累计390万元。全面落实领导干部分片包干联系基层机制，加强会员企业的联络服务和帮助企业复工复产的力度。至2020年年底，全县非公企业3480家（其中规模以上非公企业80多家）、个体工商户1.89万家，均实现复工复产，销售收入同比降幅减缓，固定资产投资同比增长5%，陶瓷累计税收同比增长55%。开展“万企帮万村”行动。落实工商联常委以上会员企业64家一对一结对帮扶67个贫困村的村企结对帮扶行动，投入村庄产业帮扶资金100万元，援助基础设施项目建设8个，解决贫困户劳动力就业200人。热心慈善公益事业。引导会员主动承担起民营企业的社会责任，用实际行动回馈社会、回报家乡，为扶贫济困和爱心助学活动捐款捐物600万元。

【打造新的社会阶层人士发展平台】大埔县新的社会阶层人士联合会（简称县新阶联）于2020年11月5日正式挂牌成立。成立后，大埔县委统战部始终把“组织起来”作为新的社会阶层人士统战工作的核心内容，创新工作方式方法，强化载体平台建设，发挥人才荟萃的独特优势，助力高质量发展。发挥县新阶联人才荟萃、联系广泛、身处一线的优势，引导广大理事围绕党委政府中心工作，开展调查研究，积极建言献策。不定期组织举办理事座谈会，就联合会工作和社会热点问题进行探讨交流，为成员中的人大代表和政协委员参政议政工作提供意见建议。开展各类联络联谊活动，调动理事的积极性，使协会与协会、理事与理事、理事与社会之间的联系交流更加紧密、更加频繁，了解更加深入。12 月 9 日，县委统战部组织部分理事到理事企业大埔县国泰房地产开发有限公司、梅州市御园建筑有限公司、业广利电子（梅州）有限公司参访交流。开展对外战略合作，实现互利互惠、共赢共荣。11 月 15 日，联合大埔县家政服务行业和梅州市大埔商会举办以“跨界大整合 · 交流共成长”为主题的交流活动；12 月 1 日，与梅州客商银行在大埔山水城举行战略合作签约授信仪式，授信 5 亿元；12 月 5 日，与深圳市宝安区新阶联签署战略合作协议。

【民族工作】2020 年，做好民族工作，最关键的是搞好民族团结，最管用的是争取人心。大埔县委统战部注重健全完善民族工作机制，开展少数民族困难群众帮扶等活动，做好社区民族工作，持续加强少数民族流动人口服务管理，提升民族事务法治化水平。注重加强民族团结进步宣传，以民族团结进步创建活动为载体，联合县委政法委、县侨联等单位通过发放民族团结宣传手册、悬挂民族团结宣传横幅标语并开展“民族知识有奖竞答”特色群众性活动，多渠道、全方位宣传民族理论方针政策和民族团结进步事业所取得的成就，筑牢各民族共同团结奋斗、共同繁荣发展的思想基础，形成人人讲民族团结、处处谈民族团结进步的良好舆论氛围。同时，与“七五”普法、创建全国文明城市活动等实际工作相结合，主动深入基层，详细了解外来少数民族群众在生活、工作、经商中存在的实际困难，帮助解决生活中存在的现实问题，维护外来少数民族群众的合法权益。

【宗教工作】宗教工作是统战工作的重要组成部分，其根本任务就是将宗教界人士和广大信教群众紧密团结在党和政府周围。2020 年，大埔县委统战部坚持宗教中国化方向，旗帜鲜明地抓好意识形态工作。在宗教界开展宗教政策法规学习月活动，召开学习宣传新修订的《宗教事务条例》《广东省宗教事务条例》等宗教政策法规培训会；编印发放《宗教政策法规应知应会手册》和《习近平总书记关于宗教问题和宗教工作系列重要论述摘编》等学习口袋书 1500 册至各宗教团体及全县开放宗教活动场所，提升宗教界人士和广大信教群众的政治素质和法律意识。县委常委会议、县委中心组和县政府常务会议坚持将学习习近平总书记关于宗教工作的重要论述和新修订的《宗教事务条例》等相关资料作为重要学习议题；县委党校将习近平总书记关于宗教问题和宗教工作系列重要论述纳入教学内容有关资料；各镇（场）党委、党委中心组及镇委党校等坚持学习宗教政策法规资料，树立坚定政治立场。注重引导宗教界牢固树立服务社会意识，开展公益慈善活动，提升宗教服务社会民生水平。全年全县宗教界筹得资金 30 万元，用于开展疫情防控、扶贫济困、助残助学、尊老敬老等慈善活动，受到社会各界的赞誉和好评。特别是在疫情防控过程中，宗教界积极响应政府号召，捐赠资金 12 万元支持做好疫情防控工作。县委与各镇（场）党委签订《2020 年度大埔县宗教工作责任书》，县民宗局与全县 31 家开放宗教场所签订《2020 年宗教场所安全管理责任书》，并下发 31 套《宗教活动场所安全生产工作资料》，实现层层抓落实。组织人员开展宗教场所防火灾、防踩踏、防盗及建筑安全大排查，排查安全隐患 14 处，并投入 11 万元进行整改。多次举办防范抵御境外宗教渗透及反邪教宣传活动，严密防范非法宗教和境外宗教渗透活动。11 月 13 日，联合县委政法委、县团委、县教育局、县妇联、县司法局等部门举办“防范邪教侵害　守护平安家园”宣传活动，现场发放防范邪教、非法宗教和抵御境外宗教渗透宣传资料 2000 册。

宗教领域疫情防控工作平稳有序　大埔县委统战部及时成立防控新冠病毒肺炎疫情工作领导小组，负责民族宗教领域应对新型冠状病毒感染的肺炎疫情工作的统一部署和组织领导。2020年1月24日（春节前夕）在全市率先下发《关于全县宗教活动场所暂停对外开放的通知》文件，并要求全县宗教活动场所（含民间信仰场所）全部关闭，取消所有活动，暂停对外开放。同时根据形势发展和上级部署要求，6月28日下发《关于做好宗教活动场所有序恢复开放的通知》文件，要求宗教活动场所和民间信仰场所在落实疫情防控措施等准备工作的基础上，可有序恢复开放。至2020年年底，全县批准恢复开放宗教场所25间，仍有6间尚未恢复开放。成立督导组，不定期深入各宗教场所进行巡查督导，对未严格执行关闭大门和未粘贴“暂停对外开放通知”的场所进行通报批评。自开展疫情防控工作以后，全县宗教工作干部参与对各宗教活动场所巡查270人次，巡查宗教活动场所和民间信仰场所120间次。

【港澳台工作】港澳台是统一战线工作的一片广阔天地，重点是争取人心，巩固爱国力量，助推经济社会发展。2020年，新冠肺炎疫情发生后，作为大埔县疫情防控成员单位的台港澳办迅速行动，按照县委的统一部署开展一系列抗疫行动。动员港澳台同胞捐款捐物支持家乡抗疫，据统计，全县接受港澳台同胞捐赠口罩5.02万个、测温仪85个、防护帽2000个、防护手套2000副、防护裤44件、消毒液100瓶、现金10万元；对疫情期间到大埔的港澳台乡亲，争取县政府的支持，免除他们在大埔隔离期间所有的费用；对长期在大埔工作、生活的港澳台同胞进行登门慰问，详细了解他们的生产生活情况，让他们感受到党和政府的温暖。10月22日，“四海同心”台湾客籍子弟原乡文化寻根之旅一行50人，到大埔县百侯古镇、张弼士故居、泰安楼和陶瓷博物馆等地考察，近距离了解大埔县源远流长的客家历史和传统文化；12月5日，接待由省台办主办的第七届台湾青年岭南行活动参访团，100多位台湾青年实地参观大埔县新农村连片示范区建设——北塘美丽乡村、百侯古镇、双髻山蜜柚公园和大埔县农业科技馆。发挥粤港澳埔籍青年文化学习交流中心作用。2月，大埔县委统战部发挥“交流中心”的桥梁纽带作用，号召香港埔青会连思杰联合省埔青会、深圳埔青会、梅州埔青会、香港埔青会“四会”向大埔县捐赠近10万元的医疗物资，传递抗“疫”正能量。在粤港澳埔籍青年文化学习交流中心成立大埔县团代表联络站和大埔县青年文化学习交流中心，进一步在人力资源、社会资源、活动开展等方面展开合作。同时为纪念“百校之父”——大慈善家田家炳101周年诞辰，联合县教育局、县侨联等单位于9月开展“追思田家炳先生”有奖征文活动。活动共收到300份作品，评选出90篇优秀作品并集结成书出版，书名为《有颗星星挂天上》。

【侨务工作】2020年，大埔县委统战部坚持以人为本、为侨服务的宗旨，促侨务工作上新台阶。抓好“侨胞之家”建设，拓展为侨服务平台。对照省、市“侨胞之家”创建标准进行规范，完善“侨胞之家”相关工作制度，建立动态侨情台账。截至2020年11月，创建百侯镇侯北村、侯南村及湖寮镇长教村3个示范点，其中百侯镇侯北村获梅州市首批“侨胞之家”建设示范点。推进“网上侨务”建设，加大对归侨侨眷、海外侨胞的联络和服务力度。集中力量推进电子政务、微信服务平台与侨务各项工作有机融合、系统集成。通过微信群等新媒体即时推送侨刊乡讯，传递家乡好声音，实现交流互动、信访维权、法律咨询等功能，汇集侨界群众意见建议与信息，服务地方经济社会建设与对外交往需要。坚持依法护侨。利用广播、电视台、电子阅报栏、微信工作群等新媒介推送《中华人民共和国归侨侨眷权益保护法》的内容，提高侨界群众对该法规的知晓率。召开2场专题座谈会，并在县文化广场举办现场法律咨询、有奖竞答等活动，现场咨询人数150人，派发宣传小册子2000份。坚持为侨服务。按照“根据特点、适当照顾”的工作方针，帮助困难归侨度过生活难关。全年救助贫困归侨105人，发放资金30.2万元，其中临时救助65人，生活补助40人。坚持传播大埔好声音。根据新形势发展需要，对《大埔乡讯》进行全新改版，发行5100份至海外19个国家和地区及国内20多个省、市。保护侨捐资源。2020年县政府拔出78万元专款，完成对全县范围内华侨捐资项目的碑文、楼名等建筑物进行清洗、修复和重塑工作。展示侨领精神。争取资金对大埔县华侨事迹展览馆展厅进行全面升级改造，2020年全面完工并实行对外开放。改造后，展厅以图片、实物、声像等形式宣传华侨事迹，并配备专职讲解员和日常管理人员。

中共大埔县委统一战线工作部负责人名录

部　长：张红梅（女）

副部长：梁永志（常务）

刘思法（县台港澳工作办公室主任、台港澳事务局局长、侨务局局长）

刘鹏万（县民宗局局长）

林开樊（县工商联党组书记）

（陈劭辅）

机 构 编 制

【简述】2020年，机构编制工作以习近平新时代中国特色社会主义思想为指导，全面贯彻习近平总书记关于机构编制工作的重要讲话精神和中共十九届二中、三中、四中、五中全会精神，中共大埔县委机构编制委员会办公室（简称大埔县委编办）根据省、市编委办的工作部署，围绕推进治理体系和治理能力现代化，以坚持和加强党的全面领导为统领，以推进机构职能优化协同高效为着力点，以机构编制法定化建设为抓手，持续完善机构设置，不断优化职能配置，创新规范编制管理，推动新时代机构编制工作新作为，为实现大埔县全面小康社会新局面提供体制机制保障。

【提升机构编制工作政治站位】2020年，大埔县委编办始终坚持把政治建设放在首位，把思想和行动统一到党中央重大决策部署上，确保机构编制工作沿着正确的方向前行。强化理论武装。中共十八大以后，习近平总书记关于机构编制工作作了一系列重要讲话和重要批示指示，这是习近平新时代中国特色社会主义思想的重要组成部分，为新时代机构编制工作指明了方向、提供了根本遵循。采取集中学习研讨的方式，坚持学、思、悟相贯通，知、信、行相统一，深入学习贯彻《中国共产党机构编制工作条例》、《习近平谈治国理政》（第三卷）及2020年习近平总书记的系列讲话精神，树牢“四个意识”、坚定“四个自信”、做到“两个维护”，不断增强政治担当，强化责任落实，扎实推进新时代机构编制工作建设。提升政治站位，始终牢记机构编制资源是重要政治资源、执政资源，强化编办党的机关、政治机关意识，坚决把编委体制调整优化的要求贯彻落实到位，制定县委编委工作规则、县委编办工作细则以及机构编制事项报送程序及审批规则，及时把工作规矩立起来、严起来。

【优化党政机构职能体系】2020年，大埔县委编办做好机构改革“后半篇文章”，围绕自然资源、生态环境、安全与应急救援、市场监管、城市管理和综合执法等重点领域健全部门协同配合机制，科学划分职责边界，理顺职责关系。完善党政机构职责和组织架构，推进综合行政执法体制改革工作。根据市委办公室《征求意见函》文件要求，市委编办对大埔县埔办发〔2019〕1号等36个文件进行认真审查，对埔办发〔2019〕1号等6个文件备案无意见，对埔办发〔2019〕2号等30个文件提出完善意见，根据《关于大埔县、丰顺县〈县直单位三定方案〉备案审查意见的复函》（梅市机编办发〔2020〕39号）文件精神，县委编办进行认真研究，提出修改完善意见，提交县委编委会议讨论通过后写入相关单位三定方案印发实施，涉及职能调整、领导职数设置、专业技术领导设置、精简内设机构、精简内设机构副股级领导职数、精简后勤服务人员数等内容，强化机构编制法制化。推进综合行政执法体制改革工作。按照减少层次、整合队伍、提高效率的原则，在市场监管、文化市场、交通运输、农业综合等5个领域整合行政执法职责，分别组建综合执法机构，与县主管部门实行“局队合一”体制。至2020年12月底，设置有执法股并配备行政执法专项编制的单位有9个。

【推进高陂镇行政管理体制改革试点工作】 2020年，大埔县委编办按照广东省《关于深入推进经济发达镇行政管理体制改革试点的实施方案》的有关要求，结合市委提出的“加快中心镇建设，打造绿色发展先导区”的工作部署，大埔县出台《关于印发〈大埔县高陂镇行政管理体制改革试点工作方案〉的通知》《关于调整大埔县高陂镇机关、事业单位机构编制事项方案》《关于组建高陂镇综合行政执法队伍实施方案》。至2020年12月底，此项改革工作基本完成。调整优化设置11个内设机构、7个中心事业单位和组建高陂镇综合行政执法队（归镇综合行政执法委员会办公室管理）。扩大事权范围。由县政务数据管理局牵头，会同县住建、科工商务、应急管理、市场监督等部门在原来下放的事项清单基础上研究梳理制定（第一批）权限下放事项清单共106项，其中行政许可6项、行政处罚93项、行政强制5项、行政检查2项。镇政务服务平台可办理服务事项766项，有效解决群众就近办事需求，打通服务群众“最后一公里”，方便群众办事。灵活实施财政政策。参照五华县及梅县区做法，拟订《大埔县高陂镇财政体制改革方案》，按照事权和支出责任相适应的原则，明确高陂镇政府事权和支出责任，在税收、土地出让收入等给予相应财力支持。对各类社会事业和基础设施项目，凡高陂镇提出申请并符合条件的，优先将其列入项目实施范围。做好人员安排。各办公室和服务中心重新挂牌，对改革后的机构部门负责人和部门人员进行重新安排调整，把想干事、能干事的干部调整到重要岗位。同时推行政府购买服务，凡是适宜通过政府购买服务提供的公共服务和事务性、辅助性工作等，引入竞争机制，通过合同、委托等方式实行购买，由花钱养人向花钱办事转变。

【做好镇街体制改革工作】 2020年，全省镇街体制改革工作启动后，根据省委《关于深化乡镇街道体制改革完善基层治理体系的意见》有关要求，大埔县主要领导多次率队到乡镇进行实地调研，围绕改革任务，摆问题、找思路、提建议、定措施，逐一解决改革过程中遇到的问题。大埔县委编办根据上级镇街体制改革指导意见，拟定乡镇体制改革方案。县直各相关部门围绕工作要求，有序落实各项任务，推进深化乡镇体制改革。

有序推进乡镇体制改革工作　市委8月6日批准同意《大埔县深化乡镇体制改革完善基层治理体系实施方案》后，大埔县于8月12日印发《大埔县深化乡镇体制改革完善基层治理体系实施方案》，8月19日召开全县深化乡镇体制改革完善基层治理体系工作动员大会。各镇按照上级镇街改革的工作部署，专门成立体制改革工作领导小组，按照改革时间节点，倒排工期，迅速行动，周密部署，精心组织，确保改革稳妥推进。

合理设置乡镇机构　14个镇统一设置9个内设机构，有党政综合办公室、人大办公室、党建工作办公室（组织人事办公室）、纪检监察办公室、公共服务办公室(党群服务中心)、综合治理办公室（应急管理办公室）、综合行政执法办公室（综合行政执法队）、经济发展办公室、农业农村办公室（生态环境保护办公室）、规划建设办公室（城市管理办公室）。其中，纪检监察办公室与县监委派出机构合署办公，不占限额。综合行政执法办公室（综合行政执法队）定为副科级。各镇建立乡镇党委综合治理委员会、公共服务委员会、综合行政执法委员会、应急管理委员会、规划建设委员会等5个统一指挥协调的工作平台，转发市委编委《关于统筹整合机构编制资源建立乡镇街道工作平台、服务中心和技术支撑保障工作运行机制的通知》，明确各委员会的职责、组成方式、承担日常工作的办公室，组建综合行政执法队等工作机构，建立健全相关工作机制。规定人民武装部，工会、共青团、妇联等按有关规定或章程设置。

做好放权赋能工作　县政务服务数据管理局会同县直各相关单位梳理出大埔县乡镇体制改革第一批下放依申请类政务服务事项，经县政府审议通过后，于10月23日，印发《大埔县人民政府办公室关于印发大埔县乡镇体制改革第一批下放依申请类政务服务事项的通知》，涉及627项事项下放至乡镇实施，其中公共服务211项，行政给付15项，行政奖励14项，行政确认53项，行政许可207项，行政征收47项，其他行政权力79项，行政裁决1项。县依法治县办拟订《大埔县县级行政执法职权调整由乡镇实行职权目录（第一批）》共516项，涉及的重点为调整实施自然资源和规划建设、生态保护、市场监管、卫生健康、镇区和乡村治理、农业技术推广使用等方面的行政执法权，经县政府审查后已上报梅州市司法局。

完成好乡镇“三定”制定、机构挂牌、人员转隶、公章刻制等工作　全县14个镇的“三定”于2020年8月31日印发实施，这次乡镇体制改革各镇机关行政编制保持不变，并明确其中用于行政执法工作的编制4名。镇领导班子职数按省委、市委关于乡镇领导班子换届的有关精神确定。各镇综合行政执法办公室（综合行政执法队）设主任（队长）1名（副科级）、副主任（副队长）2名。内设机构领导职数的核定主要从各镇的编制数、各内设机构的职责任务来综合考虑，分较大镇和一般镇区别设置。干部任免、机构挂牌、人员转隶、办公室调整等改革任务在规定的时间内全面完成。

推进乡镇街道派驻机构属地管理和规范乡镇街道事业单位设置　县自然资源局派驻在乡镇的14个自然资源所、县市场监督管理局派驻在乡镇的5个市场监督管理所全面下放乡镇实行属地管理，与乡镇综合行政执法办公室（综合行政执法队）等乡镇党政机构整合设置。不再保留自然资源所、市场监督管理所。按照“编随事走、人随编走”的原则，将自然资源所、市场监督管理所现有行政执法专项编制总数103名的50.5%下放各镇，其他49.5%保留在县级统筹使用；另根据梅市机编办发〔2020〕85号文件精神，将此次省、市下达大埔县的行政执法专项编制140名的80%用于加强乡镇行政执法工作力量所需，一并在全县范围内按照工作实际统筹调配至各镇自然资源所、市场监督管理所所有在编人员（含超编人员）、后勤服务人员等全部下沉各镇。

【推进公益三类及从事生产经营活动事业单位改革工作】2020年，大埔县委编办根据《中共广东省委机构编制委员会办公室关于加快推进公益三类及从事生产经营活动事业单位改革工作的通知》（粤机编办函〔2019〕391号）文件和梅州市委编委办梅市机编办〔2019〕636号文件精神，推进大埔县公益三类事业单位改革。经县委编委第二、第三次成员会议研究决定，撤销事业单位4个（大埔县林业苗圃场、大埔县水土保持试验技术推广站、大埔县职工业余学校、大埔县国土资源交易所），调整为公益一类事业单位3个［大埔县工人文化宫、大埔县公路局（国）省道公路养护中心、大埔县自然资源局测绘队］。从事经营活动事业单位有3个（大埔小学文用厂、大埔县中国旅行社、大埔县委干部招待所），经县委编委第三次成员会议研究决定，转企改制后撤销事业单位建制2个［大埔县委干部招待所（大埔县虎山宾馆）、大埔县中国旅行社］；调整为登记设立事业单位1个（大埔县大埔小学文用厂），不再纳入机构编制核定范围管理。至2020年年底，全面完成公益三类及从事生产经营活动事业单位改革工作。通过改革，共收回经费自理事业编制221名。

【推进事业单位改革工作】2020年，大埔县委编办按照中央和省关于深化事业单位改革的工作部署，根据《中共梅州市委机构编制委员会关于印发〈深入推进市直事业单位改革工作方案〉的通知》（梅市机编发〔2020〕51号）文件精神，结合大埔县实际，制定《大埔县深入推进县直事业单位改革工作方案》。经县委编委第三次成员会议研究决定，以埔机编字〔2020〕37号文印发实施。涉及事项于2020年12月31日县委编委第四次成员会议决定。通过整合或调整优化改革工作，共收回财政核拨事业编制10名。

【做好实名制信息系统管理工作】2020年，大埔县委编办充分认识机构编制实名制管理的重要性，完善机构编制实名制系统数据库，严格实行机构编制审核和编制卡管理，依托机构编制实名制信息系统，严把机关事业单位“入口”，按照部门职责和系统管理权限，实时更新实名制数据库信息，在日常管理中及时监控全县各单位的机构编制和实有人员情况，杜绝超编进人、违规设置机构，对遏制违反机构编制纪律问题起到积极有效的作用。

【做好机构编制监督管理工作】2020年，大埔县委编办发挥机构编制部门职能作用，转变监督方式，将人员编制被动监督转为主动监督，将事后监督为主转为事前监督为主，使机构编制部门的监督更加积极主动。开展自查整改。按照上级相关文件要求，全面落实自查整改工作，重点查摆超审批权限设置机构、违规超编进人、违规核定领导职数等问题，并建立问题台账，明确整改期限、措施，实行销号管理。建立协调配合机制。加强与组织、人社、财政等部门的协调配合，形成监督合力，对于发现的机构编制问题，认真梳理，建立机构编制问题整改台账。加强“12310”举报电话管理。按照“举报必查、事后反馈”的原则，对各类机构编制事项举报案件审慎对待，严肃查处机构编制违纪违规问题。

中共大埔县委机构编制委员会办公室负责人名录

主　任：郑　彦（—2020.7）
　　　　李志坚（2020.7—）

副主任：曾国杭　温卫国　罗春初

（伍晓瑜）

县直属机关工委工作

【简述】2020年，中共大埔县直属机关工作委员会（简称大埔县直机关工委）下设党委23个，党总支8个，党支部216个，党员4537

人。2020 年，县直机关工委坚持以习近平新时代中国特色社会主义思想为指导，全面贯彻中共十九大和十九届二中、三中、四中、五中全会精神，深入学习贯彻习近平总书记对广东重要讲话和重要指示批示精神，按照县委十二届九次全会的部署要求，以“基层党建全面进步、全面过硬”为主题，加强机关党建，带头做到“两个维护”，建设让党中央放心、让人民群众满意的模范机关。

【加强党员教育，提升党员素质】2020 年，大埔县直机关工委坚持第一议题学习制度，引领县直各级党组织领导干部读原著学原文悟原理，采取领导干部自学与中心组学习相结合、集中培训与在线学习相结合、年初计划与及时跟进相结合，及时组织学习中共十九届四中、五中全会精神，通读《习近平谈治国理政》第一、二、三卷，把学习贯彻习近平总书记最新重要讲话和重要指示批示精神引向深入。结合疫情防控，灵活培训方式，强化干部线上学习培训，综合运用“学习强国”、广东省干部培训网络学院等载体，加强党员教育培训，不断丰富学习内容和形式，引导党员干部树立终身学习的理念。对居住在外或行动不便的退休党员，县直机关党组织采用组织送学，邮寄“口袋书”、《习近平关于“不忘初心、牢记使命”论述摘编》等书籍，让退休老党员及时充电学习。

【疫情防控工作】2020 年，在新冠肺炎疫情防控工作中，大埔县直机关工委勇于担当，主动作为，按照上级工作部署，通过积极发动党员干部投身疫情防控工作、选派县直党员干部支援社区一线、号召党员干部踊跃捐款等形式，充分发挥县直机关党员先锋模范作用，让党旗在战疫一线高高飘扬，为助力打赢防范新冠肺炎疫情阻击战提供坚强有力的保障。在疫情期间，县直单位党组织选派 59 名党员和组织动员 100 多名机关党员志愿者参与疫情防控工作，并发动党员干部捐款 45.64 万元。

【推进“两学一做”学习教育】2020 年，按照县委关于推进“两学一做”学习教育常态化制度化的要求和工作部署，大埔县直机关工委巩固“不忘初心、牢记使命”主题教育成果，将“不忘初心、牢记使命”作为加强党的建设的永恒课题和全体党员、干部的终身课题常抓不懈，抓好“两学一做”学习教育常态化工作，把推进“两学一做”学习教育常态化制度化作为当前和今后一个时期加强党的建设的重大政治任务，摆上重要位置，切实抓在手上，全面推进“两学一做” 学习教育常态化制度化。

【严格执行组织生活制度】2020 年，大埔县直机关工委贯彻落实《中国共产党党和国家机关基层组织工作条例》要求，严格落实“三会一课”制度，坚持支部书记领学带学，让党员干部每季度接受一次专题党课教育,使党员真正过上正常、健康、严格的党内政治生活。同时，利用大埔红色优势，发挥三河坝战役纪念园等党性教育基地作用，以“铭记光辉历史，传承红色基因”革命传统教育为载体，引导县直机关各级党组织每月开展一次形式多样的主题党日活动，推动党性锻炼抓在经常、融入日常。

【规范发展党员和收缴党费工作】2020 年，在发展党员工作中，大埔县直机关工委严格做到坚持标准，慎重发展，成熟一个，发展一个，不搞突击发展。全程纪实党员发展工作，建立各类台账，党员发展工作规范有序。同时，做好党费收缴工作，指定专人具体负责党费收缴管理，认真核算党费交纳数额，做到上缴党费数额与党费收缴票据一致。全年发展党员 63 名（含 6 名火线入党）；收缴党费 176.43 万元。

【开展模范机关创建活动】2020 年，大埔县直机关工委把模范机关创建工作作为加强党的政治建设的一项重要举措，摆上重要议事日程，以“五强”“五好”为着力点，推进创建工作。抓示范带动。在县财政局、县卫健局、县检察院等县直单位建立模范机关创建活动示范点。抓责任落实。落实各单位党组织是抓好本单位本系统模范机关创建活动的责任主体，单位分管负责人履行直接责任人的职责。县直机关工委切实履职，完善党建工作制度机制，抓好党建工作和模范机关创建工作。抓检查考核。牵头组织，联合县委组织部、县委宣传部等单位抽调人员组成两个检查组，对县直党建工作和模范机关创建工作进行全面检查，通过深入自查、相互评议、观摩学习等方式发现问题，对每个问题认真对待，深入分析，找到有效可行的解决办法。抓亮点品牌。选树以县公安局等17个单位为主体的基层党建亮点品牌。在县直基层党组织中以“1+N”模式确定活动主题，通过党建亮点品牌的典型示范引领辐射作用，以示范促规范，以标杆带全盘，全面提升基层党建工作整体水平。

2020年8月26日，县直机关工委联合县税务局在县税务局机关大楼三楼会议室开展习近平新时代中国特色社会主义思想进机关暨党建共建活动现场（钟利新摄）

中共大埔县直属机关工作委员会负责人名录

书　记：何赞道（—2020.2）
　　　　李礼庆（2020.2—）
副书记：罗启煊　郭彩银（女）

（黄瑛）

保　密　工　作

【简述】2020年，大埔县国家保密局坚持以习近平新时代中国特色社会主义思想为指导，深入学习贯彻中共十九大和十九届历次全会精神，增强“四个意识”、坚定“四个自信”、做到“两个维护”，深入贯彻落实党中央重大决策部署，积极应对新冠肺炎疫情等风险挑战，落实从严治党、管党主体责任，增强服务机关和基层能力，做好保密业务工作。大埔县全年没有发生泄密事故。

【疫情保密工作】2020年，新冠病毒肺炎疫情突如其来，党中央采取一系列防控措施，大埔县保密局全体干部坚守岗位，迎难而上，积极投身抗击疫情一线，推进县委各项疫情防控部署工作。在疫情发生后共检查防控工作重点单位7个，检查电脑等电子信息化设备60部，保障疫情防控信息的保密安全工作。

【保密监督检查】2020年，大埔县保密局对县委政法委、宣传部、统战部等县委工作部门以及县城乡建设局、县文广旅体局、县卫健局等单位检查涉密计算机18台、上网计算机95台和涉密文件1526份，并指导各单位强化保密管理工作，堵塞失（泄）密漏洞。指导各单位加强对政务OA、互联网邮箱等即时通信的日常保密管理，登记造册，以加强对政务OA、互联网邮箱的保密管控。加强对涉密人员手机保密工作进行指导，推荐领导干部使用国产手机，推荐公职人员使用“粤政易”作为即时通信软件平台，堵塞通信中失（泄）密的漏洞。

【信息系统和信息设备保密管理】2020年，大埔县保密局抓好党政机关计算机信息系统的安全保密管理，贯彻落实国务院办公厅《关于印发〈政府信息系统安全检查办法〉的通知》，督促各单位落实信息安全保密工作的领导责任制和管理部门职责，加强对本单位计算机信息系统的安全保密工作。推进涉密计算机的监管工作，2020年新安装涉密计算机的监控软件和管理系统，提高涉密计算机的保密安全性能，有效解决移动存储介质交叉使用、公私混用等重大泄密隐患的问题，提高保密防护能力。同时，指导有关单位涉密计算机的使用和管理，对涉密计算机及其移动存储介质粘贴密级标识，明确责任人、设备编号等，采取符合保密标准的身份鉴别、访问授权、违规外联监控、病毒查杀、移动存储介质管控等安全保密措施。

【工作邮箱保密检查】2020年，根据省、市国家保密局的统一部署安排，大埔县保密局于11月6—9日组织全县各机关事业单位开展工作邮箱保密隐患排查工作。全县112个机关事业单位排查工作邮箱189个，对县委办、县府办等8个部门进行抽查检查，抽查互联网邮箱23个。部分单位出现使用私人邮箱处理工作信息的情况。除此之外，未发现利用互联网邮箱传递涉密信息等其他保密安全隐患。

【考试保密工作】2020年，大埔县保密局做好高考和高中学业水平考试工作，制订《2020年大埔县高考保密安全突发事件应急处置预案》，并会同县教育局召开高考保密组有关人员会议，学习有关保密规定并对安全保密工作进行培训，加强保密法纪和安全教育，健全试卷交接和值班交接制度，同时，全程跟踪试卷的运送、保管、分发等工作，确保高考试卷管理和各个环节安全保密。此外，还协助做好中考和事业单位以及临聘人员招聘考试的保密监督指导工作，确保严格按高考的规格进行保密管理，防止试卷泄密。

大埔县国家保密局负责人名录

局　长：蔡葵花（女）

副局长：张贵岳

（吴京洲）

党 校 工 作

【简述】2020年，中共大埔县委党校以中共十九大和历次全会精神为指导，全面落实省委、市委、县委的工作部署，学习贯彻《中国共产党党校工作条例》和中央、省、市、县干部教育培训工作会议精神，围绕县委中心工作，做好疫情防控常态化工作的同时立足主业，把“党校姓党”贯穿党校工作始终，发挥好培训党员干部主阵地作用。

【培训主业】2020年，大埔县委党校以干部党性锤炼业务能力为重点，注重改进培训手段，创新教学方法，发挥党校主渠道、主阵地的作用。突出培训为主业的意识。突出党性教育为主课意识。

【县情推介】2020年，大埔县委党校主动出击，创新教学模式，积极开拓现场教学基地。将大埔县丰富的红色文化（以三河坝战役纪念园为代表）、客家人文（以中国历史文化名镇——百侯为代表）、美丽乡村（以小留村建设为代表）等方面内容进行开发、分类、整合成为党校的教学资源。

【对外培训】2020年，大埔县委党校对外培训的培训班包括黄埔文冲优秀青年干部（远航）专题培训班、省林业科学研究院党性锤炼专题培训班、顺德区伦教街道机关工作人员素能提升培训班、海珠区处级干部任职培训班等。通过联合办班，各地学员对大埔纷纷点赞，对县委、县政府工作思路、城市建设规划、经济发展和丰富的人文资源给予好评价。

【宣讲主力军】2020年，大埔县委党校配合县委组织部、宣传部等部门做好宣讲工作，特别是在中共十九大精神、习近平新时代中国特色社会主义思想和习近平总书记视察广东重要讲话精神的宣讲中发挥作用。让广大基层党员干部能深刻认识形势，充分了解国情、党情、市情，在对外宣讲中，紧扣时事政治，紧密结合县情，发挥宣讲主力军作用。

【智库资政】2020年，大埔县委党校围绕县委中心、服务大局，一切调研活动都是坚持为大埔县经济社会发展情况而开展。坚持每周一次的教研室例会制度，大家谈心得、谈体会，达到互相交流、互相促进的目的。在省级课题〔苏区精神（广东）研究中心2020年度研究课题〕招标中县委党校申报的课题"地方红色资源的挖掘、规划、开发"在批准之列。该课题是大埔县委党校近三十年来首次申报成功的省级研究课题，也是梅州市各县级党校唯一申报成功的课题。根据县委组织部部署，落实有关"党课开讲啦"文件精神，成立专项工作领导小组协调各方面工作，聘请专业摄制组进行拍摄，选取枫朗镇南方工委旧址作为现场教学点，由李文婷主讲党校制作的《坚定信念守初心 植根人民担使命》微党课得到市委组织部肯定，在全市各县区组织部门推广、学习、宣传。

中共大埔县委党校负责人名录

校　长：陈军营（2020.2—）
　　　　　张伟东（—2020.2）
副校长：蔡永斌（常务，2020.2—）
　　　　　郭文招　何濠华（—2020.7）
　　　　　陈君仪（女，2020.7—）

（谢思婷）

大埔县人民代表大会

【简述】2020年，大埔县人民代表大会常务委员会（简称大埔县人大常委会）坚持以习近平新时代中国特色社会主义思想为指引，贯彻落实省委、市委工作部署和县委思路举措，以及省委、市委、县委人大工作会议精神，不忘初心、牢记使命，依法履职、勤勉工作。全年召开常委会会议7次，听取和审议专项工作报告37项，开展专题调研7项、执法检查1项、重点项目督查3次，作出决定决议8项，审查批准财政预（决）算、预算调整等10项，依法任免国家机关工作人员21人次，县、镇人大工作和建设取得成效，为全县经济社会发展和民主法治建设贡献人大智慧和力量。3月30日，经县编委（埔机编字〔2020〕2号）批复同意，县人大常委会办公室设立县人大常委会机关服务中心，定为正股级、公益一类事业单位，隶属县人大常委会办公室管理，核定事业编制5名，其中正主任1名，副主任2名，所需人员工资和办公经费按县财政补助一类拨付。

抗击新冠疫情　突如其来的新冠肺炎疫情发生后，大埔县人大常委会高度重视、快速反应，发出《致大埔县人大代表的一封信》，组织动员全县各级人大代表和人大干部职工奋勇投身疫情防控一线，亮身份、担使命、作表率，迅速汇聚起全县人大系统坚决打赢

2020 年 6 月 29 日，大埔县人大常委会专项督查组到重点项目现场开展第二季度专项督查（县人大办提供）

疫情防控人民战争、总体战、阻击战的磅礴力量。同时，各级人大代表和人大干部纷纷捐款捐物，助推复工复产复学，累计捐献 260 万元及防疫物资一批，为大埔县推进“双统筹”夺取“双胜利”作出贡献。

推进重点项目　遵照县委工作安排，大埔县人大常委会及时调整充实县重点项目人大专项督查组成员，采取看现场、查资料、听汇报等形式和“三必查、四必问”等措施，真督善查，着力推进人大负责的 58 个重点项目建设提速增效，大潮高速公路（含大漳支线）建成通车、韩江高陂水利枢纽工程下闸蓄水等一批重点项目取得重大进展。截至 2020 年年底，58 项重点项目累计完成投资 60.66 亿元，占年度计划总投资 68.46 亿元的 88.6%（其中 38 项完成年度计划、29 项完成或基本完成工程建设任务），强力拉动了有效投资，全县固定资产投资实现 73.55 亿元，同比增长 2.8%。

打赢脱贫攻坚　主动聚焦脱贫攻坚战，大埔县人大常委会连续三年听取和审议并视察全县精准脱贫工作情况，要求严格对标对表、全面查漏补缺，不漏一村、不漏一户、不漏一人，确保如期完成脱贫攻坚政治任务。大埔县人大常委会领导担当负责，经常深入联系镇村和贫困户，突出贫困户“八有”和档案资料等关键环节，督导推进精准脱贫工作落实情况，夯实迎检考核工作基础，为大埔县脱贫攻坚取得决定性成果贡献人大力量。

助推乡村振兴　持续关注乡村振兴战略，大埔县人大常委会连续两年听取和审议县政府关于加快实施乡村振兴战略议案工作情况报告，突出农村基础设施建设、人居环境整治、主导产业培育和美丽乡村创建等工作重点积极建言献策，督导推进乡村振兴取得阶段性成效，全县 245 个行政村达到干净整洁村标准，其中 123 个行政村建成美丽宜居村。同时，配合县委开展“回乡联村”和农村人居环境综合整治“回头看”等工作，在人力、物力、财力等方面给予支持，倾心尽力建设美丽新农村。

保稳定促发展　围绕稳定和发展两个大局，大埔县人大常委会听取和审议县政府关于创建广东省全域旅游示范区、稳定就业、贯彻落实《广东省安全生产管理条例》、全县蜜柚产业发展等工作情况报告，以及县人民法院关于依法保障和服务民营企业健康发展工作情况报告，督促各有关部门积极应对风险挑战，全面落实党中央“六稳六保”各项政策措施，维护全县经济社会和谐稳定。据统计，2020 年，全县累计发放金融贷款 39.77 亿元，发放“战疫贷、复工贷”等信贷产品 3.07 亿元，向上争取项目债券资金补助 5.60 亿元，减免各类税费、房租、社（医）

保等1.54亿元，新增城镇就业2050人，同比增长21.5%，城镇登记失业率为2.4%。

【县十五届人大五次会议】2020年6月21—23日，大埔县十五届人大五次会议在县科技信息大楼顺利召开。会议听取和审议县政府、县人大常委会、县法院、县检察院的工作报告，审议批准县2019年国民经济和社会发展计划执行情况与2020年计划草案的报告、县2019年预算执行情况和2020年预算草案的报告，并投票表决通过6个报告的决议。同时，代表们紧紧围绕县委“456”思路和举措，积极建言献策，提出建议、意见27件。依法补选3名县十五届人大常委会委员。闭幕式上，县委书记朱汉东作讲话。朱汉东指出，2020年是打赢脱贫攻坚战的决战决胜之年，是实现“十三五”规划和“第一个百年”目标的收官之年，是做好“十四五”规划的关键之年。各级人大和人大代表要坚持以习近平新时代中国特色社会主义思想为指导，深入学习贯彻习近平总书记重要讲话和全国“两会”精神，围绕县委、县政府的重大决策和中心工作，凝聚智慧、贡献力量，不忘初心、牢记使命，积极履职尽责，扎实推动“六稳”“六保”工作，奋力推进大埔老区苏区振兴发展、决战决胜全面建成小康社会。就如何做好2020年工作，强调三点要求：一要维护核心，把牢人大工作“大方向”；二要服务中心，奏响振兴发展“主旋律”；三要凝聚民心，当好人民群众“代言人”。

【人事任免工作】2020年，大埔县十五届人大常委会依法任免国家机关工作人员21人次（其中任命副县长2人、县人民法院副院长并决定其代理院长1人）；接受3名副县长、1名法院院长、1名县人大常委会委员辞去职务。

【监督工作】2020年，大埔县人大常委会紧扣县委思路举措和人民群众关注的热点难点问题，务实制订监督计划，精心组织实施，提升人大监督工作的针对性、严肃性、实效性和权威性，助推全县经济社会和谐稳定发展。

聚焦财经监督促平稳　听取和审议全县财政预算、决算、预算调整、收支执行及平衡、PPP项目、财政收支审计及查出问题整改等工作情况报告，加强预算执行情况在线监督，提出有针对性的建议意见，督促财政部门依法聚财、科学理财，聚财为公、理财为民，把有限的资金用到实处上，发挥公共财政资金最大经济社会效益。贯彻落实党中央和全国人大关于建立政府向人大常委会报告国有资产管理情况制度的意见，将全县国有资产管理纳入人大监督范围，首次听取和审议县政府关于2019年国有资产管理情况的报告，摸清家底，明确主体，落实责任，督促建立健全常态化制度化监管工作机制体制，确保国有资产规范管理、安全经营、保值增值。

聚焦民生监督促和谐　听取和审议全县环境保护、消防安全、创建国家森林县城和森林小镇、新冠肺炎疫情防控等工作情况报告，组织代表视察全县镇级污水处理设施建设及运行情况和全县教育基础设施配套建设情况，就存在的问题和短板向相关部门提出建议意见，推动解决群众关切的环境保护、疫情防控、安全生产、基础教育、饮用水供需矛盾等热点难点问题。持续督办本届人大所立3件议案的实施情况，坚持每年听取和审议或视察相关工作情况，其中对《关于加快创建省卫生强县工作的议案》的实施情况进行专题调研并提出具备结案条件的建议意见，常委会第36次会议审议通过县政府请求该议案结案的报告，力促《关于加快解决县城自来水供需矛盾的议案》《关于加快实施乡村振兴战略的议案》两件议案在本届人大任内结案，代表和群众最为关切的医疗卫生、饮水安全、乡村振兴等三项重点工作取得重大进展，群众幸福感、获得感和安全感增强。根据省、市人大常委会《关于推进民生实事项目人大代表票决制工作的指导意见》精神，审议通过《大埔县人大常委会关于开展政府民生实事项目人大代表票决制工作的决定》，决定从2020年起，将每年度政府十件民生实事项目提交县人大会议投票表决，实施情况全程接受人大监督，推动政府民生实事更符民需、更贴民意、更惠民众，确保件件落到实处。

聚焦法律监督促法治　深入学习贯彻习近平总书记法治思想，不断强化宪法意识，切实加强法律监督，法治大埔建设迈出坚实新步伐。开展“12·4”国家宪法日“宪法宣传周”暨“法治大埔”系列宣传活动，深入学习宣传《中华人民共和国宪法》《中华人民共和国民法典》等法律法规，推动形成全社会学法、遵法、守法、用法的良好氛围。听取和审议县政府关于“七五”普法、扫黑除恶、实施《中华人民共和国社会保险法》和县检察院关于开展公益诉讼等工作情况报告，开展《广东省野生动物保护管理条例》执法检查，组织代表参加庭审观摩和检察开放日等活动，督促有关部门有法必依、执法必严、违法必究，营造公平公正的法治环境，群众安全感连续多年在全省排名前列、全市排名第一。听取和审议县人大常委会司法和监察工委关于规范性文件备案审查工作情况报告，审查并向市人大常委会报备县人大和县政府规范性文件11件，备案审查工作走在全市前列。加强人大信访案件的督办落实，12件代表和群众来信及6批13人次代表和群众来访反映的诉求，件件得到回应和落实，维护社会和谐稳定。

【代表工作】2020年，大埔县人大常委会紧跟时代发展要求，积极探索代表工作新机制，以代表主题活动为抓手，管好用好镇、村两级代表联络站，发挥代表主体作用，提高代表社会地位，彰显代表先锋模范作用。

提升代表素质　组织各级人大代表学习习近平总书记关于坚持和完善人民代表大会制度重要思想、习近平总书记出席深圳经济特区建立40周年庆祝大会和视察广东重要讲话、重要指示精神以及中共十九届五中全会精神等，有效增强代表的思想政治觉悟和履职为民的荣誉感、责任感、使命感。同时，组织代表参加远程学习培训、常委会会议、视察调研、执法检查等活动，提升了代表的履职水平，拓宽代表的知情权、建议权和监督权，代表的综合素质得到明显提高。

发挥代表作用　深入落实“双联”工作机制，加强常委会组成人员与联系镇代表的沟通联系，服务指导基层代表工作扎实有序开展。健全落实困难代表慰问制度，常委会领导上门慰问，增强代表的“归属感”，激发代表的履职热情。扎实开展“更好发挥人大代表作用”主题活动，组织代表围绕城乡人居环境建设主题视察调研、建言献策，带头整治环境卫生、建设美丽家园，助力乡村振兴。坚持管好用好人大代表联络站，全县有596名各级人大代表到镇人大代表中心联络站或村级片区人大代表联络站接待群众440人次，收集建议意见229条均转交政府有关部门办理，其中落实214条，解决一批群众的操心事、烦心事、揪心事，彰显代表的群众情怀、责任担当、社会价值和满满的正能量。

加强建议督办　重视代表建议意见办理工作，把代表的事当作分内的事来办，把代表满意不满意作为衡量和检验办理工作的重要标准，通过听取专项工作报告、深入现场督查、组织承办单位与代表见面、电话沟通协调等措施，提高代表建议意见办理水平和实效。县十五届人大五次会议期间收到代表建议意见27件，在县政府的高度重视和各有关部门的不懈努力下，至2020年12月底落

实解决6件、正在落实解决20件、因条件不成熟暂缓落实1件，办理满意和基本满意率为100%，解决一批代表和群众关心关注的热点难点问题。

【县镇人大工作和建设】2020年，大埔县人大常委会把加强自身建设摆到重要位置，深化“不忘初心、牢记使命”主题教育，不断强化政治理论武装，着力提升常委会及机关人员思想政治素质和依法履职能力。深入贯彻落实《广东省人大常委会关于加强新时代全省人大代表联络站工作的指导意见》，高起点谋划、高标准定位、高质量建设，推动代表联络站建设走在全市的前列。

县人大工作和建设　大埔县人大常委会坚持把党的政治建设摆在首位，全面落实党建主体责任，坚决贯彻执行“第一议题”和“三会一课”等制度，严格推进“两学一做”学习教育和“不忘初心、牢记使命”主题教育常态化制度化，筑牢思想根基，把准政治方向，坚决在思想上政治上行动上与以习近平同志为核心的党中央保持高度一致，有效增强人大干部的思想政治意识和做好新时代人大工作的使命担当。深入开展“大学习、深调研、真落实”活动，驰而不息纠正“四风”，坚决反对形式主义、官僚主义。常委会领导带头走出机关，深入厂矿企业、走村串户，调查研究、访贫问苦，问策代表、问计于民，积极帮助群众解决力所能及的一些困难和问题，把宗旨意识和群众观念转化为具体行动，厚植人大工作的群众基础。扎实推进模范机关创建工作，集中整治“灯下黑”“两张皮”等突出问题，转作风、树新风、提效能，树立人大常委会机关良好形象。推进从严治党。坚持把纪律挺在前，锲而不舍贯彻执行中央八项规定及其实施细则，巩固加强财务审计和县委巡察整改工作成果，牢牢扎实制度的笼子。坚持抓早抓小、防微杜渐，组织观看《侥幸之祸》《朽木浮沉》《林蠹的毁灭》等警示教育片，党组成员之间、党组成员与各室委主任之间开展谈话提醒活动，时刻警醒人大常委会机关党员干部严以律己、心存敬畏、慎独慎微。坚决配合省委第十三巡视组“政治体检”，严肃认真开展公务卡、加油卡、公务用车、办公用房、党费缴交等自查整改工作，做到即知即改、立行立改、彻底整改。

指导镇级人大工作和建设　大埔县人大常委会贯彻落实省、市人大常委会工作部署，组织召开深入贯彻落实省委、市委、县委人大工作会议精神交流会，制订印发《大埔县人大常委会开展贯彻落实省委、市委、县委人大工作会议精神“回头看”工作方案》，全面总结梳理，迅速查缺补漏，固基础、补短板、强弱项，着力推动人大工作由抓硬件、重程序、创特色向强软件、求实效、看作用高质量发展迈进，巩固提升“推进县乡人大工作年”工作成果，构建更具活力、更富创新、更有特色、更显成效的人大工作新格局。加强镇级人大工作指导，组织开展镇级人大工作和建设“比一比，看一看”活动，从活动计划、活动次数、工作流程、档案整理、开拓创新、为民解困、好人好事、服务大局等八个方面，对各镇人大代表中心联络站和村级片区人大代表联络站建设运行情况进行“八比八看”，有效推进基层人大工作和建设健全发展。通过交叉检查、总结评比，湖寮、百侯、高陂、光德、大麻、三河、茶阳等7个镇人大被评为优秀单位，其他镇人大为良好单位。

县、镇人大工作亮点纷呈　经过三年潜心耕耘、开拓进取，大埔县“推进县乡人大工作年”圆满收官、成果丰硕，全面加强县、镇人大工作和建设的创新做法得到上级有关部门的肯定和赞誉。学习强国、人民之声、掌上梅州、梅州日报等中央和省、市主流媒体报道了大埔的经验做法；市人大常委会有关领导和梅州籍全国人大代表到大埔视察调研，给予大埔人大工作“走在全市前列”高度评价；清远市、潮州市、广州市海珠区、佛山市南海区、惠州市惠城区等地人大代表到大埔县考察交流。

大埔县人大常委会主任、副主任名录

主 任：黄建庭

副主任：刘坤明 廖金鑫 谢以美 张昭锋 邓立新（女） 张长先

大埔县人大常委会办公室负责人名录

主 任：张越志

副主任：杨耀文 丘 涛

大埔县人大常委会监察和司法工作委员会负责人名录

主 任：谢召南

副主任：饶仁杰

大埔县人大常委会选举联络人事任免工作委员会负责人名录

主 任：张国雄

副主任：林雪华（女）

大埔县人大常委会农村农业工作委员会负责人名录

主 任：李战美

副主任：杨励勉

大埔县人大常委会财政经济工作委员会负责人名录

主 任：庄乃仕

大埔县人大常委会教育科学文化卫生华侨工作委员会负责人名录

主 任：郭成燕（女)

副主任：李金泉

大埔县人大常委会社会建设工作委员会负责人名录

主 任：张伟东（2020.5—）
郭文彬（—2020.5）

副主任：丘福煌

大埔县人大常委会城乡建设环境与资源保护工作委员会负责人名录

主 任：廖永春

（丘涛）

大埔县人民政府

主要政务简述

【向县第十五届人大六次会议作《政府工作报告》】2021 年 2 月 4 日，县长熊锋松代表县人民政府向大埔县第十五届人民代表大会第六次会议作《政府工作报告》，报告分 4 部分。第一部分：2020 年工作回顾。第二部分：“十三五”发展回顾。第三部分：“十四五”主要目标任务。到 2025 年，全县综合实力实现新跨越，实现地区生产总值、人均地区生产总值、城乡居民收入同步协调增长，全县综合经济实力、竞争力和可持续发展能力显著增强。展望 2035 年，全县综合实力将大幅跃升，生态优势更加凸显，特色经济体系基本建成，改革开放迈出坚实步伐，民生福祉改善更有温度，人均主要经济指标更加接近全国平均水平，基本实现社会主义现代化远景目标。重点抓好五方面工作：一是坚持创新发展，构建现代产业新体系；二是坚持协调发展，形成城乡融合新局面；三是坚持绿色发展，塑造生态文明新优势；四是坚持开放发展，开拓合作共赢新格局；五是坚持共享发展，谱写民生福祉新篇章。第四部分：2021 年工作安排。2021 年经济社会发展的主要预期目标是：地区生产总值增长 5%；一般公共预算收入增长 5%；社会消费品零售总额增长 8%；规模以上工业增加值增长 9%；居民人均可支配收入增速与经济增速基本同步；城镇新增就业 2000 人，城镇登记失业率控制在 3%以内；固定资产投资、外贸进出口总额与 2020 年基本持平；完成市下达能耗双控指标。重点抓好以下八方面工作：一是抓项目稳增长，筑牢更加坚实的发展根基；二是调结构促转型，构建更高质量的产业体系；三是重科技强创新，打造更加强劲的发展引擎；四是夯基础促统筹，推动更加协调的城乡发展；五是深改革增动能，推进更高水平的改革开放；六是治环境优生态，推动更可持续的绿色发展；七是惠民生增福祉，促进更加公平的成果共享；八是讲政治敢担当，建设更加高效的服务政府。

【县政府主要工作】2020 年，大埔县政府为研究全县经济和社会发展工作，制定改革措施以及处理日常政务，全年召开县政府党组（扩大）会议 11 次、县政府常务会议 11 次、县长办公会议 2 次、县政府工作会议 106 次。

县政府常务会议　研究决定了关于 2019 年度绩效考核奖金发放办法的问题；关于增加公务员职级津贴补贴标准的问题；关于准许江畔人家休闲度假区玻璃桥、玻璃滑道开放经营的问题；关于审定高陂、西河、大麻镇三宗国有建设用地使用权出让方案的问题；关于审定刘志和土地置换方案的问题；关于审定广东吉玉陶瓷股份有限公司的釉下彩强化瓷的研发及生产线节能综合技术改造项目及投资方案的问题；关于解决大埔县中医医院购置办公设施资金的问题；关于拨给对接市政务协同办公平台建设经费的问题；关于解决三河镇重点项目拆迁安置户安置地块“三通一平”资金的问题；关于拨付洲瑞镇新建实验学校教师楼建设已垫付前期费用的问题；关于请求拨付瑞山生态旅游度假区征地款的问题；关于拨给大东供电所技术业务用房项目征地补偿资金的问题；关于提高大埔县公办特困人员供养服务机构工作人员工资待遇等事宜的问题；关于提高村（居）民小组长待遇的问题；关于拨付 2018 年度《关于进一步加快实体经济发展的实施办法》扶持奖励的问题；关于解决大埔县中医医院防洪堤修复加固工程费用的问题；关于解决高陂镇罗基村宋公河道护岸工程费用的问题；关于解决桃源水支流桃星段护岸修复及水陂改造工程费用的问题；关于解决大埔县茶阳镇小靖河防洪堤右岸应急修复工程费用的问题；关于解决西河镇漳北村崩岗（山体滑坡）治理工程费用的问题；关于解决县水电公司政府调配使用资金和扶贫资金应付利息的问题；关于拨给大埔县田家炳高级职业学校宿舍楼建设项目资金的问题；关于调整部分 2019 年省级涉农统筹整合资金的问题；关于批准 2020 年 1 月地方政府新增专项债券资金使用计划的问题；关于审定三河镇工业园国有建设用地使用权出让方案的问题；关于调整县自然资源局拆旧复垦工作经费的问题；关于解决县林业局造林抚育等项目资金的问题；关于实施省道 S227 线大埔县西河镇北塘至纯德段路面改造工程的问题；关于实施省道 S227 线大埔县三河至茶阳段路面改造工程的问题；关于实施省道 S222 线大埔县坑尾至裕州段路面改造工程的问题；关于实施大埔县 2019 年公路安全生命防护工程（四标）的问题；关于实施广东省韩江高陂水利枢纽九龙埠至北埔段库周道路工程(路面工程、安全设施)的问题；关于对银江镇河口村韩江高陂水利枢纽工程库区河道进行清理的问题；关于将闲置的良江田家炳小学交由三河镇敬老院管理使用的问题；关于2020年大埔县涉农资金统筹整合分配的问题；关于给予发展总部经济企业财政专项扶持的问题；关于批准2020年2月地方政府新增债券资金使用计划的问题；关于有偿收回大埔华狮科技集团有限公司一宗国有建设用地使用权的问题；关于审定大埔县三河镇工业园国有建设用地使用权出让方案的问题；关于实施迁建大埔县委党校（三河坝干部学院）项目的问题；关于拨给县自然资源局征地补偿款的问题；关于开展大埔县湖寮镇龙岗村河头村、青溪镇蕉坑村大水坑村等18个中国传统村落保护发展规划编制工作的问题；关于支持对百侯镇企南轩聚奎楼民宿采取以奖代补扶持发展的问题；关于支持对禾肚里稻田民宿采取以奖代补扶持发展的问题；关于支持洲瑞镇生态文化旅游健康产业基础设施建设工作经费的问题；关于解决紧急采购疫情防治设备资金的问题；关于解决医疗单位发热门诊（诊室）建设改造资金的问题；关于请拨创建全域旅游示范区工作经费的问题；关于拨给广东五虎山药业有限公司疫情防控重点保障企业补助的问题；关于解决大埔县自然保护地整合优化方案编制费用的问题；关于统筹整合医疗卫生资产的问题；关于解决高陂镇拆迁户安置地规划建设的问题；关于拆除三河镇梓里村家炳第四中学宿舍楼的问题；关于解决湖寮镇龙岗村被征地留用地的问题；关于增加执纪监察专职看护人员的问题；关于收回洲瑞派出所、洲瑞镇计划生育服务站办公楼产权并统筹安排的问题；关于划拨县公安局九龙派出所所址建设用地的问题；关于再次专项供应河砂给大潮（含梅州东环）等高速公路项目建设的问题；关于补办玉瑚中学教育建设用地不动产登记的问题；关于拆除三河坝烈士陵园保护所老办公楼并实施三河坝战役红色教育基地（西大门）环境提升改造工程的问题；关于由县红色文化培训服务中心实施迁建县委党校项目的问题；关于收回中共大埔县委党校迁建项目国有建设用地使用权的问题；关于审定湖寮镇、高陂镇等三宗国有建设用地使用权出让方案的问题；关于审定湖寮镇三宗国有建设用地使用权出让方案的问题；关于审定大沙坝县城工业小区内二宗国有建设用地使用权出让方案的问题；关于建设大埔邮政农电商三级物流体系物流园的问题；关于审定县城第二水质净化厂建设工程实施方案的问题；关于拨给推广安装使用梅州市“天翼大喇叭”智能广播平台经费的问题；关于支持解决西河镇漳北村禾肚里·长寿产业园基础设施建设资金的问题；关于解决新建肉类联合加工厂左侧边坡除险加固工程费用的问题；关于实施大潮高速公路大漳支线枫朗互通连接线工程的问题；关于拨给县镇两级综治视联网建设专项资金的问题；关于建设大埔县城市消防远程监控系统的问题；关于实施大埔县北环路自来水工程及路面提升改造工程的问题；关于实施县城人民东路延伸段提升改造工程的问题；关于拨给县城消防通道标志标线和市政标牌工程经费的问题；关于实施大埔县水质净化厂河堤路改造工程的问题；关于实施大埔县翰林华府道路提升改造工程的问题；关于有偿划拨梅州大埔供电局桃源供电所技术业务用房建设用地的问题；关于审定有偿划拨大埔县红色文化培训服务中心项目国有建设用地方案的问题；关于拨给大埔县“房地一体”农村宅基地和集体建设用地确权登记发证工作经费的问题；关于退还县城工业小区三宗地块土地出让金的问题；关于拨给国有建设用地使用权出让印花税的问题；关于以EPC模式实施大埔县茶阳石燕坑铅锌矿污染源整治及生态修复项目的问题；关于采用EPC模式实施茶阳、西河两个新增垦造水田项目的问题；关于拨给大埔县不动产登记网络与信息安全项目建设资金的问题；关于调整大埔县特定人群优惠乘坐城乡公交及农村客运的车型并支持解决优惠政策补贴的问题；关于实施高陂工业园区二期4号地块场地平整（土石方）工程的问题；关于成立大埔金雁工程技术有限公司的问题；关于偿还埔城水电站改造工程建设贷款的问题；关于实施大埔县迎宾大道廊桥工程建设项目的问题；关于拨给县住建局视频监控室建设经费的问题；关于拨给大埔县内环东路（环城路至城北路段）工程市政配套费的问题；关于拨给大埔县政务信息资源共享平台建设经费的问题；关于购进、更换县粮食应急加工厂设备的问题；关于补拨解除《丰溪森林资源保护与综合利用项目合作协议》首期付款资金解决丰溪林场欠款的问题；关于实施大埔县西岭实验学校建设项目的问题；关于启动大埔县域全要素基础测绘工作的问题；关于支持高陂镇兴建公益性生态公墓的问题；关于办理大埔县高陂镇凹下瓷厂不动产登记证的问题；关于拆除茶阳镇城西路28号东栋、29号危房的问题；关于调整大埔县高陂镇城区自来水价格和实行居民生活用水阶梯水价的问题；关于划拨大埔县西岭实验学校建设项目建设用地的问题；关于划拨银江镇坑口村党群服务中心项目建设用地的问题；关于大埔县2020年事业单位公开招聘人员计划的问题；关于大埔县疾控中心建设新冠病毒核酸检测实验室及设备购置所需经费的问题；关于建设大埔县应急指挥平台的问题；关于解决西河镇烟叶工作点征地补偿款及征地工作经费的问题；关于实施大埔县西河镇中心小学综合楼建设项目的问题；关于实施大埔县大麻中学综合宿舍楼建设项目的问题；关于拨给大埔县古埜中学运动场升级改造项目资金的问题；关于拨给高考考点空调配置及配套工程建设经费的问题；关于拨给设置汀江、梅江、韩江河段船舶停泊区经费的问题；关于实施大埔县X973线石溪路面改造工程的问题；关于实施大埔县西河镇西河至上黄砂路面改造工程的问题；关于实施大埔县百侯镇老街至百侯中学公路改造工程的问题；关于预拨湖寮镇双髻山旅游公路K10+200水毁修复工程资金的问题；关于解决“大埔县工农革命政府公安局”旧址修复缺口经费并将其划拨给县公安局使用的问题；关于支付高陂陶瓷工业组团二期场地平整（土石方）工程购土费的问题；关于批准2020年5月地方政府新增专项债券资金使用计划的问题；关于批准迁建大埔县委党校（三河坝干部学院）项目贷款融资的问题；关于大埔县国防后备力量建设缺口经费的问题；关于拨给大埔县旅游商品展销中心（原三鸟市场）提升改造建设资金的问题；关于开展大埔县不动产登记数据整合质量提升项目工作的问题；关于拨给《大埔县国土空间总体规划编制工作项目》编制经费的问题；关于审定龙湾国际改变土地用途补交土地价款的问题；关于拨给自然资源局房屋征收补偿款的问题；关于拨给应急救灾物资储备仓库维修改造资金的问题；关于实施大埔大道等12条市政道路及自来水管网提升改造工程（第一期）的问题；关于解决大埔县西湖公园观景游廊及游辅道提升工程经费的问题；关于解决大埔县西湖公园景观亮化材料采购经费的问题；关于解决大埔县西湖公园绿化提升项目经费的问题；关于解决2015—2019年实施的生态景观林带建设工程等13个项目验收费用的问题；关于拨给全县农村生活污水治理摸排工作经费的问题；关于大埔县长寿文化馆二期布展采购费用的问题；关于划拨国有土地建设三河镇梓里村综合性文化活动中心的问题；关于审定广东省高陂水利枢纽工程建设项目征收三河镇汇城村老街房屋社会稳定风险评估报告的问题；关于审定广东省高陂水利枢纽工程建设房屋征收拆迁项目社会稳定风险评估报告的问题；关于同意广州海珠（大埔）产业转移工业园赤山园区选址的问题；关于收回大埔县移民工作局两宗国有建设用地使用权的问题；关于审定大麻镇汶水塘安置区二期 A、B 地块国有建设用地使用权出让方案的问题；关于广东省高陂水利枢纽工程大麻汶水塘地块安置房（二期 A、B 地块）建设及回购合同的问题；关于审定湖寮镇龙寨园（碧桂园后）国有建设用地使用权第二次出让方案的问题；关于审定原国营大埔县大通电子元件厂职工宿舍“三旧”改造方案的问题；关于广东省水文局溪口水文站申请增加用地的问题；关于新增债券资金用途调整的问题；关于对岭下段治理工程疏浚物料依法进行拍卖处理的问题；关于调整扶贫资金入股大埔县水电发展有限责任公司、大埔县埔城水电发展有限公司入股利息的问题；关于引进广东中兴达知识产权集团有限公司为落地项目并与其签订协议的问题；关于解决三河镇梓里村（东江、曙光组）滑坡特大型地质灾害点避险工程二期临时安置板房建设费用的问题；关于实施大埔高陂青花瓷特色小镇美化工程的问题；关于对高陂水利枢纽工程安置点移民建房进行外立面统一打造的问题；关于大埔县人民医院申请流动资金贷款的问题；关于批准 2020 年中国戏曲非遗传承人优秀剧目展演活动及拨给经费的问题；关于拨给大埔县非物质文化遗产展厅布展工作经费的问题；关于实施大埔县城老旧小区基础设施改造工程和按实拨款的问题；关于拨给茶阳镇原县委大礼堂、县委原办公楼修缮工程费用的问题；关于大埔县 2020 年“一村一品、一镇一业”建设项目和拨付项目建设资金的问题；关于调整“沿省际边界”示范带项目资金的问题；关于审定《大埔县农业大数据平台项目建设工作方案》的问题；关于解决大埔县农村集体产权制度改革工作经费的问题；关于实施大埔县生活垃圾压缩转运站建设工程的问题；关于实施大埔县生活垃圾压缩转运站三年转运服务委托运营项目的问题；关于实施高陂工业园区道路边坡复绿工程的问题；关于高陂镇古西村鹤山片特大型地质灾害治理工程按调整投资后进行建设的问题；关于拨给 2008 年至 2014 年城镇建设征地补偿款的问题；关于大埔县城控制性详细规划编制扩大项目的问题；关于大埔县城环二路长宏大厦调整容积率建设补交土地价款方案的问题；关于拨给建设智能执法办案中心所需经费的问题；关于解决大埔县天然林核定落界工作经费的问题；关于拨给 2020 年梅州市大埔县教育发展基金会基金的问题；关于县城工业小区进行土地平整并拨给平整费用的问题；关于拨给创建广东省卫生镇工作以奖代补资金的问题；关于将县荣春康复医院资产无偿划拨给县人民医院的问题；关于拆除大埔县人民医院职工宿舍楼的问题；关于实施大埔县人民医院后勤保障综合楼项目的问题；关于实施大埔县妇幼保健院（原疾控中心）升级改造项目的问题；关于实施大埔县人民医院发热门诊升级改造项目的问题；关于拨给大埔县疾控中心和大埔县慢性病防治院搬迁购置办公设备缺口资金的问题；关于拨给全国重点文物保护单位父子进士牌坊修缮经费的问题；关于拨给赴广州演出大型民族歌剧《血色三河》工作经费的问题；关于审定梅州市都都柚业有限公司合资经营协议的问题；关于拨给大埔县精准扶贫大数据分析平台服务项目经费的问题；关于解决新农村建设资金的问题；关于拨给大埔县蜜柚产业发展规划编制及大埔蜜柚系列标准制订经费的问题；关于同意百侯镇公开拍卖转让原大埔县通讯电缆厂厂房及用地的问题；关于拨给大麻镇汶水塘安置区（大麻镇线 535 迁改）工程费用的问题；关于拨给韩江高陂水利枢纽工程银江镇河口村库区范围建筑物自行拆除奖励经费的问题；关于收回银江派出所和银江镇林业站办公楼产权并统筹安排的问题；关于拨给大埔县委党校（三河坝干部学院）征地房屋拆除、清杂和运输工程建设资金的问题；关于拨给大埔县委党校（三河坝干部学院）江坝片安置地“三通一平”工程建设资金的问题；关于实施大埔县三河镇梓里村（东江、曙光组）滑坡特大型地质灾害避险工程安置区建设的问题；关于拨给广东省茶叶产业大会节点（枫朗）提升项目资金的问题；关于拨给广东省茶叶产业大会节点（高陂）提升项目资金的问题；关于拨给枫朗镇隔背村至西岩山道路绿化工程项目资金的问题；关于拨给县惠民信息平台升级改造规范化建设经费的问题；关于拨给西河镇敬老院改造提升资金的问题；关于批准大埔县殡仪馆实施创建省等级馆设施设备提升改造工程的问题；关于解决湖寮镇城西社区办公场所问题的问题；关于实施大埔县第二自来水厂及管网建设工程（大埔县自来水工程建设第一期）的问题；关于实施大埔县县城工业小区电力设施建设工程的问题；关于拆旧复垦地块实施垦造水田给予激励补助的问题；关于启动实施大埔县镇级国土空间总体规划编制工作的问题；关于解决枫朗镇大埔角至隔背村河道整治及沿线水车景观工程费用的问题；关于将三河镇汇城污水处理厂配套管网建设资金纳入大埔县镇级污水处理厂及配套管网工程 PPP 项目总投资的问题；关于拨给河道采砂采区工作经费的问题；关于拨给沐东等九宗小型水库大坝安全鉴定资金的问题；关于调整海珠“印象大埔”商贸城免租期的问题；关于将韩江高陂水利枢纽工程水保、环保项目交由县移民工作局组织实施的问题；关于实施高陂收费站雨棚及周边广场提升改造工程的问题；关于高陂青花瓷展示中心项目增加人防工程建设资金及地下室基坑支护由立项金额中支付的问题；关于实施高陂工业园区二期扩大部分场地平整（土石方）工程的问题；关于对县属国有企业注入资产容缺办理不动产权转移登记的问题；关于转让深圳市埔侨实业有限公司的问题；关于批准 2020 年年初预算预备费安排使用方案的问题；关于拨给大埔县大埔中学综合楼建设缺口资金的问题；关于实施大埔县田家炳爱国主义教育基地的问题；关于拨给 2020 年大埔县乡村学校少年宫建设资金的问题；关于拨给全县村（居）综治视联网建设 2019 年度专项资金（第一期）的问题；关于拨给大埔县各镇（场）华侨捐资项目碑文、楼名清洗修复工程经费的问题；关于拨给纪录片《田家炳》摄制经费的问题；关于拨给拍摄大埔县形象宣传片工作经费的问题；关于拨给电视连续剧《绝密使命》到大埔拍摄工作经费的问题；关于拨给创排大型现代广东汉剧大戏《客家之子・田家炳》经费的问题；关于调整财政供养人员住房维修与物业管理补贴标准的问题；关于拨给镇（场）第七次全国人口普查“两员”补助等经费的问题；关于审定大埔县补充耕地整改实施方案的问题；关于无偿划拨大埔县第二实验幼儿园建设用地的问题；关于审定原国营大埔县大通电子元件厂职工宿舍“三旧”改造项目土地协议出让方案的问题；关于调整垦造水田项目种植激励补贴的问题；关于调整拆旧复垦地块实施垦造水田相关资金的问题；关于审定有偿划拨大埔中燃城市燃气发展有限公司国有建设用地方案的问题；关于审定枫朗镇西岩茶场、洲瑞镇国营洲瑞林场国有建设用地使用权出让方案的问题；关于确定大埔县农村集体三资管理服务平台责任主体的问题；关于审定高陂镇陂寨村莲一、莲二组经济合作社留用地公开转让处置方案的问题；关于审定湖寮镇古城村委会生活留用地公开转让处置方案的问题；关于审定新寨村老屋下经济合作社留用地公开转让处置方案的问题；关于拨给西河镇漳北村推进乡村振兴示范标杆村项目资金的问题；关于拨给三河镇汇东书院建设资金的问题；关于广东省高陂水利枢纽工程移民安置点国有土地评估价的问题；关于第三、第四政府专职消防队聘用专职消防员的问题；关于水库移民项目年度计划授权县水务局审批的问题；关于拨给2020年梅潭河碧道工程建设费用的问题；关于调整部分2020年省级涉农统筹整合资金的问题；关于新增债券资金用途调整的问题；关于批准2020年8月地方政府新增专项债券资金使用计划的问题；关于实施高陂工业园区道路后续工程的问题；关于实施广州海珠（大埔）产业转移工业园区青花瓷景观大道及配套附属工程的问题；关于调整大埔县高陂赤山至留田段过境公路改建工程建设内容的问题；关于以合和经营管理有限公司资产为供销综合服务公司贷款作抵押担保的问题；关于拨给2020广东梅州柚·大埔蜜柚开采节暨产销对接会经费的问题；关于新农村建设资金的问题（资金总额1058.50万元）；关于拨给大埔县蜜柚产业园园区绿化工程项目经费的问题；关于拨给大埔县蜜柚产业园园区门楼围墙建设工程经费的问题；关于拨给大埔蜜柚品牌营销和推广经费的问题；关于贫困户购买返贫救助保险和拨给投保经费的问题；关于大埔县龙山市场小区“微改造”工程的问题；关于内环东路综合市场人防工程和按实拨款的问题；关于实施大埔县慢性病防治院精神科住院大楼项目的问题；关于拨给大埔民康精神病医院搬迁补偿费用的问题；关于拨给第三届广东茶叶产业大会工作经费的问题；关于拨给第三届广东茶叶产业大会服务费的问题；关于调整三河镇村村通自来水工程设计的问题；关于拨给迁建大埔县委党校（三河坝干部学院）建设工程资金的问题；关于拨给茶阳镇安乐村项目建设用地土地承包资金的问题；关于拨给茶阳镇省道S221线（牌坊至仙基桥路段）高低压线路迁改费用的问题；关于审定湖寮镇高圳新区等12个建设项目留用地和安置地安置方案的问题；关于解决高陂镇新城镇建设征收土地留用地的问题；关于拨给高陂镇卫生院至新城大道衔接道路工程项目资金的问题；关于确定大麻汶水塘安置区政府回购房店铺评估价格的问题；关于调整缴交韩江高陂水利枢纽工程建设征收耕地长期补偿资本金截止时间的问题；关于审定高陂镇三宗国有建设用地使用权出让方案的问题；关于审定大埔县三河工业园国有建设用地使用权出让方案的问题；关于实施茶阳镇迪麻村（大塘尾）垦造水田项目相关事宜的问题；关于调整2016年度中央彩票公益金建设项目的问题；关于新农村建设资金的问题（资金总额283.50万元）；关于拨给精准扶贫档案管理工作经费的问题；关于启动扶贫小额贷款担保基金的问题；关于将部分县属企业整合归并的问题；关于盘活闲置道班资产的问题；关于拨给军事教育展览馆经费的问题；关于组建大埔县应急处突和综合救援队伍的问题；关于审定大埔县百货公司茶阳营业部全面出清实施方案的问题；关于租赁企业场地建设陶瓷大卖场的问题；关于对陶瓷大卖场内部进行装饰的问题；关于实施大埔高陂青花瓷展示中心综合服务中心装饰工程的问题；关于拨给梅潭河（岭下段）治理工程路面及配套设施工程费用的问题；关于拨给大埔县小水电清理整改核查评估工作经费的问题；关于拨给2020年度县水电公司政府调配使用资金和扶贫资金应付利息的问题；关于省道S221线湖寮至枫朗段公路改建工程征拆曲滩水电站左站的问题；关于增加省道S221线湖寮至枫朗段公路改建工程技术咨询服务的问题；关于拨给“长者饭堂”示范项目建设和运转资金的问题；关于无偿划拨大埔县第二自来水厂及管网建设项目用地的问题；关于拨给大埔县生活垃圾填埋场应急加固及渗滤液处理站扩容改造工程临时用地土地复垦保证金的问题；关于实施大埔名优特产品展销中心道路提升及附属工程的问题；关于拨给大埔县人防基本指挥所建设工程项目（人防“101”工程）所需资金的问题；关于将仍存在住房安全问题的建档立卡贫困户列入农村危房改造对象及拨给县级财政补助资金的问题；关于实施《大埔县城中心城区控制性详细规划》的问题；关于拨给大埔县西岭实验学校施工便道及部分场地填土工程资金的问题；关于拨给大埔县大埔小学艺术楼及球场提升改造等附属建设工程漏项及部分项目变更预算资金的问题；关于拨给大埔县城东实验学校建设地下室基坑支护预算资金的问题；关于拨给西河省际公安检查站“升级增效”工程建设缺口经费的事宜；关于拨给普铁安全隐患整治资金的问题；关于解决县中医医院发热门诊建设费用的问题；关于解决县中医医院建设新冠病毒核酸检测实验室及设备购置经费的问题；关于迁建大埔县委党校附属工程边坡支护项目建设的问题；关于拨给西河镇漳北村山塘加固和泵房迁建工程费用的问题；关于拨给茶阳镇下桥关小靖河固床陂水毁重建工程费用的问题；关于拨给省道S227线茶阳仙基桥、安乐田家炳桥和县道X047线小北坑桥三座危桥修复资金的问题；关于将高陂陶瓷工业组团起步区场地（道路、给排水）工程挡土墙建设资金列入园区项目资金支出的问题；关于拨给大埔县蜜柚产业园博览中心5G科技展项及农业前端产业数据采集服务建设费用的问题；关于大埔县2018年国家电子商务进农村综合示范县项目尾款使用实施方案的问题；关于拨给县自然资源局征地补偿款的问题；关于审定大麻镇汶水塘安置区三期国有建设用地使用权出让方案的问题；关于拨给三河镇和大麻镇老旧建筑鉴定费用的问题；关于审定《2021年大埔县涉农资金统筹整合分配方案》的问题；关于新增债券资金用途调整的问题(第三轮)；关于收回2018、2019年财政转移支付结转结余资金的问题；关于给予县重点企业专项扶持的问题；关于拨给“三清三拆三整治”回头看工作经费的问题；关于调整部分县统筹新农村建设资金使用方案的问题。审议通过了《政府工作报告（第一次送审稿）》《大埔县水资源保护规划报告（2018—2030年）》《大埔县2020年重点建设正式项目计划表》《大埔县2020年重点建设前期预备项目计划表》《大埔县2020年财政收支预算（草案）》《大埔县镇（场）工作绩效考核办法》《大埔县县直机关事业单位工作绩效考核办法》《大埔县应对新冠肺炎疫情支持企业复工复产若干措施》《大埔县2019年国民经济和社会发展计划执行情况与2020年计划草案》《大埔县保护利用国家重点文物保护单位实施方案》《大埔县关于加快文化旅游产业发展壮大的实施意见》《大埔县2020年度烟叶生产扶持奖励方案》《大埔县畜禽养殖禁养区划分修订方案》《大埔县加强生猪屠宰及其肉品市场监管保障肉品安全供给工作实施方案》《大埔县城乡环境综合整治测评工作方案》《大埔县打好违法建设治理攻坚仗实施方案》《关于进一步规范大埔县政府投资项目管理的意见（修订）》《大埔县推进国有企业退休人员社会化管理实施方案》《大埔县自然保护地整合优化预案》《政府工作报告（第二次 送审稿）》《大埔县2020年财政收支预算（草案）》《大埔县2019年国民经济和社会发展计划执行情况与2020年计划草案》《关于修订〈大埔县人民政府关于印发广东省高陂水利枢纽工程建设征地拆迁补偿规定的通知〉（埔府〔2015〕139号）规定的白千层补偿标准的通知》《大埔县城市生活垃圾分类工作实施方案》《大埔县残疾儿童康复救助实施办法》《大埔县促进先进制造业招商引资工作的若干措施》《大埔县招商引资绩效管理办法》《大埔县大中型水库移民后期扶持项目实施细则》《大埔县加快人才发展的实施意见》《大埔县城镇公共租赁住房租赁补贴办法》《大麻汶水塘集中安置房（店铺）选房分配实施方案补充规定》《大埔县农村集体产权制度改革试点方案》《大埔县推进国家储备林基地建设工作方案》《大埔县开展先造后补造林机制试点工作方案》《大埔县开展以食用为目的的陆生野生动物人工繁育场全面退出补偿实施方案》《大埔县总部经济企业财政专项扶持暂行办法》《大埔县普通公路“路长制”工作实施方案》《2020年县政府工作报告主要工作事项安排表》《大埔县重特大疾病患者和严重精神障碍患者特殊医疗救助办法》《大埔县地质灾害防治三年行动实施方案（2020—2022）》《2020年大埔县果菜茶有机肥替代化肥试点县项目实施方案》《大埔县旅游商品展销中心招商方案》《“健康大埔2030”规划》《大埔县创建全国基层中医药工作先进单位实施方案》《2020年大埔县中央财政补助农村饮水工程维修养护实施方案》《大埔县2020年度省管河道韩江银滩可采区河砂开采权出让招标工作方案》《大埔县2020年度省管河道韩江党溪可采区河砂开采权出让招标工作方案》《大埔开放大学建设方案》《大埔县城区及各镇规划区内禁止现场搅拌砂浆的通告》《大埔县农村削坡建房风险排查整治工作方案（2020—2022年）》《大埔县涉农资金统筹整合管理办法（2020年修订）》《大埔城区管道燃气非居民配气价格及调整非居民用气销售价格》《大埔县城区实行非居民用水超定额超计划累进加价制度》《大埔县消防救援队伍职业保障实施细则（试行）》《关于深化改革加强食品安全工作的实施方案》。

县长办公会议　研究决定了关于高陂镇财政管理体制暂行办法的问题；关于大埔县大麻至高陂旅游产业路及洲瑞镇赤水至党溪旅游公路延长建设期并按比例注入资本金的问题；关于引进优质知识产权机构打造知识产权强县的问题；关于拨给学校食堂“互联网+明厨亮灶”工程建设资金的问题；关于调整湖寮镇下坜村国有建设用地使用权出让方案的问题；关于调整湖寮镇西堤路国有建设用地使用权出让方案的问题；关于成立大埔县虎山自来水有限责任公司的问题。

县政府工作会议　讨论研究了关于船舶防汛安全隐患清理整治的事宜；关于推进大埔县田家炳爱国主义教育基地建设的事宜；关于山丰水库备用水源引水管道改造工程的事宜；关于大埔县进工业园区道路提升改造工程的事宜；关于解决大疆燃气发展公司继续经营燃气有关问题的事宜；关于推进全县船舶防汛安全隐患整治工作的事宜；关于县城污水处理厂运营权移交工作的事宜；关于解决黄某某拖欠农民工工资问题的事宜；关于乡村振兴现场会各考察点准备工作的事宜；关于全县企业复工复产工作的事宜；关于推进全县续建重点项目和规上企业全面复工复产的事宜；关于湖寮镇黎家坪广福宫至田家炳大桥路面新建工程项目设计、建设的事宜；关于解决粤电大埔电厂一期工程征地结算、道路建设、二期建设等问题的事宜；关于推进县建筑垃圾弃土场项目落实土地报批工作的事宜；关于妥善解决省道S222线坑口至高陂公路改建工程银江段线路优化问题的事宜；关于推动蜜柚产业发展的事宜；关于加快推进全县船舶防汛安全隐患整治工作的事宜；关于推进违建别墅问题清查整治专项行动的事宜；关于全县小型生猪屠宰场关闭及保障肉品安全供给的事宜；关于加快推进革命老区镇村公厕建设的事宜；关于部队军事设施建设征用地的事宜；关于推动“沿省际边界”风貌示范带建设项目建设的事宜；关于推进县城工业小区建设的事宜；关于推进三河五丰稀土矿开采工作的事宜；关于推进韩江高陂水利枢纽工程征地拆迁和移民安置工作的事宜；关于进一步解决垦造水田工作问题的事宜；关于解决高陂陶瓷工业组团二期（现高陂海珠产业转移工业园）场地平整（土石方）工程结算问题的事宜；关于大埔县茶叶产业园建设工作的事宜；关于解决高陂工业园区入园企业报建手续问题的事宜；关于进一步推进茶阳镇大华路房屋安全隐患处置工作的事宜；关于推进县城城东“三旧”改造项目的事宜；关于协调解决城东实验学校建设涉及蓝某某户土地征收及房屋拆迁有关问题的事宜；关于推进全县农村饮水安全和污水处理设施建设的事宜；关于做好省道S221线湖寮至枫朗段、省道S222线坑口至高陂段公路改建工程供电线路迁改工作的事宜；关于广州海珠（大埔）产业转移工业园赤山园区（一期）开发论证的事宜；关于加快推进大埔县“沿省际边界”示范带建设工作的事宜；关于协调解决大埔县田家炳爱国主义教育基地工程建设项目有关问题的事宜；关于加快推进韩江高陂水利枢纽工程征地拆迁和移民安置工作的事宜；关于推进广东省扶贫基金会“助力脱贫攻坚献爱心”农村公厕项目建设的事宜；关于推进三河镇梓里村特大型地质灾害搬迁项目的事宜；关于加快推进大埔县“四好农村路”建设工作的事宜；关于做好2020年全县食品药品安全工作的事宜；关于推进大埔县创建广东省卫生镇工作的事宜；关于推进县城重点城市基础设施项目建设的事宜；关于解决公路重点项目用地、征地拆迁补偿标准和征地拆迁资金问题的事宜；关于农村污水处理职能移交和梅潭河引水工程资产及债务移交工作的事宜；关于推进全县村村通自来水工程、集中供水工程和农村污水处理设施建设的事宜；关于推进韩江高陂水利枢纽工程征地拆迁有关工作的事宜；关于加快推进龙岩（经永定）至梅州铁路扩能改造项目建设的事宜；关于推进高陂工业园区工程项目建设的事宜；关于做好广州海珠（大埔）产业转移工业园赤山园区选址规划设计有关工作的事宜；关于协调解决大潮高速公路（含大漳支线）项目建设有关问题的事宜；关于加快推进大埔县省级现代农业产业园建设的事宜；关于加快推进韩江高陂水利枢纽工程征地拆迁和汶水塘集中安置房建房选房工作的事宜；关于研究解决省道S221线湖寮至枫朗段、省道S222线坑口至高陂段、省道S227线枫朗至高陂段公路改建项目建设有关问题的事宜；关于推进城市困难职工解困脱困工作的事宜；关于推进大埔县违建BS问题项目核销工作的事宜；关于推进海珠·大埔2020年对口帮扶工作的事宜；关于做好全县“互联网+监管”能力第三方评估迎评工作的事宜；关于做好全县生猪屠宰管理工作的事宜；关于分析研判2020年交通公路重点项目、储备项目的事宜；关于解决韩江高陂水利枢纽工程建设有关问题的事宜；关于解决大埔县国有“僵尸企业”处置工作有关问题的事宜；关于协调解决县卫健系统项目建设突出问题的事宜；关于推进茶阳镇“沿省际边界”示范带项目建设的事宜；关于做好大埔县农民专业合作社质量提升整县推进试点工作的事宜；关于推进县城部分重点城市基础设施项目建设的事宜；关于协调解决大埔县民生工程（市政方面）重大项目建设有关问题的事宜；关于研究决定大埔县农村人居环境整治集中供水工程和农村污水处理设施建设工作有关事项的事宜；关于进一步推进“厕所革命”工作的事宜；关于协调解决大埔县制造业及园区重大项目建设有关问题的事宜；关于加快推进全县信息基础设施建设和七大“新基建”工作的事宜；关于推进三河镇汇城污水处理厂管网提升改造工作的事宜；关于研究决定全县民生重大项目建设（教育、卫健方面）有关事项的事宜；关于协调解决光德镇辖区内大潮高速公路建设和沿线“三改”工程、乡道Y185线道路修复等问题的事宜；关于推进大埔县茶叶产业园建设的事宜；关于研究解决全县未开工重点建设项目有关问题的事宜；关于加快推进大埔县普速铁路安全隐患综合治理工作的事宜；关于推进大埔大道等12条市政道路提升改造工程（第一期）、山丰水库备用水源引水管道工程、县城水质净化厂完善工程建设的事宜；关于加快推进翰林华府项目历史欠税清缴工作的事宜；关于研究解决省道S221线湖寮至枫朗段公路改建工程涉及的侯北电站改造、曲滩电站迁改、沿线花圃场搬迁等问题的事宜；关于进一步推进县韩江高陂水利枢纽工程征地拆迁和移民安置等工作的事宜；关于协调解决大埔县第二自来水厂建设工程有关问题的事宜；关于研究解决棚户区项目县城城东“三旧”改造项目、县璜腾坑新农村宜居建设示范区项目城市基础设施配套费缴交有关问题的事宜；关于推动西岭实验学校建设的事宜；关于做好广东顺兴种养股份有限公司征收补偿工作的事宜；关于进一步推进全县2020年未开工重点工程建设项目工作的事宜；关于研究解决省道S221线大埔段电力线路扩大迁改工程有关问题的事宜；关于推进农村污水处理设施（氧化塘）建设工作的事宜；关于做好县城甲子口土地收储工作的事宜；关于做好三河镇梓里村特大型地质灾害搬迁工作的事宜；关于推进大埔电厂二期项目征地拆迁工作的事宜；关于加快推进省道S227线大埔县枫朗至高陂段公路改建工程S2标段征地拆迁和管线迁移等工作的事宜；关于进一步做好大埔县食品药品安全工作的事宜；关于切实做好大埔县涉镉等重金属企业排查整治和省生态环境保护督察反馈意见整改落实工作的事宜；关于做好大埔县闲置校园校舍管理工作的事宜；关于推进韩江高陂水利枢纽工程下闸蓄水前有关工作的事宜；关于推进高陂镇古西村鹤山片特大型滑坡群地质灾害治理工程的事宜；关于进一步推进西岭实验学校建设的事宜；关于研究全县统筹项目资金有关工作的事宜；关于解决广州海珠（大埔）产业转移工业园建设有关问题的事宜；关于协调解决内环东路综合市场项目、环城大道提升改造项目——黎家坪田家炳大桥至广福宫路段工程及县进工业园区道路提升改造工程有关问题的事宜；关于推进大埔县联村兴业富民服务中心建设的事宜；关于研究决定大埔县农村人居环境整治集中供水工程工作有关事项的事宜；关于进一步推进县卫健系统项目建设的事宜；关于进一步推进韩江高陂水利枢纽工程下闸蓄水前有关工作的事宜；关于抓好省委第十三巡视组交办事项整改落实工作的事宜。

【重大决策事项】2020年，大埔县政府作出15项重大决策事项。1. 推进水资源保护。1月，印发《大埔县水资源保护规划报告（2018—2030年）》。2. 全力支持和推动受疫情影响的各类企业复工复产。2月，印发《应对新冠肺炎疫情支持企业复工复产若干措施》。3. 做好全国重点文物保护单位开发利用。3月，印发《大埔县保护利用国家重点文物保护单位实施方案》。4. 保护利用国家重点文物保护工作。4月，印发《大埔县关于加快文化旅游产业发展壮大的实施意见》。5. 加强生猪屠宰及其肉品市场监管保障肉品安全供给。4月，印发《大埔县加强生猪屠宰及其肉品市场监管保障肉品安全供给工作实施方案》。6. 打好违法建设治理攻坚仗。4月，印发《大埔县关于打好违法建设治理攻坚仗实施方案（2019—2021年）》。7. 进一步规范大埔县政府投资项目管理。5月，印发《关于进一步规范大埔县政府投资项目管理的意见》。8．推进国有企业退休人员社会化管理。5月，印发《大埔县推进国有企业退休人员社会化管理实施方案》。9. 促进先进制造业招商引资。6月，印发《大埔县促进先进制造业招商引资工作的若干措施》。10．进一步集聚优秀人才。7月，印发《大埔县加快人才发展的实施意见》。11. 加快推进农村集体产权制度改革。7月，印发《大埔县农村集体产权制度改革试点方案》。12．加强地质灾害防治。7月，印发《大埔县地质灾害防治三年行动实施方案（2020—2022）》。13．推进健康大埔建设。10月，印发《“健康大埔2030”规划》。14．规范涉农资金管理和使用。11月，印发《大埔县涉农资金统筹整合管理办法（2020年修订）》。15．加快实现食品安全治理体系和治理能力现代化。12月，印发《关于深化改革加强食品安全工作的实施方案》。

【第三届广东茶叶产业大会在梅州大埔举行】 2020年11月1日，由广东省农业农村厅、梅州市人民政府联合主办的第三届广东茶叶产业大会在梅州市大埔县举行，中国工程院院士陈宗懋、刘仲华等国内多名茶叶研究专家和上百家广东茶企齐聚世界长寿乡梅州大埔，展示广东茶企风采，交流茶叶产业发展经验，探寻广东茶叶产业高质量创新发展之路。大会以“长寿之乡嘉应茶 一芽一叶吐芳华”作为活动主题。大会为期3天，包括大会开幕式、线上线下茶叶交易会、广东茶叶营销与品牌发展峰会、广东与梅州茶产业发展成果展、观摩大埔茶园、广东十大好春茶品鉴活动和梅州青花瓷茶具设计创意大赛等系列活动。大会邀请南方茶叶商会50多名会员来到现场，参观大埔茶园，并在开幕式上进行签约活动，南方茶叶商会与梅州市人民政府签订战略合作协议，同时举行茶商代表购销意向签约仪式，达成意向购销金额3.50亿元。签约是梅州嘉应茶走向世界的一大契机，是打响梅州嘉应茶品牌的一张王牌。

【2020粤港澳大湾区知识产权交易博览会推进会暨梅州市特色产业知识产权主题研讨会在大埔县举行】 2020年11月3日，2020粤港澳大湾区知识产权交易博览会推进会暨梅州市特色产业知识产权主题研讨会在大埔县举行。大会由梅州市人民政府、广东省知识产权保护中心主办，大埔县人民政府、梅州市市场监督管理局（知识产权局）承办，梅州市中兴达知识产权有限公司协办。大会邀请国内多名知识产权研究专家齐聚梅州，聚焦知识产权保护及转化运用等一系列主题，探索构建知识产权大保护格局。在开幕式上，举行2020粤港澳大湾区知识产权交易博览会推进会暨梅州市特色产业知识产权主题研讨会启动仪式，广东省知识产权保护中心与大埔县人民政府签订关于共建知识产权强县合作框架协议仪式，嘉应学院与梅州市中兴达知识产权有限公司签订校企合作协议仪式，中国建设银行梅州市分行与誉付宝（深圳）互联网科技有限公司签订战略合作框架协议仪式，广东省知识产权保护中心大埔服务站授牌仪式。

【大潮高速（含大漳支线）正式建成通车】 2020年12月28日，大埔至潮州高速公路（含大埔至漳州支线）通车仪式在大潮高速公路主线光德服务区举行。广东再添一条出省通道，梅州大埔至潮州饶平、厦门车程均可减少一小时以上。大潮高速北起大埔县与梅龙高速公路相接，南至潮州市饶平县与沈海高速公路相连，项目主线92.93千米，大漳支线27.84千米，路线总长120.77千米，为双向四车道。项目的建成通车将进一步打通粤东西北地区经济通道，加快粤东、粤东北地区融入海峡两岸经济区进程，方便当地老百姓出行，促进沿线地区旅游资源开发和社会经济发展都具有重要意义。

大埔县人民政府县长、副县长名录

县　　长：熊锋松

副 县 长：蓝欣（常务）

吴东华（挂职，—2020.5）

曹丙利（挂职，—2020.5）

刘晓泉（挂职，2020.5—）

饶凌云（女）　罗春达　刘辉堂

钟旭东（—2020.5）　廖昌元

赖宽（2020.5—）

（县府办综合组）

县政府办公室工作

【综合文稿工作】2020 年，大埔县人民政府办公室（简称大埔县府办）围绕县委、县政府各项工作部署，坚持以文立室，发挥以文辅政、以文鼎新的参谋助手作用。全年累计组写全县社会发展情况 12 期，整理各类会议纪要 100 篇，上报和汇报材料 400 篇。

【文秘工作】2020 年，大埔县府办坚持“认真负责、积极主动、实事求是、注重实效”的原则，坚持高标准严要求，规范处理办结各类公文，扎实开展各类会议筹备工作，全力服务大局，参与做好全县制造业高质量发展暨科技创新大会、2020 年粤港澳大湾区知识产权交易博览会、梅州柚·大埔蜜柚品牌推广暨第一届“供销 e 家”全国采销大会、梅州柚子宴暨 2020 大埔美食旅游季活动启动仪式、广州·梅州对口帮扶党政一把手联席会议暨脱贫攻坚工作座谈会和参与完成广东第三届茶叶产业大会等大型会议（活动）、湘粤赣闽第八联防区第 56 届和潮揭梅三市九县（区）第 57 届边界护林联防大会、全市梅州柚冬园管理现场会等服务保障工作，组织安排检查、调研、考察等活动 160 场次。

【政务公开工作】2020 年，大埔县府办牵头编制完成并在县政府门户网站建立专栏发布 26 个领域的基层政务公开事项标准目录，发布主动公开文件 101 个（含 11 个规范性文件及其解读材料）、政务动态信息 881 条。

【督办工作】2020 年，大埔县府办督促县政府常务会议、县长办公会议决定事项和全县各类重点建设项目落实，推进落实 2020 年县政府工作报告主要事项和十件民生实事以及县人大、县政协提案建议意见。全年累计开展督查活动 45 次，承办督办县人大代表议案意见建议 27 件和政协委员提案建议 43 件，答复率均为 100%；完成上级及县领导批转来信办理工作和群众来访工作，办理各类信件 41 件。

【金融工作】2020 年，大埔县府办按照上级的部署，精心谋划，出台一系列优惠政策和措施，千方百计保实体经济发展。多次召开专题会议，积极协调吉玉陶瓷和欣红陶瓷两家企业强强联合，加快推动其合并成一家企业上市。制订下发 3 个防范和处置非法集资的工作方案，召开 14 场防范非法集资等金融风险防控工作会议。开展主题宣传月进行“七进”宣传并举办专题培训会，深入排查重点领域机构 137 家、投资类企业 46 家，平稳有序良性完成 P2P 平台公司梅州市天富投资发展有限公司的清退工作。做好打击和防范非法集资宣传以及民间借贷规范整顿工作。

【党务人事工作】2020 年，大埔县府办党组做好党的建设和新时代意识形态工作，严格落实党风廉政建设工作制度。做好编制管理、岗位设置、职级晋升、规范提拔任用、公务员统计、事业单位领导人员及工资统计工作。全年召开支委会 36 场次，支部会 50 场次，上党课 16 场次，补选支委 1 人；收缴党费 4.26 万元；开展中心组专题学习 12 场次、13 个专题，专题研讨 3 天；开展提醒谈话 14 人次。召开干部人事议题会议 13 次，职级晋升 8 人次，推荐提拔股级干部 19 人次，事业转正 2 人次，新进干部职工 10 人（其中调入 5

人，聘用5人），另调出、退休和借调回原单位计8人。

【住房公积金管理】参见该类目“住房公积金管理”分目。

【经协工作】2020年，大埔县府办组织参与广州市海珠区对口帮扶联席会议和消费扶贫活动，配合做好广博会线上参展工作，协助做好对口帮扶有关工作。

【外事工作】2020年，大埔县府办定期研判维稳形势，定期向市委外办汇报维稳工作情况，推进维护政治安全和社会稳定工作。建立长效机制，加强与县统战、宣传、公安、教育、科工商务、文广旅体等部门的联系和配合，加强信息沟通，发挥联合监管的威力；加强与市委外办等部门的联合，形成工作合力，通过信息共享、部门联动等形式，构建全员参与、全面调查的格局。

【信访工作】参见该类目“信访工作”分目。

【应急值班工作】2020年，大埔县府办加强机构建设，严格执行领导带班和24小时轮流值班制度，严格做到不缺岗、不脱岗。提高值班人员的业务水平，健全信息互通机制，确保第一时间报告突发事件。按照信息报送要求，第一时间向市政府报送突发事件信息，办理落实省、市领导有关处置突发事件的批示、指示，并及时向市政府报告落实情况。全年处理各类突发事件信息158篇，其中向市报送突发事件信息专报52篇，办理落实省、市领导关于突发事件的指示、批示和各类文件共45件。高标准完成县委应急指挥中心和会商视频系统建设，配套完成15个镇（场）和公安、应急管理、水务、林业、自然资源等5个县直单位应急指挥分中心建设。

大埔县人民政府办公室负责人名录

主　任：何凯涛

副主任：郭宣志　赖俊浩　丘　炼

（县府办综合组）

政务服务数据管理

【实体政务服务建设】2020年，大埔县政务服务数据管理局推进“一网、一门、一次”政务服务模式改革，加强公共服务管理。加快工程建设审批、不动产登记的全面提速。推进“免证办”“就近办”工作落实，将19个有关单位在市统一申办受理平台办理的且需用到电子证照的141项事项纳入大埔县政务服务“免证办”事项，梳理出《大埔县乡镇体制改革第一批下放依申请类政务服务事项》确认可下放事项627项（公共服务211项，行政给付15项，行政奖励14项，行政确认53项，行政许可207项，行政征收47项，其他行政权力79项，行政裁决1项）。2020年，大埔县政务服务中心窗口受理各类业务15.12万件，办结14.97万件，无群众投诉，受到好评。收寄件1.59万件，为群众节省办事路程约48万千米。

【数字政府建设】2020年，大埔县政务服务数据管理局指导县相关单位做好“互联网+监管”数据汇聚工作。全年全县认领监管事项主项531项，编制实施清单649项，实施清单完成率100%，监管行为数据覆盖率90.2%。做好2020年省级政府和重点城市一体化政务服务能力第三方评估迎评工作。截至12月31日，大埔县行政许可事项时限压减率93.9%，平均跑动次数为0.01次，即办率96.6%。投入149.60万元，搭建县政务信息资源共享平台，解决群众办事重复提交资料、来回跑、多头跑等问题。投入82.49万元，升级改造惠民信息平台，确保各项惠民惠农政策在基层落实到位。做好“粤省事”宣传推广，截至12月31日，大埔县实名注册“粤省事”人数25.81万人。推广“粤政易”移动办公平台，加快“粤政易”APP普及应用。

截至12月31日，全县开通“粤政易”移动办公平台账号7320个，激活7263个，激活率99.2%，实现县直党政群机关、15个镇（场）和257个村（社区）全覆盖。

【优化政务服务环境】2020年，大埔县政务服务数据管理局做好全国县级文明城市创建工作，投入近16万元，制作政务大厅创文宣传标语、政务大厅服务承诺、行业规范等系列宣传画面，设立学习雷锋志愿站（岗），配备便民手机充电站，更换群众办事转椅等，办事环境更加优化，创文工作得到县领导的肯定。

【热线效能工作】2020年，大埔县政务服务数据管理局加强行政效能投诉和“12345”政府热线工单处理工作，建立沟通联络机制，形成上下联动的沟通网络，提升热线效能投诉受理效率和水平。截至12月31日，受理政府服务热线工单2458件，其中投诉2047件、举报190件、求助（建议）221件，办结率100%，评价满意率99.9%。全年接到投诉工单4件，其中涉及县级的投诉2件，镇级的投诉2件，全部按时办理完结，比2019年少14件。同时落实推进“好差评”工作开展，办事企业和群众可以在实体大厅服务窗口通过扫描评价二维码进行自主评价，还可以登录“广东政务服务网”对办件、人员、窗口分别进行评价。截至2020年12月31日，“好差评”系统非常满意评价5865件，满意评价6件，不满意、非常不满意均为0件。

【疫情防控工作】2020年，大埔县政务服务数据管理局贯彻县委、县政府新冠肺炎疫情防控统一工作部署，做好公共服务中心疫情防控，成立局防控新型冠状病毒感染的肺炎疫情工作领导小组和6个专责工作组，多次召开专题会议部署落实疫情防控工作，科学制定疫情防控工作方案。做好大厅疫情防控，对公共服务中心进行全方位消毒，确保无死角。坚持“外防输入”策略，所有进入大厅的办事群众，必须戴口罩，必须检测体温。加强流动检查，及时发现、妥善处理大厅内人员聚集，采取措施调整群众进入大厅等候的批次和数量，减少群众集中等待时间，有效保障办事群众的生命健康安全。

大埔县政务服务数据管理局负责人名录

局　长：郭宣文

副局长：陈君仪（女，—2020.7）　何学樑

（林启鹏）

信访工作

【简述】大埔县信访工作以习近平新时代中国特色社会主义思想为指导，深入学习贯彻中共十九大、习近平总书记对广东重要指示批示和视察广东重要讲话精神，以及中央和省、市、县关于加强新时期信访工作的一系列重要决策部署，以维护群众合法权益、解决群众实际问题为落脚点，做好“参谋、助手、协调、服务”的各项工作，有效确保全县信访形势保持平稳向好的总体态势。2020年，大埔县信访局受理群众来信来访1193件次，同比下降6.3%，到期案件全部办结。其中到市上访23批56人次，同比批数持平，人次上升21.7%；到省上访19批28人次，同比批数人次分别下降29.6%、24.3%。完成全国“两会”、经济特区成立40周年庆祝活动、中共十九届五中全会及省、市、县等重要时期大埔县信访安全保障工作任务。

【加强领导接访】2020年，大埔县信访局根据《大埔县党政领导干部接访下访工作制度》要求，固定在每月15日和28日开展县领导干部接访活动，而且根据要求在各个重要时期强化县、镇领导接访工作，每天安排一名县班子领导到县信访局接访群众。据统计，县、镇党政领导分别接访群众78批150人次、396批601人次。根据“一岗双责”制度，对

所有排查和新发现的信访突出问题，一律落实县、镇领导包案，确保分管部门和挂钩镇、村的民生信访问题得到及时有效解决。抓好信访案件规范化办理，推进重点信访案件“事心双解”，增强群众对信访部门的信任感，提升群众的满意度。

【打造“法治信访”】2020年，大埔县信访局发挥复查复核纠错职能，推进依法分类处理信访诉求，维护群众的合法权益。全年大埔县复查信访事项及协助市信访局复核信访事项44宗。机构改革后重新编印《大埔县依法分类处理信访诉求制度汇编》，推行诉访分离。同时，继续聘请一名律师担任法律顾问，为县信访局工作上的法律问题提供支持，打造“法治信访”。

【开展专项行动】2020年，大埔县信访局开展治理重复信访化解积案专项行动，对重点信访事项，严格按照“四个一”要求办理，落实主体责任，明确包案领导、承办人员、化解措施和办结时限，一案一档，及时化解事关群众切身利益的信访突出问题。全年上级交办大埔县的专件有18件。省专件14件全部办结；市专件办结3件，1件未办结。

【宣传《信访条例》】2020年4月起，大埔县信访局开展《信访条例》修订实施15周年纪念宣传活动，以开展“2020春风送暖解民忧”等活动为契机，广泛宣传《信访条例》《依法分类处理信访诉求工作规则》等与群众密切相关的法律法规，教育引导群众依法理性有序反映合理诉求，构建“畅通、有序、务实、高效”的信访工作秩序。此外，还开展调研活动，向省、市信访局报送多篇调研材料，其中《百侯镇走出“枫桥经验”新路子》在广东省信访局主办的《南粤信访》上发表。

大埔县信访局负责人名录

局　长：刘流生

副局长：吴伟标　刘远来

（张伟）

住房公积金管理

【简述】梅州市住房公积金管理中心大埔县经办业务分理处是直属县政府办公室非营利的事业单位，主要负责编制执行住房公积金累计归集、使用计划，住房公积金的核算；审批住房公积金的提取、使用；负责住房公积金的保值和归还等。该分理处办公室设在万川路23、25号，办公面积为400平方米。2020年年底，全县参加缴储住房公积金的单位有334个，参加缴储的职工有1.70万人。住房公积金累计归集金额19.01亿元，职工支取12.05亿元，归集余额6.96亿元。累计发放12.19亿元。回收5.69亿元，住房公积金贷款余额6.50亿元。

【住房公积金归集、提取和发放】 2020年，大埔县归集公积金3.41亿元，比2019年同期2.65亿元增加7600万元，同比增长28.7%。支取2.29亿元，比2019年同期1.92亿元增加3700万元，同比增长19.3%。归集余额1.12亿元；公积金放贷431户，放款1.01亿元。

【住房公积金缴存比例执行、放贷额度及期限情况】2020年，在县委、县政府关心和重视下，将大埔县职工发放的住房维修和物业补贴等收入纳入缴存基数中，增加资金链的储备，解决放贷资金紧张的缺口，新增公积金归集额4500万元。全县行政事业单位住房公积金的缴储比例按工资总额的12%进行扣交和补贴。职工住房公积金贷款额度双职工最高额度按30万元，单职工按20万元；期限按2009年标准执行，即最高贷款年限30年。

梅州市住房公积金管理中心大埔县经办业务分理处负责人名录

主　任：黄小涛

副主任：丘海越　林文茹（女）

（李晖）

打击走私

【简述】2020年，大埔县打击走私领导小组办公室（简称大埔县打私办）坚决以习近平新时代中国特色社会主义思想和重要指示批示精神为指导，按照省、市打私工作部署和要求，结合辖区实际，以打击走私“国门利剑2020”专项行动为主线，推进落实打击走私工作责任制，严厉打击各类走私违法犯罪行为，同时联合相关部门开展打击走私联合专项行动，坚持打防结合的工作思路，开创全县打击走私工作新局面。

【加强组织领导】2020年，按照全省打击走私工作会议精神以及《广东省反走私综合治理考评办法及标准》，根据打击走私的总体工作部署，大埔县参照市的规格成立打击走私领导小组，由副县长、县公安局局长赖宽担任组长，县公安局副局长杨培彬和县府经协办主任刘增福任副组长，公检法司、生态环境、交通运输、农业农村、科工商务、市场监管、文广旅体、森林公安、发改、税务、海事、人行、烟草、中石化等相关单位负责人为成员，领导小组办公室设在县公安局，日常工作由县公安局承担，办公室主任由县公安局分管负责人兼任。2020年6月2日，召开全县打私工作推进会，由赖宽传达贯彻落实公安部打击走私工作现场会、全省打私工作会议和全市打击走私工作电视电话会议精神，明确成员单位职责和分工，统一思想，增强打击合力，强化基层治理。

【开展打私行动】2020年，大埔县打私办按照党中央的决策部署和省、市工作要求，以“国门利剑2020”专项行动为主线，针对走私犯罪热点和突出走私问题，组织相关打私成员单位开展各类专项打击行动，取得成效。打击整治冻品走私行动。1—12月，全县开展打击整治冻品专项检查执法行动9次，出动执法人员141人次，出动执法车辆51辆次，检查冻库36间次，检查冻品经营商户74家次，未查获非法冻品。打击整治成品油走私行动。1—12月，公安、市场监管等部门联动开展联合执法，在青溪一处加水站查获柴油5000升、汽油200升、加油枪等加油设施若干，破获涉成品油走私刑事案件1宗，刑拘1人，逮捕1人。县市场监管局查获行政案件1宗，行政处罚1人。打击涉野生动物及其制品走私行动。1—12月，森林公安查获无合法来源证明涉嫌走私野生动物行政案件2宗，行政处罚2人。打击涉烟走私活动。1—12月，全县查办涉烟草走私刑事案件4宗，查获涉走私香烟1665条、124箱“南洋双喜”半成品，抓获违法犯罪嫌疑人员11名，刑拘12人，逮捕12人。

（邱怡）

2020年10月9—10日，大埔公安在梅龙高速西河公安检查站连续2天查获2辆运输假烟的货车（陈伟东摄）

消 防 工 作

2020年，大埔县公安局治安部门加大公共安全管理力度，定期或不定期地在全县范围内开展安全检查和重点场所清理整治，围绕高层建筑、电气火灾、人员密集场所、小单位小场所、易燃易爆等五个重点领域，深入开展安全隐患集中整治专项行动，及时发现治安隐患，落实安全管理措施，限期从严落实整改，滚动排查全县重点场所489家、要害部位96处，督促整改各类安全隐患64处。

（邱怡）

政协大埔县委员会

【简述】2020年，中国人民政治协商会议广东省大埔县委员会（简称政协大埔县委员会）坚持以习近平新时代中国特色社会主义思想为指导，深入学习贯彻中共十九大及十九届历次全会精神，全面学习贯彻习近平总书记系列重要讲话和重要指示批示精神，贯彻落实中央和省委、市委、县委政协工作会议精神，在中共大埔县委的坚强领导下，牢牢把握团结和民主两大主题，围绕推进疫情防控和经济社会发展，紧扣全面建成小康社会目标任务，发挥专门协商机构作用，突出主业抓重点、提升质量创特色，履职尽责、凝心聚力，展现政协委员新风采，谱写政协事业新篇章，为大埔全力打造梅州康养文旅融合之星、致力建设宜居宜业宜游生态县，确保全面建成小康社会和“十三五”规划圆满收官贡献政协智慧和力量。

【召开县政协十四届五次会议】2020年6月20—22日，政协大埔县第十四届委员会第五次会议在大埔县城举行。政协大埔县第十四届委员会主席李礼醒，县委常委、统战部部长、县政协党组副书记张红梅，县政协副主席张友群、刘小平、杨竹玲、吴振石、刘广明、黄伟胜，县政协党组成员严庆东，县政协秘书长罗同兴等在主席台前排就座。县委书记朱汉东，县委副书记、县长熊锋松，县人大常委会主任黄建庭，县委副书记、政法委书记李宏等县委、县人大、县政府、县纪委监委、县人民法院、县人民检察院等领导在主席台就座，祝贺大会召开。大会应到会委员227人，实到会委员171人，符合政协章程有关规定。会议由张友群主持。会上，李礼醒作政协大埔县第十四届委员会常务委员会工作报告，刘广明作政协大埔县第十四届委员会常务委员会关于十四届四次会议以来提案工作情况的报告。县政协十四届四次会议以来，委员们围绕乡村振兴、教育事业、文化旅游、经济建设、民生改善、城市管理、重点项目建设等方面提出提案82件；对内容相同的合并后为75件，经提案委员会审查和主席会议通过，立案62件，转作建议13件，提案所涉及的主办和会办单位有55个。截至2019年12月底，提案和建议全部办复，办复率和满意率均为100%。与会政协委员还列席大埔县第十五届人民代表大会第五次会议，听取并讨论县政府工作报告，讨论县人民法院工作报告、县人民检察院工作报告以及其他报告，对上述报告表示赞同。会议期间，大会还举行专委会委员代表发言。6 月 22 日下午，政协大埔县第十四届委员会第五次会议举行选举大会。大会以无记名投票的方式，选举严庆东为政协大埔县第十四届委员会副主席，增选何道武、余志国、饶庆远、黄佳清为政协大埔县第十四届委员会常务委员。县政协主席李礼醒为新当选的县政协副主席和常务委员颁发当选证书。

【坚持政治引领，筑牢思想基础】2020 年，政协大埔县委员会自觉坚持在县委领导下谋划和推进工作，始终秉持“党的工作推进到哪里，政协履职跟进到哪里”的工作原则，严格执行县政协党组向县委请示报告工作制度，坚持政协年度工作要点和协商工作计划报县委审定，重要工作、重大事项及时向县委请示报告，全年工作定期向县委专题汇报，确保政协工作始终与党政工作同频共振、同向发力。县委召开政协工作会议，县委书记朱汉东出席会议并讲话，肯定县政协在建言资政、民主监督、服务民生等方面取得的成绩，要求县政协当好老区苏区振兴“智囊团”、架好民生改善“连心桥”、画好服务发展“同心圆”。强化政协党的建设，县委落实统战部部长兼任政协党组副书记，增配政协党组成员，支持政协开展工作；县政协党组发挥把方向、管大局、保落实的作用，健全完善党员委员参加双重组织生活制度，在政协全体会议期间等大型活动中规范设立临时党组织。巩固和深化“不忘初心、牢记使命”主题教育成果，坚持把学习贯彻习近平新时代中国特色社会主义思想和习近平总书记系列重要讲话精神作为第一议题，推进理论学习常态化制度化，引导广大委员和机关干部树牢“四个意识”、坚定“四个自信”、坚决做到“两个维护”。把学习贯彻中共十九届五中全会精神，与学习研讨《习近平谈治国理政》第三卷结合起来，与学习贯彻习近平总书记出席深圳经济特区建立 40 周年庆祝大会和视察广东重要讲话重要指示精神结合起来，在全县政协组织掀起学习贯彻热潮。贯彻落实中央和省委、市委、县委政协工作会议精神，强化理论研讨、专题辅导、专题调研等工作，“大学习、深调研、真落实”工作取得新成效。县政协上送的《谈基层政协协商民主制度化、规范化、程序化建设》理论文章，获广东省政协“发挥人民政协专门协商机构作用”理论研讨会征文评选优秀奖，是梅州市唯一获奖单位；大埔政协“加强思想政治引领、广泛凝聚共识，画好大埔振兴发展最大同心圆”的经验做法，得到市委、市政协肯定，并在市委政协工作会议上作交流发言。同时，响应全国和省、市政协号召，以委员工作室为平台，组织全县政协委员开展“书香政协”读书活动，引领形成爱读书、读好书、善读书的良好风尚。全年组织集体学习 28 场 800 人次。

【坚持服务大局，积极建言资政】2020 年，政协大埔县委员会坚持围绕中心、服务大局，始终紧扣全面建成小康社会目标任务，聚焦统筹抓好疫情防控和经济社会发展，助力做好“六稳”工作、落实“六保”任务，开展调查研究聚民智，积极协商议政解难题。全年召开常委会会议 4 次，党组会议和主席会议 58 次，组织开展重要协商议政活动 8 次、调研视察活动 26 次。面对突如其来的新冠肺炎疫情，县政协率先发出公开信，动员广大委员踊跃参与疫情防控，得到委员们的积极响应，在强信心、聚民心、暖人心、筑同心方面发挥作用。医卫界委员立足岗位、奋战一线，参与筛查患者、救治病人等工作；各相关界别委员主动深入镇村（社区）宣传政策，当好防控工作志愿者；广大委员主动捐资捐物，共计捐款 160 万元，捐赠口罩、防护服、测温仪、消毒水等防控物资。常委会班子成员分别带队调研，围绕“加强基层公共卫生队伍和防控能力建设”“加强卫生应急和疾病预防控制体系建设”等课题，到医卫等部门开展调研视察，形成调研报告报送县委、县政府，为推动全县疫情防控工作建言、献策；围绕“疫情防控期间中小学校线上教育”课题，组织部分委员到县城部分中小学校开展小切口调研活动，肯定大埔县教育工作“停课不停学”的成功做法，针对性提出进一步强化学校疫情防控、切实有效提高线上教育质量等意见建议，助力教育共渡疫情难关。抓好挂钩联系镇村、重点企业、重点项目疫情防控和复工复产工作，开展督导活动，为做好“六稳”工作、落实“六保”任务发挥作用。开展履职活动，为全面打赢疫情防控阻击战贡献政协力量。常委会听取县政府 2020 年主要工作情况通报和“十四五”规划编制情况通报，围绕“擦亮世界长寿乡品牌，推动大埔康养文旅融合发展”等课题开展专题议政，建设性意见得到县政府及相关部门采纳。围绕打好打赢防范化解重大风险攻坚战，组织开展“贸易摩擦对大埔外向型企业影响情况”专题调研活动，详细了解企业应对措施，倾听企业意见建议，为促进大埔县出台相关精准扶持政策提出针对性意见，将因贸易摩擦对企业造成的影响和损害降到最低程度。围绕“加快产业平台建设，助推实体经济发展”课题开展对口协商，促进优化营商环境，筑巢引凤做实做好实体经济。围绕按时高质量打赢脱贫攻坚战，常委会多次召开专题会议研究部署，班子成员分别带队到高陂、茶阳、枫朗、百侯等镇村开展小切口专题调研工作，形成综合性调研报告供县委、县政府决策参考。围绕“打赢污染防治攻坚战”课题开展专题视察，就进一步推进污染防治、加强环境保护建言献策。常委会班子成员深入挂钩镇村靠前指挥督导脱贫攻坚、新农村建设、乡村振兴等工作，促各项工作措施落细落实。围绕“加强乡村道路建设”议题开展专题协商，为加快农村基础设施建设、补齐公共事业短板精准建言；围绕“乡村文化振兴、乡村产业振兴和美丽乡村建设”“省际边界风貌示范带建设”等课题开展专题视察，推动乡村振兴战略深入实施；组织党员干部开展回乡联村活动，支持家乡各项事业建设。聚焦脱贫攻坚，做好精准扶贫精准脱贫工作，政协机关专门选派 1 名副科级干部驻枫朗镇帮扶并担任村党建指导员，党员干部“一对一”结对帮扶贫困户，全年投入帮扶资金 70 万元，真帮实扶确保如期脱贫。坚持把视察作为民主监督的重要抓手，紧扣深入实施县委思路举措及各项中心工作，关注群众反映的热点难点问题，通过视察调研、反映社情民意信息等形式进行民主监督，促进工作落实和问题解决。抓好创建全国文明县级城市挂点联系网格化工作，党组班子成员定期深入到挂点责任区域督导检查，带头参与志愿者和大清洁等活动，推动“创文”决策部署落到实处。围绕“大潮高速（含大漳支线）建设情况”课题开展专题视察，助推交通事业加快发展。围绕“加强红色文化教育，传承老区苏区精神”课题开展视察调研，就强化红色文化教育在党的建设、思想道德建设和经济建设等方面的作用提出建议，助力大埔老区苏区做好“红色”文章。根据县委统一安排，专门组建政协专项督查组，坚持每季度到所负责的 63 项县重点项目建设现场开展督促检查，并形成督查通报印发全县，推动项目加快建设。同时，组织委员参加县“两院”邀请庭审观摩活动，推荐委员担任村级换届观察员、参与“谁执法谁普法”以及政风行风评议等工作，履行民主监督职能。

【坚持履职为民，促进民生改善】2020 年，政协大埔县委员会践行以人民为中心的发展理念，坚持把人民群众对美好生活的向往作为履职的出发点和落脚点，不忘初心、履职为民，助力提升人民群众的获得感和幸福感。

坚持以促进民生改善为重要着力点，通过政协提案、大会发言、社情民意信息等方式，积极反映民声，认真为民建言，助力县委、县政府增进人民福祉。县政协十四届五次会议以来共确立提案38件、建议5件，其中9件列为重点提案，主要涉及教育医疗、交通公路、环境保护、文化旅游、乡村振兴等民生方面的问题，交付48个单位办理。坚持县党政主要领导领衔督办、县政协领导牵头督办重点提案等工作机制，推动提案办理工作上新水平。县委书记朱汉东主持召开领衔督办重点提案专题协商会议，听取“关于擦亮我县‘世界长寿乡’品牌，推动长寿事业融合康养文旅产业发展的提案”办理情况。县长熊锋松领衔督办“关于提高应对突发重大公共卫生事件能力的提案”，积极采纳提案建议，创新办理协商形式，使提案办理成为推动工作的重要抓手，提案作用得到发挥。同时，专门组织对“推动茶叶产业做强做大提质增效”“进一步加强消防通道管理”等提案办理工作进行专题视察、专题调研督办，促进工作落实到位。至2020年11月底，五次会议以来的提案和建议全部如期办复，办复率和委员满意率均为100%。坚持人民政协为人民，利用“委员工作室”开展活动。全年委员工作室开展群众接访、走访交流等活动36场次，收集社情民意信息50条，工作室平台作用得到发挥。同时，围绕“巩固、完善、提高”的目标，加强对委员工作室的检查考评，评选出先进委员工作室和优秀委员工作室主任，促进工作提质增效。广大政协委员认真履职，发挥自身优势，积极关注民生、服务基层，主动投身疫情防控、脱贫攻坚、新农村建设、乡村振兴主战场，开展扶贫帮困、捐资助学、送医赠药、送书下乡等公益活动，参与委员300人次，为群众办实事好事110件。捐款支持大埔县扶贫济困、支持兴建毓寿桥、如期完成每年教育基金的承诺捐款270万元、独资或牵头筹资购买4部救护车捐赠给4个镇级卫生院等。

2020年11月26日，大埔县政协组织部分政协委员开展调研活动（县政协办提供）

【坚持团结联谊，汇聚发展合力】2020年，政协大埔县委员会发挥人民政协作为大团结大联合统一战线组织的作用，坚持团结和民主两大主题，发挥特色优势，加强团结联谊，广泛凝聚共识，为大埔老区苏区加快振兴发展汇聚强大合力。支持工商联、无党派人士等参加政协履职活动，加强与民族宗教界代表人士、党外知识分子、非公有制经济人士、新的社会阶层人士和港澳台同胞、侨胞的沟通联络，发挥他们在推动经济发展、繁荣文化、促进社会和谐等方面的作用。加强与大埔籍在外知名专家、企业家和珠三角地区大埔商会的联系，宣传县委、县政府决策部署，传递招商意向，做好解疑释惑工作，汇聚加快大埔振兴发展正能量。围绕“推动大埔与粤港澳大湾区、深圳先行示范区‘双区’实现互联互通互补”开展专题调研，鼓励支持委员特别是旅居珠三角和港澳地区委员，对接“湾区所向”“深圳所需”，发挥“大埔所长”。同时，引导港区委员发挥“双重积极作用”，旗帜鲜明支持制定和实施“港区国安法”，坚定支持特区政府和行政长官依法施政，坚决维护“一国两制”和港澳长期繁荣稳定。加强与上级政协的联系，配合做好省、市政协领导到大埔开展各项专题调研视察活动的服务保障工作，参加省、市政协举办的培训班及各类型会议。加强与兄弟县政协的横向交流，成功举办以“加强思想政治引领、广泛凝聚共识”为主题的闽粤赣边三省十县（区）政协第48次联系协作会议并取得成功；参加在江西省寻乌县举行的闽粤赣边三省十县（区）政协第49次联系协作会议；组织机关干部到梅江区、平远县、江西省安远县等地学习考察，接待20批260人次全省各地政协领导和政协组织到大埔考察交流。加强政协舆论阵地建设，创刊出版《大埔政协》会刊，全方位宣传政协职能、传播政协声音、报道履职成果、反映社情民意、展示委员风采，增强大埔县政协工作的社会影响力。组织力量抢救式整理出版第5—6辑、7—8辑两本《大埔文史》合订本。开展“以文会友”活动，组织举办以“书香政协·文化家园”为主题的大埔专题图书展，会同县委宣传部、县文联、县文广旅体局等单位联合举办“梅州市书法名家作品邀请展”、“胜游梅州·大埔篇”图文展、“奋进新时代·携手奔小康”主题摄影展暨广东“非遗”剪纸公益行等活动，促进文化交流合作，创建“书香政协”，并以“书香政协”促进“书香社会”建设。

【坚持固本强基，提升履职能力】2020年，政协大埔县委员会紧跟新时代新要求，以改革思维、创新理念和务实举措，狠抓“两支队伍”建设，提升委员履职能力和机关服务保障水平，促进政协工作提质增效。执行《政协委员履职工作规则（试行）》，坚持把发挥委员主体作用摆在突出位置，压实各专委会责任，强化委员履职管理和服务工作，执行会议和活动请假制度，规范委员履职行为，促进做好“委员作业”。依托“委员工作室”组织委员就近就地学习讨论、交流座谈、协商议事，增强委员履职意识，提升委员履职实效。强化党建工作，从加强党员干部日常教育管理和健全完善制度入手，推进模范机关创建活动，使党组织战斗堡垒作用和党员先锋模范作用得到更好发挥，有效激发机关干部队伍的干事创业活力。加强和改进专委会自身建设，发挥专委会联系委员、团结各界的基础作用。抓好“数字政协”建设，广东省“数字政协”远程协商会议平台和“粤政易”办公平台已全部建立并投入使用，推动数据共享更加精准顺畅、更加安全可控，提升机关工作效能。同时，根据上级要求，加强志愿服务组织体系建设，组建机关干部职工全员参与的“志愿者服务队”；完善消防配套设施，抽调年轻干部职工组建一支单位消防队伍。坚决落实全面从严治党要求，压紧压实“两个责任”，加强党风廉政建设，严格执行中央八项规定和厉行节约有关规定，支持派驻纪检监察组履行监督责任，驰而不息纠治“四风”，着力深化廉政谈心谈话工作，筑牢拒腐防变的思想防线，打造担当作为、素质过硬的政协干部队伍。紧密配合做好省委第十三巡视组巡视大埔县工作，按时报送有关材料，自觉接受政治体检。严格落实意识形态工作责任制，牢牢把握意识形态工作主动权，坚持正确舆论导向，推进“三好一正”工程建设，为推动大埔政协事业发展提供坚强的政治纪律保障。

政协大埔县委员会主席、副主席名录

主　席：李礼醒

副主席：张友群（女）　刘小平
　　　　杨竹玲（女）　吴振石（—2020.6）
　　　　刘广明　黄伟胜
　　　　严庆东（2020.6—）

政协大埔县办公室负责人名录

主　任：罗同兴

副主任：郭伟军

政协大埔县提案委员会负责人名录

主　任：余志国

副主任：刘红连（女）　丘牡香（女）
　　　　刘永东　李志坚

政协大埔县文史和学习委员会负责人名录

主　任：黄佳清

副主任：陈秀鸿　蔡永斌

政协大埔县经济和人口资源环境委员会负责人名录

主　任：饶庆远

副主任：郭和麟　余志均　张正城
　　　　廖光明

政协大埔县教科文卫体和社会法制委员会负责人名录

主　任：叶庆敏

副主任：何向宏　张松周　范瑞华
　　　　黄力科

政协大埔县民族宗教和港澳台侨外事委员会负责人名录

主　任：李月茹（女）

副主任：黄胜科　丘怀玲（女）
　　　　何祖才（—2020.1）　郑锦钧

政协大埔县农业和农村委员会负责人名录

主　任：何道武

副主任：刘奕棋　李友元（—2020.12）
　　　　黄宜秋

（**郭和麟**）

大埔县纪委监委

【简述】2020年，中共大埔县纪律检查委员会、大埔县监察委员会（简称大埔县纪委监委）以习近平新时代中国特色社会主义思想为指导，深入贯彻中央、省、市纪委全会和县委全会精神，坚定不移推进全面从严治党，推动各项部署有效落实，为决胜全面建成小康社会和乡村振兴发展提供坚强纪律保障。

【中共大埔县第十二届纪律检查委员会第五次全体会议】会议概况。2020年3月31日，中共大埔县第十二届纪律检查委员会第五次全体会议在县城召开。县委书记朱汉东出席并讲话，县长熊锋松传达中央、省、市纪委全会精神。全会审议通过了县委常委、县纪委书记、县监委主任廖若旦所作的工作报告和《中国共产党大埔县第十二届纪律检查委员会第五次全体会议决议》。全会期间还对青溪镇、县林业局、县移民工作局等5名党委（党组、党支部）书记述责述廉情况进行评议。县领导班子成员，法检“两长”，各镇（场）党委书记，县纪委常委、县监委委员，不是县纪委常委、县监委委员的县纪委委员在主会场县委、县政府二楼会议室参加会议；各镇（场）纪委书记、县有关单位主要负责人在分会场县科技信息大楼二楼会议室收听收看会议。会议决策事项。全会强调，2020年纪检监察工作要以习近平新时代中国特色社会主义思想为指导，深入贯彻中央和省、市、县相关会议精神和工作部署，增强

“四个意识”，坚定“四个自信”，做到“两个维护”，坚持稳中求进工作总基调，协助党委深化全面从严治党，坚持和完善党和国家监督体系，强化对权力运行的制约和监督，一体推进不敢腐、不能腐、不想腐，在坚持和完善中国特色社会主义制度、推进国家治理体系和治理能力现代化中充分发挥监督保障执行、促进完善发展作用，建设高素质专业化纪检监察干部队伍，推动新时代纪检监察工作高质量发展，为大埔老区苏区决胜全面建成小康社会、决战脱贫攻坚、统筹推进疫情防控和经济社会发展提供坚强保障。要始终践行初心使命，坚决做到两个维护；要牢固树立宗旨意识，维护群众根本利益；要持续深化体制改革，切实提升治理能力；要一体推进“三不”机制，坚定不移惩治腐败；要充分发挥利剑作用，切实提升巡察质效；要不断增强斗争本领，打造纪检监察铁军。

【大埔县领导干部党章党规党纪教育培训班】会议概况。2020年9月28日，大埔县领导干部党章党规党纪教育培训班在县科技信息大楼一楼会场召开，县委书记朱汉东出席培训班并作专题辅导，县长熊锋松传达省、市领导干部党章党规党纪教育培训班精神。县领导班子成员，法检“两长”，各镇（场）党委书记、镇（场）长、纪委书记，县直副科以上和省、市驻大埔各单位主要负责人，县纪委常委、县监委委员参加。会议决策事项。会议要求，全县广大党员干部特别是领导干部要吸取教训、深刻反思，见微知著、防微杜渐，管好自己、建好班子、带好队伍，营造风清气正的政治生态。要讲政治，正确理解“两个维护”政治内涵；要明底线，深刻认识“两个维护”重要意义；要铸党魂，坚定自觉做到“两个维护”。

【党风廉政建设】2020年，大埔县纪委监委抽查4个镇和12个县直单位党风廉政建设责任制落实情况，发现并整改问题35个；组织2个镇（场）和3个县直单位主要负责人向县纪委全会述责述廉，共收集测评意见19条，督促完善制度7项。开展提醒谈话433人次、警诫谈话26人次，其中县处级领导干部开展谈话26人次；开展任前廉政谈话72人次。规范廉政意见回复工作，回复廉政意见2277人次，严把拟提拔晋级干部和村（社区）“两委”干部换届候选人初步人选资格廉洁关。

【日常监督】2020年，大埔县纪委监委制定实施《大埔县纪委监委开展监督检查责任清单》，发现并整改疫情防控工作问题29个，处置疫情防控违纪违法问题线索6条，党纪政务处分1人，组织处理16人，通报曝光6人。常态化开展明察暗访115人次，发现问题7个；处置违反中央八项规定精神问题线索37条，给予党纪政务处分15人，诫勉谈话2人，通报曝光典型案例2起5人。依托“互联网+大数据”共发现问题线索42条，给予党纪处分20人，经验做法在《梅州市纪检监察信息》（第13期）刊登。建立“纪检监察室+派驻机构”联动监督模式，专项整治人防领域、违建别墅等存在问题。对2019年未完成的26项县重点项目进行专项督查，通报存在问题10个，约谈提醒12人。

【审查调查】2020年，大埔县纪委监委抓好审查调查工作。受理群众信访举报537件，初核线索184件，立案165件165人（科级干部10人），同比增长5.1%，结案171件171人（含往年积案11件11人），结案率97.2%，给予党纪政务处分154人，挽回经济损失281.25万元。运用“四种形态”批评教育帮助和处理共339人次。其中运用第一种形态批评教育帮助178人次，占总人次的52.5%；运用第二种形态处理140人次，占41.3%；运用第三种形态处理14人次，占4.1%；运用第四种形态处理7人次，占2.1%。排查扶贫领域腐败和作风问题线索34条、处分 13 人，涉黑涉恶和“保护伞”问题线索 11 条、处分 12 人，生态环保领域问题线索 31 条、处分 18 人，查处形式主义、官僚主义问题 3 起 18 人，通报曝光典型案例 1 起 1 人。完成全县 15 个谈话点升级改造，配齐 30 名专职陪护人员。办案保持“双安全”“零事故”。

【政治巡察】2020 年，大埔县纪委监委抓好政治巡察工作。完成县委第七轮、第八轮 193 个村级党组织巡察，第五轮和第六轮 4 个单位党组织县级交叉巡察，受理群众信访 368 件次，发现问题线索 77 条，立案 32 人。完成对全县 84 个单位党组织和 256 个村级党组织巡察，实现县委十二届巡察全覆盖。坚持巡察整改材料三级把关，通过听取汇报、查阅资料、谈话了解等方式开展督导检查，压实巡察整改落实情况。筛选村级巡察发现的易发问题和典型案例，编成《图文说纪》读本，印发至 15 个镇（场）领导班子成员和 256 个村（社区）“两委”干部。

2020 年 10 月 22 日，市纪委书记蒋万军（左二）到百侯调研参观百侯镇家风家训馆（县纪委办提供）

【廉政宣教】2020 年，大埔县纪委监委抓好廉政宣教工作。改版大埔县纪检监察网站，健全信息采集、审核、发布、更新机制；市级以上媒体采用反映大埔县党风廉政建设和反腐败工作成效稿件 73 篇，其中省级 23 篇，《梅州大埔对扶贫领域优秀义务廉政监督员进行表彰》做法被学习强国、南粤清风、客都清风等媒体推介。将县城省级文物保护单位——泰安楼的二楼打造成含 11 个展室面积共 210 平方米的大埔客家家风家训馆，举办“传承弘扬好家风好家教”家庭教育大讲堂、百姓宣讲等系列活动；依托“三河坝战役纪念园”“青溪红色交通线”“南方工委旧址”等红色爱国廉政教育基地，组织开展学党章上党课、重温入党誓词、重走苏区路等主题党日活动。

【队伍建设】2020 年，大埔县纪委常委会学习习近平总书记系列重要讲话精神 25 次，班子专题学习 13 次，机关党（总）支部累计学习 59 场次；优化机关党支部设置，将原有 5 个党支部整合为 3 个党支部。举办培训班 14 期，培训人数累计 803 人（次）；组织全县纪检监察干部 113 人参加在线培训，测试 10 余场（次）累计 850 人（次）；选送纪检监察干部到省、市两级纪检监察机关跟班锻炼 23 人次，推荐 3 名年轻干部进入市纪委监委纪检监察业务讲师团。建立《大埔县纪委监委干部个人廉政档案管理制度》，把全县 120 名纪检监察干部纳入信息系统；开展谈心谈话活动 60 人次，将 3 名不适宜从事纪检工作的干部调离，严肃查处县委第一巡察组原组长李某某严重违纪违法案件。

中共大埔县纪律检查委员会书记、副书记、常委名录

书　记：廖若旦

副书记：邝金禄　严庆东（—2020.4）

罗伟国（2020.4—）

常　委：巫小义　杨良柱　郭　勇　黄杏锋

大埔县监察委员会主任、副主任、委员名录

主　任：廖若旦

副主任：邝金禄　严庆东（—2020.5）

罗伟国（2020.5—）

委　员：巫小义　杨良柱　黄杏锋　尤向辉

大埔县纪委监委办公室负责人名录

主　任：黄杏锋

（廖英强）

群　众　团　体

总　工　会

【思想建设】2020年，大埔县总工会坚持把学习宣传贯彻习近平新时代中国特色社会主义思想作为重要政治任务，学习贯彻习近平视察广东、在庆祝深圳经济特区成立40周年表彰大会、全国劳模和先进工作者表彰大会的重要讲话精神以及习近平总书记关于工人阶级和工会工作的重要论述。组织开展中共十九届五中全会、《习近平谈治国理政》等专题学习、交流和研讨等，教育引导广大工会干部树牢“四个意识”、坚定“四个自信”、做到“两个维护”，确保工会工作的正确政治方向。

【基层建设】2020年，大埔县总工会抓好工会的基层建设工作。抓工会组织建设。新建基层工会组织15个，新发展会员370人，25人以上企业工会组织实现应建尽建。指导61家基层工会进行民主选举和换届工会工作。抓县工人文化宫建设。克服新冠肺炎疫情和天气带来的不利因素，抓好县工人文化宫的施工质量和工程进度，工程进展顺利，进入工程主体的装修阶段。抓基层工会规范化建设。在广东吉玉陶瓷股份有限公司、业广利电子（梅州）有限公司等8家基层工会开展工会规范化和“职工之家”建设，打造基层工会规范化建设示范点。分别在县人民医院和石油加油站高标准建设爱心妈妈小屋及爱心驿站。抓“粤工惠”APP推广应用。完成工会组织登记317个，工会会员导入1.96万人，会员实名认证1.73万人。其中214家机关、事业单位及国有企业工会全面完成工会组织登记，会员导入1.58万人，会员实名认证96%；104个非公企业工会中，完成工会组织登记103个，会员导入3651人。镇（场）的基层工会登记和会员数据批量导入100%，会员实名认证50%，完成市总工会部署的工作任务。

【劳动竞赛】2020年，大埔县总工会组织职工开展“践行新理念、建功‘十三五’”“当好主人翁、建功新时代”等主题劳动和技能竞赛，为加快大埔县传统产业转型升级、培育发展新兴产业献计出力、展现作为。全县基层企（事）业工会开展劳动和技能竞赛的职工4200人次，提出合理化建议1030条，实现技术革新、技术创新870项，创造明显的经济和社会效益，推动大埔县经济质量稳步发展。做好劳模的选树、宣传工作，发挥劳模、工匠引领时代精神和社会风尚的作用。推荐1人获得广东省劳动模范称号，5人获得梅州市劳动模范称号，获梅州市先进集体称号 3 个。发放困难劳模慰问金 40 万元，免费为全国、省级劳模进行健康体检和赠阅《梅州日报》等。

【职工帮扶】大埔县总工会贯彻中央和省、市总工会的部署要求，把城市困难职工解困脱困工作作为一项重大政治任务和主要工作来抓，结合大埔实际，对 2020 年列入《困难职工解困脱困工作三年行动计划》的 53 户困难职工实施解困脱困。至 2020 年 9 月底，全面完成解困脱困任务。开展以“春送岗位、夏送清凉、金秋助学、冬送温暖”为主要内容的职工帮扶活动。全年帮扶慰问困难职工、农民工 590 人，发放帮扶慰问金 88.60 万元；慰问农民工、环卫工人 1200 人，发放清凉饮品 1200 件。加大“职工住院二次医保”和职工“两险”的宣传参保工作。全年有 1.20 万名职工参加“职工住院二次医保”及职工住院津贴，理赔 430 人，理赔金额 70 万元。1300 名职工参加职工“两险”（职工医疗互助保障、女职工安康险），理赔 6 人，理赔金额 12 万元。

【经费审查】加大对基层工会经费收、管、用的监管力度，大埔县总工会经审委于 2020 年下半年对 13 个基层工会（4 个镇机关和 9 个县直机关、事业单位工会）的经费收支情况进行审计，对照此次审计中发现存在的问题发出整改通知书，以及发出《审计情况通报》，规范基层工会的收支管理。

【疫情防控】2020 年，大埔县总工会坚决贯彻落实县委和上级工会的决策部署，积极融入全县联防联控、群防群控工作机制，把协助县委、县政府做好新冠肺炎疫情防控作为重要政治任务。加大对职工的疫情防控宣传教育，加强对健康理念和新冠肺炎疫情防控知识的传播普及。派出 8 名党员干部、职工到社区担任疫情防控志愿者。发放慰问金 10 万元，慰问援鄂医护人员和 4 家疫情防控一线单位的医务人员及医药企业生产一线职工。

【精准扶贫】2020 年，大埔县总工会贯彻落实上级工会的工作部署，开展消费扶贫行动，联合县农行为职工办理“消费扶贫爱心卡” 2662 张，发动 170 家基层工会的会员采购蜜柚、大米等助农产品 220 万元。投入 10 万元支持挂扶村开展精准扶贫及扶持贫困户发展生产等。

大埔县总工会负责人名录

主　　席： 谢以美

副 主 席： 李礼庆（常务，—2020.3）
郭文彬（常务，2020.3—）
罗爱琼（女）

（张思义）

共　青　团

【简述】2020 年，共青团大埔县委员会（简称团县委）坚持以习近平新时代中国特色社会主义思想统揽全局，以中共十九届四中、五中全会精神，习近平总书记系列重要讲话精神为引领，以凝聚青年、服务大局、当好桥梁、从严治团为工作主线，推进共青团改革，加强团的政治性、先进性和群众性建设，围绕中心服务大局，全面履行团的基本职能，推动大埔共青团事业发展。在团务数据方面：2020 年大埔县累计建立组织总数 751 个，相比 2019 年的 802 个减少 51 个；累计建立团支部 704 个，相比 2019 年的 755 个减少 51 个；已报到团员 12678 人，相比 2019 年的 10527 人增加 2151 人；入驻企业号数累计 435 个，相比 2019 年的 393 个增加 42 个。在业务响应方面：2020 年和 2019 年大体持平。

【加强青少年思想引领】2020 年，团县委重视意识形态工作，始终要求全县团员青年要牢固树立“四个意识”、坚定“四个自信”、坚决践行“两个维护”，紧扣决胜全面建成小康社会、决胜脱贫攻坚，团结引领广大团员青年在全面建成小康社会收官之年展现青春风采。以会代训的形式开展中共十九届四中和五中全会精神、习近平总书记五四寄语精神、深圳经济特区成立40周年讲话精神等专题学习15场次。深化青年大学习行动，在线上线下开展“青年大学习”行动。通过“三会两制一课”、主题团日、“少先队云队课”、“团干讲党团课”等组织生活和学习载体，组织广大青年深入学习领会习近平总书记关于新冠肺炎疫情防控工作的系列重要讲话和指示批示精神8场次。

【党建带团建】2020年，团县委以党建带团建、团建促党建的形式，依托“五四”“六一”等重大节日，组织开展“绽放战疫青春·坚定制度自信”五四主题宣传教育实践活动、梅州市“护苗2020·绿书签”征文比赛活动等9场次。结合大埔疫情防控实际和青年特点，发动和指导各基层团组织开展五四系列活动，如团日活动、青年座谈会、“全民阅读”行动、无偿献血、与县广播电视台联合打造“奋斗的青春最美丽”五四系列报道、慰问战疫白衣天使活动等7场次。贯彻落实《关于进一步推动梅州市中小学建立学校少工委的通知》文件精神，制定文件指引县内中小学成立少工委，并于12月完成全县中小学少工委成立工作。发挥基层团组织和各级少先队组织联系青少年的紧密纽带，指导和开展“最美南粤少年”、“向上向善好青年”、防疫志愿者评选、疫情防控绘画手抄报评选、优秀共青团集体和个人、优秀少先队集体和个人等评先评优活动，向全县共青团系统和青少年宣扬社会主义核心价值观，强化党团对青少年的政治引领和价值引领。

【加强团组织管理】2020年，团县委在团省委和团市委的指导下，加强智慧团建系统使用的推进工作。对各镇（场）、各学校团支部进行管理，严查空心团支部、违规任命团干、违规使用团员编号等情况，对发现问题的团支部令其限时整改，并不定时进行检查。对毕业生转接等问题，重申责任义务，对不按实际情况发起或审核组织关系转接以及产生团员申诉情况的团组织，通报同级党委并严肃调查处理。对团员缴费情况进行督办和定时通报，对团费留存权限的团组织督促提高团费使用规范和效率，提升团员对团组织的归属感。经过一段时间对违规发展团员的整治，特别是学校团委，严格落实关于团员调控的统一部署，严把发展团员的入口关和政治观，坚持把政治标准挺在前，规范发展流程，提高大埔县团员发展质量。

【带领青年奋勇建功】2020年1月，团县委开展青春情暖系列活动，在帮扶困难留守儿童、慰问乡村支教老师、环境清洁等方面组织开展志愿者活动。2月，由于新冠肺炎疫情的发生，按照县委和团市委关于疫情防控的要求，发动全县组建15支青年战役志愿突击队，发动全县力量抗击疫情，截至4月，参与疫情防控志愿活动3.20万人次。3月，结合大埔县疫情防控相关要求，在全县范围内开展“全民学雷锋，齐心战疫情”活动，号召全县人民投入到疫情防控阻击战中，践行当代雷锋精神。开展大学生志愿服务助力脱贫攻坚专项岗位申报工作，为乡村振兴贡献青春力量。启动广东省展翅计划，为全县各单位各企业对接优秀大学实习生，为全省高校大学生提供200个实习岗位。

【青年文明号创建】2020年，团县委深化青年文明号，打造青年行业名片。规范工作窗口，做到“四有”（有创建的领导机构、有具体的创建服务措施、有明显的创建标识、有创建活动记录），工作人员佩证上岗、语言文明，熟练使用普通话和文明用语。开展青年文明号向群众公开符合本行业特点的承诺，对承诺事项、履行责任人、完成时限等内容进行公示，广大青年围绕承诺事项，投身一线工作，争创一流业绩。加强岗位建设，鼓励青年学习业务、钻研技术，掌握本职工作所必需的知识和技能，使青年成为岗位能手。

【助力乡村发展振兴】2020年，团县委挖掘和培育“领头雁”农村致富带头人，举办各类培训活动，培养回乡创业人员、农村致富带头人等20人投入农村建设中，农村致富带头人在精准脱贫中的“领头雁”效应进一步释放。大埔县长期和美丽中国项目组保持联系，招募支教老师近23名，提高农村教育事业发展，助力乡村文化振兴。

【开展志愿服务】2020年，团县委做好广东志愿者信息管理服务平台应用推广，有效拓展志愿者的横向宽度和纵向深度，截至2020年12月，大埔县注册志愿者4.60万人，累计发布活动3504场，于2019年相比有大幅增长，志愿服务工作取得一定成效。根据志愿者的服务时长、服务次数、表现情况等指标，推荐表现突出的志愿者参加省、市、县的各类评选活动，让志愿者在奉献爱心、贡献社会中赢得认可。组织广大青年志愿者开展巩文创卫、招商大会、关爱抗战老兵、疫情防控等志愿服务活动累计1903场，服务群众10万人次。

共青团大埔县委员会负责人名录

书　记：魏伊婵（女）

副书记：连增美（女，2020.1—）

　　　　李秋慧（女，挂职，2020.10—）

（高晓生）

妇　联

【简述】2020年，大埔县妇女联合会（简称大埔县妇联）坚持以习近平新时代中国特色社会主义思想为指导，全面贯彻中共十九大和十九届二中、三中、四中、五中全会精神，贯彻落实县委、县政府和上级妇联的部署要求，围绕中心、服务大局，团结带领全县广大妇女坚定不移听党话、跟党走，在助力统筹新冠肺炎疫情防控和经济社会发展工作中积极作为、展现担当，推动全县妇女事业高质量发展。深化“巾帼大宣讲”活动，组织开展宣讲活动180场次，受益妇女群众2.30万人次，新闻媒体宣传报道各类信息70篇，其中被“学习强国”平台采用2篇，突出线上正面引领。

【妇女创业就业】2020年，大埔县妇联抓好妇女创业就业工作。开展消费扶贫行动，发动广大妇女参与“把爱带回家——走进梅州”直播带货活动，动员妇女和家庭成员“以买代帮”，破解疫情期间农户产品难卖问题。发放《大埔县妇联致广大妇女和家庭的倡议书》1万份，配合省妇联做好“您家的菜我来送”、申报“战疫天使守护计划”等关爱服务活动，慰问援鄂医护人员家属，开展“助力抗疫　巾帼送温暖”活动。全县女企业家踊跃捐资捐物200万元，贡献疫情防控阻击战巾帼力量。召开“乡村振兴　巾帼行动”工作推进会，推进西河镇漳北村“美丽庭院”标杆村建设，出台《大埔县“美丽庭院”示范户评选工作方案》，争取新农村建设项目58.5万元开展“美丽庭院”评选表彰，获评市“美丽家园”示范村（户）1个，寻找县“美丽庭院”150户。培育省巾帼创业示范基地1个，市培育提升创业创新巾帼企业2个，举办各类技能培训24期，培训妇女1978人（次）。实施妇女创业小额贷款项目，争取贴息金25万元，发放贴息贷款320万元，帮助32名妇女实现创业就业。2020年，获评省、市巾帼文明岗、“三八”红旗手（集体）、“最美妇联执委”共14个（名），寻找县“我心中的客都巾帼”12名。

【家庭文明建设】2020年，大埔县妇联以“家家幸福安康工程”为总抓手，常态化推进家庭家教家风建设，举办“好家庭好家教好家风巡讲”公益讲座和亲子阅读活动123场次；开展寻找“最美家庭”“书香家庭”等各类家庭文明创建评选，获评全国、省、市各类先进典型9户（名）；寻找县十大“孝老敬亲好媳妇”“自强不息好少年”“最美家庭”“书香家庭”共40户，创建省、市级家教家风实践基地、家庭文明建设示范点4个。

2020年6月17日，在县妇联五楼会议室召开“乡村振兴 巾帼行动”暨电商培训会议（蓝建霞摄）

【维权服务】2020年，大埔县妇联下发《大埔县妇联关于实施“关爱女童 护苗成长”保护女童人身权益实施三年行动的工作方案》《大埔县依法维护妇女儿童权益工作联动机制》，开展反家暴、宪法、民法典普法宣传等27场次，举办“关爱女童 护苗成长”知识讲座7场次。接待妇女群众来信来访31宗，结案率100%。持续实施“单亲特困母亲四援助”“爱心父母牵手困境儿童大联盟”“广东省雁洋公益金助学”“春蕾助学·澳鼎圆梦”等公益行动，筹集资金58.2万元，帮扶困境妇女儿童1265人次。完成大埔县城乡贫困妇女免费“两癌”检查省级示范项目任务，免费为3590名农村妇女筛查，筹集资金7.6万元为8名“两癌”贫困妇女提供帮助。

【“两个规划”实施】至2020年，大埔县妇联落实“两个规划”可比量化指标数108个，达标率99%。持续推进国策宣传纳入县委党校培训班，加强法律法规及男女平等基本国策的宣传，启动分性别统计工作，开展课题研究，性别平等教育初见成效。顺利召开大埔县妇女第十三次代表大会；下发《关于做好镇（场）、县直单位妇女组织换届选举工作的通知》的文件，推进机关事业单位妇女组织组建和换届工作有序开展。加强“四新”组织建家工作，新建立“妇女之家”4个。制定《大埔县妇联机关干部挂钩联系镇（场）工作制度》《县妇联执委联系妇女群众制度》，定期到联系点开展调研，为妇女群众解决所需所盼。加强全县巾帼志愿者队伍建设，全县256个村（社区）均成立巾帼志愿队，发展巾帼志愿者5220人，统一巾帼志愿服装，参与巾帼志愿活动1613场次。实施“基层妇联领头雁培训计划”，举办电商、美丽庭院建设、民法典知识培训等8场次，培训妇女干部1300人次。

大埔县妇女联合会负责人名录

主　席：吴莲香（女，—2020.1）
　　　　钟丽惠（女，2020.1—）
副主席：何丽兰（女）
　　　　杨怡娴（女，2020.7—）
　　　　李陈邑（女，—2020.7）
　　　　赖丽婷（女，挂职，2020.10—）
　　　　罗瑞丹（女，兼职，2020.10—）
　　　　丘牡香（女，兼职，2020.10—）
　　　　郭红珍（女，兼职，2020.10—）

（蓝建霞）

侨 联

【简述】2020年，大埔县归国华侨联合会（简称大埔县侨联）坚持以习近平新时代中国特色社会主义思想为指导，坚定不移走中国特色社会主义群团发展道路，以增强政治性、先进性、群众性为目标，坚持“以人为本、为侨服务”宗旨，坚持国内、海外工作并重，老侨、新侨工作并重，深化拓展海外工作，拓展新侨工作，发挥凝聚侨心、汇集侨智、发挥侨力、维护侨益的独特作用，最大限度广泛团结联系海外侨胞和归侨侨眷，为全面建成小康社会、实现中华民族伟大复兴的中国梦贡献力量。

【强化思想政治引领】2020年，大埔县侨联坚持深入学习贯彻习近平新时代中国特色社会主义思想、学习贯彻中共十九大、十九届二中、三中、四中、五中全会精神和中央、省委、市委、县委重要决策部署及上级侨联重要工作要求，强化侨联组织的政治性、先进性，强化对侨界群众的思想引领。同时，注重对县、镇侨联干部业务学习培训，提高为侨服务水平。

【为侨服务促和谐】2020年，大埔县侨联发动海内外侨胞捐赠抗疫物资，加强对侨界疫情防控的宣传引导工作；开展法治宣传，做好侨界群众信访工作，切实维护归侨、侨眷的合法权益；坚持常态化走访机制，抓住春节、端午、中秋等重要节日，走访慰问归侨侨眷和海外高层次人才70人次；精准提供服务，帮助西河镇北塘村五保归侨李振动解决修建卫生间问题，帮助枫朗镇隔背村低保侨眷林隆虎解决建造厨房问题。

【扶贫帮困暖侨心】2020年，大埔县侨联开展贫困归侨扶贫救助补助工作，救助补助116人，发放33.80万元，其中临时救助76人、生活补助40人。

【联心联谊助发展】2020年，因受新冠肺炎疫情影响，大埔县侨联未安排出国（境）行程，也未有海外社团探亲考察接待工作，但积极与海外社团保持联系，时刻关注海外社团情况。发出马来西亚雪隆茶阳（大埔）会馆换届贺电1份，文莱大埔同乡会换届贺电1份，侨领逝世唁电3封；配合上级侨联开展梅州市侨胞侨眷美丽乡村行活动，接待珠海市金湾区侨联一行，陪同县领导接待熊德龙一行；利用中秋、春节等传统节日，拜访、探望泰国侨领田清云，紧密联结乡情、侨情。以互利为原则，保持沟通联系，加强合作交流，引导侨胞积极为粤港澳大湾区的建设服务，传承好优秀的中国传统文化。

【办好乡讯传乡音】《大埔乡讯》作为大埔县对外宣传和联络的重要平台，根据新形势发展需要，大埔县侨联对《大埔乡讯》进行全新改版，着力提高办刊质量，增加发行量，扩大影响面。2020年出版《大埔乡讯》4期，每期发行3800份，全部免费赠阅，发刊至海外19个国家和地区、国内20多个省市，受到海内外乡亲的好评。

大埔县归国华侨联合会负责人名录

主　席：范春芳（女，—2020.1）
　　　　　吴莲香（女，2020.1—）

副主席：李步锦　刘佳集

（刘佳集）

工 商 联

【民营经济】2020年，大埔县工商业联合会（简称大埔县工商联）抓好新冠肺炎疫情防控工作的同时抓好民营经济的发展，全县非公企业3736家（其中规模以上非公工业企业53家）、个体工商户1.87万家，均实现复工复产，销售收入同比降幅减缓，固定资产投资同比增长 5%，陶瓷累计税收同比增长 55%。

【会员发展】大埔县工商联抓好会员发展工作，至 2020 年，共发展企业会员 557 名，团体会员 3 个。

【非公党建】2020 年，大埔县工商联配合有关部门开展非公有制会员企业党建工作。全县建立非公有制企业党支部 82 个，配强党支部班子，并配合有关部门选派 40 名党建指导员，指导非公有制企业党组织开展工作，“两个覆盖”率逐步提高。

【参政议政】现有 43 名对社会贡献大，有一定影响力，有较强参政议政能力的非公有制经济代表人士，被推荐安排到人大、政协组织中，利用人大和政协会议的平台，参政议政，履职尽责，在民企发展、民生实事等方面积极建言献策。在 2020 年大埔县的“两会”上，提交议案 5 份、提案 6 份，其中《关于大力扶持民营企业的提案》《关于提升大埔蜜柚产业发展水平的提案》《关于加大力度扶持培育我县健康长寿产业集群的提案》等提案，引起了县领导和有关部门的重视和采纳。

【脱贫攻坚】2020 年，大埔县工商联制订《县工商联 2020 年“万企帮万村”行动实施方案》，落实工商联常委以上会员企业 64 家一对一结对帮扶 67 个贫困村的村企结对帮扶行动，各帮扶企业根据帮扶村的村情村况，制订帮扶措施，助力村集体经济发展和农民增收，确保“万企帮万村”行动取得实效。至 2020 年年底，共投入村庄产业帮扶资金 100 万元，援助基础设施项目建设 8 个，解决贫困户劳动力就业 200 人。

大埔县工商业联合会负责人名录

党组书记：林开樊

主　　席：张正城

副 主 席：林开樊（常务）　庄满伟　肖伟彰

（李宏川）

社　科　联

【机构建设】2020 年，大埔县社会科学界联合会（简称大埔县社科联）充实完善社科队伍建设，开展群众性广东汉剧活动，培养大埔广东汉剧苗子，打造高标准社团组织。

【理论研究】2020 年，大埔县社科联编辑出版《大埔社会科学》杂志 3 期，推动哲学社会科学发展。

【基地创建】2020 年，大埔县社科联做好县级社科普及示范基地创建申报工作。创建市级人文社科普及示范基地 1 个，县级人文社科普及示范基地 1 个，累计有 16 个省、市、县级科普基地全部通过评估验收。

【社科惠民】2020 年，大埔县社科联推进社科普及惠民等工作，结合新时代文明实践中心建设，多渠道开展社科普及活动；推进“省情调研网”试点建设。

大埔县社会科学界联合会负责人名录

副主席：张云彩（女）

（邓祥友）

残疾人联合会

【省、市、县民生实事】2020 年，大埔县残疾人联合会抓好省、市、县民生实事工作。从 2020 年 1 月起，将困难残疾人生活补贴、重度残疾人护理补贴标准分别从每人每月 165 元、220 元提高到 175 元、235 元；2020 年，为 21 名脑力残疾儿童提供肢体康复项目服务，为 14 名三类（听力言语、智障、孤独症）儿童提供康复转介服务；省、县共投入 65 万元完成 130 户贫困重度残疾人家庭居家无障碍改造任务。

【疫情防控工作】2020 年，大埔县残疾人联合会坚决贯彻习近平总书记关于新冠肺炎疫情防控工作的重要讲话精神和重要指示批示精神，落实各级党委、政府在疫情防控期间对残疾人疫情防控的指示和批示。印发《关于做好新型冠状病毒感染的肺炎疫情防控工作的通知》和《大埔县残联关于印发〈县残联新型冠状病毒感染应急处置预案〉的通知》，履行疫情防控主体责任，疫情期间未发生全县残联系统和广大残疾人感染新冠肺炎的病例。2020 年 5 月底，全县社区康园中心全面复工复产和残疾人证办理业务开通。通过深入调研、分析疫情对残疾人工作的影响，为 75 名受疫情影响的创业残疾人资助 19 万元。

【残疾人康复】2020 年，大埔县残疾人联合会抓好残疾人康复工作。全年收训脑力残疾儿童 21 名，转介服务残疾儿童 14 名；假肢装配 5 例，矫形器 6 例，配送辅助器具 200 件；精神病患者免费服药 491 例。贯彻落实中国残疾人联合会、国家卫生计生委、国务院扶贫办等 7 家联合印发《残疾人精准康复服务行动实施方案》和广东省残联等 7 家单位联合印发《广东省残疾人精准康复服务行动实施方案（2016—2020）》精神，全年为 874 名有康复需求的残疾人实现康复服务，康复服务率 98.2%。

【残疾人教育】2020 年，大埔县残疾人联合会抓好残疾人教育工作。协助省残疾人联合会做好普通高等教育残疾学生的报考工作，4 名残疾人被普通高等院校录取。开展扶残助学，帮助 6 名残疾学子圆读书梦。

【残疾人就业扶贫】2020 年，大埔县残疾人联合会贯彻落实残疾人就业条例，全县征收残疾人就业保障金 248.13 万元，按比例安排残疾人就业 140 人。举办大埔县残疾人大埔小吃制作技能培训班，培训 31 名残疾人，推荐残疾人实现就业。大埔县残疾人联合会的福利企业——大埔漳联瓷业发展有限公司集中安置残疾人就业 48 人，大埔县博富能电子科技有限公司安置残疾人就业 10 人。完善 16 个康园中心各项服务功能，其中新建湖寮镇城西社区康园中心和迁建百侯镇社区康园中心，改善其服务环境，打造残疾人“幸福之家”。

【残疾人社会保障】2020 年，在春节、助残日前后，大埔县残疾人联合会协调县直有关部门和社会各界关心残疾人生活，在全县开展慰问活动，共计慰问残疾人户 400 户，慰问金额及物资合计 83.30 万元。至 2020 年年底，全县有持证残疾人 1.28 万人，其中 2020 年新办理残疾人证 933 本。符合低保条件的 3922 名贫困残疾人全部纳入低保，占全县低保户的 40%；1.20 万人（次）残疾人享受两项津补贴；4004 名残疾人免费参加城乡居民医保；5118 名残疾人免费参加城乡居民养老保险；11 名残疾人享受燃油补贴。听力残疾人余增昌在第八届广东省残疾人美术作品大赛获绘画类一等奖；视力残疾人钟骐阳在“2020 年南粤扶残 · 艺海有爱”第三届盲人声乐大赛中获美声民族三等奖。

【扶残助残】2020 年，大埔县残联志愿者服务队、广东狮子会虎山服务队开展服务共 29 场（次），受益残疾人 190 人（次），扶持财、物共计 38.72 万元。梅州市大埔县爱心助残基金会和邓振龙专项资金全年为残疾学生、贫困残疾人子女助学、生活困难救助、残疾人重大病救助和残疾人创业等共发放资金 87.74 万元，惠及 463 名贫困残疾人家庭。

【完成重点任务】2020 年，大埔县残疾人联合会完成 5 项重点任务。

大埔县第三十次全国助残日活动 2020 年 5 月 15 日，大埔县第三十次全国助残日活动在县残疾人综合服务中心举行。县人大常委会副主任邓立新，副县长饶凌云，全国自强模范、广东美之臣化妆品有限公司董事长、县爱心助残基金会理事长陈衡礼，县爱心助

残基金会相关爱心人士，爱心企业家及县残疾人联合会干部职工等参加活动。会上，爱心企业家向县爱心助残基金会捐赠一批助残抗疫物资；陈衡礼向县残疾人联合会捐赠购买辅具资金5万元。会后，饶凌云、陈衡礼一行走访慰问受助残疾人，此次共资助80名残疾人32.90万元。

发放邓振龙专项资金　2020年4月，由副县长饶凌云带队的慰问组到县城、枫朗镇、高陂镇等地走访慰问部分受资助残疾人，确保全国人大代表邓振龙先生捐赠的扶残助残专项资金落到实处。此次共慰问305名残疾人，慰问金额49.84万元。

开展精准扶贫户上门评残工作　2020年6月，经各镇（场）摸查，103名贫困残疾人需上门入户评残。大埔县残疾人联合会组织县人民医院、县慢性病防治院指定评定医生到15个镇（场），为103名贫困残疾人提供上门评残服务，助力精准扶贫工作。

全县残疾人基本服务状况和需求信息数据动态更新工作　根据《广东省政府残工委秘书处关于印发〈广东省残疾人基本服务状况和需求信息数据动态更新工作实施意见〉的通知》精神，大埔县残疾人联合会于2020年8月27—28日在县残联六楼培训室分片召开两期培训班。按时完成持证残疾人分配、工作方案、入户调查培训、入户调查、数据录入等工作。全县调查1.28万户残疾人家庭，做到底子清、情况明。

全县残疾人集中服务机构安全性检查工作　2020年11月5—6日，大埔县残疾人联合会在县城开展社区康园中心消防及安全生产管理培训班，各镇（场）分管领导、残联理事长、社区康园中心主任、庇护工场导师、治疗师等近70人参加培训。全县有1个残疾人集中就业培训基地、1个康复医院、16个康园中心全部按照要求配置安全检查员、消防器材和相关制度，建立安全应急预案，做到定期检查、定期整改，确保残疾人集中服务机构安全运行。

【信访维权】2020年，大埔县残疾人联合会对残疾人实行一站式服务，全年接待残疾人及其家属来信（访）60人（次），大部分的来信（访）反映的问题在初信（访）中得到妥善解决，为社会的稳定和谐创造条件。

大埔县残疾人联合会负责人名录

理事长：钟丹萍（女）

副理事长：李秋莲（女）　丘孝思

（肖永志）

红十字会

【简述】2020年，大埔县红十字会坚持以习近平新时代中国特色社会主义思想为指导，全面贯彻中共十九届四中、五中全会精神，增强“四个意识”、坚定“四个自信”、坚决做到“两个维护”。围绕省委、市委工作部署和县委工作思路、举措开展工作，聚焦中心任务、倾力服务大局，坚持继承和创新有机结合，履行红十字会各项职责，大力弘扬红十字“人道、博爱、奉献”的精神，开展“三救”“三献”工作，发挥人道力量助力抗击新冠肺炎疫情，做好党和政府在人道领域联系群众的桥梁和纽带作用，红十字事业取得了成绩。

【疫情防控工作】2020年，面对突如其来的新冠肺炎疫情，大埔县红十字会迅速行动，面对医疗物资紧缺的现状，第一时间向海（内）外乡亲发起物资募捐倡议书，倡议社会各界爱心团体和爱心人士奉献爱心、共克时艰。物资募捐倡议发布以后，得到了社会各界、海（内）外乡亲的热烈反响，踊跃捐赠疫情防控物资，助力大埔县疫情防控工作。截至2020年8月31日，累计接受社会各界捐赠物资127批次，总件数96.15万件（只、

2020 年 2 月 13 日，大埔县在县疾控中心大楼门坪举行邓振龙第三批抗疫物资捐赠仪式(县红十字会提供)

套、个），捐赠物资件数位列全市各县（区）第一、全省前列。收到疫情防控捐款 2 笔 25.6 万元。所募集到的防控物资按照“不过夜”原则，拨至县疫情防控指挥部物资保障组统一调配。在新冠肺炎疫情防控阻击战中县红十字会发挥了“小部门、大担当”作用，为坚决打赢疫情防控阻击战提供强有力的物资保障，得到了社会各界的好评。

【开展救灾、救护、救助工作】2020 年，大埔县红十字会扎实开展“三救”工作。普及应急救护知识。在新常态下，县红十字会统筹疫情防控和应急救护培训工作，10 月 17—20 日，联合大埔农商银行举办“救在身边”救护员培训活动。大埔农商银行有 120 名员工参加培训，并取得了救护员证。选派 2 人到上级专业机构参加救护员师资培训，其中 1 人到北京参加中国红十字总会组织的培训，并均取得救护员师资证，为救护知识进校园、进社区、进企业、进农村、进机关打下师资基础。关爱弱势群体，开展救助活动。对家庭贫困和受大病困扰导致家境极度困难的，县红十字会筹集资金分别给予 1000 元至 2000 元的救助，全年资助资金 1.9 万元，对 12 户家庭实施人道主义救助。帮助 14 周岁以下患有白血病且家庭经济困难的儿童申请“小天使基金”，全年帮助 3 位患儿申请“小天使基金”。贯彻落实《大埔县老龄工作委员会关于深入开展 2020 年全县“敬老月”活动的通知》精神，2020 年 9 月 25 日至 10 月 31 日，开展“敬老月”活动，联合广州白云山奇星药业有限公司向全县 48 位有医疗需求的贫困老人免费发放华佗再造丸 720 盒，价值 2.79 万元；10 月 27 日，在高陂镇三岗村开展敬老爱老慰问活动，向高陂镇三岗村 15 位贫困、高龄老人发放油、米、电饭煲等爱心物资。

【开展“三献”工作】2020 年，大埔县红十字会开展无偿献血、造血干细胞捐献、人体器官捐献的“三献”工作。推动无偿献血工作。依法组织或参与无偿献血的宣传推动工作，组织或参与 8 次献血活动，全县有 2475 人参加无偿献血，献血量 63.85 万毫升，为大埔县无偿献血工作继续走在全市前列作出红十字会的贡献。造血干细胞捐献工作。4 月和 8 月有两位志愿者成功捐献了造血干细胞，成为全市成功捐献最多的县。与县卫健局、献血办等单位部门的沟通，在组织开展献血的同时，现场采取向参加献血的群众讲解捐献造血干细胞相关知识、成功捐献者现场分享捐献体会、赠送捐献入库纪念品等方式鼓励更多符合条件的献血者加入中华骨髓库。全年有45位造血干细胞志愿者的信息被录入中华骨髓库，排在全市第一。开展人体器官捐献工作。通过微信、网站、大埔电视台等媒体开展人体器官捐献宣传工作。全年有2人办理人体器官捐献登记手续，配合上级红十字会实施1例人体器官捐献，取得了一定的工作成效。

【红十字志愿服务、会员发展工作】2020年，大埔县红十字会加强志愿者服务队伍的建设，所有志愿者均在“i志愿”APP进行注册，全年吸收30名志愿者加入服务队，累计服务时长2800多小时。在抗击新冠肺炎疫情期间，志愿者们日夜兼程接收分发抗疫物资；在“两美”志愿服务活动中，志愿者们不怕脏不怕累参与环境卫生整治；在文明交通劝导志愿服务中，志愿者们顶着烈日引导行人文明出行；在献血志愿服务中，志愿者们不厌其烦地宣传献血和捐献造血干细胞知识。红十字会会员工作是红十字会的基础性工作，县红十字会在开展各项工作中宣传红十字“人道、博爱、奉献”精神，积极发展县、镇两级医疗单位及其干部加入红十字会成为团体会员和个人会员。2020年，吸收21个单位成为县红十字会团体会员单位。县红十字会的团体会员发展工作得到省、市红十字会的表扬。

大埔县红十字会负责人名录

常务副会长：谢书进

（连展旺）

法　治

政法委及综治工作

【简述】2020年，中共大埔县委政法委员会（简称大埔县委政法委）坚持以习近平新时代中国特色社会主义思想为指导，贯彻落实中央、省委、市委政法工作和县委全会的部署要求，坚持服务全县经济社会发展大局，围绕“一中心、两保持、三提升”政法工作的总体目标，在“着力维护社会稳定、有效防控新冠疫情、打赢扫黑除恶专项斗争、提升市域治理现代化试点水平、推动政法队伍教育整顿”等五个方面下功夫，推进平安大埔、法治大埔建设，全县社会大局保持和谐稳定，社会治理水平不断提升，亮点纷呈、成效明显，取得全县群众安全感、政法工作满意度全省、全市“双第一”，扫黑除恶专项斗争满意率位居全省第二、全市第二。5月，大埔县被市扫黑除恶领导小组评为“2019年扫黑除恶先进县”；7月，县委政法委被市委、市政府评为“2019年度梅州市安保维稳先进集体”。2020年7月27—28日召开全市加快推进市域社会治理现代化试点工作会议，百侯镇政法部门“一站式”服务基地作为现场考察点，经验做法获得市委主要领导的肯定；10月20日，省委常委、政法委书记张虎到梅州调研政法工作，大埔“五治融合”

推进基层社会治理现代化的工作成效得到张虎的肯定。

【维稳工作】2020年，大埔县委政法委坚持底线思维，社会大局和谐稳定。以经济特区建立40周年维稳安保为主线，组织实施“铸墙、净土、攻心”三大工程，扎实开展维护国家政治安全8个专项行动，深入开展社会矛盾问题8个专项治理行动和不稳定因素大排查、大化解、大稳控工作，召开政治安全专题分析研判会议4场，形势分析研判会议16场。圆满完成经济特区建立40周年庆祝活动、全国“两会”、广东省茶叶产业大会、“五一”、国庆等19个节点的维稳安保工作，确保涉政治安全重大案事件“零发生”，实现“五个坚决防止”和“两个确保”目标。打造维稳工作示范亮点。牵头与县教育局、县直政法各单位、实验小学等相关部门在湖寮镇张云栽实验小学建设平安校园维稳工作示范点。投入280万元建设校园安全主题园、青少年法治教育基地、消防教育展示基地、毒品预防教育基地、模拟法庭基地等加强文化浸润和校园安防系统建设，完善安全防范风险预警及应急处置工作机制，实现“三心四无”（“三心”：社会、家长、师生放心、安心、暖心；“四无”：无刑事治安案件、无群体性事件、无火灾事故、无安全责任死亡事故）的目标。

【综治和市域社会治理工作】2020年，坚持联防联控，有效防控新冠疫情。自开展疫情防控工作起，大埔县委政法委动员部署县、镇、村三级政法综治维稳力量，发挥“大数据＋网格化”和“三人小组”工作机制优势，织牢疫情“防疫网”，科学防控，精准施策，硬核战“疫”。守好“责任田”。发挥县级综治中心“总开关”作用，统筹调度15个镇（场）、256个村（居）级综治中心及雪亮（天网）工程，以全县1010个网格为单位，严格组织实施“四个一”（一日一研判、一日一报告、一日一调度、一事一处理）工作机制和“网格化”防控机制，确保疫情防控工作统一指挥、统一步调、统一作用，推动工作落地落实。全县1010名综治网格员变身疫情防控巡查员、宣传员、后勤保障员等“多面手”，会同7248名镇、村（社区）干部、村医、志愿者开展网格化联防联控。绷紧“防疫弦”。领导班子坚持靠前指挥，通过明察暗访等形式，深入到各镇（场）、县汽车客运站、物业小区等防控“一线”点和涉民生稳定的重要部门以及特殊场所进行疫情防控相关工作督导，全面检查疫情防控措施落实情况、维护社会稳定工作情况和民生物资保障情况，对存在的问题，列出清单，建立台账，限时整改。围绕建设“平安之乡”先行地目标，结合大埔县实际，以打造创新示范项目为抓手，不断夯实基层治理基础，提升社会治理能力和水平，探索共建共治共享社会治理的“大埔模式”。

坚持示范引领，社会治理提质增效　大埔县委政法委贯彻落实全市加快推进市域社会治理现代化试点工作会议精神，加强组织领导，成立由县委书记担任组长、县政府县长担任第一副组长的工作领导小组，研究制订三年工作方案，高站位统筹谋划推进市域社会治理现代化工作。2020年，重点做好市域社会治理现代化的试点宣传发动工作，于4月召开动员会，8月召开加快推进市域社会治理现代化试点工作会议进行工作部署。打造具有大埔特色的社会治理品牌。坚持和发展新时代“枫桥经验”，巩固完善2019年的“平安之乡”实践创新项目，加强品牌化运作，做好社会治理创新试点项目的相关经验材料归纳总结提炼和推广运用等工作。2020年《法制日报》和《南方日报》分别专题报道大埔县推进基层“五治融合”的社会治理经验和做法。同时，配合市委政法委在百侯镇政法“一站式”服务基地摄制“德治的力量”小视频，参加省委政法委组织举办的“平安杯”社会治理创新项目大赛。坚持项目化推进，将“大埔县城区社会治理现代化综合试点”和“大埔工农革命政府公安局红色教育基地”2个实践创新项目作为推进市域社会治理现代化工作的重要抓手和有效载体，重点推进。深化“中心＋网格化＋信息化”建设，夯实基层基础。推动县、镇、村三级综治中心规范化建设，扎实推进城乡社区网格化服务管理全覆盖和“雪亮工程”、村级综治视联网、镇（场）和村（居）心理咨询室、平安乡村视频监控建设。加强基层综治工作人员配备，并根据上级建设“全科网格”的要求，对全县1010个网格进行整合撤并，保留560个基础网格。至2020年年底，县、镇、村三级综治视频网终端建设全覆盖，“雪亮工程”前端建设完成平安村视频监控，实现100%的村（居）接入视频监控资源。2020年，全县网格员推送网格事件2.23万起，结案2.22万起;全县的网格账号活跃度已达省、市委政法委对网格账号活跃度的考评标准，达到了90%以上。全县14个镇和179个村（居）综治中心按“五个一”建设标准建立“粤心安”社会心理服务站室。加强重点领域、重点问题治理力度。着力提升严重精神障碍患者救治管理工作，全面落实救治救助管理政策。截至2020年11月底，已登记诊断符合国家六种病种管理患者2331人，已管理人数2279人，管理率为97.8%；发放严重精神障碍患者监护补助231.60万元，为全县严重精神障碍患者监护人责任险投入保险资金23.11万元，理赔兑现42.90万元；为严重精神障碍患者子女办理申领高考或中考录取入学一次性责任险教育费合计4.70万元。做好中小学校周边环境的整治专项工作，联合相关职能部门出台整治方案，开展三个阶段的综合整治工作，取得明显成效。做好铁路护路联防工作，扎实推动“遵守安全法规 创建平安铁路”主题宣传教育月活动，大埔县连续实现3年危行案事件“零发生”。加强重点突出问题治理和挂牌整治镇的督导验收工作。扎实做好社会治安重点治理镇枫朗镇和挂牌整治（点名提醒）突出治安问题镇光德镇、高陂镇（电信网络新型违法犯罪问题突出）的“摘帽”整治工作，县委政法委领导率相关职能部门人员多次深入到相关镇辖区开展督导检查，指导镇、村抓好整改工作，整治工作取得明显成效，被治理镇的社会治安突出问题等得到明显改善，电信网络新型违法犯罪问题得到有效遏制。相关镇已通过县委政法委的初步考核验收，准备迎接市级核查验收。

【扫黑除恶专项斗争工作】2020年，大埔县委政法委围绕专项斗争三年为期目标，以开展“一十百千万”行动为抓手，推进“六清”行动，落实“六建”任务，加强重点地区、突出问题和行业乱象专项整治，扫黑除恶专项斗争圆满收官。至2020年年底，共摸排掌握线索391条，核实涉黑涉恶线索144条；打掉涉恶犯罪集团5个、团伙46个，立案125宗、破121宗、刑拘362人、批捕274人，投案自首50人；起诉涉黑涉恶案件6宗45人，一审判决6宗49人；立案涉黑涉恶腐败和“保护伞”问题17件17人（其中“保护伞”6件6人），查处工作不力失职失责问题20人，党纪政纪处分35人、移送司法机关4人；15个软弱涣散基层党组织全部实现“摘帽”，涉黑涉恶的2个村党组织完成整顿达标；发出“三书一函”44份，整改率100%。通过三年专项斗争，全县社会治安环境明显改善、安全感满意度明显增强、政治生态环境明显净化、基层战斗堡垒明显夯实、经济发展环境明显优化。大埔县制作的《强力扫黑 铁腕除恶——大埔县奋力夺取扫黑除恶专项斗争全面胜利的成果展》视频在省网上主题展览馆梅州影像馆中展播。

【政法委队伍建设】2020年，大埔县委政法委以全面贯彻落实《中国共产党政法工作条例》为抓手，把政治建设放在首位，认真落实第一议题，注重加强各类形式、各种主题的政治理论学习培训活动。围绕学习贯彻中共十九届四中、五中全会精神，《习近平谈治国理政》第三卷、习近平总书记出席深圳经济特区建立40周年和视察广东重要讲话重要指示及系列重要讲话，疫情防控教育等召开集中学习27次，理论中心组学习会12次，三个党小组共组织学习会39次，上专题党课6次。通过学习教育，机关全体党员干部统一思想、坚定理想信念，牢固树立“四个意识”、增强“四个自信”、做到“两个维护”，严守政治纪律和政治规矩、干净纯洁、履职担当。同时严格落实意识形态工作责任制，多次召开专题会议对意识形态工作进行重点部署。以开展模范机关创建活动为契机，持续加强机关党支部组织力建设和党风廉政建设。围绕县委巡察反馈的问题，开展机关党建突出问题专项治理，深化拓展“不忘初心、牢记使命”主题教育，抓实抓好整改，推动机关党支部全面过硬，不断提升服务效能。开展政法队伍教育整顿工作，加强纪律教育学习和警示教育，全面推进正风肃纪反腐强警，深化运用监督执纪“四种形态”，开展廉政学习3次，推进廉洁风险防控工作。

中共大埔县委政法委员会负责人名录

政法委书记： 李　宏（—2020.12）
刘裕君（2020.12—）

第一副书记： 钟旭东（—2020.5）
赖　宽（2020.5—）

常务副书记： 李志坚（—2020.7）

专职副书记： 曾建邦　何永昭

专职 委 员： 刘标荣　余其概　汤颜明
房进强　杨初航　黄菊兰（女）
朱自勤

（县委政法委调研室）

法治政府建设

【推进全面依法治县】2020年，中共大埔县委全面依法治县委员会办公室（简称大埔县委依法治县办）在县委全面依法治县委员会的领导下，深入学习贯彻习近平总书记全面依法治国新理念新思想新战略，结合大埔县实际，切实加强领导，高位推进全面依法治县工作。依法防控疫情，为疫情防控工作提供有力法治保障。严格执行疫情防控的法律法规；加强联防联控，人人参与防控；积极为疫情防控提供法治保障；加大政策支持，护航复工复产。全面推进法治政府建设，构建职责明确、依法行政的政府治理体系。扎实推进镇（场）综合行政执法工作；深化“放管服”改革；抓住领导干部这个“关键少数”；做好规范性文件的制定、审查和备案工作；规范公正文明执法；推进行政复议应诉工作；推进科学民主依法决策；做好法治政府建设年度报告公开工作。深化司法体制改革，确保司法公正高效权威。县公安机关深化公安执法规范化建设；县检察机关深化检察职能；县法院以审判工作促进法治建设；集中重点，推进刑事执行工作。完善公共法律服务体系，推进法治社会建设。加强创新社会治理；加强预防和化解社会矛盾机制建设；深化公共法律服务体系建设；加强法治宣传教育工作；扎实推进社会信用体系建设。服务重点工作，为县重点工作提供法治保障，优化法治化营商环境，更好发挥法治对改革发展稳定的引领、规范、保障作用。

【政府法制工作】2020年，大埔县委依法治县办加强行政规范性文件合法性审查工作，细化合法性审查标准和流程，提高合法性审查质量。全年审查部门规范性文件2件，县政府规范性文件12件，向市政府和县人大常委会报备规范性文件10件。政府参谋助手和法律顾问工作有新提升。2020年，审查县委、县政府决策事项356项；审核县政府常务会议纪要11期、县政府工作会议纪要17期、县委县政府批复223件；参加信访研判25场次。行政复议和应诉工作有新成效。2020年，受理当事人向县政府申请行政复议的案件10件。加强对行政执法部门上报备案的重大行政处罚案件备案审查力度，全年审查132件案件。

（温济昶）

公　安

【打击刑事犯罪】2020年，大埔县公安局狠抓打击刑事犯罪工作。全年全县立刑事案件720宗，破案444宗，破案率为61.7%，刑拘283人，移送起诉327人，逮捕221人；受理治安案件1635宗，查处755宗379人。全县立命案2起，破2起，实现命案必破目标。扎实开展“护苗”行动，筑牢未成年人权益“防护网”，全年立性侵害未成年人案件19宗，破19宗，破案率100%，破积案2宗。深入开展“缉枪治爆”专项行动，破获非法制贩枪支弹药案2宗3人，查缴各类非法枪支136支、射钉弹932颗、钢珠1949颗。破获经侦案件17宗，刑拘19人，逮捕14人。特别在“破小案”方面，全年破盗抢骗刑事“小案”250宗，涉154人，刑拘93名，逮捕84名，其中案发两天内即破的盗窃案件占比76%，有力震慑了此类违法犯罪。从5月开始各类刑事警情、案件均环比下降，12月，全县刑事警情同比下降25.7%，其中盗窃摩托车警情同比下降50%。“群众安全感和公安工作满意度”综合排名全省第一。

【治安管理】2020年，大埔县公安局全面夯实智慧警务基础建设，加强社会治安防控，完成多个人脸识别、多个WiFi热点、15套电子围栏建设，并整合“雪亮工程”视频965路和医院、停车场等各类社会信息数据1.30亿条，为社会防控和警务实战提供海量、鲜活的数据支撑。推动智感安防区、智慧新特行、智慧内保、智慧保安建设，建设翰林华府智慧小区，机修业录入智慧新特行系统46家，采集水、天然气用户的最新数据，完成人防物防技防信息录入，押运员指令发送及调度等功能，全县15个派出所均完成E治安推广应用。全年办理出入境受理各类出入境证件3234证（次），受理各类户籍审核审批材料1500份，办理第二代居民身份证2.41万张，办理临时身份证3190张，办理新车入

2020年1月2日，县公安局在县政务服务中心正式启用智慧办证大厅（陈伟东摄）

户 8217 辆，机动车年检 7795 辆，补、换证 9341 户，摩托车初学、增驾考试 3118 人，小汽车科目一考试 1736 人（次），满分学习、考试 216 人。

【道路交通管理】2020 年，大埔县公安局围绕“减量控大 2020”主线，以打击各类交通违法行为、消除道路交通安全隐患、落实交通安全主体责任、增强全民交通安全意识为抓手，实行大队领导分片包干负责制，每周、每月定期上路开展交通违法整治行动，营造强大的交通整治声势，严查严处各类交通违法行为。全年查处各类交通违法行为 2.38 万起，查扣两轮摩托车 6785 辆、三轮摩托车 163 辆、大货车 453 辆、报废汽车 290 辆、改装摩托车 157 辆、改装汽车 26 辆，行政拘留严重交通违法行为 3 人，追究刑事责任 4 人。全县道路交通安全形势持续向好，全县全年发生各类交通事故 2646 宗，同 2019 年 3310 宗相比下降 20.1%。

【看守工作】2020 年，大埔县公安局看守所围绕公安部、省公安厅以“夯实三阵地构建一体系”和监所安全“铁桶工程”为重点的智慧新监管专项活动，以安全文明为核心，以规范化管理为主线，从严从实从细抓好各项安全监管措施的落实，最大限度地防止一般性事故的发生，最大限度地控制因病等意外死亡事件的发生，坚决遏制重大恶性事故的发生，确保监所安全稳定，实现连续 48 年监所安全管理无事故，连续 14 年被公安部评为一级看守所。

【武警工作】2020 年，大埔县武警中队通过加强值班、执勤工作，特别是在重大节日期间与民警开展军警联合巡逻，在维护社会治安工作方面发挥了作用。

大埔县公安局负责人名录

局　　长：钟旭东（—2020.5）
　　　　　赖　宽（2020.5—）
政　　委：古锦鹏
副 局 长：何忠贤（常务）　涂志谋
　　　　　杨培彬　邹德辉　黄国辉

（**邱怡**）

检　察

【简述】2020 年，大埔县人民检察院坚持以习近平新时代中国特色社会主义思想为指导，紧紧围绕县委和上级检察机关的决策部署，按照“讲政治、顾大局、谋发展、重自强”的总体要求，坚决克服新冠肺炎疫情带来的影响，检察监督理念持续更新转变，各项检察工作扎实开展、取得新成效。

【服务保障大局】2020 年，大埔县人民检察院抓好服务保障大局工作。服务保障“三大攻坚战”。开展重大社会稳定风险防范化解专项行动，依法批捕电信网络诈骗等严重侵犯群众合法权益犯罪案件 20 件 41 人，起诉 19 件 41 人。开展“断卡”行动，依法以诈骗罪、帮助信息网络犯罪活动罪、侵犯公民个人信息罪等批捕 10 件 14 人，起诉 3 件 4 人。服务打赢脱贫攻坚战，班子成员及党支部书记深入挂点扶贫村西河镇溪头村开展“决战脱贫·携手同行”主题党日活动。选派的村党建指导员开展驻村党建指导和扶贫工作，助力乡村振兴，所驻的 3 个村均全面完成脱贫任务。检察长率队到挂扶村走访调研，与镇驻村干部共同研究落实精准脱贫工作。强化司法救助助力脱贫攻坚力度，向因案致贫的当事人发放司法救助金 2 万元。立足国家重点生态功能区定位，坚决惩治破坏环境资源犯罪，起诉非法狩猎等犯罪案件 9 件 11 人，依法督促职能部门和属地镇政府及时修复因失火、盗伐林木、违法占用林地、擅自改变林地用途导致植被遭到破坏的生态林地。服务保障民营经济健康发展。加强与大埔县工商联的沟通联系，制定出台《关于建立健全检察机关与工商联沟通联系机制的实施意见》，齐心协力护航民营经济。举办“服务‘六稳’‘六保’护航民企发展”主题检察开放日活动，邀请民营企业家和经营者代表走进检察机关，主动倾听民企呼声，增进司法认同。院领导联合大埔县工商联负责人走访县内7家民营企业，详细了解企业疫情下复工复产情况以及在生产经营过程中遇到的问题、困难和法律服务需求，强化法律政策宣传，提供法律咨询和帮助，引导企业依靠法治思维和法治方式解决涉法涉诉问题。加强案件办理，严厉打击损害民营企业权益的破坏市场经济秩序犯罪和影响企业生产经营的妨害社会管理秩序犯罪，依法批捕生产、销售伪劣产品等犯罪案件4件12人，起诉7件12人。服务县委疫情防控大局。及时制定出台《大埔县人民检察院关于依法履行检察职能为新型冠状病毒感染的肺炎疫情防控工作提供有力司法保障的意见》，坚决打击利用疫情实施的哄抬物价、囤积居奇等非法经营犯罪以及在疫情防控期间实施的诈骗和生产、销售伪劣防治、防护产品、假药、劣药等犯罪，优先办理涉疫情刑事案件，依法快捕快诉，为大埔县委疫情防控大局提供有力的司法保障。疫情防控以后，依法批捕涉疫情案件5件5人，起诉5件5人。联合大埔县市场监督管理局开展疫情防控专项监督检查，走访县城部分药店、大型超市、餐饮门店、社区等，依法对食品药品安全领域、公共场所疫情防控措施落实等情况进行监督。协同大埔县林业局和大埔县公安森林分局，深入辖区内的野生动物养殖场，依法对养殖场内野生动物的封存隔离情况进行监督，切实防止野生动物对外转运贩卖。配合县委和有关部门开展疫情防控，选派12名干警参与全县疫情防控志愿活动和县城社区防疫工作，协助做好疫情防控宣传、体温检测、疫情排查等工作。村党建指导员始终坚守驻村疫情防控第一线，以“战时状态”协助镇村干部把各项任务落实落细落具体。检察长带队慰问疫情防控一线工作人员，详细了解疫情防控工作开展情况，并送去一批防疫物品。

【打击刑事犯罪】2020年，大埔县人民检察院受理审查批准逮捕案件163件270人，与2019年同期相比，件数下降3%，人数下降4.9%。经审查后批准、决定逮捕138件219人，不批准逮捕23件48人。受理移送审查起诉案件218件319人，与2019年同期相比，件数上升3.9%，人数下降4.9%。经审查后向法院提起公诉209件322人（含2019年度结转案件20件53人），不起诉18件20人。

【扫黑除恶专项斗争工作】2020年，大埔县人民检察院牢牢把握“深挖根治”目标，在“办案提速”“破网打伞”“打财断血”上再加力度，办案组每办理1宗涉黑恶案件均分析研判其中是否存在“保护伞”问题，2020年起诉涉恶案件1件12人。坚持涉黑涉恶犯罪案件提前介入，2020年提前介入侦查案件6件。加强涉黑涉恶案件线索排查和管理，向相关部门移送涉恶举报线索3条。

【未成年人检察工作】2020年，大埔县人民检察院坚持教育、感化、挽救的原则，严格贯彻落实未成年人特殊司法、优先保护制度。全年为14名涉罪未成年人落实法律援助，委托和督促社会调查13人，开展羁押必要性审查并依法变更强制措施2人，联合开展行政执法监督2次，社区矫正活动监督2次。加强专业化办案与社会化保护衔接配合，与大埔县民政局、妇联等部门建立合作机制，上法治宣讲示范课，举办法治专题讲座，加强对妇女儿童等群体权益的保护。与大埔县公安、法院、司法等部门联合制定出台《关于未成年人犯罪记录封存工作的规定》，规范未成年人犯罪记录封存工作，扫除涉罪未成年人回归社会的“路障”，保障其在受教育、就业等方面的平等权利。与大埔县监察委员会等八个职能部门制定《侵害未成年人案件强制报告工作制度（试行）》，及时有效惩治侵害未成年人违法犯罪。在百侯镇成立“七色花”未成年人检察工作心理疏导室，邀请心理咨询师在附条件不起诉考察期间为未成年犯罪嫌疑人提供专业的心理疏导，提高帮教的针对性和实效性。开展以“同舟共济，检护明天”为主题的网上检察开放日活动，专门邀请大埔县3名援鄂医务人员讲述抗“疫”经历并将采访视频刻录成光盘赠送给全县各中小学校，加强对青少年的疫情防控和价值观教育。持续落实《“1+2”学校食堂食品安全防范工作机制》，在中、高考的重要时间节点和复学复课的特殊时期，联合大埔县市场监督管理局、教育局开展校园食堂食品安全专项检查，集中排查整改食品安全隐患，为校园食堂食品安全保驾护航。在微信公众号上开设“七彩微课”等法治宣传专栏，派发原创宣传手册，通过线上、线下等形式强化未成年人法治宣传教育。全年开展法治宣传活动13场次，受教育人数2800人次，发放宣传资料3000份，收到良好的社会宣传效果。

【社会综合治理工作】2020年，大埔县人民检察院开展“一感两度三率”集中宣传活动，增进人民群众对检察工作的了解和支持，提升人民群众参与平安建设的热情。开展“民有所呼、我有所应——群众信访件件有回复”新时代检察宣传周活动，通过接受法律咨询、法治宣讲、检察长约访等方式进一步树立群众法治信访理念，有效解决群众的烦心事、操心事、揪心事。深入落实“谁执法谁普法”工作责任制，发挥公开听证的释法说理和客观公正作用，召开拟不起诉案件和公益诉讼类案公开听证会，更好地实现案件办理社会效果和法律效果的有机统一。依托“12309”检察服务大厅和网络平台，加强信访接待和矛盾纠纷清理排查，将“7日内程序性回复、3个月内实体性答复制度”落到实处。全年受理群众控告申诉来信17件，接待来访群众8批8人次，接到“12309”来电反映（咨询）31件次。开展防范电信网络诈骗集中宣传活动，为在校学生和社区矫正对象上反电诈主题法治课，引导全社会广泛参与打击治理电信网络诈骗犯罪，提高人民群众防范应对电信网络诈骗的意识和能力，促进大埔县电信网络诈骗犯罪治理工作。强化检察建议在参与社会治理中的作用，针对在刑事案件办理过程中发现的大埔县近年来赌博犯罪率高、涉黄犯罪不断、盗采矿产资源形势严峻、有关镇电信网络诈骗犯罪多发频发等问题，分别向相关职能部门和有关镇人民政府发出社会治理检察建议12份。此外，探索基层检察机关融入市域社会治理的新路径，组织撰写《全周期管理视域下基层检察机关融入城乡基层治理之思考——以大埔县检察院实践为例》理论调研文章，为推进法治大埔平安大埔建设提供有益的检察实践与思考。

【诉讼监督】2020年，大埔县人民检察院依法开展诉讼监督工作。刑事诉讼监督。开展对公安派出所刑事侦查活动监督试点工作，全年监督立案和撤案各1件1人，发出《纠正违法通知书》3份，改变侦查机关定性31人，提请抗诉1件1人。加强刑罚执行和监管活动监督，核查在押人员诉讼期限312人次，开展在押人员谈话教育48人次，受理在押人员约见15人次，依法监督追回在押人员非涉案财物1.20万元，针对看守所超期投牢问题发出《交付执行检察意见书》5份，办理暂予监外执行决定监督审查案件2件2人。开展社区矫正对象再犯罪检察监督活动，督促社区矫正机构履行监管职责，切实防范社区矫正对象因脱管、漏管而再犯罪。加强财产刑执行检察工作，向大埔县人民法院发出《财产刑执行监督意见书》1份。开展重大案件侦查终结前讯问合法性核查2件2人，

2020 年 5—10 月，大埔县人民检察院开展英烈纪念设施专项保护行动（县人民检察院提供）

政公益诉讼和民事公益诉讼案件 59 件，发出检察建议 48 份，办理非法狩猎等刑事附带民事公益诉讼案件 10 件。在生态环境和资源保护领域，建立“河长+检察长+警长”协作机制，形成全面推进河长制工作合力，促进各责任单位依法全面履行职责。积极助力畜禽养殖污染防治，依法督促整改一养殖场直排养殖废水污染环境问题。开展农村生活垃圾整治专项监督活动，针对部分村“脏乱差”现象及时制发检察建议，有效改善农村

依法保障犯罪嫌疑人的合法权益，有效维护司法公正。民事行政检察监督。办理对民事审判程序中违法行为申请检察监督案件 3 件，办理行政非诉执行监督案件 2 件，发送检察建议 2 份，依法督促相关部门成功拆除一处占地面积为 229 平方米的砖墙铁皮房。深化适用认罪认罚从宽制度。全面贯彻落实修改后《中华人民共和国刑事诉讼法》，发挥认罪认罚从宽制度在优化司法资源配置、提升诉讼质效、减少社会对抗、促进社会和谐方面的重要作用。全年适用认罪认罚从宽制度 282 人，适用率 84.2%；提出确定型量刑建议 148 人，幅度型量刑建议 119 人；法院采纳量刑建议 252 人，采纳率 94.4%。为维护司法公正，准确惩治犯罪，依法对认罪认罚后又上诉的 1 件案件提出抗诉得到梅州市检察院的支持。公益诉讼检察工作。坚持把公益诉讼作为检察机关服务经济社会发展的新方式和新着力点，以促进行政机关依法行政为目标，维护国家利益和社会公共利益，办案质效和规范化水平得到提升。全年立行

人居环境。发挥生态检察职能作用，通过发送检察建议依法督促相关部门成功拆除一处占用基本农田、林业用地 482 平方米的临时建筑物，恢复基本农田保护区 0.03 公顷、林业用地 0.02 公顷。协同县林业部门对 2019 年林业生态修复小专项活动开展“回头看”，到乡镇涉案山场实地确认生态修复成效。在食品药品安全领域，依法办理生产、销售有毒有害食品刑事附带民事公益诉讼案件 3 件 3 人，向大埔县市场监督管理局建议依法吊销涉案违法行为人的营业执照等证件。开展消毒餐具饮具卫生安全专项活动，就不合格消毒餐饮具、卫生安全、水污染隐患等问题向县有关职能部门制发诉前检察建议，维护人民群众“舌尖上的安全”。通过发函督促相关职能部门依法整治一处私宰生猪作坊，取得良好的监督效果。在英烈权益保护领域，贯彻落实《中华人民共和国英雄烈士保护法》，率先在全市检察机关开展英烈纪念设施保护专项监督活动，依法办理全市首例保护英烈纪念设施行政公益诉讼案件。通过会

议协商、发送诉前检察建议等，督促职能部门和涉案镇政府全面履行对烈士纪念设施的整改修缮、日常维护等监督管理职责。至2020年年底，全县9处英烈纪念设施均完成整改升级，有力捍卫了英烈荣光。撰写的《英烈保护民事公益诉讼检察实践问题研究》入选2020年广东检察公益诉讼优秀理论成果，并在广东省检察机关公益诉讼理论研讨会上作汇报发言。在公益诉讼“等”外领域，针对大埔县辖区内存在占用、堵塞消防车通道等公共安全隐患问题，开展消防公共安全专项监督活动，通过与大埔县公安、城综、应急等有关职能部门进行诉前磋商并制发检察建议，推动消防通道的全面整治整改，维护社会公共利益。

大埔县人民检察院负责人名录

检　察　长：张映文

副检察长：何向宏　张创帆　罗敏淳

党组副书记：张旭辉（女）

（赖惠惠　杨宝妮）

法　院

【简述】2020年，大埔县人民法院以“努力让人民群众在每一个司法案件中感受到公平正义”为目标，围绕县委中心工作和人民对司法工作的新需求、新期待，狠抓执法办案，各项工作取得新进展。全年受理各类案件3077件（含旧存75件），结案2995件，结案率97.3%，结案率在全市各基层法院排第三名；与2019年相比，收案同比增长31.4%，结案同比增长32.2%，结案率上升0.66个百分点。无超审限案件。全年扶贫攻坚投入帮扶村枫朗镇梅溪村、溪背坪村6.48万元，投入新农村建设6万元。

【审判执行】2020年，大埔县人民法院坚持严惩刑事犯罪，深入推动平安大埔建设。全年受理各类刑事案件214件，涉327人；审结213件，涉322人，结案率99.5%，收结案件与2019年分别比增30.5%和25.3%。审结案件中，给予刑事处罚313人、免予刑事处罚5人、强制医疗1人、驳回申诉1人、撤回起诉2人；判处五年以上有期徒刑21人，从严惩处一批刑事犯罪分子。为应对新冠肺炎疫情防控常态化条件下带来的困难和挑战，发挥民商事审判职能作用，做好“六稳”工作，落实“六保”任务，为经济高质量发展提供司法保障。全年受理民商事案件1785件，审结1724件，结案率96.6%；调解撤诉结案839件，调撤率48.7%。创新执行举措，推进执行工作向高质量运行。全年受理执行案件1078件，执结1058件，执结率98.1%；与2019年比，收案、结案、结案率分别同比增长37.9%、38.2%、0.2个百分点；首次执行标的额1.29亿元，执行到位3245.07万元，执行到位率25.1%；执行案件“四大核心指标”（有财产执行案件法定期限内实际执结率99.8%，无财产可供执行案件终结本次执行程序合格率100%，全年无执行信访案件，首次执行案件执结率98%）完成情况均超过指标要求；巩固基本解决执行难各项质效指标，排名处于全市各基层法院中游。

【司法创新】2020年，大埔县人民法院构建便民高效的矛盾纠纷化解机制，积极参与社会治理。加快全面落实多元化纠纷解决平台建设，不断拓宽服务渠道，完善诉讼服务中心建设，创新庭审新模式，推进司法服务高质效发展。建立多元化纠纷化解机制；立足乡村化解纠纷；拓宽司法服务途径；深入推进案件繁简分流；畅通立案渠道；把网上信访、远程视频接访作为化解涉诉信访的重要抓手；建立远程视频庭审新模式。深化司法体制改革，提高审判质效。按照“让审理者裁判，由裁判者负责”的司法改革工作要求，全面落实司法责任制，全年院（庭）领导办理诉讼案件1792件，占诉讼审理案件87.5%。以加强“四大平台”建设为抓手，构建完善、公开、透明、开放的机制，全年裁判文书网公开裁判文书1181份（2019年890份），庭审公开网直播庭审活动349场（2019年29场），彰显社会主义法治文明。

【司法宣传】2020年，严格落实“谁执法谁普法”责任制。大埔县人民法院开展宪法、民法典、反电信诈骗、反金融诈骗、扫黑除恶专项斗争等司法宣传活动，弘扬宪法精神，增强全民学法、知法、用法、守法意识。通过突出重点和节点，运用多媒体平台，联合有关单位法律宣传，用案例讲好法治故事，让司法贴近百姓。全年电视专题播出17期，民生“820”、县电视台共播出62期，市级以上报刊发表5篇，《梅州平安之乡》登出52篇，单独或联合其他单位组织普法宣传活动4场，发放宣传资料6000份，发布微信微博100条，司法宣传工作取得明显成效。

【巡察整改】2020年，市委第二巡察组对大埔县人民法院党组开展为期2个月的巡察工作。巡察意见反馈后，大埔县人民法院高度重视，照单全收，立行立改。对存在的40个问题，对标对表，逐一整改，完成整改任务39个，占97.5%，未完成整改任务的1个问题按工作要求有序推进。建立完善56项规章制度。通过巡察整改，全院干警凝聚共识、形成合力，内部管理机制得到健全和完善，干警政治素养和业务水平得到提升。

大埔县人民法院负责人名录

院　　长：邱忠强（—2020.7）

副 院 长：陈声欢（代理院长，2020.8—）

黄爱京　许国键　童斯荣

党组副书记：黄　君（女）

（郭汉章）

司法行政

【人民调解工作】2020年，大埔县司法局重视“健全社会矛盾纠纷化解机制”省、市民生实事工作，积极主动作为。7月14日、11月27日举办全县专职人民调解员业务培训班。全县镇、村两级人民调解委员会全年受理矛盾纠纷2317宗，调处成功2295宗，调解成功率99%。全县未发生调解不及时或调解不当而引发“民转刑”案件。

【法治宣传】2020年，大埔县司法局扎实开展法制宣传工作。创建申报全国、全省民主法治示范村。在侯南村创建申报全国、全省民主法治示范村，在西河镇漳北村创建申报

2020年12月25日，大埔县在县科技信息大楼一楼会场举办大埔县学习贯彻习近平法治思想暨《民法典》专题讲座（县司法局提供）

省级民主法治示范村，在张云栽实验小学建成“大埔县青少年法治教育实践基地”。推进“谁执法谁普法”联席会议制度，推动县级有关部门发布“普法责任清单”，落实普法年度计划、年度报告等制度，贯彻落实国家工作人员旁听庭审制度。举办《中华人民共和国社区矫正法》《中华人民共和国民法典》专题讲座。8月13日，在百侯镇法律大讲堂举办《中华人民共和国民法典》与生活同行专题法治讲座；9月4日，举办《中华人民共和国民法典》专题讲座；9月24日，开展《中华人民共和国社区矫正法》巡回宣讲。12月4日，在张云栽实验小学开展模拟法庭进校园活动，12月25日，邀请嘉应学院法学院院长、教授蔡国芹为全县各镇（场）、县直副局以上单位分管普法工作及普法工作业务骨干作《中华人民共和国民法典》专题讲座。印发《中华人民共和国民法典》五十问答小册子共1万份，印发《大埔县贯彻实施民法典加强法治政府建设实用工作手册》3000份，在全县掀起宣传《中华人民共和国民法典》的热潮。

【刑事执行】2020年，大埔县司法局贯彻落实《司法部关于推进刑罚执行一体化建设的意见》，按照部署协调监狱戒毒警察参与社区矫正工作。市局派驻县司法局延伸监管警察参与社区矫正日常工作全过程。发挥社区矫正基地作用，开展国学教育、“每月一主题”教育等活动。全年举办面向所有在册社区矫正对象的集中学习教育60场次。开展远程视频会见工作，发挥视频会见亲情帮教作用。全年远程视频会见室接待监狱服刑人员家属累计563批1423人次。开展社区矫正对象点名训诫工作，分管领导和挂片领导共同抓，对全县14个镇社区矫正对象进行点名训诫，发现问题及时采取有效措施加以解决。2020年，接收社区矫正对象118人，解除矫正对象145人，在册160人（其中缓刑155人、假释4人、暂予监外执行1人）。

【安置帮教】2020年，大埔县司法局做好刑满释放人员身份核查、信息对接和衔接管理等工作，落实救助安置和帮扶教育措施，结合实际推进过渡性安置基地建设，妥善安置“三无”“三假”等生活困难刑满释放人员。全年接收安置帮教对象307名（其中农村246名），衔接人员信息录入刑满释放人员信息管理平台100%，安置帮教率98%；无缝对接核实在监所人员身份及其家庭情况信息126名。

【扫黑除恶专项斗争】2020年，大埔县司法局深入开展社区服刑人员和刑满释放人员坦白检举活动，对问题线索进行“再排查”“回头看”，紧盯涉黑、涉恶重大案件罪犯不放，深挖彻查余、漏罪和背后“关系网”“保护伞”，确保问题线索“零放过”。开展律师辩护代理涉黑、涉恶案件专项培训，实现律师培训全覆盖，落实庭前约谈、庭上监督、庭后总结，严格执行专人到庭参与旁听指导制度，建立健全律师辩护代理通报机制，发挥监督指导实效作用。监督指导律师事务所落实好接案审查、请示报备、集体讨论和档案管理等事项制度。

【公共法律服务体系建设】2020年，大埔县司法局抓好局机关公共法律服务大厅值班律师为群众解决问题的法律服务工作，加强对茶阳、银江、洲瑞、西河、高陂、湖寮、百侯、大麻、大东、青溪10个镇公共法律服务工作站值班情况检查督导。筹备开展枫朗镇公共法律服务工作站建设工作。

【一村（社区）一法律顾问工作】2020年，大埔县司法局抓好法律顾问工作。44名律师全部进驻全县256个村（社区）开展法律顾问工作，受新冠肺炎疫情影响，驻村律师主动探索新方法，充分利用各村微信群、“抖音”平台、电子邮箱等宣传最新的政策法规，搭建起律师与群众沟通的桥梁，为全县256

个村（社区）群众提供法律服务 3859 人次、多种形式举办法治讲座及培训等 980 场（次）、参与调处矛盾纠纷 21 件。

【律师工作】2020 年，大埔县律师为全县重点工程项目保驾护航，重点工程项目法律服务团始终坚持围绕中心、服务大局，主动参与到全县重点工程项目中去，为重点工程项目建设提供高效优质的法律服务。同时，加强业务建设，提升服务能力。全年处理刑事辩护及代理 47 件、民事代理 16 件。

【公证业务】2020 年，大埔县司法局服从县委、县政府工作安排，为重点工程项目建设提供公证服务。充分发挥公证法律服务职能作用，组织公证员参加韩江高陂水利枢纽工程、大潮高速（含大漳支线）公路、三河坝干部学院等县重点工程公证服务。公证员下乡办理房屋和土地现场测绘证据保全公证、办理遴选评估机构证据保全现场公证，为县重点工程项目顺利推进提供法律保障。全年办理各类公证 381 件。

【法律援助】2020 年，大埔县司法局升级完善县、镇、村三级法律援助服务平台，使更多的弱势群体获得“应援尽援”的法律服务。贯彻《办理法律援助案件程序规定》，探索法律援助案件办理新机制，确保法律援助服务质量。加大法律援助宣传力度，完善“5520148”舆情分析制度，提升法律援助公众满意度和社会影响力。同时，结合实际扩大法律援助覆盖面，在特殊时期为特殊人群提供优质法律服务。法援处将疫情一线人员、未成年人、老年人、残疾人、留守妇女、农民工、低保户、五保户、农村特困户等作为法律援助重点对象。7 月 28—30 日，深入三河、洲瑞、高陂、桃源、茶阳、丰溪林场开展法律援助宣传月暨争做法律明白人活动。全年受理刑事法律援助案件 229 宗（含指定辩护在内）、办理民事法律援助案件 29 宗。

大埔县司法局负责人名录

局　　长：刘万兵

副 局 长：江启清　赖国营　罗小慧（女）

（温济昶）

军　事

大埔县人民武装部

【政治工作】2020 年，中国人民解放军广东省大埔县人民武装部（简称大埔县人武部）始终坚持把思想政治建设摆在首位，确保干部职工政治上清醒坚定和思想道德纯洁，牢牢把握部队建设方向。把学习中共十九届五中全会精神、习近平总书记系列重要讲话这个首要政治任务、头等大事抓紧抓实，打牢干部职工高举旗帜、听党指挥的思想根基。按照专题研究、动员部署、学习教育、对照检查、整改提高等步骤，利用《习近平谈治国理政》第三卷、《铁纪强军》和《忏悔与警示》等作为基本教材，开展“读原著、学原文、悟原理”活动，采取早交班、集中训练、开会时机、参观见学形式，进行聚焦“传承红色基因、担当强军重任”主题深化思想政治教育、疫情防控常态化形势教育、法纪警示教育、防间保密教育和优良传统教育。把新闻报道工作作为政治工作开展的助推剂，发挥人武部“面向三军、协调军地”的体系优势，大力加强军事新闻报道。全年在《中国民兵》《广东武装》等各级新闻媒体上刊发稿件135篇，其中连续27年异地开设征兵体检站的新闻被中央七套、广东卫视等频道播出。

【军事训练】2020年，大埔县人武部紧盯应急应战职能使命、深化拓展军事斗争准备，掀起备战打仗和军事训练热潮。部党委严格落实议战议训，深入学习贯彻习近平新时代军事战略方针，并紧盯强敌对手深入开展作战问题研究，结合形势任务需要，及时修订完善“抗洪抢险”“森林防火”等非战争军事行动等方案预案。严格按纲施训，抓好国防动员力量“专攻精炼”，组织民兵应急分队骨干对民兵分队快速拉动、擒敌拳训练，结合方案实地现场教学训练等课目进行“专攻精练”训练，全面提高遂行任务能力。

【武装工作】2020年，大埔县人武部着力建强队伍，夯实备战打仗力量基础。按照“建全民兵队伍、建强专业队伍、建精任务分队”的指导思想，全面加强力量建设。5月初，对全县所有国防动员专业分队进行点验拉动，全面检验队伍的真实性。会同县委宣传部组建一支国防教育讲师团，在全民国防教育日、烈士纪念日、国家公祭日等重大节日，组织全县机关干部开展形式多样的参观纪念活动。同时结合学生军训时机，开展国防教育进校园等活动，部领导为学生进行10场国防教育知识授课。

【征兵工作】大埔县征兵工作以高质量兵员为核心，以廉洁征兵为重点，坚持高标准，严把质量关。受新冠肺炎疫情影响，2020年上半年征兵工作推迟到下半年一并组织实施。针对征兵方式的调整，大埔县人武部主动改变宣传方案计划，调整方式方法，狠抓兵役登记工作落实，完善兵役登记设施，提升兵役登记实效，利用“大埔论坛”“大埔网”“客家香格里拉”等热门网络平台发布兵役登记公告，在人流量大的场所张贴兵役登记公告，联合大埔县电视台制作征兵宣传片，在街道LED进行循环播放，取得良好的效果，确保征兵宣传工作早发动、多方式、全覆盖。通过强化组织领导，压实责任监管，男青年的兵役登记率在2020年3月中旬就达到100%，提前完成既定任务。通过体检政考、役前训练，完成新兵和直招士官的征集任务。

【后勤工作】2020年，大埔县人武部抓好后勤保障工作。做好训练保障。对年度重大演训活动做到早谋划、早部署，结合民兵整组签订“预征预储”协议。固定资产清查工作。根据上级下发的文件指示，为全面摸清资产底数，确保资产不损失、不流失，成立固定资产清查工作小组并开展工作，遵循全面彻底、完整准确、责任可测的原则，按照“账目核对、实物盘点、登记确认、调整账目、汇总上报”的程序，完成此次清查工作。开展打击非法制售假军服专项行动。经过与地方单位对接，组织召开“大埔县军地联合打击非法制售假军服专项行动碰头会”，明确各单位在执法过程中的具体分工，清理整治3家违法制售军服的商家。

【管理教育】2020年，大埔县人武部坚决贯彻“依法治军、从严治军”的要求，树牢安全发展理念，抓好安全稳定，夯实强军之基。部党委始终坚持思想先行，强化安全工作理念，做到常思不忘、常讲不烦、常抓不懈、常防不松；深入学习贯彻军委国防动员部颁发的规范性文件，确保干部职工在日常工作、训练、学习、生活中贯彻落实新条令，做到内化于心、外化于行。针对巡视巡察反馈问题清单中突出的营区安全问题，及时完善正规化办公管理等规章制度，确保各项工作有规可依、有章可循。坚持每周组织一次安全工作讲评，每月进行一次安全工作检查，每季度召开一次安全形势分析会，查找和及时整改安全稳定工作中存在的问题和薄弱环节，形成用制度规定管人管事管物、用制度规定保障科学发展安全发展的良好机制。组织开展“条令月”活动和“百日安全”及“安全隐患结合整治”等活动，不间断地组织安全隐患排查工作，对人、车、枪、弹、密等安全工作重点进行拉网式排查，及时排除安全隐患，全年安全稳定。

（罗滢）

人民防空

【简述】2020年，大埔县人民防空办公室（简称大埔县人防办）贯彻落实中共十九大会议精神，贯彻与经济建设协调发展、与城市建设相结合的原则，立足大埔实际，探索符合山区实际的人防建设新路子，推动人防事业的稳步发展，人防工作取得成绩，完成各项目标任务。

【人防组织指挥体系】2020年，大埔县人防办明确落实各警报器所在单位的管理责任，确定具体管理人员，做到每月一次检查，每季一次维护，警报社会化管理率100%；9月18日，完成防空警报试鸣活动，鸣响率100%。结合工作的开展，争取县人武部的重视，组织对大埔县人防专业队伍进行相关业务培训，增强专业队伍建设的针对性。

【人防“结建”工作】2020年，大埔县人防办坚持“以建为主、以收促建、应建尽建、应收尽收”的原则，加强对人防工程结建、审批、检查、验收的管理；提早介入，及时规划，把城市建设与人防建设结合起来，促进人防工程建设稳步推进。严格执行“结建”政策、法规，100%实行报建，对应建而因地质因素不宜修建人防工程的，严格按照梅市府办〔2010〕71号文件的规定上报市人防办审批，并严格按照易地建设费收费标准进行收取。

【人防工程质量管理】2020年，大埔县人防办严格执行《人民防空工程质量监督管理暂行办法》，专门制定详细的人防工程建设监管流程，对人防工程设计、建设施工、建设监理、设备供应商的资质进行资格审查。对正在建设的人防工程组织人防办人员进行每月一次以上现场巡查，了解进度，帮助开发企业解决实际问题。

【人防政策宣传】2020年，大埔县人防办通过电视、广播等新闻媒体进行人防宣传，利用联通、移动通信信息平台发放宣传短信1万条。通过人防政策宣传、发放人防资料和人防杂志及利用社区宣传栏进行宣传，扩大人防工作影响面。在城区主要街道悬挂横标和党政机关及服务窗口发放人防知识宣传材料。在城区5所初级中学坚持统一计划、统一要求、统一教材，进行每年不少于7个课时的人民防空知识普及教育和“三防”训练，向各个学校初二新生发放防空教材课本2750本。

大埔县人民防空办公室负责人名录

主　任：刘志强

（房福祥）

经 济

农 业

农村工作

【耕地质量提升】2020年，大埔县果菜茶有机肥替代化肥试点县项目以枫朗镇、大东镇、桃源镇、光德镇、西河镇等地连片茶园作为核心示范区进行重点创建，茶园面积为333.33公顷，综合推广“有机肥+配方肥”模式、“农家肥+配方肥”模式、“有机肥+水肥一体化”模式、“秸秆覆盖+缓控释肥”模式，项目投入资金773万元，其中财政资金投入500万元，企业自筹资金273万元。

【农技推广体系建设】2020年，大埔县农业农村局开展基层农技人员知识更新培训，全县遴选110名农业技术指导员，4个农业科技试验示范基地，220个科技示范主体，辐射带动周边农户1000户；培育高素质农民140名，壮大新型职业农民队伍。

【现代农业产业进程】2020年，大埔县加速现代农业产业进程。投入2.70亿元建成集农产品展示交易、精深加工、仓储冷链、电子商务、无损检测、科研、科普等多功能为一体的省级蜜柚现代农业产业园，新引进3家省级科研单位，新增专利11项，共带动农户5620户。建立大埔蜜柚研究院、院士工作站科研平台和农业大数据平台。省级茶叶现代农业产业园完成投入2亿元，高标准完成串联“隔背村—大王坑—棠顶湖—岗头”等景点、全长22千米的大回环旅游产业公路建设，打造西岩山万亩茶文化产业园。全面推进2019年实施的16个、2020年实施的22个“一村一品、一镇一业”项目，共获省级财政资金3250万元。

【农产品质量安全体系建设】2020年，大埔县农业农村局抓好农产品质量安全工作。推行农产品质量安全追溯管理，纳入国家农产品质量安全追溯管理平台监管的农业生产主体55家，规范企业生产经营行为。完成658份农产品农药残留检测，合格率98.3%。组织农业执法人员到各镇开展农资门店执法检查，出动人员1023人次，组织检查行动21次，检查农资门店615间，查获农产品质量安全案件2宗。加强农业面源污染治理项目实施。全县种植面积1596公顷，通过IC卡刷卡补贴机制引导农户使用高效低毒生物农药、配方肥，项目刷卡补贴金额16.81万元，购买化肥247.95吨、农药2.09吨。

【农村综合改革】2020年，大埔县开展农村集体产权制度改革工作。成立大埔县农村集体产权制度改革工作领导小组，制订大埔县农村集体产权制度改革试点实施方案，配备工作经费160.90万元，完成农村集体经济组织登记赋码工作，以15个试点村作为模板以点带面进行推广，有11个试点村完成农村集体产权制度改革工作。全县完成成员确认147个经联社，2422个经济社，确认成员身份数28.31万人。全县扶持5个行政村壮大村级集体经济，每村获财政资金50万元作为发展村级集体经济资金。

（罗向前）

2020年9月3日，大埔县举办2020广东梅州柚·大埔蜜柚开采节暨产销对接会（罗向前摄）

粮　　食

【简述】2020年，大埔县粮食作物播种面积7285.6公顷，总产量3.65万吨。其中全年水稻种植面积5653.27公顷，总产量3.14万吨，单产370千克。

【粮食工作】2020年，大埔县做好粮食生产工作的同时落实政府惠农政策。严格按上级的惠农政策，抓好各项惠农措施的落实。2020年中央财政耕地地力保护补贴发放标准从每1/15公顷75元调整为每1/15公顷81.70元。至11月10日，全县8.83万户发放资金1374.45万元，通过“一卡（折）通”账户直接发放给农户。

（罗向前）

经济作物

2020年，大埔县蜜柚种植面积1.46万公顷，总产量32万吨，与2019年持平，产值14.40亿元，同比增长7.5%。茶叶种植面积7200公顷，总产量0.84万吨，同比增长7.7%；产值9.48亿元，同比增长11.5%。烟叶种植面积642.87公顷。

（罗同前）

畜　牧　业

【简述】2020年，大埔县生猪年饲养量34.37万头，同比增长76.7%，其中存栏11.27万头，出栏23.10万头，能繁母猪存栏1.41万头；家禽年饲养量523.82万只，同比增长3.1%，其中存栏112.97万只，出栏410.84万只；牛年饲养2.75万头，同比下降5.7%，其中存栏1.80万头，出栏0.95万头；羊年饲养2.29万头，同比增长15.1%，其中存栏1.05万头，出栏 1.23 万头；肉类总产量 2.39 万吨，同比增长 12.4%。

【畜牧生产】2020 年，大埔县农业农村局推进生猪标准化规模养殖。加强生猪规模养殖场的基础设施改造，重点改善养殖、废弃物处理、疫病防控等基础设施和装备条件，完善设施装备，引导规模养殖场向标准化、自动化养殖，提升养殖效率和生物安全水平。协助双胞胎（集团）股份有限公司、广东温氏食品集团股份有限公司、正邦集团股份有限公司等上市公司兴建标准化现代化猪场。推进生猪品种改良。加大品种改良服务和推广力度，加强生猪优良品种的选育和遗传改良、地方良种猪的保护与开发利用，引进优良生猪品种，提高良种覆盖率。落实生猪保险、信贷支持政策。全县养殖户 235 户共承保生猪 42.45 万头，保险理赔 529 宗共理赔 691.42 万元。鼓励农业银行等金融机构对种猪场、规模猪场在资金投向、期限、利率等方面予以倾斜，适当扩展抵押担保物范围，协助中国邮政储蓄银行广东省分行、广东省农村信用社省联社等国有银行、股份制银行开展“真知码”畜禽活体抵押贷款工作。推进种养结合生态养殖，培育生猪养殖家庭牧场。结合全县蜜柚种植面积大、对有机肥需求量大的实际，推广“猪+沼+果”生态养殖模式，鼓励发展农场式的中型猪场养殖，有效解决蜜柚有机肥来源问题，促进养猪业可持续发展。发展“短平快”鸡鸭鹅等家禽以及肉兔、牛羊等草食动物的养殖，增加禽肉禽蛋、牛羊肉等猪肉替代食品供给，确保群众肉食需求。

【动物检疫工作】2020 年，大埔县累计完成生猪产地检疫 30.39 万头，牛产地检疫 0.15 万头，羊产地检疫 0.12 万头，生猪屠宰检疫 6.58 万头，牛屠宰检疫 0.13 万头，羊屠宰检疫 0.12 万头，对经检疫检出的病死畜、病变病害肉全部作无害化处理，杜绝病变病害肉流入市场，保障全县肉食品安全。

【主要动物疫病监测】2020 年，大埔县农业农村局开展主要动物疫病监测工作。累计送省、市检测猪淋巴结等样品 20 批次 540 份。累计自行监测 H7 亚型禽流感抗体 4 批次 350 份、H5 亚型禽流感抗体 3 批次 280 份、新城疫抗体 1 批次 100 份、猪瘟抗体 1 批次 90 份、猪 O 型口蹄疫抗体 2 批次 200 份、羊小反刍兽抗体 2 批次 70 份，经县动物疫病预防控制中心检测，各种动物疫病免疫抗体合格率均为 80%。自行监测羊非结构蛋白抗体 2 批次 180 份、羊亚洲 1 型口蹄疫抗体 2 批次 80 份，结果均为阴性；同时开展布鲁氏杆菌病普查监测 136 头，经虎红平板凝集试验检测，结果全部为阴性。开展牛结核病普查监测，应检奶牛 14 头，用牛型结核分枝杆菌 PPD 皮内变态反应进行检测，结果全部为阴性。

渔 业

【简述】2020 年，大埔县水产养殖面积 564 公顷，与 2019 年持平，其中特色水产养殖面积 141.07 公顷，同比下降 1.5%；水产品总量 6784 吨，同比下降 2.1%，其中特色水产品产量 503 吨，同比下降 4.9%；渔业总产值 5833 万元，同比下降 1.8%；旧池塘改造 18.67 公顷。

【调整养殖结构】2020 年，大埔县农业农村局加强特色优质品种黄颡鱼、光倒刺鲃的健康养殖示范，调整养殖结构。开展池塘循环水健康养殖技术模式行动和水产养殖用药减量行动的示范和辐射带动，推进水产养殖绿色发展。

【水产品稳产保供】2020 年，大埔县抓好新冠肺炎疫情防控期间水产品稳产保供工作。加强指导、引导养殖生产单位合理安排起捕、流通单位根据市场情况变化，及时合理调剂，疫情期间养殖生产单位生产经营稳定发展，水产品市场供应平稳。

【水生野生保护动物监管】2020 年，大埔县加强水生野生保护动物监管工作。开展水生野生动物保护科普宣传月等活动 23 次，提高公众了解和关注度。加强监管和执法，出动监督执法人员 457 人次，开展执法联动 24 次，规范水生野生动物养殖业管理。加强沟通，做好水生野生动物养殖户涉疫稳定工作，未出现渔业养殖涉疫情不稳定因素。

【水产品质量安全监测】2020 年，大埔县抓好水产品质量安全监测工作。完成省、市、县级 32 批监督抽检，抽检合格率 100%。

农业机械

【简述】2020 年，大埔县农业机械总动力 11.79 万千瓦，比 2019 年增长 6%，机耕 5466.67 公顷，机脱 4250 万千克，农机运输 425 万千克，加工 21.6 万千克。机耕面积 7638.67 公顷，比 2019 年增长 8%，机收面积 4100 公顷，比 2019 年增长 8.5%，综合机械化水平 54.8%，比 2019 年增长 5%。

【农机推广管理】2020 年，大埔县有 14 个镇（场）推广各类农机具 205 台（套），受益农户 205 户，补贴资金 40.40 万元。

【农机监理】2020 年，大埔县农业农村局贯彻实施《中华人民共和国道路交通安全法》和《广东省农业机械安全管理条例》等法律法规，联合县公安交警部门开展“农机安全生产月”活动，农机安全形势明显提高，全年没有发生农机安全事故。至 2020 年年末，登记注册拖拉机 311 台，年检拖拉机 5 台，上路检查 10 次，检查人员 30 人次，纠正违章 3 人次。

（罗向前）

脱贫攻坚

【简述】至 2020 年 12 月底，大埔县建档立卡贫困户 4805 户 1.05 万人贫困人口全部脱贫退出，57 个省定贫困村实现退出，村内“一相当”指标，200 人以上的自然村道路硬化、村民的安全饮水、生活用电、村内医疗卫生站、广播电视信号、网络信号，基本实现“全覆盖”。已脱贫有劳动能力贫困户人均可支配收入 1.69 万元，57 个省定贫困村农村居民人均可支配收入达到 1.19 万元以上。

【精准扶贫、精准脱贫】2020 年，大埔县在抓好新冠肺炎疫情防控工作以及常态化防控工作的同时开展扶贫挂牌督战工作。采用“一月一汇报、一镇一挂钩、一村一领导”的方式，持续保持攻坚态势。成立大埔县消费扶贫工作专班，开展扶贫产品认定。参加省举办的脱贫攻坚展览会、东西部交易会等展销会。在全县开展“决战脱贫 · 携手同行”主题党日活动，深入村开展“5+N”系列活动。开展海珠区“千企帮千户”结对帮扶活动，全县为贫困户购买防返贫保险，确保贫困户稳定脱贫防返贫。结合县情，开发大埔脱贫攻坚核查 APP，组织百名干部开展核查工作，对贫困户脱贫情况和省定贫困村建设情况进行及时监测。聘请第三方机构对各镇（场）“631”财政专项资金、省定贫困村新农村建设资金和中央财政资金等专项资金进行全面督促检查。全县共 20 家企业 80 个农产品获扶贫产品认定，进入广东省第一、二批扶贫产品信息名录。全县共有建档立卡贫困户 4805 户，贫困人口 1.05 万人，全部脱贫达到退出标准，57 个省定贫困村全部达到退出标准。

（罗向前）

乡村振兴

【简述】2020年，大埔县坚持以习近平新时代中国特色社会主义思想为指导，全面贯彻落实中央、省委和市委关于对标三年取得重大进展硬任务扎实推动乡村振兴工作方案的工作部署，按照“产业兴旺、生态宜居、乡风文明、治理有效、生活富裕”的总要求，县、镇、村三级书记抓乡村振兴，高位推动，突出全域农村人居环境综合整治，打造美丽乡村示范引领，抓重点、补短板，实现乡村产业、人才、文化、生态、组织振兴。

【新农村建设】2020年，大埔县在2019年“三清三拆三整治”的基础上，6月开展“三清三拆三整治”回头看，新拆除危旧废弃房1020间8127平方米，拆除影响村容村貌违章建筑26处670平方米。牵头分步推进全县新农村建设，打造枫朗红色党建引领绿色发展示范带，作为2020年全市乡村振兴现场会考察点，展示大埔县美丽乡村建设的成效。投入1.2亿元完成省际边界示范带项目建设。推进农村户厕改造和公厕建设，全年新增户厕改造1880户，新建公厕463座，持续推进剩余120座公厕建设，实现农村无害化卫生户厕和按需配备公厕全覆盖。

大埔县农业农村局负责人名录

局　　长：黄庆清（女）
副 局 长：郭绍辉　饶志宝（女）
连军强　黄明宏
丘伟科（2020.4—）
何伟燕（—2020.4）
管培元（—2020.4）
管赛琴（女，—2020.4）

（*罗向前*）

林　业

【简述】2020年，面对突如其来的新冠肺炎疫情，大埔县林业局贯彻落实国家、省、市、县有关疫情防控措施，以“人民至上、生命至上”为原则，众志成城打好打赢疫情防控阻击战、持久战。同时，推动复工复产，推动经济快速发展。按照省委“一核一带一区”区域协调发展战略，市委推动“六争六补”构建“五星争辉、打造三宜”城市范例和县委工作思路和举措要求，围绕县委、县政府中心工作，立足国家重点生态功能区的定位，坚持“生态立县、产业富县、文旅旺县”的发展思路，统筹推进林业各项工作，为建设大埔生态文明，打造“生态康养文旅之星”目标奠定生态基础。2020年，全县有林地面积19.72万公顷（其中森林面积19.45万公顷），森林蓄积量1063万立方米，生态公益林面积12.82万公顷，全县森林覆盖率79%，位居全市前列。

【生态工程建设】2020年，大埔县林业局抓好生态工程建设。实施科学种植，采取造林“一包三年，一种三抚育”模式，全年完成碳汇造林266.67公顷，省级碳汇林抚育993.33公顷；2019年度中央森林抚育7333.33公顷；组织全民参与义务植树18.09万人次，义务植树63.32万株；完成大埔县2020年三河至茶阳景观廊道提升改造项目种植工作；完成《大埔县银江镇胜坑村绿美古树建设规划》的编制和专家评审工作，持续推进大埔县银江镇胜坑村绿美古树乡村建设。

【森林资源管护】2020年，大埔县林业局抓好森林防火工作。开展以“护林防火常记，绿水青山常在”为主题的森林防火系列宣传活动；加大对野外火源的巡查力度，及时发现和制止违规野外用火，从源头上消除森林

2020 年 1 月 22 日，大埔县林业局到市场检查违法销售野生动物情况（县林业局提供）

火灾隐患。节假日期间在进山重要路口、旅游风景区、自然保护区等重点地段设森林防火临时检查站，进行进山火种排查；从严执法，依法治火。对森林火灾案件一律由森林公安从重从严从快处理，发生一宗，查处一宗，做到宗宗有处理，件件有着落，起到教育群众、震慑犯罪的作用。全力防治松材线虫病害，完成大埔县 2020 年松材线虫病春、秋两季普查工作，投入 750 万元资金用于松材线虫病防治，并及时制订和印发松材线虫病防治方案。始终坚持严打方针,在全县范围内开展以打击破坏森林资源专项行动，严厉打击非法开采和伐木毁林违法行为；严格落实森林资源保护发展目标责任制，结合现有护林员体制，探索推行林长制，建立完善管理机制，推进生态文明建设步伐。全年出动流动宣传车 306 辆次、张贴宣传标语 2 万条、发放宣传资料 15.3 万份、发出公开信 1.6 万份。全年受理各类森林案件 66 宗，打击违法人员 58 人次，其中刑拘 9 人，逮捕 5 人，移送起诉 12 人，林业行政处罚 41 人，收缴油锯 4 把，收缴捕鸟网 5000 米、野猪夹 28 个、报警装置 13 个、野生保护动物 264 只，挽回林业经济损失 200 万元。

【林业产业经济】2020 年，大埔县林业局加快发展林业产业经济。新培育大埔县定源绿化有限公司等 4 家企业为省级林业龙头企业、梅州市京洲农林综合开发股份有限公司为广东省林下示范林基地、大埔县佰佳惠油茶专业合作社为广东省林业专业合作社示范社；依托广东阴那山国家森林公园、广东瑞山生态旅游度假区、青溪森林小镇等有利资源打造森林康养旅游。2020 年，有 3 条特色旅游线路成为广东省森林旅游特色线路。同时，广东省西岩山宏顶湖森林康养基地、广东瑞山森林旅游休闲康养基地两地成为广东省森林旅游新兴品牌地；发展油茶产业，培育发展广东穗瑞农林发展有限公司、广东本草源科技有限公司等 9 家企业为油茶发展基地，为大埔油茶发展奠定基础。至 2020 年，全县有 1 家国家级、16 家省级和 4 家县级林业龙头企业，5 家省级林下经济示范基地，1 家广东省林业专业合作社示范社，2 处省级森林康养基地。2020 年产值 23.07 亿元，对比 2019 年，林下经济产值增长 257.5%。

【“创森”工作推进】2020 年，大埔县林业局结合大埔县世界长寿乡、名茶之乡、蜜柚之乡，突出“创森”元素，开展主题宣传活动，把创建国家森林城市建设工作推上新台阶。以生态文明建设为重点，组织开展“春节种树栽花”和“全民义务植树”等大型活动；贯彻落实乡村振兴战略部署，加强绿色村镇生态建设，将百侯、西河成功打造为广东省森林特色小镇。推进银江镇胜坑村“绿美古树乡村”项目建设，使其成为广东省 100 个“绿美古树乡村”之一。

【边界护林建设】2020年，大埔县林业局落实护林联防工作，共同促进边界地区林业生态建设。相关工作获得湘粤赣闽边界护林联防委员会肯定，被授予“2018—2020年度湘粤赣闽边界护林联防工作先进集体”称号；成功召开湘粤赣闽第八联防区第56届、潮揭梅三市九县(区)第57届边界护林联防大会。

大埔县林业局负责人名录

局　　长：罗振康（—2020.9）
何维龙（2020.9—）

副 局 长：罗富健（—2020.3）　张运得
孙美源（—2020.9）　赖特成

总工程师：黄启旋（2020.2—）

大埔县公安局森林分局局长：梁永炼

（杨天）

水　务

【简述】2020年，大埔县投入水利水电水务工程建设资金2.47亿元,完成土方62万立方米，石方5.5万立方米，砼1.6万立方米，投入劳动工日56万个。治理山区中小河流3宗28.12千米，修复水毁水利工程32处，维修巩固治理水土流失2平方千米；至2020年年底,全县水电装机272处467台21.97万千瓦。全县实现发电量3.82亿千瓦时，产值1.99亿元,其中国有电站累计发电量2870.27万千瓦时，产值1492.54万元。

【水利】2020年，大埔县水务局抓好水利工作。抓好村村通自来水工程建设。针对全县村村通自来水工程建设进展缓慢的情况，局主要领导带领分管领导和相关股室负责人到镇、村、工地进行调研，召集“六方”（水务局、镇政府、村委会、设计单位、施工单位、监理单位）会议，坚持问题导向，现场回应困难，强化推进对策，倒排工期，有效推进村村通自来水工程建设，全年完成投资3.06亿元，占总投资的100%。总工程点共398个,完工通水工程点393个,占比98.7%,其中移交镇、村运行管理97个。山丰水库工程建设。至2020年4月底，按设计内容基本完成建设任务，并通过法人验收工作。抓好移民后扶工作。批复项目计划60宗，后扶资金2079.50万元，竣工验收47宗。其中县移民工作局40宗、1053.70万元，竣工验收23宗；省属水库移民管理办公室29宗、1025.80万元，竣工验收24宗。指导、引导镇、村开展农村集中供水工程建设，完成全域自然村集中供水工程112宗。

【水资源管理】2020年，大埔县水务局树立水资源重要性、紧迫性的意识，谋划水资源的保护、利用和可持续发展。加大水法规宣传、教育力度。利用各种媒体宣传水法规、水资源保护、节约用水等政策，依法加强河道管理，有效保护江河水源水质。开展水规划调查。完成《大埔县城市节水专项规划（2018—2030年）》和《大埔县水资源保护规划报告（2018—2030年）》编制工作，为水资源利用提供技术、安全指导等优质服务。执行最严格水资源管理制度。严格执行建设项目水资源论证制度,强化水资源统一调度,协调好生活、生产、生态环境用水，优化配置水资源。2020年，全县实际用水总量1.91亿立方米，其中地下水采用0.13亿立方米，工业和生活用水量使用0.54亿立方米，水功能区水质达标率达到Ⅱ类，城镇供水水源地水质合格率98.8%。2020年，征收水资源费210万元。强化小水电管理。全县实现发电量3.82亿千瓦时，产值1.99亿元，其中国有电站累计发电量2870.27万千瓦时，产值1492.54万元。

【水旱灾害防御】2020年，大埔县水务局抓好水旱灾害防御工作。加强预案建设。组织指导做好县、镇、村三级水利工程防洪应急预案和山洪灾害防御预案，修订完善河流、水库、堤防险工险段、水电站、重点工程建设项目和受山洪威胁地区的防洪抢险应急预案。强化知识培训和防洪演练。举办大埔县2020年河长制、小型水库“三个责任人”和山洪灾害防治综合业务知识培训班；5月25日，在银江镇指导、参加防洪演练，提高县、镇、村及三防指挥部成员单位应对突发事件的应急反应能力和防灾避灾意识。加强防汛检查。专门组织四个县级督查抽查组在各镇（场）自查的基础上，对全县重点防汛部位进行汛前安全检查。强化值守、预警。坚持汛期24小时领导带班值班制度，加强监测及时发布预警信息。通过各类短信平台发出预警短信3.60万条。落实水库“三个责任人”管理责任制。对全县48座水库严格落实好“三个责任人”（安全度汛行政责任人、技术责任人和巡查责任人），并在县政府官网公示，接受社会监督。科学调度江河水库。坚持局部利益服从整体利益、蓄泄兼顾的原则，科学调度水库水位，最大限度地发挥山塘和水库的拦蓄作用。全县全年降雨量为978.4毫米，与2019年相比减少467.1毫米。

【水土保持】2020年，大埔县水务局抓好新冠肺炎疫情常态化防控的同时完成上级下达水土流失治理任务。按照水利部办公厅开展生产建设项目水土保持遥感监管工作的图斑复核工作的要求，完成全县69个图斑的现场复核。推进2019年度水土流失治理工程3宗：梅潭河（岭下段）治理工程、富溪水治理工程、小靖河二期治理工程建设。梅潭河（岭下段）治理工程于3月2日复工，完成清淤2.88千米、护岸3.27千米。小靖河二期治理工程于3月15日复工，完成清淤6.28千米、护岸5.59千米，已完工验收。富溪水治理工程于3月2日复工，清淤15.90千米、护岸10.39千米，已完成合同完工验收。推进湖寮镇密坑水生态清洁型小流域治理工程，计划投资2996万元，治理水土流失面积22平方千米。推进茶阳镇、三河镇崩岗水土流失治理工程，计划投资600万元，治理崩岗6处。做好生产建设项目的水土保持方案审查审批、监督检查、安全生产等工作，开展生产建设项目监督检查，共检查项目6宗，检查人次32人（次），督促生产建设项目完成自主验收，做好水土流失防治工作。

【推行“河长制”工作】2020年，大埔县河长体系、河长责任全面落实。各级河长履职巡河。全年县级召开有关“河长制”工作会议5场，县级河长巡查69人（次），发现问题24宗，落实整改24宗，县河库保护中心发出督办函15次；镇级河长巡河3694人（次），村级河长巡河8364人（次），对巡查发现问题责成有关单位进行整改。全年上报省平台问题12宗，已落实整改。抓好“四乱”治理。全面完成108宗流域面积1000平方千米以上的河流“四乱”问题的清理整治工作，共清理“乱占”4.14万平方米、“乱堆”2.04万平方米、“乱建”5.13万平方米，并于4月底通过省韩江流域管理局“回头看”检查。对流域面积50平方千米以上、1000平方千米以下河流的117宗“四乱”问题开展督查工作，防止死灰复燃。同时，开展河湖“四乱”常态化、规范化工作，由各镇（场）对辖区河流“四乱”问题进行自查自纠，并建立问题台账。全年共自查自纠6宗“四乱”问题，每月滚动更新上报，坚决遏增量、清存量。做好河道水面“清漂”工作。全县全年“清漂”河流长度375.90千米，“清漂”水域面积30.19平方千米，清理漂浮物1273吨。

【镇级污水处理设施建设】2020年，大埔县镇级污水处理设施及配套管网PPP项目，由粤海水务集团（香港）有限公司和广东水电二局股份有限公司、广州资源环保科技股份有限公司联合体中标。项目涉及大埔县13个镇（除县城外）的生活污水厂及配套管网建设（包括镇区、部分农村）。共新建13个镇级污水处理厂1.60万吨/日和30个村级污水处理厂0.24万吨/日，以及配套管网83千米，总投资2.63亿元，已申请到位中央资金900万元。至2020年12月底，完成续建的市重点工程镇级污水处理设施工程15个镇级污水处理厂、30个村级污水处理站建设。

【河道采砂管理】 2020年，大埔县水务局贯彻《大埔县加强河道采砂源头管理工作实施意见》《大埔县河道采砂源头管理细化方案》精神，落实“政府牵头，部门配合，上下联动，综合整治”的长效机制，加大水法规宣传、教育力度，划定河道采砂的禁采区和可采区，实行“河道采砂权”公开招投标，结合开展扫黑除恶专项斗争，加强巡查，严厉打击违法采砂行为，维护河道安全。保持打击非法采砂的高压态势。在各镇成立由镇干部和当地派出所、交警部门为主的河道采砂巡查监管专责工作组，落实属地管理和问责机制的基础上，县水务局联合公安、海事部门，成立茶阳执法组、高陂执法组及水上执法组，三个执法组采取常规巡查，昼伏夜击等相结合的办法打击非法采砂行为，在省、市、县上级部门的高度重视下和“扫黑除恶”行动中，打击非法采砂行为处于高压态势，从而有效遏制非法采砂现象。2020年，全县查处违法采（运）砂行为14宗，查扣违法作业工具15台（辆），其中货车11辆、铲车和挖掘机共4台，行政处罚28.30万元；拆除整治非法抽（洗）砂点设施设备19处，捣毁抽砂管线530米，拆除非法取水设备2处；制止向河道管理范围内倾倒渣土2起；拆除侵占河道建筑物2处。强化可采区监管。派出工作人员24小时驻点可采区，对可采区企业进行监管，实行河砂来源合法证明管理，安装电子监管系统，确保河砂开采规范、有序。全年河砂招标收入3096万元。

【服务民生】 2020年，大埔县水务局加强机关作风建设，服务民生工作。抓好新冠肺炎疫情防控工作。学习习近平总书记有关疫情防控指示、批示和重要讲话精神，落实省市县有关新冠疫情防控工作会议、文件要求，成立领导小组，通过加强局领导带班值班、开展摸查排查、制订《大埔县水务局新型冠状病毒感染的肺炎疫情防控应急预案》等措施，应对和配合做好防控工作。落实好县人大代表建议意见、政协提案。对涉及水利水电主办的1件人大代表建议意见、1件政协提案和3件会办政协提案，召开专题会议，组织专门力量，调查研究，形成实施方案，筹集资金，付诸实施，做到事事有落实、件件有答复，办复“满意”率100%。做好技术服务工作。为农村小水电、农田水利、水土保持等提供技术设计、技术审批、上报立项、技术指导等服务。做好挂扶村高陂镇陂寨村扶贫工作。在2019年年底实现贫困户全部脱贫基础上，投入50万元，抓好村道硬底化建设、养殖产业帮扶、危房改造。开展志愿服务。成立水务志愿者服务队，全局注册志愿者77人，累计开展公益活动2300人次，服务累计时长1725小时，开展新冠肺炎疫情防控、文明城市创建、社区服务、扶危济困、巡河护堤、节水护水、河湖生态监测等专项志愿活动，被授予提名“2020年度梅州市最佳志愿者服务队”称号。开展水利工程安全大检查。根据水利工程分级管理的原则，落实各类水利工程的管理责任，明确任务和职责，规范水工程操作程序。对全县47宗小型水库和159宗山塘、重点堤围管护人员汛期分别给予每人每月补助300元和150元，确保管护到位。按照职责分工，抓好安全生产监督管理日常工作，细化安全措施，抓严格源头管理，抓现场管理，抓安全生产隐患排查治理，对检查中发现的隐患和问题，立即责令整改，不能现场整改的提出防范措施，明确整改期限和责任人，对严重危及安全的重大问题责任停产整改，确保水务系统安全生产。

大埔县水务局负责人名录

局　长：官营生

副局长：赖俊欢　杨佐沐　梁国锋

（范东伟　吴雪杏）

气　象

【2020年气候特点】2020年，大埔县年平均气温22.6℃，比历年平均气温高1.5℃；年总降水量979.60毫米，比历年雨量少552毫米，年降水量≥0.1毫米降水日数130天，比历年少18.1天；年日照时数1778.1小时，比历年多85.8小时。年极端最高气温39.9℃，出现在7月14日，年极端最低气温0.7℃，出现在1月3日。最冷月（12月）平均气温15.0℃与历年同期平均偏高1.7℃，最热月（7月）平均气温30.5℃比历年同期平均偏高2.4℃。一日最大降水量74.20毫米，出现在9月12日。2020年平均气温正常略偏高，年降雨量偏少，年日照时数较历年偏多。全年有11次暴雨天气过程。5月12日，过程最大雨量青溪86.90毫米；5月19日，过程最大雨量丰溪林场126.90毫米；6月1日，过程最大雨量丰溪林场57.10毫米；6月7日，过程最大雨量飞天马山82毫米；7月15日，过程最大雨量双溪水库50.60毫米；7月28日，过程最大雨量双溪水库106.80毫米；8月11日，过程最大雨量丰溪林场132.30毫米；8月15日，过程最大雨量光德78.40毫米；8月23日，过程最大雨量洲瑞93.90毫米；9月9日，过程最大雨量飞天马山205.40毫米；9月20日，过程最大雨量茶阳119.20毫米。全年有影响的台风1次（“米克拉”8月10—12日）。

【气象服务】2020年，大埔县气象台发布各类预警信号116次。所有预警信号发布、对预警信号进行确认以及预警信号的解除均严格依照《广东省突发气象灾害预警信号发布规定》实行。全年发布气象决策服务短信224.54万条，约91万人次。其中发布《重大气象信息快报》39期、《重大气象信息专报》10期、《天气报告》34期，启动应急响应7次（暴雨4次，台风1次，寒冷2次），发布地灾气象风险预警69条，同时向县委、县政府领导、春运成员单位发布最新天气预报。在台风暴雨过程中，县气象台密切关注天气变化，及时发布预警信号，并用短信、电视台、微博、微信、LED屏等渠道向全县发布预警情况，使大埔县各级有关领导能及时了解天气变化，做好灾害防御工作，最大程度降低灾害损失，确保人民群众生命财产安全。

2020年大埔县气象台发布预警信号情况表

表1　　单位：次

次数 \ 信号 \ 颜色	台风	高温	暴雨	寒冷	森林火险	雷雨大风	大雾	冰雹
白	—	—	—	—	—	—	—	—
蓝	1	—	—	—	—	—	—	—
黄	—	10	13	4	8	36	2	—
橙	—	9	12	3	6	2	—	—
红	—	3	2	1	4	—	—	—
合计	1	22	27	8	18	38	2	—

【气象决策】2020年，大埔县气象局有3条重大决策事项。为有效缓解旱情，解决群众生产生活用水，在市人影指挥部的统一指挥下，7月30日至8月12日，在大埔县气象综合探测基地成功实施2次人工增雨作业，共发射火箭弹8枚，全县平均增雨1135万立方米，旱情得到初步缓解。11月20日，广东省气象局监测处副处长谢青林一行专家，到大埔县气象综合探测基地开展大埔国家基本气象站新址验收工作。12月28日，大埔县气象综合探测基地正式启用。梅州市气象局局长张晨辉、大埔县副县长廖昌元及县有关单位代表等出席启用仪式。

【全年灾情】据大埔县三防办统计，2020年9月12—13日，受强雷雨云团的影响，大埔县普降大到暴雨，局部大暴雨。其中高陂镇受灾较为严重，出现山体滑坡10处，房屋后坎崩塌22处，道路崩塌3处，内涝3处，受灾人口21人，农作物受灾面积10公顷，直接经济损失210万元，其中农业损失80万元、家庭财产损失30万元、基础设施损失100万元。

【特色服务】2020年，大埔县气象局开展3期特色服务工作。9月3日，“大埔蜜柚开采节”暨产销对接会成功举行，大埔县气象局于9月1日发布1期《重大气象信息专报》。9月28日，“2020年度森林防灭火技能培训暨实战演练”成功举行，大埔县气象局于9月27日发布1期《重大气象信息专报》。10月26日至11月1日，大埔县气象局为“第三届广东茶叶产业大会暨广东（梅州）茶叶产品展销会”做精细化气象服务，共发布2期《重大气象信息专报》。

大埔县气象局负责人名录

局　长：彭尚永

副局长：杨海东

（黄秀娟）

工　业

工信工作

【简述】2020年，大埔县科工商务局坚持以习近平新时代中国特色社会主义思想为指导，按照省委工作部署、市委工作要求和县委思路举措，多措并举推进新冠肺炎疫情防控和经济社会发展各项工作，落实“六稳”“六保”各项任务，奋力推动工业经济高质量发展。全年实现规上工业总产值40.97亿元，同比减少5.5%；规上工业增加值12.23亿元，同比减少4.3%。全年完成工业投资8.85亿元，同比减少20.9%；完成技改投资3.22亿元，同比减少26.8%。外贸进出口总额1.87亿美元，同比（2019年同期2.55亿美元）下降26.8%，其中出口1.78亿美元，同比下降26.2%，进口809.69万美元，同比下降36.9%。陶瓷出口1.66亿万美元，同比下降24%。实际使用外资，全年共使用外资8万元，完成年度任务（2500万元）的0.3%。园区经济。园区完成固定资产投资6.92亿元，工业投资4.90亿元。工业总产值8.81亿元，同比下降16.5%；规上工业增加值2.01亿元，同比下降16.5%；税收0.55亿元，同比增长117.9%。

【平台建设】2020年，大埔县科工商务局抓好工业项目集聚平台建设，促进企业有序生产和建设。园区有30家企业，投产企业23家、在建企业6家、拟动工建设1家，上规企业16家，新增亿元以上企业1家。园区基础设施扎实推进。园区消防通道完成工程总量的78%；陶艺园水厂完成总工程量的97%，完善地面及接入水源；展示中心地下室顶板完成，完成展厅二层模板。县城工业小区引进梅州市嘉颖新材料科技有限公司计划投资2亿元的“电子光学新材料研发生产项目”。

【产业发展】2020年，大埔县科工商务局推动产业发展，引导传统产业升级。向传统产业宣传技改政策，靠前服务，上门到企业指导技改备案工作，全年大埔县的博富能、发源、顺源、晖祥等4家企业成功申报省级加大工业企业技术改造奖励力度金205.89万元。引导宝丰、吉玉、金源海、顺源、晖祥等陶瓷企业通过联合、增资扩产和技改等形式发展壮大。引导新兴产业发展壮大，大埔县通美实业有限公司的柚果深加工前端技术改造项目获得省设备事前奖励金54万元。同时抓好现代生物、新材料等战略性新兴产业的引资促进和旅游、文化、物流等高端现代服务业项目的引资促进，培育新的发展优势。

【信息化建设】2020年，大埔县科工商务局抓好信息化建设工作。全年新建5G站点88个，新增NB-LOT基站36座，新增光纤接入用户1.60万户，信息化产业发展速度加快。

【营商环境优化】2020年，大埔县科工商务局引导企业用足用好政策，成功组织26家中小微企业申报中小微企业上规模专项资金473.89万元，10家外贸企业获得中央财政2020年度外经贸发展专项资金272.20万元。通过发挥政策导向作用，促进大埔县企业稳定发展。为企业解决融资难问题。中国银行大埔支行为大埔县小微企业贷款批复总额1.95亿元，至2020年12月底，贷款余额合计9773万元，比2019年年末净增3908万元，普惠金融贷款余额1.11亿元，其中信用贷款余额7612.50万元。全县信贷风险补偿资金贷款累计32家次1亿元，在贷企业6家2425万元，2020年新增贷款1500万元。

商务工作

【内外市场开放】2020年，大埔县科工商务局抓好内外市场建设。举办电商扶贫活动，拓展电商市场。全年参与举办12场消费扶贫产销对接活动，通过直播带货、品牌推广等方式销售农产品，电商平台发出的蜜柚共计630万千克，农产品代销3.09万件共计金额277.72万元。组织企业参加展览会，拓展国际市场。组织企业参加第127届和128届广交会，针对2020年广交会采用网上举办的形式，引导帮助17家企业采用直播卖货方式，并取得一定效果。另外还组织企业抱团参加2020年度德国法兰克福（春季）国际消费品及礼品展（受疫情影响请人代展）、2020年中国（北京）国际精品陶瓷展览会、2020海南（东盟）酒店及餐饮用品博览会。

【招商引资】2020年，大埔县科工商务局把优化经济发展环境作为招商引资的“生命线”，软硬兼施，搭梯架桥，为企业和项目提供服务。制定出台《大埔县驻外专业招商队伍工作方案的通知》《关于2020年度全县招商引资任务安排的通知》《大埔县招商引资绩效管理办法》《大埔县促进先进制造业招商引资工作的若干措施》等招商引资相关文件和优惠政策，不断强化要素保障。以亲商、安商、富商为宗旨，以改革创新为手段，转变政府职能，强化服务意识，严格执行首问负责制、限时办结制、服务承诺制、责任追究制和跟踪问效制，确保项目招得进、落得下、发展得好。全年全县招商引资引进合同项目17个，计划投资总额44.20亿元，其中低碳工业项目 7 个，现代农业项目 3 个。

大埔县科工商务局负责人名录

局　　长： 陈培先

副 局 长： 陈毕贤　肖高贤（—2020.5）

苏志强　罗俊坚　连增发

龚仲烦（挂职，—2020.1）

李艳阳（挂职，2020.5—）

李子庆（挂职，2020.5—）

国际商会大埔县商会副会长： 刘胜钊

（张叶发）

陶瓷工业

【简述】 大埔县陶瓷产业服务中心成立于 2008 年 9 月 19 日，单位原名称为大埔县陶瓷产业管理办公室，是根据梅州市机构编制委员会《关于同意设立大埔县陶瓷产业管理办公室的批复》和大埔县机构编制委员会《关于设立大埔县陶瓷产业管理办公室的通知》文件精神设立。2019 年 8 月 30 日，根据中共大埔县委深化机构改革工作领导小组办公室《印发〈关于县委县政府直属事业单位改革的意见〉的通知》和中共大埔县委机构编制委员会《关于大埔县陶瓷产业管理办公室更名等事项调整的通知》精神，大埔县陶瓷产业管理办公室更名为大埔县陶瓷产业服务中心。2020 年 12 月 31 日，根据中共大埔县委机构编制委员会《关于印发大埔县陶瓷产业服务中心主要任务、内设机构和人员编制规定的通知》精神，定为正科级事业单位，隶属于大埔县科工商务局管理，赋予全县陶瓷生产行业管理和服务职能。根据承担的职能任务，设四个职能股，即人事股、秘书股、安全生产技术股、信息联络股。大埔县陶瓷产业服务中心事业编制 15 名。其中主任 1 名，副主任 2 名，正股级职数 4 名，副股级职数 4 名，所需人员工资和经费由县财政拨给。办公地址在大埔县高陂陶瓷工业生产基地。办公场地面积 834.30 平方米（包括产品展厅、会议室等），土地面积 4126.30 平方米。

2020 年 6—10 月，根据《大埔县人民政府办公室关于印发大埔县推进国有企业退休人员社会化管理实施方案的通知》（埔府办〔2020〕15 号）精神，对大埔县陶瓷工艺品进出口公司、大埔县陶瓷供销经理部、大埔县黄塘瓷厂、大埔县陶瓷购销公司、大埔县陶瓷纸箱厂、大埔县陶瓷贸易开发公司、大埔县陶瓷机械厂、大埔县兴原陶瓷有限公司、高玉陶瓷有限公司、大埔县赤山瓷厂 10 家破产陶瓷国企的退休人员分 6 批次共计 439 人移交相应社区管理，人事档案移交辖区人社局保管。

【落实疫情防控和复工复产工作】 2020 年，大埔县陶瓷产业服务中心抓好新冠肺炎疫情防控和复工复产工作。成立新冠肺炎疫情防控工作领导小组，落实疫情防控措施，开展疫情防控宣传，分片分组负责陶瓷企业的复工复产工作。按照标准严格核查企业复工复产条件，复工后不定期到企业检查防控措施和疫情防控台账。为陶瓷企业筹集疫情防控物资，对陶瓷企业开展帮扶，通过采取调研、召开座谈会和发放调查问卷等形式了解全县陶瓷企业受疫情影响情况及面临的困难和诉求，向上级部门反映相关情况。动员陶瓷企业捐献爱心，疫情期间共筹集价值 34.50 万元的物资，用于支持全县的防控工作。

【提供技术咨询和技术服务】 2020 年，大埔县陶瓷产业服务中心派出专业技术人员到企业对其技术改造、技术攻关和技术咨询提供服务和帮助，特别是在新产品的研制、新材料在新配方中的应用方面，为企业提供技术上的支持，全年共帮助企业解决 15 例技术问题。

【管理企业安全生产】 2020 年，大埔县陶瓷产业服务中心开展安全生产检查出动人数

171 人次，发现隐患 233 处，安全生产复查出动人数 93 人次，陶瓷企业安全事故发生率为 0。开展大埔县陶艺文化创意产业园 2020 年火灾高风险区域整治摘牌工作，按照《大埔县火灾高风险区域整治挂牌督办实施方案（试行）》要求，全面推进园区公共消防基础建设和园区陶瓷企业的火灾隐患排查整治工作。

【培养技术人才】2020 年，大埔县陶瓷产业服务中心开办大埔陶瓷技能培训班（初级），参加培训人员 124 人次。协助推动“第一届梅州市工艺美术大师”评审认定工作，有 39 名工艺美术从业人员获得“第一届梅州市工艺美术大师”称号。做好陶瓷系统专业技术人员的继续教育培训和专业技术职称申报的相关工作，对企业职工进行技术培训授课。

【推进产业融合和产业创新】2020 年，大埔县陶瓷产业服务中心推广“文化创意+陶瓷”发展模式，完善大埔县陶瓷文化创意产业园省级文化产业示范园区建设，推动顺源陶瓷实业有限公司与梅江区四三草堂进行陶瓷文化创意创新合作。推广“技术创新+陶瓷”发展模式，协助欣红、发源、怡丰园、吉玉等企业申报第一批国家高新技术企业。协助组织裕丰、晏弘、金润源等企业申报第一批市级工程技术研究开发中心。

【拓展营销渠道】2020 年，大埔县陶瓷产业服务中心坚持“政府搭台、企业唱戏”模式，组织企业参加国内展览展销会。组织大埔县 39 家陶瓷企业参加 2020 年春、秋网上广交会及 2020 中国（北京）国际精品陶瓷展览会、2020 海南（东盟）酒店及餐饮用品博览会、2020 粤港澳大湾区知识产权交易博览会暨梅州市特色产业知识产权主题研讨会。重视发展线上营销渠道，协助组织陶瓷企业参加直播带货培训和参与“长寿大埔，常来长寿”县长直播带货活动；组织陶瓷企业参加第十三届广东省陶瓷艺术创作设计创新大赛。

【扩大大埔陶瓷知名度】2020 年，大埔县陶瓷产业服务中心推进实施名牌名标战略，鼓励陶瓷企业在各类文博会、展览展销会和其他宣传平台上统一使用“大埔青花瓷”“高陂”商标；推进“中国青花瓷之乡”特色区域称号复评工作，已完成复评材料的提交；成功举办“中国青花瓷之乡·大埔青花瓷茶器设计创意大赛”。

大埔县陶瓷产业服务中心（陶瓷公司）负责人名录

主　任（经　理）：吴景礼

副主任（副经理）：黄胜泉　罗伟宁

（罗慧思）

二 轻 工 业

【推进企业改革转制】2020 年，大埔县城镇集体企业联社（二轻工业公司）贯彻执行县政府批复精神，推进大埔县湖光制衣厂的转制工作。加强领导，落实责任，集中人力物力推进改革转制；依法依规做好转制工作；稳妥推进完善。2020 年，主要做好未转制企业调查摸底工作。

【安全生产】2020 年，大埔县城镇联社（二轻）抓好新冠肺炎疫情防控工作，同时贯彻安全生产法，抓好安全生产工作。加强领导，落实安全生产责任制，开展安全生产月活动，开展安全生产大检查，全面排查安全隐患。全年无安全生产事故。

【信访维稳】2020 年，大埔县城镇联社（二轻）把信访维稳工作当作工作重点来抓，落实信访维稳工作责任制，层层落实维稳工作责任。开展职工矛盾纠纷排查调处工作，把问题和不稳定因素消灭在萌芽状态。实行信访接访制度，落实职工来信来访，做到事事有回音，件件有落实。全方位排查社会矛盾，解决职工的热点难点问题，实现二轻系统社会稳定。

大埔县城镇集体企业联社（二轻工业公司）负责人名录

主　任：陈冠球

副主任：邓继新　唐燕（女）

（张联阶）

工业园建设

【简述】广州海珠（大埔）产业转移工业园位于大埔县中心镇——高陂镇城区南部，园区总体规划面积333.77公顷，全部符合土地利用总体规划和城市（镇）总体规划要求，主要发展陶瓷产业。首期开发面积180公顷，起步区建设33.33公顷。2020年，启动赤山园区建设，计划在“十四五”期间开发126.67公顷。

【园区规划】2020年，广州海珠（大埔）产业转移工业园管委会（简称大埔工业园管委会）抓好园区规划，按照“整体规划、分步实施”的发展步骤，分板块规划建设。以6.2千米赤山至留田一级公路（高陂大道）为发展主轴，规划于2014年至2022年分三期实施完成，近期开发面积180公顷，中期规划开发面积100公顷，远期规划开发面积53.77公顷，打造广东省重要陶瓷生产基地。计划到2025年，全面完成开发建设，实现工业总产值50亿元，工业增加值16亿元，税收2.30亿元，解决就业1.50万人。

【园区建设】2020年，大埔工业园管委会重视园区基础设施建设，推进新老园区连接道路及护坡复绿以及青花瓷展示中心、陶艺园水厂、起步区消防通道、园区二期2号地块首期场地平整、高速收费站雨棚及周边广场提升改造、园区二期扩大部分、园区二期4号地块场地平整、陶瓷大卖场、园区道路后续工程等项目建设，总投资1.30亿元。项目建设按时序推进。

【项目建设】2020年，工业园区32家企业完成固定资产投资6.92亿元，其中工业投资4.90亿元，占全年任务5亿元的98%。完成总产值8.81亿元，同比下降16.5%；规上工业增加值2.01亿元，同比下降16.5%；税收0.55亿元。

【招商引资】2020年，大埔工业园管委会引进招商引资合同项目1个（广东粤科欣发新材料有限公司），计划投资总额2亿元，实际投入资金0.78亿元。完成县下达的招商引资目标。

【安全生产检查工作】2020年，大埔工业园

2020年9月22日，大埔县在县城文化广场举办就业招聘活动（县工业园管委会提供）

管委会在做好新冠肺炎疫情防控的同时，深入园区开展宣传、教育、培训各项活动，有效引导干部职工，形成自觉重视安全生产的良好习惯和主动抓安全生产管理的理念。召开安全生产会议，传达县委、县政府下达的文件精神；组织干部职工学习安全生产常识，增强作业人员的安全意识和安全知识；培训相关应急救援知识，确保在发现异常情况时能立即停止作业，并采取正确的应急处理措施，提高遇险时的自救和互救能力。到三河、茶阳、高陂园区督促企业落实安全生产主体责任，重视新建项目安全监管工作，加强工程质量和安全监管。对三河、茶阳两个园区安装视频监控，为两个园区提供安全保障。

广州海珠（大埔）产业转移工业园管委会负责人名录

主　任：陈表宇

副主任：罗向前　邓英才

李艳阳（广州海珠区挂任，2020.1—）

（**杨增键**）

供　电

【决策部署落实】2020年，广东电网有限责任公司梅州大埔供电局（简称大埔供电局）聚焦“六稳”“六保”，对标“全国最好2021”，发挥党员干部先锋模范作用和支部战斗堡垒作用，常态抓好新冠肺炎疫情防控、助力企业复工复产、打赢三大攻坚战、增供扩销等政治任务落实。抓实疫情防控，守住不发生聚集性疫情的底线。高效完成防疫指挥机构、医疗机构等重点疫情防控单位保供电；支持复工复产，落实国家电价政策，减少企业用电成本450.31万元，政策红利惠及用户1.72万户。脱贫攻坚取得实效，对口帮扶光德镇下漳村实现脱贫出列；按期完成全县61个贫困村电网升级改造，解决贫困村低电压问题。全县0.86万户低（五）保户100%享受免费电，减免电量125.53万千瓦时。防范化解重大风险，严格按合同规定支付民营企业账款，无新增拖欠。主动协调化解各利益相关方矛盾，5个小水电自供区完成接管，实现全县无小水电自供区。做实做细退休人员思想工作，稳妥有序完成423名退休人员社会化移交。全局总动员，挖掘电量增长点，做到寸土必争，超额完成增供扩销任务，供售电量历史首次双破5亿千瓦时，售电量增长率11.4%，居全市前列。

【安全生产】2020年，大埔供电局围绕安全生产目标，落实各项措施。完善修编各类人员安全生产职责及其到位衡量标准，通过“签订+宣讲+承诺宣誓”层层落实安全生产责任制。强化监督问责，聚焦安全监督“三转”，专业部门主动履行安全生产主体监督职责，安监部门履行再监督职责。全面推广智慧安监系统应用，有效对1747项作业可视化管控，制止纠正违章164起，通报处罚“杜绝、严禁类”问题14起，实现“双零”目标。鼓励主动自查，围剿“四类问题”410项，居梅州前列。持续推进安风体系深化运用。顺利通过上级安风体系集中评审，班（所）长审核员资格比例94.8%。举办“安全有我，青年担当”主题知识竞赛，推动安全生产与党建团青工作深度融合。组织“保命”业务培训165期，有效提升班组安全意识和作业规范性。落实风险管控和隐患整治双重机制。常态化开展隐患排查治理，发现并整改隐患220处，有效防范社会人员触电风险。与大埔县林业局建立涉电安全隐患治理工作联动机制，实施三河供电所防火隔离带试点，推动“线行保护区就是防火隔离带”落地。提升防灾减灾和应急保电能力。组织修编“1+14”应急预案和126个现场应急处置方案，组建1支应急特勤队，开展“双盲”抢修演练，完成防疫、中高考等 23 项保供电任务。强化信息安全防范，圆满完成“护网—2020”网络安全攻防演习，实现“三不一零”目标。

【供电管理】2020 年，大埔供电局加强电力管理工作。解决历史遗留问题。完成全县 245 家小水电专项用电检查，跟踪整改隐患 1880 项，完成率 97.4%；小水电用户故障出门同比下降近五成。供电可靠性提升。完成带电作业 221 次，发电车、发电机保供电 82 次，减少停电时间 2.42 小时。中压线路故障率下降 15.7%。全面完成辖区 10 千伏线路小电阻改造。在全市率先实现配网无人机自动巡航，安装 84 套配网设备状态在线监测装置，实现技术减负。3 个馈线组 6 回线路投入自愈功能，实现“零”突破。提高配电自动化建设及实用化水平，全局配网自动化覆盖率 98.6%，同比提升 8.53 个百分点，终端在线率 98.1%，同比提升 1.52 个百分点。

【电网发展】2020 年，大埔供电局夯实电网发展基础。编制“十四五”智能电网规划，1028 个中低压问题、714 个项目修编入库，涉及投资 3.40 亿元。规划成果纳入政府国土空间规划，为城区电缆通道建设打好基础。完成县城 4 组网架完善项目改造，实现主干合理分段、两供一备、2—1 单环网目标网架的搭建，配网线路可转供电率 58.1%，同比增长 18.01 个百分点，馈线自动化有效覆盖率 44.6%，同比增长 22.15 个百分点。2020 年配网工程完成投资 7055.58 万元，年度投资完成率 118.5%。重点完成 10 千伏县城网架完善项目建设任务，提前完成 35 个贫困村及 14 个低电压紧急立项项目的改造任务、21 个约时送电项目建设任务。推进小型基建项目建设，百侯、桃源供电所技术业务用房通过可研内审，大埔供电局周转用房项目施工设计已报省公司第三方外审。规范物资管理，全年加大平衡利库 900 万元的物资，处置拍卖一批报废物资，有效减少库存量。

【客户服务】2020 年，大埔供电局提升客户服务能力。优服务。提升“获得电力”评价指标。小微企业、高压单电源客户平均接电时间分别为 2.49 天、30.80 天，同比下降 6.90 天、24 天。靠前服务大潮高速等大用电项目，提前两个月送电，获客户赠送锦旗致谢。解难题。开展“管理减负，党员走在前解决电费历史遗留问题”攻坚行动，解决政府、用户、小水电业主多个主体共同缴交一笔电费的历史遗留问题。当年及陈欠电费回收率率先在全市提前 8 天达到 100%。精管理。全面完成贫困村电能表宽带改造，实现贫困村电压全量监测；开展 289 台残旧配变计量装置、191 台残旧负控计量装置改造。转变作风，改变“以抢代维”及“扎堆运维”的习惯，提高计量运维效率，工单处理及时率 100%，全市排名并列第一；12 月底实现自动抄表率 99.8%，全市排名第二。完成省管 2 条高损线路、17 个高损台区降损治理；线损平均异常率 2.9%，全市唯一实现全年月度线损异常率保持未超目标值。组织开展专线、专变用户专项核查工作，重点厘清产权和运维界面，核查专线专变 574 户，跟踪处理安全隐患 1127 个。兴业务。市场化交易零差错，累计交易电量 0.52 亿千瓦时。新能源业务稳步增长，充电桩电量累计 79.50 万千瓦时。新增可量化电能替代项目 3 个，替代电量 45 万千瓦时，排名全市第三。

【经营管理】2020 年，大埔供电局坚持统筹协调，提高经营管理能力。全年新增有效资产 5927.58 万元，增资率 100.2%，超额完成上级下达目标。查获窃电行为 83 宗，超额完成 50 宗目标，补收电费及违约金 36.32 万元，同比增加 271%。应用新设备、新技术，装设 4 台中压调压器、40 台低压调压器，有效提升电压质量，实现科技降损。以供电所工作手册和供电所标准化建设为抓手，稳步推进供电所标准化建设的开展，西河供电所顺利复评三星供电所。开展资产产权证明专项清理行动，全年完成34宗资产补办证任务。行政减负取得实效。刚性执行作风建设45条，全年会议数量及财务系统单据耗时实现大幅减少。鼓励职工技术创新，参与研发的“云数据智慧行政办公平台”获得梅州供电局2020年度职工技术创新成果二等奖。形成账卡物长效管控机制，实现账卡一致性问题数据动态清零，各专业账卡物一致率均为98%，基础管理水平提升。

广东电网有限责任公司梅州大埔供电局负责人名录

党委书记、副总经理： 刘森泰
党委副书记、总经理： 周　毅（2020.1—）
副　总　经　理： 洪旸锦
韩雄辉（2020.8—）
吴广斌
潘文博（—2020.8）

（袁国堪）

对外经济服务

【外商服务】 2020年，大埔县对外经济服务中心做好外商投资合作单位广港汇亿贸易运输公司服务工作，确保车队安全运行，各项运输业务有序运转。同时，做好新冠肺炎疫情防控工作，严格落实防疫和安全管理措施，并协助旗下18辆直通车全部安装ETC和GPS定位系统。

【精准扶贫】 2020年，大埔县对外经济服务中心按照县委、县政府统一安排，做好对口扶贫工作。投入资金5万元帮扶洲瑞镇嶂岸村和陂营村贫困户脱贫，两村9户16人全部退出贫困，实现脱贫。

大埔县对外经济服务中心负责人名录

主　任： 刘　韬
副主任： 连宏亮

（黄继兴）

交通·邮电

交通运输

【简述】 2020年，大埔县交通运输局按照省委工作部署和构建“一核一带一区”区域发展新格局，市委工作要求和构建“五星争辉”区域发展格局，以及县委思路举措，统筹抓好新冠肺炎疫情防控和交通重点工作，推进交通重点建设项目和“四好农村路”建设，实现交通路网结构和交通环境得到改善，取得明显的成效。全年完成固定资产投资22.42亿元（与2019年基本持平）。其中高速公路完成投资15.56亿元；省道建设项目7个，总投资3.18亿元；地方公路建设项目7个，3.67亿元（含“四好农村路”建设攻坚任务1.42亿元）；非现场执法建设0.15亿元。

【公路桥梁建设】 2020年是大潮高速公路（含大漳支线）建设的关键之年，大埔县交通运输局支援支持大潮高速公路建设指挥部克服疫情影响，推进复工复产，快速通道全面打通。大潮高速公路2020年12月28日建成通车。全年完成省道S227线三河至松口19.83千米、S333线大埔县根子栋至光德段8千米路面改造工程、S227线茶阳至三河段19.71千米、S227线大埔县西河镇北塘至纯德段13.10千米、S222线大埔县大麻镇坑尾至裕洲段13.80千米路面改造加铺沥青等5个重点工程项目。重点实施S227线枫朗至高陂路面改造工程和大埔县高陂赤山至留田段过境公路改建工程。延伸旅游产业道路，助推旅游产业发展。投资1600万元，实施枫朗隔背至岽顶湖10.57千米旅游产业路和西河镇漳溪村到上黄砂旅游公路建设，推进大麻莲塘韩江大桥、湖寮镇密坑大桥建设工程和韩江高陂水利枢纽库周公路河口至裕州、九龙至北埔、莲塘至三河、银江河口至裕州等路段改建工程。助推“四好农村路”建设。全年投入资金1.42亿元，完成通省级现代农业产业园区公路2千米、砂土路改造176.48千米、通200人以上自然村道路46.45千米建设和1座危桥改造，完成上级下达大埔县的“四好农村路”建设攻坚任务。

【公路养护管理】2020年，大埔县交通运输局按照省、市迎接“十三五”全国干线路域环境综合整治工作会议精神，加强县内干线公路综合整治工作，对公路边坡、排水系统进行集中整治，完善钢护栏、标志标线及安全警示标志，同时对非公路标志、违法建筑、占用公路摆摊设点等“六乱”行为进行清理和整治，提升道路安全通行环境。根据年终地方公路检查情况，大埔县年平均好路率92%，干线公路好路率95%。按照市委、市府《关于掀起新一轮绿满梅州大行动》的工作部署和县委、县府《关于开展创建广东省旅游强县》的工作要求，实施绿色廊道工程，投入资金591万元在枫朗镇岽顶湖道路沿线补种花木、草皮，巩固廊道建设成果。

【交通执法、行业管理】2020年，大埔县交通运输局牢固树立“依法依规开展执法、强化行业监管力度”的工作方针，针对各运输领域存在的重点突出问题，加大打击和处罚力度，推动交通运输市场的规范化发展。“路警联合”抓好客货运输监管。建立“路警联合执法”常态化工作机制，集中执法力量开展“两客一危”（从事旅游的包车、三类以上班线客车和运输危险化学品、烟花爆竹、民用爆炸物品的道路专用车辆）运输市场专项整治、车辆超限超载治理等工作，严厉打击“黑大巴”“黑校车”“黑出租”等“非法营运”和超限超载运输等违法违规行为。全年出动联合执法人员1.79万人次，查处各类违法案件635宗（运政157宗，非现场执法91宗，源头处罚33宗，路政1宗，联合治超353宗），与2019年同期相比减少30.5%，行政处罚115.13万元，卸载货物8782.18吨。大埔县车辆超限超载治理工作实现超限率、超载吨数、超载比例明显下降。建立健全行政执法过程全记录工作机制，做好省交通运

2020年9月11日，高陂韩江水利枢纽九龙埠至北埔段库周道路施工现场（县交通运输局提供）

输综合行政执法信息系统工作，实现 100%系统办案目标。2020 年，重点开展货运行业乱象整治行动，加强超限检测站、重点路段流动治超、货运源头超限超载治理等各项工作，还投入资金 1500 万元在国道 G235 线茶阳太宁和湖寮板坑、省道 S221 线枫朗桥、省道 S227 线三河旧寨及高陂等路段建设 5 个等治超非现场执法监测点，通过现代科技手段加强运输车辆称重检测，取得良好效果。通过强化政治理论学习、道路运输政策法规培训、抓好驾培机构训练场地复核工作、道路运输企业质量信誉考核工作等规范运输市场秩序，提高服务水平和办事效能，实现道路运输持续稳定发展。按照“以人为本、安全第一、组织有序、优质便捷”的工作原则，以实现满足人民群众的出行需要，营造平安春运氛围，保持经济社会平稳有序为总体目标，精心组织，合理安排，完成春运各项工作任务。2020 年春运期间全县运送旅客 26.73 万人次，较 2019 年同期增加 17.58 万人次，同比增长 66%，开展节假日道路运输企业安全大检查，确保无重大以上道路交通安全事故发生。

【安全生产工作】2020 年，大埔县交通运输局加强安全生产监管作为保障交通运输行业安全的首要核心任务，突出工作主线，“部门联动、严防管控”，实现交通运输行业全年无重大、特大安全生产事故发生。开展安全生产大检查。结合春节、“五一”、中秋、国庆等不同季节时段的特点，突出“两客一危”、渡口渡船、在建工地、路域环境等重点领域专项整治。开展“三无”船舶防汛安全隐患专项整治，拆解“三无”船舶 74 艘。开展普速铁路外部环境安全隐患专项整治，排查治理大埔县境内梅坎铁路安全隐患 58 处，其中重大隐患 9 处，投入整改资金 177.65 万元。开展在建工地安全生产隐患排查治理、地质灾害隐患排查治理等工作，把安全隐患消除在萌芽状态，维护交通运输行业生产安全稳定。按照“管行业要管安全”和“一岗双责”的要求，严格做好道路运输许可和车辆技术状况的源头把关。定期开展对县内 2 间客运企业、二类机动车维修企业、机动车驾培员培训学校等道路运输企业安全监督检查指导。督促相关企业落实安全生产责任制，签订安全生产目标责任书。不定期深入道路运输企业进行安全生产工作指导。

【疫情防控工作】2020 年，围绕党中央、国务院及省、市、县新冠肺炎疫情防控指挥部的决策部署，通过在公路省际入口设立省际防疫检查点、“两站一场”实施体温监测和路面执法监控等工作方式，全面开展疫情防控工作，不畏安危，严防死守，防止疫情通过公路交通领域输入大埔县，取得扎实成效。2020 年大年初一开始，大埔县交通运输局在接到上级指示精神后，迅速行动，要求综合行政执法人员、运政管理人员全员取消休假，分别在国道 G235 线茶阳恋墩、梅龙高速公路西河入口设立 3 个省际公路入口联合抗疫检查点，对进入大埔县的车辆、人员进行严格检查和体温监测。

【铁路运输】2020 年，大埔火车站安全发送上车旅客 3.50 万人次，到站下车旅客 3.46 万人次，货物到达量 136.50 万吨，货物发送量 8.73 万吨。

大埔县交通运输局负责人名录

局　长：刘青天（—2020.7）

何政文（2020.7—）

副局长：管　良　刘永东　郑联光

原大埔县地方公路管理站站长：

吴国威（—2020.6）

大埔县交通运输服务中心主任：

吴国威（2020.6—）

（吴苏游）

国（省）养公路管理

【简述】2020年，大埔县公路事务中心坚持以习近平新时代中国特色社会主义思想为指导，贯彻落实中共十九届四中、五中全会精神，在受新冠肺炎疫情不可抗力因素影响下，推进常态化疫情防控和公路重点项目建设"双线作战"，完成年度计划投资5.19亿元，较2019年完成投资额4.95亿元增长5.9%；同时抓好公路养护管理、路政管理、党风廉政、精准扶贫等各项工作。

【公路建设】2020年，大埔县公路事务中心推进公路重点项目建设，列入县重点项目6项，项目总投资25.79亿元，年度计划投资5.19亿元。其中3项续建工程。省道S221线大埔县城改线工程（县城过境公路）。全长5.98千米，一级公路标准，总投资3.09亿元，2020年完成投资7000万元。省道S221线湖寮至枫朗公路改建工程。全长12.03千米，总投资5.96亿元，2020年完成投资2亿元。省道S222线坑口至高陂公路改建工程。全长19.40千米，总投资3.78亿元，2020年完成投资1.30亿元。3项新开工工程。国道G235线大埔胜坑至丰埔桥段改建工程。全长7.29千米，总投资1.95亿元，2020年完成投资3000万元。国道G235线大麻至银江坪上段路面改造工程。全长23.03千米，总投资8878万元，2020年完成投资8878万元。国道G235线茶阳至湖寮公路改建工程。全长23.14千米，总投资约9.60亿元，2020年完成投资3000万元。1项储备项目。国道G235线大埔湖寮段改线工程。全长4.25千米，总投资5亿元。12月，进行工程可行性研究报告的编制工作。

【养护工作】2020年，大埔县公路事务中心强化养护意识，提升精细养护水平。抓好公路日常性养护、预防性养护和全面性养护。加大养护投入，注重公路中、小修，明确养护标准，树立精细化养护的新养护理念。分阶段推进迎国评工作。完成迎国评普通国、省干线公路路况综合整治工程，包含国道路面改造2.08千米、省道路面改造2.56千米；三类养护修复养护3.33千米、预防养护9.09千米；完成G235线大麻至银江段路面改造工程沥青下面层的铺筑；完善生防、灾毁、桥梁等养护专项交工验收和资料汇总。完善公路服务设施建设。投入302万元，建成大麻、大东公路服务区，是2020年全省仅有获得交通运输部补助的新建服务区（每个100万元），推动全县普通国、省干线公路服务设施建设步伐。6月12日，梅州市普通国、省干线公路养护管理暨服务设施建设工作现场会在大埔县召开，大埔县公路事务中心公路服务设施建设的工作得到市公路部门的肯定。

【路政管理】大埔县公路事务中心坚持依法行政，文明执法。坚持上路巡查，依法维护路产路权，及时发现和制止违反公路法律法规、损害公路权益的行为，保障公路畅通。抓好普通干线公路路域环境整治，整治公路沿线乱堆、乱放、乱拉、乱搭、乱建等行为。2020年，巡查公路里程2.38万千米，巡查天数198天，巡查人数1881人次，路产索赔案件24宗，清除路障184处，拆除广告牌192块325平方米。

【公路安全生产】2020年，大埔县公路事务中心重视安全生产工作，坚持"安全第一、预防为主、综合治理"的工作方针，落实"一岗双责"，推进公路安全生产体系建设。加强安全培训、加强基层道班养护作业施工安全管理、加强在建工程施工项目监管力度、加强桥梁隧道专项检查和隐患整治工作、加强重点路段隐患排查和隐患整治工作，保障通行安全。2020年6月16日，组织道班人员及施工队伍在省道S221线大埔段改造工程现场开展安全应急演练，将安全知识宣传教育和应急救援培训融入演练活动，增强安全防范意识，提高防灾减灾和应急处置能力。全年无安全事故发生，保障各项工作正常开展。

【精准扶贫】2020年，大埔县公路事务中心按照县委、县政府精准扶贫精准脱贫工作的总体要求和部署，投入6万元对口帮扶湖寮镇新寨村，多次深入挂钩联系户进行走访和调研，帮助解决实际困难和问题。投入10万元支持光德镇上漳村，助力社会主义新农村示范村建设。投入7万元支持茶阳镇迪麻村，做好软弱涣散村党组织提升工作。投入5万元支持密坑村新农村建设。

原大埔县公路局（—2020.5）负责人名录

局　　长： 巫运发

副 局 长： 张海基　何红星　肖育标　邓铭武

大埔县公路事务中心（2020.5—）负责人名录

主　　任： 巫运发

副 主 任： 邓铭武　何红星　肖育标　杨家基

总工程师： 罗庆韬（2020.5—）

（余贤进）

航道养护与管理

【简述】2020年，广东省梅州市航道事务中心大埔航标与测绘所（简称大埔航标与测绘所）坚持以党建为引领，以绩效考核为抓手，加强航道、航标、船舶养护管理，提升党建工作水平，全面完成年初制定的9个方面179项工作任务，实现辖区航道安全畅通，全年安全生产无事故，职工队伍稳定。

【航标船舶养护】2020年，大埔航标与测绘所根据航道水位、航槽变化和社会对航道通航需求，及时优化调整航标配布，落实好桥区水上航标养护，加强专设航标服务管理，提高航标助航效能。加强汀江8座重点标维护，及时清除遮挡物、对标体进行油漆编号等。做好基础掏空标路加固维修及加长工作，完成航标基础和标路修复17座，改善上标作业安全环境。协助涉航施工单位做好施工航段的保通航工作。全年维护航标347座（含对外代设代管标志233座），维护工程量12.87万座·天，航标维护正常率99.8%。加强船舶日常维护管理，做好船舶三级保养工作，完成粤标708、粤标巡702、粤标巡705共3艘船舶上排维修任务，完成粤标702、粤标710、粤道工716船棚隔热改造项目，确保船舶处于适航状态。

【航道监督检查】2020年，大埔航标与测绘所按规定开展航道巡查、技术核查等航道监督检查技术服务工作，全年巡查航道3445千米。重点做好韩江高陂水利枢纽船闸下游永久航道开挖施工，及东山、茶阳水电站船闸运行方案的航道监督检查技术服务工作，做好大潮高速韩江大桥、莲塘大桥、汀江西湖大桥、朱德纪念大桥维修施工，以及韩江汕洪、黄竹居、鸭栖江和汀江恭沙、黄石采区等涉航项目施工航段的监督检查技术服务工作，保障施工航段安全畅通。10月19日，收到中交二航局大潮高速TJ1标项目经理部“情系航道保平安　高效服务聚合力”的锦旗一幅。

【航道安全管理】2020年，大埔航标与测绘所落实责任，做好航道日常安全管理，确保安全生产持续稳定。按照《地方党政领导干部安全生产责任制规定》要求，党政主要领导共同担任安全生产第一责任人的职责，各室、航道站层层落实安全生产责任。重点做好航道公共服务安全，利用自身设备粤道工716船舶，对梅江单竹窝、丙村、西阳3座电站下游口门区、引航道进行清淤施工，对东环支线梅江大桥、客都大桥桥区航道水下遗留物进行清理等，改善航段的通航条件。同时，加强内部安全管理，从制度入手，修订完善大埔航标与测绘所安全生产应急预案，落实安全生产评估分析存在问题整改。加强安全生产宣传教育，安全生产月活动期间，在潭江站举办安全教育培训和船舶五项应急演练活动，提高站船一线人员安全意识和安全能力。加强安全隐患排查治理，落实潭江码头安全隐患整改，确保船舶停泊和站船人员生产生活安全。强化工程项目安全监管，督促大麻码头迁改工程施工单位对大麻老站房坡脚进行防护和加固，消除安全隐患，确保安全生产。

大埔航标与测绘所负责人名录

书　记：温力祥

所　长：梁祖锋

副所长：胡雪峰　张瑞清

（刘东波）

海 事 监 管

【疫情防控复工复产】2020 年，突发新冠肺炎疫情，梅州大埔海事处做好疫情防控和助力复工复产工作。严格落实内（外）部疫情防控措施，做好疫情防控，阻断水上疫情传播线。强化使命担当，制定“快、足、新、稳”四大举措，助力辖区 5 家水工企业顺利复产复工。

【“平安韩江”建设】2020 年，大埔海事处通过落实“严管”制度，强化源头管控，强化协同共治等措施，开展法规宣贯、联合检查，全年查处违法行为 10 宗，推动“三无”船舶拆解或吊离上岸 189 艘次，推动地方政府投资 700 万元建设集中停泊区。获评“平安三江”建设先进集体。

【船舶安全隐患专项整治】2020 年，大埔海事处开展船舶防汛安全隐患专项整治。推动大埔、丰顺两县政府出台相应的船舶防汛安全专项整治方案，成立船舶防汛专项整治专班，联合农业农村局共同开展防范商渔船碰撞知识宣贯和应急演练，共同发文督促乡镇政府摸查农（自）用船底数并签订安全责任书；与大埔县气象局共建共享辖区船舶数据，实现恶劣天气预警第一时间送达；联合航道、交通等单位联合发文推进桥梁防撞设施建设等。同时，做好防治船舶污染安全监管工作，制定“三个精准”工作法，严厉打击船舶污染行为。全年开展船舶防污检查 40 余艘次，燃油抽检 12 艘次，惩处使用超标燃油违法行为 7 宗，倾倒生活垃圾违法行为 1 宗。

【船艇精细化管理】2020 年，大埔海事处落实梅州局要求，根据权责清单，结合辖区实际，梳理业务模块，细化工作流程，完成海事处工作手册编制工作。做好海巡船艇管用养修工作，配合梅州局完成管用养修案例拍摄，获广东海事局“船艇管用养修优秀案例”。

【水工水域安全监管】2020 年，大埔海事处抓好保障水工水域通航安全，服务重大民生工程。开展辖区桥梁建设水工安全检查工作，对大潮高速特大桥、莲塘韩江大桥等定期开展检查，掌握施工进度及落实通航保障措施，圆满完成大潮高速特大桥合拢通航保障任务，获得企业赠送锦旗 1 面。

梅州大埔海事处负责人名录

处　长：吴卓瀚（2020.11—）

副处长：吴卓瀚（主持工作，—2020.11）
刘小龙　王吾平

（钟俊文）

邮 政

【简述】2020 年，面对新冠肺炎疫情带来的不利影响，中国邮政集团有限公司广东省大埔县分公司（简称中国邮政大埔县分公司）坚持以习近平新时代中国特色社会主义思想为指导，贯彻落实党中央、集团公司、省分公司和市分公司工作要求，克服疫情影响，履行央企责任担当，完成各项改革发展任务，推动各项工作迈上新台阶。邮政营业服务达标率、全程时限达标率、邮件和报刊妥投率、建制村直接通邮率、县以上党政机关《人民日报》当日见报率均为100%。投递外勤监控关键点扫描率93.4%，高于市分公司下达的91%指标要求。普服客户满意度97.18分。平信丢失率为0，普通给据邮件丢损率为0，压降指标均达市分公司目标任务。没有违反“两条红线”情况。机要通信保密安全，没有发生重大质量事故。全县未发生重大金融风险和安全事故，防范化解重大风险的成效和水平提高。绿色邮政建设关键指标达标，45毫米及以下“瘦身胶带”封装比例100%，100%电商快件不再二次包装，县城网点包装废弃物回收装置设置率100%。全年全县邮政完成总收入6899万元，同比增长10.6%。

【疫情防控】2020年，新冠肺炎疫情期间，中国邮政大埔县分公司快速高效保障疫情防控期间邮件处理的万无一失，寄递防疫物资、口罩、临时号牌、户政证件、教材等，其中寄递教材近1万件。同时，做好企业自身的疫情防控工作，购买口罩、消杀物资、测温设备等，保障员工生命健康。严格建立人员管理台账和日报制度，做好“两类人员”、员工及亲属出入境情况摸底排查，大埔邮政无感染、疑似病例，无大规模隔离事件。

【金融业务逆势上扬】2020年，受疫情影响，大埔金融市场竞争尤为激烈，客家村镇银行、农商行等利用利率上浮的优势抢夺金融客户和资金。面对不利局面，中国邮政大埔县分公司开展“补产”“追产”“增产”三项行动，做到调结构、稳规模、提质效。累计完成代理金融税后净收入同比增收318万元，增幅5.9%。突出发展价值存款，全年新增储蓄存款2.20亿元，其中价值存款1.86亿元。组织开展大中间业务收入达标活动、保险追收“绝地反击”等专项营销活动，以及市分公司组织的针对基金理财业务多期封闭式实操培训，通过激励政策、网点督导、日通报周管控等形式强化管控。保险全年收入同比增长从1月的-52.3%提高至全年的11.3%。项目获客能力提高。陆续攻克政府拆旧复垦项目、城镇建设用地拆迁项目、中小商户工资代发项目等，实现批量获客获金，有效拉动余额上规模。至2020年年底，新增代发项目3个，代发财政补贴、拆旧复垦等征地款项目3000万元。根据县分公司制定的VIP客户提升活动方案，通过开展纳凉节、优惠换购、生日会等活动，强化VIP客户维护提升工作。全县存量VIP客户1.35万户，同比增1199户。邮银速协同发展。与邮储银行大埔县支行紧密合作，开展多个业务协同发展，包括公司业务、邮储花呗等，共同带动金融业务发展。至2020年12月底，全县拓展公司客户8户，余额新增442万元，公司客户累计创收9.30万元。

【寄递业务提质增效】2020年，中国邮政大埔县分公司调整寄递业务结构，以重点项目、高效业务为抓手，抢占寄递市场。全年实现收入508万元，同比增长57.4%，超额完成市分公司下达的计划目标。2020年上半年，全县以防疫期间“避免人群聚集和接触”为营销点，开发教辅教材寄递业务，创收7万元。同时，现费市场开展营销码推广业务，客户资源协同开发12.5万元，同比增长11.7%，有效拉动收入增长。蜜柚、沙田柚寄递收入170万元，实现社会效益和企业效益的深度融合。疫情期间，抢占社会快递公司未复产的市场份额，扩大快包业务量。2020年下半年，县城揽投人员通过投递计件单价与揽收收入挂钩，加强营销和客户开发，同时在蜜柚寄递期间组建17个代收点，更好地为农户服务，做大梅州柚项目规模。通过抓日常电商客户和专项活动2020年快包业务量24.60万件，同比增长158%，推动寄递市占率稳中有升。

【邮务类业务提质增效】2020年，中国邮政大埔县分公司集邮业务累计实现收入42.80万元。受疫情影响，集邮专业品鉴会、网沙等线下营销活动受限，全县及时调整发展策略。线下销售向线上销售转型发展。借力集邮网厅、集邮微商城等线上平台，开展集邮拍卖、集藏直播、众筹、靶向营销等新营销模式。借力政府各项活动平台进行集邮文化宣传和培育。强化集邮降本增效，全县集邮总库存、2020年新库存、2019年及以前老库存三大限额目标均达到市分公司下达的限额目标。函件业务全年累计实现收入88.11万元。重点做好企（事）业单位的宣传合作项目，疫情期间对政企客户加大对疫情的宣传需求，实现媒体收入同比增长。报刊业务全年累计实现收入127万元，同比增长12.3%。政务图书销售成绩突出，《习近平谈治国理政》第三卷销售3583册，完成市分公司下达期望目标的312%。全面完成2021年收订任务。

【农村电商运营取得突破】2020年，中国邮政大埔县分公司以“好山好水出好柚，柚好邮好”为主题，以打造广东农品第一品牌为工作目标，从宣传、销售、寄递三大方面举全县邮政之力，从农村电商、寄递、金融等方面深度融合，成功运营“大埔蜜柚”项目。通过参加大埔县政府主办的蜜柚采摘节活动和市分公司参加内蒙古农牧产展示推介会、全国邮政农产品产销对接会、十八届中国国际农产品交易会、深圳推介会等省（内）外活动，以及加强新媒体推广，宣传推广大埔蜜柚。通过线上的邮乐、极速鲜渠道以及线下的抛单、集订，扩大销售大埔蜜柚的范围和规模。蜜柚共销售7.04万箱，重量27.36万千克，销售额232.17万元。实行“大社直派车、中社上门取、小社定点收”的模式，同时，改变网运模式，通过直运、串运等方式，提高运能和效率，节约运输成本。及时准确切入蜜柚产业链，为柚商、合作社提供便利的资金结算服务和必要的现金流支撑，实现资金在邮政代理金融体系内循环流动，金柚资金回笼对于网点余额增长作用明显。

【网点平台能力建设】2020年，中国邮政大埔县分公司按照集团公司“叠加叠加再叠加，代办代办再代办”的要求，推进邮政网点渠道平台转型。叠加各类“代”字号业务，提高网点收入。全县网点叠加车优保营销、简易险营销、移动支付绑卡和手机银行、分销新零售、电费代缴、菜鸟裹裹等业务，有效提升网点收入。2020年，全县网点收入同比增长20%及以上的有17个，占比85%，其中市分公司指定的4个转型网点收入同比增长49.6%。建设运营第一家家邮站，叠加代缴电费、邮件收寄、快递自提等一系列便民业务，尝试打造社区服务生态圈。国家电商投入40万元资金为县分公司投递部及电商点新增分拣设备、县转运中心龙门架、传送带、爬坡机等设备，提高邮件处理效率。投入1.50万元完成茶阳支局的微型消防站建设，并结合网点整治需求完成灭火器、金库门、监控设备的新增或更新等。向大埔县人民政府申请使用大埔县城物流园区内6666.67平方米土地用于大埔邮政农电商三级物流体系物流园建设。

中国邮政集团有限公司广东省大埔县分公司负责人名录

总 经 理：庞永忠

副总经理：郑先锋　陈演城

李　锋（2020.10—）

肖立新（—2020.10）

（曾海平）

电　信

【简述】2020年，中国电信股份有限公司大埔分公司（简称中国电信大埔分公司）以党建为统领，以抓好新冠肺炎疫情常态化防控为前提，以企业改革为动力，加快推进5G及光宽发展，推动“互联网+”在大埔落地。网络层面精准推进光网规划建设，加大移动5G基站建设力度，网络能力和网络质量提升，为县委、县政府实施“生态立县、实业富县、文旅兴县”发展战略作出应有贡献。公司诚信经营，注重履行社会责任，承担着大埔县通信普遍服务、党政专网通信、应急通信、战备通信和抗洪救灾通信保障责任。连续十三年获“全国用户满意企业”称号、连续十四年获“全省用户满意企业”称号。2020年累计完成业务收入4848万元，完成年度预算的108%，全市排名第二。全县固话用户2.66万户，移动用户4.35万户，宽带用户3.97万户，天翼高清3.14万户。

【履行社会责任】2020年，中国电信大埔分公司履行好社会责任。通过信息扶贫开展脱贫攻坚工作，完成204个省定自然村光宽建设。落实政府对网络与信息安全管理工作的要求，完成自营网站备案、落实语音中继规范受理与备案工作、不折不扣执行实名制认证、配合公安单位做好防范通信诈骗等工作。配合政府推进基础设施重点项目建设，配合开展高速公路和公路改造线网迁改和4G网络覆盖优化工作。完成“两会”、国庆、中高考等重大活动通信保障。新冠肺炎疫情期间，配合政府及相关单位提供及时的通信保障和全方位信息服务，特别是在疫情刚开始又是春节期间，迅速保障疾控中心和人民医院的紧急业务需求。根据县委要求紧急开通临时设立的疫情观察人员安置点70部WiFi和天翼高清业务，完成各种会议保障工作，保障“停课不停学”，以及为县人社局提供云招聘考场。

【“互联网+”推进】2020年，中国电信大埔分公司推进“互联网+政务服务”，实现信息化应用的云平台加载，提升政务效能和信息化水平。为助力教育“创强”和“创现”工作，在原有校校通网络宽带基础上，延伸搭建优质光纤进班互联网络，支撑优质资源班班通，同时推动教育信息服务上云工作，支撑“智慧校园”建设。为服务“平安大埔”建设，在大埔区域内建设超过850路“平安视频监控”网络。此外，综治e通、智能交通、企业上云、物联网应用等信息化项目持续推进，助力“智慧大埔”建设和大埔地方经济发展。同时推进“新基建”的实施建设，保障县重点工程、工业园区、产业转移园通信需求，快速推进5G建设，全年投资770万元，完成32个5G基站建设并正式开通运行，5G手机用户在县城部分区域可以接收到1000兆高速5G信号。

中国电信股份有限公司大埔分公司负责人名录

总 经 理： 罗　刚（2020.4—）

副总经理： 罗　刚（主持全面工作，—2020.4）
房增文　赖欢辉

（詹敏思）

移动通信

【简述】2020年，中国移动通信集团广东有限公司大埔分公司（简称中国移动大埔分公司）以党建为引领，把握移动互联网时代的脉搏，围绕省、市公司工作思路，整体业务发展良好，运营能力持续攀升，有效服务助力政府信息化需求，巩固区域市场主导地位。

【做好新冠肺炎疫情防控工作】2020年，疫情开始，中国移动大埔分公司迅速成立以总经理李森榕为组长的新冠肺炎疫情防控领导小组和各部门主任、网格长、物业主管为成员的工作小组，制定防控工作要求，建立防控应急机制。第一时间为大埔县疾控中心紧急开通6间隔离病房的WiFi覆盖。中共党员梁新辉响应党和国家的号召，志愿报名脱产参与支援大埔县城乡社区一线疫情防控工作。免费为全县1.20万名公职人员开通防控视频彩铃，提升市民对防控的认知。推出智慧门禁等九大智慧社区防疫服务产品，协助县政府完成一系列社区信息化防疫工作。响应政府倡导少聚集、少碰头的各种防疫工作急需，推出无接触式会议，为大埔县各政府机关企（事）业单位约4000人通过“云视讯”远程办公、远程会议、培训、直播等。保障传输网络畅通，助力在线教育业务，从提升BNG链路扩容、实施OLT故障重点管控等方面，助力全县中小学生流畅使用“粤课堂”线上教育课程，“停课不停学、成长不停歇”。网络扩容保障，迎返粤复工人流，为设在大埔县的9个省界通道检疫检查站做好应急通信网络保障。

【保障网络安全运行】2020年，中国移动大埔分公司做好县域重大活动通信应急保障工作。完成在三河镇万川千红农村产业融合基地举办的“和寿大埔”长寿食品区域公共品牌推广暨“电商扶贫·直播同行”活动、在高陂镇陶瓷产业园内举办的“长寿大埔·常来长寿”梅州市大埔县县长直播荐好品活动、在大埔县枫朗镇大埔角村和西岩山岽顶湖等区域举行的2020年全市农村工作暨实施乡村振兴战略和决战决胜脱贫攻坚推进会第三组现场考察、在大埔县西河镇漳北村禾肚里举办的“2020广东梅州柚·大埔蜜柚开采节暨产销对接会”“第三届广东茶叶产业大会”及“2020粤港澳大湾区知识产权交易博览会推进会暨梅州市特色产业知识产权主题研讨会”等重大活动的应急通信保障，持续提升移动通信服务形象和客户满意度。推进电信普遍服务，缩小数字鸿沟。率先完成第一批电信普遍服务26个试点行政村建设并开通，新建光缆64千米；完成第三批电信普遍服务122个试点行政村建设并开通，新建光缆258千米，整体网络运营良好，所有试点村均具备提供“百兆接入”能力的目标要求。打造梅州5G精品网络。统筹推进5G建设，2020年开通52个5G站点，基本实现县城城区连续覆盖，重点保障核心区域及高流量区域覆盖、重点行业的5G覆盖,乡镇部分覆盖。多举措配合政府打击新型电信诈骗。中国移动大埔分公司响应大埔县人民政府对打击网络新型违法犯罪的通知及相关要求，由分公司总经理担任大埔县打击网格新型违法犯罪中心成员，并派驻分公司综合部业务副主任驻点到大埔县打击网格新型违法犯罪联席办公室开展工作，公司内部成立专项工作小组，由分公司分管领导+安全员+网格总监+店长组成，负责落实具体工作。断卡行动开展以后，大埔分公司开展精密防范，梳理高危办卡人员18名，关停涉案电话号码178个，拦截涉诈来电7万次，销毁隐患卡19张。

【助力大埔政务信息化和平安乡村发展】2020年，中国移动大埔分公司推出集团政务OA系统项目、大麻镇和桃源镇等乡镇的平安乡村项目、智慧社区项目、大埔县5G+农业大数据平台项目、梅州市大埔县学校食堂“互联网+明厨亮灶”视频监控服务项目、大埔县党员干部线上教育项目、大埔县应急指挥平台项目、大埔县5G+物联网智能燃气监测项目、搭建大埔县自有的扶贫云平台等，助力大埔政务信息化和平安乡村发展。

【大埔县5G+农业大数据平台建成上线】2020年，中国移动大埔分公司与大埔县人民政府合作建设5G+农业大数据平台，即“一图、一库、一网、一平台”农业农村大数据平台，包含建设耕地、农业生产经营主体、农村集体资产等基础库及主题数据库，规划蜜柚产业、茶叶产业大数据采集、分析及展示模块，逐步实现数据精准采集、预警、分析、决策辅助和共建共享，建立以大数据为驱动的智慧农业新模式。7月10日，中国移动梅州分公司与大埔县人民政府签署大埔县5G+农业大数据服务项目框架合作协议，合同金额1090万元。在此基础上，分公司将提供专业网络资源服务，包括为大埔博览中心进行5G专网覆盖和互联网专线接入服务，为大埔县农业大数据平台提供专业的云计算平台部署服务，为接入大数据云平台的蜜柚、茶叶生产企业提供日常办公的网络接入服务；同时，为大埔县现代产业园区博览中心提供农业大数据和VR、3D全息投影等新技术的部署集成服务，将绿色农业元素与科技元素巧妙融合，实现全方位的展示大埔智慧农业的发展成果，提升大埔农业的品牌影响力和产品竞争力。能够实时分析分享种植园的地力、肥力、土壤干湿度、果树不同生产时期的信息，为农产品的“种、管、采、卖”提供全方位支撑。通过“农业大数据平台服务、蜜柚大数据采集展示、茶叶大数据展示、5G产业园博览中心大数据服务、专业网络资源服务”等项目的落地，将大埔5G+农业大数据服务项目建成梅州实现“五子登科”、建设大湾区“大农场”的一大标杆项目，推动世界数字农业和现代种植业高质量发展。

中国移动通信集团广东有限公司大埔分公司负责人名录

总 经 理：李森榕（2020.1—）

副总经理：林郡华

（温惠英）

联合通信

【网络建设】2020年，中国联合网络通信有限公司大埔县分公司（简称中国联通大埔分公司）加快网络建设，拓展覆盖。5G网络建设，坚定共建共享，加快5G建设上规模。5G覆盖三年规划按2020年到达市区县城、2021年到达乡镇、2022年到达重点行政村优先级部署。其中2020年优先聚焦市区和县城核心区域、行业用户场景及高密人流区域，规划新建5G站目标629站，全年实现县城80%区域覆盖。2020年，克服新冠肺炎疫情影响，履行国企责任，全力投入新基建建设，重点聚焦5G和工业互联网应用试点推广。4月，梅州联通和梅州电信共同建设的5G SA（独立组网）共建共享示范站在大埔正式开通。2020年实现30站5G基站（县民政局、县社保局、东风市场、宝丰大厦、西湖公园等）开通，助力政府“新基建”数字化升级。

【服务贴心】2020年，中国联通大埔分公司在传统的业务受理、咨询、投诉等人工热线服务和自助查缴费等电子服务的基础上，为VIP客户配备专属服务经理、自助服务终端系统的绿色通道，并为政府单位及中小企业提供便利的商用服务（包括大数据、云计算、物联网、OA办公、电子商务等），创新推出众多延伸服务业务。在网络、服务、业务同步领先之时，致力于回馈用户，关注民生，为低收入人员、扶贫村等提供一系列惠民便民服务。

【发展战略】2020年，中国联通大埔分公司实施数字化创新转型，加速5G建设上规模，拓展信息数字化的基础设施，加速释放经济发展新动能。以“互联网专家”形象，落实网络强国、数字中国战略，助力大埔县实体经济发展和产业转型升级。至 12 月，在工业互联网、远程医疗、智慧河长、智慧城管、政法网、MDM 平台、公共 WiFi、环保监测、金融大数据、政务外网等方面打造多项应用示范标杆项目。11 月，大埔联通参加在兴宁举行的梅州第二届互联网大会，大会上与大埔县人民政府签订大埔陶瓷工业互联网平台战略协议。

中国联合网络通信有限公司大埔县分公司负责人名录

总经理： 谢达良

（管燕珑）

商　业

国有商业

【做好精准扶贫工作】 2020 年，大埔县商业服务中心根据县委、县政府安排，帮扶省定贫困村茶阳镇古村村和面上贫困村茶阳镇茅坪村、左弼村。省定贫困村古村村是由广州市海珠区南华西街道与大埔县商业服务中心共同帮扶，至 2020 年年底，共筹集广州财政专项扶持资金 200 万元，省扶贫开发资金 170.10 万元，帮扶单位资金 10 万元，累计投入帮扶资金 380.10 万元。用于改善古村的交通水利设施、群众饮水工程，通过太阳能发电、入股小水电、入股自来水厂等产业扶贫方式，增加村级集体收入。同时，结合新农村建设的相关要求，做好退耕还林、“三清三拆”等工作，打造和谐美丽古村。经过多年帮扶，该村建档立卡贫困户 50 户、148 人全部脱贫。面上贫困村茅坪村、左弼村不定期到村组织慰问，为生活困难户送去急需物品；同时筹集资金，做一些实事好事，2020 年全部实现脱贫。2020 年“扶贫济困日”组织干部职工开展扶贫济困募捐活动，干部职工捐款 3700 元，单位捐款 6000 元，全额安排给帮扶村使用。

【下属国企出清重组工作】 2020 年，根据省政府《关于全省国企出清重组“僵尸企业”促进国资结构优化的指导意见》《大埔县人民政府办公室关于印发大埔县国企出清重组“僵尸企业”促进国资结构优化实施方案的通知》文件要求，大埔县商业服务中心做好下属国企出清重组“僵尸企业”的工作。根据《大埔县人民政府办公室关于同意大埔县百货公司出清工作方案的批复》（埔府办函〔2020〕127 号）的文件要求，并按照《大埔县国有工业企业改革实施方案的通知》（埔府〔2004〕74 号）第四条第二项第三款规定，给予未享受职工医疗保险 22 名退休人员一次性企业负担部分（社保未统筹部分）补助金每人 4800 元，计 10.56 万元，并签订解除关系协议书，彻底解决县百货公司在册和退休人员改革安置的问题。根据《大埔县人民政府关于大埔县百货公司高陂营业部改革安置的批复》（埔府函〔2020〕26 号）文件要求，并按照《大埔县国有工业企业改革实施方案的通知》的补偿标准，2020 年 1 月 15 日对大埔县百货公司高陂营业部 8 名退休人员全部安置后，签订解除关系协议书，彻底解决县百货公司高陂营业部退休人员改革安置的问题。根据《大埔县人民政府关于大埔县百货公司茶阳营业部全面出清工作方案的批复》（埔府函〔2020〕405号）的文件要求，并按照《大埔县国有工业企业改革实施方案的通知》的补偿标准，2020年1月15日对大埔县百货公司茶阳营业部2名在册职工、4名退休人员全部安置后,签订解除关系协议书，彻底解决县百货公司茶阳营业部在册职工和退休人员改革安置的问题。根据《大埔县人民政府办公室关于同意大埔县商业企业集团液化石油气公司出清工作方案的批复》（埔府办函〔2020〕128号）的文件要求，并按照《大埔县国有工业企业改革转制方案的通知》文件第四条第二项第三款规定，给予26名退休人员一次性企业负担部分（社保未统筹部分）补助金每人4800元，计12.48万元，并签订解除关系协议书，彻底解决县商业企业集团液化石油气公司退休人员改革安置的问题。

【牲畜食品经营】2020年，因“非洲猪瘟”和新冠肺炎疫情影响，生猪价格不断攀升，对大埔县辉凌食品有限公司（原大埔县食品公司改制后的名称）的屠宰数量和经营收入造成影响，全年屠宰量6.93万头，对比2019年减少屠宰头数9000头，全年屠宰经营收入498万元。全年各项费用支出638万元，亏损149万元。大埔县辉凌食品有限公司采取有效措施，争取上级资金166万元解决公司资金运作问题；开拓经营视野，鼓励生猪经营批发户向周边省份调运生猪，解决生猪紧缺问题；开源节流，节约成本开支，最大限度减少费用支出；妥善安排干部职工工资待遇，面对困难，平稳渡过难关。

大埔县商业服务中心负责人名录

主　　任：孙双级

副 主 任：蓝旋明　罗志雄　范瑞仕

党委副书记：陈京林（—2020.5）

（郭声沐）

大埔县辉凌食品有限公司负责人名录

经　理：陈发坤

副经理：张昕发

（张元元）

烟草专卖

【简述】2020年，大埔县烟草专卖局（分公司）围绕市局（公司）工作思路，以抓好新冠肺炎疫情常态化防控为前提，对照高质量发展战略，对标年度工作目标，成绩突出。全年实现经营收入6.45亿元，同比增长14.5%；实现税利1.74亿元，同比增长13.9%；实现利润1.51亿元，同比增长25.5%。2020年4月，获“2019年度广东省法治文化建设示范企业”称号。全年筹集3.19万元，用于新冠肺炎疫情防控工作。

【烟叶生产】2020年，大埔县烟草专卖局（分公司）突出重点抓好烟叶生产各项工作。全县规划安排6个镇33个村254户烟农合同种植烟叶642.87公顷，合同约定收购量1350吨。从6月15日开磅收购至8月5日结束，全县收购烟叶1344.80吨，占收购计划的99.6%，调拨完成率100%。

【卷烟营销】2020年，大埔县烟草专卖局（分公司）调优市场状态，卷烟销售持续向好。全年销售卷烟8.68亿支，同比增长4.9%；实现销售收入（含税）6.18亿元，同比增长11%；实现毛利1.65亿元，同比增长12.6%；实现单箱销售收入3.56万元，同比增加1956元。2020年安装“易灵通”店铺管家系统55户，达到年终考核3%的要求。

【专卖管理】2020年，大埔县烟草专卖局推进涉烟打假打私联合整治工作。全年开展联合排查22次、联合检查25次，出动联合执法人员 265 人次，查处涉烟刑事案件 4 宗、行政案件 85 宗，总案件数同比增长 229.6%；查获各类涉案卷烟 564.32 万支，同比增长 852%；协助公安机关涉烟刑拘 12 人、逮捕 3 人，法院判刑 1 人。

【综合管理】2020 年，大埔县烟草专卖局深化企管措施落实。严格按照新版质量管理体系开展工作，推动企业高质量发展实现量的合理增长和质的稳步提升。开展管理诊断、职工合理化建议以及分层分类对标等工作，全年分别向市局（公司）上报管理诊断问题 9 条、合理化建议 6 条，开展制度清理 2 次、废止制度类文件 8 份。做好退休人员社会化管理工作。与退休人员所辖区域对接，于 10 月 12 日顺利完成大埔县烟草专卖局（分公司）48 位国有企业退休人员社会化管理移交工作（其中移交大埔辖区 44 位，移交梅江区辖区 4 位），其间移交工作平稳，没有出现负面信息。工程项目顺利推进。百侯烟叶工作点建筑面积 2064 平方米，总投资 1419 万元，12 月，进行工程施工招标文件编制工作。西河烟叶工作点占地面积 5595 平方米，建筑面积 2179.98 平方米，项目总投资 1500 万元，12 月，编制工程设计采购文件。12 月 5 日，直营店正式开张营业，通过对内加强管理，对外加强营销，经营状况良好。强化安全维稳工作。深化“平安烟草”建设，加强岗位作业培训、交通消防安全培训和开展消防预案实操演练活动。同时加强舆情监测、信访维稳和风险防控等工作，2020 年没有发生重特大安全事故和信访事件。

大埔县烟草专卖局（分公司）负责人名录

局长（经理）：张维祥

副 局 长：蓝建汕

副 经 理：张俊清（—2020.7） 卢小明 李 煌（2020.9—）

（林海峰）

供销合作

【简述】2020 年，大埔县供销合作社联合社（简称大埔县供销社）坚持以习近平新时代中国特色社会主义思想为指导，深入贯彻习近平总书记关于“三农”工作的重要论述和对供销合作社作出的重要指示批示精神，主动适应新形势下供销工作新要求，聚焦为农服务主责主业，深化供销合作社综合改革，推进供销合作社新型乡村助农服务示范体系建设。

【助农服务体系建设】2020 年，大埔县供销社落实中央和省、市以及县委的决策部署，紧扣乡村振兴发展要求，坚持为农服务，根据《广东省人民政府办公厅关于印发供销合作社新型乡村助农服务示范体系建设实施方案的通知》精神，谋划出台实施方案。通过“三个一批”建设思路，推进新型乡村助农服务示范体系建设，推动农村一、二、三产业融合发展，推进乡村产业振兴。2020 年上半年，建成镇村助农服务中心 5 个。至 12 月，累计建成县域助农服务综合平台 1 个、建成镇村助农服务中心 14 个，完成总建设任务的 100%。至 2020 年 11 月，县域助农服务平台（中心）累计实现销售额 6675.92 万元，服务对接农民专业合作社 34 家。

【经营网点助农服务】2020 年年初，大埔县供销社引导全系统 36 个农资网点、60 个农副产品网点、35 个日用消费品网点、28 个城乡社区综合服务平台，在新冠肺炎疫情期间发挥助农服务作用，各服务网点在做好疫情防控工作的基础上，为广大群众提供各项服务，满足群众日常需求。至 11 月，县供销社系统农业生产资料销售 1734 万元，消费品销售 6979 万元，农产品加工与销售 3548 万元，再生资源回收利用 30 万元。

【疫后企业复工复产】2020年，大埔县供销社在做好新冠肺炎疫情防控工作的同时抓好疫后企业复工复产工作。贯彻落实《大埔县人民政府关于印发应对新冠肺炎疫情支持企业复工复产若干措施的通知》（埔府〔2020〕10号）文件精神，县供销社系统16家基层供销社和下属公司对其承租社有资产商业经营用房（门店、仓库）且正常经营的企业、个体工商户，给予免收第一个月租金（2月），减半收取第二、三个月租金（3月、4月）。疫情期间，共减免租金51.54万元，支持和推动受疫情影响的各类企业及个体工商户复工复产。

【冷链骨干网建设】2020年，大埔县供销社根据《广东供销公共型农产品冷链物流基础设施骨干网总体建设方案》，启动广东供销公共型农产品冷链物流基础设施骨干网建设，补齐大埔地区"三农"服务领域的短板。下属公司大埔县合和资产经营管理有限公司计划投入300万元与省新供销天业冷链集团有限公司、广东通美食品有限公司、梅州嘉合资产经营管理有限公司，成立"广东天昭冷链物流有限公司"，共建广东供销（梅州大埔）天业冷链物流产业园。园区规划用地面积约3.1万平方米，建筑面积约2.2万平方米。拟建设库容8000吨的冷库，果类初加工包装车间及果类精加工（香精提取、果酱、果干等）车间，配套结算电子商务交易、柚子检测加工研究实验室楼（含办公、宿舍配套）。项目在开工筹划中，计划2021年投入6000万元。

【盘活社有资产】2020年，大埔县供销社盘活社有资产，促进消费升级。整合下属单位大埔县银江专业合作社存量房产资源，利用原社有危房土地，联合银江镇政府兴建一座总投资约200万元，总建筑面积951.68平方米的农贸批发市场。至12月，县政府同意拨给银江农贸市场建设资金200万元，项目主体完工，进入装修阶段。

【开展消费扶贫】2020年，大埔县供销社贯彻落实党中央和省、市、县关于打赢脱贫攻坚战的决策部署，紧扣乡村振兴发展要求，坚持为农服务，推进消费扶贫工作。倡导"买贫困村产品，献扶贫济困爱心"理念，号召大埔县供销社工会，组织干部职工购买实物慰问品带头消费贫困村的农户产品，用实际行动推进消费扶贫工作，全年消费金额1万元。根据《大埔县供销合作社深入推进消费扶贫工作实施方案》工作部署，对系统企业经营的店铺进行升级改造，开展产销对接活动，构建长期稳定的产销对接关系。在所属经营门店，专门设立消费扶贫专柜，集中销售大埔县特色大米、娘酒、腐竹、花生、蜂蜜、蜜柚、金针菜等大埔长寿食品。同时，下属企业按照采购需求和市场导向，组织推荐优质特色农产品，保障产品供给质量和数量。发挥电商扶贫带动作用。以创建"全国供销电子商务示范县"为契机，加快"客都供销商场"建设与发展，加强"供销e家""粤供优品"联合合作，挖掘和培育适合电商销售的特色农产品，拓展农产品销售途径，提高线上销售量。在"客都供销商场"网站上专设世界长寿乡——大埔互联网+消费扶贫主业，集中销售大埔县35个省定贫困村的农特产品，助力消费帮扶脱贫。

大埔县供销合作社联合社负责人名录

主　任：刘坚城

副主任：田怡凯　赖钜燊（—2020.5）
陈裕华（2020.7—）

（袁伟基）

食盐经营

【简述】2020年，广东省盐业集团梅州有限公司大埔分公司（简称盐业大埔分公司）面对新冠肺炎疫情情况，迅速制订“防疫严控”方案，落实防控措施，保障人员安全。同时，响应省集团公司“全局一盘棋、全员一块铁、全省一座城”的号召，围绕“四盐”经营方针和“三品一优”经营战略，持续提升企业经营能力，完成企业各项工作任务，规范食盐产品结构市场秩序，稳定食盐市场主渠道，保障全县食盐质量安全。

【盐业市场经营】2020年，盐业大埔分公司树立“市场为导向、顾客为中心、效益为目标”的经营理念，以全面提升企业经营能力为目标,落实各项经营工作。提升网络体系建设,强化市场竞争意识。盐改过渡期后，市场监管力度逐步削弱，从市场监管向建设市场化网络营销体系转变，掌控渠道，应对食盐市场竞争。加强“粤盐”品牌宣传，加大粤盐品牌渗透性和影响，在配送商自有车辆上制作“粤盐品牌”车体广告，并统一定制粤盐工作服，提升粤盐品牌知名度。提升配送服务质量水平。以提升服务质量为抓手，细化客户管理，推进社区零售商店、便利店、副食调味店等零售终端营销工作，实现周边零售商户直配直送目标，同时加大食品加工、酒楼、餐饮行业、集体食堂、边远山区等用户的直配工作，保障大埔全县食盐安全稳定和食盐安全供应。2020年，被市公司评为“市场营销渠道建设”先进单位。

广东省盐业集团梅州有限公司大埔分公司负责人名录

经　理：钟　春（—2020.4）

曾文宾（2020.4—）

（曾文宾）

物资服务

【物资中心工作】2020年，大埔县物资服务中心以讲政治统揽全局，提高工作管理机制，贯彻落实县委、县政府各项工作部署，抓好机关内务，完成精准扶贫和美丽乡村建设工作任务。抓好机关内务工作。落实县委关于开展模范机关创建活动的部署要求，以“五强”“五好”为着力点，结合工作职责，细化举措，按质按量按期上报各类报表报告，把模范机关建设融入物资服务中心各项工作之中。落实帮扶工作任务。响应县委、县政府的号召，主任刘晋涛挂任扶贫负责人，与茶阳镇党委、政府配合，下拨2万元帮扶资金做好恋墩村的美丽乡村建设工作。由张功庆、刘建雄两位副主任督导，联合扶贫部门和当地村委会，筹集2万元帮扶资金支持解决茶阳镇蓝田村、下马湖村做好扶贫脱贫攻坚工作，帮助挂扶村贫困户发展生产，年底顺利通过扶贫验收。选派业务骨干胡文鹏担任茶阳镇太宁村党建指导员，争取上级资金10万元，投入到太宁村“三清三拆三整治”等美丽乡村建设项目中，帮助他们强化党建，改善交通道路、村容村貌、环境卫生等基础设施。响应上级扶贫济困工作倡议，全体机关干部职工捐款2300元，工会消费扶贫购买农产品4500元。

【疫情防控工作】2020年，大埔县物资服务中心面对年初突发的新冠肺炎疫情，响应上级疫情防控战略部署，紧急进行防疫抗疫措施，筑牢疫情防控防线，形成长效机制。克服麻痹思想、侥幸心理，做到严字当头、一严到底，牢牢守住疫情防控底线，做好常态化疫情防控工作。从严落实干部职工家属亲属从疫情地区返埔管控措施，强化外出报告制度，持续筑牢“外防输入、内防反弹”严密防线。干部职工参加聚集活动以及参加会议、培训等科学佩戴防护用品，做好个人防护。坚持重点场所的消毒，持续开展以环境整治为主、药物消杀为辅的病媒生物综合防治，对会议室、办公室、下水道等重点场所进行环境卫生清理和药物消杀消毒，确保不留死角、隐患清零。

大埔县物资服务中心负责人名录

主　任：刘晋涛

副主任：张功庆　刘建雄

（钟小凤）

石 油 经 营

【简述】中国石化销售有限公司广东梅州大埔石油分公司（简称中石化大埔石油分公司）下设有虎山、环城、运发、杨梅田、枫朗、高陂、古野、茶阳、勤丰 9 座在营加油站。2020 年，贯彻落实中石化总部和广东石油梅州分公司的工作要求，践行“每一滴油都是承诺”“质量永远领先一步、服务永远领先一步”的社会责任，以“全力以赴保障大埔成品油市场稳定供应”为己任，以“扩销量、强三基、保安全、塑形象”为工作主线，主动服务于大埔社会经济发展，实现社会效益和企业效益的双丰收。

【零售工作】2020 年，中石化大埔石油分公司抓好石油零售工作，完成销售总量 2.44 万吨，其中汽油销售 1.92 万吨，柴油销售 5524 吨，全年缴纳税金 100 多万元。

【安全管理】2020 年，中石化大埔石油分公司为提高中石化加油站的品牌形象，稳定员工思想动态，保障国家财产和员工人身安全，预防事件的发生，抓好安全管理工作。各站建立健全 HSE 管理体系，加强油站安全工作的领导，健全安全生产责任制，落实三级值班制，确保人员准时到位。开展安全检查防事故工作，及时地组织隐患自查整改，确保设备正常安全生产。克服麻痹思想，从思想上、行动上、组织上做好抗击各类自然灾害的准备工作，特别是新冠肺炎疫情期间，抓好疫情防控的各项工作，并做到常态化防控。坚持不懈地抓好员工队伍思想教育，加强对“十大禁令”“八大纪律”的学习与贯彻，提高员工对安全生产的自觉性，对存在安全隐患又未得到整改的重点部位，采取措施，落实责任到人，重点监控等。全年实现安全生产。

【规范服务】2020 年，中石化大埔石油分公司开展管理服务提升年活动。根据市公司的统一部署指导油站有序开展活动，做到有计划、有步骤，确保活动取得成效不走过场，全面提高加油站的服务水平。

【便利店服务】2020 年，中石化大埔石油分公司开展非油品业务。为适应形势发展的需要，方便广大的消费者，加油站开设便利店。为了方便顾客快捷，节约时间，便利店及时补充质量合格、价格合理适销的商品，既给广大顾客购买带来生活的便利，又提高加油站经营服务水平和经营质量。

中国石化销售有限公司广东梅州大埔石油分公司负责人名录

经　理：黄利华

（林秋玉）

财 政 · 税 务

财　政

【简述】2020年，大埔县财政局以习近平新时代中国特色社会主义思想和习近平总书记关于视察广东和新冠肺炎疫情防控的重要讲话精神为指导，不忘初心、牢记使命，围绕县委、县政府的决策部署，坚持稳中求进的工作总基调，以“保工资、保运转、保基本民生”为财政工作的总体目标，在疫情冲击下财政保持平稳健康运行，为打赢疫情防控阻击战打下坚实基础。

【财政收支】2020年，大埔县财政局做好抓收入，保支出工作。抓收入，强化征管。面对新冠肺炎疫情影响、国内外经济形势下行、减税降费等因素以及刚性增支不断增加的实际情况，狠抓收入，强化税收征管，加强非税收入管理，增加县级可用财力。全年本级一般公共财政预算收入完成7.15亿元，占年初预算的96.6%，同比增收1032万元、增长1.5%。其中税收收入完成4.27亿元，同比减收2772万元、减幅6.1%；非税收入完成2.87亿元，同比增收3804万元、增幅15.3%，占一般公共预算收入的40.2%。统筹支出，助力防疫。树立大财政大预算意识，做好“六稳”工作，落实“六保”任务，严格执行预算，调整支出结构，整合优化财政资金。强化预算约束，做到有预算不超支、无预算不开支，坚持“统筹兼顾、有保有压、注重民生”的原则，严格执行2020年年度财政支出计划，本级一般公共预算支出完成48.56亿元，占年度预算的124.3%，同比增支2.61亿元、增长5.7%。其中用于教育、文化、社会保障、医疗卫生等方面民生支出完成42.27亿元，占一般公共预算支出的87%。

【财政惠民】2020年，大埔县财政局精准发力，落实民生保障，在保证工资正常发放、机关正常运转的情况下，优先保障三大攻坚战、“三农”和乡村振兴、教育、新冠肺炎疫情防控等重点领域的支出。全年全县筹集拨付社会保障类资金10.71亿元,其中筹集城乡居民养老保险资金1.72亿元，发放待遇1.59亿元，领取待遇75.19万人次；全县参加城乡医疗保险41.97万人,筹集城乡居民基本医疗保险资金3.45亿元，报销医药费2.37亿元；发放低保金4409万元，受益城乡低保人员14.07万人次；发放五保资金2388万元，受益五保人员2.76万人次；发放残疾人两项补助3094万元，受益残疾人14.32万人次；拨付城乡医疗救助资金2193万元，救助困难人数1.61万人次；发放离（退）休人员经费4.33亿元，做好机关事业单位离（退）休人员工资和养老保险改革工作。筹集资金支持农村发展和落实农民种粮补贴的政策。2020年,上级拨入各项支农专项资金计6.70亿元,支持全县农村农业事业发展；发放种粮补贴1378万元、生态公益林补偿（含2019年度结转发放）5477万元、水库移民1147万元、农业保险1626万元、林业保险413万元。支持教育事业的发展。全年一般公共预算教育支出7.58亿元，同比增长9.8%。支持基础教育均衡发展，拨付义务教育阶段公用经费7186万元，安排资助家庭经济困难学生学费、助学金、生活费补助共2060万元，改善办学条件，安排5360万元完善中小学校布局，逐步缩小县域内教育发展的差距，巩固和完善义务教育中小学教师工资保障机制，全面推进强师工程，提高全县教育水平。贯彻落实“文旅兴县”发展思路，全年公共财政对文化事业费投入1.2亿元，重点用于支持公共文化服务建设、农村文化建设、重点文物保护、文化消费补贴、非物质文化遗产保护等文化惠民工程的投入。全年拨出10.23亿元用于支持全县重点民生工程建设，主要包括县人民医院建设、乡镇卫生院标准化建设、高陂实验学校建设、省道S221和省道S222项目等重点工程。落实奖补政策，为实体经济发展提供资金扶持，全年拨付县级扶持奖励资金4200万元。

保障新冠肺炎疫情防控　大埔县财政局加强疫情防控财力保障，发挥财政职能，第一时间启动财政应急预案，建立新冠肺炎疫情防控应急经费保障机制，开通防控资金拨付快速通道、政府采购绿色通道，至12月，及时足额拨付新冠肺炎疫情防控经费4455万元，简化政府采购流程，优先保证疫情防控需求，确保急需的设备、物资及时到位。加大对受疫情影响较大行业企业的财税支持力度，坚持防疫复工“两手抓”“两手硬”的原则，全年减免租金99万元，支持企业复工复产复市复业，有针对性地纾解企业特别是中小微企业生产经营困难，做好统筹推进疫情防控和经济社会发展财政保障工作。

【财政监督】2020年，大埔县财政局强化财政资金的监管，提高财政资金效益。完善财政专项资金管理制度，在规范和健全各项财政资金的请拨款制度的基础上，重点加强对专项资金的监督检查，做到事前介入、事中检查、事后验收，保证财政资金专款专用。加强村级财务监管，出台《关于进一步加强和完善农村会计委托代理服务工作的通知》（埔会字〔2020〕11号）文件，规范村级会计委托代理工作程序，明确村集体经济组织财务会计工作的主体责任，强化县、镇财政部门对农村会计委托代理服务工作的监督管理职能。加强财务管理，印发《关于严肃财经纪律加强财务管理规范财务行为的通知》（埔财监字〔2020〕5号）文件，严肃财经纪律，明确单位财务管理责任主体，规范各单位财务支出管理。树立过“紧日子”思想，贯彻落实中央“八项规定”及“三公”经费只减不增规定，控制和压缩财政性资金在会议费及“三公”经费方面的支出，2020年全县会议费支出1256.02万元，比2019年同期减少58.34万元、减幅4.4%；“三公”经费支出2084.48万元，比2019年同期减少254.22万元、减幅10.9%。

【财政融资】2020年，大埔县财政局用足政策，多元融资，拓宽融资渠道，缓解重点项目资金压力。加强与省、市主管部门的沟通，主动作为，争取更多的地方性政府债券资金用于全县社会经济项目建设。全年下达全县抗疫特别国债资金1.47亿元，下达地方性政府债券资金6.60亿元，其中一般债券资金1亿元、专项债券资金5.60亿元。清理盘活部门存量资金，做好拆旧复垦工作，全面清理、整合、盘活闲置土地、房产等国有资源资产收益地管理，加大各类资金清理统筹力度，集中财力办大事。做好企业债券发行工作，为下一步融资打下基础。推进老区苏区振兴发展，吃透用好用活用足中央和省的扶持政策，争取提高老区苏区省级专项财力补助标准，由3000万元提高至4000万元；加大均衡性和生态保护补偿等财力性补助，至2020年12月，到位资金7.78亿元；加大一般性转移支付力度，重点老区苏区的城乡居民基本养老保险补助等9项基本公共服务共同财政事权项目，统筹中央和省级资金承担100%支出责任。加强横向对接，主动配合各职能部门，围绕省、市、县贯彻落实乡村振兴工作要点，争取更多项目资金落户大埔。

【财政管理】2020年，大埔县财政局规范债务管理，确保各项财政任务落准、落细、落实，防范化解债务风险。确保财政暂付挂账只减不增，加大组织财政收入，加强重大项目财政可承受能力评估，消化财政挂账，2020年消化暂付款1.47亿元。防范债务风险，坚持底线思维，将防范化解地方政府债务风险作为财政管理工作的重中之重，坚持促发展与防风险并举，用好新增债券资金，确保隐性债务只减不增。做好财政性资金国库集中支付，组织全面推进公务卡结算制度改革工作，做好全县（含镇级）预算单位银行账户管理工作，82个集中支付单位（含乡镇）全部实行公务卡结算，从源头上进行资金监管，有效防范资金使用风险。建立高效规范化的财政审核工作机制，简化财政审核程序，提高工程项目的财审效率。据统计，全年财审中心完成审核项目594项，送审核金额33.75亿元，审定金额27.78亿元，核减不合理资金5.97亿元，核减率16.8%。规费审核620宗，送审造价2.67亿元，审定造价1.74亿元，累计核减工程造价9277万元，核减率34.8%。实现政府采购方式透明化、阳光化。2020年，根据上级财政部门安排，密集下发近20份政府采购改革相关文件，新的采购方式实施情况运转良好。全年政府采购预算金额4.51亿元，实际采购金额4.44亿元，节约采购金额744万元，节约率1.7%。

【财政改革】2020年，大埔县财政局深化财政改革，激发财政发展活力。推进省级预算编制执行监督管理改革，贯彻落实改革工作部署和任务清单要求，做好项目储备和入库申报工作，争取更多专项资金用于全县经济建设和民生事业，推进“数字财政”建设工作。统筹整合涉农资金，根据《大埔县涉农资金统筹整合实施方案（试行）》，2020年省下达大埔县涉农统筹整合资金计4.41亿元、中央直达资金364万元，均100%拨付。做好2021年省级涉农资金项目入库储备工作，指导各涉农单位进行涉农项目入库，实行常态化管理，经县涉农资金统筹整合领导小组办公室初步审核，各有关涉农单位上报储备项目145个，入库金额39.39亿元。推进国有资产管理改革工作。做好全县全民所有制企业公司制改革工作，划转部分国有资本充实社保基金，全面完成2020年的“僵尸企业”出清重组工作。

大埔县财政局负责人名录

局　长：张回里

副局长：戴可良　赖丕汉　房向东

（江如杜）

税　务

【简述】2020年，国家税务总局大埔县税务局（简称大埔县税务局）以习近平新时代中国特色社会主义思想统揽全局，全面贯彻中共十九大和十九届二中、三中、四中、五中全会精神，深入学习习近平总书记系列重要讲话精神，克难攻坚，砥砺奋进，抓好新冠肺炎疫情防控常态化工作，统筹做好落实减税降费、组织税费收入、优化营商环境等各项工作，完成全年各项工作任务。

【党建工作】2020年，大埔县税务局坚持党建对税收事业的引领作用。通过“学考结合”模式，抓深抓透理论学习。全年党委会议“第一议题”学习18次，党委理论学习中心开展集中学习12次，党支部开展“三会一课”学习293次，主题党日活动121次，青年理论小组学习8次。对照“四强”标准夯实党建基础。班子成员到基层联系点调研指导21

次，给党员上党课24次；选优配强党支部班子，全年调整支委7人次；举办一期覆盖10个党支部书记的党建干部示范培训班，优化党员队伍建设；做好“不忘初心、牢记使命”主题教育总结工作。增强党业融合促发展见成效，打造模范机关。新冠肺炎疫情平稳以后，上下联动、内外联合开展系列党建共建活动；在机关大楼悬挂24块灯箱海报，打造具有大埔税务特色的党建文化走廊。

2020年4月10日，“减税费优服务　助复产促发展”税收宣传月启动仪式（县税务局提供）

【减税降费】2020年，大埔县税务局站在“两个维护”的高度，聚焦“四力”要求，确保落实各项减税降费政策不打折扣，为“六稳”“六保”贡献税务力量。全年累计新增减税降费1.42亿元，为企业复工复产“雪中送炭”。

【组织收入】2020年，大埔县税务局受新冠肺炎疫情、一次性税源减少和减税降费叠加等因素影响，全县组织收入工作遇到前所未有的困难和压力。对此，围绕抓收入“客观地定、科学地分、合理地调、准确地考”四大要点，着力抓好土地增值税清算管理、加强欠税管理、做好分析预测、争取免抵调库指标等举措，打赢组织收入攻坚战。2020年，税收收入降幅持续收窄、逐季改善，呈“前低后高、V形反转”走势，全县税务系统组织税费收入18.53亿元。其中税收收入9.60亿元，同比下降1.3%，比市局预算目标多141万元，比政府预算目标多69万元。费金收入8.90亿元，同比下降24.6%（其中社保费收入7.40亿元，同比下降22.8%），实现税收增长与经济发展、减税降费总体协调。

【纳税服务】2020年，大埔县税务局打造纳税服务新模式。抓硬件升级改造。主动融入“数字政府”建设；对高陂分局和县城办税厅进行规范化升级，为网络办税、自助办税提供更大空间和更多资源支撑。抓软件提质增效。“非接触式”办税落实落细，电子办税率稳定在95%，在全市居于前列；在全县政务“好差评”中，“非常满意”度评价占99.9%；在全省纳税人“满意”度调查中，位列全市第一名，在全省145个县级局中排名第13。同时，持续优化税收宣传，全年在人民日报数字报、中国新闻网、学习强国等主流媒体刊登报道60篇。

【税费征管】2020年，大埔县税务局抓好税费征管工作。落实“I惠退税平台”智能管理，全面推行增值税电子发票公共服务平台，做好专用发票电子化试点各项准备工作，顺利完成出口退税新系统上线工作，电子税务局平稳运行。完成2019年度企业所得税汇算清缴工作；坚持四分引导，强化网格化管理，加强退税审核，顺利完成2019年度个税首次汇算。加大房地产项目土地增值税清算和清缴力度，除大埔碧桂园外，完成市局督办项目的土地增值税清算工作。推动城乡居民基本养老保险实现市级管理，稳妥有序做好水土保持补偿费等 4 项非税收入职责划转准备工作。分“三步走”深入开展现金税费征缴专项整治工作，高质量完成新冠肺炎疫情防控税费优惠政策和“便民办税春风行动”落实情况自查工作。按时按质完成约谈室、查账室和检举接待室“三室”建设，推动“三项制度”工作再上新台阶。

【队伍建设】2020 年，大埔县税务局坚持“严管、厚爱”带队方针，构建新时代高素质专业队伍。开展“花献巾帼”“情暖重阳”“寄语青春”“荣退礼仪”等活动，发挥工青妇群团组织桥梁纽带作用，全年组织慰问结婚生育、生病住院、特殊困难等干部职工 85 人次。开展分主体、分阶段“全员综合培训”，推动学习兴税平台上线，促进干部教育培训数字化升级。全面开展业务练兵大比武，鼓励年轻干部参加数字人事两测考试。组建 17 个文体兴趣小组，全年开展志愿服务 165 人次，继续办好《万川税苑》内刊，深入实施精准扶贫，挂钩扶贫对象全部实现脱贫。

国家税务总局大埔县税务局负责人名录

局　　长： 江佳伟（2020.1—）

党委副书记： 杨萍萍（女）

副 局 长： 郭玉文（—2020.6）　肖卓希　何小康（—2020.6）　温尚凯　林方虎（—2020.6）

总经济师： 廖高基

纪检组长： 何　峰

（邓嘉欣）

金　　融

中国人民银行大埔县支行

【简述】2020 年，新冠肺炎疫情发生以后，中国人民银行大埔县支行（简称人行大埔县支行）重视疫情防控工作，严格贯彻落实党中央、国务院的决策部署，把疫情防控作为工作的重中之重，强化金融支持的保障力度。利用专项再贷款等调控工具，引导银行机构加大对疫情防控相关领域的信贷支持力度，为受疫情影响较大的行业和企业提供差异化金融服务；为打赢疫情防控阻击战，做好“六稳”“六保”工作。贯彻落实稳健的货币政策，货币信贷规模合理增长，有力支持经济稳步恢复。精准传导总行逆周期调节政策，督促金融机构靠前服务、靶向关键，全力保障实体经济渡过难关。至 12 月末，全县银行业金融机构各项存款余额 170.66 亿元，同比下降 3.3%；各项贷款余额 99.36 亿元，同比增长 13.9%；存贷比 58.2%，同比增加 8.78 个百分点。通过运用央行直达实体经济货币政策工具，推动银行积极办理企业贷款延期还本付息和普惠小微企业信用贷款。至 12 月末，辖区各银行业金融机构办理延期还本付息业务所涉及本金 33.88 亿元；普惠小微信用贷款余额 1.34 亿元。

【金融服务】2020 年，人行大埔县支行优化金融服务，推动金融服务地方发展，满足企业差异化融资需求。新冠肺炎疫情期间，引导辖区银行业金融机构主动对接企业的融资需求，引导金融机构创新“抗疫贷”等 13 款线上融资产品，有效满足企业差异化融资需求，解决融资难题。推广中征应收账款和“粤信融”融资平台，运用平台特色模块或功能区域，引导辖内金融机构和中小微企业通过平台在线上完成信贷资源对接。至12月末，中征应收账款融资平台办理业务14笔，金额6360万元；“粤信融”平台则完成线上融资贷款53笔，金额4.20亿元。利用专项再贷款等调控工具，引导银行机构加大对疫情防控相关领域的信贷支持力度。准确把握专项再贷款政策，要求金融机构快速主动开展银企对接。至9月末，累计向大埔农商行发放支小再贷款7120万元，有效发挥专项再贷款的定向支持作用，支持企业复工复产。引导辖区金融机构助力脱贫攻坚，主动让利降低企业运营负担。通过发挥专项扶贫再贷款正向激励和杠杆撬动作用，加大扶贫再贷款资金投放。至12月末，共向大埔农商行发放扶贫再贷款8025万元，加权平均利率为4.6%，支持大埔县在疫情防控期间顺利完成脱贫攻坚各项任务。此外，引导辖区金融机构响应国家号召，主动为受疫情影响的市场主体减费让利，为企业降低贷款利率所涉及的本金3.92亿元，让利金额270.98万元，为企业减免各类费用154.89万元。持续优化征信查询服务。在疫情期间，引导群众通过线上方式进行征信查询，对确有需要现场查询的，开通电话预约渠道，有效控制现场办理业务人流，并要求工作人员做好体温检测、日常消杀工作，做到征询查询“不断档”。至12月末，共受理个人信用报告查询8647笔，企业信用报告查询93笔。

【金融内部管理】2020年，人行大埔县支行加强金融风险隐患整治和“过紧日子”的工作要求，推动内部管理规范化、精细化发展。按照金融风险隐患整治“全覆盖、零容忍”的工作要求，全面摸清并彻底排查包括人员、车辆安全、制度执行、业务流程、业务系统、饭堂等6个方面的安全隐患和薄弱环节，在劳动纪律、安全责任制落实、业务规章制度执行、意识形态管理、职工工作外八小时管理，以及饭堂管理等方面提出具体要求，明确惩治措施，严格纠正“有章不循、有禁不止”的现象，确保支行安全、高效运行。至12月末，排查出风险隐患13个，整改13个。遵照“过紧日子”的工作要求，推动费用管理精细化发展。坚持“厉行节约、勤俭办行，优先保障刚性支出、重点支出”原则，把“过紧日子”落在实处。制定学习、落实“过紧日子”措施，完善内控制度，按照月度对预算资金进行实时监测，加强预算执行监督和控制。在压减经费的情况下，降低公务运行和采购成本，提升经费使用效益，保障单位各项工作顺利开展。落实部门主体责任，从错峰使用空调、错峰就餐、无纸化办公等方面督导职工厉行节约、减少能耗。将节约理念贯穿食材采购、做餐配餐用餐等各个方面，主动查找食堂管理存在问题，提出8条改进意见，提高食堂精细化管理水平。支行党组把厉行节约、反对浪费纳入模范机关创建和年度评先评优等工作中，作为重要衡量指标。纪检监察岗位人员加强抽查检查，促进厉行节约、制止养成浪费风气。

【金融基础设施建设】2020年，人行大埔县支行推进移动支付示范镇建设，持续优化农村支付服务环境，促进城乡居民支付服务均等化。至12月末，示范镇特约商户5697户，联网通用商户3043户，联网通用商户改造率53.4%。推动印发《大埔县“村居E支付”工程实施方案》，在全县245个行政村的党群服务中心铺设智能移动终端，帮助农村群众提供“两险”缴交、小额取款、公共事业缴费等便民服务。至12月末，全县250台智能移动终端设备共完成医保缴交业务4236笔，金额118.61万元。

【国库管理】2020年，人行大埔县支行履行经理国库职责。在疫情期间开通抗疫资金划拨绿色通道，确保中央保就业、保民生、保市场主体举措在国库环节有效落实。至12月末，共划拨财政周转金支持企业复工复产6000万元，划拨59笔疫情防控资金2872.34万元到各相关单位。深化国库履职“放管服”，强化与税务部门协调配合，确保各项减税降费政策落实到位。至12月末，完成增值税留抵退税额1684.32万元；办理个税汇算清缴业务3204笔132.40万元；完成个人所得税代扣代缴（含预扣预缴）手续费退库业务108笔，金额合计30.32万元。强化国库资金运行统计分析工作，建立科学完整的国库资金统计分析框架，深入探究预算执行特点，为地方政府决策提供可靠的参考依据。

【账户管理】2020年，人行大埔县支行推进账户管理领域“放管服”改革，建立健全企业银行账户全生命周期风险防范管理机制。加强个人Ⅱ、Ⅲ类银行账户的日常风险监测，开展核准类银行结算账户管理工作，至12月末，共核准类账户开立72户、变更217户、撤销46户。

【金融宣传】2020年，人行大埔县支行围绕“存款保险制度”“投资理财知识”“非法金融活动”等主题，在辖区深入开展金融知识宣传活动，营造“学金融、懂金融、用金融”的社会氛围，优化辖区金融服务环境。创新运用视像化宣传载体，牵头制作存款保险知识微视频，在广州分行微信公众号中展播。至12月末，组织开展各类金融知识宣传活动70场，志愿者参与人数120人次，受众人群3万人次。

中国人民银行大埔县支行负责人名录

行　长：邓诗康

副行长：杨劲松　邹伟红（女）

（陈晶晶）

中国工商银行股份有限公司大埔支行

【简述】2020年，中国工商银行股份有限公司大埔支行（简称工行大埔支行）贯彻落实省、市分支行行长工作会议精神，面对经济经营形势以及严重的新冠肺炎疫情影响，主动适应经济新常态，不唯计划唯市场，创新营销手段，提高营销水平，继续以中小客户、重点项目、政府资源三大板块为主线，以拓户、服务工作为抓手，提高网点竞争力和产能，拓展存款业务市场，深化资产业务经营转型，以信贷业务可持续发展创效益，加强重点项目和重点客户的营销工作，加大拓户工作力度，加快中间业务发展，夯实中间业务发展基础，继续坚持稳健经营、从严治行的理念，取得一定成效，实现“拨备前利润、资产质量管控和内控案防”三大预期目标。

【主要经营指标】至2020年末，工行大埔支行人民币各项存款余额9.64亿元，较年初减少0.63亿元。其中对公存款余额2.17亿元，比年初减少1.02亿元，储蓄存款余额7.47亿元，比年初增加0.38亿元。人民币各项贷款余额11.48亿元，比年初增加1.84亿元。实现拨备前利润4142万元，同比增长120万元。实现中间业务收入1632万元，完成市分行计划的136.3%。

【业务发展】2020年，工行大埔支行通过资产业务带动存款业务的发展，做好拓户维护工作，发展个贷业务，促进个人储蓄存款、对公存款业务和代发工资业务的发展。利用线上宣传工行大埔支行的复工贷产品，发展商户收款二维码，从源头拓展客户，利用手机银行、添利宝理财、三方绑卡、三方存管等产品深度渗透客户，深度绑定客户，提升客户的金融资产。加大房地产场景营销力度，发展装修分期、车位分期、六大板块分期，拓展优质客户，弥补行政企（事）业单位客户群体的弱势。发展基础业务，保持中间业务的稳健发展。拓宽收入渠道，发展结算、电子银行、银行卡等基础性业务，争取实现更多自营性中间业务收入。抓好代理基金、保险、各类理财产品等营销工作，增加代理性中间业务收入，实现中间业务收入可持续增长。加快资产业务的发展，特别是普惠金融业务的发展，密切关注并跟进重点项目，加强上下联动。发挥工行大埔支行电子银行各种优势，发展互联网金融，提高自身服务水平，提高客户的忠诚度和满意度。

【客户服务】2020 年，工行大埔支行抓好服务工作，推进网点智能化、运营标准化建设，提高网点的服务水平和能力，增强客户体验，提高客户满意度和贡献度，提升网点竞争力。坚持以服务标准严格要求每一位员工，把培训变成日常工作，做好每一个服务动作，用心服务客户。践行“服务先行”理念，唱响“客家香格里拉，工行服务最佳”服务口号，让自己的规范服务成为习惯，做到标准化、正规化，打造服务标杆，为广大人民群众提供优质的金融服务，有效提升顾客满意度。开拓业务渠道转型，推进融 e 购、融 e 联、融 e 行及 e 支付等互联网金融业务，引导客户利用互联网金融工具和各种自助设备办理金融业务，提高服务效率。

【内控案防工作】2020 年，工行大埔支行根据内外部经济复杂环境和治安形势，强化内控案防意识，落实内控案防工作要求，强化员工行为规范管理，严抓资产质量，提升网点核算质量和服务水平，防范操作风险和道德风险，提升支行内控管理水平。围绕内控案防管理工作要求，严抓基础管理工作，落实部门、人员岗位职责，在全行上下树立“依法合规、稳健高效”的经营理念。开展风险事件防控管理排查和员工异常行为排查管理活动，加强党风建设，把建立健全惩治和预防腐败体系长效机制、管理人员廉洁从业、党风廉政教育、防范和查处案件等方面作为党风廉政建设重点，做到党风廉政建设与业务工作同部署，筑牢全行拒腐防变的思想道德防线。巩固银行业市场乱象整治工作成果，提升内部控制水平，推进合规文化建设，及时落实整改措施，确保实现各项业务安全、稳健运营，实现全年无重大差错事故、无案件的经营责任目标。

中国工商银行股份有限公司大埔支行负责人名录

行　　长：林志钦

行长助理：叶伟青

（饶义洪）

中国农业银行股份有限公司大埔县支行

【简述】2020 年，中国农业银行股份有限公司大埔县支行（简称农行大埔支行）围绕分行党委制定的中心工作和任务目标，以党建为统领，抓好新冠肺炎疫情防控常态化工作，深入推进从严治党、从严治行，市场竞争力、风险防控力、价值创造力、队伍战斗力得以巩固和提升。12 月末，实现中间业务收入 2358 万元，完成分行计划任务 1989 万元的 119%，同比增长 352 万元；实现拨备前利润 7583 万元，完成分行计划任务 7000 万元的 108.3%；实现拨备后利润 6810 万元，完成分行计划任务 6200 万元的 109.8%；净利润 5079 万元，完成分行计划任务 4600 万元的 110.4%。

【负债业务】2020 年，农行大埔支行坚持以客户为中心，落实分层管户，提高负债业务竞争力。12 月末，本外币各项存款时点余额 24.20 亿元（其中对公存款余额 6.59 亿元、储蓄存款余额 17.61 亿元），比年初增加 4745 万元。日均余额 23.87 亿元，比年初减少 786 万元。

【资产业务】2020 年，农行大埔支行围绕乡村振兴，做好资产业务有效营销。12 月末，各项贷款余额 20.93 亿元，比年初增 4.74 亿元。其中对公贷款 5.60 亿元，比年初增加 1.26 亿元，个人贷款 15.33 亿元，比年初增 3.48 亿元。12 月底剔除审慎反映不良贷款余额 1110.30 万元，比年初减少 97.42 万元，贷款不良率 0.5%，比年初下降 0.2%，实现不良贷款“双降”。

【信用风险管控】2020 年，受新冠肺炎疫情和经济下行影响，全行逾期和不良贷款大幅增加，农行大埔支行专门成立风险管理中心，落实专人对不良信贷业务进行风险管控，中心成立后重点采取五项措施严控风险。做好源头管控，把好客户准入关。加强关键时点逾期贷款管控，在每月集中还款时点每天通报数据，加大逾期催收力度。扩大受疫情影响客户的排查范围，对所有法贷和 200 万元以上经营类个贷开展排查，提前介入客户。加大诉讼清收和核销力度，对催收无法收回的贷款建立台账进行监测，加快诉讼清收和核销进度。加强考核力度，在支行 KPI 考核中设置风险专项考核指标，强化责任人的风控意识。至年末，不良贷款余额 1110.30 万元，比年初减少 97.42 万元，贷款不良率 0.5%，比年初下降 0.2%，实现不良贷款“双降”。

【合规经营发展】2020 年，农行大埔支行开展营业网点录像检查、对公结算账户全面排查、信用卡专项分期业务检查等，保持案防高压势态，提升员工合规操作能力。严格执行制度，加强对操作岗位、运营主管、网点负责人等重要岗位履行职责的监督，持续推进合规文化建设活动，让合规意识深入人心，落实内控基础管理的各项要求。以“三线一网格”（“三线”指党建线、纪检线、运营线；“一网格”指员工行为管理网格化责任体系）系统为抓手，结合员工风险分析例会，把信贷风险、运营风险、员工行为管理风险融入全面的风险管理当中，定期开展警示教育、典型案例宣讲等活动，加大可疑线索的排查力度，加强客户准入、账户监测、客户身份识别等，提升风险防范能力。

中国农业银行股份有限公司大埔县支行负责人名录

行　　长：谢家裕

纪委书记：苏志光（—2020.6）
　　　　　张伟丰（2020.7—2020.12）

副 行 长：李　顺（2020.2—）
　　　　　李　军（—2020.1）　曾荣华

（*黄远征　何海燕*）

中国银行股份有限公司梅州大埔支行

【业务开展】2020 年，中国银行股份有限公司梅州大埔支行（简称中行大埔支行）抓好新冠肺炎疫情防控常态化工作，响应国家普惠金融工作要求，支持地方经济建设，拓展普惠金融产品。2020 年，新增个人客户、企业客户、借记卡发卡量、网上银行、手机银行、本外币存取款等业务稳步增长。2020 年度，中行大埔支行支持大埔县陶瓷企业 20 家，合计贷款金额 9772.50 万元。至 2020 年年底，各项业务存款合计 8061.96 万元，各项业务贷款合计 1.48 亿元，经营指标稳步增长。

【客户服务】2020 年，中行大埔支行拓展金融服务功能，提升金融服务水平。参照智能化改造网点的标准进行装修，营业厅各类功能分区齐全，包括预处理服务区、客户体验和产品展示区、开放式柜台服务区、封闭式柜台服务区、中高端客户服务区、营销服务区、自助服务区及辅助功能区等功能分区，配备有智能柜台、移动柜台，能满足客户各种业务需求，做好客户服务。

【风险管理】2020年，中行大埔支行加强对网点的管理，把相关业务纳入常规检查范围，对办理各项业务的合法性、合规性、风险控制状况等情况进行检查，建立有效的内控监督机制，防范业务风险。严格按照总行、省行、分行及当地监管部门的相关制度要求，建立符合当地银行机构稳健经营的各项规章制度，全面落实案防责任制，具备较强的风险控制能力。全年实现安全运营。

中国银行股份有限公司梅州大埔支行负责人名录

行　长：程凤良（—2020.12）
钟伟宏（2020.12—）

副行长：陈育生（—2020.9）
刘伟君（2020.9—）
温　健（2020.6—）

（刘伟君）

中国建设银行股份有限公司大埔支行

【简述】2020年，中国建设银行股份有限公司大埔支行（简称建行大埔支行）按照总行以及省、市分行在年初工作会议上的部署要求，抓好新冠肺炎疫情常态化防控工作的同时，围绕“转型发展、创新驱动、合规保障”指导思想，以“价值创造”为核心，发扬“春晖”精神，推进“住房租赁、普惠金融、金融科技”三大战略，开展新金融实践，探索数字化经营模式，加强合规管理，主动防范化解风险，精细管理提质增效，各项业务实现高质量发展，实现安全运营。 个人存款、个人中收、个人商户、代发工资、金融科技、住房租赁、资产资量方面成绩突出，个人业务考核排名靠前，完成各项工作任务。2020年度，一般性存款时点余额17.03亿元，余额市场占比32.6%，四大行排名第二位，比年初新增1.65亿元，新增市场占比82.9 %，新增四大行排名第一位。各项贷款余额13.21亿元，四大行占比28.1%，排第二位，比年初新增1.23亿元，新增市场占比14.2%，新增四大行排名第三位。获得“2019零售业务百强网点”称号和2020年岗位大练兵营销团体第一名。

【拓展业务】2020年，建行大埔支行面对年初的新冠肺炎疫情影响，领导挂帅，收集信息，采取措施促进业务拓展。抓好个人存款。以“客户拓展”作为全年度的工作重心，强化个人客户资产及存款的常态化管理和目标管理，使用一手抓基础客户（代发工资、CTS等客户，落实专人加强维护管理），一手抓中高端客户方法，坚持推进存款“责任田”制度，建立客户分层维护营销责任制，营业室和龙山支行分别对前30名、前20名和前10名大客户，建立起大客户台账，根据台账，有针对性地重点展开营销措施。利用理财产品优势，挖掘中高端客户存款资金，满足客户投资理财渠道多元化的需要，通过有竞争力的产品密切客户关系，吸引客户转入行外资金。个人存款时点余额11.21亿元，比年初新增1.82亿元;个人存款日均余额7.78亿元。日均和时点完成率位列市分行前茅，超额完成2020年度个人存款目标。推进对公账户营销和维护。2020年受新冠肺炎疫情影响，各类防疫资金与捐款账户成为各家银行竞争焦点。在稳定原有账户的同时，争取到大埔县红十字会捐款专用账户的开立。对传统机构重点大客户按照《对公客户维护管理办法》，采取多方面措施，加强沟通维护，掌握各方资金往来信息，争取更多的行外资金流入，同时促成行内资金在内部循环，确保机构存款稳定。

【风险管理】2020年，建行大埔支行加强信贷风险管理，促进资产业务稳步增长。优化信贷结构调整，利用税易贷、云税贷、小微快贷、个人助业、个人住房按揭等信贷品种，把落实普惠金融、支持小微企业、乡村振兴等作为促进贷款增长点，采取储备、挖潜、抢占、跟踪、维护等方法并举，上下联动、用足政策、精抓实干、拼抢市场。明确把民营企业作为信贷资金重点支持对象，对产品有市场、经济效益好、综合还贷能力强、技术含量和管理水平高、有发展前景的企业进行支持。全年向梅州泉之乡食品饮料有限公司等中小企业发放贷款 2655 万元、个人助业贷款 3313 万元；签约楼盘 7 个，发放个人住房按揭贷款 1.35 亿元。对公信贷客户本息回收正常，从未出现拖欠和预期的情况；个人不良贷款回收 300 万元，个人贷款不良率明显下降。

【客户服务】2020 年，建行大埔支行规范和强化员工服务，提高服务水平，为客户提供优质服务。把服务工作融入为客户周到细致的业务指导中，让员工能够更好地体会到客户的需求，从而提高自己的服务水平。对公业务，无论从开户、开票、对账、咨询，都能做到随喊随到，有问必答，来则即办，办则能成。个人业务则有针对性地对客户宣传产品，化解他们的顾虑。同时，加快自助银行、智慧柜员机等电子渠道建设步伐，实现电子渠道和人工网点协调发展的局面，为各项业务发展提供有力支持。2020 年，大零售板块 KPI 得分位于市分行前列。

中国建设银行股份有限公司大埔支行负责人名录

行　长：刘周山

副行长：廖成志　蓝彩芳（女）

（张平）

中国农业发展银行大埔县支行

【简述】2020 年，中国农业发展银行大埔县支行（简称农发行大埔支行）全面贯彻中共十九大和十九届二中、三中、四中、五中全会精神，坚持以习近平新时代中国特色社会主义思想为指导，加强政治建设，统筹做好新冠肺炎疫情防控，服务粮食安全、脱贫攻坚、乡村振兴和区域发展战略，勇于担当、狠抓落实，实现全行各项工作平稳有效发展。至 2020 年 12 月末，各项贷款余额 7.74 亿元，比年初增加 1298 万元，增幅 1.7%。日均贷款 7.76 亿元，比年初减少 4269.71 万元，减幅 5.2%。存款余额 4.13 亿元，比年初减少 1.09 亿元，减幅 20.9%。日均存款 4.76 亿元，比年初减少 1.64 亿元，减幅 25.7%。中间业务收入 0.39 万元。利息收入 3765.26 万元，收息率 100%。账面盈利 1908.57 万元，比 2019 年同期减少 831.11 万元。

【业务发展】2020 年，农发行大埔支行履行党中央、国务院赋予的职能，发挥政策性银行优势，主动与政府相关部门沟通联系，密切银政合作信心。秉持“支农为国、立行为民”的使命，服务国家粮食安全。贯彻执行中央和地方粮油储备政策，支持地方储备粮油的轮换工作，保证粮食最低收购价资金足额供应。在确保粮油政策性收储贷款资金供应的基础上，服务粮油全产业链建设。坚持定期开展粮食库存检查，确保粮食库存银行账与企业相一致。有效发挥政策性金融“逆周期调节”作用，支持乡村振兴。对政府重点基础建设项目进行分析，综合考量，梳理出符合农发行贷款要求的重点建设项目，主动联系相关政府部门，实行精准营销，力促项目落地。2020 年，重点营销省道 S221 线大埔县湖寮至枫朗段公路改建工程 PPP 项目，贷款金额 4.10 亿元在审批中。2020 年上半年因受新冠肺炎疫情影响，重点项目进度受到一定程度减缓。加强与项目企业沟通协调，争取相关部门对项目复工复产的支持，把疫情带来的影响降到最低。根据施工进度及时做好各个项目资金供应工作，确保项目顺利进行施工。贯彻落实总行《关于加强农业政策性金融服务统筹做好支持疫情防控和企业有序复工复产工作的实施意见》《关于进一步做好利率优惠工作的通知》等一系列减费让利措施，支持中小微企业生产发展，有效降低企业融资成本。全年成功投放项目贷款5618万元，其中享受复工复产绿色通道贷款、中小微企业首年优惠利率政策贷款2186万元。做好稳存增存工作。及时关注财政资金动态，与财政部门沟通协商，争取年度粮食风险基金及早到位。同时，营销项目下游企业到行开立账户，合理延伸支付链条。借助落实还贷资金的契机，争取还本付息金额提前到位。及时收回贷款利息，保障收入稳定增长。督促政府将购买服务类贷款的还本付息款纳入财政预算，保证利息来源的可靠性。密切关注企业和财政部门的资金流，提前通知企业和财政部门做好贷款利息的归还计划。至2020年年底，收取贷款利息3765.26万元，利息收回率100%。

【合规管理】2020年，农发行大埔支行把抓合规、控风险、促发展作为全行改革发展的重要举措。抓好制度学习。以各相关专业条线应知应会的政策制度和管理要求为主要内容，做好专业技能内部学习培训，把制度的真学真懂真用作为抓合规管理的常态。同时，强化职业道德教育、反洗钱合规意识教育和党风廉政教育。落实好内控管理机制。信贷部门严格把控贷款资金支付，做好贷后管理工作。客户经理落实贷款资金支付条件，审核企业递交申请材料的真实性、完整性和有效性，核实工程进度，严格按照资金支付流程逐级上报申请。每月按时完成授信后管理工作，密切关注抵质押物及承贷主体偿债能力变化，做好押品检查、抵质押物重评，确保贷款的抵质押物足值有效，防控信贷风险。财会部门把控重要风险点，落实印证分管分用、同业资金往来、银企对账、资金汇划等内控管理要求。开展反洗钱工作，密切关注大额资金进出，提取可疑交易数据，填写客户尽职调查表。对需要上报的大额和可疑交易，及时准确上报，并提交报告说明。办公室落实好基础管理、安全保卫工作，实现安全运营无事故。牵头做好存量档案全面清理销毁工作，完成农发行大埔县支行自筹建以后至2018年年底的文书、信贷、会计档案的清理工作。持续开展警示教育、内控评价、授权管理、合规自查、操作风险管理，抓案防、消费者权益保护等强化内部控制管理。

【干部队伍建设】2020年，农发行大埔支行加强干部队伍建设，提升干部政治和业务素质。加强实践锻炼。鼓励不同岗位之间的纵向和横向交流，全面了解不同部门的工作内容，在实践中增长才干。鼓励新入行员工参与系统内的专业考试，鼓励员工参加学历再教育，考取与农发行工作密切相关的专业证书，自我赋能，主动提升学识水平和职业素养。推进信贷财会队伍建设，学习落实《提升信贷财会基础管理水平三年规划》《提升员工素质三年规划》，引导全体员工依法合规、廉洁自律，服务国家战略和“三农”发展。组织全行员工集中学习，通过学习强国、“智慧党建1+3”、e学院、点点等APP参加学习培训，学习新政策要求。全年组织各类学习活动10次。

中国农业发展银行大埔县支行负责人名录

行　长：王裕文（—2020.1）
　　　　钟志勇（2020.3—）
副行长：钟志勇（负责全面工作，
　　　　　2020.1—2020.3）
　　　　赖秋丽（女）

（何琪）

中国邮政储蓄银行股份有限公司大埔县支行

【简述】2020年，中国邮政储蓄银行股份有限公司大埔县支行（简称邮储银行大埔支行）贯彻省、市分行部署，找差距、求创新、促改革、建优势，按照三年滚动发展计划和市分行下达的各项业务目标，结合新冠肺炎疫情防控常态化和大埔发展实际，制订发展计划和营销方案，抓好落实，稳中求进。实现全年各项业务稳健发展。至2020年年底，存款余额45.35亿元，对比年初增加2.35亿元；公司存款余额1.68亿元，对比年初减少2.50亿元，下降主要原因为全市农保业务上收；各类贷款结余6.39亿元，对比年初增加3677万元。2020年，进行内部机构改革，改革后县支行总部内设4个部门（综合管理部、风险合规部、公司金融部、零售金融部）。2020年，完成辖内3个自营网点（支行营业部、工农路支行、百侯支行）的系统化转型工作，将信贷业务下沉至网点。

【普惠金融】2020年，邮储银行大埔支行主动融入大埔县经济转型发展大局，发挥自身特色优势，创新金融服务模式，加大金融服务力度，确保落实普惠金融工作。开展“信贷下乡”“云闪付”“反电信诈骗”“存款保险”“消费者权益保护”等普惠金融政策进农村、进社区、进校园的主题宣传活动。为助力大埔县小微企业、个体商户收付款、结算管理更加便捷安全，推出“邮惠付”产品，扫码支付，支持多个主流平台，突破单一渠道收款。全年有439个商家办理此项业务。此外，利用自身网络优势，为广大农村地区提供代收医保、农村电费和电话费、代发工资、养老金、退耕林款和计划生育奖励金等惠农惠民服务。注重平台与项目建设，提供便利化服务。2020年10月20日，与大埔县人民医院、银联网络公司合作建设大埔县人民医院收银一体化及退款系统建设项目正式签约，系统建设正式开始。作为梅州市分行打造的第一个医疗行业支付场景，此系统覆盖信用卡支付、主流第三方支付、社保卡支付、刷脸支付、现金支付等所有支付手段，基本满足就医群众的所有支付需求；同时，实现医院前台收付与医院后台财务管理系统的无缝连接，实现前（后）台对账实时化、就医人员退款线上化，助力医院提升财务管理能力。重视政策性贷款，惠泽当地百姓。为帮助下岗失业人员以及毕业生创业和再就业，扶持地方经济建设，与大埔县人社局合作，开展再就业担保贴息贷款业务。全年放款42笔820万元。

【扶贫攻坚】2020年，邮储银行大埔支行重视扶贫工作，驻村帮扶抓落实。始终把挂点帮扶桃源镇桃锋、坪新村脱贫攻坚工作作为重要政治任务，指定分管领导、员工专人负责落实脱贫攻坚工作，2020年实现全部脱贫。精准扶贫，实现贷款余额“清零”。累计发放扶贫小额贷款679笔2059.50万元，涉及扶贫户678户，至2020年年底，全行实现“户贷企用”余额和不良贷款清零，贷款余额基本清零，结余1笔1.45万元，助力打赢扶贫攻坚战。

【疫情防控】2020年初，新冠肺炎疫情发生，邮储银行大埔支行迅速行动，由支行领导带队，坚守岗位、靠前指挥，落实“一岗双责”；每日带班值班，对防疫物资进行调配，对辖内县支行机关、网点落实疫情防控工作情况进行督导检查，做好疫情常态化防控工作。同时，根据《梅州市分行新型冠状病毒疫情防控应急方案》成立新型冠状病毒疫情应急处置小组，由一把手任组长，负责开展支行新型冠状病毒疫情应急处置和相关监督检查工作，确保严格落实防控措施。

【风险管控】2020年，邮储银行大埔支行开展不良清收专项活动，对发生逾期的客户按时间、额度等进行数据梳理，对产生逾期的客户进行催收难易分析，采用一户一策（多策）、先易后难办法分组进行催收，于2020年11月提前完成市分行下达的跨年度清收目标。至2020年年底，不良贷款总金额514万元，不良率0.8%，总体风险可控。全年无发生金融案件和重大风险事件。

中国邮政储蓄银行股份有限公司大埔县支行负责人名录

行　长：连志烽

副行长：赖嘉华　罗　导（—2020.6）

（范意城）

广东大埔农村商业银行股份有限公司

【简述】2020年，广东大埔农村商业银行股份有限公司（简称大埔农商银行）以“巩固改革成果、转换经营机制”为主题，坚持稳中求进的工作总基调，做好常态化新冠肺炎疫情防控工作，加大支农支小力度，深化普惠金融和精准扶贫工作，促进做优做强、提质增效、加强合规、转型创新和化解风险，各项业务稳步发展、稳健经营。至年末，全行各项存款余额62.87亿元，较年初增加8258万元，同比增长1.3%，存款增量占全县金融机构存款增量的50%；各项贷款余额40.93亿元，比年初增加4.46亿元，同比增长12.2%；存贷款市场份额均位于县域金融机构之首。不良贷款率1.1%；全年实现经营利润1.76亿元，同比增加147万元，全年纳税4520.31万元，持续成为当地纳税大户。大埔农商银行总行机关设立16个部（室），下辖营业部1家、支行23家，全行设立ATM、CRS机共32台，离行式自助银行3家，超级柜台26台，助农取款点245个，经营网点遍布各镇。

【疫情防控】2020年，大埔农商银行做好新冠肺炎疫情防控工作，助力企业复工复产。采取统一采购抗疫物资。全行统一采购口罩、额温枪和消毒水等抗疫物资分配给各支行、总行各部室，确保员工生命安全，工作正常运转。开展疫情防控工作志愿服务活动。为共同打赢新冠病毒肺炎阻击战，结合疫情防控和千行千村结对共建工作，履行农商银行社会责任担当，发挥党员先锋模范作用，做好金融服务，辖内各党支部开展疫情防控工作志愿服务活动。发放“战疫”贷款，减轻融资负担，打好疫情防控攻坚战。大埔农商银行向卫生防疫相关单位和企业及暂时受新冠肺炎疫情影响较大的行业推出贷款产品，满足生产经营的融资需求，并执行低于一般贷款100BP的优惠利率，减轻受疫情影响等行业的融资负担，助力企业复工复产。1月19日，成功发放首笔“战疫贷”。并肩战“疫”，共克时艰。主动认购抗击疫情主题金融债券。响应国家号召，履行社会责任，通过银行间债券市场认购中国进出口银行发行的1000万元抗击疫情主体金融债券。

【支农支小】2020年，大埔农商银行采取措施促进业务发展。为全县公职人员、农合机构系统内人员、优质企业人员提供网络消费贷款—“悦农E贷”业务，实现客户线上申请、审批、放款、还款以及管理的全流程线上化。此外，还推出“战疫贷”“军功贷”“优企贷”，为卫生防疫相关单位和企业及受新冠肺炎疫情影响较大的行业企业、退伍军人、小微企业提供贷款。创新服务，支农支小力度加强。启动“访百万企业”专项行动，配合政府运用信贷风险补偿资金机制，推出“助保贷”产品；创新推出“年审”续贷业务并扩大“续贷”业务范围，有效缓解小微企业资金困境。减费让利，持续推进金融扶持力度。下调涉农贷款和普惠型小微企业贷款利率，减轻融资成本。通过主动与大埔县扶贫相关部门沟通，全年发放精准扶贫贷款481.50万元，其中产业扶贫470万元，扶贫小额贷款11.50万元。同时，采购扶贫农副产品，帮助扶贫产业发展，为扶贫下单，2020年通过“以购代捐”的方式认购30.77万元的扶贫产品。

【普惠金融】2020年，大埔农商银行落实普惠金融工作。有序推进大零售转型营销扩展活动。制订《大埔农商银行2020年零售转型营销扩展规划方案》，构建总行领导、总行部门、支行等“三位一体”的配合机制。支持政府推进医保缴交工作。城乡居民医疗保险作为一项重要的民生工程，升级改造全县245个行政村普惠金融服务站并承办建设“村居E支付”工程，推进城乡居民医疗保险和城乡居民养老保险代缴工作。提高金融知识宣传覆盖面。全年通过爱心公益活动到各乡镇宣传新版人民币、防范非法集资、防范电信诈骗、反洗钱、扫黑除恶等内容，将金融知识宣传活动常态化，有效提升群众的金融知识水平。

【合规建设】2020年，大埔农商银行围绕建设“合规银行”目标，以“全面合规——我们共同的追求”为抓手，着力加强合规建设，提升工作质量，保障依法、合规、稳健经营。加强合规建设，提升工作质量。梳理业务流程和管理流程，开展内控评价和制度评估工作，加强重点金融领域风险排查，规范反洗钱履职工作和宣传教育培训工作，推进“全面合规——我们共同的追求”建设工作。强化安保工作，确保安全无事故。加强演练，坚持“谁主管、谁负责”的原则落实责任，开展安全检查和加强队伍建设等多措并举保障经营安全无事故。优化内部审计工作，有效促进依法合规经营和风险防范。开展全面审计工作和加大考核处罚力度强化制度执行，确保健康发展和稳健经营。

【企业文化】2020年，大埔农商银行做好企业文化工作。畅通渠道，建设员工队伍。全年组织31期培训、开展持证上岗考试、落实岗位轮换制度、推出行员等级制度和启动后备干部竞聘工作，畅通员工的职业上升通道，培养复合型人才队伍。凝聚合力，建设党团组织。围绕“服务大局、服务青年、服务社会”的总要求，团支部开展“青春以梦为马，不负农信韶华”五四青年座谈会，组织辖内各党支部开展抗击疫情、清洁卫生等志愿服务活动，提升志愿服务组织功效和志愿者服务能力。搭建桥梁，构建和谐农信。坚持“困难职工定期访、住院职工随时访、职工家中遇有特殊困难及时访”的“三必访”制度，全年慰问困难职工、困难劳模、离（退）休人员39人，共计慰问金12.70万元；为54名住院职工补助医药费18.33万元，推动“和谐农信”建设。

广东大埔农村商业银行股份有限公司负责人名录

董事长：梁铭杰（—2020.8任党委书记，2020.8—）

行　长：陈育平

监事长：朱小敏

副行长：黎伟平　黄杰华　张敏燕（女）

（罗金昆）

人寿保险

【简述】2020年，中国人寿保险股份有限公司大埔县支公司（简称大埔人寿保险公司）坚持以习近平新时代中国特色社会主义思想为指导，贯彻落实中共十九大和十九届四中、五中全会精神，围绕集团公司“重振国寿”战略部署，以党建为统领，以高质量发展为根本要求，以抓好新冠肺炎疫情防控常态化工作为前提，以梅州分公司“转型升级　夯实队伍　创造价值　共赢共享”工作主题为指引，落实“城区做大　收展做强　两乡崛起”的整体思路，以晋促增，以人力的增长带动业务发展。开展关爱百姓，关爱老人，“银龄安康行动”为全县 9 万多名老年人提供意外伤害保障。加强培训工作，夯实团队，全年各项任务达到预期成效，业务均衡稳健发展。

【业务发展】2020 年，大埔人寿保险公司实现保费收入 8039 万元，比 2019 年同期增长 0.9%。个险渠道完成个险新单保费 1306 万元，比 2019 年同期增长 23%，其中 10 年期以上 936 万元，同比增长 29%，全年架构人力 588 人。银保渠道完成银保期交保费 152 万元；团险渠道完成大短险保费 811 万元，全年支付理赔款 608 万元。

【风险管控】2020 年，大埔人寿保险公司加强金融风险管控工作。保持高度的职业敏感性，强化对风险问题和风险形势的分析，采取针对性的管控措施，化解存量风险，抓紧入口，严格防范增量风险，实现业务发展与风险管控两手抓，确保法律红线不能碰，监管底线不能越，守住不发生系统性金融风险的底线。严格按照监管部门和省、市公司的工作部署，开展重点风险治理、防范和处置非法集资、中介市场乱象整治、反洗钱等工作项目。严格把控排查工作成效，风险点全面深入开展排查，做到发现问题不解决不放过、问题解决不好不放过、长效机制不健全不放过。加强基础建设，夯实风险管理根基，培育和打造合规文化和风险文化，将合规控制和风险管理意识转化成全员共识，自觉将风险管理意识转化与经营管理相融合，促进公司建立风险管理体系。

【客服工作】2020 年，大埔人寿保险公司客服中心坚持柜面标准化建设，以“提升工作效率、提升考核排名、提升服务时效、提升受理质量”为目标，在日常受理业务中，采取首问责任制，指定专人负责问题件的跟进及反馈，强化执行力和制度管理，加大通报表扬和批评力度。同时，在日常工作中坚守风险防控底线，每笔业务受理均按照公司各项规章制度和实务开展，做好客户风险行为的排查、识别；在投保、保全、理赔业务中做好反洗钱、现金管理、投诉各项工作；全年零投诉案件，推动业务为一线提供后勤保障，做到客户满意、伙伴满意。

中国人寿保险股份有限公司大埔县支公司负责人名录

总　经　理：陈东录（2020.1—）
副 总 经 理：严　娇（女，主持，—2020.1）
总经理助理：柯湘芳

（张莎豪）

财 产 保 险

【简述】2020 年，中国人民财产保险股份有限公司大埔支公司（简称人保财险大埔支公司）坚持学习中国特色社会主义理论、中共十九大报告，领悟中共十九届三中、四中和五中全会精神，贯彻执行党的路线方针政策，做好“两个维护”和“四个意识”。面对新冠肺炎疫情，在以习近平同志为核心的党中央坚强领导下，贯彻落实县委、县政府和新冠肺炎疫情防控指挥部的一系列方案措施，全公司众志成城、全力以赴，做好新冠肺炎疫情排查、防护工作，重点群体监控“两个全覆盖”等做法，构筑外防输入、内防扩散的有效防线；为春季学期学生返校复读工作，发挥“人民保险，服务人民”的宗旨，向县教育局捐赠 11 台人脸体温监测仪。同时，创造条件，加快企业复工复产工作。坚持“促发展、保效益、防风险”的工作主基调，全面贯彻执行上级公司的各项经营管理规定，应对市场竞争，开拓市场，抓好业务发展，完成上级交给的工作目标。全年保费收入 3854 万元，同比增加 445 万元、增长 13.1%。

其中车险业务保费收入1850万元，同比增加215万元、增长13.2%；非车险业务保费收入2004万元，同比增加230万元、增长13%。政策性保费收入1284万元，同比增加279万元、增长27.8%。全险种支付直接赔款1477万元，赔付率49.1%。

【业务发展】2020年，人保财险大埔支公司在竞争中促发展，加强公司销售能力建设，拓宽销售渠道。抓好公司部门、营销部的营销能力的提高；抓好车辆维修合作厂和保险营销代理销售工作；开拓车行销售代理工作，拓宽公司销售渠道，提高市场竞争力度。抓好车险网销V盟业务，有效促进车险业务的稳定和发展。合理配置车险事故维修资源，加强与维修合作厂的联系，开拓车行代理销售工作，调动合作厂积极性，促进业务发展。抓好重点企业、重要客户展业和续保工作。分析大埔财产保险市场，发展分散性业务，提升公司业务增长点。做好政策性农险业务工作，加强与县有关部门联系，成功开创新险种蜜柚种植保险3800公顷、保费收入570万元，茶叶保险566.67公顷、保费收入170万元。提高服务质量，做好理赔工作，赔付蜜柚种植保险农户170万元，烟叶保险赔款13.50万元，水稻、农房等赔款60万元，高陂自然灾害赔付20万元。

【业务管理】2020年，人保财险大埔支公司在承保业务上，严格执行上级公司条款、费率和执行各项承保管理规定，抓承保风险管控，做好保前风险评估工作。理赔方面，规范中求发展，加强对大埔理赔分部的管理，打造专业理赔队伍建设，强化理赔管理工作，增强理赔责任心，做好人伤跟踪工作，提高现场查勘率，打击假赔案和挤水分，准确合理定损。

【保险服务】2020年，人保财险大埔支公司加强法律法规学习，开展依法合规经营活动。坚持学习求深、工作求高、管理求严，提高干部职工的思想认识，促使干部职工用心想事、用心谋事、用心干事，经得考验、担得起重任。提高服务水平，开展文明礼貌用语、规范操作流程培训。创建和谐团结的保险服务机关。

中国人民财产保险股份有限公司大埔支公司负责人名录

副 经 理：杨有林（主持全面工作）

经理助理：麦子孚

（罗万祥）

2020年人保财险大埔支公司保险业务情况表

表2　　　　单位：万元

项　目	2020年	2019年	+、-（%）
一、保险费合计	3854	3409	13.05
1. 企业财产险	89.90	88.44	1.65
2. 家庭财产险	85.60	84.36	1.47
3. 运输工具及责任险	1850	1635	13.15
4. 农业险	1284	1005	27.76
5. 责任险	324	306	5.88
6. 意外险	123.70	164.82	-24.95

续表 2

项　　目	2020 年	2019 年	+、-（%）
7．健康险	96.80	125.38	-22.79
8．工程险	0	0	0
二、赔偿合计	1477	1235	19.60
1．企业财产险	26.40	17.30	52.51
2．家庭财产险	28.60	36.10	-20.73
3．运输工具及责任险	980	778	25.96
4．农业险	300	228	31.57
5．责任险	51.60	62.70	-17.70
6．意外险	29.40	23	27.83
7．健康险	61	89.90	-32.15
8．工程险	0	0	0

综合经济管理

发展和改革工作

【简述】2020 年，大埔县发展和改革局（简称大埔县发改局）以习近平新时代中国特色社会主义思想为指导，学习贯彻中共十九大和十九届五中全会精神，抓住老区苏区振兴发展政策红利以及“双区驱动效应”等机遇，以“向政策要项目，向项目要资金，以大项目拉动大埔经济大发展、快发展”目标为导向，抓好重大项目谋划、老区苏区振兴发展、中央预算内投资、债券资金申报等工作。强化项目支撑，推动县域经济振兴发展。

【疫情防控期间市场保供稳价】2020 年，大埔县发改局在新冠肺炎疫情防控期间维护好市场价格秩序，保持市场价格基本稳定。跟踪重要居民生活必需品市场价格变化情况，加强居民生活必需品粮、油、肉、禽、蛋、菜、食盐的价格监测预警工作，及时预警可能引发价格异动的苗头性、倾向性、潜在性问题，采取措施，为民生商品保供稳价。落实社会救助和保障标准与物价上涨挂钩联动机制。根据物价上涨情况，按照“明确责任、改善民生；短期波动、发放补贴；持续上涨、调整标准”的要求和市发改局文件规定的标准，按照职责范围必须在规定时限内发放、必须足额发放到位。大埔县 2020 年发放价格临时补贴 1143.18 万元，有效化解物价上涨，保障困难群众基本生活不会降低。制定降价政策措施，支持企业复工复产。根据《梅州市发展和改革局转发广东省发展改革委关于贯彻落实阶段性降低用水价格有关问题的通知》和省工业和信息化厅等九部门《印发〈关于应对疫情防控影响加大对个体工商户支持力度若干措施〉的通知》（粤市监〔2020〕21 号）的文件精神，大埔县各地按不低于 10% 的幅度下调个体工商户的用水价格，阶段性降低非居民用水价格和阶段性降低城镇管道天然气非居民用气价格。按上级的统一部署，自 2020 年 2 月 1 日起至 12 月 31 日，一般工商业、大工业电价的电力用户在计收电力用户电费时，统一按原到户电价水平的 95% 结算。做好粮油市场供应保障工作。在新冠肺炎疫情防控期间，粮食和物资储备部门提高政治站位，强化责任担当，做好全县粮油市场供应保障工作。核实物资储备精确数据，摸清市场动态及粮油供应情况；全面掌握 20 个应急网点供应情况，与相关部门沟通联系，畅通粮源渠道；掌握应急加工情况，核实、指导大埔县西农粮食加工农民专业合作社、五虎山应急加工厂工作；提出应急措施，在大埔县“三大镇”临时增储 10 万千克应急大米；开展正面宣传。通过 “温馨提示”等方式向市民宣传物资储备充足，尽快稳定市场。

【县域经济社会发展】2020 年，大埔县发改局做好服务县域经济和社会发展工作。推进重点项目建设。推进 121 项总投资 399.33 亿元、年度投资计划 96.44 亿元的重点项目建设，在疫情冲击、投资放缓等因素影响下，全年完成投资 77.56 亿元，占年度投资计划的 80.4%；项目完成进度率与 2019 年同比下降 4.24 个百分点。41 项省、市重点项目全年完成投资 46.17 亿元，占年度投资计划 93.7%；其中 4 项省重点项目全年完成投资 13.69 亿元，占年度投资的 101.8%。开展对接落实原中央苏区优惠政策工作。贯彻落实全省推动老区苏区振兴发展工作现场会精神，组织各级各部门围绕《中共广东省委 广东省人民政府关于进一步推动我省革命老区和原中央苏区振兴发展的意见》，做好政策沟通对接和争资项目谋划工作。至 2020 年 12 月 31 日，大埔县谋划推动大埔苏区振兴发展项目 90 项，项目计划总投资 107.60 亿元，据不完全统计，共争取中央支持资金 1.93 亿元，争取省支持资金 4.04 亿元。配合国家、省、市发改部门统筹推动实施涉及推进大埔苏区振兴发展事项，拟制《大埔县关于贯彻落实〈国家发展改革委办公厅关于地方提出的支持赣南等原中央苏区振兴发展 27 项事项有关情况的复函〉的行动方案》。对照《国务院关于支持赣南等原中央苏区振兴发展的若干意见》（国发〔2012〕21 号）、《赣闽粤原中央苏区振兴发展规划》（发改地区〔2014〕480）文件精神，对大埔县贯彻执行情况进行全面梳理，形成《大埔县贯彻落实原中央苏区振兴发展情况的报告》。做好“十四五”老区苏区振兴发展有关研究工作，对“十三五”时期大埔县老区苏区发展成效进行全面评估，形成《大埔县加快推进老区苏区振兴发展工作情况的报告》。做好专项债、中央投资项目储备申报工作。2020 年，在利用国家重大建设项目库做好项目储备的同时，争取中央预算内投资补助项目及地方专项债券项目申报储备工作。至 2020 年 12 月，发行专项债券 3 批次、7 个项目，总投资 17.67 亿元，发行专项债规模 5.60 亿元；争取中央预算内投资项目 3 项，下达中央预算内补助资金 3799 万元；2021 年申报及储备地方政府专项债券项目 12 项，总投资 24.20 亿元，专项债需求 7.97 亿元。

【“放管服”制度改革】2020 年，大埔县发改局推进“放管服”制度改革，优化改善营商投资环境，提高行政效率，加快项目的审批速度。企业投资项目实现“网上申请、网上受理、网上办结”，大幅度压缩企业投资项目落地时间，有效激活企业投资活力。推进工程建设审批制度改革，转变政府职能，主动向项目责任单位发出服务函的方式，告知办理立项审批准备的材料清单以及广东省投资项目在线审批监管平台、国家重大建设项目库操作指引等。全年受理审批政府投资项目264项，总投资28.20亿元；受理企业投资项目核准及备案136项，总投资70.82亿元。

【社会信用体系建设】2020年，大埔县发改局推进社会信用体系建设。依托“信用广东”“信用梅州”开展公共信用信息归集和共享，定期开展“双公示”数据瞒报问题治理，提高公共信用信息归集的规范性、准确性、完整性和实效性。至2020年12月30日，全县归集“双公示”数据1.74万条（行政许可1.56万条，行政处罚1803条）。推动城市信用状况排名提档进位。每月定期开展城市信用状况监测预警，加大失信主体治理工作力度，加强守信主体正面宣传报道，助推梅州市城市信用监测状况排名提档进位。发挥信用建设对优化营商环境支撑作用，加快推进信用联合奖惩。至2020年7月底，大埔县法院通过“今日头条”曝光失信被执行人4人，向“信用梅州”推送失信被执行人40人次，纳入失信被执行人名单218人次，司法拘留8人次（其中2人被立案侦查），依法限制高消费218人次。推进中小企业信用体系建设。完善中小企业信用体系建设工作机制，健全中小微企业信用档案，帮助中小微企业增进信用融通资金。2020年，通过“粤信融”组织和引导辖内银行机构新增查询量200笔，撮合融资笔数44笔，融资金额共计约3.50亿元。开展诚信宣传教育。通过电视台、南方号、梅州日报、县政务服务大厅LED显示屏、悬挂宣传画报等渠道进行文明诚信宣传。组织相关单位举办“6·14”信用记录关爱日、“诚信兴商宣传月”等10场活动。增强信用建设服务实体经济能力。推进“信易贷”工作，发挥全国首个“信易贷”全覆盖城市的示范作用，组织企业申报“信易贷”推荐企业名单，至12月，大埔县应用“信易贷”平台1个，通过平台发放信用贷款总金额710万元；推荐企业5家，信贷资金需求750万元。

【统筹协调重大区域发展平台】2020年，大埔县发改局抓好重要产业的发展战略和规划工作。对照《梅州市贯彻落实省构建“一核一带一区”区域发展新格局推进生态发展区建设行动方案》（梅市明电〔2019〕141号）明确的工作任务，梳理总结2019年大埔县推进生态发展区建设工作情况，形成《大埔县推进生态发展区工作情况报告》；研究大埔县2020年推进生态发展区建设工作思路，形成《大埔县推进生态发展区建设2020年工作计划》。落实市长在梅州市学习贯彻《关于支持深圳建设中国特色社会主义先行示范区的意见》专题研讨班结业式上的讲话精神，牵头组织研究谋划大埔县重点工作计划和重大项目，梳理汇总重大改革事项6项，重大项目36项，计划总投资82.70亿元。配合做好“十四五”梅州市战略性新兴产业发展规划前期研究工作，形成《大埔县战略性新兴产业发展情况报告》。配合做好申报省级高新区相关工作，商请市发改局出具《梅州市发展和改革局关于大埔县申报省级高新区符合主体功能区规划及国民经济和社会发展规划的证明》。推进特色小镇规范建设和高质量发展。开展高陂青花瓷小镇创建对象年度监测评价，及时掌握小镇每月建设进展情况。开展特色小镇清单管理工作，对不符合条件的名称中包含“特色小镇”“小镇”的项目、机构、企业等进行清理核查。申报省级特色小镇创建培育对象。组织并指导创建主体高陂镇人民政府开展省级特色小镇创建培育对象申报工作，2020年12月17日省专家组对高陂青花瓷小镇创建对象进行现场评价核查。

【价格管理】2020年，大埔县发改局深化价格机制改革工作。按程序制定《大埔县高陂镇城区自来水价格和实行居民生活用水阶梯水价》《大埔县城区管道燃气非居民配气价格及非居民用气销售价格》《大埔县关于实行城镇非居民用水超定额超计划累进加价制度》，从而深化公用事业领域价格改革，合理界定政府、企业、用户的权利义务，理顺价费关系，提高公用事业产品和基本服务供给的质量和效率，促进能源资源优化配置。严格按照《价格认定规定》《价格认定行为规范》和《价格认定文书格式规范》的要求，协助公安部门参与刑事价格认定220宗，标的价值约为458.56万元。

【粮油安全管理】2020年，大埔县发改局抓好粮油安全管理工作，确保全县粮油市场供应保障。根据开展地方储备粮油工作要求，结合春季储粮安全实际和粮油库存检查工作，对五虎山粮库在库储备粮、油进行检查核实，全面摸清在库粮油数量、质量和储存安全等情况，在库县级储备粮1.40万吨，均存放在五虎山仓库，其中2018年入库5928吨、2019年入库8084吨；食用油40吨（县级储备油50吨，其中在五虎山粮库40吨，10吨在企业）。在库粮食温度在20—23℃之间，3仓有个别点在28℃，水分在13.5%以下，已全部密闭熏蒸，经检查无发现害虫、鼠雀等情况，均符合四无粮仓标准。在库食用油按时轮换，品质良好，均在保质期内。提高粮食和救灾物资安全应急管理能力。按照“合理布点、全面覆盖、平时自营、急时应急”的原则，完善粮食应急体系建设。根据大埔县14个镇以及地理环境、交通条件和经营集贸等特点，上门做好沟通协调和确认工作，统一到点签订协议、挂牌，按时完成20个粮食应急供应网点、2个应急加工厂、1个运输网点建设任务。同时，与上级沟通，争取加大对应急救灾工作经费的投入，改善物资储备仓库相关工作。加强成品油市场管理。做好加油站新建、改（扩）建申报工作。2020年县发改局初审上报新建和改（扩）建加油站材料4件/次，其中广东省驿站能源有限公司洲瑞加油站、广东通驿高速公路服务区有限公司光德服务区西区加油站、广东通驿高速公路服务区有限公司光德服务区东区加油站等3间新建加油站获得市发改局规划确认；中国石化销售股份有限公司广东梅州石油分公司大埔县三河加油站由于企业无法在批复有效期内完成工程规划报建手续，市发改局同意对该规划点进行重新规划确认。做好成品油经营企业换证、年审工作。大埔县辖区共有成品油经营企业（加油站）26家，全年向市发改局提交《成品油零售经营批准证书》到期换证申请3件，均获得重新核发。辖区26家加油站全部参加2019年度的年检工作，其中2019年度获批改扩建的报送免年检材料17家，报送2019年度年检材料9家。

大埔县发展和改革局负责人名录

局　长：刘南泉

副局长：陈宇淦　刘春明　蓝建明
刘木兰（女）　刘小玉（女）

（詹文聪）

市场监督管理

【登记注册与行政许可】2020年，大埔县市场监督管理局抓好登记注册管理与行政许可工作。优化企业办事流程。提速准入，放宽准营，改进服务，提供全程帮办、免费刻制印章等配套服务，全县企业开办实现“零成本”；实施“马上办”改革，企业开办时间压缩至0.5个工作日，实现即来即办。至12月，全县有各类市场主体2.24万户，全年新增市场主体5721户，其中企业576户，同比增长16.6%，新增个转企18户。优化许可流程。大埔县市场监管局在全市率先下放食品经营许可、药品经营零售许可和食品生产许可审批权，为经济发展提供更加宽松便捷、更具创新活力的制度供给。全年全县办理行政许可事项2081件。完善退出机制。推行企业注销"一网"服务，统一数据标准和共享数据项，并允许企业通过国家企业信用信息公示系统向社会免费公示清算组信息和免费发布清算公告，普通注销登记时间压缩至1个工作日内（不包括公告时间），构建高效便捷、公开透明、交易安全的市场退出环境。全年办理简易注销129户。全面推行市场主体登记注册全程"网上办""邮寄办"，同时提供预约服务、上门服务，促进市场主体快速落地。全年办理市场主体业务8967户，全程电子化网上办理14户，邮寄服务30户，预约办理23户。对涉及新冠肺炎疫情防控的审批服务事项，如生产口罩等医疗用品企业开辟绿色通道，全年全县登记注册非医用口罩生产企业6户。

【信用风险监管】2020年，大埔县市场监管局加强事中、事后监管，开展"双随机、一公开"抽查工作。按照10%的比例抽查企业1822家，责令改正35户，通过登记住所（经营场所）无法联系列入经营异常名录企业32户，并将列入经营异常名录届满3年仍未履行相关义务的49家企业列入严重违法失信企业名单抄告政府相关单位，同时依托国家企业信用信息公示系统，增强抓好"双随机、一公开"监管工作信息公开化。全年公示行政许可4279条，行政处罚656条，异常名录909条，列入严重失信企业名录65条，信息抽查检查4807条，依法应当公示的企业信息2.03万条、企业自行公示即时信息980条，企业年度报告2.03万条。清查市场主体资质。对清理出的37户长期停业未经营公司或公司分支机构实行吊销行政处罚，引导新办营业执照1245户、注销1592户、吊销个体工商户营业执照4户，引导新办食品经营许可证906份、吊销食品经营许可证2户，查处无证无照经营案件11宗，案值4.71万元，罚款14.64万元。移交县卫健局无证经营案件线索13条。开展企业年报公示工作。全年举办年报培训班5期，培训人员120人次，发放宣传资料2000册，电视宣传报道、电视公告3次，发布短信提示2000条，发布微信20条，报刊宣传20次，张贴公告100份，张贴年报海报100张。全县2019年度年报率61%，其中企业年报率97.7%、合作社年报率80.7%、个体户年报率71.8%。

【食品安全监管】2020年，大埔县市场监管局抓好食品安全监管工作。开展食品安全抽检与食用农产品快检。全年开展食品安全抽检1161批次，蔬菜、水果、水产品、肉制品等食用农产品检测1.90万批次，完成率104.2%，销毁不合格食用农产品158.20千克。做好非洲猪瘟防控工作。联合县农业农村局、各镇政府、各市场监管所开展猪肉市场整治行动，全年开展联合行动21次，出动执法人员109人次，检查农贸市场27家次，检查猪肉经营户381户次，无害化处理未经检验检疫的猪肉产品533千克。关注学校食品安全。开展春、秋季学校食堂及周边食品安全专项检查，全覆盖检查全县学校食堂及校园周边食品经营户476户次，责令整改35户。开展食品安全专项整治。全年开展农村食品、食盐、酒类产品等安全专项整治行动20次，查处食品类案件91宗，案值7.89万元，罚没金额27.01万元。做好重大活动食品安全保障。全年保障"中高考"、人大、政协、茶叶产业大会等重大活动19宗，保障1.25万人次饮食安全。民生实事工程建设到位。以农贸市场新冠肺炎疫情防控工作为契机，争取县委、县政府支持，投入210万元对城区老旧失修、通道狭窄、卫生脏乱的虎山、大昌、城北和万川等市场进行改造，立足布局合理、功能齐全、卫生方便、满足商贩和群众需求的标准，对市场内摊位、设施、照明、排水等进行全面升级改造。至12月，设有肉类档159个，光鸡档42个，海鲜档17个，鱼档25个，青菜档95个，副食品档63个，面粄类26个。民生关注领域保障到位。在全县小型餐馆、小餐饮已覆盖透明式阳光厨房的基础上，引导大型餐馆、学校食堂加入，至10月底，实现全县89家学校食堂“互联网+明厨亮灶”工程全覆盖，并连接市局平台。

【药品化妆品医疗器械监管】2020年，大埔县市场监管局加强医疗机构药械使用监管。全覆盖检查医疗机构315家，规范药械采购、验收、储存养护和使用行为。督促开展药品化妆品不良反应监测工作。全年上报药品不良反应285宗、医疗器械不良事件174宗、化妆品不良反应32宗。开展各项专项检查。开展中药饮片、第二类精神药品、药品网络销售、执业药师“挂证”等8个专项整治行动，全年检查药品经营使用单位1000家次、抽检药品50批次、医疗器械4批次、抽检化妆品6批次，查处“两品一械”案件31宗，案值0.17万元，罚没金额0.39万元。

【网络交易监管】2020年，大埔县市场监管局抓好网络交易监管工作。推进2019年度“守合同重信用”企业公示活动。全年全县获得2019年度“广东省守合同重信用企业”称号151家，其中新增申报企业30家，十年及以上公示企业17家，二十年及以上公示企业5家。创新网络交易市场监管方式。加强信息化建设，打牢网监工作基础，提高“以网管网”的能力。全年入库网站主体98家，初步完成全县经营性网站数据库的建库工作。同时，加强互联网重点领域广告监管，在全县开展“网络市场监管”专项行动，规范网络交易行为，全年查处案件1宗，结案1宗，罚没收入1.07万元。稳妥办理动产抵押登记。全年受理动产抵押业务23宗，抵押登记数额6379.84万元。

【价格监督检查与反不正当竞争】2020年，大埔县市场监管局针对新冠肺炎疫情情况，开展口罩、无纺布等防护用品价格监管专项检查，反不正当竞争，严厉打击哄抬物价，囤积居奇等违法行为。同时，增设价格监测点，与喜多多超市、县财政市场管理办、辉平药业公司协商，安排专人负责药品、医疗器械、防控物资、粮油菜肉蛋等防疫必需品价格监测。全年出动执法人员4069人次，检查食品、超市等市场主体6606家次，立案4宗，罚没金额8554.59元。

【执法监督】2020年，大埔县市场监管局保持执法工作高压态势。全年查办食品药品、特种设备、产品质量、无照经营、打非治违、“双打”、广告、商业贿赂、不正当竞争等各类违法案件218宗，案值65.96万元，罚没款60.07万元，维护安全有序的市场环境。开展扫黑除恶专项行动。全年向县扫黑办报送行业整治类线索10条，其中移送县公安机关7条。

【消费者权益保护】2020年，大埔县市场监管局加大消费维权力度。整合“12345”政府服务热线和“12315”消费者维权热线工作制度和流程，畅通消费维权投诉渠道，加强消费维权工作力度。全年受理各类投诉举报案件348宗，为消费者挽回经济损失9.60万元，接受消费者咨询289人次。

【质量监督检查】2020年，大埔县市场监管局组织做好2019年度县人民政府质量考核工作，并组织梅州市博富能科技有限公司3名质量管理人员参加省局举办的“2020年广东省企业首席质量官网络培训班”，提升企业管理能力和现代化管理水平。同时，做好生产、经营企业建库工作。至12月，通过“广东省产品质量监管系统”平台录入各种工业生产企业、经营性企业（商户）信息1.40万条，超额完成市局下达任务。开展安全帽、电气和电动自行车、学生用品和儿童玩具等产品质量专项监督检查。

【计量监督管理】2020年，大埔县市场监管局强化计量检定与检验检测服务。开展强制检定、计量校准以及商品量检测、食品及童车童床检验、液化石油气钢瓶检验。全年完成检定、校准各类计量器具1.48万台（件），免费强检计量器具4228台（件），强检免征107.97万元。在新冠肺炎疫情期间，为67家企业复工复产提供计量技术支持，减免收费4.55万元。

【知识产权保护】2020年，大埔县市场监管局贯彻落实习近平总书记关于知识产权工作的重要论述精神，实施知识产权战略，推进知识产权创造、运用、保护和管理工作。引进中兴达知识产权服务机构，创建国家知识产权强县工程试点县，成立知识产权指导站，成功举办“2020粤港澳大湾区知识产权交易博览会推进会暨梅州市特色产业知识产权主题研讨会”和“2020年梅州市知识产区金融交流对接会”。至2020年年底，全县总计商标4081件，有效商标3311件，地理标志产品保护2个。2020年1—10月，新增发明专利申请28件，同比增长43.4%；实用新型专利300件，外观专利121件，发明专利授权15件，同比增长36.4%；实用新型和外观专利授权360件，同比增长48.8%。同时，多举措推进全县知识产权业务工作，依托梅州市中兴达知识产权有限公司开展知识产权评估、注册、托管、交易等业务，对西岩山茶品牌进行评估；协助注册发明专利2件、外观设计7件、商标注册9件；商标托管78件；实现商标交易1件、专利交易1件；为22家企业进行融资额度授信并为企业利用知识产权融资80万元（富大陶瓷60万元、强盛电器20万元），接受各类型企业咨询300家次、自然人50人次、市局调研3场次。

【标准化建设】2020年，大埔县市场监管局抓好标准化建设工作。以塑造领先标准为引领，提升企业核心竞争力。协助大埔县漳北昌华种养农民专业合作社成功申报广东省蜜柚种植标准化示范区。大埔县承担着省级农业标准化示范区项目建设的企业2家。其中大埔县兴瑞现代农业发展有限公司承担的省级蜜柚种植标准化示范区于2020年9月10日通过终期验收；大埔县漳北昌华种养农民专业合作社承担的省级蜜柚标准化示范区于2020年12月2日通过中期评估。同时，推动制订广东省地方标准的立项工作和引导企业参与地方标准修订工作。2020年，大埔县申报《地理标志产品　西岩乌龙茶》和《地理标志产品　大埔青花瓷》两项梅州市地方标准，并于2020年9月得到市局批准为标准制（修）订项目。至12月，两个标准文本（草案）编制完成，进入征求意见阶段。大埔县企业参与修订的3个“广东省地方标准制”于2020年10月1日实施。

【特种设备安全监察】2020年，大埔县市场监管局加强特种设备安全监察，打造平安稳定市场环境。常态化排查特种设备安全隐患。开展特种设备安全集中整治、危险化学品安全综合治理、快开门式压力容器、“五一”、“两会”、中秋国庆等重点时段安全防范。联合县广电旅体局等相关职能部门开展压力容器安全、叉车使用单位、大型游乐设施等专项排查，打造“月月有安排，季季有行动”的安全生产常态化风险排查模式。全年检查特种设备使用单位539家次，全方位检查电梯、压力容器、锅炉、叉车、起重机、厂内机动车辆、大型游乐设施等特种设备624台次，发现并排除一般安全隐患20处、较大隐患12处，发出《特种设备安全监察指令书》

13 份，立案查处 10 宗，罚款 7.30 万元。开展特种设备安全警示教育。开展“新年安全第一课”“安全生产月”“安全生产万里行”等警示教育活动，并组织电梯维保单位、中小学师生代表、医院医护人员等开展电梯应急救援演练活动，提高辖区内电梯应急救援能力，预防电梯事故。

大埔县市场监督管理局负责人名录

局　长：刘锦坤

副局长：王杰华　徐伟根　刘以荣　房亦淦　刘尚荣（—2020.7）　梁耀华

（**林利娜**）

审　计

【简述】2020 年，大埔县审计局坚持以习近平新时代中国特色社会主义思想为指导，深入贯彻中共十九大和十九届二中、三中、四中、五中全会精神，贯彻落实习近平总书记出席深圳经济特区建立 40 周年庆祝大会和视察广东重要讲话、重要指示精神，以及省、市、县委全会精神，坚持审计工作服务地方经济社会发展大局，开展“十问”对照检视加强纪律作风专项教育和“深调研”工作，履行审计监督职责，做好常态化“经济体检”工作，全面推进审计全覆盖，揭露各种违法违纪问题和经济社会运行风险隐患，发挥审计在推动深化改革、促进依法行政、推进廉政建设、促进高质量发展等方面的监督保障作用。

【审计成效】2020 年，大埔县审计局按照县委审计委员会批准的审计项目计划，实施重大政策措施落实跟踪审计、财政审计、经济责任审计、公共投资审计、民生审计、企业审计等审计工作。至 12 月中旬，完成审计项目 18 个，查出违规金额 127.28 万元，管理不规范金额 7.66 亿万元，发现非金额计量问题 36 个，收支不实 7789 万元，审计期间整改金额 893.60 万元，出具审计报告和审计结果报告 26 篇。应上缴财政 90 万元，归还原渠道资金 36 万元，移送有关部门处理事项 2 件。通过审计，增收节支 43 万元，挽回损失 5 万元，核减投资额 6 万元，提出审计建议 50 条，被审计单位制定整改措施 86 项，完成交办配合事项 4 件。

政策措施落实跟踪审计　2020 年，大埔县审计局对 2019—2020 审计年度全县国家和省重大政策措施落实跟踪审计，重点关注国家和省重大经济政策措施和决策部署的贯彻落实情况和效果。审计查出并纠正建设单位未在规定时间内签订设计勘察合同；党校迁建项目工程建设进度缓慢；县城工业小区进园大道项目多付勘察预付款 21.60 万元；未及时向社会公布县级定价经营服务性收费目录清单；违规开展与主管部门行政审批相关的中介服务，涉及金额 277.18 万元；2 个主管部门未将下属单位清欠情况纳入台账管理；5 个政府部门未定期报送台账等问题。

财政审计　2020 年，大埔县审计局分别对县级预算执行、部门预算执行、单位财政财务收支情况进行审计。县级预算执行审计。实施 2019 年度县级财政预算执行和其他财政收支情况审计，重点强化对政府“四本账”全口径监督，加强对财政运行全过程跟踪，推动全面实施预算绩效管理，推动积极财政政策加力提效。审计发现：预算编制方面有社会保险基金预算草案编制不完整。预算执行方面有某局年度预算执行缺乏约束力；部分省级涉农资金使用缓慢 2.33 亿元；彩票公益金项目推进较慢 446.50 万元；有 3 家单位 7 项约束性任务工程进度未达到相关要求；未开展预算资金绩效评价工作。财政管理方面有少缴预算收入 518.08 万元；无预算支出挂账 2.60 亿元。工程建设和管理方面有未达支付条件提前向建设单位支付工程预付款

1920万元；2个单位3项工程擅自变更建设内容；1个项目未按设计图纸施工。财务管理和核算方面有未按规定清理预算单位实有账户。未完成审计整改任务。审计抽查部分一级预算单位，发现部分单位部门预算编制不准确1049.63万元；部分单位项目预算执行率低606.80万元；部分单位无预算支出32.97万元；5个预算单位财政存量资金统筹盘活不及时1627.32万元；部分单位未及时征收非税收入或非税收入未及时上缴1353.85万元；8个县直一级预算单位超限额使用现金；19个单位零余额银行账户使用不规范；未执行公务卡结算管理规定；部分单位固定资产管理不到位46.21万元；会计核算不规范和会计信息不真实3262.63万元。部门预算执行审计。对县商业服务中心、社会保险基金管理局、人力资源和社会保障局3个单位部门预算执行情况进行审计。审计发现：预算编制方面有部分项目预算编制不准确；收支管理方面有无预算支出或超预算支出23.33万元，不规范发放驻村补贴1.10万元；财务管理和会计核算方面有未执行公务卡结算制度4.15万元，支付手续不规范、未取得发票或支付依据不充分16.02万元；“三公”经费及会议费管理方面有车辆运行维护费超预算支出0.72万元；内控制度执行不够到位。财政财务收支审计。对茶阳镇卫生院、县中医医院、县园林所3个单位进行财政财务收支审计。审计发现：收支管理方面有套取专项补助资金转作单位收入13万元；非税收入未上缴国库0.28万元；未严格执行医疗收费政策违规收费2.46万元；扩大支出范围3万元；多付CT分成收入21万元；药品卫生材料及相关耗材未实行阳光采购864.90万元；出纳员坐收坐支现金21.43万元；执行统发津补贴制度不到位，无依据发放奖金补助27.84万元。财务管理和会计核算方面有费用支出未取得发票173.36万元；少计成本多计利润28.78万元；付款手续不完善19.06万元；未将临时银行账户收支纳入单位会计账统一核算；转账支付未严格执行二级以上审批程序。资产负债管理方面有固定资产未及时入账；未及时清理长期挂账32.10万元。项目建设管理方面有工程结算评审报告不实或未以工程量计价清单竣工结算26.49万元。

经济责任审计　2020年，大埔县审计局开展经济责任审计工作。对高陂中学、省属水库移民办、商业服务中心、社会保险基金管理局、金叶发展公司、人力资源和社会保障局、司法局、交通运输局和三河镇等9个单位9位领导进行经济责任审计，促进领导干部履职尽责、守法守纪、担当作为。审计发现：决策制度及执行方面有经济决策制度不健全、不规范，部分重大经济事项决策流于形式，工程项目先实施后决策，部分“三重一大”事项未经集体决策1193.41万元。收支管理方面有套取财政资金用于发放补助2.50万元；违规发放津补贴或无依据发放补助16.17万元；未办理政府采购手续2.11万元；占用移民专项资金或挤占工会经费34.07万元；未执行“收支两条线管理”规定，少收国有资产收益，应缴未缴财政资金205.38万元；扩大支出范围，多列支出或不合规支出，或超标准报销费用175.37万元。财务管理和会计核算方面有付款手续不规范、不完善1468.94万元；未使用公务卡结算7.66万元；用内部借款审批单抵顶库存现金20.30万元；超限额使用现金支付或库存现金超限额46.68万元；会计核算不规范，或未进行会计核算，未填制记账凭证，未设置会计账簿；零余额银行账户使用不规范，未严格执行银行对账，造成账表不符、账实不符，会计信息不真实9747.58万元；工会经费收支未独立建账，或工会账管理不规范、支出手续不完备11万元；内部控制管理不到位、网银转账支付未执行二级以上审批程序。资产负债管理方面有固定资产管理不到位，少记固定资产 293.66 万元；往来款项长期挂账未及时清理 1096.97 万元。项目建设管理方面有多付工程税费或工程款 15.88 万元；工程项目结算未送审 133.31 万元；工程项目手续不完备，未批复先实施，施工前未进行工程设计，未按规定签订合同，未提交履约担保，未按约定收取履约保证金，未及时办理设计变更手续，建设项目直接发包给不具相应资质等级的单位实施 285.68 万元。“三公”经费及会议费管理方面有小车费用支出管理不到位、支出不合规，核算不规范 3.83 万元；公务接待报销凭证不齐全 175.69 万元。

公共投资审计　2020 年，大埔审计局依法加强公共投资审计监督，推进投资审计转型发展，促进提高公共投资绩效，加快项目落地见效，为经济平稳运行提供有力支撑。对高陂赤山至留田段过境公路改建工程进行审计，发现该项目一期工程进度缓慢；未按合同约定条款支付监理费用 23.46 万元；未按图纸施工，先施工后办理施工许可，监理单位未按规定履行义务，履约保函无效等问题。

【加强监督】2020 年，大埔审计局围绕中央八项规定精神，在实施项目审计过程中，加强对公务支出、公款旅游和公款消费等方面的监督，促进厉行节约和规范管理。加强各单位各部门监督检查，严格执行相关规定。对扶贫领域腐败、违规收受“红包”礼金、转嫁公务接待费用、违规发放津补贴，单位机构设置、人员编制等方面加强监督检查，匡正党风政风，净化政治生态。

【审计服务】2020 年，大埔审计局围绕县委、县政府和上级审计机关中心工作，扛起审计监督政治责任，服务改革发展稳定大局。新冠肺炎疫情发生后，按照审计署部署着手开展疫情防控财政资金和捐赠资金审计，促进相关资金规范管理使用，促进党中央关于复工复产政策的落实；开展精准扶贫精准脱贫跟踪审计，组织党员干部到挂扶村上党课，开展扶贫济困慰问活动和乡村振兴、环境整治等工作，助力精准扶贫精准脱贫和乡村振兴，服务大埔经济社会发展。

大埔县审计局负责人名录

局　长：周　威

副局长：罗永忠　黄咏辉（女）　罗光陆

（廖志营）

统　计

【简述】2020 年，大埔县统计局在县委、县政府的正确领导和省、市统计局的业务指导下，以学习贯彻落实中共十九大、十九届历次全会精神和习近平总书记对统计工作的批示指示精神为主线，围绕县委、县政府工作部署，突出抓好党的建设、第七次全国人口普查、“双基”建设和统计数据质量，全面提升统计工作能力和服务水平，充分发挥统计职能，为全县经济社会和绿色发展贡献统计力量，推动大埔县统计工作再上新的台阶。

【开展第七次全国人口普查】2020 年，大埔县统计局开展第七次全国人口普查工作。第七次全国人口普查（简称“七人普”）是党中央、国务院部署开展的一项重大国情国力调查。大埔县第七次全国人口普查工作启动以后，各级党委、政府高度重视，各有关部门密切配合，各项工作稳步推进。高度重视，压实责任。县委、县政府高度重视人口普查工作，把人口普查作为全年重点工作之一，列入日常督查。在县政府常务会上，县委常委、常务副县长、人口普查领导小组组长蓝欣对“七人普”工作专题作动员部署，明确各级各部门职责任务，压实责任担当。同时，要求各镇（场）、各单位要加强组织领导、加强舆论宣传、加强依法普查、加强技术运用、加强经费保障，齐心协力、密切配合，确保“七人普”工作任务圆满完成。2020 年 3 月中旬，大埔县成立第七次全国人口普查领导小组，3 月底组建县普查办公室，4 月初全面完成镇级普查机构组建。从县公安、卫健、民政各抽调 1 名工作人员，临时聘请 4 名大学毕业生专职做人口普查工作。根据国务院及省、市人民政府对人口普查工作的部署要求，县政府及时落实第七次全国人口普查前期工作经费 150 万元和“两员”补助经费 271 万元，保障普查工作顺利开展。至 12 月，全县已开展普查区划分、地图绘制、现有人口行政记录资料核实、入户摸底、入户登记和信息录入等工作，对普查难度较大的村（社区）提前研究对策，抓好落实。

【统计“双基”建设】2020 年，大埔县统计局始终把抓好统计“双基”建设作为提高统计数据质量的关键。严格按照《广东省一套表联网直报单位统计工作规范》要求，加强企业统计台账建设，督促指导网报企业完善原始记录和电子台账。完善镇（村）统计台账，至 12 月，15 个镇（场）统计站基本实现“五有六化”。结合第七次全国人口普查业务需要，在 9 月 9—18 日分片区对全县 2000 名普查指导员、普查员进行业务培训。

【统计数据质量】2020 年，大埔县统计局贯彻落实中共十九大报告关于“完善统计体制”的明确要求和习近平总书记等中央领导对统计工作的批示指示精神，进一步规范统计工作行为。严格实施各项统计监测调查，履行预防和惩治统计造假职责，保障统计数据质量。贯彻落实中办、国办印发的《关于深化统计管理体制改革提高统计数据真实性的意见》《统计违纪违法责任人处分处理建议办法》等有关文件精神，以入户形式对不同区域、不同行业、不同类型企业开展数据质量检查，对发现的问题，弄清原因，限时整改，并跟踪整改落实到位。以“两防”（防弄虚作假、防少报漏报）加强基础数据报送工作，有效提高统计数据质量。加强对新增单位入库的标准、成立（开业）时间及相关证明材料的审核，对不达标、开业时间不符的单位一律退回，对往年成立当年才开营的企业，严格核实企业提交的相关证明材料。

【统计服务】2020 年，大埔县统计局坚持把为县委、县政府和社会各界提供统计优质服务作为统计工作的出发点和落脚点。提升统计月报档次，丰富公开内容，扩大发送范围。2020 年 1—11 月印制精装版《大埔统计月报》11 期近 1000 份，发送至县班子领导及有关单位。编辑出版 2019 年《大埔县统计年鉴》，及时把统计数据和政务活动信息公布出去。同时，加强经济运行分析，每月网报结束即召开网报业务分析会。此外，围绕县委、县政府中心工作任务，开展调查研究，全年撰写 10 篇较高质量的统计分析材料，供领导决策服务。

大埔县统计局负责人名录

局　长：刘永东

副局长：廖广企　谢汉娇（女）

（汤佳茹）

统计调查

【重要经济数据发布】2020 年，国家统计局大埔调查队根据调查发布经济数据。大埔县全体居民人均可支配收入为 20625 元，同比增长 4.7%；城镇居民人均可支配收入为 26013 元，同比增长 3%；农村居民人均可支配收入为 15777 元，同比增长 6%。

【常规统计调查】2020 年，国家统计局大埔调查队严格按照国家统计局相关调查方案和国家统计局广东调查总队相关制度要求，组织开展城乡住户调查、农民工监测调查、劳动力调查、农产量调查、畜禽监测等调查工作。2020 年 10 月 19—28 日，经过十日奋战，顺利在大埔县16个住户调查网点完成样本轮换开户和培训工作，在山区县取得电子记账率超93%的成果。

【专项统计调查】2020年，国家统计局大埔调查队加强对乡村振兴战略、脱贫攻坚、新冠肺炎疫情对社会经济发展的相关影响等热点问题和群众所盼所愿等社会民生问题的调查研究。全年开展总队约稿和专题调研19项，被《广东调查信息》综合采用21次、省“两办”综合采用14次、《每日调查》综合采用5次、上级部门采用5次，获省领导批示8次、其他上级领导批示5次。同时，进行统计调查宣传产品的开发，展示统计调查成果。5月，创刊《大埔调查》，第一时间向县委、县政府报送大埔主要调查数据和调查资料，全年编纂《大埔调查》4期，其中有3期调查报告获得县主要领导批示。

国家统计局大埔调查队负责人名录

队　长：吴文清（女）

副队长：汪　鹏

纪检员：吴蔚祺

（王乃琳）

应急管理

【简述】2020年，大埔县应急管理局贯彻习近平总书记关于安全生产的指示批示和重要论述精神，树立“人民至上、生命至上”的发展理念，按照上级关于应急管理的决策部署，加强监管执法，加大风险防控，落实“从根本上消除事故隐患”的目标任务，谋划推进应急管理体系和能力现代化，提升重大风险防范能力和防灾减灾救灾水平。全年全县工矿商贸企业未发生安全生产责任事故；发生生产经营性道路交通事故2起、死亡2人（2019年同期1起、死亡1人）；火灾事故35起、无人员死亡（2019年同期18起、无人员死亡）；森林火灾1起（2019年同期20起）、无人员伤亡，全县安全生产形势总体保持稳定。

【应急体系建设】2020年，大埔县应急管理局完善应急体系建设，落实安全生产责任。定期向县委、县政府主要领导汇报安全生产和应急管理工作，每季度至少1次在县委常委会议上汇报安全生产工作，传达贯彻国家、省、市主要领导的指示批示精神，研究部署重点难点工作；每月在县政府常务会议上汇报全县事故隐患排查治理工作，提出对策措施，把安全生产工作建议上升到党委政府层面进行部署，提高执行力，落实“党政同责、一岗双责、齐抓共管、失职追责”的安全生产责任制。及时调整“三委三部”协调机构人员。由于机构改革及人员变动，结合工作实际，牵头调整县安委会、应急委、减灾委、三防指挥部、森林防灭火指挥部、防震抗震救灾指挥部各成员单位，下发《大埔县森林防灭火指挥部工作规则》等规范性文件，明确各部门的工作职责，完善责任链条，压实工作责任，健全统一指挥、统一协调的应急管理责任体系。推进镇级应急管理建设。起草并以县委办、县府办名义下发《关于加强镇（场）基层应急管理建设的指导意见》。各镇（场）按照要求，整合安全生产、消防、三防、森林防灭火、自然灾害救助等职责，成立“应急管理办公室”，改变部门分散、多头分管的现状，实现应急管理工作关口前移、重心下移。

【安全专项整治】2020年，大埔县应急管理局把查大风险、除大隐患、防大事故作为安全生产工作的根本任务，制订“安全生产专项整治三年行动计划”“八大行业专项整治方案”，结合春节、“五一”、中秋、国庆等不同季节时段的特点，开展安全生产大检查和安全专项整治，突出道路交通、建筑工地、危险化学品、非煤矿山、烟花爆竹、消防、旅游、大型群众活动等重点行业领域。推进县应急管理局负责监管的非煤矿山、危险化学品、烟花爆竹企业开展监督检查，实现“零”事故。非煤矿山方面：检查企业116家次，发现问题63处，其中一般隐患62处、重大隐患1处，对5家企业作出行政处罚决定，处罚1.5万元。危险化学品和烟花爆竹方面：组织查处非法经营、储存和违规经营等行为，检查燃气企业40家、燃气供应点88间，排查安全隐患18处、停业整顿1家、摸排疑似无证经营“黑窝点”21间，查处非法运输危险品行为3起、暂扣过期气瓶60瓶、暂扣违规运输液化石油气瓶323瓶；没收烟花爆竹532箱（件）、价值约8.7万元、行政处罚3.21万元。牵头开展“三无船舶”专项整治，采取拆解、拖离上岸、设置临时停泊区等3种处置方式，对全县58艘“三无”船舶进行整治清理，实现汛期河道行洪安全。全年全县排查事故隐患4862宗，其中较大以上隐患389宗、县挂牌督办隐患35宗、市督办5宗，全部完成整改。

【汛期三防工作】2020年，大埔县应急管理局抓好汛期三防工作的责任落实。大埔县于2020年3月31日进入汛期，较往年提早半个月。开展汛前安全检查。入汛前，县三防办组织4个督查组到15个镇（场）检查防汛备汛情况，督促各地提前做好防汛预案、物资、队伍等防范准备工作，落实防汛责任。强化监测预警预报。入汛后，发挥县三防指挥部的统筹协调职能，加强对水情、雨情、汛情、灾情的收集和分析，由县三防办（县应急管理局）及时统一发布预警信息，提高预警时效性和权威性。加强会商研判。组织县水务、气象、住建、自然资源等部门召开防汛会商研判会议6次、防汛工作会议3次，第一时间将会商结果、工作部署传达至各镇（场）、各单位。加强风险防控。组织县三防成员单位对全县172宗山塘水库、182处地质灾害点、1.23万处削坡建房点开展风险隐患排查，落实安全防范和除险加固措施，严防山洪、泥石流、山体滑坡、城市内涝等灾害事故。加强应急处置准备。入汛后，县应急管理局实行带班领导、值班干部24小时在局值班值守制度，节假日一律取消休假。及时补充应急抢险物资，提前预置救援队伍，时刻保持战备状态，做到一旦出现险情，能第一时间出警、第一时间处置。

【严防森林火灾】2020年，大埔县应急管理局牢固树立“绿水青山就是金山银山”的发展理念，开展森林防灭火各项工作，守好“广东省林业生态县”这一省级名片。及早部署。组织开展春节、清明和“五一”等重点季节时段的森林防灭火工作，召开专题会议进行动员部署，制定《大埔县森林防灭火指挥部工作规则》，修订《大埔县处置森林火灾应急预案》。广泛宣传。结合新冠肺炎疫情防控形势，充分利用广播、短信、横幅、标语和宣传海报等形式，引导广大群众不扎堆聚集，预约祭扫、文明祭祀、遵章用火、革除陈规陋习、爱护森林。组织全县各单位8000名干部职工签订《森林防灭火承诺书》。加强巡查。开展综合督查5次，督促指导各镇（场）、县有关单位加强林区专人巡查监管，重大节日期间在主要进山路口、村口设置临时检查站，严格管控野外火源，严禁带火种进山，有效地预防和减少森林火灾。强化救援。组织人员参加全国森林草原扑火指挥员培训，提高森林火灾应急指挥能力和灭火技能；县（镇）专业、半专业扑火队分组（分片）集中值守待命，对灭火风机、无人机等装备进行检修保养，做到一有火情，及时出击，快速扑灭。全年全县专业扑火队集结出动灭火行动16次，均把山火消灭在萌芽状态、成灾之前，全县没有发生较大山火，没有人员伤亡。

【自然灾害防治】 2020年，大埔县应急管理局抓好自然灾害防治工作。针对大埔县是山区县，高山丘陵较多，台风暴雨、山体滑坡、泥石流等自然灾害频发，给县域经济发展造成较大影响的实际，采取多种措施进行防范。开展自然灾害防治能力建设。牵头拟订并以县委、县政府“两办”名义下发通知，由县相关主管部门分别组织开展各行业领域共八大重点工程的风险排查，落实防控预警、专项治理措施。创建综合减灾示范社区。开展“全国综合减灾示范社区”创建工作，在各行政村开展防灾减灾“十个有”建设，全县有5个社区开展创建试点，并向国家减灾委成功申报“全国综合减灾示范社区”，另有11个镇在创建中。

【应急服务效能】 2020年，按照“放管服”工作部署和“双随机、一公开”的要求，研究落实简政放权措施，深化政务服务改革。对大埔县应急管理局负责许可的非煤矿山、危险化学品、烟花爆竹行政审批事项进一步优化审批流程，压缩审批时间，精简申请材料。全部审批事项进驻县政务数据局办证大厅，实现网上办理，提高审批效能，方便群众办事。同时，在局网站明确行政权力事项、责任事项，公开部门的权责清单，主动接受公民、法人和群众的监督，严格按权责清单履职尽责，推进依法行政，依法管理。

【应急培训演练】 2020年，大埔县应急管理局组织开展以“提升基层应急能力，筑牢防灾减灾救灾的人民防线”的全国第12个防灾减灾救灾日活动、以“消除事故隐患，筑牢安全防线”主题的第19个“安全生产月”活动，组织防汛应急演练9场次、森林防灭火演练8场次、安全生产演练14场次，开展安全生产“五进”活动200场次，组织企业主要负责人、安全管理人员700人参加业务知识培训，并通过广播、电视、户外广告等公共传媒扩大宣传教育的覆盖面，提高群众的安全意识和防灾减灾救灾能力。

【应急保障】 2020年，大埔县应急管理局加强基础设施建设，提升应急保障能力。建设应急指挥信息化平台。在县应急管理局建设集视频会议、视频会商、应急指挥、应急救援、危险源监控等功能于一体的应急指挥中心，于12月底完成建设并投入试运行。实现与省、市、县、镇、村专线联通，与县气象、水务、林业、公安、自然资源等12个职能部门实现互连互通和数据共享。完成天翼大喇叭建设工程。投入270万元，在全县257个村（社区）建设和改造481处“天翼大喇叭”智能广播平台，并在全县15个镇（场）、县应急管理局和县气象局新装17套IP麦克风体，实现市、县、镇、村四级统一播控，为快速高效宣传防汛防台风、森林防灭火、应急处置、防灾减灾救灾、疫情防控、乡村治理等宣传工作提供保障服务。组建应急处突和综合救援队伍。经县政府批准，在县公安局巡警大队30名执勤人员的基础上，县应急管理局再招录30名应急处突和综合救援队员，用于承担全县应急处突、抗洪抢险、山火扑救、自然灾害事故救援等任务。至12月，队伍正在招聘中。组建民兵救援队伍。根据县人武部的工作部署，至2020年12月，全县组建了综合应急救援队伍，日常管理由县人武部负责。

大埔县应急管理局负责人名录

局　长： 刘日新

副局长： 林华北　刘顺波　郭永辉　张志鹏（—2020.5）

（林娜）

建设·环保

住房和城乡建设

【疫情防控和复工复产工作】2020年，农历新年伊始，新冠肺炎疫情发生，大埔县住房和城乡建设局（简称大埔县住建局）迅速开展动员，并结合大埔行业实际，落实各项新冠肺炎疫情防控和复工复产措施，在学习强国广东频道及省级新闻媒体“南方+”多次报道。迅速组织工作专班对全县建筑及房地产业重点地区从业人员进行排查梳理，并对春节前在大埔务工的300多名湖北籍建筑从业人员逐一致电进行问候及提醒疫情防控相关措施，确保湖北籍建筑业务工人员春节后保持原地隔离状态。牵头制订《关于做好新型冠状病毒感染肺炎疫情防控的应急预案》《节后复工防控新型冠状病毒肺炎工作指引》等文件，并下发到全县建筑及房地产行业，明确住建领域疫情防控、工程开工、复工前后及商品房销售等方面的相关指引和要求，同时与全县建筑及房地产企业签订《疫情防控责任书》，压实企业防控责任。部署建立网格化巡查指导制度，形成“工地、企业、行业主管部门”三位一体网格化管理，做到“全方位、无死角”指导企业落实疫情防控措施和复工复产工作。奔走发动住建行业的社会力量，向房地产开发企业、混凝土预拌企业、大埔县房地产协会、大埔县建筑商会等发出《关于积极参与新冠肺炎疫情防控的倡议书》，引导企业落实各项防控责任，发扬“一方有难、八方支援”的互助精神，疫情期间住建行业共认捐价值81万元的防控物资及口罩3万枚。会同相关部门在大埔奥园广场项目建筑工地宿舍区组织建筑企业新冠肺炎疫情防控应急处置演练，为全县建筑、房地产行业管理返岗人员提供示范。在疫情形势趋于平稳后，指导企业有序进行复工复产，到各建筑工地、混凝土搅拌站、在售楼盘走访询问企业复工复产需要协调解决的困难，并发放数批防控物资“暖心包”，同时加大政务服务力度，在行政审批等方面主动上门对接企业，帮助企业解决复工复产遇到的困难和问题。

【城乡建设】2020年，大埔县住建局围绕县委、县政府重点工作部署，严格落实“五个一”工作机制，推动城市高质量发展。抓好主责的大埔奥园广场项目，城东、城西、原特陶厂和华艺厂“三旧”改造，内环东路及综合市场等5个年度总投资10.25亿元的市、县重点建设项目稳步推进，顺利完成年度投资计划，完成率100%。加快完善市政基础设施建设。大埔县建筑弃土场项目（首期）完成工程量的100%，开始收纳弃土；完成湖寮镇黎家坪广福宫至田家炳大桥路段新建工程，解决黎家坪群众十几年来的所需所盼所急。解决并推进大埔县农贸（含三鸟）市场项目历史遗留问题及收尾工作。项目于2020年9月完工，为大埔县举办第三届广东茶叶产业大会提供场地保障。推进城镇老旧小区微改造。2020年谋划并实施县城梅河、工业、烟草、财政等4个老旧小区微改造项目，惠

2020年2月25日，县领导带队调研部署建筑工地疫情防控复工复产工作（县住建局提供）

及居民151户。同时，在广泛摸排基础上，将符合条件的26个老旧小区列入后期改造计划并开始前期筹备工作。筹备并完成迎宾大道廊桥工程项目前期准备工作，已动工建设。

【民生实事】2020年，大埔县住建局落实乡村振兴战略，为民办实事。抓好农村危房改造工作。2020年4月开始，会同农业农村、财政、民政、残联等部门对15个镇（场）建档立卡贫困户开展多轮农村危房改造和住房安全“回头看”工作，确保做到“全覆盖、无死角”入户核查，并会同各镇（场）落实发现问题整改工作，顺利完成省、市扶贫考核。按照省住建厅制定的新标准，完成1.51万处削坡建房风险点排查认定工作并移交至各镇（场），并会同各镇（场）完成170处省级下达整治任务。会同各镇（场）全面完成245个行政村农村房屋隐患排查工作。指导各镇（场）常态化落实“户投放、村收集、镇转运、县处理”农村生活垃圾收运处理体系，各镇保洁员与垃圾收集点的配备率100%；同时，借助西河镇漳北村打造“大埔特色精品示范村”的契机，以漳北村作为试点推行开展农村垃圾分类工作。

【工程项目报建及管理】2020年，大埔县住建局立足职能，依法依规抓好房屋建筑市政基础设施工程项目报建及管理工作。全年发放施工许可证55份，其中公建项目23项，建筑面积25.91万平方米，投资额9.38亿元。私人投资项目32项，建筑面积66.04万平方米，投资额9.21亿元。竣工验收备案30项，建筑面积49.88万平方米，投资额7.36亿元。做好人防结建审批工作。全年办理民用建筑修建人防工程3宗，收取人防易地建设费16宗。推进“放管服”政务服务改革和工程建设项目审批制度改革工作。不断压缩办理时限和缩减办理材料，总办事时限从120日压缩至46日；总申报材料从89项压缩至67项（其中有4项主动上门服务办理）。2020年12月31日，大埔县发出首张建筑施工许可电子证书，为全市第二个开通电子施工许可证书的县（区）。抓好安全生产工作。定期深入施工现场查隐患、堵漏洞，全年出动检查人员565人（次），检查在建工地42个，共发出动态扣分表97份181条扣991分，并在台风、汛期等极端天气组织安全生产大检查，确保全县工程建设安全稳定。

【房地产市场管理】2020年，大埔县住建局依法依规抓好房地产市场秩序管理。全县有57家房地产开发企业，其中三级资质1家，四级资质25家，暂定资质31家。全年办理预售许可证26宗，办理商品房预售许可面积64.30万平方米，共成交3169套，面积同比增长26.9%，销售套数同比增长31%，销售均价同比减少0.5%。

大埔县住房和城乡建设局负责人名录

局　　长：罗海涛

副 局 长：张永昭　蔡淑娟（女）

丘德志　刘志强

（李浩铭）

自然资源管理

【规划编制】2020年，大埔县自然资源局抓好规划编制实施工作。推进空间规划编制。县级国土空间总体规划（2020—2035年）编制工作，已出具第一阶段编制成果。镇级国土空间规划编制项目，2020年年底设计单位进场开展工作。有序开展市政基础设施规划建设。完成全县建设用地规划红线图87宗，用地面积25.64万平方米；建设工程规划红线图30宗，规划建筑占地面积3.22万平方米；报建16宗，收取配套费236万元。做好《第三次全国土地调查总体方案》的“三调”工作。有效开展业务培训、宣传、内外业作业，“三调”成果顺利通过国家审查，为开展各项规划工作绘好一张“底图”。

【用地保障】2020年，大埔县自然资源局抓资源高效利用，保障重点项目用地。强化“拓空间强保障”。公开出让用地24宗，其中成交16宗，收取出让金5.98亿元，为城市扩容提供财力支撑。完成批而未供“去库存”处置任务121.78公顷，完成处置率196.4%，超额完成2020年“去库存”任务。做好土地要素保障。办理划拨单位（含个人安置用地）建设用地60宗，面积162.75公顷；办理出让用地244宗，面积27.86公顷；备案临时用地11宗，有效解决项目用地难的问题，为重点项目提供用地保障。取得3个批次，共计22.37公顷用地批复；完成10个批次，185.72公顷用地报批的组件上报；出具134个项目的用地预审与选址意见，全年向上争取53.02公顷用地指标，为全县各项经济建设提供用地服务保障。促进资源节约利用。收回低效国有建设用地使用权4.65公顷，有效地盘活优化土地资源，促进全县土地的节约集约。推进“三旧”改造。全年新增“三旧”改造项目13个，面积10.17公顷。有效完成“三旧”改造项目3个，面积10.23公顷，均已超额完成市下达任务。土地征收和储备。全年征收土地135.01公顷，拆迁房屋59座，累计储备土地109.08公顷。

【服务效能提升】2020年，大埔县自然资源局抓改革创新，提升服务效能。“最多跑一次”提速。除个别复杂的不动产登记外，实现不动产抵押登记1个工作日内、其他登记类型基本上3个工作日内办结，部分业务即时办理。全县发出不动产权证书及证明1.86万份（其中产权证书8859份，登记证明9787份），其他登记2580份。同时，累计出具不动产查询证明5281份；收集整理、归类存放各类登记档案（含城建档案）2.71万份（册）。营商环境优化。2020年，“不动产登记+金融服务”实现点对点业务。不动产登记中心与6家金融机构及7家房企签订合作协议，采用专线开通“互联网+不动产登记”。利用省自然资源厅对不动产登记数据整合奖补资金500万元的契机，顺利启动大埔县不动产登记数据整合质量提升项目。“房地一体”升级。大埔县重视“房地一体”确权登记发证工作，成立专项工作机构并制订具体的实施方案，同时拨付1500万元经费，保障此项工作有序开展。至2020年年底，完成9.94万宗的外业调查工作，进入权籍调查成果公示阶段，完成成果公示58个村、2.63万宗。测绘信息精准。完成发证测量2645宗；完成勘测用地测量138宗，面积101.40公顷；完成土地出让测量37宗，面积33.32公顷；完成土地划拨测量32宗，面积21.73公顷及完成2000国家大地坐标项目转换工作。同时做好地图保密工作和测绘成果管理工作。南粤古驿道保护修复、绿道建设强化。2020年9月，启动2019年南粤古驿道（大埔段）巩固提升工程，有序进行施工。西河镇北塘2.40千米绿道基本完成。

【资源环境保护】2020年，大埔县自然资源局抓好资源环境保护工作。开展季度土地卫片执法工作。全年全县卫片执法违法用地图斑68个，违法图斑总面积26.52公顷，其中耕地面积2.17公顷。全县前三季度卫片执法违法图斑整改完成46宗。推进违建别墅问题清查整治专项行动。认定两宗违建别墅问题，均整改到位并通过省级核销。开展摸排农村乱占耕地建房专项行动。经摸排公示，全县上报图斑2.48万个，被认定为乱占耕地建房图斑4724个，至2020年12月，所有图斑经复核，均上报至省级。

【垦造水田工作推进】2020年，大埔县自然资源局抓好垦造水田项目建设。全年实施垦造水田项目75个，需兑现垦造水田任务376.60公顷，至年底全面完工，并完成县级验收。另外，完成市级验收的项目64个，新增水田面积合计306.68公顷，占完成总任务的81.4%，其中11个项目完工并组织验收。

【矿产管理】2020年，大埔县自然资源局推进矿产资源管理。茶阳镇石燕坑铅锌矿矿山生态修复项目总投资2799.48万元,项目已招投标并动工建设，2020年支出766万元，上级下达600万元专项资金支出完毕。矿产资源管理得当有序。开展矿业权人勘查开采信息公示，加强持证矿山巡查监管、非煤矿山安全生产检查、绿色矿山建设，其中梅州市森泰实业有限公司枫朗镇流岗亭陶瓷土矿创建绿色矿山获省厅验收通过。矿山地质环境治理恢复与土地复垦有实效。组织集中摸底调查，逐点建立矿山复绿档案，做到底子清、情况明。在全面摸清矿山家底基础上，结合市级下达的10公顷治理复绿指标，合理分解复绿任务，确保矿山复绿工作落实到位。至2020年年底，全县完成10.30公顷的治理复绿面积，投资193万元，完成治理复绿任务。

【地灾治理】2020年，大埔县自然资源局抓好安全责任落实，做好地灾治理工作。完善地灾防治体系，加强预警系统建设。全县地质灾害隐患点167处，落实镇、村监测人员346人，制作更新市、县、镇分管领导挂钩大型及以上地灾警示牌20块。发布地灾气象风险预警3级（黄色）预报41次，发送地灾宣传预警短信57.85万人次。汛期成立九个汛期工作督导组，靠前督导开展地灾防御工作，开展汛前排查与汛期巡查。开展地灾宣传工作。发放“避险明白卡”“工作明白卡”，汛期播放地质灾害防治宣传片和滚动播放地灾防治温馨提示。同时，通过气象预警平台向群众发放预警短信，全县悬挂横幅27条，张贴海报标语1260张，举行讲座6次。加大地灾隐患点综合治理力度。落实好《广东省地质灾害防治三年行动方案（2020—2022年）》和省、市十件民生实事地质灾害综合治理。三河镇梓里村（东江、曙光组）特大型地质灾害避险搬迁工程已有69户避险搬迁，62户已签订搬迁协议、并搬离地灾点，县政府核拨专项经费约200万元，用于搭建二期临时安置板房1979平方米,临时安置16户42人。同时，安置区（新址）“三通一平”项目和建设进场施工。高陂古西村鹤山片特大型滑坡群工程治理项目施工中，完成茶阳沿坑村上沿二村民小组滑坡勘查设计项目并取得市局批复，英雅学校、大东实验学校小学部崩塌治理均已完工。全县8个百人点专业监测项目已完成验收。加大中小型地灾隐患点综合治理力度，完成2020年31处治理任务中26处，其余5处在实施。

【农村宅基地管理】2020年，大埔县自然资源局加强农村宅基地管理，及做好信访工作。探索农村宅基地管理制度和集体经营性建设用地入市制度。参照国家、省、市自然资源部门的土地管理改革方案，按照以指导性为主兼具相关约束性的要求，制定出台《关于进一步规范农村宅基地审批管理的通知》，以有效规范农村宅基地管理。同时，开展集体建设用地和农用地基准地价制定工作，为集体经营性用地入市奠定基础。妥善化解信访矛盾。全年受理群众来信来访 184 件（起），其中来信 149 件、来访 35 起 80 人次，信访总办结率 98%，对省、市、县交办较为重大的信访案件解决率 100%，息访率 99%。

【拆旧复垦】2020 年，大埔县自然资源局做好拆旧复垦工作。全县批准立项的拆旧复垦项目 237 个，合计面积 480.33 公顷。规划设计批复的项目 227 个，合计面积 455.27 公顷。已验收的项目 133 个，合计面积 282.07 公顷。已交易的项目 45 个，合计面积 87.21 公顷。进入大埔县财政的交易资金 5.89 亿元。

大埔县自然资源局负责人名录

局　长： 刘汉华

副 局 长： 张中斌　蒋琳琳（2020.4—）

总规划师： 郭亮峰

（古渊）

房产管理服务

【简述】2020 年，大埔县公有房屋和保障性住房服务中心（简称大埔县住房服务中心）贯彻落实中共十九届二中、三中、四中、五中全会精神，以习近平新时代中国特色社会主义思想为指导，以规范服务程序为抓手，以服务项目建设为重点，以抓好新冠肺炎疫情防控为前提，加强管理，务实进取，开拓创新，各项工作稳步开展，完成全年目标任务。

【公房经营管理】2020 年，大埔县住房服务中心完善县住房服务中心直管公房产权、产籍的整理归档工作，加大直管公房维修力度，抓好直管公房安全生产工作，并做好房屋、店铺租金的收缴，促进国有资产增值保值。全年收取租金 714.75 万元，减免新冠肺炎疫情期间房租 165.35 万元，聘请专业鉴定和维修机构对 179 间公房进行安全鉴定，对茶阳镇大华路 5 间 D 级危房进行维修加固。

【房地产市场监管】2020 年，大埔县住房服务中心深化“放管服”改革，优化业务流程，提升服务质量与水平。全年办理一、二手房交易备案 3257 件，受理继承、赠予 215 件，均办理完毕；受理房产测绘业务 76 宗，测绘面积 87 万平方米，测绘收入 300.1 万元；办理商品房交易合同网签 3364 套，建筑面积 41 万平方米，合同成交价格 21.50 亿元。

【保障性住房管理】2020 年，大埔县住房服务中心按上级的部署和要求，把保障性住房作为县重点民生工作，严格落实住房保障政策，加大住房保障力度，提升住房保障水平。全年发放 100 户城镇中低收入家庭租赁补贴，总金额 15.79 万元；加强动态管理，清理清退不符合条件住户 35 户，并按轮候顺序分配入住 77 户，有效解决困难家庭的住房保障问题。

大埔县公有房屋和保障性住房服务中心负责人名录

主　任： 胡锦坤

副主任： 胡振城　江爱美（女）
邓周兵　张建林（2020.5—）

（张淑清）

城市综合管理

【市政公共基础设施建设】2020 年，大埔县城市管理和综合执法局（简称大埔县城综局）根据县城实际，对市政道路、市政桥梁、生活垃圾处理等各项市政设施进行完善，提升市政设施服务功能。

提升改造城区市政道路　2020 年，大埔县城综局实施进工业园区道路提升改造工程。计划投资 8979.93 万元，应急避险场所改造面积 6970 平方米，进工业园区（虎源路）道路提升改造面积 3.23 万平方米；山庄南路、山庄北路改造全长 1015 米，虎源路连接线 1346 米，包括土石方及路基处理工程、道路工程、雨水工程、污水工程、电力通信、交通工程、绿化和路灯等。工程于 2019 年 12 月进场施工，至 2020 年 12 月完成工程量 88%。实施大埔大道等 12 条市政道路及自来水管网提升改造工程（第一期）。投资 4604.72 万元，对大埔大道、大兴路、内环西路及龙山二街等 4 条市政道路进行改造，改造内容包括拓宽道路、铺设沥青路面、更换路灯路树和埋设给水、雨污分流、通信及电力管网以及重新铺设人行道等。2020 年 7 月底进场施工，2020 年年底全面完工。抓好北环路自来水工程及路面提升改造工程前期工作。计划投资 7819.86 万元，建设内容为大埔大道的白云大桥（奥园段）经过碧桂园段和中医医院段至环城大道的连心桥（丽水湾段），总长约 4 千米，设计双向四车道路幅宽度为 15 米，包括其他附属设施综合管线、给排水、绿化等。于 2020 年 12 月进场施工，完成工程量 5%。

完善城区供水排水污水处理设施　2020 年，针对管网腐蚀、水压低、水质差，影响人民群众用水质量和身体健康，供水回收率也处于较低水平的问题，大埔县城综局持续推进供水管网改造。实施山丰水库备用水源引水管道提升改造工程。总投资 5030.27 万元，包括山丰水库至五虎山制水厂 7.50 千米引水管道改造、虎山制水厂至县城工业园区及锦绣山水城 2 千米供水管网铺设，及老城区市政道路 1.50 万米的供水支管改造。2019 年 12 月进场施工，2020 年 12 月基本完工，进入收尾阶段。实施第二自来水厂及管网建设工程。厂址选址在茶阳，取水水源点为汀江河沿坑段，水厂选址在茶阳镇沿坑村，第一期输水至三河镇、湖寮镇，输水管线约 22.6 千米，加压泵站 1 座，最高日供水规模 11 万立方米/天，计划总投资额 3.93 亿元。成立虎山自来水公司，负责第二自来水厂建设工程有关工作，工程于 2020 年 12 月底进场施工。抓好大埔县城第二水质净化厂建设工程前期工作。总投资 9876.50 万元，建设地点为大埔县原县城污水处理厂内，建设内容为拟建 2 万吨/日污水处理厂、厂区建筑、设备、厂区道路及绿化等配套设施，处理工艺为设计出水水质满足污水处理厂处理后，排放达到一级 A 排放标准。已通过县委常委会和县政府常务会议，向省申请纳入省财政 PPP 项目库。实施大埔县城区截污管网建设工程。总投资 9015.7 万元，建设污水管网总长度约 1.32 万米，设置 8 座一体化提升泵站，两个跨河压力钢管，污水检查井 440 座；处理工艺及出水标准为设计进水水质满足经水质净化厂处理后排放达到一级 A 的排放标准。于 2020 年 12 月进场施工，完成工程量 10%。

改进生活垃圾处理模式　2020 年，大埔县城综局抓好垃圾处理能力建设。实施大埔县生活垃圾压缩转运站建设工程。在大麻镇镇区污水处理厂旁建设生活垃圾压缩转运站，占地 7054 平方米，包括废水处理间、转运车间、废水处理组合池及泵房、污泥浓缩池、洗车台、地磅、门卫计量室、生态池（人工湿地深度净化）、购置运营设备等。2020 年 12 月进场施工，已完成工程量 10%。同时，抓好大埔县生活垃圾压缩转运站建设工程三年转运服务委托运营项目前期工作，公开采购有资质的第三方公司对生活垃圾压缩转运站进行专业运营，2020 年 12 月完成前期工作，准备招投标。已将县城、银江镇、高陂镇、大麻镇、三河镇、桃源镇、枫朗镇和青溪镇等镇（场）的部分生活垃圾（约 100 吨/天）运往梅州市奇龙坑垃圾焚烧厂进行处理。实施生活垃圾填埋场应急加固及渗滤液处理站扩容改造工程。投资 2269.98 万元，新建设混凝土挡土坝、应急生活垃圾填埋区和公用工程区，对渗滤液处理站进行升级扩容改造，

2020年1月进场施工，年底全面完工。扩大政府购买社会服务范围。采用政府购买服务模式，2020年4月1日起，将北堤路、西堤路、虎源路、翰林华府、黎家坪片区及8座市政桥梁的环卫工作推向市场化。2020年6月1日起，将城区大件生活垃圾（废弃家具、桌椅、床垫等）委托有资质第三方专业公司收运，确保日产日清。

【城市管理服务】2020年，大埔县城综局严格落实市容环境卫生网格化管理要求，抓好“两美”行动各项工作，提高城市精细化管理水平。

有序推进生活垃圾分类工作　2020年，大埔县城综局探索生活垃圾分类投放、收运、处置方法，选取湖寮镇城西社区作为试点，以虎山路、万川路作为示范重点街道，建立生活垃圾分类示范片区。设置分类垃圾桶、果皮箱。在城区公共场所设置可回收、不可回收垃圾分类垃圾桶和果皮箱共2045个、同比增加350个；在城西示范片区安装11座垃圾分类亭，放置四分类垃圾桶750个。印发公共机构垃圾分类实施方案，有51家城区公共机构按标准设置分类垃圾桶，开展垃圾分类宣传，实现“家门口”垃圾分类。分类收集、运输、处置。购置32辆垃圾分类专门收集车辆，分类示范区内每天无间断巡回收集沿街店铺分类打包垃圾和街道的分类果皮箱、垃圾桶垃圾。与城区53家餐饮企业、单位、小食店等签订“餐厨垃圾收运处置协议”，提高餐厨垃圾收运率。加强宣传引导。向单位、企业、小区住户、商店、学校等发放《大埔县生活垃圾分类倡议书》2万份，利用环卫垃圾收集车辆车载喇叭在城区循环播放生活垃圾分类工作宣传音频，加强对环卫工人的教育培训，营造良好宣传氛围。

开展城区铁皮瓦整治工作　经县政府同意，大埔县城综局草拟并以县“两美”办名义印发《关于开展大埔城区临时建筑（铁皮瓦）整治工作的通知》，明确铁皮瓦整治的目标、时限、对象、方式和工作要求。开展城区单位摸底排查。由城区各单位进行自查，并结合实际制订整治改造工作计划，于2020年5月底完成。经排查，城区共29个单位搭建有铁皮瓦，需整改面积1.72万平方米。落实铁皮瓦整治任务。城区23个单位完成铁皮瓦整治工作，完成整改面积1.33万平方米。其中湖寮镇需整改的单位12家、面积3185平方米，至12月，完成整改11家、面积3070.30平方米。加大巡查执法力度。一旦发现新的搭建铁皮瓦现象，无条件立即拆除。

开展全民“两美”活动　大埔县城综局于2020年7月3日、9月25日、12月25日举行志愿活动，由县委、县政府统筹协调，县领导带头、县级单位负责各自网格责任区域，发动党员干部以及社会志愿者积极参与，全面覆盖县域开展每季度一次的志愿活动。举办第二届“最靓屋夸”“最美阳台”“最美庭院”等评选活动。大麻镇田雪芳萬贤花园在第二届“最美庭院”评选活动中获得特等奖。联合县委宣传部举办“两美”摄影比赛。评选出一类收藏品1幅、二类收藏品5幅、三类收藏品12幅以及入选作品62幅。开展美丽镇区评选活动。联合县整治办每季度对各镇（场）进行环境等综合评选，推进创建美丽圩镇（街道）综合评选和各镇（街道）“环境卫生好、商业秩序好、店牌规范好、花草管养好、设施维护好”示范街道评选工作。

加强市容市貌秩序管理　大埔县城综局严格落实精细化管理和错时管理工作机制，根据季节变化实行错峰执勤。依法整治“六乱”行为。采取徒步巡查和车辆巡逻相结合的方式，对商户占道摆卖行为进行批评教育，对流动摊贩占道经营行为进行清理整治，按照“分步实施，整体推进”原则，整治城区背街小巷，加强学校和市场周边市容秩序维护和管控。2020年，出动执法人员1.14万人次，同比增加5200人次；清理规范县城41条街道510间店铺进店经营8240间次，同比增加3990间次；拆除灯箱广告64只、同比减少18只，拆除铁皮瓦棚和伸缩帐篷27户、同比减少46户，拆除遮阳布112条、同比减少44条，拆除破旧横幅152条、同比减少170条；纠正在公共场所晾晒被子等物品110宗，同比减少10宗；清理背街小巷、楼梯口小广告“牛皮癣”2.16万处，同比减少2.71万处；禁止露天焚烧114宗，同比增加54宗；处理圈养鸡鸭13宗，同比减少4宗；清拆城区内道路两边违规设置（占用）公共停车位的地锁、反光路锥等31只，同比增加7只；清理占用公共停车位的“僵尸摩托车”86辆，同比减少84辆；收缴、清理乱堆放的垃圾等有碍观瞻的废弃物品85车，同比减少91车；暂扣占道堆放、摆卖物品一批，营造干净整治、安全有序、文明和谐的城市环境。加强建筑工地渣土运输和扬尘管理。依法查处违规倾倒生活垃圾、建筑废渣、撒漏等违法行为，强化源头治理，加强对建筑工地扬尘污染防治宣传教育，严格要求所有渣土运输车辆实行昼夜密闭运输，工地内加强降尘作业。2020年，依法查处未采集密闭措施运输泥土、乱倾倒生活垃圾、建筑废渣、撒漏等违法行为15宗，同比减少15宗，处以罚款0.65万元，同比减少3.90万元。依法打击“两违”“双抢”。坚持以“零”容忍的态度，高压推进违法建设治理工作，建立违法建设治理工作台账，每月定期向县政府上报违法建设治理情况。实行错时延时、双休节假日常态化值班制和动态巡查责任制，加强重要时间节点的监控，及时登记、上报、查处举报、投诉“两违”案件。建立打击“两违”联动机制，整合各方力量，一经发现动工马上制止、马上联动拆除，将“两违”行为控制在萌芽状态。全年查处各类违法违章建设68处（其中拆除违法建设22处，4120平方米；行政处罚5宗，罚款54.38万元；限期自行改正41处1.08万平方米），面积1.62万平方米，同比减少2.48万平方米；申请供电部门配合暂停对违法建筑停电16户，同比减少21宗。配合乡镇整治镇容村貌。派出执法人员20批次、265人次，分别到茶阳、大麻、三河等乡镇部门指导，配合镇容村貌整治、拆除违法建筑等工作，打击各类违法用地和抢建抢种行为。

【安全生产监管】2020年，大埔县城综局坚持“抓安全生产最重要的就是抓隐患排查治理”的宗旨，加强日常隐患排查监管，落实责任。规范全县燃气经营秩序。落实省、市、县关于燃气安全生产工作的要求，每月对燃气企业及燃气供应点进行巡查及安全监管。在岁末年初、“五一”、汛期等重要时间节点对全县燃气经营企业及燃气经销点开展安全生产专项排查，严厉打击过期钢瓶充装等违法经营燃气行为。全年检查液化石油气站149间次，同比增加17间次；检查天然气公司24间次，同比持平；检查燃气经销点841间次，同比增加78间次；下发整改通知书54份，同比减少7份；依法暂扣违规气瓶119瓶，同比减少40只；处理罚款0.25万元，同比增加0.25万元。同时，规范全县燃气经营行为。

【市政环境卫生管理】2020年，大埔县城综局落实市容环境卫生网格化管理责任制，加强城区环境卫生管理。加强街道及背街小巷清扫保洁。实行“四清扫、两保洁”作业模式，街道采用扫地车机械化清扫，背街小巷采用人工清扫保洁，路面、人行道、绿化带、花坛等地段实行人工动态保洁作业，提高环卫精细化管理水平。科学开展垃圾收运。街道店面、果皮箱、垃圾桶垃圾由电动垃圾三轮车巡回收集，小区、背街小巷住户垃圾由环卫工人上门收集，实现生活垃圾日产日清。

餐厨垃圾实行每天2次定点定时收集后运到垃圾填埋场进行填埋处理。大件生活垃圾推出有偿收运服务，对城区街道、小区等重点区域进行动态巡查，及时清运群众丢弃的大件垃圾。加强市政洒水作业。分“早中晚”时间段对城区市政道路进行洒水降尘，控制城区道路扬尘污染。开展街道“一月一冲洗”行动。在日常清扫、保洁、洒水的基础上，按照“先冲洗、后清扫、再保洁”的作业模式，对城区41条街道的路面、人行道、五家居进行人工轮流冲洗，保持街道洁净如新。加强公厕管理维护。按照二类公厕管理标准，安排专人每天开展三次清洁维护，上、下午喷雾消杀，保持公厕及周边区域干净整洁；加强厕位、水龙头等设施的检查保养，及时疏通管道确保公厕正常使用。加强垃圾收集容器清洗消杀。安排专人每天对城区垃圾桶、果皮箱进行清洗，上、下午喷洒消毒；电动垃圾收运车辆每天到中转站冲洗消毒，确保垃圾收集容器设施干净、整洁。

【市政道路管理】2020年，大埔县城综局加强市政道路、路灯管理维护等工作。对老城区及提升改造后等城区路段的市政砖异响、松动、破损和路面地板渍水、下陷、凹凸不平等进行修缮。全年出动180人次对管辖的公共设施和路灯进行巡查，出动高空作业车辆140次对城区和城外路灯进行修复和线路的维护，更换检查井盖126副，同比增加92副；更换、修复破损市政砖228平方米，同比增加9平方米；水泥硬底化286平方米，同比增加208平方米；更换火烧板24平方米，同比减少26平方米；更换路缘石129.80米，同比减少0.20米；更换石墩56只、水龙头11个；更换LED灯157盏，同比减少1595盏；更换节能灯415盏，同比减少115盏；更换线路2820米，同比减少1720米；更换时控器、交流接触器、绝缘胶带等零配件193只（件），同比减少957只（件）；线路排查57次，夜间应急21次，确保市政设施和路灯修复率98%。

【市政供排水管理】2020年，大埔县城综局加强市政排水管道日常巡查等工作。及时清理影响排水的下水道，更换、维护损坏井盖，对行人踩过、车辆碾过有响声的井盖采取垫胶皮等方法进行消声，安装更换缺失、漏装、损坏的防蚊闸，用于预防、控制和消除“四害”，防止相关传染病的发生与传播。全年更换雨箅560只、同比减少50只；更换井盖515套、同比增加37套；垫胶皮590只、同比增加25只；清理维护防蚊闸488套、同比增加36套；排除下水道淤塞160处、同比减少55处。加强市政供水管理。注重改进自来水制水厂制水工艺，城区日制水能力3万吨，出厂水合格率100%，末梢水合格率100%。全年产水量1410.70万立方米、同比增加21.1%，售水量791万立方米（不含市政用水）、同比增加8.2%，水费收入1557.70万元、同比增加5.6%，县城供水总用户6.15万户、同比增加3.9%。加强地下、地面的暗漏、明漏排查工作，同时在县城分片区安装远程监控流量表30只、压力表43只，时刻掌握各处供水动态。履行供水管网抢修24小时服务机制，全年维修抢修1308宗，同比减少37.7%，有效减小资源损耗和经济损失。投资485.26万元实施五虎山制水厂应急取水设备增设工程，解决取水泵房输水管道锈蚀存在安全隐患、山丰水库蓄水期间影响山丰流量造成的供水不足问题。抓好县城污水处理。全年处理生活污水703万吨，平均日处理污水量1.92万吨，运行负荷率96.3%，污水处理率98.1%。COD平均进水浓度110毫克/升，出水浓度11.8毫克/升；氨氮平均进水浓度19.23毫克/升，出水浓度1.21毫克/升；COD总削减量692吨，氨氮总削减量126吨。与2019年同期相比，污水处理量减少16万吨、化学需氧量削减量减少154吨、氨氮削减量减少 55 吨。全年综合处置中心产生污泥 1900 吨，全部运至有资质的污泥处置公司进行无害化处理。

【市政园林和公园管护】2020 年，大埔县城综局坚持以“管理园林绿地，美化城市环境”为宗旨，确保绿化日常管护工作到位。全年补换、改造、点缀种植黄芯梅、龙船花、长春花、三角梅、应节一串红等时花 4.50 万袋、同比增加 29%；黄花风铃木、小叶榄仁、人面子、白玉兰、桂花、秋枫等路树 1580 株、同比增加 62%；提升改造、复绿、建植进城大道、环城大道、东堤路等绿地面积 6850 平方米、同比增加 86%。坚持日常监督和检查，及时清理绿化带垃圾，排除路树安全隐患，投入 6.50 万元安装绿化防护栏、修缮南堤休闲绿道、仁和桥景观、花坛、花池带等陈旧、损坏和存在安全隐患的园路、亭、廊、公厕、栏杆、路缘石、浇灌自来水等设施 30 处，确保园林设施安全美观，坚决阻止、查处私接、盗用浇灌自来水行为，节约用水。城区绿化覆盖面积 332.60 公顷、同比增加 1.6%，绿地面积 286.50 公顷、同比增加 2.3%，公共绿地面积 221.70 公顷、同比增加 1%；绿化覆盖率 46.8%，绿地率 42.3%,人均公园绿地面积 23.10 平方米、同比增加 3.6%。抓好西湖公园、滨江公园、梅河公园、长寿公园的日常管护工作。完成西湖公园清淤整治工作，提高西湖湖面和梅潭河景观。公园垃圾做到日产日清，清运西湖垃圾 317 车次，清除牛皮癣 112 处；修剪草坪花木 12.50 万平方米，人工清理湖面垃圾、杂草 155 人次；补种时花灌木等 4610 株；开展“每月一清洗”，对滨江公园和西湖公园重点部位进行全面清洗，提高公园景观。定期巡查、处置亮化灯光设施，消除安全隐患，更换老残旧线路 400 米、损坏 LED 灯泡 380 只。开展爱国卫生除“四害”活动，清除卫生死角 32 处、清理垃圾 40 吨。集中开展春季蚊卵清除行动，疏通公园里面的沟渠，清除大中型蚊虫滋生地 21 处，投入消杀药物 137 千克，新装毒鼠屋 15 个，确保公园鼠类密度符合国家标准要求。同时，对公园设施进行维护更换。投资 31 万元对西湖公园铁索桥进行全面修缮，投资 36 万元对西湖公园中心喷泉进行维修，投资 13 万元对西湖、梅河公园亲水平台木板进行更换维修。

【数字化城市管理平台】2020 年，大埔县城综局抓好数字化城市管理平台运行。通过视频摄像头捕捉城市管理问题信息，及时上报并派遣到相关责任单位进行处置，有效提升城市管理效率。建立信息采集队伍，监督员每天不定时通过 GPS 定位系统查看路面采集人员的行动轨迹，督查信息采集员的在岗情况。2020 年，通过手机城管通报 63 件，处置案件 63 件，处置率 100%。手机微信平台报案 289 件，处置案件 289 件，处置率 100%。

大埔县城市管理和综合执法局负责人名录

局　长：吴文新

副局长：李志浩　林文礼

沈镜章（2020.2—）

吴启泰（—2020.2）

（张永碧　黄科皓）

生态环境保护

【简述】2020 年，梅州市生态环境局大埔分局牢固树立和践行“绿水青山就是金山银山”的新发展理念，立足国家重点生态功能区定位，围绕大埔“生态立县、实业富县、文旅兴县”发展思路，把保护生态环境与经济社会发展有机结合起来，打造康养文旅融合之星，建设宜居宜业宜游生态县这个主线，决战决胜污染防治攻坚战，完成三年攻坚任务，生态环境保护工作取得新成效。全年全县江河水质保持稳定，韩江干流及支流汀江、梅潭河等江河水质达到相应水体功能要求，无劣Ⅴ类水体。韩江大麻断面水环境质量全年水质均值为Ⅱ类，达到国家考核目标要求。梅潭河五丰渡口断面水环境质量全年水质均值为Ⅱ类，达到省考核目标Ⅲ类要求。韩江丰顺潭江断面和汀江三河镇舟角院断面水环境质量考核断面水质达标率100%，均为Ⅱ类水质。根据市生态环境局“梅指数”公布结果，大埔县水环境质量全市排名第一。全年县城环境空气自动监测站有效运行326天，监测结果优的天数271天、良的天数54天、轻度污染1天，县城环境空气质量优良率99.7%，根据市生态环境局“梅指数”公布结果，县城大气质量全市排名第二。

【生态环保责任考核暨污染减排工作】2020年，市生态环境局大埔分局按照市政府、市生态环境局的统一部署要求，抓好生态环境保护责任考核污染减排工作。加强环保基础设施建设，实施工作减排；加强淘汰落后产能工作，实施结构减排；加强农业源和交通源污染整治，实施污染面源治理减排；加强环境保护宣教和科普，倡导低碳生产生活方式减排等措施，推进污染减排工作。12月，完成2019年度总量减排工作总结的上报工作。围绕省、市下达的环保责任考核目标任务，落实环境保护工作责任，会同各镇（场）、县有关部门共同抓好考核工作，确保全县环保责任考核达到良好等次以上。12月，完成2019年度环保责任考核工作总结和上报工作，准备2020年度环保责任考核备查资料的收集、整理、编制工作。

【生态功能区考核工作】2020年，根据国家通报，2019年大埔县国家重点生态功能区生态环境质量考核全省排名第十，全市排名第三，获得中央奖补资金1.86亿元。为做好2020年国家重点生态功能区县域生态环境质量考核各项工作，确保考核结果提档进位，市生态环境局大埔分局在全面总结2019年度重点生态功能区考核工作情况的基础上，查找问题，总结经验，查漏补缺。按照国家重点生态功能区考核工作安排，明确工作任务，严把时间节点，对照指标分析研究，与各相关单位沟通协调，审核上报资料和数据，抓好国家重点生态功能区县域生态环境质量考核工作，至12月，完成2020年生态环境管理数据备查资料收集汇编工作并上报省审查。

【污染防治攻坚战】2020年，市生态环境局大埔分局根据《大埔县污染防治攻坚战三年行动计划（2018—2020年）》要求，抓好污染防治工作。县委、县政府重视，多次在会议和调研过程中强调抓好污染防治攻坚战工作的重要性，多次召开专题会议进行部署，县人大常委会、县政协组织专项调研和视察。各镇（场）、县直有关部门履行主体责任，抓好工作落实，完成市政府下达的污染防治攻坚战33项重点工作任务。

打好蓝天保卫战　加强烟花爆竹燃放管控，春节期间未出现污染天气，环境空气质量大幅改善。加强施工工地和运输扬尘监管，有效落实“6个100%”扬尘污染防治措施。开展县城餐饮油烟污染整治，全面要求餐饮企业安装油烟净化设施，确保正常运行。落实镇（场）属地管理责任，加强露天焚烧监管，依法查处露天焚烧秸秆、垃圾和其他废弃物等违法行为。强化工业污染源VOCs防治。完成2家VOCs省重点监管企业销号工作，还有1家进行中。配合生态环境部华南环境科学研究所完成大埔县VOCs污染源详查与“十三五”期间VOCs减排核算。强化机动车污染防治，加强柴油车专项整治，对县域机动车检测站进行日常检查。2020年，联合交通、公安等部门开展柴油车上路尾气检查检测4次，检查柴油车16辆（次）；会同交通部门完成2家用车大户入户调查，未发现柴油车冒黑烟现象。开展“散乱污”整治工作，全年全县清查“散乱污”企业2家，其中取缔关闭企业 1 家，提升整改企业 1 家，对清查出的“散乱污”企业整治完成率 100%。

打好碧水保卫战　加强饮用水源保护。完成 2020 年度县级集中式饮用水水源地环境状况调查评估。县城和镇级的 48 个集中式饮用水源地水质达标率 100%，水源地水环境保持良好。重点抓好汀江、梅潭河水环境保护和重点流域综合整治，提升江河水质，建立健全水生态保护长效机制。加强河（湖）长制工作。2020 年，按时按质完成“清四乱”“五清”等整治任务，完成 108 宗流域面积 1000 平方千米以上的河流“四乱”问题的清理整治工作，清理“乱占”4 万平方米、“乱堆”2 万平方米、“乱建”5 万平方米，“清漂”河流长度 354.30 千米，清理漂浮物 1207.80 吨。加强生活污水处理。县城新增配套管网完成 9.07 千米，占总任务（8.09 千米）的 112%；改造城镇老旧污水管网完成 16.70 千米，占总任务 10 千米的 167%。全县建成 19 座镇级污水处理厂，建制镇实现污水处理设施全面覆盖。新增镇级污水处理能力目标 2.12 万吨，完成比例 100%。全县 30 个村级污水处理厂建设中，11 座村级污水处理站完工验收通水试运行，19 座污水处理站完成主体工程建设，部分配套管网完善中。开展农村生活污水治理排查，全县 15 个镇（场）的方案和全县汇编方案均通过市专家评审会评审，上报市生态环境局和市政府审核。加强生活垃圾无害化处置。完成 11 个镇级垃圾填埋场整治任务，全县农村生活垃圾无害化处理率 100%。推进农村“厕所革命”，累计完成农村户用厕所无害化改造 10.30 万户，无害化户厕改造率 99.9%。加强省界水质联防联控联治。加大对汀江、梅潭河上游福建省龙岩市永定区和漳州市平和县流域水质保护工作协调力度，加强区域水污染防治协作交流，共同推进跨界河流联防联控常态长效机制，水资源环境和饮用水源生态安全得到保障。

推进净土保卫战　制订实施《大埔县土壤污染防治工作方案》，推进农用地土壤污染状况详查和重点行业企业用地土壤污染状况调查。2020 年 12 月，完成大埔县原彩瓷厂土壤污染调查报告初审工作，该地块于 7 月 25 日经市生态环境局和市自然资源局会审，审核后移出全国污染地块土壤环境管理系统调查名录地块清单。根据《梅州市重点行业企业土壤污染状况调查工作方案》，大埔县纳入重点监管的企业为大埔广晟稀土矿业有限公司，按要求签订“责任书”，并与省测试分析研究所签订“土壤监测技术合同”，日常督促其开展土壤质量自行监测，省测试分析研究所于 2020 年 12 月上旬进行土壤监测，监测报告尚未出具。以开展固体废物企业“三个一”专项工作为契机，加强固体废物污染防治监督管理，督促企业在广东省固体废物环境监管信息平台注册申报，指导企业完善资料和做好现场的规范化管理。加强县城污水处理厂污泥处置监管工作。

【环保督察与整改】市生态环境局大埔分局抓好中央环境保护督察“回头看”及固体废物环境问题专项督察暨省级环保督察问题整改工作。2019 年，中央、省环保督察反馈意见中涉及大埔县的整改任务有 26 项，至 2020 年 12 月，办结 25 项，办结率 96.2%，剩余 1 项猪场关闭搬迁推进中。

【环境监管】2020 年，市生态环境局大埔分局加强环境监管，提高生态环保水平。加强饮用水源监管，确保饮用水源生态安全。贯彻省、市关于落实“加强集中式饮用水水源地保护监管”要求，重点监测、重点排查，及时掌握水质变化动态，及时查处环保违法行为。全年全县江河水质保持基本稳定，饮用水源水质达标率 100%，水源地水环境保持良好，未发生过环境污染事故。加强执法监督，保障环境安全。以“蓝天、碧水、净土”三大保卫战为主战场，采取“双随机”、交叉执法、专项执法等形式，用好用实环保监管手段，发挥执法监督强制作用。根据上级部署要求，结合实际，开展汛期环境安全综合检查、重点行业专项检查、生猪养殖户环境专项执法检查、非煤矿山行业综合整治、打击涉固体废物环境违法行为专项行动等专项执法工作。全年出动执法人员591人次，检查企业197家次，随机抽查企业65家，发出责令改正违法行为决定书1份，整改通知5份，已完成整改企业5家，立案查处1宗，罚款1万元。加强国家排污许可证核发工作。全年核实发放排污许可证企业13家，其中重点管理3家，简化管理10家（含简化管理整改企业4家）。在排污许可管理信息平台登记管理的企业327家。至2020年7月，完成全年排污许可证核发工作任务。根据市生态环境局通报，大埔县排污许可证发放工作全市排名第一。重视环境信访维稳工作。以维护社会稳定为重点，结合全国“两会”等防护期，落实局长接访日和领导包案制，落实岗位责任，第一时间处理群众反映的环境信访问题。全年受理环境信访209件，调处解决199件。

【农村环境保护】2020年，市生态环境局大埔分局加强农村环境保护工作。开展农村环境综合整治。落实好农村环境综合整治各项工作，实施农村生活污水简单处理、垃圾集中收集处理，推广畜、沼、果生态养殖模式。完成大埔县“十三五”农村环境综合整治成效评估工作，通过市验收组和省验收组检查，对省验收组提出的整改要求已落实整改。抓好畜禽养殖业专项整治。强化畜禽养殖污染防治，规范整顿全县畜禽养殖场，遏制农业面源污染，实现畜禽养殖废弃物减量化、无害化、资源化和生态化。抓好农村环境质量监测工作。根据上级部署，列入国家重点生态功能区监测评价与考核县均要开展农村环境质量监测工作。制订《2020年大埔县农村环境质量监测方案》，开展农村环境质量监测工作，按时上报农村环境质量监测数据，2020年度大埔县农村环境质量达标。

【环保政务服务】2020年，市生态环境局大埔分局加快推进政务服务事项集中办理，明确“应进必进”政务服务事项范围。进入梅州市政务服务统一申办平台的服务事项240项，其中行政许可9项，公共服务3项，行政强制10项，行政处罚197项，行政检查18项，行政确认2项，其他行政权力1项。按照“放管服”等改革要求，依照上级要求梳理行政许可和公共服务事项，推进政务服务事项标准化建设。做到事项清单明晰、办事指南清楚、办理材料规范、办理时间统一。全年窗口受理行政服务事项65项，其中进入市统一申办平台系统办理65项，实现“零投诉”。坚持“以民为本”的服务原则，提高“12345”政府服务热线的办理效率与办理质量，解决群众关心的环境问题。全年受理“12345”热线平台工单151单，办结率100%。加强信息公开。按照上级工作部署，抓好信息公开工作，全年依法依规公布信息345条，其中在梅州政府信息公开平台29条、广东省政府网站集约化平台大埔县政府重点领域信息公开栏目138条（建设项目环评文件60条、双随机抽查情况公示3条、环境质量66条、互动交流网络留言信访9条），开展信用信息双公示178条等工作。

【生态环境宣传】2020年，市生态环境局大埔分局组织开展“环保宣传月”、“6·5”世界环境日、“不留白色污染”等主题活动，走进学校、村居、社区开展生态环保志愿服务活动。2020年6月，在西河镇北塘村开展“梅州市第一批不留白色污染示范村”、大麻镇大留村和中兰村开展“不留白色污染”主题实践活动，发起“美丽中国，我是行动者”环保倡议，生态环境志愿者走村入户，向群众宣传环保知识和不留白色污染以及保护生物多样性的重要意义，发放环境科普读本、法规宣传手册和环保袋，耐心解答群众咨询，提高全民生态文明意识，促进环境保护公众参与，推动绿色发展，建设美丽大埔。并利用广播电视、视频、网站、公众微信号、LED 电子显示屏等宣传媒介加强环境宣传教育，弘扬生态文明理念，引导公众关注污染防治和生态环境保护，提高全民生态文明意识和环保意识，营造环境保护从自我做起、从小事做起的良好氛围。全年编写信息 13 条，报送市局并被采用 13 条。

【环境监测】2020 年，市生态环境局大埔分局加强环境监测工作。全年取得有效监测数据 6.21 万个，出具监督性监测报告 23 份，上报水质周报表 43 期、各类月报表 75 份、季报表 12 份。大埔县空气自动监测站加强大气质量监控，服务民生，每天监测空气质量变化，完成环境空气质量监测任务。开展 16 个地表水监测断面、48 个集中式饮用水源地水质监测点位、3 个村庄农村环境质量、4 个广州海珠（大埔）产业转移工业园纳污水体监测断面等环境质量监测，客观、及时准确地掌握县域环境质量状况和变化趋势。开展 5 个重点污染源监督性监测，强化污染源长效监管力度，规范企业环境行为，为环境监管提供科学依据。协助第三方运维公司做好 2 个水质自动监测站运行维护管理工作。全县有 6 个水质自动站，分别是汀江国控断面青溪水站、韩江国控断面大麻水站、梅江省控制面蓬辣水站、梅潭河饮用水断面三黎水站、梅潭河五丰渡口断面水站和漳溪河上黄砂断面水站。除梅潭河五丰渡口断面水站在试运行外，其他 5 个水站已投入正常运行。

【疫情防控工作】2020 年，市生态环境局大埔分局贯彻落实习近平总书记关于疫情防控的重要讲话和重要批示指示精神，严格落实上级生态环境部门关于加强医疗废物处置、医疗废水监管以及统筹做好新冠肺炎疫情防控和污染防治工作的要求，结合生态环境工作职能，成立专项检查组，加强疫情期间医疗废物处置环境安全监管，不定期开展辖区内医疗废物处置检查。加强对医疗机构、定点隔离场所和县城污水处理厂的监测监控，及时掌握医疗废水、生活污水消毒、排放情况，有效切断传染途径，防止发生二次污染和二次传染。及时建设新冠肺炎隔离观察场所应急污水处理设施，仅用 2 天 2 夜时间完成应急处理污水处理设施的建设和安装，并投入使用，满足医疗污水无害化消毒处理的需求，有效防止新型冠状病毒通过医疗污水或粪便传播扩散。

【完成全国第二次污染源普查工作】此项工作从 2017 年开始实施，大埔县按照上级部署，着力推进入户清查、全面普查、审核汇总等一系列工作，至 2020 年年底，全面完成全国第二次污染源普查工作。全面摸清全县各类污染源数量、行业和地区分布，主要污染物及其排放量、排放去向、污染治理设施运行状况和污染治理水平等情况，建立全面系统反映固定污染源状况的信息数据库，编制大埔县第二次污染源普查数据工作总结、数据分析报告，完成普查各项工作任务。此次全国污染源普查工作，市生态环境局大埔分局被评为先进集体，刘增仁被评为全国先进个人。

梅州市生态环境局大埔分局负责人名录

局　长：丁练昌

副局长：刘增仁　郭敬旋（女，2020.2—）

（肖雨）

教科文卫体

教　育

教育综述

【简述】2020年，大埔县教育实施“人文引领”发展思路，以“办强虎山中学、办大家炳职校、办特一批学校、办优初中教育”为目标，围绕“精细管理，提升质量，内涵发展，党建引领”的工作思路，以提高教育教学质量为中心，做好“六抓”工作任务，实施素质教育，培养德智体美劳全面发展的社会主义建设者和接班人，全县各级各类教育得到持续健康发展。2020年，大埔县教育局被梅州市委、市政府评为“梅州市抗击新冠肺炎疫情先进集体”；大埔县虎山中学被广东省委、省政府评为第二届广东省文明校园。

【普通教育基本情况】2020年，大埔县有中、小学校114所，其中高级中学1所，完全中学7所，职业学校1所，初级中学12所，九年一贯制学校8所，特殊教育学校1所，小学84所（含县直小学5所、镇中心小学11所、村完全小学31所和教学点37所）；幼儿园63所，其中民办幼儿园44所（普惠性民办幼儿园42所）。全县在职教职工4543人，其中普通高中710人，家炳职校130人，初级中学1278人，小学2151人，公办幼儿园264人，特殊教育学校10人；具有正高级职称教师2人，副高级职称教师948人，中级职称教师2518人。全县在校中、小学生有5.48万人，其中普通高中7555人、职业高中1858人、初中生1.43万人、小学生3.08万人，6—14周岁适龄残疾儿童在校中、小学生162人；全县在园幼儿1.3万人，其中公办园幼儿6565人，民办园幼儿6428人。

【主要工作成效】2020年，大埔县教育局围绕“党建引领，精细管理，提升质量，内涵发展”的工作思路，以提高教育教学质量为中心，实施素质教育，全县教育持续健康发展。

党建工作规范　教育系统各党组织按照“六有”标准抓好党员活动阵地建设，开展党日活动，增强党组织的凝聚力和战斗力，为全县教育事业更好更快发展提供政治保证和组织保证。2020年，大埔县召开教育系统党组织整建制转接协调会，成立中共大埔县委教育工作委员会，调整田家炳实验中学等12所学校党组织书记，完成大埔中学等18

2020 年 6 月 10 日，大埔县召开教育系统党组织整建制转接协调会（邓颖姝 摄）

个党组织的换届工作，全年发展 15 名党员。

疫情防控成绩突出　2020 年是极不平凡的一年，面对突如其来的新冠肺炎疫情，全县教育系统领导干部、教职员工高度重视，众志成城，建立完善相关工作机制，实施领导带班值守制度，多举措做好宣传引导、人员管控、物资筹措、线上教育、学生返校等各项疫情防控工作，确保大埔县教育系统疫情防控常态化工作安全平稳有序，最大限度减少新冠肺炎疫情对全县中小学教育教学的影响。2020 年 12 月，大埔县教育局被梅州市委市政府评为“梅州市抗击新冠肺炎疫情先进集体”。

重点项目建设突破　2020 年，全县教育领域重大工程有西岭实验学校、城东实验学校、高陂实验学校、虎山中学东西两翼、大埔小学艺术楼、田家炳爱国主义教育基地、大麻中学综合宿舍楼等 8 个建设项目，规划总投资 8.38 亿元，当年度完成投资 3.55 亿元，开工率 100%，其中有 5 个项目达到或超过计划建设进度。

中高考考点改造　2020 年，大埔县投入资金 200 多万元，对虎中、实验考点的监控视频设备全面升级改造，实现考场内外高清监控全覆盖；投入 50 多万元，将虎中、实验考点的原老旧考生身份验证设备进行升级改造，更新身份验证人脸识别系统；对全县 120 个中考考场安装空调，为全县中高考考生提供优质的考试环境。

未成年人思想道德建设和创文工作推进　大埔县教育局专门成立创文办，围绕举旗帜、聚民心、育新人、兴文化、展形象的使命任务，做好全国县级文明城市创建工作。投入 70 多万元，建立并正常运行大埔县心理健康辅导中心，推进未成年人思想道德建设，有效促进未成年人身心全面健康发展。至 2020 年年底，评为县级以上文明校园的学校有 31 所，其中县级文明校园 8 所，市级文明校园 22 所，省级文明校园 1 所（2020 年 12 月，大埔县虎山中学被评为第二届广东省文明校园）。

中小学校管理加强　2020 年，大埔县教育局制定出台《大埔县中小学校、县直幼儿园干部任免操作规程（试行）》《大埔县中小学校督导评估方案（试行）》《大埔县教育内部审计工作制度》《大埔县学校体育竞赛和文艺竞赛奖励办法（试行）》《大埔县闲置校园校舍管理和处置办法（试行）》等制度，完善学校内部机构设置和领导职数，配备 45 所中小学中层干部，规范 24 所闲置校园校舍管理，为加强中小学校管理、促进学校健康发展提供保障。

岗位等级晋升工作　2020 年，大埔县教育局制定出台《2020 年大埔县中小学、幼儿园专业技术人员岗位等级晋升工作实施方案》。在实施过程中做到政策公开、过程公开、结果公开，保证教师的知情权、参与权、选择权和监督权。全县有 1460 人符合晋升条件，得到岗位等级晋升。

基金会激励办法完善 2020 年，大埔县教育发展基金会完善激励办法，由奖教奖学并重向“以奖教为主、奖学为辅”转变。小学、初中期末知识水平评估奖励面各类由 40%提高到 50%，加大中考、高考奖励力度；校长岗位考核奖励由 100%学校评等级奖励调整为 70%学校评为良好等级以上才奖励。全年基金会发放 1115 万元奖励金，有效激发广大教职员工的工作积极性。

学前教育

2020 年，大埔县教育局完善学前教育管理体制、办园体制和政策保障体系，规范办园行为，推进普惠性、规范化幼儿园创建工作，提高保育教育水平。全县幼儿园有 63 所，公办幼儿园幼儿 6565 人，占比 50.5%；规范化幼儿园 57 所，占比 90.5%；普惠性幼儿园 61 所，占比 96.8%。开展城乡园“手拉手”帮扶活动，采取“资源共享、名园带动”的策略，实施“以省级示范园为龙头，带动乡镇农村地区学前教育发展”的模式，优化城乡园的办园条件，推动城乡学前教育规范发展。扶持民办幼儿园发展，按每生每年政府补助 400 元的标准鼓励全县普惠性民办幼儿园改善办园条件，重视民办学前教育监管工作，提高保育教育水平，促进普惠性民办幼儿园健康发展。

义务教育

【简述】2020 年，全县有义务教育阶段学生 4.52 万人，其中初中生 1.44 万人，小学生 3.08 万人。小学和初中入学率均为 100%，九年义务教育阶段巩固率 98%。全县义务教育阶段学校均完成标准化建设，2015 年大埔县通过全国义务教育发展基本均衡县评估认定，2018 年广东省教育厅授予大埔县“广东省推进教育现代化先进县”称号。

【教育教学】2020 年，大埔县教育局抓好义务教育教学工作。规范学籍管理。加强学校学籍管理人员培训，抓好中小学生的防流控辍工作，九年义务教育阶段巩固率 98%，比 2019 年提高 0.03 个百分点。2020 年国家义务教育质量监测工作全面完成，全县有 21 所中小学共 600 多名学生参加质量监测，1 月，举行义务教育质量监测结果应用专题讲座，对数学、体育两门学科结果报告进行二次解读。初中教学质量稳步提升。全年全县参加中考人数 3950 人，总分平均分 469.7 分，虎山中学等 18 所学校总平均分超过全县总平均分；全县 750 分以上有 14 人，700 分以上有 164 人，最高分为虎山中学学生郭正杭 790.6 分，被国华中学录取；第二名刘紫琪被华师附中录取；虎山中学高一新生普通生录取最低分数线为 654.2 分，全县 27 间学校虎中以上入围人数为 846 人，比 2019 年多 74 人。

【德育工作】2020 年，大埔县教育局以社会主义核心价值观、爱国主义教育和培育民族精神为主线，把立德树人贯穿于学校教育教学全过程，落实在学校德育的各个环节，纳入学生日常行为习惯和道德品质培养全过程。开展学生喜闻乐见的德育教育活动，发挥课堂教学的育人功能，以道德与法治、思想政治课为主，其他学科为辅，挖掘课程思想内涵，推进学科德育教育。12 月 9 日，县委书记朱汉东到虎山中学上思政课，把大埔县中小学校形成全员育人、全程育人、全方位育人的德育工作格局推向高潮。利用重要时间节点（清明、“五一”、“五四”、“六一”、“七一”、“八一”、“十一”等）

组织开展中国特色社会主义和中国梦学习宣传教育活动，唱响爱党爱国爱社会主义的新时代主旋律，汇聚同心共筑中国梦的强大力量。组织开展中小学生（幼儿）“新冠肺炎疫情防控”专题教育工作。组织开展疫情防控期间学生思想引领工作，各校校长、书记亲自上好“复学第一课”。组织开展“弘扬苏区精神、传承红色基因、争做红色传人”“扣好人生第一粒扣子”等主题实践教育活动和应届高三“成人（年）礼”活动，让爱国情怀、苏区精神、红色基因深入校园，深入人心。组织开展“公筷公勺行动”系列活动，引导全体师生践行“公筷公勺，文明用餐”的健康饮食方式，革除陋习，树立新风。至2020年年底，全县评为县级以上文明校园的学校有31所，其中县级文明校园8所，市级文明校园22所，省级文明校园1所（虎山中学）。虎山中学和张云栽实验小学被评为广东省创建全国文明校园先进学校；汪德欢被梅州市精神文明建设委员会授予“2019—2020年度梅州市精神文明建设先进工作者”称号。

【体艺卫语工作】2020年，大埔县教育局坚持把培育和践行社会主义核心价值观和中华民族优秀传统文化有机融入语文、书法等教育教学全过程，提高学生综合素质，培养出更多全面发展的人才。开展中小学研学旅行活动，建立中小学研学活动基（营）地11个；开展大埔县青少年校园足球工作，举办大埔县青少年校园足球联赛；参加2020年梅州市“市长杯”青少年足球联赛高中组、初中组、小学组的市级决赛，其中初中女子组获第四名，小学女子组获第四名，小学男子组获第六名；举办2020年大埔县中小学生田径运动会，共有10人次7个项目打破全县最高纪录；师生在参加“印象·童年”梅州市首届“风眠杯”中小学生师生绘画大赛中，共有14幅学生作品、5幅教师作品、3名指导教师获奖；在参加梅州市第四届童谣节活动中，大埔小学《争做祖国太阳花》、张云栽实验小学《算盘子　敬英雄》获梅州市第四届童谣节“一等奖”，田家炳小学《国泰民安乐淘淘》获梅州市第四届童谣节“三等奖”；在市教育局主办的“梅州市2020年特殊教育学校教学成果展演活动”中，大埔县特殊教育学校学生蓝楚云的女声独唱《我仰望五星红旗》获一等奖；在2020年规范汉字比赛中，大埔县师生成绩明显，县教育局被梅州市教育局评为优秀组织单位，且在被选送参加省级比赛中教师严贞焰、罗东源分别获得硬笔类一、二等奖，教师饶盛华获得软笔类二等奖，学生孙婉婷获得硬笔类三等奖。

【教研教改工作】2020年，大埔县教育局重视教研教改工作，成立教育科研部，加强组织和领导。教学研究部积极配合，支持教育科研部对立项课题的过程管理，加强课题指导，督促课题组开展实验与研究活动，落实课题研究中资料的收集、分析、整理等工作，提升教师的专业化成长。特别是组织全县中小学开展“聚焦课堂教学变革，构建科学评价体系”课堂教学县级评比展示活动，营造全县“比学赶帮超”的教研教改氛围，推动教师转变传统教学观念、提升教育科研能力，促进学校教育教学质量提升和特色内涵发展。教师发展中心江誉忠主持的《初中语文教材与大埔县苏区文化资源整合的探究》等8项课题获得省级课题立项；大埔县推送24项课题参与梅州市第九届教育教学成果评比中，有10项课题获得一等奖，13项课题获得二等奖；在梅州市第十届教育科研立项课题中，大埔县40项课题成功立项。做好大埔县第十届教育科研课题（2018—2019年）的结题、成果评审和第十一届教育科研立项课题项目（2020—2021年）的立项审核等工作，在第十届教育科研成果评比中，共有81项课题获奖，其中一等奖38项、二等奖43项，第十一届新立项课题 130 项。

【平安校园建设】2020 年，大埔县各学校以《大埔县中小学平安校园建设标准》为依据开展平安校园建设，在全面推进平安校园建设的基础上，创建平安校园示范学校。强化学校安全工作责任制，提高校园安全管理水平。明确校长是学生安全第一责任人，班主任和科任教师是学生安全直接责任人，细化“谁主管、谁负责”的要求，使全体教职员工都承担起校园安全和管理的职责；按照岗位要求，把教职工履行安全管理和教育责任的情况，作为年终考核的重要依据，使平安校园创建工作常抓不懈，抓有成效。加强校园安全制度建设，做到安全工作有章可循。结合学校实际情况和平安校园创建活动要求，建立健全各项安全管理制度，完善校舍安全、交通安全、消防安全、饮食安全、活动安全、教育教学安全的工作制度。提高安全防范人防、物防和技防水平，建立治安防范体系。提高安全技术装备水平，在学校的重点、关键部位安装技术先进、质量可靠的监控设施等，配备专职保安人员，购置必要的安保器材，提高“三防”水平，构筑安全防范网。加强对校园网络的监督管理。加强对校园网的管理，开展“绿色网室”活动，净化校园网络环境，保证学生安全、文明上网，倡导文明健康的校园文化。及时排查安全隐患，对排查出的安全隐患及时进行整改，使安全工作防患于未然。及时化解和调处各种矛盾，将矛盾解决在萌芽，处理在基层。

普通高中教育

【简述】2020 年，大埔县有在读普通高中学生 7555 人，全县户籍人口高中阶段教育毛入学率为 95.9%。全年全县 2765 人参加普通高考，比 2019 年增加 4 人，全县达到优先投档上线 181 人，比 2019 年增加 32 人，重本入围率 6.6%，比 2019 年增加 1.13 个百分点。本科上线人数 967 人，上线率 35%。总分最高分文科 602 分，理科 661 分。其中虎山中学李誉、罗维洛、张雯被浙江大学录取，虎山中学连续 8 年有优秀生考取五大名校。

【教研教改】2020 年，大埔县教育局加强新高考方案实施的视导和培训，深入各完中特别是虎山中学、实验中学，指导学校做好应对新高考的相关工作，组织高完中校长、教学副校长、年级组长、教研组长及学科骨干教师外出学习，通过走出去、请进来等方式，学习借鉴外地名校在迎接新高考改革，高考制度改革背景下的教育管理和教学变革、学生综合素质评价及生涯指导等方面经验，使全县各高中学校尽快适应新高考要求，把握新高考改革精神，做好教育管理和教学变革各项工作。虎山中学教师张裕标主持的广东省中学生物教学研究“十三五”规划课题《基于智慧教室的生物项目式教学研究》顺利结题，成果鉴定为良好等级；大埔县推送的田家炳实验中学校长梁伟新主持的《提高高中学生语文阅读素养的探索》等 24 项课题参与梅州市第九届教育教学成果评比中，有 10 项课题获得一等奖，13 项课题获得二等奖。

职业教育和终身教育

2020 年，大埔县田家炳高级职业学校围绕国家、省、市确立的职业教育改革发展的战略目标，创新办学模式，增强办学活力，加大招生力度，全年招收新生 874 人，完成招生任务的 97.1%。2020 年，有毕业生 470 人，就业率 98.5%；“3+证书”高考毕业班有 102 人，考取高职院校 91 人，入围率 89.2%。做好与广东省农工商职业技术学院成功对接了“三二分段中高职贯通培养”试点项目，开设汽车运用与维修专业（汽车检测方向）和计算机应用（动漫方向）两个专业，招生34人。加强镇成人文化技术学校软（硬）件建设，发挥镇成人文化技术学校的功能，开展“双转移”培训、农业实用技术、工艺美术等培训，引导社会各界特别是企业支持职业教育，推进大埔县职业教育和成人终身教育改革与发展，促进职业教育观念创新，服务县域经济社会发展。

民办教育

2020年，大埔县教育局重视民办教育，加强民办教育管理，促进民办学校规范发展，会同县人社局、县民政局、县消防救援大队、县市场监督局及相关镇人民政府组成的核查组，对全县民办幼儿园及54间校外培训机构进行逐一上门核查，对照标准，认真甄别，指导校外培训机构准确定位，按流程办证办照，规范办学。至2020年，全县44所民办幼儿园，达到规范化的有39所，占比88.6%；全县学科类校外培训机构已发证有大埔县小博士校外培训机构、大埔县全通文化课外培训中心等9间。其他午晚托机构、艺术类培训机构基本有市场监督管理局发的营业执照，暂时由他们监管。

队伍建设

2020年，大埔县重视师资队伍建设。建立名校长、名教师工作室。2020年，建立以吴海芳、范欢云、张伟良3位为“梅州市中小学名校（园）长工作室主持人”的名校长工作室；建立以刘开湘为“广东省第二批科技教育名师工作室主持人”和以江誉忠、吴运辉、范宝承3位为“梅州市中小学名教师工作室主持人”的名师工作室。引进高学历层次人才。2020年在急需人才招聘工作中，招聘3人到虎山中学任教。同时，全县定点定岗公开招聘126名师范类专科以上毕业生充实到中小学校任教，优化学校师资结构，增强师资力量。促进教师专业发展。大埔县教育局以全国教育工作会议和教育规划纲要为依据，以提高教师专业化水平和教育教学能力为核心，以农村教师队伍为重点，以面授培训、跟岗培训、远程培训、下乡培训、异地培训、校本培训为手段，有计划、有步骤地对全县中小学（含民办幼儿园）教师进行分类、分层、分岗培训，保证每个教师完成全年72学时的继续教育培训任务。全年全县中小学教师培训4923人次，投入资金300余万元。其中参加国级培训3人次，省级培训62人次，市级培训51人次，县级“三区”骨干教师培训145人次，新教师培训126人次，中小学教师全员培训4536人次。全县新增正高级教师1名，副高级教师177名，评选市级优秀教师、优秀教育工作者、优秀教学工作者等共40名，评选县级名校长、名教师、优秀教师、优秀班主任、学科带头人等共360名。

大埔县教育局负责人名录

局　　长：汪德欢

副 局 长：朱佳远　郭小娜（女）

谢昌发（2020.4—）

（罗如粪）

2020年大埔县高考文（理）科成绩前五名学生一览表

表3

序号	科目	姓名	性别	毕业学校	总分（分）	录取学校	专业
1	理科	张梓昱	男	虎山中学	661	中山大学	临床医学
2		池铭和	男	虎山中学	656	中山大学	微电子科学与工程
3		陈梦瑜	女	虎山中学	652	中山大学	物理学类
4		罗维洛	男	虎山中学	650	浙江大学	理科试验班类
5		李　誉	男	虎山中学	643	浙江大学	应用生物科学
1	文科	温弘鑫	男	虎山中学	602	华南理工大学	经济学类
2		覃晓云	女	虎山中学	600	湖南大学	日语
3		郭锦如	女	虎山中学	595	暨南大学	汉语国际教育
4		饶雪茹	女	虎山中学	592	华南师范大学	汉语言文学
5		张美娟	女	虎山中学	590	华南师范大学	英语
6		郑司琦	女	虎山中学	590	深圳大学	法学
7		郭　怡	女	虎山中学	590	华南师范大学	英语

2020年大埔县中考成绩前十名学生一览表

表4

序号	姓名	性别	毕业学校	总分（分）	录取学校
1	郭正杭	男	大埔县虎山中学	790.6	大埔县虎山中学
2	刘紫琪	女	大埔县虎山中学	776.9	华南师范大学附属中学
3	邹海昀	女	大埔县虎山中学	772.8	大埔县虎山中学
4	林俊韬	男	大埔县虎山中学	766.1	梅州市东山中学
5	郭能恩	女	大埔县虎山中学	763.5	梅州市东山中学
6	郭　俊	男	大埔县家炳第二中学	763.1	梅州市东山中学
7	林　江	男	大埔县虎山中学	761.3	梅州市东山中学
8	刘浩正	男	大埔县虎山中学	757.0	梅州市东山中学
9	范洛祥	男	大埔县虎山中学	755.2	梅州市东山中学
10	郭　昇	男	大埔县虎山中学	753.1	梅州市东山中学

开放教育

【简述】2020 年，大埔开放大学以习近平新时代中国特色社会主义思想为指导，抓住向开放大学转型的契机，巩固拓展“不忘初心、牢记使命”主题教育成果，推进常态化长效化，发挥开大系统办学的优势，加强与奥鹏联办高校的合作，结合市县级交叉巡察反馈问题整改工作，深入贯彻落实习近平总书记关于教育的重要论述和全国教育大会精神，特别是习近平总书记在学校思想政治课教师座谈会讲话精神，将思想政治课作为落实以德树人的根本任务的关键课程，针对开放教育教学的实际研究提高德育实效的方法，注重学生的实践教学。针对新型冠状病毒肺炎疫情现状，落实教育部“停课不停教，停课不停学”决策部署，根据开放教育教学特点，开展线上教学，积极创新，扎实落实教学管理环节，做好学生学习支持服务，有效构建学生个性化学习环境。根据《教育部关于切实做好新型冠状病毒感染的肺炎疫情防控工作应急预案的通知》精神，制定考试期间疫情防控应急预案，并报送县委教育工委、县疾控中心备案。严格落实各项防控工作要求，做好考场布置与消毒、人员安排等工作，开展疫情防控意识宣传教育，要求所有考生戴好口罩、申请健康码、做好个人健康管理，有序开展期末考试。统筹疫情防控和教育教学工作，稳步推进学历教育和非学历继续教育，发展城乡社区教育，注重学习型社会和全民终身教育体系构建，努力向开放大学转型发展，各项工作取得新进展和新突破。学校的教学管理、学籍管理和考核考试等工作得到省、市开放大学领导的肯定和好评。5 月 15 日，经广东开放大学批复，同意大埔开放大学加挂广东老年大学大埔分校牌子。11 月 12 日，大埔县政府十五届第 10 次常务会审议通过《大埔开放大学建设方案（2020—2022 年）》。

【招生工作】2020 年春，大埔开放大学落实疫情防控工作要求，尽量减少疫情对招生工作的影响，积极应对，发挥开放大学优势，通过网络报名，不与学生直接接触。招生报名缴费通过微信、支付宝、网银等方式进行，尽量避免面对面收取。坚持“全员发动、社会参与、政策激励”的方针，积极宣传、策动生源；充分发挥系统办学的优势，创新观念和思路抓生源，争取政策，提高质量保生源。开放大学牢牢把握办学宗旨，突出开放教育主体地位，依托国家开放大学及奥鹏联办高校提供的优秀教学资源，紧密结合大埔经济和社会发展需要设置专业，为大埔经济建设和社会发展提供智力支持和人才服务。形成以开放教育为主体，远程教育、成人教育和职工培训、社区教育、职业农民培训共同发展的新格局。2020 年，大埔开放大学招收新生 258 人，其中本科 116 人、专科 142 人，奥鹏、远程教育本、专科新生 94 人，涉及本、专科 10 多个专业。有各类在校生 1037 人，其中开放教育生 751 人（本科 239 人、专科 512 人）；奥鹏远程教育在籍的本、专科生 286 人。2020 年度大埔开放大学毕业生 331 人（本科 103 人、专科 228 人），奥鹏、远程教育毕业生 187 人（本科 134 人、专科 53 人）。

【教学服务管理工作】2020 年，教学、考试工作面临严峻的疫情防控压力，大埔开放大学按照国家开放大学和广东开放大学坚决打赢疫情防控阻击战的决策部署，疫情防控期间，不组织面授辅导课、不举行开学式等集体活动，各班通过 QQ、微信视频等与学生进行沟通交流，开拓创新“互联网+教育”，做好教学工作。

大埔开放大学负责人名录

校　长：吴振佳

副校长：蔡红丽（女）　蓝启铮（—2020.2）

（李宗杜）

科　学　技　术

科 技 综 述

【科技专项资金申报】2020 年，大埔县科工商务局组织企业申报科技专项资金。组织广东富大陶瓷文化发展股份有限公司、梅州市博富能科技有限公司、梅州峰联陶瓷有限公司、广东金润源陶瓷股份有限公司等 8 家企业申报 2020 年省科技专项资金“大专项+任务清单”项目，获省科技厅立项，共下达项目经费 360 万元。

【科技平台建设】2020 年，大埔县科工商务局组织县内企业申报各级高新技术中心认定工作。其中成功申报国家高新技术企业 12 家，科技型中小企业 35 家，市级工程技术研究开发中心 4 家，为壮大大埔县科技型企业群体提供更多的政策支持，搭建更多创新平台。

（张叶发）

科学技术普及

【科协服务工作】2020 年，大埔县科学技术协会服务好县委、县政府中心工作。引导大埔县通美实业有限公司以省院士工作站建设为契机，加大科技投入，引领大埔县柚类加工业高质量发展。服务脱贫攻坚和乡村振兴工作。组织农业领域的技术人员到大东镇福光村等省定贫困村，开展培训指导，引导农民增收增产。联合市科协、团县委在大埔县省定贫困村开展青少年科普知识讲座，为农村学生提供科普服务。服务全国文明城市创建工作。引导青少年、基层科技工作者等重点群体，了解和掌握社会主义核心价值观的基本内容，自觉参与到全国文明城市创建活动中。相关活动 8 场次，参与人数 4600 人。

【科普活动】2020 年，大埔县科协做好“科普四进”工作。科普进农村。在百侯、高陂等乡镇，组织多场开展面向广大群众的科普活动。科普进企业。通过科普宣传、讲座等形式引导企业树立新发展理念，树立正确的价值观，增强创新意识。科普进学校。组织大埔小学师生参加梅州市第二届“小小科学家”中小学科学实验成果展活动，获得“优秀组织奖”的集体奖项以及 30 多项个人奖项。科普进社区。面向社区居民普及常见疾病的预防资料，饮食与健康、节能知识等知识，着力提升全民的科学素养。相关活动 10 场次，参与人数 5000 人。

【科普示范基地建设】2020 年，大埔县科协出台《大埔县级科普教育示范基地认定与管理暂行办法》。认定 5 家县级科普教育示范基地；认定大埔县田家炳实验中学为县级青少年科普教育示范基地。

【科协队伍建设】2020 年，大埔县科协加强科技工作者队伍建设，实现镇级科协全覆盖，把所有乡镇的基层一线科技工作者纳入各级科协组织，壮大大埔县科技队伍的力量。抓科技队伍素质建设。县科协重视科技队伍的思想政治建设，抓好党的意识形态工作，把科技工作者的思想和行动统一到县委、县政府的决策部署上来，引导全县科技工作者听党话、跟党走，确保广大科技工作者健康成长，科技事业健康发展。

大埔县科学技术协会负责人名录

主　　席：罗伟南

专职副主席：赖良新

涂小平（女，—2020.10）

兼职副主席：李友元　朱佳远　邓海俊

苏志强　吴景礼

（吴帅）

陶瓷研究

【简述】2020年，广东省大埔陶瓷工业研究所（简称大埔陶瓷所）贯彻落实习近平总书记关于统筹推进疫情防控和经济社会发展的重要指示批示精神，始终把疫情防控工作作为头等大事，摆在首要位置，在疫情防控中，积极应对，抗击疫情，做好复工复产各项工作，促进科研生产发展。全年立项市、县级项目2项，授权实用新型专利1项，市级科技成果鉴定1项，国家级、省级陶艺创新和工艺美术创意设计等奖项金奖1项、银奖3项、铜奖3项，1个平台获广东省工业和信息化厅认定为广东省中小企业公共服务示范平台，1名技术人员确定为大埔县第七批有突出贡献专业技术拔尖人才。

【生产经营】2020年，大埔陶瓷所主营业务收入190万元，研发投入110万元。

【科研开发】2020年，大埔陶瓷所加强科研开发工作。“陶瓷产业集群公共技术服务平台”被省工信厅认定为“广东省中小企业公共服务示范平台”。“大埔县陶瓷产业集群公共技术服务平台建设”项目申报大埔县科技专项资金。“高抗热震性耐热陶瓷釉料的研制”申请梅州市应用型科技专项资金项目。“宝石环斑艺术釉的研究”项目经梅州市科技成果鉴定，项目技术达国内领先水平。授权实用新型专利1件。集中组织工艺美术人员参加“第九届‘大地奖’中国陶瓷创新与设计大赛”及“2020粤港澳大湾区工艺美术博览会‘国匠杯’”“2020年广东省工艺美术精品展‘岭南工匠杯’”“第十二届广东省陶瓷艺术精品展”等展会，选送参展的作品获“第九届‘大地奖’中国陶瓷创新与设计大赛”1个银奖，第十二届广东省陶瓷艺术精品展2个铜奖，“2020粤港澳大湾区工艺美术博览会‘国匠杯’”1个铜奖，“2020年广东省工艺美术精品展‘岭南工匠杯’”1个金奖2个银奖。

项目实施情况　2020年，大埔陶瓷所实施3个项目研究：“高石英质瓷的研究”项目，完成项目产品开发和项目成果转化，整理验收材料，等待省科学技术厅组织验收；“大埔县陶瓷产业公共服务平台建设”项目，对平台进行升级改造，仪器设备采购、安装调试，平台完善，开展服务；“大埔县陶瓷产业集群公共技术服务平台建设”项目，完善软硬件建设，开展一体化综合技术服务，并申请大埔县科工商务局验收。

【安全生产】2020年，大埔陶瓷所贯彻落实上级部门相关文件和安全生产专题会议精神，坚持“安全第一，预防为主，综合治理”的方针，组织开展以“防风险、除隐患、遏事故”为主题的安全生产月活动和“安全生产万里行”活动，落实隐患排查治理，做好特别防护期、“防风险保平安迎大庆”专项行动的生产安全、消防安全等工作。坚持贴近科研生产经营实际、面向广大职工，通过组织开展形式多样、富有实效的安全生产系列活动，在全所凝聚弘扬安全发展理念、支持安全生产的共识，促进安全生产形势持续稳定。全年未发生对企业和社会造成严重影响的生产安全等事件；无党员干部违纪违法问题发生，无群众投诉反映作风问题的情况发生。

广东省大埔陶瓷工业研究所负责人名录

党支部书记：刘钦志

所　　长：黄南兴

（**黄萌杜**）

文体·艺术

文体工作

【简述】2020年，是实施“十三五”规划的收官之年，也是建成全面小康之年，突发的新冠肺炎疫情，给大埔县文广旅体行业发展带来重大影响。大埔县文化广电旅游体育局（简称大埔县文广旅体局）深入学习贯彻中共十九大和十九届四中、五中全会精神，以习近平新时代中国特色社会主义思想为指导，围绕“文旅兴县”的发展思路，克服新冠肺炎疫情带来的影响，攻坚克难，同心协力，文广旅体各项事业稳步推进。2020年，全县累计旅游接待208万人次，收入12.90亿元。至年底，全县旅游接待人数和收入同比恢复25%。

【防疫复工】2020年，大埔县文广旅体局编制九大领域文广旅体系统复工复业工作指引（试行），有效指导企业复工复产。开展“暖企活动”，为企业提供疫情防控医用物资；迅速启动旅行社保证金暂退工作，暂退旅行社部分保证金32万元；协助旅游企业降低税负，获得专项奖补资金100万元。指导文旅企业申请疫情期间贴息金额39.17万元。申请补助15万元给云翔国源大酒店，疫情防控期间宣传经费20万元，共减免店租26.18万元。

【公共文化设施】2020年，大埔县文广旅体局提升公共文体服务水平，补齐公共文化服务短板。大埔县博物馆晋升为国家二级博物馆，为全市唯一；全县14个镇综合文化站全部达到二级站以上水平；对大埔县文化馆一、二楼的功能室进行提升改造。落实全县256个农村文体协管员一年一聘制度；落实革命老区和原中央苏区购买4个公共文化服务岗位人员的工作。落实基层综合性文化服务中心与旅游咨询中心融合试点建设工作，完成西河镇漳溪村文旅融合服务中心（两融中心）试点建设项目的检查验收和相关材料的报送工作。完成4座旅游厕所的建设任务、1座旅游厕所的改扩建和37座在用公厕录入全国旅游厕所管理系统并成功标注，地图标注率100%。在西岩万亩茶文化产业园等10个路口设置高标准旅游交通指示牌；协调大潮高速公路指挥部在大潮高速（含大漳高速支线）竖立旅游交通指示牌10块。成立“小片网”专项整治工作领导小组，经摸底调查全县现有光德镇和枫朗镇共9个村、用户841户未并网；对全县15个镇（场）154个行政村户户通进行摸底调查，共安装户户通2.51万户。对2006—2010年期间建设的24个行政村农民体育健身工程的全民健身器材进行更新更换；县体育中心的照明亮化工程全面竣工投入使用；超额完成全县足球场建设任务。根据有关通知要求，结合大埔县中国旅行社实际，经多方努力，改革转制工作稳步推进，转制方案待县委、县政府最终确定后实施。

【组织活动】2020年，大埔县文广旅体局落实“三服务”有成效。协助完成2020年梅州市公共文化服务“三百工程”文艺惠民演出活动2场。县文化馆总馆联动14个镇分馆及服务点共同举办百姓舞台大家乐——2020年大埔县文化馆总分馆宣传中共十九届五中全会精神文艺演出活动。

“三馆”活动 2020年，大埔县图书馆全年接待读者9万人次，阅览10.72万册次，办证267张，上网3540人次，咨询1267人次，外借8381册次，阅报9211人次；送书下乡6批次6600册。县图书馆推出丰富的电子资源，免费供读者在线使用。大埔县博物馆全年接待游客6.93万人次，馆内免费义务讲解206场次，下乡行政讲解125场次；举办《镜头录史千秋在、笑傲人生九十年——大埔籍战地记者邹健东摄影展》和《抗日英魂——谢晋元将军》专题陈列展；全年发动社会各界人士捐赠各类文物计77件（套）。疫情防控期间，县博物馆结合实际，推出“网上送展，温情不打烊”网上观展和线上直播等活动，线上直播首秀观众15万人次。大埔县广东汉剧传承保护中心7—11月期间在全县各中小学开展“2019—2020年度广东省戏曲进校园演出活动”计11场，现场观看人数13万人次，线上观看人数突破10万人次。大埔县游客中心全年义务讲解218场次，下乡行政讲解85场次。完成2020年第五次大埔县国民体质监测1500个工作任务。

群文创作活动 “大埔县群众文化品牌——百姓舞台大家乐”成功申报为2020年广东省文化和旅游志愿服务优秀项目，获省扶持资金2万元。2020年，收集群文作者来稿300多件，其中送市作品评选13件。疫情期间，组织创作各类文艺作品372篇（件）；在各类新闻媒体上发表宣传报道稿件296篇（件）；出动流动舞台宣传车、百姓舞台宣传车，开展疫情防控宣传计60辆次。

编排参赛 原创现代广东汉剧大戏《客家之子·田家炳》正式开排；选送优秀作品参加第八批“中国梦”主题新创作歌曲征集、广东优秀文艺作品“云展播”等活动。大埔县文化馆原创节目小组唱《水打禾头花花开》获2020广东省群众艺术花会（音乐舞蹈）决赛铜奖，入选“第十二届中国民间艺术节暨第十五届中国民间文艺山花奖”终评；大埔县广东汉剧传承保护中心参演的音乐剧《血色三河》入选第十四届广东省艺术节活动，获展演剧目二等奖；广东汉剧《巡营》参加全国民间文艺云端展演“深圳专场”活动中获优秀节目、优秀导演等4项大奖；广东汉剧《复勘》剧目于2020年12月赴深圳市参加由中国田汉研究会举办的2020中国·深圳青年戏剧月·中国戏曲红梅荟萃展演活动，主角侯欢帝获“中国戏曲红梅银花”称号；选送小品《越来越好》获广东省“精准扶贫奔小康”主题小戏小品“优秀奖”并赴开平市参加展演。

体育活动 举办2020年“体育彩票杯”大埔县机关干部职工男子篮球赛、2020年大埔县青少年校园足球联赛等赛事，2020年足球联赛组织参加梅州市2020年足球锦标赛、2020年“客家村镇银行”梅州市足球联赛等活动，共组织各类赛事33个大项218场次，参与人数1.23万人。围绕梅州市第九届运动会项目的组队训练、注册，以及参加梅州市2020年足球锦标赛。大埔县参加体育业余训练总人数500人；常年训练人数保持在300人。以“全民健身日”“体育节”和“南粤幸福活动周”等重大节庆群体活动为契机，

组织指导并协助扶持大埔县机关、企（事）业单位、社区、农村开展群众体育和全民健身活动；引导广场舞、太极拳、徒步、健身跑、自行车骑行等项目晨晚练点工作。截至2020年年底，全县体育彩票销售网点31个，全年总销售额969万元，疫情期间对销售网点进行补助，标准是每个网点省级专营补助2000元、兼营补助1000元，市级专营补助800元、兼营补助400元。

【文化遗产】2020年5月，大埔县人民政府印发公布实施《大埔县保护利用国家重点文物保护单位实施方案》。大埔县文广旅体局对何如璋故居人境庐、邹鲁故居椿森第、百侯中议大夫第、父子进士牌坊、大埔公安局旧址进行修缮；对韩江高陂水利枢纽工程涉及文物实施保护工程；对泰安楼、光禄第、三河中山纪念堂等10处省级以上文物保护单位进行日常维护保护，实施安防消防工程；完成花萼楼、闽粤赣边区党委和边纵活动旧址、延庆堂、一斗堂、莲瑞流馨、恭洲太史第修缮方案编制和泰安楼日常保养工程勘察设计方案编制工作；第七批市保大埔县工农革命政府公安局旧址保护范围划定“四有”工作。将全县6处全国重点文物保护单位升级打造成大埔县客家文化展示基地；完成国保泰安楼客家家风家训馆布展工作。全县围龙屋上报总数为159处，经现场核查坍塌损毁严重及不属于围龙屋建筑的24处，保存较好及新发现增加登记的共147处；完成77处名人故居（旧居）调查工作；相关普查数据、整理照片、相关图纸、汇总和录入工作完成100%并上报市文化广电旅游局。完成规划建设两条大埔县非物质文化遗产项目精品旅游线路、大埔县非物质文化遗产之旅；建立1个客家文化生态保护区档案室、1个综合性非遗传习中心、3个非遗展览馆、3个广东汉乐（汉剧）活动驿站、24个非遗传习所；在大埔县博物馆二楼建设非物质文化遗产展厅；拨出经费把濒危的省级非遗项目——青溪黑蛟龙灯舞重新恢复，并在青溪镇实验学校举办培训班，同时制作省级非遗项目青溪黑蛟龙灯舞、青溪仔狮灯舞道具、服装及有关非遗文化展览的展板。

【文旅融合】2020年，全县累计接待旅游者208万人次，收入12.9亿元，因受新冠肺炎疫情影响，到年底旅游接待人数和收入同比恢复25%左右。围绕“全域景区化、景区公园化、生态经济化”的目标，打造“客家香格里拉”文化旅游目的地，推进“景区旅游”向“全域旅游”的转变，2020年6月，大埔县被认定为第二批广东省全域旅游示范区；瑞山生态旅游度假区和西岩茶乡度假村被评为国家AAA级旅游景区，新增3家市级三星级农家乐；西河镇入选第二批广东省旅游风情小镇；全县共有AAA以上景区11个，有10家市级星级农家乐。分别采用开启“扫码旅游”区域智慧旅游新模式、“埔娃娃”助力宣传推广、线上推介、媒体推广等方式开展旅游推广宣传；出版文化旅游宣传画册和大埔旅游地图。举办2020年大埔县导游（讲解员）培训活动；完善名人故居指示牌20块。修订完善《关于加快文化旅游产业发展的实施意见（试行）》，分别扶持瑞山生态旅游度假区100万元、漳北禾肚里稻田民宿15万元。大埔县申报的“梅州大埔三河坝红色主题历史文化游径”上榜广东省文化和旅游厅公布的第一批广东省历史文化游径名单；“梅州大埔陶瓷文化之旅”线路作为梅州市唯一一条工业旅游精品线路，入选广东省级工业旅游精品线路，并获得2020年文化繁荣发展专项资金奖励20万元；策划推荐4条省乡村旅游精品线路，其中“大埔红色历史文化乡村游”线路入选“第二批广东省乡村旅游精品线路”，获得2020年文化繁荣发展专项资金奖励20万元。高标准完成《大埔县韩江（高陂）水利风景区旅游规划》的编制工作，并通过专家评审。向社会公开征集高陂水利风景区名称，共收集投稿名称1152个，并组织相关专家，对征集名称进行评选。组织2家旅游企业参加厦门海峡旅博会，共展示近20种大埔手信、旅游商品、文创产品、旅游画册，其中大埔县官方吉祥物“埔娃娃”首次出席厦门海峡旅游博览会。参加广州旅博会，对外展示青花瓷、埔娃娃、大埔蜜柚、柚制品等大埔特色产品，发放大埔全域旅游宣传资料。在博览会上，大埔县文广旅体局何晋江被省文化和旅游厅推选为全省两个代表参加2020年广东文化和旅游产业投融资对接会圆桌对话（县域文旅产业发展·东西部对话）。结合大埔特色民俗、长寿文化、传统小吃，以蜜柚为主题，联合客都文旅公司举办梅州柚子宴暨2020大埔美食旅游季活动，并于9月举行启动仪式。通过“蜜柚”主题精品游、“柚子宴”美食专题、趣味活动等，宣传、推介大埔丰富的自然资源、饮食文化及人文旅游资源。组织客家山歌《大埔蜜柚甜津津》节目赴上海市参加广东梅州柚黄浦江推介会。10月，举办第三届广东茶叶产业大会。12月，到汕头、潮州开展“长寿大埔·常来长寿”旅游推介。

【市场监管】2020年，大埔县文广旅体局出动执法、监管排查5890人次，检查上网服务营业场所574次、歌舞娱乐场所638次、电影院30次、游艺娱乐场所102次、旅行社（含分社、营业部）321次、酒店1625次、高危体育项目经营场所73次，检查景区198家次。撰写并下发疫情防控、安全防范通知文件65份，未发生文化、旅游、体育安全事故。开展校园周边文化市场专项整治行动、2020年安全生产联合执法行动，开展互联网上网服务营业场所专项整治工作，开展暑期文化市场经营场所专项整治行动，开展卫星电视广播地面接收设施整治行动。指导全县文广旅体行业进行年度审核、星级评定、证照更换、投诉等工作。指导瑞锦酒店等4家星级酒店通过星级旅游饭店评定性复核和年度复核；做好全县9家体育协会年审工作；处理完成8起文化、旅游市场投诉。规范全县旅游和民宿行业管理，发起成立“大埔县旅游协会”“大埔县民宿客栈协会”。

【规划建设】2020年，大埔县文广旅体局推进重点项目落地实施。

西河镇张弼士故居旅游区升级改造工程　项目总占地面积约15.76万平方米，计划总投资1.50亿元。截至2020年年底，共投入资金1216万元，进行博物馆5栋展馆主体和张弼士广场建设施工，其中主体已完成，进入内部装修和布展工作。

大埔红色苏区旅游接待中心　项目计划投资1亿元。已基本完成项目建议书、可行性研究报告，在办理项目建议书报批程序、用地预审、选址意见手续；完成大埔三河红色文化教育基地概念性总体规划设计方案；完成基本项目修建性详细规划；出具项目规划土地红线。项目用地不符合现行土地利用总体规划（属于湿地公园保护区范围），需县自然资源局报省级调规后方可实施。项目名称更改为“大埔县三河坝文旅综合开发项目”，并对“大埔县三河坝文旅综合开发项目”进行重新立项申请。

大埔县文化广电旅游体育局负责人名录

局　　长：何晋江

副 局 长：丁明昌　江逢宾　廖丹（女）
段定映　罗彩霞（女）

（*杨建海　蓝润婷　黄婧菡*）

客家文化生态保护

【保护传承】2020年，大埔县客家文化生态保护示范区管委会贯彻国务院关于非物质文化遗产保护工作“保护为主、抢救第一、合理利用、传承发展”的指导方针，以保护非物质文化遗产和物质遗产为核心，加大对古民居、古村落、名人故居及非物质文化遗产的保护力度。支持三河、百侯、茶阳中国历史文化名镇建设，协助做好泰安楼、花萼楼、光禄第、中山纪念堂等7处申报第八批国家级文保单位工作和父子进士牌坊、拱辰楼、光禄第、莲瑞流馨等10处国家、省、市、县级文保单位修缮方案的编制工作，以及省保单位茶阳一斗堂第一期修缮工程。截至2020年年底，大埔县成功申报县级以上文保单位114处，其中全国重点文物保护单位6处、省级文保单位16处、市级文保单位23处、县级文保单位69处。同时，提高非物质文化遗产项目传承人扶持奖励津贴标准，通过师徒带学传承、开展客家文化进校园和民间民俗文化活动、展馆展示、文化惠民等措施，培育新一代客家文化传承人，实现客家文化遗产的科学保护、活态传承。全县有传承的非物质文化遗产15个大项80个小项，项目涵盖民间文学、民间音乐、民间舞蹈、地方戏剧、民间手工技艺、生产商贸习俗、消费习俗、人生礼俗、岁时节令、民间信仰等。加强非物质文化遗产资料信息的建档立库、项目代表性传承人专项资金扶持、非遗项目传习所的建设。截至2020年年底，成功申报非物质文化遗产保护名录县级以上76项。其中国家级1项（广东汉乐），省级7项（广东汉剧、光德陶瓷烧制技艺、茶阳花环龙、青溪仔狮灯、青溪黑蛟龙、百侯鲤鱼灯、西河漳溪墟扫街灯），市级9项，县级59项。成功申报非物质文化遗产项目代表性传承人县级以上71人。其中，国家级2人（广东汉乐罗邦龙、客家山歌余耀南已故），省级8人（已故1人），市级19人（已故2人），县级42人（已故2人）。在全县境内建立挂牌1个非遗项目传承保护中心、43个非遗项目传习所。

【挖掘利用】2020年，大埔县客家文化管委会坚持三个原则，确保文物建筑保护工作落到实处。尽量维护历史原貌的原则：对具有文物价值或定为省级、县级文物保护单位的古民居等古建筑，依据《中华人民共和国文物保护法》，进行原址、原状、原物保护，做到原汁原味、修旧如旧，尽量保持历史真实性、保护风貌完整性。对省级文保单位邹鲁故居、一斗堂进行修缮。保护和利用相结合的原则：利用文保单位、古民居等古建筑开发新的旅游项目，开办小型博物馆、民俗馆等，拓展古民居的功能空间，创造社会效益。截至2020年年底，成功开发泰安楼客家文化旅游产业园、百侯名镇旅游区、张弼士故居旅游区、李光耀祖居旅游区等。可持续发展的原则：主要打造北塘乡村旅游区、坪山梯田旅游区等。打造三条精品线路，促进文化旅游业发展。名人名居游：把李光耀祖居、田家炳祖居及其村落打造成世界名人名居特色旅游区，把湖寮泰安楼客家文化旅游产业园、通议第、百侯肇庆堂、通议大夫第、大东花萼楼、西河张弼士故居等整合打造成客家名人名居旅游线路。千年古镇游：把茶阳古镇、三河古镇、百侯古镇三个客家千年古镇打造成广东最美的水乡、中国最具客家文化特色的古镇，并与福建省土楼等连接打造千年古镇旅游线路。把三河坝战役纪念园、中山纪念堂、中共南方工委旧址、闽粤赣边纵党委旧址、青溪红色交通站旧址群，与梅县叶剑英纪念园、上杭古田会议旧址等连接成红色旅游线路。

【宣传推介】2020年，大埔县客家文化管委会利用微信平台、网站、户外大屏幕等宣传客家文化生态保护区建设情况。围绕“大美大埔，常来长寿”的主题，结合大埔农产品、非物质文化遗产等特色，融入大埔客家文化和大埔客家民俗，特别是广东汉剧、广东汉乐、客家大锣鼓、客家山歌、花环龙、舞狮、鲤鱼灯舞等富有地方特色的节目，以及大埔小吃和民俗活动，宣传推介好大埔客家文化，传播大埔好声音，讲述大埔好故事，树立大埔好形象，展示客家人“打开山门、敞开围龙”的好客之风，提高大埔知名度和影响力。

【扶持发展】2020 年，大埔县客家文化管委会实施《关于加快文化旅游产业发展的实施办法》《大埔客家小吃产业发展工作实施方案》《大埔“客家菜师傅”工程工作实施方案》，宣传扶持发展大埔小吃产业，印制《大埔小吃》宣传画册发放到各个酒店、宾馆和县有关活动嘉宾手中。同时，开展大埔小吃进校园活动，激发小学生制作大埔小吃的积极性和能动性。发动大埔、梅州、广州、深圳及省外等地经营大埔小吃的业主，申请开办“大埔小吃”品牌店。并对落实“三统一”标准（统一店面标准、工艺制作标准和质量标准）的大埔小吃品牌店经营户给予一定的资金扶持，助力小吃产业发展。在县城、乡镇、梅州市区、珠江三角洲等地挂牌经营的“大埔小吃”品牌店有 85 家。联合县人社局、大埔小吃文化城瑞锦职业培训学校免费对申请大埔小吃品牌店经营户进行培训，培训班还宣传习近平新时代中国特色社会主义思想和积极党的惠民政策。全年举办大埔小吃制作培训班 7 期，参与培训的人员 210 人。牵头做好客家文化生态保护示范区建设的评审验收准备工作，建立大埔县客家文化生态保护示范区建设成果资料室，指导成立“大埔小吃长寿食品研发中心”。

大埔县客家文化生态保护示范区管委会负责人名录

主　任：谢德兴

副主任：张永利　魏　琴（女）

（**蓝志青**）

三河坝战役红色文化

【简述】三河坝战役纪念园位于三河镇汇东村笔枝尾山顶，是“八一”起义军三河坝战役主战场的所在地。纪念园规划面积 38 万平方米，占地面积 18 万平方米，建筑面积 3 万平方米，是全国爱国主义教育示范基地、全国退役军人工作模范单位、全国红色旅游经典景区、全国民政系统行风建设示范单位、全国先进优抚事业单位、全国重点烈士纪念建筑物保护单位、国家 AAA 级旅游景区，广东省爱国主义教育基地、广东省革命传统教育基地、广东省国防教育基地、广东省人文社会科学普及基地、广东省红色旅游示范基地、广东省干部党性教育基地、广东省党员教育基地、广东省重点文物保护单位、广东省中小学生研学实践教育基地。2020 年，三河坝战役纪念园管理处开展宣讲工作 1600 场次，接待各类游客 56 万人次。

【宣讲服务】大埔县三河坝战役纪念园管理处担负着传承和弘扬红色文化的重任，全体干部职工加强理论和技能学习，提升业务能力和服务水平，做好各项宣讲和接待工作。2020 年，坚决落实上级关于新冠肺炎疫情防控各项部署，三河坝战役纪念园管理处坚持推进主要业务工作不松懈。游客量企稳并回暖。随着疫情的逐步稳定、可控，纪念园在 2020 年下半年的游客接待量回升。据统计，全年开展宣讲 1600 场次，接待各类游客 56 万人次，其中接待省级以上部门领导、少将以上军队领导和国际组织领导人等 29 场次，占比翻了一倍。探索丰富红色文化宣传方式方法。在现有讲解的基础上，采用微党课现场主题教学模式，使三河坝战役重要历史节点的演绎和重大历史意义的挖掘能够有更加生动的表达；加强青少年思想政治教育、爱国主义教育和研学实践教育，主动与学校对接，对青少年学生开展革命精神宣传教学，发挥好“广东省中小学生研学实践教育基地”的作用，配合县教育局、各学校和其他基地（营地）开展好研学实践教育30场次，接待中小学生3600人次。

【园区建设】2020年，纪念园的体量已经不能适应年超100万的游客量。为进一步提升园区的体量，三河坝战役纪念园管理处争取上级重视支持，推动园区重点建设项目。争取省退役军人事务厅“2020年烈士纪念设施建设经费”230万元，并争取供电部门的配合，开展纪念园西大门环境提升改造工程。2020年年底项目完工，拆除原保护所老办公楼（危房）并在原址修建红色文化广场，以及修缮牌坊、凉亭、排水沟，完善照明和监控系统，增加绿化面积等。聘请专业团队规划设计园区第二期建设项目，计划投资9860万元，建设爱国主义教育拓展中心、观光车路和停车场等。完成项目建议书与可行性研究报告编制，以及制作初步规划设计方案，上报县发改局审批、入库和立项。研究和争取项目专项债以及其他老区苏区扶持政策和资金，向上级宣传部门和退役军人事务部门等争取支持，保障重点项目顺利开展。

【品牌宣传】2020年，三河坝战役纪念园管理处发挥各种宣传渠道的优势，树立、巩固并提升纪念园品牌。发挥传统媒体的作用，配合广东省首部原创民族歌剧《血色三河》的排演工作，以及国家广播电视总局重点电视剧和中宣部重点项目《绝密使命》的拍摄工作，通过影视剧的演播，在全省乃至全国宣传三河坝战役的重大历史意义。借助举办重大活动和申报国家级和省、市级重要荣誉的机遇，提升纪念园品牌的“含金量”，在做好疫情防控的前提下，开展好“公祭日”等大型活动，并成功申报“广东省中小学生研学实践教育基地”等省级以上荣誉。探索借助微信、抖音等新媒体推广纪念园，并协助制作网络党课等。利用好横幅、宣传栏，通过制作宣传主题光盘和纪念册等形式进行宣传。随着宣传“组合拳”的持续发力，纪念园在粤东乃至华南地区的知名度和影响力得到提升，品牌优势越来越明显。

大埔县三河坝战役纪念园管理处负责人名录

主　任：蔡永斌（—2020.3）
　　　　何赞道（2020.3—）
副主任：谢捷新　钟　鸣（2020.2—）
　　　　刘斯民（2020.2—）

（钟忆）

文联工作

【文艺活动】2020年，大埔县文学艺术界联合会（简称大埔县文联）在春节、元宵、国庆等节点组织摄协、书协、舞协、汉乐研究会等协会开展义务挥春、迎春摄影作品展、汉乐演奏和广场舞表演等活动，丰富广大人民群众的节日精神文化生活。开展大埔县“奋进新时代　携手奔小康”湖寮镇龙岗村迎中秋贺华诞广东“非遗”剪纸公益行、大埔县“奋进新时代　携手奔小康”摄影展、大埔县“庆国庆　迎中秋”双节诗词吟诵会等。组织文艺家创作抗疫文学作品，其中创作书法作品40幅、硬笔书法10幅、摄影作品18幅、歌曲2首等。开展大埔县“深挖本土特色　讲好大埔故事”主题活动之《人间有风景》新书首发式暨研讨会、大埔县文联“走向我们的小康生活”主题采风活动、“翰墨飘香　添彩创文”书画作品交流活动等。

【文艺交流】2020年，大埔县文联推荐县文化馆山歌小组唱《水打禾头花花开》参评第十五届中国民间文艺山花奖·优秀民间艺术表演（民歌）初评活动并顺利进入终评阶段，大埔3幅作品入选“广东脱贫攻坚　全面建成小康社会”主题摄影展，组织大埔童声合唱团参加嘉应学院音乐与舞蹈学院主办的“合唱音乐会”等。组织开展“走向我们的小康生活”主题采风活动，邀请省摄影家协会副主席、省十大摄影家唐卫东到大埔指导。在百侯镇组建梅州市首个乡村公益童声合唱团，并邀请嘉应学院音乐与舞蹈学院教授张秋萍任该项目实施总负责人。举办秋行客家—佛山市中国画学会走进大埔写生作品展，邀请中国美术家协会、中国书法家协会、广东省美术家协会、佛山市中国画学会知名画家现场泼墨进行创作指导等。

【文艺创作】2020 年，大埔县文联通过深耕当地特色，深挖当地文化，以品牌建设整合文艺发展的资源和力量，以品牌打造带动人才培养和作品创作，以品牌推广全方位提升大埔文化之乡文化形象和文化魅力。至 2020 年年底，申报打造“中国古村落”2 个、“广东省古村落”18 个，中华诗词之乡、广东省戏剧之乡、广东省汉乐之乡、广东省摄影创作基地等。2020 年，在原有广东摄影创作基地的基础上，申报大埔县三河坝战役纪念园为广东省摄影目的地，联合各协会开展各项文艺志愿活动 23 项，宣传报道 99 篇次，为擦亮“客家香格里拉 · 文化大埔”品牌作出努力。

【队伍和阵地建设】2020 年，大埔县文联加强协会班子建设。县摄协进行换届选举，县书协、县美协、县摄协等协会调整充实理事成员等，提高协会的凝聚力和向心力。发展各级协会会员。各文艺家协会在日常工作活动中，注重发展新会员，把文艺爱好者吸收到协会中来，壮大自身队伍，同时，向国家、省、市各级协会推荐优秀会员，让更多优秀会员加入到国家和省、市各级文艺家协会中。县文联和各协会在日常工作中注重加强同协会会员的联络沟通，关心会员特别是老艺人的学习工作生活，组织会员开展交流采风活动，增强文联和协会的向心力和凝聚力，提高会员的创作热情，提高作品质量。

大埔县文学艺术界联合会负责人名录

主　席：罗质平

副主席：李陈邑（女，2020.8—）

（肖伟兰）

图书发行

【经营效益】2020 年，广东新华发行集团大埔新华书店有限公司（简称大埔新华书店）抓好图书发行征订工作，取得一定效益。一般图书：全年购书中心完成集团公司下达的任务，完成销售码洋 171 万元，5 万册。政治书籍：征订发行《新型冠状病毒感染防护》《中华人民共和国民法典》《习近平谈治国理政》《政府工作报告》《中国制度面对面》《十三届全国人大三次会议〈政府工作报告〉辅导读本》学习用书等政治书籍，共计 30 万元，5000 册。教材教辅：发行全县春、秋两季中小学教材、教辅码洋 792 万元，696 万册，落实上级指示精神，确保完成做到“课前到书、人手一册”。

【服务“三农”】2020 年，大埔新华书店会同县委宣传部、团县委、县妇联、万川爱心协会，于 8 月 20 日开展大埔县南国书香节暨文明上网启动仪式。同时开展“书香润心灵——阅读促成长”书香进校园、社区活动，到古野中学、埔北中学、青溪中学、大埔中学、横溪中学、银江镇社区、百侯镇社区、高陂镇社区举行赠书、售书活动，受到学校师生和群众的欢迎。

广东新华发行集团大埔新华书店有限公司负责人名录

总经理：黄伟清

副经理：陈新新（女）

（管干）

广 播 电 视

【大埔融媒体中心建设】2020年，大埔县融媒体中心与省触电传媒集团以及相关部门的沟通和对接，指挥调度中心和省级技术平台如期投入使用，2020年11月11日，中共广东省委宣传部下发《关于第三批县级融媒体中心建设项目验收合格的通报》，大埔县融媒体中心验收合格。

“三定”方案正式发文　2019年5月完成挂牌，2019年12月31日县委、县政府下发《大埔县融媒体中心建设工作方案》，2020年7月23日县委编办下发《关于设立大埔县融媒体中心的通知》，2020年7月28日县委编办出台《大埔县融媒体中心主要任务、内设机构和人员编制规定》，明确以县广播电视台为基础，整合大埔县广播电视台2个频道、大埔县人民广播电台、大埔县人民政府网站、大埔县广播电视台网站、“大埔发布”微信公众号、“大埔发布”APP等县域公共媒体资源，设立“大埔县融媒体中心”（对外仍保留“大埔县广播电视台”牌子），为县委直属正科级全额拨款公益一类事业单位，归口县委宣传部管理。内设办公室、人事财务部、总编室、时政新闻部等12个机构，核定事业编制115名。

中央厨房和“大埔发布”APP正式上线运营　中央厨房以省级技术平台广东触电传媒“珠江云”为依托，是一个生产运作平台，具有节目内容一次性采集，多形态生成，多终端发布，具有移动采编、信息加工、一键发布、集控管理、传播效果及用户行为分析等功能。“大埔发布”APP立足大埔，将打造大埔区域新闻资讯权威发布的主流舆论阵地，集“媒体+政务+服务”功能为一体，分为首页、文明实践、新闻、民生、珠江云、疫情防控、融媒号、乡村振兴、视频新闻、时代楷模、唱响大埔10个版块。开设政务服务专栏和服务专栏，初步建成政务服务平台和公共服务平台。政务服务专栏接入42个政务部门，向基层干部群众提供政务公开、政务办理、建言资政、服务评价等政务服务，在地方党委、政府和人民群众之间架设沟通的桥梁。服务专栏向基层干部群众提供便民查询、便民支付、医疗服务等民生服务，在线教育、教育考评、教育下乡等教育服务。

硬件设施建设　原大埔县广播电视台大楼为大埔县融媒体中心办公大楼，加建一层200多平方米的融媒体指挥中心技术用房和新装修近1000平方米供新媒体部、指挥调度中心、新闻信息采集中心、编辑中心等部门使用的办公用房全部投入使用，实现办公场所的整合和人员业务的对接，初步形成多种媒体平台融合发展的全媒体立体化“大宣传”格局。同时，升级改造广播电视设施。2019年在台办公大楼内加装的电梯经过专业公司检测合格，电梯于2020年5月21日正式投入使用；完成融媒体中心技术用房建设和对接省平台融媒节目生产、制作、发布设备（融合媒体2级等保网络安全系统、会议及网络系统、机房不间断电源、直播导播系统及本地存储系统、直播配套设备、生产系统、媒体资产管理系统）采购工作。

【围绕中心主题宣传】2020年，大埔县融媒体中心围绕学习贯彻习近平总书记重要讲话精神、宣传重点项目建设、“打赢疫情防控阻击战”、城乡环境卫生整治、脱贫攻坚、“创建全国文明城市”等中心工作，突出阶段性重点，进行高密度宣传报道。全方位宣传贯彻习近平总书记重要讲话精神。开设《牢记嘱托　感恩奋进》专栏，宣传报道全县各级各部门贯彻落实中共十九届五中全会精神和习近平总书记出席深圳经济特区建立40周年庆祝大会、视察广东重要讲话重要指示精神的情况，展示全县干部群众解放思想、攻坚克难的精神风貌。重点工作宣传紧锣密鼓。推出《重点项目在推进》《抢抓机遇　实干担当　奋力开创大埔振兴发展新局面》等系列报道，从领导重视、项目进展等方面加大对重点工程、重点工作的报道力度，为工作顺利推进营造良好的舆论氛围。开展疫情防控阻击战宣传。新冠肺炎疫情发生以后，组织骨干记者，深入报道抗疫一线涌现出来的感人故事、群众积极参与支持疫情防控的生动画面，普及防护常识，引导市民群众从自身做起，参与疫情防控。在电视、广播、新媒体平台推出“打赢疫情防控阻击战”“防疫、生产两手抓”“主播说防控”“战役一线党旗飘”等专栏，深入报道疫情防控新闻400多条，在广东新闻频道、“南方+”、掌上梅州APP、梅州市电视台等省、市主流媒体刊播大埔疫情新闻近100篇。与县人民医院、县文广旅体局、县新时代文明实践中心等单位联合创作短视频65条、客家话大喇叭广播音频10条，“说唱”五句板等文艺节目8条，制作动画视频1条，为全县上下齐心抗疫营造良好舆论氛围。关注百姓、服务民生。开设《创文随手拍》《创文进行时》栏目，对大埔县环境卫生脏乱差的现象进行曝光，从5月19日起，开设“三清三拆在行动”专栏，对“三清三拆三整治”工作进行回头看暗访曝光，有效发挥舆论监督作用。受疫情影响，部分镇村的农产品出现滞销的情况，选派记者对西河镇车轮村的枇杷、大东镇联丰村的三月橙、三河镇旧寨村的灵芝、茶阳镇浒田村农户养殖的鹅等滞销的农产品进行采访报道，通过记者的采访报道，农产品得到很好的销售。做好脱贫攻坚宣传报道工作。按照全县脱贫攻坚工作部署安排，办好《决战决胜脱贫攻坚》《抓党建　促决战决胜脱贫攻坚》《走向我们的小康社会》栏目，多形式、全方位、深层次地宣传大埔县脱贫攻坚的工作举措和特色成效，相继采写《抗疫+扶贫+保春耕：大埔26吨扶贫农产品驰援湖北》《大东镇进滩村：党建活力转化为脱贫攻坚动力》《大埔漳北村：“梦里田园”美如画“三方共建”助奔康》等报道。抓住重要节日，加强节庆新闻的策划报道。针对传统节庆、重要纪念日和重大主体活动，开设不同的专题专栏进行报道。“三八”妇女节推出《致敬大埔最美她力量》《最美白衣天使》系列报道，“五一”劳动节推出《致敬劳动者》系列报道，“六一”儿童节推出《自强不息好少年》系列报道，同时结合世界读书日、“七一”建党节、“八一”建军节、教师节等纪念日进行主题性的新闻采访报道。

对重大活动进行直播报道　2020年，大埔县融媒体中心运用新媒体直播技术，在“大埔发布”APP现场直播“大美大埔·常来长寿”世界长寿乡梅州大埔农特产品推荐会（观看71.78万人次）、大埔县高陂镇陶瓷产业园暖心助农活动（观看127万人次）、第三届广东茶叶产业大会开幕式（观看26.10万人次）等6场大型直播活动，观看总人数230万人次，收到良好的社会影响，实现经济利益和社会效益的双丰收。同时，配合“南方+”“微赞”及“抖音”APP等平台做好“脱贫奔康　粤来粤好”县长扶贫助农带货直播、县长520推荐农特产品和陶瓷精品公益直播、县政府党组成员（邓玉伦）农产品公益直播、第三届广东茶叶产业大会茶叶大会现场网络直播、蜜柚开采节现场网络直播、瑞山生态旅游景区推介直播，助推大埔优质特色农产品和优美山水风景的宣传推广。

【对外宣传】2020年，大埔县融媒体中心加强与央视、省、市台的沟通联系，重大报道邀请上级媒体记者到大埔采访，同时向上级台传送稿件，向中央台发稿2篇、省台发稿30篇、市台发稿500篇，上送市台新闻居全市前列。8月23日央视《军事报道》栏目播发县融媒体中心采写的《广东大埔：异地开设征兵初检站27年不曾间断》的新闻，9月14日央视《正点财经》栏目播发县融媒体中心采写的《广东大埔：蜜柚金黄 带动农民增收致富》的新闻。2020年2月起，省台《广东新闻》栏目相继播发县融媒体中心采写的《梅州大埔县人民医院：党旗飘扬在战“疫”一线》《梅州大埔：对重点疫情返埔人员进行核酸检测》《梅州大埔：敲锣喊话防控疫情》《梅州无人机大喇叭宣传疫情防控知识》《今日最惊喜 梅州大埔一村民种出15斤大番薯》《梅州大埔 男子深夜醉酒落池塘获民警及时救援》《大埔：居民自创“竹筒粽”受欢迎》《大埔县漳北村：“梦里田园”美如画 “三方共建”助奔康》《梅州4岁“猪王”重达700多斤，吓退一众买家无人敢买》《柚家化身主播在线推销大埔蜜柚》《第三届广东茶叶产业大会在梅州大埔举行》等近20篇有关疫情防控、脱贫攻坚、乡村振兴等新闻。持续在“学习强国”APP、“掌上梅州”等平台制作推送一批有质量、上档次的专题片。拍摄上送《你是光，你是爱》等6首宣传MV，《防控疫情我们在一起》《大埔战疫在行动》等16个短视频，《防控新型冠状病毒感染的肺炎疫情》等10条宣传标语，《阿宝叔讲春耕》等6条地方特色广播；制作推送《三河旧寨村：“红色新农村”景美民富日子别样红》《西河漳溪村：水清岸美“点睛”乡村振兴》《红色太宁村 绽放新光芒》等80个短视频；上送展示大埔县“脱贫攻坚奔小康”题材的《枫朗四联村：绿水青山风光好，美丽乡村入画来》《大麻小留村：乡村振兴的富美家园》《枫朗下木村：生态宜居托起“美丽乡村梦”》等短视频到“学习强国”平台参加“小康微视频大赛”。

【节目安全播出】2020年，大埔县融媒体中心多次组织召开安全播出工作会议，传达省、市关于安全播出工作的有关要求，健全安全播出应急预案，对各项安全播出工作进行周密部署，在人员、技术、设备等方面做好准备，为安全播出奠定坚实基础。加强值守，严密防范。严格值班制度，确保播出重要岗位专人值守，无缝交接；外线电话确保24小时通畅；重要岗位实行重大突发事件即时报告制度，确保不发生任何安全事故；落实出入人员管理规定，严禁无关人员进入播出机房，确保安全播出。加强巡查，维护到位。加大对高山台安全播出巡查力度，投入40万元对播出设备进行全面检修，排查解决供电设备、传输线路的安全隐患，确保设备全部正常运行，杜绝发生任何安全隐患。同时，克服雷雨天气对安全播出的影响，最大限度地保障广播电视节目的安全播出。坚持团结稳定鼓劲、正面宣传为主，把导向要求贯穿到宣传报道各方面各环节，坚决把好内容关、导向关、人员关；加大节目监看力度，落实多级审查、重播重审制度，加强全台新媒体阵地管理，确保网上网下同一标准、同一尺度。坚持安全发展理念，重视安全工作。全年开展安全生产专项检查10次、安全整改2次；开展“安全生产月”“安全生产万里行”“奋战一百天 全年保平安”“一线三排”“119消防安全宣传月”等活动；制定《安全生产责任制》《安全生产职责明细》等制度；按照消防安全建设标准，完成中心办公大楼消防应急照明灯、指示牌、机械排风等消防设施建设，更换灭火器近50个；每天安排专人进行安全巡查，每月向县安委办汇报安全生产情况，确保不发生任何安全事故。

大埔县融媒体中心（2020.9—）负责人名录

主　任：黄伟平

副主任：罗明媚（女）　杨惠乔（女）
杨延彝

总编辑：蓝建彬

大埔县广播电视台负责人名录

台　长：黄伟平

副台长：罗明媚（女）　杨惠乔（女）
杨延彝

总编辑：蓝建彬

（钟永威　李冬敏）

党　史　研　究

【革命旧址保护利用】2020年，中共大埔县委党史研究室加强对革命史迹的保护和红色旅游产业开发利用工作，配合有关部门建设青溪红色交通线、中共南方工委旧址、闽粤赣边区党委旧址等景区景点。协助完成青溪大水坑居安堂展馆、高陂中学中共高陂支部展馆布展。完成全县革命旧址普查工作。大埔县革命遗址经省委党史室确认的有98处,将由省委党史室统一出版广东省革命遗址通览。

【党史宣传】2020年，大埔县委党史室利用各种资源渠道开展党史宣传。利用梅州日报电子阅报栏新平台，在县城人流量较大的社区、路口、广场、公园等地方，轮流播放“广东首个中央苏区县”“中央红色交通线”“三河坝战役铸军魂”“中共南方工作委员会在大埔”“闽粤赣边区党委、边纵在大埔成立”等5个党史宣传主题，以喜闻乐见的方式让广大群众了解大埔县丰富的党史知识。党史宣讲进机关到基层。两位室领导作为党史宣讲团成员，开展党史宣讲送课活动，主要有《从党史国史汲取营养》《大埔光辉革命史》《三河坝战役是建军史上重要一战》《学习党史传承红色基因，不忘初心践行苏区精神》《三河坝战役与中国革命新道路的开辟》5个专题，全年宣讲13场次。同时，通过各种形式赠送《中国共产党大埔县地方史（第一卷）》《长征路上的大埔人》《红色丰碑》等红色书籍送到村、镇和部分县直单位，为全县“不忘初心、牢记使命”主题教育提供辅助读本。广泛宣传党史工作动态。通过中央、省、市各级电视、电台、网络、报纸、杂志、微信以及党政机关宣传平台提高革命史迹的曝光率和知名度，宣传推介大埔的红色资源，提高全民意识，引导全社会共同参与革命史迹遗址的保护和开发建设工作。此外，加强党史信息的报送工作，有21篇党史信息稿件被省、市、县党史刊物、网站采用。同时，配合完成《绝密使命》电视剧剧本审议等。

【党史征研编工作】2020年，大埔县委党史室按“求实、探索、博取、创新”的原则,编辑出版一期《大埔党史》（总第32期），为广大党员干部，特别是青少年提供良好的党史读物和革命传统教材。《中国共产党大埔县历史》（第二卷）在统稿。开展红色故事征集活动，征集稿件130篇。

中共大埔县委党史研究室负责人名录

主　任：张建新

副主任：甘海洋　余美兴

（肖公槐）

地方志编修

【简述】2020年，大埔县人民政府地方志办公室（简称大埔县地方志办）坚持以习近平新时代中国特色社会主义思想为指导，贯彻落实国务院《地方志工作条例》《广东省地方志工作条例》和省委办公厅、省政府办公厅《关于进一步加强新时代地方志工作的通知》，坚持依法治志，抓好修志编鉴、地方志资料年报、自然村落历史人文普查、地方志资源开发利用等工作，发挥地方志存史、资政、育人的作用，推动全县地方志事业的发展。《大埔年鉴（2019）》6月被市地方志办评为优秀年鉴，9月被省地方志办评为“二等年鉴”。

【自然村落历史人文普查】2020年，大埔县地方志办配合省地方志办和出版社做好自然村落历史人文普查成果《全粤村情·大埔县卷》文稿的核实查补、修改完善，突出村落特色，严把人物关，丰富充实随文插图，提高出版综合质量。至2020年年底，完成卷一、卷三的出版发行。

【《大埔年鉴（2020）》编纂】2020年，大埔县地方志办对照《大埔年鉴（2020）》编纂责任清单，层层抓好落实，提高《大埔年鉴（2020）》的整体综合质量，确保“一年一鉴、公开出版”。12月，《大埔年鉴（2020）》印刷出版。按时完成《广东年鉴（2020）》和《梅州年鉴（2020）》的供稿工作。加强地方志资料年报的指导和审核验收，完成2019年度全县地方志资料年报任务。

【开发利用地方志资源】2020年，大埔县地方志办根据《开发利用自然村落普查资源 助力乡村振兴战略工作方案（2018—2020年）》的要求，继续挖掘、开发利用地方志资源，服务乡村振兴。2019年地方志资源开发利用项目《梅州古驿道·大埔县篇》印刷出版。撰写完成资政研究报告《保护开发邹鲁故居助力乡村振兴战略——基于大埔县自然村落历史人文普查成果的运用与研究》。

【镇村志编纂出版和旧县志再版】2020年，大埔县地方志办加强沟通，指导茶阳镇和编辑人员修改完善中国名镇志文化工程《茶阳镇志》志稿；按照地方志书体例体裁的要求，指导县教育局和茶阳镇茅坪村开展部门志、村志编纂工作。开展旧县志校点再版工作，通过购买技术服务和政府采购的方式，将中华人民共和国成立前的6部《大埔县志》校点再版，至2020年12月，在校点明嘉靖和民国时期的两部旧县志。校点工作通讯《大埔校点旧志，延续历史文脉》在微信公众号“方志梅州·方志动态”上刊发，并被“掌上梅州”转发。

【地方志数字化建设】2020年，大埔县地方志办抓好大埔县人民政府门户网站下设的“大埔志鉴”地情频道建设，丰富地情内容。参与省情内容建设，为广东省情网专题栏目“南粤村情”供稿1篇，在“方志广东”“方志梅州”微信公众号上发布文章6篇。建设全文数据库，规范使用好省地方志办下拨的2020年度地方志编修经费6万元，与第三方签订购买技术服务合同，完成18本地方志图书资料的数字化入库及审核发布任务，在广东省情网发布。结合大埔地情特色，向省地方志办申报2021年广东省情系列微视频项目6个，获批入库微视频项目4个。

大埔县人民政府地方志办公室负责人名录

主　任：曾令根

副主任：黄万海　肖继海

（黄万海）

档　案　管　理

【档案行政管理】2020年，大埔县档案馆贯彻执行有关法律法规和业务工作规范规定，规范档案行政权力事项管理，推进“互联网+政务服务”，对行政审批事项和审批结果实行“双公示”。同时，采用现场指导的形式，有针对性地对有关单位档案员进行个别指导，加强档案中介机构的监督指导，协助解决档案保管保护中遇到的问题。

【档案信息化工作】2020年，大埔县档案馆推进数字档案馆建设，加大档案事业经费的投入，加快档案信息化建设进程。100%完成馆藏档案文件级目录、资料目录数字化，提高档案的查全率和查准率。推进馆藏档案数字化扫描工作，投入45万元，扫描档案4933卷计80万页（幅），组织档案文件级目录和扫描件挂接等查重、校对工作，奠定数字档案馆建设基础，逐步实现馆藏档案全文数字化。开展未进馆档案电子目录备份，探索数字档案馆（室）建设，逐步实现档案资源区域共享。至2020年年底，累计投入经费185万元，扫描档案320万页，校正文件级目录15万余条。

【档案接收、利用】2020年，大埔县档案馆的馆藏档案全宗单位134个，馆藏文书档案总数6.23万卷又3.41万件、照片档案3537张、资料8843册、政府信息1.15万件。2020年，依法接收23个全宗单位的档案225卷2516件，征集照片30张，收集现行文件1090件，接收资料23册。全年提供档案利用490人（次），利用档案5320卷，为编史修志、核查人事档案、查处违法违纪、房产转让、平息矛盾纠纷、办理社保、挖掘红色大埔史料、爱国主义教育等提供档案支撑。

【档案培训、宣传】2020年，大埔县档案馆对精准扶贫档案处置工作进行培训。结合“6·9”国际档案日活动，以“档案见证小康路、聚焦扶贫决胜期”为主题的档案开放日宣传活动，设计和印制5000张宣传折页，通过邮政投递途径向全县机关、企事业单位投放。通过档案馆现行文件利用中心主动公开政府信息，免费派送《广东档案》6期420份杂志等，多渠道做好档案宣传。

【档案馆址建设】大埔县档案馆新建项目于2018年8月立项，2019年4月正式动工，2020年12月28日建成启用。新建成的大埔县档案馆按县级二类国家综合档案馆标准设计，为框架结构，建筑外观融合客家元素，规划占地面积1755平方米，总建筑面积4756.39平方米，其中地上楼高七层，建筑面积3791.39平方米，一至三层为必须设置的对外服务用房和功能用房，四至六层为档案库房，七层为报告厅；地下一层，建筑面积965平方米，为高压变电、消防水池等设备用房。新馆设置总控室，配备入侵报警、门禁、火灾防控、安全监控等设备；库房配备温湿度调控、惰性气体灭火等设施。馆舍建设及附属设备总投资2000万元。

大埔县档案馆负责人名录

馆　长：张国华

副馆长：唐上清　丘莹莹（女，2020.7—）

（张赞发）

医疗卫生健康

【疫情防控工作】2020年，全国新型冠状病毒发生以后，大埔县卫生健康局（简称大埔县卫健局）坚决贯彻落实国家和省、市、县部署要求，做好新冠肺炎疫情防控工作。全年大埔县仅确诊1例新冠肺炎病例（外来输入），于2月7日上午治愈出院，做到当地"零感染、零扩散、零死亡"。加强组织领导。落实上级各项防控工作部署安排，及时成立县卫生健康局新型冠状病毒疫情防控工作领导小组和技术指导组，并结合防控形势及时调整充实，增强防控工作合力。组织医疗卫生单位做好新冠肺炎疫情的监测、评估、预测、预警工作，加强统筹协调，联合各部门有序开展疫情防控工作。发挥党组织战斗堡垒作用和党员先锋模范作用，发出致全县卫生健康系统共产党员倡议书——《打赢疫情防控阻击战，做人民健康守护者》，组织全县卫健系统干部职工开展疫情防控工作。同时，组织卫健局和县直医疗卫生单位党员自愿捐款支持疫情防控工作，累计捐款2.86万元。抓好重点人群监测。按照"控制存量、遏制增量"的要求，对重点疫区返乡人员实行"一对一"跟踪观察管理，组织镇卫生院医务人员每天上门为居家隔离人员进行健康监测，提供现场健康咨询，发放消毒剂、医用外科口罩等防护物资，做好返乡人员居家环境消毒和防护工作。在集中医学观察点和集中隔离点日夜守护重点监测人员，在全县省际公路出口、高速公路出口及火车站、汽车站出口设置健康监测点，全面排查到大埔返埔人员。抓好重点疫区返（抵）大埔人员管控。利用大数据和"三人工作小组"工作机制，落实重点疫区返（抵）大埔人员的排查管控。累计排查管控国（内）外重点地区来（返）大埔2497人，集中隔离医学观察90人，集中隔离密切接触者20人。抓好检测全覆盖工作。疫情防控期间，组织100多名医务人员分赴镇（场）村（居）上门采样，并在全县设立17个便民采样点。检测包括重点地区到大埔人员、教职员工、重点场所工作人员等累计4.24万人，同时加强农贸市场环境核酸检测，食品抽样检测1774份，外环境检测1317份，实现"应检尽检""愿检尽检"。抓好医院交叉感染防控。完成全县1间发热门诊和16间发热诊室的规范化建设，做好预检分诊工作。开展医疗机构监督检查，督促医疗机构严格把好患者进入医院前、门急诊、新入院、院内术前"四道关口"，强化医务人员、工勤人员、院外人员等"三类人员"管理，严格清洁消毒和日常管理。

卫生监督检查　大埔县卫健局对医疗卫生机构、公共场所、集中留观点、学校和集中式供水单位、复工复产企业等行业的疫情防控工作开展卫生监督检查，累计出动卫生监督员 8565 人次，检查医疗机构（含医院、卫生院、诊所等）768 间次、集中隔离场所 13 间次、消毒产品经营单位 63 间次、集中式供水单位 36 间次、公共场所 1158 间次、学校 45 间次、复工复产企业 58 间次，发出卫生监督意见书 892 份，责令 583 间次问题单位整改落实，确保疫情防控常态化、筑牢防线不放松。共立案查处 141 宗，罚款金额 22.25 万元，没收违法所得 2974 元，其中对 82 家未按规范处置医疗废物的单位进行立案处理，查处非法行医 13 宗，移交公安 1 宗。

常态化疫情防控　大埔县卫健局加强应急能力建设，完成县人民医院和县疾控中心核酸检测实验室建设，按要求设置集中隔离场所，遵循“平战结合”的原则，将县人民医院作为全县定点医疗救治医院，县中医医院作为后备医院。同时，督查各级医疗卫生单位按照要求完成应急物资储备，组建疫情防控应急队伍、疫情防控专家组、现场流行病学调查专业队伍，开展秋冬季疫情防控培训 2350 人次和 4 次应急演练。稳妥有序推进重点人群新冠疫苗接种。

【重点项目建设】2020 年，大埔县卫健局抓好卫生系统的重点项目建设工作。推进大埔县人民医院改扩建（县级公立医院升级建设）项目。该项目计划投资 2.96 亿元，新建门诊大楼，内儿科大楼、架空层、地下室及其他配套设施。于 2018 年 9 月开工建设。县妇幼保健院公共卫生业务用房综合楼和县慢性病防治院门诊楼工程项目投入使用。2020 年 4 月 24 日，县慢性病防治院门诊楼投入使用；5 月，县疾控中心、县卫生监督所搬迁至县妇幼保健院公共卫生业务用房综合楼办公，该综合楼已置换给县疾控中心使用。推进高陂中心卫生院迁建工程。高陂中心卫生院计划投资 1.99 亿元，新建门急诊综合楼、住院综合楼、医技楼、后勤保障楼等。该项目于 2019 年 12 月开工，2020 年 12 月主体大楼封顶。

【人才队伍建设】2020 年，大埔县卫健局加强人才队伍建设。加强中医药知识培训。在县中医医院打造中医药适宜技术培训基地，全年组织医疗机构医务人员参加中医药适宜技术培训 5 次，培训基层医疗卫生机构医务人员 736 人次，培训推广适宜技术项目 10 项，培训专业范围覆盖中医内科、中医外科、针灸推拿等，通过培训使公立乡村基层医疗卫生服务机构中医药适宜技术推广覆盖率 95%。加强全科医生队伍建设。通过全科医生基地培养大学毕业生、医院在职职工，对其他专科人员进行定期的转岗培训等方式，提高基层医疗人员的理论水平和诊疗水平。加强人才招聘力度。全年定向招生人数 15 人，面向社会公开招聘入编卫健类事业单位人员 38 人，省公开招聘进入考察阶段的有 10 人。

【医疗机构服务能力建设】2020 年，大埔县卫健局加强医疗机构服务能力建设。重点提升县级公立医院服务能力。县人民医院完成呼吸内科、心血管内科、脊柱外科、麻醉科、普外科等 5 个市重点专科和胸痛中心、卒中中心建设；县中医医院以搬迁新院区为契机，完善科室建设，结合自身优势加强中医骨科、体检中心、血透、康复理疗等重点科室建设，完成祝维峰广东省名中医、蔡迎峰广州市名中医以及刘小平梅州市名中医工作室揭牌授徒；县妇幼保健院公共卫生大楼与县疾控中心大楼完成置换工作，计划投入资金 1000 万元将疾控中心大楼改造成儿保中心，进入工程挂网招标阶段。加强镇卫生院服务能力建设。各镇卫生院开展“优质服务基层行”活动，提高基层医疗服务能力。经市级审核百侯中心卫生院、枫朗镇卫生院达到“基本标准”。加强村卫生站建设。对全县未取得医师资格或乡村医生执业证书的医学毕业生进行为期一个月的培训，经考核合格 58 人。

【医改工作】2020 年，大埔县卫健局加强医改工作。医共体建设。县人民医院与中山三院、县中医医院与广州医科大学附属中医医院完成紧密型“组团式”帮扶，中山三院、广州医科大学附属中医医院派出专家长期驻点进行坐诊、带教和完善重点专科建设等，提升大埔县县级医院诊疗服务能力和医院管理能力。在医联体工作基础上，全县组建2个县域医共体，分别由县人民医院和县中医医院牵头，14所镇卫生院和232间村卫生站为成员单位的县域医共体。提高医疗保障水平。开展农村贫困人口大病专项救治工作，发挥基本医疗保险、大病保险、医疗救助等制度的保障作用。全年定点医院收治建档立卡贫困户住院病人537人，累计救助1076人次，医疗救助112.40万元。做实做细家庭医生签约服务。至2020年年底，贫困人口签约率97.2%，重点人群签约84.7%，常住人口签约率60%。加强药品和医用耗材跨区域集团采购。截至11月底，全县各医疗单位药品采购总额8064万元，其中线下采购60万元，线下采购率0.7%；医用耗材采购总额6112万元，其中线下采购1095万元，线下采购率17.9%。村卫生站全面实施基本药物制度。2020年5月起，对全县232间公建村卫生站全面执行基本药物零差价制度。

【公共卫生服务】2020年，大埔县卫健局加快公共卫生服务均等化进程工作。落实妇幼重大公共卫生服务项目。做好“两癌”筛查工作。全年完成3590名妇女“两癌”免费检查任务，确诊宫颈癌3人、乳腺癌6人，均及时到上级医院治疗，无发生“两癌”死亡情况。加强重点传染病防治工作。全年全县无发生人感染H7N9禽流感病例，无登革热疫情病例，未报告有狂犬病死亡病例，共报告手足口病17例。做好艾滋病高危人群的干预及艾滋病人和HIV感染者的随访工作，全年开展艾滋病三类高危人群干预数3256人，占人口比例的85/1万；开展HIV抗体检测3.76万人，占人口比例为9.8%。开展中医药健康服务。至12月22日，全县65岁以上老年人应管理5.02万人，已管理2.35万人，管理率46.8%。

【无偿献血工作】2020年，受新冠肺炎疫情影响，大埔县献血人数骤减，为确保疫情期间临床急救用血的需要，2月10日起启动疫情期间血液应急预案，广大干部职工及热心市民积极响应，踊跃参加无偿献血。县卫健局在全县范围内开展以“安全血液拯救生命”为主题的“6·14”世界献血者日献血宣传活动。全年开展15场次集中无偿献血活动，献血人数3230人次，献血量64.60万毫升，完成率128.7%，超额完成市献血领导小组分配的任务。

【爱国卫生运动】2020年，大埔县卫健局做实做细登革热、寨卡病毒蚊媒预警和病例监测工作，开展卫生创建活动，成功创建国家卫生县城。加大省卫生镇和省、市卫生村创建力度，全年创建省卫生镇6个，省卫生村58个，市卫生村24个。

【老龄健康工作】2020年，大埔县公共服务中心、各镇（场）公共服务中心共为502位老年人免费办理老年人优待证。县卫健局为全县80周岁以上高龄老人及60周岁以上困难群体（城乡低保户、优抚对象及城乡特困供养人员）共2.12万人办理（20元/人·年）老年人意外伤害综合保险；为全县60周岁至79周岁非困难群体老年人共7.10万人办理（10元/人·年）老年人意外伤害综合保险，政府统保率100%。

大埔县卫生健康局负责人名录

局　　长：李益辉

副 局 长：吴海峰　刘红叶　罗小红（女）

（汪燕玲）

社会生活

人力资源和社会保障

【培训就业】2020 年，大埔县人力资源和社会保障局（简称大埔县人社局）面对突如其来的新冠肺炎疫情，坚持稳就业和更加积极的就业政策，举办线上线下就业帮扶招聘会，加大创业担保贷款工作，推动就业质量提升。全县城镇新增就业 2050 人，城镇失业人员实现再就业 1839 人，就业困难人员实现再就业 189 人，城镇登记失业率为 2.4%，与 2019 年持平。为帮助解决相关企业和园区招工难和求职人员就业难的问题，促进贫困劳动力和各类求职人员尽快实现就业，大埔县人社局共举办 14 场次招聘会，其中线上招聘会 8 场、现场招聘会 6 场，达成就业意向 1335 人。同时，摸底调查各镇（场）有就业意愿未就业的贫困劳动力，掌握其详细信息，有针对性地通过电话、短信等形式向其推送就业信息和宣传就业创业政策，帮助目标贫困户更好就业。围绕“聚焦创业促就业、助力脱贫谋发展”工作思路，推进创业担保贷款工作稳步开展，全年发放创业担保贷款 136 笔，同比增长 151.8%，共发放创业资金 3150 万元，其中包含小微企业一笔 500 万元，同比增长 443.1%。全年举办“粤菜（客家菜）师傅”培训班 9 期 270 人，培训育婴员 25 期 750 人，培训美容师 10 期 300 人，培训电工 11 期 330 人。7 月，富大职业培训学校大埔陶瓷技能培训班开班，参与陶瓷烧成工、陶瓷成型工培训人数共 129 人。广东富大陶瓷文化发展股份有限公司获评为 2020 年度省博士工作站。2020 年 11 月 6 日，大埔县家政服务行业协会正式挂牌成立，推动家政服务行业健康发展。大埔县重视三项工程工作，成立大埔县“粤菜（客家菜）师傅”“广东技工”“南粤家政”三项工程领导小组，确保三项工程落地见效。

【社会保障】2020 年，大埔县人社局稳妥推进机关事业单位养老保险制度改革，完成大埔县财政全额供款单位退休中人职业年金实账积累 1953.47 万元，启动新办法计发机关事业单位养老保险待遇工作，开展 1914 名“退休中人”的信息核对工作，确保新办法计发顺利实施。

【人事人才】2020 年，大埔县人社局完成新成立或重新设置 54 个事业单位的岗位设置及聘用工作，及时审核认定 2834 名事业单位人员的岗位聘任及 7 名机关工勤技能岗位的聘任工作，其中事业单位岗位聘任含聘用专技岗2170人，管理岗551人，工勤技能岗113人。全年全县引进教育、卫生等各类急需紧缺人才32人，直接考察聘用2名支援湖北荆州一线医务防疫工作人员，并为其开通“绿色通道”，优先办理聘用手续，共接收35名“三支一扶”大学生，并完成安置服务期满13名“三支一扶”大学生到乡镇事业单位工作。2020年全县申报正高级职称4人，申报高级职称218人，申报中级职称100人，申报初级职称77人，认定初级职称105人。继2019年江中伟取得正高级教师职称后，2020年大埔县又一名老师（范宝承）通过正高级教师评审。

【劳动关系】2020年，大埔县人社局深入推进根治欠薪工作，成立大埔县根治拖欠农民工工资工作领导小组，组织开展2020年度根治欠薪冬季专项行动，开展部门联合执法检查，全年大埔县劳动监察受理案件5件，涉及人数64人，涉及金额75.10万元，没有发生因拖欠农民工工资引发的群体性、突发性事件，未有用人单位重大劳动保障违法行为。劳动仲裁结案58宗，涉案人数58人，涉案金额92.07万元，结案率为100%。劳动关系保持总体和谐稳定。

大埔县人力资源和社会保障局负责人名录

局　　长：何赞营

副 局 长：刘赞华　刘志达　廖万安

（罗楠）

社　会　保　险

【助力企业复工复产】2020年，大埔县社会保险基金管理局（简称大埔县社保局）坚决贯彻执行上级关于应对新型冠状病毒感染的肺炎疫情防控工作部署，抓好全县社保经办系统疫情防控工作，落实疫情防控工作措施，助力打赢疫情防控阻击战。在社保经办大厅做好各项防护措施，以确保工作人员和办事群众的卫生安全，维护社保经办工作平稳有序运行。为应对新冠病毒肺炎疫情，减轻企业社保缴费负担，贯彻党中央、国务院决策部署和省、市关于降费惠企一系列指示精神，纾解企业困难，确保个人权益。通过落实“免、减、延、缓、保、返”等惠企措施，发挥社会保险社会减震器和民生安全网的作用，把新冠肺炎疫情对大埔县企业的影响降到最低。2020年，全县减免企业社保费5781.81万元（其中养老保险4793.12万元，失业保险91.77万元，工伤保险54.34万元，医疗保险842.58万元）。发放各项失业保险待遇，惠及失业人员1410人次，金额450.96万元；阶段性实施失业补助金政策，惠及失业人员191人，金额187.73万元；3—6月阶段性提高价格临时补贴标准，惠及失业人员347人次，金额7.77万元；向大龄失业人员发放失业保险金直至法定退休年龄，惠及失业人员75人次，金额9.48万元。

【落实政策待遇】2020年，大埔县社保局落实各项政策待遇工作。社会保险参保征缴推进。至2020年12月，全县参加企业养老、机关养老、失业、工伤、生育和职工医疗保险人数分别为3.70万人、1.03万人、2.13万人、2.43万人、2.52万人和3.94万人。参加城乡居民养老保险有 18.07 万人，占市下达目标任务的 100%。参加 2020 年度城乡居民医疗保险人数 40.47 万人。征收“四险”社保费 7.26 亿元，征收城乡居民养老保险费 3506 万元。各项社保待遇依法按时足额发放。全年发放社保待遇 16.40 亿元。其中支付企业养老、机关养老、城乡居民养老、职工医保待遇和城乡居民医疗保险费分别为 8.13 万元、3.17 亿元、1.60 亿元、1.07 亿元和 2.41 亿元。做好城乡居民养老保险逛缴工作。根据《梅州市人民政府关于印发梅州市城乡居民养老保险实施办法的通知》精神，大埔县城乡居民基本养老保险逛缴宽限期于 2020 年 6 月 30 日到期，大埔县社保局严格按文件要求做好城乡居民基本养老保险逛缴业务的办理，做好群众的宣传与舆论引导工作，共征收农居保逛缴、补缴金额 1700 万元。养老待遇调整工作。对企业退休职工进行待遇调整，全县 3.80 万名企业离（退）休人员人均养老待遇水平 1665 元/月，社会化发放率 100%。机关事业养老保险经过多次待遇调整，人均养老待遇水平 4738 元/月。

【开展社保改革】2020 年，大埔县社保局推进社会保险网上经办工作。为开展政务服务平台服务能力建设，实现“一窗办、一站包办、一网联办、一次办好”的总体目标，提升政务服务平台在线办事能力，建立社保业务随时办、就近办、网上办和自助办的公共服务模式，在广东政务服务网公共服务事项拓展到 67 项，其中 53 项可实现网上办理，网办率 80%。社保业务下沉乡镇办理。将城乡居民基本养老保险参保登记、个人缴费、特殊人员身份核定、待遇申领、待遇领取人员死亡后丧抚费申领等社保业务下沉至乡镇公共服务中心，确保参保人员不出乡镇可办理社保登记、个人缴费、权益查询等事项；取消社会保险待遇领取人员资格集中认证工作，将社保待遇资格认证等部分事项延伸至公共服务中心办理，方便百姓办事，让群众少跑腿，满足群众需求。机关事业单位养老保险制度改革推进。2020 年第一期职业年金单位缴费欠费补缴计划 3000 万元已列入财政预算，完成 2014 年 10 月至 2018 年 12 月大埔县财政全额供款单位退休中人职业年金实账积累 1953.47 万元。启动新办法计发机关事业单位养老保险待遇工作，开展“退休中人”信息核对工作，确保新办法计发顺利实施。

【维护基金安全运行】2020 年，大埔县社保局针对审计过程中发现的死亡参保人员多领待遇的问题，通过与民政、公安等部门的数据比对，对核实已死亡的参保人员及时进行待遇停发，并按相关规定及规程做好多领待遇追回工作。截至 2020 年年底，对全县疑似死亡后仍领取待遇人员信息 899 条进行全面核查，已追回违规领取的待遇 136 万元，审计存在问题全部整改完毕。配合民政局对全县正常离任村干部参保情况进行筛查，摸清全县 4041 名离任村干部的参保情况、领取待遇情况，并将信息录入系统。强化内部控制监督检查，梳理社保经办领域业务风险点，加大对风险点的督查力度，由局领导带队定期不定期进行业务督查。全年对有关股室全面监督检查 5 次，到定点医疗机构专项稽查 15 次。

【助力打赢脱贫攻坚战】2020 年是脱贫攻坚决战决胜之年，又遭遇疫情严重影响，大埔县社保局发挥兜底作用，认真执行省、市、县关于贫困户参加城乡居民养老保险和医疗保险的政策规定，联合县农业农村局（扶贫办）、县医保局等相关部门建立信息共享机制，对贫困户进行动态管理。将贫困户 100% 纳入医疗保险覆盖范围，确保贫困人口实现病有所医；对符合扶贫帮困对象条件的人员全额代缴养老保险费，全年代缴全县建档立卡贫困人口 4934 人参加城乡居民养老保险，实现建档立卡贫困人口城乡居民养老保险

“全覆盖”的目标。建档立卡贫困人口中，有 3597 人按月享受基本养老保险待遇。

大埔县社会保险基金管理局负责人名录

局　长：蓝尚柏

副局长：罗丽清（女）

罗富健（2020.6—）

（陈文露）

民　政　工　作

【社会救助】2020 年，大埔县民政局围绕民生保障，健全社会救助体系建设。提高城乡低保救助和特困供养标准。从 2020 年 1 月 1 日起，将大埔县农村低保标准由人月 484 元提高到 532 元，人月平均补差由 251 元提高到 276 元；城镇低保标准由人月 702 元提高到 772 元，人月平均补差由 554 元提高到 609 元；农村特困供养标准由 800 元提高到 852 元，城镇特困供养标准由 1125 元提高到 1236 元。开展农村低保专项治理。贯彻落实《2020 年大埔县农村低保和残疾人两项补贴专项治理行动实施方案》，1—12 月，共清退死亡或不符合条件低保 791 户 1728 人。加大临时救助力度。1—12 月，共计救助临时困难群众 591 户 1890 人，支出救助金 274.19 万元。新冠肺炎疫情期间，及时制订并印发《大埔县民政局社会救助防控新型冠状病毒感染肺炎应急预案》，为受疫情影响的困难群众 53 户 204 人提供临时救助，支出救助金 23.35 万元。发放困难群众相关补贴。1—12 月，共计发放特困人员生活照料费 408.83 万元，住院护理费 52.78 万元；共计发放低保、特困、孤儿、事实无人抚养儿童等困难群众临时价格补贴 20 多万人次、9464.48 万元。提高失能、半失能特困人员的集中供养率，截至 2020 年 12 月底，大埔县失能、半失能特困人员集中供养率 52.2%。

【养老服务】2020 年，大埔县民政局围绕质量提升，养老服务发展有力。开展养老服务质量建设专项整治行动。提高公办特困人员供养机构一线工作人员工资待遇、日常运转经费、集中供养人员伙食标准，从 2020 年 1 月起，县福利院、各镇敬老院一线工作人员工资待遇在现行标准上每人每月分别提高 100 元和 500 元，每年增加县福利院工作经费 10 万元，对各镇敬老院按实际集中供养人数以每人每月 100 元标准安排日常运转经费，为各镇敬老院集中供养人员以每人每月 100 元的标准提高伙食；以“夕阳红”为基本元素，聘请专业机构完成对敬老院外立面、环境绿化等的规划设计，从 2020 年开始分年分阶段实施敬老院改造提升三年行动，投入资金 200 万元，基本完成西河镇敬老院的提升改造；完善和规范全县敬老院管理工作，在敬老院各出入口、接待大厅、值班室、楼道、食堂等公共场所安装视频监控设施，实现敬老院重要场所视频监控全覆盖；全县 14 个镇敬老院全部重新任命镇政府机关或事业编制人员担任院长，每个敬老院均成立由 3—5 名供养对象代表组成的伙食管理监督小组；开展养老机构风险隐患排查整治，督促指导全县养老机构开展各类安全风险隐患排查整治，推进养老机构消防安全达标工程，及时为全县 14 间农村敬老院统一购置安装消防

2020 年 4 月 30 日，大埔县社会救助工作培训会在民政局 8 楼会议室举行（余裕豪摄）

控制主机、消防应急装备柜，同时，及时与江泰保险经纪股份有限公司续签养老机构责任保险合同，为全县 15 间公办养老机构及工作人员、入住老人、儿童等提供保障；加强养老护理员技能培训，推动“南粤家政”养老服务培训项目实施，做好现有养老机构工作人员培训需求摸排，引导鼓励当地培训机构积极向人社部门申请开设养老护理员培训项目。截至 12 月底，大埔县全年组织养老护理员培训 1372 人次。其中县福利院采取岗前 3 个月培训、在岗按月培训等方式，组织新入岗、转岗、在岗的从业人员开展机构内训 1230 人次；动员引导养老机构从业人员（共 20 人）参加省民政厅组织的线上养老护理员继续教育及岗位培训 40 人次，参加省民政厅组织的养老机构院长培训 1 人次，参加市民政局组织的养老机构安全管理业务培训 69 人次。抓好城乡养老服务设施建设。支持和指导有条件的镇、村建设农村居家养老服务站项目，全年建好农村居家养老服务站项目 8 个（枫朗镇墩背村和三溪村、桃源镇桃星村、高陂镇古田村和古埜村、三河镇汇城村、西河镇石涵村、百侯镇白罗村）。抓好农村留守老年人关爱服务。制定《大埔县农村留守老年人定期巡访制度》，及时将信息录入全国农村留守老年人信息管理系统，开展农村留守老年人定期巡访，及时回应和提供相应的关爱服务。全县共排查登记农村留守老年人 972 人。推进“长者饭堂”示范项目建设。经县政府同意，制订“长者饭堂”示范项目实施方案。湖寮镇龙岗窠里村“长者饭堂”即将完工。

【基层社会治理】 2020 年，大埔县民政局围绕机制完善，推进基层社会治理。加大资金投入，提升基层组织建设保障经费。从 2020 年 1 月起，将村（社区）“两委”干部工作补贴由人月 2700 元提高到人月 3000 元，村（社区）其他专职工作者薪酬待遇由人月 2500 元提高到人月 2900 元，村（居）务监督委员会成员人月补贴由 675 元提高到 750 元，村级办公经费每村（社区）每年由 10 万元提高到 11.20 万元；从 2020 年 2 月起，村（居）民小组长工作补贴由人月 20 元提高到 50 元。整合优化资源，多渠道建设城乡社区综合服务设施。共建好 4 个城乡社区养老服务设施、3 个“红色村”城乡社区治理示范创建项目并投入使用。至 2020 年年底，全县 11 个城市社区实现综合服务设施 100%覆盖，基本构建包括便民市场、运动场地、文化活动中心、社区服务中心、医疗服务机构在内的 15 分钟生活圈，并改善提升社区综合服务设施水电气热通信等公共服务水平。选优配强村（社区）“两委”干部队伍，推进落实村（社区）妇女参与基层民主管理重难点指标达标工作。通过选任调整，全县女村主任 25 人（包括书记 1 人），占比 10.2%，较 2019 年提高了 4.7%。

开展正常离任村干部信息采集工作。全县正常离任村干部信息采集线上线下审核全部完成，此次采集村级填报录入人数总计4027人，最终通过县级三轮严格审核提交市级备案归档人数3950人，归档率100%。深化村民自治实践。开展村规民约（居民公约）典型选树以及示范创建工作，2020年6月枫朗镇大埔角村村规民约入选广东省民政厅第三批优秀村规民约和居民公约汇编。推进“村民议事厅”建设，重点做好大埔县大麻镇大留村和小留村共同缔造工作坊项目以及三河镇旧寨村“红色村”城乡社区治理示范创建项目村民议事厅建设。推进村民理事会建设，全县245个行政村具备条件的自然村（村民小组）实现村民理事会全覆盖。推行《大埔县村级“小微权力”清单》和《大埔县村(居)民委员会工作职责事项指导目录》。推进村(居)务公开信息化建设，督促村(居)务监督委员会“九有”建设，加强村民民主理财和监督村务公开等制度的落实。推进民政领域扫黑除恶专项斗争工作，做好2021年村级换届选举筹备工作，联合组织、纪委监委、公安等部门对2021年村级换届“两委”干部候选人初步人选进行审查。推动大埔县“双百计划”社会工作。全县设立3个社会工作服务站（湖寮镇、茶阳镇、百侯镇），共配备10名社工。同时，参加全省优秀社会工作案例评选活动，2020年6月，湖寮镇社工站提交的《危机干预模式下“困境青少年”社工服务实录》入选省优秀案例候选名单。

【民政公共服务】2020年，大埔县民政局围绕事务管理，促进民政公共服务建设。提高孤儿、残疾人生活补贴标准。从2020年1月1日起，将集中供养孤儿基本生活标准由人月1685元提高到1820元，分散供养基本生活标准由人月1025元提高到1110元，困难残疾人护理补贴由人月165元提高到175元，重度残疾人护理补贴由人月220元提高到235元。依法依规开展婚姻登记，截至12月底，办理结婚登记2711对、办理离婚登记1267对，办理登记合格率100%。投入资金1500万元，完善县殡仪馆基础设施设备、办丧业务流程信息化等建设，推进县殡仪馆创建省二级殡仪馆工作。开展殡葬领域侵害群众利益突出问题专项整治，强化日常监督管理，强化和规范殡葬服务，至12月底，免除全县户籍人口殡葬基本服务费543.06万元。成立安葬（放）设施违规建设经营专项摸排暨违建墓地专项整治成果巩固提升行动领导小组，印发行动方案，召开全县安葬（放）设施违规建设经营专项摸排暨违建墓地专项整治成果巩固提升行动推进会，研究部署大埔县专项摸排和巩固提升行动工作。同时，每月下发通知，将遗体火化人员名单反馈给相关镇（场），要求他们按照属地管理原则，加强辖区内的骨灰安置监督管理工作，以“零容忍”态度坚决遏制墓地违建现象。开展大埔县生活无着的流浪乞讨人员救助管理服务质量大提升专项行动。截至12月底，接待各类求助人员69人次。开展社会服务机构不规范运行专项整治。全县有社会组织190家，其中社会团体124家，民办非企业单位66家。做好高陂镇乌槎移民新区道路、九龙湖命名工作，完成第四轮县界联检和镇界联检工作。加强农村留守儿童和困境儿童关爱保护工作，发挥“风向标”社工（政府购买服务）的重要作用，在全县15个镇（场）组织开展农村留守儿童和困境儿童关爱保护“政策宣讲进村（居）”活动和全县儿童督导员和儿童主任业务培训，全县全年开展157场活动。

【疫情防控工作】2020年，大埔县民政局围绕两条底线，疫情防控措施到位。面对突如其来的新冠肺炎疫情，贯彻落实上级防控工作部署，全力打赢民政系统新冠肺炎疫情防控阻击战，有效保障广大民政服务对象的生命健康安全。及时成立大埔县民政局疫情防控工作领导小组，制订印发《大埔县民政局防控新型冠状病毒感染肺炎应急预案》和《大埔县民政局全面落实“四个一”应急处置方案》，各相关业务股室和下属单位分别制订细化专项应急预案。全县养老机构按要求落实全封闭式管理，每天严格落实消杀消毒制度；县救助服务站每天加强巡查，对新入站的求助人员做好体温测量；婚姻登记中心做好疫情期间网上预约办理工作；县殡仪馆每天对设施设备、工作场所和遗体接运车辆进行消毒。掌握了解民政服务机构防控物资情况，积极协调有关部门调剂和发动社会各界热心人士捐赠物资，保障民政服务机构各项防控物资的正常使用。县领导带队到民政服务机构进行指导检查，同时建立局领导包片责任制，成立五个督导组，对全县民政服务机构贯彻落实各项疫情防控工作情况进行督导，并为14间敬老院送去防疫物资。协调防疫部门对全县16间养老机构和县救助服务站、婚姻登记中心、殡仪馆等民政服务机构的工作人员和服务对象共512人全员采集咽拭子新型冠状病毒核酸检测。同时，坚持对新入住养老院人员进行核酸检测。做好新冠肺炎疫情防控常态化工作。按照高于社会面的防控标准，持之以恒落实各项具体防控措施，坚决守住“民政系统各类机构不发生疫情，民政服务对象不因疫情陷入困境”两条工作底线。

【民政安全生产工作】2020年，大埔县民政局围绕责任落实，安全生产形势平稳运行。完善落实安全生产监管机制，印发《大埔县民政局党政同责、一岗双责安全生产工作制度的通知》，压实业务部门监管责任，确保安全生产工作责任落实到位。组织开展“安全生产月”“安全生产万里行”“奋战一百天全年保平安”活动。落实安全生产检查。严格落实春节、清明、“五一”期间、汛期、国庆中秋期间等安全生产和消防工作检查，联合相关部门对民政服务机构开展消防安全和食品安全检查，指导各民政服务机构做好各项安全防控工作，严格落实每月事故隐患排查和消防六类场所十项必查专项行动，防范化解民政领域重大风险。加强综治信访维稳。协调配合做好民政领域信访维稳排查化解工作，配合做好重点时期和重大会议时间节点的信访维稳保障工作。全年局信访办受理来信来访92批次，接待来访群众人数146人次，结案率100%，并根据要求做好信访回访工作。

【村级换届选举】2020年，大埔县民政局做好2021年村级换届选举前期工作。开展隐患排查整顿。“拉网式”全面摸查问题、难点村（社区），逐一建立台账，因村施策，“对症下药”，精准整治。抓好民主评议。严密组织，依法开展村（居）委会和村（社区）监委会民主评议工作。全县256个村（社区）“两委”班子和村（居）监委班子参加民主评议，满意率100%。全县被评议的村（居）委会成员包括由集体承担误工补贴的其他村（居）管理、服务人员共1425人，优秀率78.6%；被评为不称职的村（居）委会成员为零；全县被评议的村（居）监委成员852人，优秀率63%。落实县级联审机制。严把选人用人关，联合组织、纪委监委、公安等部门对2021年村级换届“两委”干部候选人初步人选进行审查，共联审1556人次。筹备组织骨干培训班。组织开展全县村（社区）“两委”换届选举骨干培训班，提高开展换届工作业务骨干的政策水平和业务能力。依法有序推进换届选举。全面有序启动村（社区）“两委”换届选举工作，至2020年年底，全县村（社区）党组织全部完成新一届支委班子的选举，各镇（场）根据县级2021年村（社区）“两委”换届选举工作实施方案，制订村（居）委会换届选举方案和日程安排。

大埔县民政局负责人名录

局　长：刘剑涛

副局长：袁春华（女）　赖国新　邱云期　魏繁华

（温伟雄　余裕豪）

移　民

移民综述

【简述】2020年，大埔县移民工作局贯彻落实县委“456”工作部署，以国家重点民生水利项目——韩江高陂水利枢纽工程建设为抓手，按照省、市、县对韩江高陂水利枢纽工程建设的工作部署和要求，配合做好工程建设征地拆迁和移民安置工作，于2020年10月底通过工程下闸蓄水阶段移民安置自验、初验，于2020年12月24日通过下闸蓄水阶段移民安置终验，工程于2020年12月30日召开下闸蓄水验收会议，工程具备下闸蓄水条件。

【工程建设】韩江高陂水利枢纽工程自开工至2020年年底，工程累计完成投资约49.68亿元，占工程总投资59.18亿元的83.9%，其中完成征地移民投资约22.91亿元,全面完成征地移民协议投资任务。2020年，计划完成工程投资10亿元，其中征地移民投资约3.35亿元。至2020年底，完成工程投资10.49亿元，占年度投资计划的104.9%，其中完成年度征地移民投资3.58亿元，占征地移民协议投资的104.9%。

2020年6月8日，县长熊锋松（前排中）到移民安置区建设现场调研（赖承昌摄）

【征地移民工作】至2020年年底，大埔县移民工作局全面完成韩江高陂水利枢纽工程809.20公顷的土地丈量任务，基本完成土地征收补偿工作；房屋依法拆除579座，占应拆迁总任务的82.6%，剩余大麻镇河唇街等120座房屋作为特色民居进行规划保护。

【移民后期扶持工作】2020年，大埔县移民工作局根据移民后期扶持“十三五”规划，完成直补资金发放2127.48万元，项目资金

1754.56万元。其中2020年到位水库移民后扶资金2094.90万元，已上报审查批复实施的后期扶持项目22个，到年底完成投资1675.92万元，加大库区移民村的新农村建设、水圳、道路等基础设施建设力度，改善库区移民群众的生产生活环境，助推乡村振兴发展，发放后扶直补资金787.14万元，直接受益移民1.31万人。

大埔县移民工作局负责人名录

局　长：陈亿岳

副局长：张锦添（—2020.7）　郑伟鑫

赖承昌（2020.7—）

（杨延妮）

省属水库移民

【简述】2020年，大埔县省属水库移民工作管理办公室（简称大埔县省属水库移民办）贯彻落实大中型水库移民后期扶持政策精神，突出工作重点，强化工作责任，改善库区和安置区移民的道路、饮水、农田水利等生产生活基础设施环境，促进经济发展。大埔县省属水库移民分布在青溪、茶阳2个镇12个村（社区），75个自然村，截至2020年年底有1366户6320人。2020年度到位资金1282.50万元。其中，中央水库移民扶持资金到位590万元；大中型水库移民后期扶持政策实施工作专项补助3.50万元；省级后期扶持资金到位254万元；直补资金435万元（其中55.80万元为未核定到人，统筹用于项目建设）。

【资金使用】2020年，大埔县省属水库移民办支付上级下达水库移民后期扶持资金1098.14万元，结余184.36万元。其中支付中央水库移民扶持项目资金完成支付416.83万元，结余173.17万元；直补资金完成支付423.81万元（含44.62万元未核定到人，统筹至项目建设部分），结余11.18万元；大中型水库移民后期扶持政策实施工作专项补助完成支付3.50万元，全部完成支出；省级后期扶持资金完成支付254万元，全部完成支出。

【移民人口核减和直补资金发放】2020年，根据省、市人口核减工作的安排部署，大埔县省属水库移民办对青溪水库移民进行人口动态核减，核减死亡人口28人；前期因移民信息不完善而未录入移民信息系统，现信息补充完善后，在系统中补登的有14人。核定青溪水库2020年度后扶人口为6320人，相关直补资金379.20万元按政策每人每年600元的标准，于2020年6月全部发放完毕。

【项目计划实施管理】2020年，大埔县省属水库移民办完成项目计划申报19个，批复19个，实施18个，实施项目主要在青溪镇的虎市村、青溪村、下坪沙村等8个行政村（区）。主要投资项目工程有：实施农田水利建设项目2个，道路交通建设项目8个，新农村建设项目5个，饮水安全项目2个，文体活动场所建设（购买）项目2个。完成村道硬底化2千米，安装路灯78套，垃圾压缩转运站改造1处，维修农田水利设施两处，新建移民文体活动场所1000平方米，解决160名移民的饮水安全问题。

【信访维稳】2020年，大埔县省属水库移民办把维护库区和移民安置区社会稳定作为头等大事抓好抓实，明确职责，强化和规范信访工作，提高移民问题矛盾纠纷预防化解和群体性事件应急处置能力。青溪水库库区和移民安置区移民群众总体稳定，2020年来信信访0宗，网络信访0宗。

大埔县省属水库移民工作管理办公室负责人名录

主　任：罗铁锋

副主任：巫汇欣　郑礼华

（赖付基）

医疗保障工作

【民生实事】2020年，大埔县医疗保障局提高医疗保障待遇水平，完成民生实事任务。按2020年十件民生实事有关要求，建档立卡贫困人员、最低生活保障家庭成员、低收入救助对象的住院费用一次救助的救助比例从80%提高至85%；建档立卡贫困人员、最低生活保障家庭成员的特定病种门诊一次救助的救助比例从80%提高至85%。2020年8月，在县政府常务会议上通过《大埔县重特大疾病患者和严重精神障碍患者特殊医疗救助办法》，加大对重特大疾病患者和严重精神障碍患者的医疗救助力度。

【城乡居民医保参保缴费】2020年，大埔县医疗保障局在医保缴费前期提前研究部署，强化各镇（场）缴费责任落实，出台奖励措施和考核办法；建立稳定宣传渠道和平台，多形式多渠道加大医保政策宣传；增加税务前台缴费、微信自助缴费等缴费方式，增设缴费银行及网点，在每个行政村开通医保智能终端缴费系统，真正做到让村民方便快捷就近缴费。健全完善医保、社保、税务、教育、民政、扶贫、残联、卫健、农商银行、邮储银行等部门联动工作机制；落实困难群体资助参保政策，优先保障特殊人群医保参保缴费，强化督查通报力度，促进扩面征缴工作的落实。截至2020年12月18日，全县2021年度医保参保缴费人员为40.35万人，完成市下达任务数的96.1%。

【助力脱贫攻坚】2020年，大埔县医疗保障局开通困难群众中途参加医保的“绿色通道”，落实政府全额资助个人缴费的参保政策，严格执行医保待遇的倾斜政策，实现困难群众参保“一个不少”、政府资助“一分不少”、保障内容“一项不少”。全年累计救助困难群众1.76万人次，发放医疗救助资金1028.17万元。优先保障特殊人群医保参保缴费，在县民政、扶贫、残联、卫健等部门收集汇总特殊人群人员名单后，由医保经办部门第一时间办理特殊人群缴费，新增特殊人员名单也及时给予办理。全县建档立卡贫困人员实现应保尽保，并通过“基本医保+大病（补充）保险+医疗救助”三重保障，为贫困人口医疗费用进行兜底保障。2020年新增建档立卡贫困人员31人，均纳入政府自助范围并及时办理缴交2020年度城乡居民医疗保险。全县建档立卡贫困人员1.06万人，均由政府资助购买2021年度城乡居民医保及大病保险，资助参保金额296.40万元。

【药品耗材采购】2020年，大埔县医疗保障局规范医疗机构药品耗材采购，组织医疗机构依托深圳平台、广州平台和省平台，通过“带量采购”“量价挂钩”的形式进行跨区域联合集团采购，全县参与医疗机构共18家，上线药品价格综合降幅较大，为群众减轻用药负担。同时，组织全县定点医疗机构参与国家组织药品集中采购。对全县18家公立医疗机构落实药品和医用耗材采购工作进行全覆盖专项督查。梳理总结医疗机构存在的对药品和医用耗材采购工作不重视、管理不到位、未严格执行备案采购制度等问题，现场要求落实整改，不定期进行“回头看”检查，发出督查通报。2020年，药品和医用耗材线上采购占比得到提升，有效促进医疗机构药品和医用耗材采购工作规范完善。

【医保管理服务】2020 年，大埔县医疗保障局按照年度结算对定点医疗机构执行医疗服务协议情况开展考核评价工作，将年度考核评价得分与定点医疗机构服务协议续签、当年度服务质量保证金返还、病种分值结算系数调整等挂钩。完善医疗保障监督管理制度，推动医疗服务的精细化管理，维护基本医疗保险参保人的权益。其中城乡居民医保方面，2020 年扣除全县定点医疗机构分值 5119.47 分，追回违规金额 3.47 万元；职工医保方面，2020 年扣除全县定点医疗机构分值 2499.6 分，追回违规金额 1.14 万元。推进医保标准化规范化建设。健全完善医保经办工作管理制度与工作程序，推进医保公共服务标准化规范化，实施统一的医保政务服务事项和办事指南，推进服务事项网上办理，提升广大参保群众获得感、幸福感。

【医保宣传】2020 年，大埔县医疗保障局在 4—5 月开展以“打击欺诈骗保维护基金安全”为主题的集中宣传月活动，集中宣传解读医疗保障基金监管法律法规与政策规定，强化医保工作人员和参保人员法治意识。建立稳定宣传渠道和平台。与县广播电视台签订《年度医保工作宣传合作协议》，利用电视台《大埔新闻》《民生视线》等栏目和“大埔政务”“大埔发布”等平台宣传医保政策法规、打击欺诈骗保、维护基金安全等内容，营造全社会关注并自觉维护医疗保障基金安全的氛围。

【疫情防控】2020 年，大埔县医疗保障局按照国家医保局“两个确保”的要求做好新冠肺炎疫情防控救治保障，严格落实对确认疑似和确诊患者，采取特殊报销政策，将诊疗使用药品和医疗服务项目费用全部纳入医保基金支付范围，将医保门诊带药时间延长至 3 个月。严格落实参保患者医疗保障和基金支付，将市医疗保障局预拨的 200 万元疫情防控医保基金，迅速划拨到县定点救治医院（县人民医院），减轻定点救治医院垫付压力。疫情防控期间，全县所有定点医保药店销售感冒发热、喉咙肿痛药品实行实名登记制度；落实专人负责参保患者医疗费用情况、预付医疗机构费用情况、疫情工作动态等数据收集、动态监测和统计报送工作。做好阶段性减征职工基本医疗保险工作，减征符合条件的单位和职工基本医疗保险费。全年全县减征 1331 个单位和 1.14 万职工基本医疗保险费，减征额 839.24 万元。

大埔县医疗保障局负责人名录

局　长：黄伟强

副局长：陈克胆　罗育彪

（何爱萍）

退役军人事务

【疫情防控脱贫攻坚两不误】2020 年，按照上级部署要求，大埔县退役军人事务局迅速行动，扎实开展新冠肺炎疫情防控工作。及时发布公告，县退役军人服务中心大厅和各镇（场）及村（社区）服务站暂停对外服务，并引导广大退役军人通过来电、来信及网上信访等方式反映诉求；通过微信工作群、LED 电子显示屏向全县退役军人发布《坚守军人

本色 再立“战疫”新功》倡议书。县爱国拥军促进会响应号召，多方筹措防疫物资，向县红十字会捐赠一次性口罩1万只。在做好疫情防控同时，推进茶阳镇广陵村和沿坑村的挂扶工作。累计投入扶贫济困资金近11万元，帮助共20户建档立卡贫困户在改善生产生活条件、增加收入上想办法、出主意，2020年5月两村20户建档立卡贫困户26人全部达到脱贫退出标准。

2020年9月30日，大埔县在三河坝战役纪念园举行烈士纪念日公祭活动（县委办新闻组提供）

【服务保障体系】2020年，大埔县退役军人事务局为坚持和加强党对退役军人工作的集中统一领导，及时调整县委退役军人事务工作领导小组，涵盖多个职能密切相关的成员单位。县级服务中心、15个镇（场）退役军人服务站按照“五有”“全覆盖”要求完成建设。村级服务站落实“两委”专人负责。落实县、镇、村各级服务机构工作经费并列入财政预算，解决办公用房和配备办公设备设施，各项工作正常运转。县退役军人服务中心（站）星级示范创建工作铺开，五星中心（站）通过省级评审验收，得到退役军人事务部及省厅领导的肯定。

【拥军优抚工作】2020年，大埔县退役军人事务局抓好拥军优抚工作。全县完成采集工作对象数据，并经省厅审核通过。退役军人被纳入各级党政班子“八一”、春节期间走访慰问对象，优秀退役军人代表作为一个群体参加县委、县政府春节团拜会。“八一”、春节前夕，县退役军人服务中心、镇（场）退役军人服务站开展退役军人“大走访”活动，走访率96.4%。配合梅州市复退军人医院开展多场“关爱功臣，送医送药”专题活动，为优抚对象免费送出药品价值约3万元，得到优抚对象及其家属的一致好评。

【就业安置】2020年，大埔县退役军人事务局为符合政策安排条件的转业士官全部安排到公益一类事业单位。完成部分退役士兵保险接续工作，累计完成符合补缴条件退役士兵的录入和初审工作及养老保险和医疗保险的二级审核，完成缴费工作，此项工作位列全市第一。组织全县退役军人参加梅州市退役军人全员适应性培训，参训率100%。为符合条件的退役士兵进行中等职业技能培训。联合县人社局举办退役军人专场招聘会，吸引18家企业参与，提供就业岗位。

【思想政治工作】2020年，大埔县退役军人事务局为加强烈士纪念设施管理保护工作，专门成立大埔县烈士纪念设施保护中心，核定事业编制3名，将烈士纪念设施管理维护资金纳入县财政年度预算，并对大埔县革命烈士纪念碑等6处纪念设施进行修缮保护。组织开展清明节、烈士纪念日祭扫英烈活动以及“八一”建军节期间联合县爱国拥军促进会召开座谈会，搭建拥军平台，引导退役军人为社会做出新贡献。三河镇旧寨村党总支书记吴志辉退伍不褪色，脱贫立新功，带领旧寨村建档立卡 51 户贫困户脱贫奔康。举行欢送新兵入伍和退役士兵返乡报到座谈会。为获得三等功的现役军人家庭送上立功喜报。为抗美援朝志愿军老战士颁发抗美援朝纪念章。

大埔县退役军人事务局负责人名录

局　长：何聪华

副局长：杨文新　罗概良

（黎明翔）

长　寿　事　业

【简述】大埔县长寿事业发展中心成立于 2019 年 12 月，定为正科级、公益一类事业单位，隶属大埔县卫生健康局管理，办公地址位于大埔县城西环路 611 号，办公场所面积 511 平方米。核定事业编制 12 名，其中设主任 1 名，副主任 2 名；设 3 个内设机构（综合股、宣传联络股、产业发展股）。主要任务是：围绕县委、县政府的发展战略和工作思路，充分利用“世界长寿乡”品牌，负责做好长寿养生产业规划、培育、统筹、协调工作；指导长寿品牌保护和发展打造；负责长寿文化研究、探索、挖掘和发展工作；负责牵头做好长寿品牌宣传、长寿文化、长寿经济、老龄事业和养生产业发展等方面工作；负责宣传推介和对外合作交流，加强与社会组织和专业学术机构的联系和合作，共同研究挖掘和推广养生产业，促进长寿事业健康、高质量、可持续发展；协助有关部门做好“长寿养生食品”的发展指导与提升质量工作，促进大埔县长寿产业和养生、饮食、文化、旅游等服务业的融合发展，拉长长寿养生产业链；配合相关单位做好招商引资工作，使长寿养生产业逐步成为大埔县社会经济发展的新兴产业；完成县委、县政府和上级主管部门交办的其他任务。

【党组织建设】根据《中国共产党党和国家机关基层组织工作条例》，为加强党建思想政治工作，发挥党组织政治核心作用和党员先锋模范作用，2020 年 10 月 9 日向中共大埔县卫生健康局直属机关委员会申请成立大埔县长寿事业发展中心党支部。2020 年 10 月 19 日，中共大埔县长寿事业发展中心支部委员会经过中共大埔县卫生健康局直属机关委员会批准成立。通过第一次支部大会选举会议，邓秀丽担任书记，杨志业担任副书记。

【搭建长寿体系】2020 年，大埔县长寿事业发展中心聘请樊代明院士为“健康大使”，“世界长寿乡健康产业发展联盟秘书处（筹）”“国际自然医学会专家研究所”“国际自然医学会专家工作室”挂牌揭幕，推动大埔与知名机构、杰出人物的联系，彰显大埔世界长寿乡品牌形象。编制《大埔世界长寿乡事业融合旅游业发展 2019—2021 年营销推广战略策划书》。

【优化品牌推广】2020 年，大埔县长寿事业发展中心抓好优化品牌推广工作。打造大埔长寿文化馆。为了利用好“世界长寿乡”品牌的无形资产，将大埔打造成“梅州康养文旅融合之星”，聘请专业公司进行设计和布展，打造大埔县长寿文化馆。展馆总布展面积 906.90 平方米，以现代布展方式为主，融入客家元素，古今融合，相得益彰，各大板块图文并茂，内容翔实，融知识性和趣味性于一体，将成为大埔县长寿事业发展的精品，成为全县对外宣传的靓丽窗口。该馆投入420万元打造，于2020年12月底改造升级完工。参加第七届中国国际老龄产业博览会。组织县内名优企业推介大埔县独具特色的养生长寿产品，加强长寿品牌宣传力度，展示世界长寿乡独特魅力，提升长寿事业内生动力。开通“长寿大埔”抖音号、优化“长寿大埔”微信公众号，推动“长寿大埔”品牌融媒体宣传推广矩阵。创作、拍摄大埔长寿形象歌曲《心灵的故乡》，在广东省第三届茶叶产业大会开幕式上发布，得到与会嘉宾领导的肯定和广大群众的喜爱。委托第三方公司在百度百科强化“大埔世界长寿乡”词条的网络营销、宣传，提升大埔世界长寿乡的网络热度和传播力。此外，根据不同时间节点，结合大型主题活动需求，联合国内、外主流宣传媒体进行全方位宣传。在宣传方式和宣传内容上，形成专题宣传、新闻宣传、歌曲宣传、汉乐宣传、微视宣传等宣传格局。成功举办2020年“重阳庆寿系列活动”，组织“颁寿匾”“奉寿金”“赠寿幅”等活动，在全县上下营造“敬老、爱老、助老”的良好社会氛围，提升大埔世界长寿乡的知名度和美誉度，使大埔成为人人都向往的长寿福地和养生家园。

【延伸产业链接】2020年，大埔县长寿事业发展中心抓好延伸产业链工作。康养旅游。结合市委文旅康养融合之星定位，重点打造康养生态旅游。推出“红色+旅游”“农业+旅游”“水利+旅游”“医养+旅游”等健康旅游服务产品；指导瑞山生态旅游度假区成功申报国家AAA级旅游景区；成功举办梅州柚子宴暨2020大埔美食旅游季系列活动，引客入埔，开展大埔长寿品牌营销，让游客感受“世界长寿乡”的魅力。医养产业。增强中医药服务能力，推动县级中医特色专科建设；开展中医药健康服务，通过入村入户服务、健康体检、日常门诊等形式为65岁以上老年人开展中医体质辨识、中医药保健指导等。康养农业。成功举办第一届“供销e家”全国采销大会和“世界长寿乡·中国大埔梅州柚·大埔蜜柚”推介会、2020年广东梅州柚·大埔蜜柚开采节暨产销对接会、“长寿之乡嘉应茶 一芽一叶吐芳华”第三届广东茶叶产业大会等，扩宽销售渠道，提升农业品牌。大埔乌龙茶成功入选全国名特优新农产品名录。大埔蜜柚成功入选中欧“100+100”地理标志互认互保产品。大埔县被认定为“大埔蜜柚广东省特色农产品优势区”。

【对外沟通联系】2020年，大埔县长寿事业发展中心抓好对外沟通联系工作。强化与国际自然医学会的沟通协调。争取到国际自然医学会的支持与帮扶，博士王智墨8次到大埔县调研，对大埔县世界长寿乡事业发展进行规划指导，引进知名康养团队华正集团到大埔县考察投资，推动康养产业提速发展。强化与德安杰环球顾问公司的合作。联合国世界旅游组织专家、教授贾云峰团队多次到大埔考察大健康产业，就大埔县康养蜜柚小镇的规划达成合作，力争进入国家“千企千镇”国家级项目库，打造康养产业发展示范区。开展“长寿+”对接工作。组织县长寿文化研究会、县陶瓷产业研究会办公室、县蜜柚产业协会、县茶叶产业协会、县小吃研究中心加入中国出入境检验检疫协会生态原产地分会；引进西京消化病医院等知名机构，成立西京消化病医院大埔整合医学中心等，推动大健康产业发展。

大埔县长寿事业发展中心负责人名录

主　任：邓秀丽（女，2020.7—）

副主任：杨志业（2020.5—）

罗淑珍（女，2020.3—）

（廖广威）

镇场简况

湖 寮 镇

【简述】湖寮镇地处梅潭河中游，是大埔县城所在地。东邻百侯镇、西河镇，西接三河镇、大麻镇，南依高陂镇，北靠茶阳镇、西河镇。有国道G235线、省道湖上线S221线经过。2020年，全镇区域面积201.46平方千米，耕地面积834.10公顷，山地面积2万公顷。管辖19个村民委员会、4个居民委员会和1个林场，335个村民小组。全镇户籍总人口8.89万人。

【农村经济】2020年，湖寮镇农村经济总收入9.58亿元，农民人均纯收入1.57万元，分别同比增长1.8%和6%。

【基础设施建设】2020年，湖寮镇抓好各项基础设施建设。璜腾坑至高道联络线工程全线完工并投入运行；双坑至双髻山旅游产业公路新建工程完成全线路基建设；省道S221线湖寮至枫朗段、梅潭河三河至湖寮段碧道等建设项目扎实推进；“四好农村路”沙土路改造工程完成，实现自然村通主要道路100%硬底化建设；岭下村口新增一处“平安村口”安全设施；全年清理土石方3万立方米、浆砌护坎970立方米。还实施肉联厂除险加固和双髻山旅游公路水毁修复工程，消除交通安全隐患。实施总投资约1600万元的农村饮水工程，45个饮水点有28处完工通水。污水处理设施氧化塘建设。合理利用上级资金342.81万元，做好农村人居环境整治污水处理设施，县城规划区外的14个行政村18口氧化塘工程建设基本完工并陆续投入使用。同时，投入400万元用于各村环境卫生整洁和河道水面保洁，清理河流长度26.50千米，打捞水面漂浮物45吨。配合县水务局做好北岸堤水路工程建设，加固堤围1.50千米，道路建设1千米，投入资金3500万元。配合完成县城备用水源山丰水库及管道铺设2宗工程建设征地任务。水电管理：定期对辖区内的26家小水电站进行安全生产检查，做好安全生产宣传工作，强化责任意识，确保把安全隐患消除在萌芽状态。

【新农村建设】2020年，湖寮镇推进农村人居环境综合整治，清理垃圾、杂草、漂浮物等2290吨，拆除废旧猪舍牛栏、旱厕茅房、乱搭乱建等三旧设施3040处、5.64万平方米，整治生活垃圾、生活污水、水体污染986宗。截至2020年7月，全镇已有19个村通过县级“三清三拆三整治”“回头看”考核，达到干净整洁村以上标准，其中莒村村、密坑村达到美丽宜居村标准。推进“厕所革命”。累计投入 167.85 万元，完成 106 个户厕改造和 51 座农村卫生公厕建设，实现农村无害化厕所 100%普及，基本消灭农村旱厕。

【农业】2020 年，湖寮镇做好粮食生产工作。推进科学施肥技术，指导农户科学施肥，发动农户使用测土配方施肥；推广病虫害专业化防治技术，做到定期测报、资料宣传、科学防治；水稻种植应用良种良法，水稻塑料软盘育秧技术达 95%，指导农户掌握合理密植技术。推广蜜柚主导产业生态栽培技术。以蜜柚主导产业基地建设为示范带动推广平台。抓好春季蜜柚疏花、疏梢、根外追肥保果、疏果等营养管理，推广优质有机肥施用、普及测土配方施肥技术、推广生草栽培、生物防治、高效低毒、低农残新农药等病虫无害化防控技术，推广柚果套袋质量安全新技术。同时，完成蜜柚实体调研面积 1000 公顷。做好病虫害动态监测。加强草地贪夜蛾、红火蚁、柑橘黄龙病等农作物疫情防控工作，按时开展虫情、病情会商，做到早发现、早预警、早防治。全年向各村印发农作物病虫害预测预报 10 期，发放宣传资料 350 份，发放防控药物 23 箱。做好 2019 年耕地地力保护补贴面积核实 5765 户、补贴面积 697.85 公顷，2020 年耕地地力保护发放补贴资金 85.52 万元。加强农产品质量监管。配合县农业农村局农产品和农资产品的系列执法检查活动，对辖区内的 20 间农资生产经营门店开展以种子、农药、肥料等专项集中整治。做好“一村一品、一镇一业”建设项目申报工作。双髻山村、黎家坪村、下坜村、大安村、双坑村以蜜柚专业村申报入库。加强农村沼气安全生产自查和整改工作，严格执行沼气安全生产责任制，督促各村做好沼气安全生产的排查，消除隐患，发现问题，及时整改。核查沼气 134 个。做好政策性水稻种植保险实施工作。全镇水稻种植保险面积 6 公顷，蜜柚种植保险面积 91.80 公顷。对全镇 28 名科技示范户做好技术服务。每名技术人员联系 2 名科技示范户，科技示范户主导品种和主推技术的入户率 100%。

【工业】2020 年，湖寮镇科学统筹推进新冠肺炎疫情防控和经济社会发展，规上工业实现 9.5%的增长。新增 1 家规上工业企业梅州市鸿富瀚科技有限公司，累计有 8 家规上工业企业。

【旅游业】2020 年，湖寮镇配合上级工作，大埔县成功创建省级全域旅游示范区。聘请设计单位对莒村村、长教村、长新村的新农村建设和乡村旅游方案进行规划设计，并与县公路部门对接，共同研判 G235 国道道路提升和人行辅道修建实施方案的制订工作。

【国土环保】2020 年，湖寮镇查处违章建筑 16 宗，加强土地利用和城乡建设的规范管理。同时，开展临时建筑（铁皮瓦）集中整治工作，拆除整治铁皮瓦 3077 平方米。边坡治理，完成 15 处存在重大边坡安全风险的削坡整改工作，有效减少和避免因削坡建房引发的地质灾害。整治违法野外用火，查处违法野外用火 91 次，收缴违法野外用火工具镰刀、锄头 52 把，责令相关违法人员书写检讨书 13 份。生活垃圾处理，开展农村生活垃圾处理费征收工作、全域推进农村生活垃圾网格化上门收取工作、完善“户投放、村收集、镇转运、县处理”的农村生活垃圾处理机制，其中城西社区同仁小区率先进行垃圾分类的试点工作。整治非法采砂，采取每月定期巡查与突击检查相结合的方式对辖区内的采砂点进行管理，宣传、规劝为主，上级执法部门强制拆除、扣留为辅，有效遏制水事违法行为，维护水事管理秩序。

【科教文卫体】2020 年，湖寮镇抓好文化工作，参加广东省综合文化站评估定级工作，逐条逐项补齐短板、完善资料，成功通过创

2020 年 10 月 30 日，湖寮镇科学技术协会第一届代表大会召开（湖寮镇提供）

建省特级综合文化站初评。文化站全年新增图书 500 册，订阅报刊 12 种。全年全镇户籍人口出生 756 人，其中一孩 316 人（政策内 308 人），二孩 317 人（政策内 306 人），三孩及以上 123 人（政策内 37 人）；死亡 385 人，新婚 349 人。全镇党员干部第一时间响应党委号召，组成党员先锋队，深入社区新冠肺炎疫情防疫一线，坚持与社区干部站在一起、与广大人民群众站在一起，发挥党员干部冲锋在前、引领在前的示范带动作用，团结凝聚群众参与防控，形成强大的抗疫合力，筑牢联防联控、群防群治的格局，取得抗疫工作的阶段性胜利，并获市抗疫先进集体称号。

【社会保障】2020 年，湖寮镇加强社会养老、社会救助、残疾人保障、关爱留守儿童等工作。新增农村低保 15 户 35 人、城镇低保 19 户 45 人，新增事实无人抚养儿童 17 人，新增特困人员 15 人。同时，清退不符合低保家庭 98 户、不符合低收入家庭 5 户、不符合特困人员 3 人。全年发放 80 岁以上高龄老人津贴 2062 人 99.60 万元。完成 80 户困难残疾人无障碍改造工程；发放残疾人重度护理补贴、生活津贴 1766 人次 463.17 万元；完成 2021 年度重度残疾人合作医疗补助工作，合计 19.63 万元。为 1066 户 3098 人次的计生家庭投保意外伤害保险，为全镇户籍年满 60 周岁以上的老年人 1.37 万人次投保老年人意外伤害综合保险，为 917 人次农村纯生二女结扎、农村一孩结扎户全额参加 2021 年度城乡居民基本医疗保险。退役军人服务保障。走访慰问困难退役军人及其他优抚对象 882 人次。2020 年，对标五星级，争创全县星级示范站创建标杆，率先完成退役军人服务站星级示范创建工作。精准扶贫。现行标准下全镇 266 户 503 人建档立卡贫困人口全部稳定脱贫，返贫预警监测、产业扶贫、就业扶贫、消费扶贫等工作有效开展。同时，实施遍访贫困户行动，镇级自筹 10 万元，为贫困户添置生产生活器具，修缮房屋设施，整治周边环境卫生。

【社会治安】2020 年，湖寮镇抓好化解社会矛盾，全年累计排查受理各类案件 288 宗，其中群众来访 27 宗、上级交办案件 83 宗、市民热线（网访）案件 179 宗，结案 266 宗，结案率 92.4%。对标“六清”行动要求，打好“扫黑除恶”专项斗争。抓好防范打击电信诈骗、禁毒铲种治理，依法严厉打击各类违法犯罪活动，“平安湖寮”建设加强。老旧小区治理，以县城创建全国文明城市为契机，组织物业管理公司为县城主要路段沿线 38 个无物业小区提供体验式的临时物业管理服务，提升居民自主购买物业管理服务的意愿。同时，会同物业管理公司对城区无物业小区进行调查摸底，选出条件较好的小区作为示范点，探索一套可推广的无物业小区规范化管理模式，解决老旧小区基础设施老旧、公共服务设施缺失、治安卫生环境缺乏管理、安全隐患严重等历史遗留问题。安全生产监管，与各村（社区、林场）、生产经营单位签订安全生产责任书49份，并开展安全生产隐患排查治理行动，进行安全生产检查183次，发现安全隐患9宗，整改率100%。抓好危险化学品综合治理、安全生产大检查等工作，全年未发生安全生产事故，安全生产形势稳定。基层治理，突发事件预防预警和应急处置体系得到健全，城北社区和福坪社区完成综合减灾示范性社区创建。抓好全镇村（社区）“两委”换届选举工作。

【党建工作】2020年，湖寮镇党委推进“两学一做”学习教育、“不忘初心、牢记使命”学习教育常态化制度化，发挥镇党校的政治教育阵地作用，丰富学习教育的形式和内容。举办《习近平谈治国理政》第三卷和《中华人民共和国民法典》学习辅导讲座、党章党规党纪教育培训班、习近平新时代中国特色社会主义思想和中共十九届五中全会宣讲等11场次的学习教育活动。镇党委把发展党员作为加强基层组织建设、维系党群关系的一项重要内容，深入挖掘群众中具备先锋模范带头作用的先进分子，由组织部门、驻点领导、主要领导把关、谈话，规范入党程序，提高党员质量，新发展的党员14人，其中35岁以下有7人，大专学历以上有6人。严格对照前期巡察、审计发现问题，改善基层党建中存在的短板弱项，其中对2020年村级巡察发现的202个问题意见，逐一制订整改方案，立行立改、边做边改，及时矫正基层党组织在执行政治纪律规矩上的偏差，推进基层党组织的规范化建设。综合运用监督执纪的“四种形态”，做到宽严相济，全年累计谈话提醒镇、村干部48人次，执行党纪处分14名。

【项目建设】2020年，湖寮镇党委、政府面对堤水路、岭下奥园广场、过境公路（二期）、虎源路应急避险场所、县城工业小区等积存数年无法突破且严重影响项目实施的项目堵点，成立项目攻坚专班，完成项目积存多年的3座房屋的拆除和1个花木场的搬迁，实现项目积存问题清零，且未形成新的信访矛盾。此外，按照项目建设进度要求，完成年度新增0.83公顷毓寿桥建设项目、4公顷的湖枫公路建设、3.46公顷的茶叶产业园、1.44公顷的大埔县冷链冻库厂项目、6.97公顷的俊塔混凝土搅拌站迁建、10.12公顷的高圳新区（二期）等6个项目的依法征地拆迁任务，并确保城东“三旧”改造、进工业园大道提升改造、下坜蜜柚小镇等项目无障碍施工。

【创建文明城市】2020年，湖寮镇做好清洁员，为创建文明城市“清肠道”。结合环境卫生整治，4个社区迅速动员组建起“创文”志愿队，用一周时间，就清理城区36个无物业小区近千处“牛皮癣”和13个公共花园卫生保洁工作，打通创建文明城市的“管道”。做好管理员，为创建文明城市“正衣冠”。整治各类影响镇容、镇貌的乱象，配合市场监管部门、交通部门，合力治理乱停乱放、乱搭乱建等违规现象，对全镇各个无物业管理小区状况进行排查整顿，完成国泰花园、伟业花苑、中心花园、瑞和苑等小区50辆“僵尸车”的清理工作，还市民一个整洁的居住空间。同时，在109个居民小区逐步设置市民公约、“文明健康、有你有我”等436块小型公益广告栏；对照标准完善4个社区家长学校、未成年人共享活动场所的建设；完成涵盖未成年人各类活动设施、13项管理制度完备的300平方米的乡村学校少年宫的打造；成功把“创文”工作与各党支部习近平新时代中国特色社会主义宣讲、社会主义核心价值观宣讲、主题党日等党内活动相结合，引导广大党员参与到创文活动中，带动人民群众共创文明城市，共享文明成果，共筑中国梦。

湖寮镇党委、人大、政府负责人名录

党委书记：何政文（—2020.7）
邓瑜瑾（2020.7—）

副 书 记：廖周磷（—2020.1）
邓瑜瑾（2020.1—2020.7）
朱益山（2020.7—）
何苑平（女）　林紫鹏

党委委员：黄竞国　赖永铭（—2020.9）
杨栋才　蓝集良　肖胜良
钟用柱　饶　勇
朱　芳（女，—2020.1）
徐志威（2020.9—）
刘启明（2020.4—）
余　煜（2020.7—）

人大主席：李万贤

副 主 席：贺佳胜

镇　　长：廖周磷（—2020.1）
邓瑜瑾（2020.1—2020.7）
朱益山（2020.7—）

副 镇 长：黄竞国　张创新　林建新

（杨桃）

百　侯　镇

【简述】百侯旧称“白堠”，民国以后改为百侯，取“多出人才”之意。百侯镇位于大埔县东部，西接湖寮镇，东连枫朗镇、大东镇，北靠西河镇，南依枫朗镇、高陂镇，是距县城最近的一个镇，仅11千米，交通便利，省道S221湖上线贯穿其中。2020年，全镇总面积112.27平方千米，有山地7038公顷，耕地面积863.27公顷，其中水田面积765公顷。下辖14个行政村和1个居民委员会，285个村民小组，有2.96万人，素有“文化之乡、华侨之乡”的美誉。

【农村经济】2020年，百侯镇经济保持平稳增长，各项经济指标完成。围绕经济建设这一中心，抢抓发展机遇，优化发展环境，破解发展难题，镇域经济综合实力实现明显增强。累计完成县重点项目建设投资1000万元。

【基础设施建设】2020年，百侯镇抓好帽山村上炉至下炉等近15千米“四好农村路”建设任务；实施完成侯北村至苏姑坪村近9千米道路拓宽等系列村级道路提升工程；协力完成百侯镇老街至百侯中学公路改造工程，推进省道S221线湖寮至枫朗段改建工程征地拆迁工作，加快构建互联互通快速对外的便民交通体系。推进“村村通”自来水、镇级自来水工程建设，改善群众生产生活条件。完成拆旧复垦23.67公顷土地立项，其中21.24公顷土地基本通过项目验收，有效盘活闲置土地资源。

【农业】2020年，百侯镇形成果、林、蔬、烟、畜并举发展的农业产业化格局。推进“一村一品”“一镇一业”产业布局，扩大特色农产品种植规模，以“侯北葡萄”特色种植为示范，依托华农互联现代农业科普馆，累计开展2期栽培技术培训班。推进农业产业结构优化升级，新实施“白罗花生”“新乐蜜柚”2个“一村一品”项目建设，成功被认定为广东省“一村一品、一镇一业”蜜柚种植专业镇，侯北村被认定为广东省“一村一品、一镇一业”葡萄种植专业村，新乐村被认定为广东省“一村一品、一镇一业”蜜柚种植专业村。推进高标准农田建设，修筑侯南、旧寨里、软桥等7个村沟渠共44条，总长19.31千米；横梁共203条；人行道板共44条；涵管25条；修筑田间道路共10条，总长2.31千米。项目建成后，农业生产基本条件及生态环境得到改善，改善灌溉面积280公顷，改善排涝面积120公顷，新增节水灌溉面积260公顷，年节水量79.34万立方米。新增粮食28万公斤，新增蔬菜2.80万公斤，新增种植业总产值63.84万元。项目区农民纯收入总额增加52.60万元，农民人均纯收入增加193.20元。

2020年8月16日，开展“传承弘扬好家风好家教”家庭教育大讲堂活动（百侯镇提供）

【旅游业】2020年，百侯镇围绕县规划建设客家民俗文化景观带、梅江—梅潭河风光带及东部客家风情旅游区定位，推进旅游产业提质增效。投入1000万元打造百侯镇旅游慢道，抓好景区配套设施、非遗文化展馆、旅游精品酒店等项目建设，提升旅游服务质量。与梅州市广播电视台签约持续深化牵手合作，发挥企业资本雄厚、传媒资源丰富等优势，百侯名镇AAAA级旅游景区实现专业化、市场化运营管理。梅州市广播电视台还在百侯古镇挂牌成立客都影视基地，吸引全国影视制作单位前来取景摄制，活化客家文化，放大古村古镇实景价值。

【国土环保】2020年，百侯镇开展城乡环境综合整治和“两美”行动，坚持把农村人居环境整治作为“一把手”工程，全面动员、全民行动。定期巡河，实现“河畅、水清、堤固、岸绿、景美”的总目标，推进“清四乱”和“五清”专项行动，并增置一辆压缩勾臂车对镇区垃圾实施全面转运；在全镇各村投放320个垃圾桶及10个垃圾箱，有效强化镇、村环境基础设施。

【科教文卫体】2020年，百侯镇抓好新冠肺炎疫情防控常态化工作，推进文化、教育、卫生等工作的开展，促进科教文体事业繁荣。加大教育投入，实施“教育强镇”战略。树立科教兴镇理念，优先发展教育事业，增加教育投入，完善教学设施建设，促进教育均衡发展，培养高素质人才，全镇有幼儿园2所、小学3所、中学1所。引导发展民间艺术团队，开展群众性文体活动。支持培养广东汉乐演奏队、太极拳协会、舞狮队等民间艺术表演队伍，弘扬百侯传统民间艺术形态；结合春节、“五一”、“十一”等法定节假日，举办乒乓球、篮球比赛，活跃群众文娱氛围，在全镇掀起全民健身热潮，几乎每天在各个公园都可以看到群众打太极、跳健身舞的身影。

【新农村建设】2020年，百侯镇推进“三清三拆三整治”，发动党员干部、村民理事会带头作用，全民参与。累计清拆废旧猪舍房屋324间5303.43平方米，14个行政村全面通过县“三清三拆三整治”工作督查考核验收。加强常态化管理，编制完善14个行政村村庄整治规划，并统一实行网格化管理，加强村级日常卫生管理，巩固城乡环境整治工作成效。组织好“文明卫生之家”等评选活动，突出示范带动作用，形成全民参与“讲究卫生、爱护环境”的行动自觉。加大人居环境工程建设力度，实施完成镇级污水处理厂、侯北村污水处理厂项目建设，实施村级景观节点绿化美化工程、白罗村文体广场建设等系列工程项目，提升镇村净化、美化、绿化、亮化水平，营造宜居宜业宜游环境。侯南村于2020年获评全国文明村称号。落实“河长制”工作责任，镇、村两级河长累计开展巡河1733人次，共发现、整改问题207宗。

【社会保障】2020年，百侯镇聚焦“两不愁三保障一相当”，落实各项帮扶政策，注重扶贫与扶智相结合，多措并举提高贫困户的收入，实施光伏产业扶贫项目，为贫困村、贫困户拓宽收入来源，壮大经济实力。完成县下达的脱贫指标任务数，352户794人全面退出相对贫困户，实现退出率100%。抓实政策落实，全镇农村贫困户子女九年义务教育阶段入学率100%，100%落实教育生活补助。全镇的在册贫困人口100%全额代缴参保2020年度城乡居民医疗保险，并100%完成最低生活保障，贫困人口安全饮水得到落实。各村累计统筹各项扶贫资金317万元购买化肥、鸡鸭兔苗、割草机等发展种养业，同时在南山村党群服务中心及旧礼堂楼顶发展分布式光伏发电项目规模129.35千瓦；在白罗村村委楼顶及旧学校楼顶发展分布式光伏发电扶贫项目规模178.75千瓦。贫困户劳动力转移就业总人数205人，公益性岗位安排贫困户就业11人。各村开展消费扶贫销售农特产品的消费扶贫款共32万元。聚焦基础建设，统筹非省定贫困村新农村建设项目25个，省定贫困村新农村建设项目23个。推进村村通自来水工程，完成除侯南自来水厂、侯北自来水厂、软桥、青坑、石结外等15个工程任务；新乐村、曲滩村和软桥村纳入人居环境综合整治供水工程，8个工程点共计投资约150万元，完成除新乐村湖项供水工程外的其他工程任务。侯北村、旧寨里村、帽山村、软桥村、东山村纳入人居环境农村生活污水整治项目，实施10个氧化塘工程。协助省道S221线大埔县湖寮至枫朗段公路改建工程、大潮高速公路大漳支线枫朗互通连接线工程征地工作，完成土地征收面积45.72公顷。聚焦民生保障，推动数字政府改革建设工作，提升一体化政务服务能力，全年办件量2400件，办结率100%。做好政务服务“好差评”工作，群众满意度高，投诉率为0。举办建档立卡贫困人员技能培训5场，参训人员306人次。落实保障农民工工资支付制度，根治拖欠农民工工资行为，全年无发生农民工上访事件。2020年度，城乡居民养老保险和医疗保险县级下达的任务基本完成，死亡人员违规领取养老待遇追缴45人。加快推进全镇居民建立纸质健康档案。

【社会治安】2020年，百侯镇以维护社会稳定为首要任务，以创建“平安百侯”为载体，创新社会管理，维护政治稳定和社会安定。加大全镇信访维稳工作力度，创新社会管理、与驻点直联工作相结合等手段，及时把矛盾纠纷化解在基层，受理各类矛盾纠纷12宗，调解率100%，调解成功率95%。镇接访信访案件2宗，全部成功处理；上级信访部门交办23宗，成功处理22宗，未发生一起群体性事件。侯南村成功创建“广东省民主法治示范村”，“一站式”服务基层社会治理经验得到省委常委张虎的肯定。结合“扫黑除恶”专项斗争，形成全方位、深层次的高压严打态势，办理上级交办案件1宗。加强安全生产工作，全年整改消除安全隐患10宗；严格实行防火禁令，做好森林火灾防控宣传，走村入户，发放各类宣传资料7400份，动员广大镇村群众以主人翁的姿态，参与其中，合力共建平安百侯。全镇全年未发生一起较为严重的山火事件。

百侯镇党委、人大、政府负责人名录

党委书记： 邓越林

副 书 记： 江维杰　李瑞杰

钟丽惠（女，—2020.1）

党委委员： 邱建华　李敏逸　廖璐茜（女）

罗庆丰（2020.4—）　段及敏

曾勇夫（—2020.3）　廖武锋

袁　中（2020. 4—）

人大主席： 何荣朋

副 主 席： 刘千和

镇　　长： 江维杰

副 镇 长： 温向国　肖栋超

（*黄晨峰*）

枫朗镇

【简述】枫朗地处梅潭河上游，位于大埔县的东南部，东邻大东镇、福建省平和县九峰镇，南与饶平县上饶镇相连，西接高陂镇，北依百侯镇，距县城19千米，省道S221线、S227线贯穿其中，大潮高速（大漳支线）公路经过镇内（有枫朗出口），是古今东进闽南，南下潮汕的交通要塞。2020年，枫朗下辖23个村民委员会，338个村民小组，总人口5.27万人。全镇区域面积167.83平方千米，山地面积1.29万公顷，耕地面积1185.93公顷。

【农村经济】2020年，枫朗镇农村经济总收入13.73亿元，同比增长3.9%；农村人均年纯收入1.75万元，同比增长9.3%；各项经济指标均实现增长。

【基础设施建设】2020年，枫朗镇完成“四好农村路”建设里程22千米；整治农村削坡建房风险点40户；镇区及大埔角村2座污水处理厂开始运行，日处理量为400吨；村村通自来水工程完成16个村的建设，人居环境集中供水项目完成12处建设；完成新农村氧化塘建设23个，人居环境污水处理设施建设9个，一体化污水处理设施4个，施工中氧化塘2个，完成农村户用厕所335户，完成公厕33座。3个市、县重点项目完成全年投资额，推进五个省定贫困村71个项目、18个非省定贫困村87个项目、上山下先行示范村22个项目、红色经典线路4个项目建设；结合重点项目建设，联结“三镇十村一场”，完善西岩茶场、崠顶湖茶场和三溪茶场观光园的建设，茶叶种植面积2933.33公顷；完成龙公坑农业生态园项目建设，在东城村引进蜜柚加工厂、隔背村腐竹加工厂开工投产。

【农业】2020年，枫朗镇落实各项惠农政策，做好耕地地力保护补贴和水稻保险工作。全年累计发放耕地地力保护补贴面积1219.41公顷，补贴金额149.44万元；完成水稻保险2039.41公顷，完成水稻34户农户2.27公顷的受灾赔付工作，共赔付农户 1.15 万元；完成蜜柚承保面积 228 公顷，赔付蜜柚保险 11.55 万元。做好“一村一品、一镇一业”入库申报工作。按照省、市、县关于“一村一品、一镇一业”的相关工作部署，推荐符合条件的梅州绿盟农业发展有限公司进行项目入库，其中 2019 年入库的上山下村、和村村、梅溪村、龙公坑村 4 个村的专业村项目通过县政府审批，进入项目实施阶段。抓好农作物病虫害测报与防治，做好病虫害动态监测，按时开展虫情、病情会商，做到早发现、早预警、早防治。全年举办防治技术培训班 6 期，免费发放宣传资料 1500 份，向各村印发农作物病虫害预测预报 10 期。

【旅游业】2020 年，枫朗镇立足红色资源丰富、绿色产业基础好和旅游线路前景好的优势，以大埔角“红色村”为龙头，西岩万亩茶文化产业园为抓手，构建“一核一轴两翼多园区”空间布局，打造红色党建引领绿色发展示范带。11 月，成为广东省第三届茶叶产业大会的现场参观点，凯达茶业被评为十大好春茶（乌龙茶类）之一，向全国全省递出一张枫朗“名片”。

【国土环保】2020 年，枫朗镇围绕完成“三清三拆三整治”的目标，“地水空”立体推进人居环境整治，清理房前屋后和村巷道杂草杂物、积存垃圾 3208 吨，拆除危、弃房 1975 间、2.43 万平方米，清理沟渠池塘溪河淤泥、漂浮物和障碍物 1513 吨。大埔角村“四网整合，多杆合一”综合整治示范点进行项目立项。坚持生态治理点面结合。按照“八村联动”工作要求，综合开展专项行动，拆除违章建筑 6 处、有效制止占用水田建房 4 处、整治 2 处非法洗砂点；投入 60 万元清理水浮莲，清理长度 8 千米，清理面积约 1.50 万平方千米；开展网箱整治，出动执法人员 100 人次、执法艇 1 艘，清理非法网箱 8 处、河道拦网 10 处、铁皮棚 1 处。

【科教文卫体】2020 年，枫朗镇抓好新冠肺炎疫情防控常态化工作，组织广德中学、石云中学、双溪学校、日新小学参加 2020 年大埔县文化馆总馆联动各镇分馆宣传中共十九届五中全会精神文艺演出。推进教育事业发展，石云教育促进会发放奖教奖学助困金 10 万元，2020 年全镇 8 名学生在小升初考试中被虎山中学录取。全年全镇出生人口 519 人，出生率 10‰，其中：一孩出生 177 人，政策内 177 人；二孩出生 213 人，政策内 199 人；多孩出生 129 人，政策内 17 人。政策生育率 75.7%，性别比 135.91，自然增长率 2.6‰。

【社会保障】2020 年，枫朗镇把各项民生保障措施落实到位，参加城乡居民医疗保险人数 3.90 万人，困难群众医疗救助 240 人，特殊医疗救助 4 人，建档立卡贫困劳动力转移就业人员 159 人。聚焦“两不愁三保障”，在补足短板上下功夫，2016—2020 年投入 3124.14 万元，完成 172 个扶贫项目建设，2020 年脱贫 469 户 1070 人，脱贫率 100%。6 月全部贫困户实现脱贫退出，5 个贫困村实现脱贫摘帽，贫困户人均收入 1.53 万元。削坡建房保民生，完成农村削坡建房风险点 40 户的整治工作，其中低风险 3 户、中风险 30 户、高风险 7 户，等待县级相关部门验收。

【社会治安】2020 年，枫朗镇组建由 114 名普查员、24 名普查指导员组成的普查队伍，完成第七次全国人口普查工作。贯彻实施“七五”普法工作，开展“法律六进”活动 27 次，悬挂横幅 35 幅，开展村级讲座 23 次。开展扫黑除恶、防电信诈骗、禁毒等宣传活动 20 场。强化社会矛盾化解工作，全年排查各类矛盾纠纷 46 宗，调处成功 43 宗。对加油站、矿山、烟花爆竹等经营单位开展 375 间次生产单位安全隐患排查；组织镇、村干部对全镇水库、地质灾害隐患点、削坡建房户等风险隐患进行排查，发放 9889 份《致群众的一封信》。

枫朗镇党委、人大、政府负责人名录

党委书记：何维龙（—2020.1）
廖周磷（2020.1—）

副 书 记：罗长江　黄大鹏
邓初阳（2020.4—）

党委委员：罗焕新（2020.7—）　余善谋
赖建宁　张聪贤　肖伟能
邓初阳（—2020.3）
罗志杰（2020.7—）
李裕勤（女，2020.9—）

人大主席：邓增城（—2020.7）
刘尚荣（2020.7—）

副 主 席：罗红明（2020.7—）

镇　　长：罗长江

副 镇 长：罗焕新　蒋琳琳（—2020.5）
刘文彪（2020.9—）

（李盛广）

大东镇

【简述】大东镇位于闽粤两省三县（平和、饶平、大埔）、一区（永定）的交界处，东与福建省平和县的长乐乡、九峰镇相邻，北与福建省永定区的湖山乡相邻，西与百侯镇、西河镇相连，南与枫朗镇、饶平县的饶洋镇连接。镇内有省道S227线经过，还有大潮高速（大漳支线）大东出口。2020年，全镇总面积98.27平方千米，辖泮溪、东光、西坑、坪山、家荣、三坤、岩东、富溪、进滩、柘林、白土、联丰、福光13个行政村，171个村民小组，有2.33万人。镇政府设在塘市圩，距县城35千米。

【农村经济】2020年，大东镇农村经济总收入5.55亿元，同比增长8.3%；农业总产值5.02亿元，同比增长10.8 %；农民人均纯收入9001元，同比增长9%。

【基础设施建设】2020年，大东镇以构建“内畅外联”的交通网络为目标，大潮高速（大漳支线）大东出口建设落户至福光村禾花坑口。在确定了高速出口施工方案后，镇、村干部用两个多月时间完成征地工作，确保无障碍施工。农村垃圾分类投入230万元，建垃圾减量中心，各村发放分类垃圾桶。大潮高速（大漳支线）公路施工损毁路段修复工程投入714万元，完成东光至广福亭路段修复；坪山至联丰旅游公路改造累计投入2880万元，将路基扩宽至7.50米、路面扩宽至6.50米。农贸市场建设投入40万元，结合“三旧”改造，建设农贸市场；塘市街口“三旧”改造项目投入1096万元，塘市入口两栋钢筋混凝土建筑，采用客家骑楼风格，青砖饰面。镇区到坪山游客中心道路绿化、亮化、美化投入280万元；进镇道路节点提升、泮溪村民居外立面改造投入160万元，以镇特色景点及文化特质为切入点，选取沿线重要绿地节点，空间通过雕塑、文化墙、宣传标语、客家建筑小品等景观元素打造旅游景观廊道；东光秘境民宿建设投入1200万元，建设集休闲、娱乐、饮食于一体的度假基地。大东镇在集中供水、污水处理设施建设项目上累计投入资金206.75万元。全镇审核通过农户建房申请并发放规划许可证85份，拆除“两违”建筑两处，共计200平方米。

【新农村建设】2020年，大东镇抓好新农村项目建设。4个省定贫困村投入1396万元用于道路硬底化、村民休闲场所等项目建设，项目总体进度为85%。农村人居环境综合整治方面，总投资300万元，建立垃圾兑换超市运行体系，确保垃圾分类和减量中心正常运行。坪山村沿省际边界美丽乡村建设方面，于2020年12月完工，总投资800万元，对坪山上、下围及梯田景区进行改造，建设客家神田文化休闲区、停车坪等，营造旅游公路文化氛围。东光村沿省际边界美丽乡村建设方面，于2020年5月完工，总投资895万元，推进塘市街口修缮改造，新增中心花园节点、党建文化广场、塘市驿站等。

【农业】2020年，大东镇坚持以产业扶贫为重点，注重资源整合，压紧夯实脱贫攻坚责任，发挥党建引领作用，因地制宜，抓住各村特点，发展“一村一品”特色产业，其中4个省定贫困村——柘林村发展火龙果，福光村发展蜜柚、茂谷柑，白土村发展板栗，进滩村发展光伏产业。通过有序规划、开发种植基地，采用“公司+基地+农户”模式，统一产品外观包装，对接商超销售，扩宽特色农产品销路，累计种植蜜柚626.67公顷、茂谷柑6.67公顷、板栗160公顷、火龙果10.67公顷。2020年，发动帮扶单位及企业收购蜜柚55吨、板栗0.85吨，实现销售额33.12万元。

【旅游业】2020年，大东镇抓好旅游发展工作。美宿野庐民宿位于坪山、联丰村，建设集休闲、娱乐、饮食于一体的度假基地。李坚真事迹陈列室，位于东光村，投入150万元，利用现有特色建筑进行修缮与改造，拆除陈列馆前土房，改造成底层兼具储藏间及公厕功能的文化广场。滨河公园游步道二期，位于泮溪村，改善居民生活环境，提高居民生活质量。南方工委电台藏匿点展馆，位于西坑村，投入80万元，在枇杷树背树德堂南委旧址建设展览馆。坪山梯田旅游景区成功举办“油菜花旅游节”，完善景区栈道、增设娱乐设施、改善沿线周边环境。花萼楼投入资金120万元，对外围建筑进行适当修补修建，加强景点管理，推进禽畜圈养，改善周边环境，完善基础设施。

【科教文卫体】2020年，大东镇在抓好教育工作、稳定教学水平的同时，抓好新冠肺炎疫情常态化防控工作。全面实施二孩政策，保持适度生育水平。全年全镇户籍人口出生262人，出生率11‰，自然增长率5.5‰。

【社会保障】2020年，大东镇抓好各项社会保障工作。扶贫：2016年贫困户人均收入7063.54元，2020年有劳力贫困户人均可支配收入1.64万元，实施进镇道路改造，村村通道路硬底化工程，建设大潮高速（大漳支线）大东出口，使全镇交通网络提升。全镇有4个省定贫困村，建档立卡贫困户237户565人。2019年12月全部贫困户实现脱贫退出，2020年6月全部贫困村实现脱贫摘帽。社会救助：有特困人员82人，其中分散供养71人、集中供养11人。取消特困人员1人。截至2020年12月，全镇有城镇低保4户8人、农村低保311户617人。抓好退役军人优抚工作。截至2020年12月，残疾人重度补贴发放人数324人，每人每月发放235元；困难残疾人生活津贴发放人数190人，每人每月发放175元；及时做好残疾人两项补贴系统录入工作。

【社会治安】2020年，大东镇坚持做好综治维稳工作，对群众反映的问题及时解决，将矛盾纠纷化解在基层、解决在萌芽，全年综治信访维稳中心接待来访76次，接访群众131人次，收到上级交办及本级受理信访件33宗，全部如期答复，满意率100%。推进扫黑除恶专项斗争行动，组织召开扫黑除恶专题会议12次，加强涉黑涉恶线索收集，组织专人到镇区、村委会、高速公路指挥部等地进行宣传，发放宣传单1600份。

大东镇党委、人大、政府负责人名录

党委书记： 郭斌欣

副 书 记： 曾春生 李建峰
余志坚（—2020.1）
张增勇（2020.4—）

党委委员： 林跃欣（2020.7—）
黄永钢 张增勇（—2020.4）
刘林鑫 余家词
刘雯文（女，—2020.7）
李金凌
廖春娜（女，2020.9—）

人大主席： 杨 震

副 主 席： 何越超（2020.7—）

镇　　长： 曾春生

副 镇 长： 张增勇（—2020.4）
熊志刚 何维勤

（李俊轩）

高陂镇

【简述】高陂镇位于大埔县南部，地处韩江中游。东与百侯镇、枫朗镇、潮州市饶平县的三饶镇毗邻，南与光德镇、桃源镇、丰顺县的潭江镇接壤，西与洲瑞镇、银江镇交界，北与湖寮镇、大麻镇相连。镇内有大潮高速公路（大漳支线）高陂赤山出口，有省道S227线、S333线、S222线经过。2020年，全镇总人口8.60万人，辖区面积308.95平方千米，是大埔县地域面积最大的镇，也是全国重点镇、广东省确定的首批重点建设中心镇、行政体制改革试点镇和陶瓷专业镇。全镇耕地面积2625公顷，山地面积2.40万公顷。下辖红星、大塘坝、桃花、代富、稼社、陂村、陂寨、陶溪、尧溪、赤山、乌槎、黄塘、罗基、黄泥凹、黄坑、渡头、银滩、党溪、九龙、坪溪、古西、古埜、古田、古东、埔田、培美、三洲、赤坑、平原、三岗、北坑、五家輋、岩霞、逆流、福员35个行政村和1个社区居委会，585个村民小组。

【农村经济】2020年，高陂镇农村经济总收入23.80亿元，农民人均收入1.74万元，完成税收收入8894万元，分别同比增长5.8%、6.5%、4.2%；规模以上企业产值8.95亿元，同比增长7.5%。

【基础设施建设】2020年，高陂镇完成土地征收37.25公顷，房屋91.5座。韩江高陂水利枢纽工程开工以来，共计完成809.20公顷土地及701栋房屋征地拆迁任务，2020年完成征地360.94公顷和330栋房屋的征拆工作。大潮高速公路（含大漳支线）建成通车，高陂实验学校加快建设，高陂中心卫生院迁建工程宿舍楼封顶、住院大楼和综合楼建设有序推进。大丰华高速进入勘察设计阶段，高陂第二自来水厂完成可研工作，青花瓷大桥、高陂防洪堤以及疏港铁路等项目成功列入市、县“十四五”规划重点项目，全镇经济社会发展基础更加坚实。

【陶瓷产业】2020年，广州海珠（大埔）产业转移工业园升级为省级产业转移园，入园企业30家，其中“上规”企业16家。陶瓷产业基地被认定为全市首个国家外贸转型升级基地，高陂陶瓷文化创意产业园成功申报为省级文化产业示范园区。发展基础设施完善，青花瓷小镇初具雏形，“中国高陂·青花瓷小镇”更名为“大埔高陂·青花瓷小镇”，并通过验收入选省级特色小镇项目库。陶瓷文化之旅线路入选广东省工业旅游精品线路。赤山园区规划建设工作启动并初步确定选址，工业园区二期建设、陶瓷大卖场和青花瓷广场建设如期推进。政企合力消除新冠肺炎疫情影响，做细做实复工复产工作，开展直播带货，促进减税降费。2020年，全镇陶瓷总产值12.5亿元，其中规模以上企业总产值9.51亿元。

【农业】2020年，高陂镇坚决守住基本农田底线，持续推进高标农田、垦造水田等政策落地实施，农业基础条件优化。凯达、美方、杉富、金鸿京等龙头企业带动效应彰显，“一村一品”向纵深发展，打造村级特色农业示范点。借力“互联网+”模式，拓宽村级特色品牌销售渠道，凯达茶业上榜2020年中国茶业百强企业，农业综合效益提升。以蜜柚、茶叶为龙头，特色农业产业基地建设完善，大王坑茶叶、三洲蜜柚等龙头企业实力增强。大王坑茶产业园作为一个承办点，顺利承办第三届广东茶产业大会，依托大埔“世界长寿乡”，借力“名茶之乡”和“蜜柚之乡”的品牌效应，提升农产品附加值，使传统农业走上现代化发展道路。

【旅游业】2020年，高陂镇强化文旅融合，打造特色文旅品牌。结合特色陶瓷产业，创新“陶瓷+文旅”新模式，陶瓷文化之旅线路入选广东省工业旅游精品线路，陶瓷和文旅实现互补共进。全面完成仰文学校党支部旧址陈列布展工程，以韩江高陂水利枢纽工程为主体的“九龙湖”风景区建设具备基础条件，田家炳纪念馆建设推进，文旅产业发展提档升级。全年接待游客10.25万人次，实现旅游综合收入1985万元。

【国土环保】2020年，高陂镇牢固树立“绿水青山就是金山银山”发展理念，打好蓝天保卫战、碧水攻坚战和净土防御战。推进“河长制”工作，“智慧河长”全面覆盖，“四乱”情况全面核查，河道采砂严格管控，全年开展镇级巡河305次、村级1385次，韩江水系环境保护有效强化。实现禽畜圈养，畜禽养殖污染专项整治到位，全镇环境质量保持良好。提升镇域环境卫生保障体系水平。抓好“两美行动”，推进城乡生活垃圾一体化收运。全域推进农村人居环境综合整治，建设生态宜居美丽乡村。2020年，全镇35个村通过“三清三拆三整治”“回头看”考核验收工作。全域推进农村户厕改造，共计完成无害化卫生户厕改造1.90万户，累计建设公厕110个。建立健全农村垃圾收集转运制度，村级垃圾收运工作做到全覆盖。23个农村污水处理设施和5个村级人居环境集中供水点加快建设，9个省定贫困村自来水覆盖率100%，村级人居环境改善。

【科教文卫体】截至2020年12月31日，高陂镇出生人口834人，政策生育率78.5%。总人口8.90万人，出生率9.4‰。2020年中考，高陂镇各中学取得好成绩，考上东山中学17人、宪梓中学6人、虎山中学114人，办学质量提高。投入财政资金120万元对镇文化站高陂中心站和平原分站进行装修。9月18日，高陂镇科学技术协会第一届代表会议召开，高陂科协成立，选举温建昌为科学技术协会主席。

【社会保障】2020年，高陂镇抓好发放城乡低保金、临时救助资金、五保金、高龄津贴、优抚金等工作，惠及群众1599人次。实施敬老院提升改造工程，在敬老院出入口、楼道等安装视频监控设备，全面清洁厨房、食堂等公共区域和供养对象房间。完善敬老院管理制度，成立3名供养对象组成的伙食管理监督小组，负责审查食谱、监督伙食开支，提高养老服务水平，实现老有所养、老有所乐。2020年，全镇建档立卡贫困户623户1339人实现脱贫，9个省定贫困村脱贫摘帽。消费扶贫金额 100 万元，电商服务站覆盖 9 个省定贫困村。

【社会治安】2020 年，高陂镇打击治理电信网络新型犯罪工作深入开展,23 个村 57 名涉电信网络诈骗人员落实常态化管控，全年全镇立刑事诈骗案 43 宗，打击治理工作取得实效，点名提醒镇顺利摘帽。决胜扫黑除恶三年攻坚行动，至 2020 年 12 月，共收集、办结各类线索 49 宗,扫除黑恶势力 11 宗 45 人。践行“新枫桥经验”，做到把矛盾化解在高陂，在重大项目地、重大节假日、重大活动期间镇村舆情稳定。2020 年，受理网络信访、现场来访、“12345”政府热线等渠道的信访件 347 宗，成功调解或者处理 333 宗，14 宗在办理中。镇综治办会同派出所、民政、村委等部门遣送精神病患者到市、县医院诊断或住院 8 人次。标准化建成的镇三防系统发挥作用，值班值守、信息传达和应急抢险工作落实。

【新农村建设】2020 年，高陂镇实施乡村振兴战略，实现巩固拓展脱贫攻坚成果同乡村振兴有效衔接，抓好新农村建设工作。开展“三清三拆三整治”“回头看”工作，全镇 35 个村通过考核验收工作。建立健全农村垃圾收集转运制度，配备保洁员 76 人，垃圾收集点 963 个，村级垃圾收运工作做到无死角、全覆盖。村级人居环境改善，美丽宜居新农村建设工作取得新成效。全域推进农村户厕改造，共计完成无害化卫生户厕改造 1.99 万户、普及率 99.6%，累计建设公厕 110 个。23 个村污水处理设施和 5 个村级人居环境集中供水点加快建设，9 个省定贫困村自来水覆盖率 100%。“人居环境＋陶瓷”示范片打造工作取得新进展，32 个行政村达到干净整洁村标准，9 个省定贫困村达到美丽宜居村标准。

【疫情防控】2020 年，高陂镇以高压态势推进新型冠状病毒疫情防控工作，举全镇之力采取措施推进复工、复产、复学，确保疫情防控工作常态化。及时遏制疫情蔓延。严格落实“四个必查”和“网格化”防控措施，坚持“外防输入，内防反弹”的原则，构筑起最严密的防控体系，对高危地区返高陂人员及其密切接触者实施 24 小时监控监测；镇、村卫生院出动 452 车次 1287 人次开展高危地区人员的健康监测、核酸采样等工作。推进复工复产。在疫情稳控后，抢抓时机推进复工复产，不误农时保障春耕，有序推进返校复学，全镇居民生产生活秩序全面恢复。常态化开展疫情防控。镇疫情防控办统筹协调“三人组”和各村（社区）开展好常态化的疫情防控工作，5—8 月推进复工复产时期有外地到高陂人员，均开展核酸检测，结果为阴性。

高陂镇党委、人大、政府负责人名录

党委书记：黄海军
副 书 记：张潘琪　吴千捷（—2020.4）
罗绍辉　朱海秋（2020.4—）
党委委员：李国贤　林汉勇　温建昌
张炎贤（—2020.4）　罗振宇
李　俊（—2020.12）　张　标
黄俊林（—2020.4）
刘　智（2020.4—）
人大主席：刘荣德（—2020.7）
吴千捷（2020.7—）
副 主 席：张炎贤（2020.7—）
连德海（—2020.7）
镇　　长：张潘琪
副 镇 长：李国贤（2020.7—）
朱海秋（—2020.4）
张秋丽（女，—2020.7）
张桂超（—2020.4）
李　冰（女，2020.7—）

（宋志源　钟丽霞）

光 德 镇

【简述】光德镇位于大埔县南部，北、西接高陂镇，西南与桃源镇相连，东、南毗邻潮州市饶平县三饶镇、新丰镇。大潮高速公路经过镇内，有光德高速出口，还有省道S333线经过。2020年，区域面积125.96平方千米，其中耕地面积410公顷、山地面积9630公顷。下辖10个行政村和1个社区居委会，209个村民小组，总人口3.49万人。

【基础设施建设】2020年，光德镇对全镇乡道60千米、村道30千米的养护线路均进行分片画线，配备专门的养护人员，包干落实管养任务，完成下漳村至盆前0.8千米、龙尾至后第守0.3千米、上澄至江子里0.3千米等公路水泥硬底化改造。投入880万元的PPP镇级污水处理厂全面建成，加强安全生产的管理工作。完成镇级污水处理厂、上漳和下漳2个村级污水处理厂、分布在各村的20个氧化塘和67个三级化粪池的工程建设并投入使用。省定贫困村（上漳、富岭）完成多条村道硬底化及拓宽工程，共完成3303米。

【陶瓷产业】2020年，光德镇加快陶瓷产业发展。有陶瓷企业36家，其中规模以上陶瓷企业11家，陶瓷产值3.34亿元。

【农业】2020年，光德镇推进现代农业高效发展。立足绿色发展理念，推广绿色生态农业技术。完成水稻种植任务116.07公顷，其中新增2.93公顷。推广水稻新品种3个、推广玉米新品种1个。发动农户新种茶叶10公顷，新种水果10.67公顷。

【国土环保】2020年，光德镇推进“三清三拆三整治”工作。“三清三拆三整治”累计拆除1112.5平方米，清理乱堆乱放3182处，清理巷道杂草3667处，河道、沟渠垃圾1072处，全镇10个行政村全部通过县级考核验收。全年新建卫生公厕24座、卫生户厕50座，全镇公厕数量从2018年的13座增加至60座（其中旅游公厕2座）。推进拆旧复垦项目工作。全年验收复垦面积39.92公顷。其中成功交易4个村（雷峰、上澄、上坪、上磜），合计面积6.24公顷。

【科教文卫体】2020年，光德镇抓好新冠肺炎疫情防控常态化工作。全镇全年出生人口441人，其中计划内333人、计划外108人，政策生育率75.5%，出生率12‰。投入约7.5万元提升综合文化站，推进文化站提档升级，成功由二级站升级为一级站。投入约24万元建成富岭村史馆（家风家训馆）。争取上级资金并发动乡贤和校友力量，投入150万元支持中小学和幼儿园开展新冠肺炎疫情防控，提升教学硬件和办学条件。推进光德镇卫生院迁建工程，并于9月底正式投入使用，医疗环境和服务水平得到提升。完成总投资约45万元的11人制标准足球场建设项目，补齐全镇无公共足球场地设施的短板。镇文明实践所、10个村文明实践站均完成挂牌，每月组织开展一次活动，有理论宣讲服务、教育服务、文化服务、科技与科普服务、健康促进与体育服务五类活动。组建光德镇志愿服务总队、巾帼志愿服务队、青年志愿服务队，开展各类文明实践志愿服务活动，全镇注册志愿者人数517人，志愿者人均服务时长达到20小时。共评选出353户“五星级”

文明户。

【社会保障】2020 年，光德镇 2021 年度城乡居民医疗保险参保任务数 2.76 万人，做好相关的医保征缴宣传工作，截至 12 月共完成参保缴费人数 1.46 万人，参保率 52.6%。城乡居民养老保险参保缴费任务数为 2455 人，完成缴费人数 2177 人，参保缴费完成 88.7%。有五保户 91 人，其中在敬老院集中供养 5 人、分散供养 86 人，没有新增五保老人。全镇按照“八有”的贫困户脱贫标准，有序退出贫困户 319 户 794 人，退出率 100%。实现全镇建档立卡贫困户家庭人均可支配收入 1.31 万元。

【社会治安】2020 年，光德镇落实平安乡村视频监控任务，镇内各街道口等各主要交通路口安装高清视频探头。全年无安全生产责任事故、无山火、无集体上访，扫黑除恶专项斗争案件及问题线索清零，反电诈工作通过市级验收并实现“摘帽”，综治工作年度考核排名全县第一，平安之乡建设成效明显。全镇 11 个村（社区）原划分为 85 个网格，按照县委政法委要求重新划分为 30 个网格，配置以各村年轻干部为主的专职网格员 30 人。全年 11 个村（居）录入网格事件件数和每月达成活跃度人数均比 2019 年提升，录入网格事件 1364 宗，待办事件 6 宗，办结事件 1358 宗，录入办结率 99.6%。

【党建工作】2020 年，光德镇党委下设 1 个党总支部、34 个党支部，有党员 954 名，培养入党积极分子 13 名，发展预备党员 10 名。发动全镇基层党组织和广大党员干部投身新冠肺炎疫情防控工作。发布《致光德镇全体党员的一封信》，在陂漳桥设立一个临时党支部，联合镇卫生院、派出所、各村干部及机关所有党员干部成立疫情防控工作队，在防控工作中起到关键性作用。组织一次爱心捐款，为支持全国疫情防控工作，发动全镇党员响应捐款号召，共 531 名党员捐款，合计 6.51 万元。各党支部开展主题党日活动 130 次。全年镇党校开展培训 13 场次，培训人数 1200 人次。开展 2020 年村“两委”和村监委班子及其成员民主评议工作。全镇 11 个村（社区）的村“两委”班子民主评议满意率 80%，88 名村（社区）干部民主测评分数平均分 90 分，评为优秀等级 77 名，占 87.5%；评为称职等级 11 名，占 12.5%。全镇 47 名村（社区）监委成员民主评议满意率 79.45%，评为优秀等级 24 名，占 51%；评为称职等级 23 名，占 49%。

光德镇党委、人大、政府负责人名录

党委书记：丘伟彬

副 书 记：邓瑜瑾（—2020.1）
黄小玲（女，2020.1—）
江思峰　张享基

党委委员：郭万里（—2020.7）
杨思娟（女）　李啸尘
徐志威（—2020.9）
卢庆达（2020.7—）
黄钧安（2020.7—）
唐上湖（2020.9—）

人大主席：郭庆亮

副 主 席：卢庆达（—2020.7）
谢淑莹（女，2020.7—）

镇　　长：邓瑜瑾（—2020.1）
黄小玲（女，2020.1—）

副 镇 长：饶　伟　郭旭景

（丘儒霖）

桃　源　镇

【简述】桃源镇位于大埔县最南端，东连光德镇，北接高陂镇，西南邻丰顺县潭江镇，东南邻潮州市潮安区凤凰镇、潮州市饶平县三饶镇，地处两市（梅州市、潮州市）三县（饶平县、丰顺县、大埔县）、一区（潮安区）交会之处，省道S222线贯穿南北穿境而过。镇政府所在地属桃星村，地址在桃源镇府前路39号，距县城48千米。2020年，全镇总面积76.76平方千米。辖桃星、新东、桃锋、团结、上墩、坪新6个行政村，119个村民小组。全镇总人口1.94万人。

【农村经济】2020年，桃源镇完成财税收入1195.30万元，规模以上陶瓷企业总产值2.16亿元，净利润336.60万元。重点项目完成投资6700万元。

【基础设施建设】2020年，桃源镇筹资1000万元完成新东村丰门凹、团结村虎头岗、桃星村石龙空、团结村至桃锋村、桃锋村委至尖山共计13千米道路硬底化改造。群众出行更加方便快捷，每天设有四个班次农村客运班车。全面完成新东村丰门凹、团结村虎头岗、桃星村小尖山和桃锋村李坑道路安全生命防护工程建设。

【新农村建设】2020年，桃源镇完成“一溪两岸”建设征地工作，征收土地面积1.52万平方米以及4栋房屋合计面积2000平方米。规范农村建设秩序，拆除违法建筑3处。推进拆旧复垦工作，全镇6个行政村完成拆旧复垦面积10.33公顷，通过市、县验收。聚焦“厕所革命”，完成16座公厕建设及9户户厕改造。开展“美丽梅州·美好家园”城乡环境大提升行动，完成“三清三拆三整治”工作。践行“绿水青山就是金山银山”理念，推进污染防治，镇容村貌保持干净整洁。

【农业】2020年，桃源镇抓好稳定粮食生产工作，粮食种植面积154.13公顷，粮食产量1017吨。

【陶瓷工业】2020年，桃源镇推进高技能人才队伍建设，广东昌隆陶瓷股份有限公司设计总监丘汉松获得“梅州市工艺美术大师”称号。实施乡贤回归兴业工程，广东万德福博物馆落户桃源，打造承接“双区”创新要素资源溢出的载体。争取政策支持，落实《大埔县进一步促进科技创新的若干政策措施》等政策，吉玉陶瓷技改项目、欣红光电功能陶瓷项目正式投产。投资420万元实施陶瓷工业小区提升改造工程，优化园区环境。增强企业的创新意识，支持昌隆公司“中国梦”系列陶瓷产品、富源厂窑变餐具和长寿养生系列日用陶瓷以及吉玉公司结构陶瓷的研发工作。支持广东吉玉陶瓷股份有限公司与广东欣红陶瓷股份有限公司强强联合，做大企业体量，争取尽快合并上市。

【旅游业】2020年，桃源镇助力新农村建设工作，围绕“一溪两岸三园六景”规划打造独具桃源山水人文特色的新农村建设项目。谋划长寿产业，打造桃源镇长寿产业基地——大埔县广东飞马峰农业公司农业种植休闲项目。传承红色基因，保护利用红色资源。

【国土环保】2020年，桃源镇做好耕地保护工作，及时制止各种侵占破坏基本农田的行为。加强国土资源执法监察工作，维护国土资源管理秩序。全年巡查95次，纠正和查处各类国土资源违法行为3宗，制止违法占地建房3宗，面积300平方米，无矿产资源违法开采行为。协助调处土地矛盾信访纠纷4宗。做好矿产资源管理工作。未发现无证非煤矿山非法开采行为。管理好持证矿山安全、合法、有序规范开采。做好地质灾害防灾工作。加强对桃锋村塘科地灾隐患点巡查监测。

【科教文卫体】2020年，桃源镇抓好新冠肺炎疫情防控常态化工作，同时加大助残、助困、助学力度，大埔县桃源“助残·关爱”基金会捐资19.60万元慰问全镇6个村78名困难学子和28户困难家庭。加快振兴文教事业，创立桃源镇文学艺术协会，完成桃源中学学生宿舍楼建设和桃源镇教育促进会成立各项工作。人口与计划生育工作加强，强化优质服务管理，树立优生优育风尚，实现人口均衡发展。全年出生233人，出生率12.1‰，政策生育率73.4%。

【社会保障】2020年，桃源镇抓好各项社会保障工作。做好“银龄安康”老人参保工作。由政府出资3.28万元为符合条件的60周岁以上共2641位老人参加 “银龄安康”意外保险，其中80周岁以上老年人502人、60周岁到79周岁困难老人143人，60周岁到79周岁一般老人1996人。参加城乡居民医保1.45万人，完成任务数的96.3%。按标准兑现复退定补对象人员，对参战退伍军人、老兵补助对象的经费实行社会化发放，按时按标准发放普优对象优待金。将残疾人专职委员纳入公益性岗位。全镇98户相对贫困户的脱贫“八有”指标均达标，100%按程序要求退出；相对贫困村“十项指标”全部达标，100%按程序要求退出。坚持精准扶贫方针，实施一户一策，发展“一村一品”，建立长效稳定脱贫机制。有劳动能力的贫困人口，100%得到产业扶贫和就业扶贫支持，自主脱贫能力稳步提高；无劳动能力的贫困人口，100%得到困难救助和兜底扶贫。

【社会治安】2020年，桃源镇6个村委会划分网格35个，基本实现综治网格全覆盖。网格员通过采集的基础信息，以及发现的矛盾纠纷，通过综治信息系统快速上报，逐步实现信息收集的全覆盖。对全镇86名精神障碍患者进行分类评估，并指派随访医生跟踪落实，其中3级以上严重患者22人，按规定全部纳入《全国公安部门重性精神病人信息管理系统》实行动态管理、动态管控。

【党建工作】2020年，桃源镇党委学习贯彻中共十九届五中全会精神、习近平总书记出席深圳经济特区建立40周年庆祝大会和视察广东重要讲话重要指示精神。实施“强基固本促发展”党建工作亮点品牌工程，发挥党支部的核心引领和外出党员、乡贤的助推作用，建设新东村党建示范点。整顿软弱涣散组织，针对坪新村组织生活不够正常的问题，采取有效措施，抓好整改落实，整顿成效明显，上级考核评价高。实施基层党组织“头雁”工程，坚持落实村党支部书记年终述职评议考核机制，全年组织举办7场基层党组织书记集中培训班，培养党组织书记后备干部12名。严把发展党员入口关，从45名入党积极分子中择优发展10人，同时抓好违规违纪发展党员问题整改落实，清查出违规发展党员问题6人，对其中2人进行诫勉谈话，3人延长半年预备期，另外1人问题线索移交县纪委处理。抓好村级换届前的村“两委”评议工作。发挥党校育人作用，截至11月底，镇党校开展专题学习培训班8期，培训512人次。组建桃源镇党员先锋服务队，有队员27人。

桃源镇党委、人大、政府负责人名录

党委书记： 邱志灵（女）

副　书记： 何源选　杨增枫　邓礼东

党委委员： 郭美超（—2020.7）　刘辉粦　卓　权　汤汉城

赖龙华（2020.4—）
黄 斌（2020.7—）
人大主席：黄令城
副 主 席：杨森源
镇 长：何源选
副 镇 长：刘辉粦 曾春华（女）
朱 明

（朱声凯）

大 麻 镇

【简述】大麻镇位于大埔县西部，韩江纵贯其境，距离县城直线 15 千米，公路里程 27 千米。东邻湖寮镇，北接三河镇，南连高陂镇、银江镇，西与梅县区松口镇、雁洋镇为邻。国道 G235 线、省道 S222 线经过镇内，梅龙高速和大潮高速公路（有大麻高速出口）穿境而过。2020 年，全镇区域面积 229.82 平方千米，下辖 22 个村民委员会和 1 个社区居委会，有 380 个村民小组，人口 3.86 万人。

【农村经济】2020 年，大麻镇经济总收入 8.86 亿元，财政总收入 6792.30 万元，农村农民人均纯收入 1.51 万元。

【农业】2020 年，大麻镇发展特色高效农业，让耕山致富成为新的潮流。推进粮食生产工作，全年全镇农作物播种面积 2254.53 公顷，粮食总产量 4149 吨，稻谷总产量 4005 吨，生猪年末存栏 6082 头。水稻全年两季种植面积 980 公顷，累计蜜柚面积 1414 公顷，茶叶 170 公顷，其他果树 58.13 公顷。培育“一村一品”特色专业村，支持村集体立足资源优势，培养新型职业农民，加快农业种植发展，有 20 个村实现集体经济收入 5 万元以上，桃石村被省农业农村厅评定为“一村一品”专业村。推进农村闲置建设用地拆旧复垦，完成验收 36.12 公顷，交易指标走在全县前列，有效盘活农村闲置土地资源，农村土地确权后续工作逐步完善。

【基础设施建设】2020 年，大麻镇重视城区提质扩容，修编《大麻镇总体规划（2015—2030）》，完成 64.93 公顷储备用地征收和青里村汶水塘移民安置区 18.53 公顷土地基础建设项目。以中心镇“六个一”建设项目为抓手，累计完成投资 2205.60 万元，城区设施逐步完善。综合提高城市配套功能，投入建成集贸市场 1 座、顺丰蜜柚物流集散中心 1 座，引进镈越电子厂，总投资 3000 万元，投资集聚效应提升。完成大潮高速和莲塘韩江大桥征地工作，三十米大道、G235 国道（大麻高速公路出口至麻英路口）、新马路和二十米大街提升改造项目，落实大麻至高陂产业旅游公路、麻英路（麻英路口至万福寺）等路段提升改造建设，发挥紧密连接银江、高陂和三河等周边镇区的重要纽带作用，区位发展优势凸显。综合提升农村软硬设施水平，结合新农村建设项目，投入 2321 万元，重点抓好农村道路、集中供水、生活垃圾、污水处理、公共厕所、标准化卫生站、公共文化体育设施、公共服务站等 172 个具体项目，完成“四好农村路”建设 7.90 千米。

【重点项目建设】2020 年，大麻镇抓重点项目带动大麻各项经济发展。完成大潮高速公路（含大漳支线）65.33 公顷征地拆迁任务、附麻村安置区范围 1 公顷的土地征收；韩江高陂水利枢纽工程协议签订房屋 242 栋，完成率100%，累计丈量土地307.83公顷，征收295.69公顷，完成率96.1%，完成坟墓迁移350穴。汶水塘安置区基础建设完成，移民安置工作稳步推进；库周道路（大麻裕州至银江河口）段工程征地拆迁完成，库周道路（大麻莲塘至三河）段征地拆迁和城区防洪堤建设推进。依托“六村共同缔造”示范片建设，挖掘地方制富“因子”，促进村集体经济发展。桃石村挖掘绿色生态优势打造茶产业，每年为村集体经济增加收入5万元；坑尾村融合康养“长寿村”文化与传统农业工艺，扶持打造长寿食品品牌企业“英冠实业有限公司”年产值900万元；沿线以中村万福民宿酒店、大留农耕体验区和村洪姑娘特色民宿等为代表的一批生态农旅产业生机盎然，累计吸引进驻企业4家，带动60人就业创业。

【国土环保】2020年，大麻镇贯彻落实《梅州市开展“美丽梅州·美好家园”三年行动计划（2019—2021）》，累计投入经费152万元开展城乡环境卫生治理工作，购置垃圾转运车一辆，配套完善各村垃圾池、移动垃圾箱、垃圾桶等设施，确保垃圾日产日清机制全覆盖。推行环境卫生管理依效付费制度落实，全镇有16个村、1个社区实行环境卫生缴费制度，城区共计收取环境卫生费10万元，新建镇级污水处理厂1座、村级污水处理站41座。围绕村庄清洁行动春季、夏季、秋冬战役，开展“五清一改”专项行动，清理村内塘沟215个、农业生产废弃物57吨、乱搭乱建35户、废旧广告牌60米、牛皮癣小广告300处、无功能建筑面积130平方米。按照县委农办全域推进人居环境整治“十村示范、百村整治”工程要求，22个村完成“三清三拆三整治”任务，并于2020年7月通过县级“回头看”考核验收。推进厕所革命，结合腾讯公益基金投入新建公厕61座，完成农村无害化卫生户厕改厕139户。在全国“美好环境与幸福生活共同缔造活动”连片推进试点建设活动中，大麻镇“六村共同缔造”示范片建设取得阶段性成效。

【科教文卫体】2020年，大麻镇巩固省“教育强镇”的创建成果。加快教育资源整合，坚持教育优先发展，春、秋两季学期建档立卡家庭经济困难学生生活费补助、免学费补助合计发放219人次39.30万元，投入25万元成立奖教奖学基金，大麻中学2020届普通高考上线率91.3%，在全县同类学校中排名第一。抓好新冠肺炎疫情防控常态化管理。加强对高风险等重点地区返（抵）乡人员排查监测和健康管理，落实联防联控、群防群治措施，加强对公园、餐饮、超市、农贸市场等场所全方位消毒消杀和人员健康监测，及时消除风险隐患。发动镇、村干部6800人次开展志愿大清扫活动28次。开展文明镇、文明村和星级文明户创建活动，共计509户通过“五星级文明户”评选并挂牌。推进新时代文明实践所工作，全镇23个村（社区）均完成建设。开展志愿者服务活动，志愿者网上注册人数1700人，成立“小河青青年志愿服务队”，组织开展各类志愿者服务25次。

【社会保障】2020年，大麻镇把改善民生作为工作的根本出发点和落脚点。实施扶贫项目总投入3678.24万元，统筹推进垃圾处理、集中供水、污水处理、公共卫生和公共文化设施等农村公益性基础设施建设。至2020年12月底，全镇贫困户416户765人100%退出相对贫困人口序列。实施统筹城乡居民社会保险，2021年度城乡居民基本医疗保险完成缴交2.84万人，全部贫困人口纳入重特大疾病救助范围，60周岁以上符合领取待遇的老人100%纳入城乡居民养老保险，224户农村特困户实现供养标准不低于当地农村居民平均生活水平，使用临时救助总金额37.35万元，受益困难群众90户259人。

【社会治安】2020年，大麻镇按照《地方党政领导干部安全生产责任制规定》的要求，坚持“管行业必管安全”的工作方针，落实责任，全年开展专项执法检查20次、联合执法检查8次，发现各类隐患15处，现场整改5处,下达整改指令10份，开具行政（当场）处罚决定书1份，建立健全监管机制，安全生产形势良好。通过强化维稳工作方案，加强矛盾纠纷排查化解，全年综治信访维稳中心接待来访案件92宗，现场回复54宗，受理并分流相关部门处理38宗，办结38宗；答复梅州市“12345”热线115宗，答复上级信访部门交办信访案件45宗。落实扫黑除恶专项斗争工作，构建完善“综治中心+网格化+信息化”的立体化社会治安防控体系，投入建成平安视频监控、14个村（社区）社会心理服务站、22个村村响大喇叭项目和镇级严重精神障碍患者救助救治工作和心理咨询室。集中开展禁毒、宪法宣传、扫黑除恶、防范电信诈骗等主题宣传活动37次，发放宣传资料2500份。

大麻镇党委、人大、政府负责人名录

党委书记： 葛志发

副 书 记： 朱益山（—2020.7）
邓增城（2020.7—）
黄启兴（—2020.1）
刘斯民（—2020.1）
余志坚（2020.1—）
朱　芳（女，2020.1—）

党委委员： 温胜东　黄文东（—2020.9）
廖亿州　钟林家
蓝尚威（2020.5—）
杨延浪（2020.5—）

人大主席： 杨国志

副 主 席： 曹月荣（女）

镇　　长： 朱益山（—2020.7）
邓增城（2020.7—）

副 镇 长： 温胜东　邓小武　陈　鹏

（丘丽芬）

三　河　镇

【简述】三河镇地处粤东大埔县西部，距大埔县城17千米。东邻湖寮镇、茶阳镇，北接青溪镇，南连大麻镇，西与梅县区松口镇为邻。镇内有梅龙高速（有三河高速出口）、国道G235线和省道S227线经过，还有梅坎铁路(三河站)。2020年,全镇区域面积152.24平方千米，水田面积379.06公顷，耕地地力保护补贴面积463.44公顷，省级生态公益林面积6332公顷。下辖12个行政村、1个社区居委会、191个村民小组，总人口2.06万人。

【农村经济】2020年，三河镇新建余里香米基地、汇城石参根种植基地和旧寨消费扶贫创新创业基地。全镇建成电商服务站8个，举办农特产品、长寿食品展销和“直播助农”活动6场次，开展消费扶贫活动，促进贫困户农副产品销售。

【基础设施建设】2020年，三河镇完成源坑、白石、余里、先觉等4个村村村通自来水工程和陈金村美丽宜居村集中供水工程。镇区自来水工程计划变更为接县城第二自来水厂供水，对老旧管网进行重新布置设计。汇东、汇城、旧寨3个村“平安村口”建设和三河坝朱德纪念大桥维修加固工程、梓里水毁公路修复工程、良江村大坑至马头山6千米道

2020 年 2 月 7 日，县长熊锋松（左二）到大埔火力发电厂检查新冠肺炎疫情防控工作（三河镇提供）

路改造以及石门岭至坳头 1.5 千米断头路建设全面完工。街道农贸市场和停车场以及梓里临时市场投入使用。13 个村（居）实现视联网全覆盖。梓里村滑坡特大型地质灾害避险工程安置区于 5 月重新选址为梓里村口，完成 2 公顷土地征收和规划设计、地灾评估等前期工作。

【新农村建设】2020 年，三河镇开展“美丽梅州 · 美好家园”城乡环境大提升、河湖“五清”和“清四乱”等专项行动，结合拆旧复垦工作推进“三清三拆三整治”。完成镇区柏油路面铺设和旧寨天子岗店铺门前绿化亮化和道路改造、停车位规划以及消防通道整治，镇区门户形象得到提升。推进 3 个省定贫困村创建新农村示范村和旧寨、汇城、汇东、五丰村美丽宜居村项目建设，同步推进先觉、良江等面上村道路、路灯等项目建设。9 条里程总长 14.65 千米的“四好农村路”沙土路攻坚建设有序推进。全镇完成集中供水自然村 44 个、无害化卫生户厕改造 190 个，建成公厕 24 座、污水处理设施 11 座，共配置保洁员 61 人，设置垃圾收集点 230 个，累计完成农村道路硬底化提升改造 44.94 千米。

【农业】2020 年，三河镇加强农业经济管理。“一村一品”梓里浒子合作社蜜柚加工厂建成运营，梅州万川千红农村产业融合基地开业。新增农民专业合作社 1 个、农业龙头企业 1 家。蜜柚、灵芝孢子粉年产值分别为 3773 万元、35 万元，同比增长 7%、25%。

【工业】2020 年，三河镇做好辖区内的工业企业服务工作。广东粤电大埔发电有限公司年产值 14.06 亿元，梅州市博富能科技有限公司年产值 2.20 亿元，分别同比增长 17.6%、11.9%。6 家规模以上企业实现产值 35.41 亿元，同比增长 35.4%。

【旅游业】2020 年，三河镇抓好旅游服务工作。三河坝红色主题历史文化游径入选第一批广东省历史文化游径，新增 1 个国家级和 1 个市级文保单位，广东省首部大型原创民族歌剧《血色三河》在梅州市和广州市放映，三河红色知名度和影响力提升，全年接待游客 100 万人次。

【国土环保】2020 年，三河镇推进河长巡河常态化，按照“村级一旬一次、镇级一月一次”工作要求，组织镇、村干部 600 人次对所辖河段、山塘、湖库进行全面巡查。同时以开展河湖“五清”和“清四乱”专项行动为抓手，累计出动 30 人次，清理河道 20.80 平方千米，打捞水面漂浮物、垃圾等 35 吨，完成问题挂单整改 9 宗，整改销号率 100%。开展“美丽梅州 · 美好家园”城乡环境大提升行动等专项行动，结合“清扫垃圾，清洁乡村”农村生活垃圾治理专项行动，坚持党员干部带头，组织开展“两美”全民志愿行动 16 次，对城镇“六乱”、农村“三边”、省（县）道沿线、三江六岸进行专项清理整治，累计清理各类垃圾等 80 吨，拆除乱搭乱挂 60 处，疏通消防通道 9 处。对旧寨村、汇城村“四网改造，多杆合一”进行提升改造，完成75%的改造任务，对汇城村、小坑村、旧寨村农村氧化塘共5处进行整改。

【科教文卫体】2020年，三河镇抓好新冠肺炎疫情防控常态化工作，开展17次的理论中心组学习，对习近平新时代中国特色社会主义思想、《习近平谈治国理政》第三卷、《中华人民共和国民法典》、习近平总书记系列重要讲话、省市县重要会议等精神进行专题学习。开展“好婆婆”“好媳妇”“星级文明户”评选等活动，评选60户“五星级”文明户。组织镇、村干部集中观看《血色三河》《我和我的祖国》。《“战疫”一线党员江善果：“我必须坚守在岗位上！”》等一线战疫事迹登上南方+、梅州日报等媒体。在实施旧寨村、汇东村红色村党建示范工程基础上，推进“红色+研学点”两镇六村联动乡村振兴示范带建设，打造一批红色现场教学点。加强文化旅游设施建设，旅游基础设施和公共文化设施完善，有游客服务中心1个、生态停车场2个、旅游公厕10座和旅游标识系统。全年全镇出生176人，人口出生率8.4‰；自然增长率下降0.4‰；女性初婚90人，女性初婚率2.5‰；人口出生性别比114.63，政策生育率85.2%。

【社会保障】2020年，三河镇抓好社会保障工作。全镇316户低保户和157户特困户救济金、残疾人重残津贴和老人高龄补（津）贴100%发放到位。完成削坡建房风险点整治34户。教育和医疗保障100%落实。3个省定贫困村集体经济收入5万元以上，267户贫困户全部达到“八有”脱贫标准。截至2020年年底，全镇筹集扶贫资金2381.08万元，实施到村项目29个、到户项目6906个、发展特色产业项目3个。

【社会治安】2020年，三河镇落实“党政同责、一岗双责、齐抓共管”安全生产责任体系，严抓森林防火工作，全镇安全生产形势总体稳定。信访维稳、扫黑除恶、“七五”普法和全民禁毒宣传等活动深入开展。全年全镇排查调处各类矛盾纠纷266宗，涉及当事人500人。其中村级调解253宗（三类案件26宗、四类案件227宗），调解成功率98%；司法所直接受理13宗（一类3宗、二类7宗、三类2宗、四类1宗），其中调解成功达成书面协议12宗，未调解成功1宗。做到小事不出村，大事不出镇，确保全镇大局稳定。

【重点项目建设】2020年，三河镇抓好重点项目建设服务工作。三河坝干部学院一期13.33公顷土地三个月内完成征收，主体工程于6月正式动工建设。汇城安置区建设进行填土方等前期工作。汇城城镇建设用地7.27公顷土地征收完成。大埔电厂二期项目11.93公顷土地和6座房屋征收工作于6月启动。旧寨星河农贸综合楼建成投入使用。大埔红色苏区旅游接待中心、县长寿产品展销中心和三河高速出口至县城沿线节点打造等“大埔客厅”项目完成规划设计进入报建阶段。

三河镇党委、人大、政府负责人名录

党委书记：饶志潘
副 书 记：戴庆生　曾维鑫　林文科
党委委员：汪育庆（—2020.7）　刘锦坤
曾立亮　江善果
丘莹莹（女，—2020.7）
赵运标（—2020.7）
蓝金华（2020.7—）
张　丹（女，2020.9—）
人大主席：余泰春
副 主 席：蓝金华（—2020.7）
镇　　长：戴庆生
副 镇 长：汪育庆（—2020.7）　刘鹏程
温文华（—2020.1）
丘旭航（2020.4—）

（李丹）

银江镇

【简述】银江镇位于大埔县西部，地处梅、埔、丰交界，毗邻二县（大埔、丰顺）二区（梅县、梅江），居韩江上游，距县城45千米，东接洲瑞镇、高陂镇，西邻梅县区雁洋镇、梅江区西阳镇，南连丰顺县砂田镇，北与大麻镇、梅县区雁洋镇交界，素有大埔“西大门”之称。镇内有国道G235线、省道S333线、S224线和S222线经过。2020年，全镇总面积为208.20平方千米，下辖13个行政村、251个村民小组，总人口约2.75万人。全县最高峰—海拔1357米的银窿顶山位于胜坑村。

【农村经济】2020年，银江镇村集体经济收入111万元，有省级龙头企业1家、市级龙头企业2家、县级农业龙头企业1家，有12个村推进高标准农田建设，粮食亩产量达到省粮食创高产要求，完成年度税收任务。

【基础设施建设】2020年，银江镇补齐交通设施短板，筹集资金1200万元，完成9条村道合计26.20千米的硬底化建设；推进溪背至河口段库周道路建设，完成省道S222线坑口至高陂段道路升级改造工程，交通环境得到改善。与县供销社合作，对原银江供销社宿舍大楼进行拆除重建，建设银江镇农贸市场，市场建筑面积约1400平方米。推进韩江高陂水利枢纽工程征地拆迁工作，全面完成42.92公顷土地征收任务，签署拆迁协议房屋81栋，全面拆除，并推进河口长严到大麻裕洲的库周道路建设工作。与拆旧复垦有机结合，全域推进“三拆除”工作，全镇拆除危旧房屋、废弃猪舍、茅厕面积5万平方米，累计完成21座公厕建设，全镇无害化卫生厕所普及率98%。同时，推进明新、明德2个省定贫困村“美丽宜居”村建设，推进银村银龙农耕文化园、坑口党群服务中心、胜坑“一体两翼”、镇区永芳大道升级改造等建设项目。

【农业】银江是农业重镇，2020年，做好银江十大长寿珍品的宣传推广工作，厚植农业重镇优势。打造“一村一品、一镇一业”特色农业发展格局，重视培育特色品牌，通过注册地理标识、邀请电视台拍摄报道等方式擦亮银江特色农产品名片，提高产品知名度，吸引龙头企业进驻和各方投资。同时，深挖银江金针菜、银江猪肉等特色农产品的产业价值，因地制宜，引导推动深加工、高附加值产业落户银江，与银江的特色农产品有机结合发展。加大对当地企业发展支持力度，筹措资金，完善百兴源生态果园的基础设施，并依托绿仙农林发展有限公司的优势资源，对其坑口加工厂进行升级改造，搭建一个集产品加工、商品展示、电商销售于一体的银江金花小镇长寿珍品展销中心，通过发展“互联网+农产品”“政府+电商+社交平台”等销售模式，加强金针菜等农副产品销售推广。

【国土环保】2020年，银江镇加大自然资源动态巡查监管力度，明确责任，落实措施，有效预防和遏制各类自然资源违法行为。利用“6·25”土地宣传日，开展自然资源法律法规宣传教育活动，进村入户宣传，发放宣传小册子3500册，制作悬挂宣传标语100条。推进农村拆旧复垦工作，13个村全部立项(坑头村4.73公顷、磜头村2.82公顷、明德村3.09

公顷、明新村 3.74 公顷、河口村 2.82 公顷、坑口村 1.64 公顷、李子坪村 2.33 公顷、坪上村 2.31 公顷、胜坑村 2.01 公顷、银村村 1.38 公顷、冠山村 0.62 公顷、车上村 1.50 公顷、昆仑村 2.09 公顷），立项面积为 31.09 公顷。其中交易两个村共 7.22 公顷（坑头村 4.64 公顷、磜头村 2.58 公顷）；竣工验收 6 个村共 10.98 公顷（明新村 1.59 公顷、河口村 2.48 公顷、坑口村 1.43 公顷、李子坪村 1.67 公顷、坪上村 1.96 公顷、胜坑村 1.84 公顷）。结合创建“广东省卫生镇”工作，推进环境整治，打好污染防治攻坚战。完成村级垃圾车配置、垃圾收集转运点建设和银村污水处理设施建设项目。河长制工作落实，“五清”“清四乱”专项行动成效明显。完成广东省卫生镇创建工作。组织镇村干部、中小学师生、志愿者开展“两美”城乡环境大提升行动。

【科教文卫体】2020 年，银江镇结合抓好新冠肺炎疫情防控常态化工作，坚持教育优先发展，加快教学资源优化提升。镇中心小学寄宿生综合楼封顶，完成昆仑小学宿舍楼扩建修缮工程和镇中心小学校道拓宽等项目。成立银江教育促进会，2020 年，教育基金会发放奖教奖学金 32.52 万元。解决卫生院保障房紧缺问题，完成卫生院停车场扩建和明新、坪上两间村级卫生站规范化建设。获赠深圳市红荔慈善基金会 186 万元医疗仪器，为卫生院购置新型救护车。2020 年度全镇出生 220 人，出生率 7.7‰，政策生育率 85.5%。开展国家基本公共卫生服务项目，组织卫生院医疗团队下村开展免费健康体检活动，加强健康生活方式指导服务。针对 60 周岁以上老人，建立健康档案，实行动态化管理，并定期免费为辖区内 90 周岁以上老人上门巡检。

【社会保障】2020 年，银江镇响应群众诉求，着力办好民生实事，提升群众幸福感、获得感和安全感。推进全民参保登记，完成社保扩面征缴工作，社保窗口受理养老保险业务缴交业务 2672 项、认证业务 3436 次、注销业务 209 项；收缴城乡居民医疗保险 2.03 万人，完成县下达任务的 96%，医疗保险缴交新生儿登记业务 219 项、报销业务 479 项；成功调处劳资纠纷 13 项，涉案金额 100 万元；追缴死亡养老金 200 人，追回养老金 100 万元。围绕脱贫攻坚“八项工程”和贫困户脱贫“八有”标准，聚焦精准精细，推动扶贫政策落实、工作落实、责任落实。累计投入各类扶贫资金 1300 万元，完成帮扶项目 213 个，全镇 2 个省定相对贫困村和 324 户 545 人相对贫困户全部达到退出标准。

【社会治安】2020 年，银江镇做好防汛减灾工作，严格执行汛期 24 小时值班制度，在河口村开展三防应急演练活动、组织护林员参加大埔县森林防灭火技能培训和实战演练，全镇应急事件处理能力提高。强化安全生产、食品药品责任落实，加大对危化品、烟花爆竹等生产经营单位的巡查监管，有效防范安全事故发生。打好扫黑除恶专项斗争攻坚战，排查扫黑除恶线索 7 条，处理信访案件 39 宗，调解各类矛盾纠纷 123 件。同时，围绕《中华人民共和国民法典》学法讲座、国家安全日、“6·26”国际禁毒日等宣传主题，开展形式多样的法制宣传活动，营造和谐稳定治安环境，推进依法治镇工作。

银江镇党委、人大、政府负责人名录

党委书记：钟永彩
副 书 记：谢宏坤　陈　演　连佳权
党委委员：利　杰　刘妙荣　陈　婵（女）
黄满锋　赖志光
李俊皓（2020.7—）
黄俊岳（2020.7—）
人大主席：黄岭东
副 主 席：赖达明
镇　　长：谢宏坤
副 镇 长：黄俊岳　赖礼权

（黄永睦）

洲 瑞 镇

【简述】洲瑞镇地处大埔县西南部，离县城及梅城各65千米，东及东北连高陂镇，西及西北紧依银江镇，西南与丰顺县砂田镇毗邻，因洲瑞镇地貌四周环山、中间低平，形如盆状，故素有“金盆乡”之美称。镇内有省道S333线经过。2020年，全镇面积83.25平方千米。全镇下辖9个行政村、151个村民小组，总人口1.81万人。

【农村经济】2020年，洲瑞镇坚持统筹推进新冠肺炎疫情防控和经济社会发展，在做好疫情防控的前提下推进各类项目建设，全年工业企业完成总产值4000万元，培育四上企业瑞山天泉包装饮用水厂达到工业产值规模以上标准。

【基础设施建设】2020年，洲瑞镇抓好交通运输、水利水电的基础设施建设工作。投资200万元完成中心墟路口至实验学校1.40千米道路路面铺设沥青工程，并完成镇区街道三线整治，统一广告风格。投资270万元完成华光村岭背至石门岭及石壁下道路硬底化建设；投资150万元完成大坑村道路硬底化建设；投资110万元完成葵坪村焦坑至结坪道路硬底化建设；修缮县道X008线及村道路面合计2.5千米，完成道路绿化3.5千米；全面贯通陂营村岗尾3.5千米环村公路路基。总投资为1143.26万元的镇村村通自来水项目工程基本完工，涉及9个行政村，惠及1.2万名群众。总投资约200万元的涉及大坑村、赤水村、嶂岸村、陂营村和南村村共计8处农村人居环境整治污水处理设施氧化塘工程项目，完工7处并投入使用。

【新农村建设】2020年，洲瑞镇调整大坑村项目资金，围绕主村道外立面改造、微景观改造、绿化美化、突出陶瓷村特色等打造节点，扮靓乡村风景线；大坑基金会筹集60万元修建廊桥、凉亭和小水坝。围绕“秀美南村、文明家园”主题，投资350万元完成绿道建设、荒废农田集约耕作、水库堤岸治理、房屋外立面改造、三线整治、生态休闲带建设等项目，突出南村“宅田水”联动特色，打造南村乡村振兴示范点。

【农业】2020年，洲瑞镇投资342万元完成106.67公顷桉树林林相改造；完成并通过验收涉赤水、南村、嶂岸、大坑等4个村、总面积为18公顷的垦造水田项目。全镇粮食种植面积262.13公顷，粮食总产量2653吨，其中水稻种植面积127.67公顷，总产量687吨。

【工业】2020年，洲瑞镇做好工业企业的服务。瑞山天泉包装饮用水厂生产总值2400万元，同比增长9%。大埔三和实业有限公司创新陶瓷产品研发，深入挖潜市场，主动融入湾区“大市场”，推广精品瓷器生产和个性化产品研发，全年生产总值1816万元。

【旅游业】2020年，洲瑞镇华光村绿雅园项目有序推进，新种植名贵树木及蜜柚、茂谷柑、脐橙等水果共4000株，完成500米人造溪流景观及配套设施和200米观景长廊及配套设施建设，全年累计投入资金1000万元，完成年度投资100%。瑞山生态旅游度假区投资229万元，完善景区道路、水库、水圳等基础设施和相关配套功能建设。瑞山生态旅游度假区获评国家AAA级旅游景区。

【国土环保】2020年，洲瑞镇配合做好农村拆旧复垦和垦造水田工作，第二批次农村拆旧复垦涉及赤水、大坑等7个行政村6个项目通过专家组验收，合计验收面积6.69公顷；第三批次农村拆旧复垦涉及赤水、大坑等7个行政村共计22个地块，立项面积3.10公顷，按计划进行。全年农村风险点削坡建房整治计划完成50户，实际完成75户，完成率150%。落实“河长制”和开展河湖“五清”行动，镇、村级河长累计巡查307人次，清淤河道5条，清淤河道累计21.50千米；对农村生活垃圾进行规范化管理，实施“户投放、村收集、镇转运”的处理模式对农村生活垃圾进行清运，并逐步推广生活垃圾分类，打造优美宜居环境。

【科教文卫体】2020年，洲瑞镇争取上级资金、发动乡贤和学校校友力量，投资150万元改造升级实验学校篮球场、道路及围墙，建设乡村学校少年宫，完成学校“厕所革命”改造工程，建造镇中心幼儿园舞台，完善学校周边绿化。对镇综合文化站进行改造升级，将原来的三级站升级改造为二级站，提升乡镇综合文化站服务水平，满足和丰富基层群众的精神文化生活需求。跟进80名原民办代课教师生活困难补助申请工作。总投资247.10万元的洲瑞镇卫生院保障房完工并投入使用。新冠肺炎疫情发生后，坚决响应习近平总书记和党中央号召，始终坚持人民至上、生命至上，全镇动员、全民行动，迅速构筑起抗击疫情的防线，实现本地防控“零感染、零扩散、零死亡”；疫情期间，累计接收捐款14.53万元，接收口罩5982只、消毒液5桶、体温枪19支，此外，还收到群众捐赠的其他生活物资。增添健身和体育器材，动员镇机关、各村、企事业单位、学校等开展体育活动。镇机关男子篮球代表队参加2020年大麻片区男子篮球友谊赛等。

【社会保障】2020年，洲瑞镇抓好各项社会保障工作。服务各类民政对象，做好调查、审核、申报工作。到2020年12月底，完成低保救助对象159户292人（其中城镇1户3人）、特困人员97人、百岁老人保健金4人、残疾人“两项补贴”368人（其中高度护理补贴253人，困难生活补贴115人）、高龄老人补津贴591人（其中80—89周岁479人，90—99周岁112人）、父母无能力抚养儿童9人、孤儿1人等对象动态监管工作。推动城乡居民养老保险工作。截至2020年12月底，全镇城乡居民社会养老保险60周岁参保人数702人，完成目标任务。全镇参加2020年城乡居民医疗保险参保人数1.33万人；医疗保险参保受益人185人次，减轻参保人的医疗费用负担。全镇有贫困户84户173人，全部实现脱贫并完成贫困户退出，大坑村完成相对贫困村退出。在疫情期间，通过海珠区对口帮扶单位扶持，对大坑村外出务工人员发放疫情补贴9.20万元。投资27.93万元的大坑村光伏扶贫发电二期项目60千瓦光伏发电站完工。在2020年广东扶贫济困日活动中全镇捐款约60万元。

【社会治安】2020年，洲瑞镇结合开展“平安洲瑞”建设，加大宣传，增强群众对平安建设、禁毒、扫黑除恶、防电信诈骗的认识，社会治理能力提升。加强信访维稳工作，采取网格化管理模式，化解矛盾纠纷，妥善解决群众信访诉求。全年受理信访案件17件，回复15件。对各项安全生产工作进行检查，开展8类60次安全生产检查，整改落实12处，未发生安全生产责任事故。打击治理电信网络新型违法犯罪，完成对13名涉电诈重点人员情况的摸底排查，并通过入户宣传、发放手册、横挂宣传标语等方式，营造氛围让全民打击防范电信诈骗。落实最严防火令，从立体宣传、设岗立卡、队伍建设等方面着手，有效保障森林防火安全。

洲瑞镇党委、人大、政府负责人名录

党委书记： 陈方华

副 书 记： 黄　冬（2020.1—）

罗志龙　刘文捷

党委委员： 钟裕桓　徐欣妹（女）

廖广立　黄晋锋　吴建华

人大主席： 余家威

副 主 席： 李小坚

镇　　长： 黄　冬（2020.1—）

副 镇 长： 钟裕桓　杨畅生　田加昌

（张淑佳）

茶阳镇

【简述】茶阳镇是大埔老县城，位于粤闽两省二县（区）交界处，在梅州三大江之一——汀江河畔，是红色革命老苏区，是广东省首批中心镇之一。2020年，全镇辖区面积294.30平方千米，下辖26个村和1个街道社区、419个村民小组，共5.42万人。粮食以水稻为主，主要经济作物有烟叶、蜜柚，有耕地面积1847.27公顷，其中水田面积1444.13公顷，林业用地面积2.42万公顷。茶阳镇东邻福建省永定区下洋镇，南接西河镇、湖寮镇，西邻三河镇、青溪镇，北靠丰溪林场和福建永定区峰市镇、城郊镇。距梅州机场62千米，距大埔县城27千米，距福建永定土楼群32千米，国道G235线、省道S227、S332线和梅坎铁路贯穿全镇。梅龙高速公路沿途经过茶阳镇沿坑村、广陵村、迪麻村、角庵村、梅林村，在梅林村设有互动连接线。

【农村经济】2020年，茶阳镇一般公共预算收入1476.19万元，支出1476.19万元，收支平衡。以蜜柚、烤烟、茶叶、柑橘四大传统产业为重点，引导群众结合山地气候、土壤情况错位发展精致高效农业，把推动农业机械化作为加快山区农业转型升级、发展现代农业的重要举措，推动农业产业发展绿色化、绿色资源产业化，促进全镇农业农村经济持续健康发展。

【基础设施建设】2020年，茶阳镇抓好交通运输、水利水电等设施建设。全镇纳入养护乡道43条，路线长155.85千米；养护村道55条，路线长64.57千米。实施普通公路“路长制”，建立完善“总路长+分级路长”路长体系，成立乡、村道路长工作巡查组，加强乡道、村道公路地质灾害隐患点排查治理。完成茶阳辖区普速铁路安全隐患综合治理。完成城区的仙基桥至交警中队、城西路、高福路、万川路的道路提升改造项目。完成船枋坑至西坑、礼坑村至欧家仙、杉树凹至欧家仙、坪翁至沙罗窠的2020年度“四好农村路”建设验收。县道X961茶三线茶阳新仙基大桥、安乐家炳桥维修加固工程推进实施。完成乡道Y126洋陶至碗瑶路段、乡道Y264泥湖坑至程车延长线（程车到棉畲）、洋门至新村的泥土清运工作，确保道路通畅。村村通自来水工程、集中供水工程以及生活污水处理设施建设有序推进；总投资1600万元的茶阳镇城区污水处理厂二期工程竣工，并通水试运行；完成福阳桥段右岸固床陂修复工程；下桥关水毁固床陂修复动工实施；8个新农村示范村完成集中供水工程建设，并配套建成19个污水处理设施。落实河长制，全镇各级河长累计巡河 1291 次。加大投入开展“清四乱”以及河湖清漂行动，共计清理河流长度 13 千米，清理水域面积 1.56 平方千米，清理漂浮物 35 吨，累计投入 10.50 万元。建立健全防汛工作制度、值班制度、24 小时不间断巡河值班制度，保障供水、河道安全，全年镇范围内未出现重大险情事故。

【新农村建设】2020 年，茶阳镇推进“沿省际边界”示范带建设工作，累计投入资金 3000 万元，太宁至党坪 20 千米精品示范带建设初见成效。“沿省际边界”示范村和社会主义新农村建设示范村有序推进，各村的村道硬底化、污水处理、垃圾处理、饮水工程、公厕建设、文体活动中心等基础建设得到改善，太宁、恋墩、角庵、西湖等村的景观提升项目彰显美丽乡村魅力。推进农村“厕所革命”。完成 241 户户厕改造和 64 座公厕建设，并通过验收。26 个行政村通过“三清三拆回头看”验收。完成恋墩村堆煤场整治工作，拆除面积 3.16 万平方米。

【农业】2020 年，茶阳镇新增农民专业合作社 2 家，成功申报县级农民专业合作示范社 1 家，新增县级龙头企业 2 家。2019 年度古村村蜜柚项目和梅林村生猪“一村一品、一镇一业”项目按要求完成实施并验收，2020 年度洋门村、西湖村和党坪村“一村一品、一镇一业”蜜柚项目获县政府批准实施。茶阳镇被广东省农业农村厅认定为第二批省级“一村一品、一镇一业”蜜柚专业镇。

【工业】2020 年，茶阳镇规模以上工业总产值 4492.20 万元。抓好茶阳食品工业小区扩容提质工作，配合县工业园管委会完成茶阳工业小区闲置土地清理摸底工作，盘活闲置土地，优化营商环境。2020 年，引进梅州市大茂科技有限公司，开展电泳涂料的研发、生产、销售。

【旅游业】2020 年，茶阳镇加强旅游业服务工作。完成邹鲁故居“椿森第”、老县委旧址、父子进士牌坊、大埔县工农革命政府公安局旧址、骑楼老街（万川路、高福路）的全面修缮工作，城区各个景点串珠成链，金山人文旅游线路初步形成。大埔县工农革命政府公安局旧址被认定为早期中共成立的县级公安局，成功入选第七批梅州市文物保护单位，成为中国红色政权首个公安局——大埔县工农革命政府公安局历史陈列馆。结合 20 千米省际边界示范带、8 个社会主义新农村示范村和 6 个“四沿村”建设，致力打造“一区一带”精品旅游线路，辐射带动全域发展乡村旅游，振兴乡村发展，累计投入 6925 万元抓好长治片区“绿色生态村居段”建设、太宁恋墩“红色党建太宁段”建设、“古色古韵茶阳段”建设，美丽乡村初见雏形，全域旅游能力提升，擦亮“千年古镇·红色茶阳”的品牌。

【国土环保】2020 年，茶阳镇加大违法建设查处力度，打击制止“两违”建设 20 起，共计拆除违章建筑 8 起，拆除违章建（构）筑物 4837 平方米，规范农村建房秩序。推进拆旧复垦工作，完成拆旧复垦立项面积 27.47 公顷，其中 7.60 公顷已通过专家验收。推进垦造水田工作，完成.78 公顷土地租赁任务，占全县 50%的任务。把环境宣传教育工作放在突出位置，创建市级生态村，并结合“6·5”世界环境日、“七五”普法、创建“绿色学校”等活动，加大环保宣传。确立以整治非煤矿山违法排污为重点，以加快治污项目建设为保障，以严格环境影响评价、强化环境监管为基础，以降低主要污染物排放总量为目标的工作思路，逐步形成以政府为主导、企业为主体、法规和标准为规范、监督服务为依托、环境统计为基础的污染物减排推进机制，加强环境监管工作，坚决打赢污染防治攻坚战。

【科教文卫体】2020 年，茶阳镇抓好新冠肺炎疫情防控常态化工作，促进科教文卫体工作。茶阳镇教育促进会筹备进展顺利，向大埔县教育局、大埔县民政局申请社会团体名称预先核准并获得批复，并成立临时账户，注入注册资金5万元。多渠道向社会各界热心乡贤筹集奖教奖学金，意向金额筹集200万元。新成立长教小学教育基金会。向全镇2020年度50位优秀教师进行表彰，共发放奖教金2.50万元。根据人员变动情况，完成2019年度领取茶阳镇原民办代课教师生活困难补助资金资格认证人数221人和2020年到龄原民办代课教师申请8人。准备文化站评估定级量化工作，进行维修和购买设备、文体器材、完成镇级台账资料和系统填报工作。在幼儿园毕业季协助各个幼儿园举办表演。12月17日，配合大埔县文化馆在茶阳镇文化广场举办宣传中共十九届五中全会精神文艺演出活动。2020年1—11月，镇建档立卡贫困人员医疗救助128人，救助金额19.08万元，实现100%救助；建档立卡贫困人员二次医疗救助97人次，二次医疗救助金额11.50万元。落实临时救助22人共9.45万元。全镇出生人口424人，出生率7.6‰，政策外生育90人，政策生育率78.8%，死亡366人，人口死亡率6.6‰，人口自然增长率1‰。完成第七次全国人口普查工作，并通过国检抽查。

【社会保障】2020年，茶阳镇按照县民政局的要求完成低保对象的经济状况信息化核查工作，共核查666户1275人，取消不符合低保条件的家庭9户31人。截至2020年12月底，全镇低保665户，保障1274人。开展特困供养人员自理能力评估及照料护理工作，全镇有特困供养人员218人，其中全自理166人、全失能21人、半失能31人。办理临时生活困难救助48户135人，办理城乡居民重特大疾病医疗救助25户。全年办理159人城乡居民养老保险待遇、340人城乡养老保险注销、追回97人多领城乡居民养老保险待遇、452人恢复城乡居民养老保险待遇发放。协助各村为符合条件的老人申报高龄津贴并加强动态管理。全镇有80—89岁老人1301位，90—99岁老人269位，百岁老人6位。开展农村留守老年人的调查摸底工作，发现农村留守老人有114位并完成系统信息录入工作。开展敬老院专项检查整治工作，尤其是在新冠肺炎疫情期间，敬老院严格按照上级要求实行封闭管理，每天对敬老院老人进行体温检测，敬老院内全面进行消毒。全年敬老院未发生安全事件。2020年，茶阳镇耕地地力保护补贴面积1558.36公顷，补贴标准81.7元/亩·年，补贴金额190.97万元。做好水稻保险承保工作，全年水稻早、晚造承保面积1262.16公顷，加大柑橘橙柚新险种承保宣传工作和大埔耕地地力指数保险承保工作。全镇省定贫困村退出率100%，1405人达到相对贫困人口退出标准、退出率100%。发展“公司+基地+专业合作社+农户”“合作社+贫困户+种养大户”的模式，并投入429万元建成8个光伏产业扶贫项目，增加贫困户和村集体收益，发动全镇24位创业致富带头人带动本村贫困户创业致富，带动555个有劳动能力的贫困户的产业增收。成功入库13个“一村一品、一镇一业”产业扶贫项目。启动2020年扶持太宁村村级集体经济试点工作。

【社会治安】2020年，茶阳镇加大消防安全隐患整治，排查加油站、商场、酒店、烟花爆竹经营单位等易燃易爆和人员密集场所50家，排查安全生产隐患214项，完成整改214项，整改率100%。加强社会矛盾纠纷大排查，全年受理信访案件56件，全部办结。按照三防责任人全面到位、三防物资器材全面检查、应急预案全面修订、重点台账全面梳理、风险隐患全面排查的要求，抓好各项防汛措施的落实。在全镇范围内进行摸排，摸排村干部和党员涉黑涉恶线索，坚决铲除农村黑恶势力滋生发展土壤，严厉打击各类黑恶势力违法犯罪。截至2020年12月底，镇扫黑除恶办接到上级移交线索材料20宗，群众举报线索1宗，所有线索均排查完毕。完善镇级森林防火相关制度，配置84个护林员、30个半专业扑火队员，完善队伍建设。全年引导全镇人民最大限度地保障森林资源。

茶阳镇党委、人大、政府负责人名录

党委书记：吴萍萍（女）

副 书 记：郭华昌　刘国先（—2020.5）

黄小玲（女，—2020.1）

杨国松（2020.1—）

汪育庆（2020.7—）

党委委员：沈镜章（—2020.1）　钟晓科

罗建学　赖裕林　肖徽强

黎崎峰（2020.4—）

肖海啸（2020.5—）

曾　喜（2020.7—）

人大主席：刘盛免

副 主 席：赖付基（女，—2020.4）

李　朋（2020.7—）

镇　　长：郭华昌

副 镇 长：沈镜章（—2020.1）

钟晓科（2020.7—，2020.1—2020.7为副镇长人选）

黄志刚　钟　东

（刘俊欢）

西　河　镇

【简述】西河镇位于大埔县东北部，东北与福建省永定区下洋镇接壤，东南与福建省永定区湖山乡相连，南与大东镇、百侯镇相邻，西与湖寮镇、茶阳镇相邻，距县城22千米，是中国葡萄酒之父、张裕葡萄酒创始人张弼士的故乡，是粤闽边界的商品集散地。2020年，镇内有梅龙高速公路（有茶阳出口）、国道G235线、省道S227线经过。全镇地域面积208.73平方千米，下辖27个行政村和1个社区居委会、420个村民小组，总人口3.58万人。

【农村经济】2020年，西河镇农村经济总收入8.85亿元，农民人均纯收入1.97万元。全镇粮食种植面积1886.40公顷，总产量10.03万吨。全镇培育发展有20家农业企业，香米和蜜柚种植面积分别为984.07公顷和1183.33公顷，优势种植项目扩大，全年西瓜达产4220吨、烤烟422吨、玉米287吨。北塘景区年营业收入总额35.60万元，接待总人数22万人次；张弼士故居旅游区年营业收入总额86.40万元，接待总人数10.9万人次；禾肚里稻田民宿年营业收入总额300万元。同时，完成税收入库目标任务。

【农业】2020年，西河镇坚持以产业振兴为龙头，彰显大埔粮仓的本色，推动农旅产业融合发展。致力生态优先，做大绿色健康产业。落实“产业联村”，全镇培育发展有20家农业企业，香米和蜜柚种植面积分别为984.07公顷和1183.33公顷。全年全镇种植西瓜150公顷、烤烟213.33公顷、优质稻200公顷、玉米166.67公顷，以扩大优势项目种植面积促进农业增产和农民增收。同时落实农业保险政策，累计完成1010.07公顷水稻、80公顷蜜柚的投保工作，提高农业生产的抗风险能力。探索智慧农业，发展精细化种养，在漳北村投入300万元高标准建设广东省蜜

2020年3月4日，县委书记朱汉东（左一）带队到西河镇漳北村、黄堂村交界处调研（西河镇提供）

柚标准化种植示范基地，上黄砂村投入140万元的百香果数字田园示范基地建成，溪头村投入30万元建设五黑鸡养殖基地。加大对当地农产品购销企业的培育力度，鸿姑娘长寿农产品等一批长寿农产品被线上、线下市场越来越多的消费者认可接纳。

【新农村建设】2020年，西河镇推进新农村项目建设，以“厕所革命”、危房改造、“村村通”自来水集中供水网络为重点，规划新农村项目，补齐农村基础设施短板。推进“厕所革命”和危房改造工作。采取召开镇村干部会、村民代表会、进村入户等方式，加强对“厕所革命”、农村危房改造的政策宣传，让“厕所革命”、农村危房改造工作家喻户晓。在实施“厕所革命”、农村危房改造工程推进过程中，坚持因地制宜，为改善人居环境、推动新农村建设、促进农村经济发展打下基础。全镇完成新建公厕57户，完成646户户厕建设（其中384户为任务完成数、262户为清单外新增数）。建设“村村通”自来水集中供水网络。以解决群众“吃水难”为目标，统筹推进全镇“村村通”自来水集中供水网络建设。全镇157个自然村，完成通自来水自然村有129个，集中供水覆盖率82.2%。

【旅游业】2020年，西河镇突出人文引领，做强文化旅游产业。落实“文旅联村”，发挥龙头作用，推动北塘乡村旅游区、张弼士故居旅游区和漳北禾肚里田园综合体三大旅游景区做特做强，形成北塘乡村旅游区、张弼士故居旅游区和漳北禾肚里田园综合体三大旅游景区交相辉映的旅游业发展新格局，特色民宿、农家乐、小吃作坊遍地开花。探索共享经济发展新模式，鼓励村民群众共同参与乡村振兴的大业，集约5间闲置民房和近百亩的田园、菜园、果园打造“一房三园”共享农庄取得良好的市场反响，共建共享的“一房三园”模式受到省、市、县各级领导的好评。成功获评第二批广东省旅游风情小镇，漳北村成功入选广东省第二批十大美丽乡村。

【国土环保】2020年，西河镇坚持治管并重、综合施策，改善人居环境。推进农村人居环境综合整治，27个行政村累计拆除2541户7.14万平方米，完成“三清三拆三整治”验收工作。巩固“两美”行动成效，2020年累计清理主要河道建筑垃圾、漂浮杂物、杂草16车次，清理“野广告”、破损广告、非法广告200处和占道堆放的经营户156户，有效保持漳溪河道沿线的环境卫生。加强保洁队伍建设，对镇、村环境卫生实行全天候保洁。同时，在全镇各村配备2100个垃圾箱，修建127个垃圾池，购买7辆垃圾运输车对垃圾进行定期清理，实现“户投放、村收集、镇转运、县处理”的垃圾转运模式，并在北塘、漳北两村试点垃圾分类工作，各村环境面貌取得明显改善。落实河长制工作。推进“河畅、水清、堤固、岸绿、景美”生态河道建设风光，打造示范性沿河风光带，细化完善镇、村两级河长制工作制度，全年镇、村两级河长累计开展巡查 2165 人次，其中镇级河长巡查 443 人次、村级河长巡查 1722 人次，累计查处非法盗采河砂 4 处。完善全镇河长公示牌，在原有 6 块河长公示牌的基础上，在被纳入河湖管理名录的 24 个行政村更新增设河长公示牌。推进镇村污水处理实施建设。补齐污染防控的短板，根据县统筹安排，全年累计开工建设 36 处污水处理设施点，其中 15 处主体建设完成在铺设管网。以县政府批复《广东省梅州市西河森林小镇建设规划（2019—2023）》为契机，推进森林小镇创建工作，坚持森林防火与增绿添彩两手抓，落实 333.33 公顷配 1 名专职护林员的规定，超额配备护林员 66 名（应配 64 名），建立起护林员网格化管理，同时建立由 35 人组成的半专业防灭火队，加强护林员和半专业防灭火队建设。做好森林防火宣传工作，执行 24 小时防火值班和领导带班制度，并按照应急预案定期组织开展演练。北塘村、黄堂村获评为第二批国家森林乡村。

【基础设施建设】2020 年，西河镇坚持以项目建设推进民生改善，以完善基础设施建设夯实乡村振兴的根基。完善交通设施。基于互联互通，谋划建设 16 千米“十村联动”精品旅游道路，道路一期二期北塘至东塘、漳溪至漳北段共 10 千米基本完工，漳北至上黄砂段有序推进。围绕“四好农村路”建设要求，全年开展鸦鹊坪至林场、双水潭至南竹、岗上至湖栋窠、穿风凹至茶场、双水潭至春秋背、水竹至湖山、漳北至下黄砂、石涵至南桥、主村至双门前、下汶至调和下等 10 段连接线建设，有 9 条路基本完成并投入使用。

【社会保障】2020 年，西河镇按照中央、省、市、县的部署要求，坚持把脱贫攻坚的工作作为重中之重抓，脱贫攻坚成果卓有成效。全年累计召开 18 场扶贫专题会议和 24 次的扶贫调研，推进各项帮扶工作，省、市、县共下达“631”扶贫专项资金 1146.35 万元，资金使用率 100%。2016 年贫困户人均收入 6813.76 元，至 2020 年贫困户人均收入 1.50 万元，翻了一倍多。2020 年，全镇贫困户 605 户 1226 人全部实现脱贫，10 个省定贫困村全部退出，实现脱贫率 100%。坚持以务实为民、便民高效为宗旨，以优化服务为核心，方便快捷地满足群众的需求。全年全镇群众申办事项 2766 件，累计受理办结 2766 件，办结率 100%。

【科教文卫体】2020 年，西河镇提高教学质量和改善教学环境，完成大靖小学广东省义务教育标准化学校验收工作，完成红军小学门前道路硬底化工程。开展乡村精神文明建设。联合帮扶单位省科学院在上黄砂村开展“趣味科普进乡村 七彩童年追梦想”暑期科普夏令营活动。开展西河镇综合文化站提升改造项目，在北塘村设立文化分站，在完善硬件条件的同时，丰富文化活动内容，全年举办锣鼓培训班 4 场次、广场舞培训班 1 场次。开展职业技能培训，开办粤菜师傅培训班（客家菜）2 次、南粤家政（月嫂）培训班 1 次、就业培训班（讲座）2 场次、农业科学技术培训 11 期。创建卫生强镇，在年初疫情防控期间，镇卫生院使用新院区、新设备，为西河防疫工作提供保障，并抓好全镇的新冠肺炎疫情防控常态化工作。

【社会治安】2020 年，西河镇抓好各项安全防范工作。全镇排查出各行业安全隐患 36 条，完成整改 36 条，整改率 100%，委托执法两宗，并对其进行警告、罚款的行政处罚。全镇综治维稳形势保持稳定，常态化开展各类矛盾纠纷和不稳定因素排查，对疑难信访件实行一事一策、专题研判，落实包案领导和部门，全年累计受理信访案件129宗，其中上级交办129宗，处理121宗；群众来访38宗，处理37宗。排查化解矛盾纠纷74宗，其中镇调解委员会受理6宗，指导村调解5宗，未发生因调解不及时而产生矛盾的民转刑案件。搞好扫黑除恶专项斗争，镇扫黑除恶办摸排线索30条，其中接到上级移交线索材料24条、全镇摸排发现6条，办结回复26条，移交公安部门侦办4条，立案4宗，刑拘7人，全部线索已清零。漳北村获评2020年广东省“民主法治示范村”创建单位。

西河镇党委、人大、政府负责人名录

党委书记：丘武秋

副 书 记：余茂滨　胡育锋
丘增标（2020.7—）

党委委员：谢振新　丘增标（—2020.7）
刘暇昶　周宝琴（女）
曾海祥（2020.7—）
陈晓斌（—2020.11）
张庆海（—2020.7）　郭凯帆
官小河（2020.5—）

人大主席：何少华

副 主 席：何赞银

镇　　长：余茂滨

副 镇 长：谢振新　卢优裕
杨怡娴（女，—2020.7）
何斯航（女，2020.7—）

（罗浩）

青 溪 镇

【简述】青溪镇地处大埔县西北部，位于粤、闽两省两区一县（广东省、福建省，梅县区、永定区，大埔县）交界处，是著名革命老区。青溪北接福建省永定区峰市镇，西邻梅县区松口镇，东北与茶阳镇接壤，南接三河镇。青溪镇是县境汀江航运起点，顺流而下可达潮汕。有省道S332线和梅坎铁路（多宝坑小站）经过。2020年，全镇地域面积164.05平方千米，镇政府驻地坪沙，距离县城直线22千米，公路里程42千米。辖13个行政村、198个村民小组，总人口2.07万人。

【农村经济】2020年，青溪镇农村经济总收入7.16亿元，农村人均收入1.66万元，同比分别增长10.8%、10.9%。

【基础设施建设】2020年，青溪镇有13个行政村，抓好4个省定贫困村河背村、祝丰村、长丰村、青华村和2个“四沿”村上坪沙村、下坪沙村新农村项目建设，推进占地面积50平方米以下危旧房、废弃猪牛栏及露天厕所茅房拆除工作，13个村接受县“回头看”工作检查，通过上级验收。完成镇区、长丰村、上坪沙村和溪口村四大片区自来水建设，7个村集中供水工程项目建设，18个氧化塘建设，2个村污水处理厂项目建设，134户农村无害化卫生户厕改造。完成祝丰村至三河镇小坑村沙土道路拓宽工程、铲坑村河岸改造加固工程等。

【农业】2020年，青溪镇围绕蜜柚种植、山羊养殖等优势特色产业，推进河背村、祝丰村、虎市村、溪口村等4个村“一村一品”项目批复实施，蜜柚种植面积达873.33公顷，养殖山羊5000头。5家省级龙头企业、2家市级龙头企业、1家县级龙头企业合计吸收农村劳动力2030人。做好稳定粮食种植面积，遏制耕地抛荒现象，推广“公司+基地+合作社+农户”等经营方式，做强蜜柚、山羊等特色产业，巩固发展稻米、烟叶等传统产业。

【旅游业】2020年，青溪镇实施中央红色交通线续建项目。完成居安堂修缮、布展，多宝坑古驿道的山地体验线路修缮、山地体验线路导览指示图、指示牌、人物雕塑建设及美化绿化亮化配套基础设施建设。实施“江畔人家”休闲度假区续建项目。完成中华龙景观三千米栈道、山顶寿山湖、餐饮大厅建设、休闲活动室建设和景区内道路改造提升及周边环境美化绿化亮化建设。实施青溪镇绿美古树乡村建设项目。完成虎市岳间小公园周边河堤护栏、石坎、文化宣传标语牌、文化活动中心及相关基础设施建设及公园配套设施的完善及道路修缮。

【国土环保】2020年，青溪镇开展上坪沙村、桃林村等4个村高标准农田水利基础设施建设，完成垦造水田面积10.67公顷；推进祝丰村、上坪沙村、蕉坑村等5个村拆旧复垦工作，完成拆旧面积22.42公顷，助力产业发展、农民增收、农业增效。结合“两美”行动，开展爱国卫生运动，常态化做好环境卫生保洁及沿路美化、绿化、亮化等工作。深化河长制工作部署，完成“四乱”排查，拆除违章建筑物1处；开展河库“五清”专项行动，清理拆除“三无”船舶27艘，清理水域面积8平方千米、河流16千米、漂浮物36.60吨，全镇环境卫生质量明显提升。

【科教文卫体】2020年，青溪镇贯彻实施素质教育，激励学生勤奋学习，全年资助贫困户子女就学206人，发放生活补助33.30万元。由乡贤、校友自愿捐款成立青溪实验中学奖教奖学基金，共筹款110万元。基金以奖教为主，奖学为辅，每年由红门股份有限公司资助13.20万元用于奖教奖学。全年发放奖教奖学金12.60万元。修缮镇特级文化站，整合全镇文化资源，发挥镇综合文化站和13个村综合性文化服务中心作用，培育志愿者队伍开展法治科普宣传教育、公益性群众文化活动，坚持出版《青溪文艺》。开展非遗项目黑蛟龙灯舞、仔狮灯队进校园等活动，使青少年近距离感受优秀传统文化的魅力，增强青少年的民族自豪感和文化认同感。严格落实党中央决策部署和省、市、县工作要求，打赢新冠肺炎疫情防控的人民战争、总体战、阻击战，确保新冠肺炎“零病例”，统筹推进疫情防控和经济社会发展，科学有序推进复工复产、复学复课，不误农时抓春耕，全镇企业和个体工商户全部恢复生产，学校全面复课，经济逐步回稳。改善镇、村环境卫生质量，提升群众文明素质和健康意识，营造良好生产生活环境，成功创建“广东省卫生镇”。2020年全镇出生150人，出生率6.9‰，死亡101人，死亡率4.7‰，自然增长率2.3‰。

【社会保障】2020年，青溪镇落实城乡居民养老保险、城乡居民医疗保险、农村低保优抚等各项惠民措施，全镇覆盖率100%。精准落实社会救助兜底保障政策，做好贫困户、留守老人、妇女、儿童、残疾人、退役军人等群体的社会救助和优抚关爱工作，开展城乡居民临时救助28人次，收缴居民医保1.59万人、缴交率96.9%，受理养老保险缴交业务1238人，发放低保补助资金192万元、五保补助资金92.50万元、困难残疾人生活补贴39万元、重度残疾人护理补贴99.83万元等。坚决把脱贫攻坚作为一号民生工程，紧盯“两不愁三保障”等关键指标，统筹整合各类政策资源，祝丰村、长丰村、河背村、青华村4个省定贫困村和全镇建档立卡贫困户188户497人实现全部退出。

【社会治安】2020年，青溪镇深化“中心化+网格化+信息化”建设，完善矛盾纠纷多元化解机制，加强矛盾纠纷源头治理，调处各类纠纷矛盾43起。组织开展全镇安全生产检查工作，重点对辖区内道路交通、山塘水库、旅游场所、建筑施工场地等进行检查，检查各类场所40处，发现31处隐患，现场整改21处，限期整改10处，全部整改完成。落实“七五”普法要求，扩大法治宣传的受众面和影响力，开展法律宣讲、扫黑除恶专项斗争、防电信诈骗、禁毒宣传活动，增强全民法治意识，强化法治思维，营造学法、守法、用法的良好氛围。

青溪镇党委、人大、政府负责人名录

党委书记：谢彦博

副书记：丘佳纳　郭永富　陈传祺

党委委员：刘斯科　邓永明
杨旭海（—2020.4）
梁永生（—2020.9）　宋福中
连增美（女，—2020.1）
杨广文（2020.1—）
刘礼赞（2020.4—）
彭苑苑（女，2020.9—）

人大主席：邓秀丽（女，—2020.7）

副主席：谢华荣

镇长：丘佳纳

副镇长：刘斯科　曾家良　黄　俊

（何威明）

丰溪林场

【简述】大埔县丰溪林场创办于1958年，原属汕头地区管辖，1963年转为县办，1984年4月被广东省人民政府批准建立省级自然保护区，保护区总面积为105.90平方千米，主要保护对象为中亚热带常绿阔叶林和珍稀动植物。1996年8月被省林业厅批准建立丰溪省级森林公园。处于大埔县北部，北部与福建永定区凤城街道毗邻，东部与福建永定区岐岭乡毗邻，西部、南部与茶阳镇相邻，距离县城54千米。海拔在450—1098米之间。2020年，全场总面积29.91平方千米。下辖3个村民委员会，13个村民小组，总人口1845人。

【农村经济】2020年，丰溪林场粮食作物播种面积114.95公顷，总产量483.80吨。全场农村经济总收入2367.40万元，农村人平收入8986元。

【社会保障】2020年，丰溪林场党委实施惠民工作，成为“幸福丰溪”推动者，以提升农民幸福指数。落实扶贫工作的各项政策，以贫困户“稳定长效脱贫”为导向，坚持因地制宜、分类指导。有贫困人口30户75人，全部实现脱贫。同时，在“回头看”核查工作中，对不符合精准扶贫条件的1户1人给予终止帮扶。对丰溪户籍学生和在编在岗场干部职工子女考取大学本科以上的发放一次性奖学金每人3000元。筹集11.20万元为全场1401人补贴缴交城乡居民医疗保险，每人由林场补贴80元。加强对残疾人和弱势群体的关注和救助力度，做到应保尽保。

【基础设施建设】2020年，丰溪林场投入资金500万元，打造溪上村和上山村文体活动中心，建设生态停车场、健身坪、旅游公厕、文化长廊。投入资金400万元打造美和桥、富民桥和丰村桥，完善周边绿化美化设施。

2020 年 6 月 8 日，县委书记朱汉东（前右一）到丰溪林场上山村督导乡村振兴工作（县委办新闻组提供）

投入资金 200 万元，打造上山村和溪上村游步道，全场徒步距离适中、视野开阔；完善场部办公楼绿化提升和周边亮化设施。投入资金 100 万元对全场的危险路段进行整治，裁弯取直、降坡护坎。投入资金 70 万元，对全场的绿化进行提升改造。

【新农村建设】2020 年，丰溪林场激活乡村振兴内生发展动力，开办现代农业实用技术、电子商务、乡村旅游、手工制作等培训班。征询溪上村 789 人 169 户农户意愿，完成集约土地面积约 5.33 公顷，建设蔬菜园、生态园等，让群众得到补贴增收。投入 120 万元，扩建大埔县丰溪林场竹篱笆生态发展有限公司，扩建面积 4500 平方米。推进“三清三拆三整治”工作。溪上村拆除危旧房、牛栏猪舍共计 237 间、6233 平方米，上山村和七里溪村拆除合计 208 间、1666.23 平方米，拆除率 100%，全场 3 个村均完成大埔县“三清三拆三整治”考核验收。

【资源管护】2020 年，丰溪林场坚持践行“绿水青山就是金山银山”的发展理念，做到环境先行、生态优先、绿色发展。全场聘请 11 名村级专职护林员，组建 30 人的半专业扑火队伍，明确村委会各级护林队伍责任，严厉打击乱砍、乱伐、乱挖、乱采等破坏森林资源的行为。争取上级资金项目，加大生态资源的保护力度。据测算，全场活立木蓄积量 15 万立方米，森林覆盖率 98%。

【社会治安】2020 年，丰溪林场牢固树立“发展是第一要务，安全是第一责任”的意识，贯彻落实领导干部安全生产“一岗双责”制度。落实信访维稳工作责任制，坚持从源头遏制不稳定因素的发生。定期召开专题研判会议，化解矛盾纠纷。

丰溪林场党、政负责人名录

党委书记：赖万城

副 书 记：陈裕华（—2020.7）

党委委员：江平先　饶拱辅

场　　长：赖万城

副 场 长：郑育才（—2020.1）　罗文育

何　炀（2020.1—）

刘晓华（女，2020.7—）

（林锐翔）

人　物

新　闻　人　物

袁光明

袁光明，1946年出生，广东大埔县三河镇余里村人，中共党员，大埔县人大常委会原副主任，曾多年被县委评为优秀共产党员、先进工作者。2015年起任大埔县老促会会长，兢兢业业为大埔县红色传承、服务老区、助力乡村振兴发展以及在申报“大埔青花瓷国家地理标志”认证、“中国·大埔世界长寿乡”认定授牌工作中付出了辛勤努力，做了大量有成效的工作。大埔县老促会曾被中国老促会评为全国先进单位，此后连续多年获得省、市老促会授予的先进集体、老区宣传工作奖等集体荣誉。2018年，个人被广东省老促会授予特别贡献奖，被县评为优秀共产党员。2020年9月，被中国老促会授予全国老促会群英谱优秀老区工作者称号。

弘扬红色文化，保护红色资源。袁光明积极争取县委、县政府重视和上级相关部门资金支持，修复高乾苏维埃政权、三河坝战役余里后方医院、红色交通线等革命遗址旧址9处，为“三河坝战役纪念园”“青溪红色交通线”“太宁农动旧址”“埔北苏维埃政权旧址”等红色展馆撰写布展资料，指导展馆布展。编印“红色江山·绿色家园”系列丛书《如火岁月》《红色苏区大埔党史第二卷》等专集，2019年编写的《大埔县革命老区发展史》作为样本上送中国老促会交流。

不忘使命担当，服务老区人民。袁光明协助推进落实原中央苏区政策的对接落实，助力脱贫攻坚，会同县发改、交通、公路、农业农村等部门，衔接大埔建设项目资金落地。撰写老区产业发展、革命遗址修缮等若干调查报告，提供县委决策参考，为打造大埔蜜柚、茶叶产业园争得1.10亿元专项扶持资金。发动社会热心人士，争取上级支持为16个老区村连通村道、铺筑水泥路面60千米。争取相关部门为西岩山、三溪、岽顶湖茶园开发筹措资金。为西河镇六村联动、上木村、小留村、侯南村、丰溪林场乡村振兴和新农村建设提供智力支撑。此外，还筹措资金支持挂点贫困户范立强等3家发展种养业，让他们如期脱贫致富。集腋成裘，帮助92个烈士后裔、困难学子圆梦中专、大学。

树立大局意识，出色完成任务。袁光明配合县委工作中心，身体力行，每月深入老区村调研5天以上。为擦亮人文大埔、长寿大埔、青花瓷大埔等名片，服从县委安排，担任申报大埔青花瓷国家地理标志常务副组长、申报中国·大埔世界长寿乡担任长寿文化研究会会长，经常秉烛夙夜，主编《大埔县历史文化丛书》《新时代大埔县文明传习故事》《长寿大埔探秘》等20多本近千万字的大埔人文方面的书刊读物。完成《中国老区建设》《源流》杂志征订任务，争取“两刊”为大埔老区编辑特别专刊，为“两刊两网”撰写稿件，2019年发表老区文章211篇。与《源流》杂志社联手编印《大埔老区风情》。在2020年抗击新冠肺炎疫情战疫中，个人创作诗词、撰写文章60多篇，发表在“两刊网站”，讴歌抗疫一线的英雄事迹。其中《中国老区建设》网站采用刊发的“昔日茶油救义军，今朝此物上新闻”浏览量55.10万人。

（大埔县委组织部提供）

邓加光

邓加光，1954年12月出生，广东大埔县桃源镇桃星村人，现任大埔县关心下一代工作委员会执行主任。2015年3月从县人大常委会常务副主任退休后，2015年5月起任县关工委主任，2019年3月起任县关工委执行主任。2020年8月，获得中国关心下一代工作委员会和中央精神文明建设指导委员会办公室授予的“全国关心下一代工作先进工作者”称号。

5年多来，邓加光以一名共产党员宽广的情怀、高度的责任感与事业心，克服自己身体和家庭的困扰,带领县关工委班子成员，脚踏实地，创新工作方式，用心、用情、用功地积聚“关爱”工作新理念，为青少年的健康成长，贡献才智与精力，以义工情怀与博爱把余热献给关心下一代事业。此外,他还受聘大埔县教育发展基金会顾问，为大埔县教育事业出谋献策，为振兴乡村规划、为家乡公益事业、为建设新农村费心尽力，成为领导干部“退而不休”的一柱靓丽标杆。

（大埔县委组织部提供）

江中伟

江中伟，1970年1月出生，广东大埔县人。1994年7月参加工作，1999年7月加入中国共产党，全日制本科学历，现任大埔县虎山中学教科处副主任兼高中数学教师，广东省中小学正高级教师职称资格。2020年12月，被中共广东省委、广东省人民政府评为广东省劳动模范。

江中伟大学毕业后，扎根山区，所带班级多次被评为先进班集体，任教的数学高考成绩名列全市前茅，培养了多名高考总分县状元、市高考总分高分尖子生以及高考数学高分尖子生和高考数学单科状元。他注重因材施教和教学核心素养的培养，撰写40多篇论文发表在国家、省级刊物上，多篇论文获省一等奖；主持和参与省、市级课题近10项，多次获市、县课题研究成果一等奖。发挥学科带头人的传帮带作用，数学教研组多次被评为先进科组，虎山中学数学高考成绩连年居全市前列。参与级组的教育教学管理工作，指导教师申报30多项国家和省、市级教科研课题，提升学校的教科研水平，重本和本科入围率居全市前列。他被省政府授予“特级教师”称号，获得市“专业技术拔尖人才”、省市普教系统“百千万人才工程”名教师、市“五一劳动奖章”、市“嘉应名师”、市县教改积极分子、市“十佳教师”和县优秀共产党员、优秀教师、学科带头人、优秀班主任，市高考优秀指导奖、高分尖子奖等。

（张思义）

邓亿娜

邓亿娜，女，1981年1月出生，广东大埔县大东镇联丰村人，大埔县博物馆馆长，全国首批百名“红色旅游五好讲解员”。大埔是广东省首个中央苏区县，红色底蕴深厚，红色旅游景点遍布全县。作为一名地道的大埔客家妹、红色旅游讲解员，邓亿娜在组织开展讲解、文博工作时，结合大埔的红色特点，传承红色基因，发挥红色文化优势，为推动大埔红色旅游高质量发展添砖加瓦，用心用情用功讲好大埔故事，让大埔红色文物“活”起来，让大埔革命精神“传”天下。

发挥专业讲解特长

她多次独自承担党委政府领导、重要嘉宾及县（内）外重大活动的接待、讲解工作。接待了中共中央政治局委员、广东省委书记胡春华、李希，中宣部文艺局副局长王强等领导。是广东省老区苏区振兴发展现场会、三河坝战役精神研讨会、中央红色交通线学术研讨会和大埔旅游宣传等重大活动的指定讲解员。她投身红色历史与讲解教材的研究和撰写，修改完善闽粤赣边区革命历史纪念馆和大埔县红色旅游汇编等讲解词。她是梅州市党代表、梅州市妇联代表、梅州市“三八”红旗手、梅州市消防宣传公益大使、大埔县第五届优秀青年、大埔县第七批突出贡献专业技术拔尖人才。获广东省讲解员讲解比赛专业组三等奖、广东省文物普查先进个人、梅州市讲解员技能大赛季军等荣誉，同时还是广东省博物馆讲解员培训班授课讲师（县级博物馆首例）、梅州文博协会理事长、文博专家、大埔县红色宣讲员。2020年，她被文化和旅游部列为全国首批百名“红色旅游五好讲解员”，成为全省入选的3个代表之一。

努力传承红色基因

近年来，她组织举办各类展览28场。2018年，率队首次自主策划“翰墨丹青 耄耋华章”——非物质文化遗产传承人郭志群个人专题展。2019年，自主策划的“镜头录史千秋在、笑傲人生九十年——大埔籍战地记者邹健东摄影展”被广东省文物局确定为“弘扬优秀传统文化、培育社会主义核心价值观”主题展览，成为广东省博物馆2020年主推流动展览。2020年，首次自主策划举办红色文物展览“红旗漫卷耀万川——大埔县革命文物史料藏品展”。在电影《八佰》火热上映之际，又与蕉岭县博物馆联合推出《八佰》电影原型主角“谢晋元将军事迹展览”。

积极弘扬红色文化

她理论联系实践，参加各类红色业务培训班和红色交流学习。结合大埔陶瓷之乡的历史，创意策划红色文创作品“毛主席语录陶瓷杯”。2018年，广东省博物馆教师王芳提出“驿路同游”活动的动议后，她主动担任研学导师，促使大埔馆被确立为省博物馆“研学”合作伙伴。在中华人民共和国成立70周年之际，拍摄快闪作品《我和我的祖国》。2020年，在新冠肺炎疫情期间，推出线上红色直播与线上红色展览；策划举办首届“爱我大埔”小小讲解员培训班；与汉剧团、学校等合作，通过歌舞剧《血色三河》展演红色故事；开展“红色讲解员党史宣讲”“一馆一讲”和策划“多彩博物馆之旅”等爱国主义教育活动39场，并送展进校园、进社区、进机关等，共有师生、群众40万人次参与。同时，还到北京、湖北宜昌、重庆等地开展大埔红色文化宣讲与旅游推荐。大埔馆与广东省博物馆、中国客家博物馆、梅州客侨博物馆等结成联盟单位，并成为广州大学、嘉应学院、虎山中学等院校的红色教育基地。

开展革命文物保护

她率队开展革命文物征集、红军标语调研等工作，举办“中华大美、祖国长春”庆祝中华人民共和国成立70周年和“铭记光辉历史　赓续红色精神”大埔县革命史料和疫情见证物捐赠活动。两年来，大埔县博物馆共接受社会捐赠文物和藏品600多件（套），其中有三河坝战役留存子弹和中国人民解放军闽粤赣边纵司令员刘永生的珍贵照片等红色文物。

扎实做好馆务工作

她组织申报广东省爱国主义教育基地，策划实施各类红色教育活动。大埔县博物馆被评为大埔县非物质文化遗产项目客家民居传习所，被评定为“梅州市中共党史教育基地”。在2020年“5·18”国际博物馆日广东主会场活动中，大埔县博物馆获“最佳进步奖”，成为自推出评选活动以来全省335个备案博物馆中首个入选奖项的县级博物馆。2020年，大埔县博物馆被国家文物局评定为国家二级博物馆，成为全省首批入选的3个县级博物馆之一。

配合完成中心任务

她多次受邀担任“感知大埔·行走大东”和大埔县“发展红色旅游，助力全面小康”讲解大赛、大埔县全县优秀导游（讲解员）培训班培训教师和比赛评委，参与完成中央电视台十套节目《中国影像方志》广东卷·大埔红色篇、中央电视台四套节目《广东·红色土地》、汕头电视台《红色交通线》、大埔红色宣传片《一只青花瓷碗》等专题片的拍摄工作。

（大埔县博物馆提供）

黄森昌

黄森昌，1984年10月出生，广东大埔县光德镇人，2008年参加工作，2020年3月加入中国共产党，广州医科大学临床医学专业毕业，本科学历。是大埔县人民医院呼吸与危重症学科副主任。2020年4月，被中共湖北省委、湖北省人民政府授予“最美逆行者”称号。2020年5月，被共青团广东省委、广东省青年联合会授予广东省青年“五四”奖章。2020年10月，被中共广东省委、广东省人民政府授予“广东省抗疫先进个人”称号。

2020年，新冠肺炎疫情发生，黄森昌积极响应习近平总书记的号召，主动支援县医院感染科，坐诊发热门诊，把关大埔县人民医院的第一道防线。甚至亲人过世，自古忠孝难两全，他选择国家大义，坚守岗位，未去送最后一程。随着疫情的发展，响应国家号召，主动申请驰援武汉抗疫战争，逆行而上，于2020年2月9日作为大埔县带队组长，前往武汉东西湖方舱医院参与抗疫战争。方舱医院是特殊时期的临时医院，相对条件有限，需要扎实的基本功。医生主要责任对新冠肺炎轻症患者的救治工作及对重症患者的转诊工作，每个医生需负责100—150个病人，每天工作6小时。抗疫期间，他有良好的集体主义精神，团结大家，照顾帮助队友；工作上任劳任怨、不惧危险，利用精湛的医术救治患者，诚心的态度服务、安抚患者，增强患者战胜新型冠状病毒的信心和信念。经过与其他援鄂医疗队员的共同努力，他所在方舱医院于3月8日正式休舱，累计收治病人1760人，高峰时期在舱患者1434人，治愈患者868人，取得了“患者零死亡，医务人员零感染，安全生产零事故，进驻人员零投诉，出院零召回”的成绩。休舱其间，仍心系疫情，申请再上抗疫前线，疫情不破，不下前线。并于2020年3月20日圆满完成组织上给予的支援任务，平安归来。

（大埔县卫健局提供）

邹益香

邹益香，女，1989 年 11 月出生，广东大埔县青溪镇人，2009 年参加工作，2020 年 3 月加入中国共产党，嘉应学院医学院护理专业毕业，大专学历。是大埔县人民医院呼吸内科的一名护士，从事临床工作十多年，从一个初出茅庐的护校学生逐渐成长为有担当、有责任感的护士，把“尽心，尽力，尽责”作为人生目标。

新型冠状病毒感染的肺炎疫情发生后，2020 年 2 月 9 日，她积极响应号召，踏上驰援湖北的征程。为了能更轻装战“疫”，毅然把头发全部剃光，头发剃了还能长，疫情当前，一心救人才是最重要的。方舱医院是特殊时期的临时医院，武汉东西湖方舱医院于 2020 年 3 月 8 日正式休舱，累计收治病人 1760 人，高峰时期在舱患者 1434 人，治愈患者 868 人，取得了“患者零死亡，医务人员零感染，安全生产零事故，进驻人员零投诉，出院零召回”的成绩。休舱其间，仍心系疫情，申请再上抗疫前线，疫情不破，不下前线。她所在的广东省第十一批援鄂医疗队及支援的东西湖方舱医院被国家卫生健康委员会、人力资源和社会保障部、国家中医药管理局授予“全国卫生健康系统新冠肺炎疫情防控工作先进集体”称号。并于 2020 年 3 月 20 日圆满完成组织上给予的支援任务，平安归来。归回单位后，经过短暂的休整，又迅速以饱满的激情投入临床工作，救治患者。为疫情的常态化防控继续奉献自己应有的力量。2020 年 4 月，被中共湖北省委、湖北省人民政府授予“最美逆行者”称号。2020 年 12 月，被中共梅州市委、梅州市人民政府评为“梅州市抗击新冠肺炎疫情先进个人”。

（大埔县卫健局提供）

赖燕萍

赖燕萍，女，1990 年 11 月出生，广东大埔县湖寮镇人，2009 年参加工作，2020 年 3 月加入中国共产党，嘉应学院医学院护理专业毕业，大专学历。2009 年毕业后，一直在大埔县人民医院临床一线工作，兢兢业业，不辞劳苦。

2020 年，新型冠状病毒感染的肺炎疫情突袭而至，防控感染、抗击疫情成为全国上下心之所向。在疫情面前，她毫无畏惧，没有豪言壮语，但一旦国家需要，在这场没有硝烟的战斗中，以一身白衣、舍一己安危、筑一道防线、守一方平安，在接到驰援湖北号令时，更能挺身而出，主动请战，紧急出征驰援武汉，奋战在湖北疫情防控前线。2020 年 2 月 9 日赖燕萍接到紧急通知，来不及与家人告别，顾不上多看几眼熟睡的孩子，简单收拾行囊便前往武汉东西湖方舱医院参与抗疫战争，主要责任是对新冠病毒患者的护理工作。经过精短的新冠肺炎防护、护理工作培训后，赖燕萍为了避免增加感染的危险，剃光头发，两岁的女儿连续好几天都在视频里发呆没能认出她。

赖燕萍所在的广东省第十一批援鄂医疗队及支援的东西湖方舱医院被国家卫生健康委员会、人力资源和社会保障部、国家中医药管理局授予“全国卫生健康系统新冠肺炎疫情防控工作先进集体”称号。2020 年 3 月，被梅州市授予“我心中的三八红旗手”称号。2020 年 3 月，被县妇联评为“客都巾帼”称号。2020 年 4 月，被中共湖北省委员会、湖北省人民政府授予“最美逆行者”称号。2020 年 5 月，被梅州市护理学会评为“最美战疫天使”。2020 年 6 月，获共青团梅州市委员会“梅州市向上向善好青年”称号。2020 年

8月，被授予大埔县卫健系统“最美战疫天使”称号。2020年12月，被中共梅州市委、梅州市人民政府评为“梅州市抗击新冠肺炎疫情先进个人”。

（大埔县卫健局提供）

逝 世 人 物

任桂珍

任桂珍，女高音歌唱家，国家一级演员，中国著名歌剧表演艺术家，是广东大埔县人、著名歌唱家饶余鉴的妻子。

任桂珍，1933年生于山东临沂，3岁到济南。1948年随军南下，在革大文工团投身革命文艺工作。1952年进入上海歌剧院。1953年赴朝鲜慰问中国人民志愿军。1956年起任上海歌剧院主要演员，且历任上海歌剧院艺术指导、上海市音乐家协会理事、中国音乐家协会会员、中国戏剧家协会会员、中国农工民主党中央委员等。

作为乐坛著名的艺术伉俪，任桂珍和丈夫饶余鉴当年同在上海歌剧院工作，在排戏期间暗生情愫。虽然相差几岁，任桂珍老是觉得和饶余鉴这个弟弟有说不完的话。在那个条件艰苦的年代，他们表达爱意的方式也非常淳朴，就是经常给对方带饭菜，最终走到了一起。在事业上，任桂珍与饶余鉴取长补短，她曾说，“我老伴擅长的是美声唱法，而我是民族唱法，我们经常一同切磋，相互指点”。

中华人民共和国成立后，她入上海歌剧院从事歌剧演唱30年，曾在《白毛女》《小二黑结婚》《天门岛》《红霞》《红珊瑚》《刘三姐》《洪湖赤卫队》《江姐》《樱海情丝》等几十部歌剧中扮演女主角，创造众多栩栩如生的不同性格、不同地域、不同身份的妇女形象。其中，任桂珍于1964年成为上海歌剧院第一代“江姐”扮演者，为新中国文艺留下一个不朽的经典角色。其演唱音色纯净圆润，吐字清晰真切，行腔自如流畅，感情淳朴细腻，被誉为“北有郭兰英，南有任桂珍”。她善于博采众长，在行腔吐字、声音控制、音色变化等方面，充分发挥民族唱法的特点；在行腔处理、人物表现等方面则吸取中国传统戏曲的方法，同时又借鉴西洋发声法，形成自己独特的表演风格。

任桂珍曾为电影《红日》《聂耳》《摩雅泰》等配唱，《谁不说俺家乡好》《铁蹄下的歌女》《塞外村女》等插曲风靡全国。她首唱的《唱支山歌给党听》《解放军同志请你停一停》等录成唱片广为流传。20世纪80年代还录制中国民歌金曲个人专辑三盒，深受国（内）外专家和观众的喜爱。1986年随丈夫赴意大利深造，1996年回国定居后又录制一批歌曲，由中国唱片总公司出版发行，被列为“20世纪中华歌坛名人百集珍藏版”。

任桂珍表演事业之外，更是始终坚持站在声乐教育事业的第一线，培养了一批优秀的歌唱家，如上海歌剧院第六代江姐何晓楠、周琛。

2020年10月10日，任桂珍在上海华山医院经抢救无效逝世，享年88岁。

（大埔县地方志办整理）

附　录

重要文件选载

中共大埔县委文件

埔发〔2020〕1号

中共大埔县委关于印发《中共大埔县委贯彻落实〈中共广东省委贯彻落实《中共中央关于坚持和完善中国特色社会主义制度、推进国家治理体系和治理能力现代化若干重大问题的决定》的实施意见〉的行动方案》的通知

各镇（场）党委，县委各部门，县直和省、市驻埔各单位党组（党委）：

现将《中共大埔县委贯彻落实〈中共广东省委贯彻落实《中共中央关于坚持和完善中国特色社会主义制度、推进国家治理体系和治理能力现代化若干重大问题的决定》的实施意见〉的行动方案》印发给你们，请结合实际认真贯彻落实。

中共大埔县委

2020年3月4日

中共大埔县委贯彻落实《中共广东省委贯彻落实〈中共中央关于坚持和完善中国特色社会主义制度、推进国家治理体系和治理能力现代化若干重大问题的决定〉的实施意见》的行动方案

为深入贯彻党的十九届四中全会精神，全面落实省委十二届八次全会审议通过的《中共广东省委贯彻落实〈中共中央关于坚持和完善中国特色社会主义制度、推进国家治理体系和治理能力现代化若干重大问题的决定〉的实施意见》和市委七届八次全会审议通过的《中共梅州市委贯彻落实〈中共广东省委贯彻落实《中共中央关于坚持和完善中国特色社会主义制度、推进国家治理体系和治理能力现代化若干重大问题的决定》的实施意见〉的行动方案》，结合大埔实际，制定本行动方案。

一、总体要求

以习近平新时代中国特色社会主义思想为指导，增强“四个意识”、坚定“四个自信”、做到“两个维护”，坚持党的领导、人民当家作主、依法治国有机统一，固根基、扬优势、补短板、强弱项，探索建设国家重点生态功能区的治理体系，提升城乡治理能力，着力把制度优势转化为治理效能，推动大埔振兴发展、绿色发展、加快发展。

二、主要任务

（一）坚持和完善党的领导制度体系。贯彻落实健全“不忘初心、牢记使命”制度、维护党中央权威和集中统一领导各项制度、党的全面领导制度、为人民执政靠人民执政各项制度、提高党的执政能力和领导水平制度、全面从严治党制度的要求，发挥党总揽全局、协调各方的核心作用，健全党的领导和党的建设制度体系。

1．坚决落实“不忘初心、牢记使命”制度，坚持学习贯彻习近平新时代中国特色社会主义思想第一议题制度，完善“大学习、深调研、真落实”常态化机制。完善落实“两个维护”各项制度，坚持把贯彻习近平总书记重要指示批示作为党内政治要件，健全执行党中央重大决策部署的闭环落实机制。

2．认真贯彻党中央对重大工作的领导体制，优化党委议事协调机构，执行向上级党委请示报告制度。

3．健全县委常委会定期听取人大常委会党组、政府党组、政协党组、法院党组、检察院党组工作汇报制度，落实地方党委工作条例、党组工作条例和党的工作机关条例。

4．健全普遍直接联系群众制度，完善县委常委会和政府常务会定期研判信访突出问题、

党政领导信访包案化解、镇（场）领导干部驻点等工作机制。

5. 完善常委会向全体会议定期报告工作并接受监督制度，落实中央八项规定精神、纠治“四风”长效机制。

（二）坚持和完善人民当家作主制度体系。落实人民代表大会制度、多党合作和政治协商制度、巩固和发展爱国统一战线、基层群众自治制度的要求，发展社会主义民主政治。

6. 支持人大及其常委会依法行使职权，健全人大对“一府一委两院”监督制度，健全人大代表联络机制及代表述职履职监督制度，规范代表联系站建设。

7. 完善协商于决策之前和决策实施之中的机制，统筹推进政党协商、人大协商、政府协商、政协协商、人民团体协商、基层协商及社会组织协商。

8. 健全统一战线领导工作机制，提高宗教工作法治化水平，完善港澳台侨和海外统战工作机制。

9. 完善基层党组织领导的基层群众自治机制，全面落实“四议两公开”制度。

（三）健全和落实中国特色社会主义法治体系。落实保障宪法全面实施、严格规范文明执法、确保司法公正高效权威、加强对法律实施监督的要求，建设法治大埔。

10. 落实保障宪法法律实施机制，完善行政规范性文件合法性审核制度，实施宪法宣誓制度。

11. 全面推行行政执法公示、执法全过程记录、重大执法决定法制审核等制度，健全行政执法信息公示平台和行政执法监督网络平台。

12. 推进司法体制综合配套改革，全面落实司法责任制和行政执法责任制，深化刑事诉讼制度和行政复议体制机制改革，落实防止领导干部干预司法活动、司法机关内部人员过问案件制度。

（四）构建职责明确、依法行政的政府治理体系。优化政府职责体系、组织结构和各级政府权责关系，完善行政执行体制，推进“数字政府”改革建设，打造服务型政府。

13. 实行政府权责清单制度，推进“放管服”改革，深化投融资体制、商事制度和审批服务便利化等改革，完善预算制度。

14. 健全机构编制动态调整和管理评估机制，深化镇（场）管理体制改革，健全部门联动机制，推进镇（场）一支队伍管执法，健全垂直管理机构和地方协作配合机制，健全运用现代技术手段进行行政管理的制度规则，科学划分县级与镇级财政事权和支出责任。

15. 完善事业单位现代治理机制，健全决策议事、人事薪酬、民主管理和监督机制。

（五）坚持和完善社会主义基本经济制度。落实坚持“两个毫不动摇”、深化收入分配制度改革、加快完善社会主义市场经济体制、推进要素市场制度建设、完善科技创新体制机制、完善农村基本经营制度的要求，构建推动经济高质量发展体制机制。

16. 推进国有企业改革，完善国有企业法人治理结构和市场化经营机制，健全支持中小企业发展制度，保护民营企业合法权益。

17. 落实工资收入支付保障制度，完善最低工资标准调整机制，健全绩效工资分配机制。

18. 改革生产许可制度，推进产品准入改革，完善企业注销制度，健全产权保护制度。

19. 完善信贷风险补偿和分担机制，健全实体经济和数字经济融合发展机制。完善科研院所科技成果转移转化服务体系，优化科研项目评审管理。

20. 推进农村承包地“三权分置”制度，实施集体经营性建设用地入市制度，完善土地征收制度，推进宅基地制度改革，深化农村集体产权制度改革，健全农村产权流转管理服务平台。

（六）健全服务融入粤港澳大湾区、支持深圳建设先行示范区、支持广州推动“四个出新出彩”建设机制。贯彻落实举全省之力建设粤港澳大湾区、支持深圳建设先行示范区、支持广州推动“四个出新出彩”建设的要求，努力形成主体功能明显、优势互补、高质量发展的区域经济布局。

21. 深入实施《大埔县服务融入粤港澳大湾区建设的意见》，健全基础设施共谋共建共享、产业协同发展、民生领域合作、营商环境对标对表机制。

22. 制定实施《大埔县支持深圳建设中国特色社会主义先行示范区的行动方案》，对接“深圳所需”，竭尽“大埔所能”，推动国家重点生态功能区与先行示范区联动发展。

23. 制定实施《大埔县支持广州市推动“四个出新出彩”的若干措施》，深化对口帮扶，突出产业共建和脱贫攻坚，不断提升区域协调发展水平。

（七）健全加快苏区振兴政策转化运用机制。贯彻落实国家和省推动老区苏区振兴发展的规划部署，推动大埔老区苏区融入全国全省新一轮区域协调发展大潮。

24. 健全项目对接机制，依照中央和省的扶持政策措施，完善基础设施、基本民生、产业发展、生态环境、红色资源保护利用项目库。

25. 完善资金对接机制，争取产业类和创新类发展专项资金、老区苏区发展专项奖补资金、省级财政均衡性转移支付、生态保护补偿等支持。

26. 完善协调对接机制，通过“一事一议”方式，把对未明确我县享受国家扶持苏区政策的事项，与省、市有关部门共同争取纳入国家原中央苏区振兴发展部际联席会议议题，争取更多的中央投资。

（八）建立完善生态功能区建设制度体系。健全最严格的生态环境保护、资源高效利用、生态保护和修复、生态环境保护责任制等制度，按照省“一核一带一区”部署，加快构建生态功能区绿色发展机制。

27. 推动形成全县统一的国土空间规划体系，建立国土空间开发保护和用途管控制度，构建固定污染源监管制度体系，加强跨流域污染联防联治。

28. 完善自然资源监管体制，实行资源总量管理和全面节约制度，实行垃圾分类和资源化利用。健全山水林田湖草一体化保护和修复综合治理机制，全面落实河（湖）长制和森林防灭火责任制。

29. 建立生态文明建设目标评价考核制度，构建全过程生态环境监管执法制度体系，健全生态环境监测评价和预警应急制度，落实自然资源资产离任审计制度。

（九）坚持和完善繁荣发展社会主义先进文化的制度。坚持马克思主义在意识形态领域指导地位的根本制度、坚持以社会主义核心价值观引领文化建设制度，保障人民文化权益，促进文化创作生产的社会效益和经济效益相统一，建设文化名城。

30. 落实党委（党组）意识形态工作责任制，推进新时代文明实践中心建设，完善学校思想政治工作机制。

31. 加强客家文化、红色文化传承创新，创建全国县级文明城市，实施公民道德建设工程，完善青少年理想信念教育齐抓共管机制。统筹公共文化服务设施建设，健全支持开展群众性文化活动机制。

32. 完善舆论监督制度，健全重大舆情和突发事件舆论引导机制，推进县级融媒体中心建设。

33. 完善国有文化资产管理机制，创新文化生产经营机制，健全引导新型文化业态健康发展机制。

（十）完善统筹城乡的民生保障体系。健全有利于更充分更高质量就业的促进机制，构建服务全民终身学习的教育体系，完善覆盖全民的社会保障体系，强化提高人民健康水平的制度保障，鼓励社会力量兴办民生公益事业，建立解决相对贫困的长效机制，完善基本公共服务体系。

34. 健全多渠道灵活就业机制，完善职业技能培训制度，推进“粤菜（客家菜）师傅”“南粤家政”“广东技工”等工程。

35. 加快推进西岭学校、高陂实验学校、虎中主楼两翼工程、城东实验学校（扩建工程）、大埔小学艺术楼、教师发展中心等项目建设。实施中小学教师“县管校聘”制度，扩大公益性普惠性学前教育资源供给，健全特殊教育、普及高中阶段教育等保障机制，深化职业教育产教融合、校企合作。

36. 加强社会保险统筹，健全重特大疾病医疗保险和救助制度，完善社保转移接续、异地就医结算制度，建立农村留守儿童、困境儿童保障体系和妇女、老年人关爱体系。健全政府购买社会服务机制，培育发展各类社会组织。

37. 深化医药卫生体制改革，加强医联体和县域医共体建设，落实分级诊疗制度，大力支持市建设国家中医药综合改革试验区。

38. 打赢脱贫攻坚战，健全兜底社会保障机制，建立解决相对贫困的长效机制。

（十一）完善现代社会治理体系。落实正确处理新形势下人民内部矛盾有效机制，完善社会治安防控体系，健全公共安全体制机制，加快社会信用体系建设，完善国家安全体系，构建政治、法治、德治、自治、智治“五治联动”的基层治理格局。

39. 完善问题联治、工作联动、平安联创的工作机制，健全城乡基层治理体系，健全扫黑除恶专项斗争长效工作机制，推进“平安之乡”建设，全力支持市创建“全国市域社会治理现代化试点合格城市”。

40. 发展新时代“枫桥经验”，完善非诉讼纠纷解决机制，推行人民调解、行政调解、司法调解联动，健全社会矛盾纠纷多元预防调处化解综合机制。

41. 加强社会治安防控网建设，加强网络综合治理，落实安全生产责任和管理制度，建立公共安全隐患排查预防和食品药品安全监管机制，健全应急管理体制。

42. 建设“信用大埔”，建立覆盖全社会的征信系统，健全守信激励和失信惩戒机制。

43. 完善国家安全风险研判、防控协同、防范化解机制，健全重点领域国家安全工作协调机制。

（十二）坚持和完善党和国家监督体系。健全权力监督制度、完善权力配置和运行制约机制，构建一体推进不敢腐、不能腐、不想腐体制机制。

44. 完善党内监督体系，建立巡察上下联动监督网，一体推进纪律检查体制改革、监察体制改革和纪检监察机构改革。

45. 完善党务、政务、司法和各领域办事公开制度，完善权力运行过程的留痕、查询、追溯机制，完善发现问题、纠正偏差、精准问责有效机制，推动监督执纪问责制度化规范化。

46. 深化基层正风反腐行动，推动执法司法、工程建设、资源开发等重点领域监督机制改革和制度建设，办好党章党规党纪培训班，强化违纪违法案件警示教育，巩固和发展反腐败斗争压倒性胜利。

（十三）坚持和落实党对人民军队的绝对领导制度、“一国两制”方针、独立自主的和平外交政策。大力支持国防和军队建设，全面准确贯彻“一国两制”方针，扎实做好地方外事工作，服务国家大局，维护国家利益。

47. 落实党委议军等制度，完善国防动员体制，健全军地需求对接、联络沟通机制，完善双拥工作和军民融合发展机制。

48. 推进与港澳经济和人文交流合作，特别是青少年交流。对接市海峡两岸交流基地，落实国家促进两岸交流合作、深化两岸融合发展、保障台湾同胞福祉的制度安排和政策措施。

49. 落实中央重大对外战略和国家总体外交布局，坚决完成好外事任务，健全对外开放安全保障体系。

三、组织保障

全县各级各部门要加强组织领导，确保行动方案落实落地。要根据行动方案，确定重点事项，抓好实践探索，形成更多的制度建设成果。要把落实行动方案与全面深化改革工作结合起来，坚持立破结合，着力解决制约改革发展的体制机制问题。要注重总结，在贯彻落实行动方案过程中碰到的问题，及时向县委报告。

中共大埔县委办公室　　2020 年 3 月 4 日印发

中共大埔县委文件

埔发〔2020〕7号

中共大埔县委　大埔县人民政府
关于印发《大埔县深化乡镇体制改革完善基层治理体系实施方案》的通知

各镇党委、人民政府，丰溪林场，县委各部门，县直和省、市驻埔各单位:

现将市委批准的《大埔县深化乡镇体制改革完善基层治理体系实施方案》印发给你们，请认真贯彻执行。

中共大埔县委
大埔县人民政府
2020年8月12日

大埔县深化乡镇体制改革完善基层治理体系实施方案

根据《关于深化乡镇街道体制改革完善基层治理体系的意见》有关要求，结合实际，制定《大埔县深化乡镇体制改革完善基层治理体系实施方案》。

一、总体要求

以习近平新时代中国特色社会主义思想为指导，全面贯彻党的十九大和十九届二中、三中、四中全会精神，深入贯彻习近平总书记对广东重要讲话和重要指示批示精神，坚持党的集中统一领导，以健全党的全面领导制度为着力点，理顺权责关系，优化机构设置，健全运行机制，完善保障体系，进一步激发乡镇经济社会发展活力，夯实国家治理体系和治理能力的基础，为深入实施“生态立县、实业富县、文旅兴县”发展思路，打造生态康养文旅融合之星提供体制机制保障。

二、改革任务

（一）合理下放管理职权

除专业性、技术性较强、乡镇无法承接，或工作量较小、由县级集中行使成本更低的权限外，按照实际需要、宜放则放的原则，将县级行政许可、行政处罚、行政强制、公共服务等经济社会管理权限充分下放乡镇。

充分挖掘乡镇发展潜力，有序扩大城镇建设规模，增强人口和产业集聚功能。重点下放自然资源和规划建设、农业技术推广使用、生态保护、市场监管、卫生健康、镇区和乡村治理等方面的县级经济社会管理权限。在此基础上，按照县对各乡镇经济社会发展的定位，根据省、市地方性法规授权或由县政府依法委托的方式将相关管理权限授予乡镇或委托乡镇行使职权。有关部门要按照规定的放权程序和要求，加强指导和培训，明确政策标准和工作流程，健全权力监督机制，确保下放乡镇的管理权限接得住、用得好。

责任单位：县政府办公室、县委编办、县司法局、县政务服务数据管理局

（二）统筹优化党政机构

1. 实行限额管理。百侯镇、大东镇、桃源镇、洲瑞镇、三河镇、青溪镇、湖寮镇、枫朗镇、高陂镇、光德镇、银江镇、大麻镇、茶阳镇、西河镇设置 9 个机构。

2. 综合设置机构。乡镇一般设置党政综合办公室、人大办公室、党建工作办公室(组织人事办公室)、纪检监察办公室、公共服务办公室(党群服务中心)、综合治理办公室（应急管理办公室）等 6 个综合性办事机构和综合行政执法办公室(综合行政执法队)。除上述规定设置的机构外，各乡镇因地制宜设置机构为：经济发展办公室、农业农村办公室（生态环境保护办公室）、规划建设办公室（城市管理办公室）。

综合行政执法办公室（综合行政执法队）定为副科级。

纪检监察办公室与县监委派出机构合署，不占限额，同时加强乡镇党委对纪检监察工作的统筹管理。

有关部门要抓紧对乡镇“三定”规定进行修改完善，并结合“三定”规定同步细化、明确各个机构的工作职责，制定各个岗位的职责说明书，推动岗位标准化建设。

人民武装部按有关规定设置，工会、共青团、妇联等群团组织按有关章程设置，按照中央和省关于事业单位改革的有关精神，结合实际，推进事业单位改革和规范设置。

责任单位：县委组织部、县委编办

（三）健全协同高效运行机制

1. 健全乡镇党委统一领导机制。坚持党的集中统一领导，乡镇党委统一领导本级政权机关、群团组织和其他各类组织，以及村（社区）党组织，统筹使用各类资源。乡镇纪委在党委和上级纪委双重领导下进行工作。

乡镇党委建立综合治理委员会、公共服务委员会、综合行政执法委员会、应急管理委员会、规划建设委员会等统一指挥协调的工作平台，委员会由相关党政机构、事业单位、社会组织及村（居）民群众代表组成，委员会主任由分管相关工作的党委委员担任，日常工作分别由综合治理办公室、公共服务办公室、综合行政执法办公室、应急管理办公室、规划建设办公室承担。

加大派驻机构（含事业单位）实行属地管理的力度，相关派驻机构属地管理后与乡镇本

级有关机构整合设置。县以上有关部门派驻在乡镇的机构继续实行派驻体制的，要建立健全纳入乡镇统一指挥协调的工作机制，全部纳入乡镇工作平台，工作考核和负责人任免要征求所在乡镇党委意见。

2. 健全上下贯通、运行顺畅的工作机制。全面厘清县级政府及职能部门与乡镇的权责边界。制定乡镇权责清单，按规定程序进行动态调整。

县有关部门要加强对乡镇工作的培训指导和统筹协调。县级相关部门对乡镇工作的各项考核统一纳入县委县政府对乡镇的考核，县级相关部门不再对乡镇进行专项工作考核。

县委全面依法治县委员会办公室统筹县级各部门的行政执法工作，负责组织实施对乡镇综合行政执法工作的统一部署、统一培训、统一指导、统一监督等。综合行政执法专业性业务由相关部门配合。

乡镇要明确综合性办事机构与上级机构的职责对应关系，确保上下职责对应、工作运行顺畅。

3. 健全共建共治共享的社会治理机制。完善党委领导、政府负责、民主协商、社会协同、公众参与、法治保障、科技支撑的社会治理体系，建设人人有责、人人尽责、人人享有的社会治理共同体。厘清乡镇和村（居）民委员会、农村集体经济组织的权责边界。加强村（社区）党群服务中心建设，推动基本公共服务事项进驻村（社区）办理，推进村级便民服务点和网上服务站点全覆盖。加快推进城乡社会综合网格化服务管理，将上级部门在基层设置的多个网格整合为一个综合网格，依托村（社区）合理划分基本网格单元，统筹网格内党的建设、城市管理、综合治理、流动人口管理、消防、应急管理、社会保障、社会救助等工作，实现“多网合一”。

责任单位：县纪委监委、县委组织部、县委政法委、县委编办、县民政局、县司法局、县农业农村局、县政务服务数据管理局

（四）完善运行保障体系

1. 充实乡镇编制资源。统筹乡镇全部编制资源和工作力量，建立机动灵活的工作机制，根据工作实际，实行动态调配。将县级机构改革调整出来的编制下放乡镇。

2. 创新基层选人制度。改进公务员考录和事业单位人员选聘工作。针对乡镇工作实际和用人需求，科学规划各种进人方式的规模和比例。既注重从优秀高校毕业生中考选录用，也注重从本地成长的熟悉农村（社区）、了解农村（社区）、与群众有深厚感情的农村（社区）党组织书记等本地优秀人才中招聘选用，推动建立结构合理、符合实际需要、能够高效开展工作的基层干部队伍。

3. 加强财政保障。按照事权和支出责任相适应的原则，合理划分县和乡镇财政事权和支出责任，应由县承担的支出责任，不得转移给乡镇；对下放给乡镇的事权，要给予相应财力支持。对财力薄弱的乡镇，要加大一般转移支付力度，确保基本支出和履职需要。

4. 强化数字政府技术支撑。以建设广东省行政执法信息平台和行政执法监督网络平台为依托，整合乡镇各类业务系统和资源，建立一体化的综合指挥平台和党群政务服务平台，确保执法数据纵向和横向互联互通，为乡镇综合执法提供支撑。相关部门的行政许可和执法信息以及视频监控等要接入乡镇执法平台并实现数据及时交换。乡镇要结合相关信息及时开展执法工作，并将执法信息及时反馈上级平台。

责任单位：县委组织部、县委编办、县司法局、县财政局、县人力资源和社会保障局、县政务服务数据管理局

三、组织实施

（一）加强组织领导。在省委领导、市委统筹协调下，县委要承担主要责任、具体负责推进改革工作。各级党委要充分认识深化乡镇体制改革、完善基层治理体系的重要意义，将其作为落实全面深化改革总目标的一项重要任务抓好，由主要领导负总责，建立健全工作协调机制，结合实际细化政策措施。县直有关部门要加强协调配合，按照职责分工，制定完善配套政策，推进改革任务落实。各乡镇要压实工作责任，抓好工作落实，确保高质量顺利完成各项任务。

（二）积极稳妥推进。各乡镇和县直有关部门要周密部署、精心组织，确保改革积极稳妥推进。要把握好改革发展稳定关系，确保改革期间各项工作连续稳定，防止出现空档期。深入做好思想政治工作，密切关注干部职工思想动态，稳定好干部职工队伍，做到思想不乱、工作不断、队伍不散、干劲不减。2020 年 8 月 15 日前基本完成改革。

（三）严肃工作纪律。改革期间，严格执行有关政治、组织、机构编制、干部人事、财经、资产、保密等纪律。严禁上级政府及其部门以任何理由任何形式干预乡镇机构设置和编制人员配备。加强对乡镇体制改革的督促检查和评估指导，及时研究解决改革中遇到的困难和问题，推动改革有序推进。对违反有关规定的，严肃追究有关人员责任。

2020 年 8 月 25 日，大埔县召开 2020 年教育工作座谈会（张芳菲摄）

中共大埔县委办公室　　　　2020 年 8 月 12 日印发

统 计 资 料

综合

国民经济和社会发展主要指标情况表

表 5

指 标 名 称	单位	2020 年	2019 年	+、－（%）
一、经济总量指标	—	—	—	—
工农业总产值	万元	951178	1097838	-13.4
工 业	万元	528445	704401	-25
农 业	万元	422733	393437	7.4
生产总值（当年价）	万元	911028	899145	—
第一产业	万元	269429	248880	—
第二产业	万元	178562	176738	—
第三产业	万元	463037	473527	—
人均生产总值（当年价）	元	27408	26657	—
生产总值（不变价）	万元	870020	855853	1.7
第一产业	万元	215799	208588	3.5
第二产业	万元	210280	205369	2.4
第三产业	万元	443941	441896	0.5
人均生产总值（不变价）	元	26174	25374	3.2
二、人口与劳动力	—	—	—	—
年末总人口	人	552347	559669	-1.3
其中：乡村人口	人	373395	372571	0.2
城镇人口	人	178952	187098	-4.4
三、农业生产	—	—	—	—
1. 农业总产值（现行价）	万元	422733	393437	7.4
2. 耕地面积	亩	260971	260971	—

续表 5

指　标　名　称	单位	2020 年	2019 年	+、-（%）
3．造林面积	亩	—	—	—
4．年末实有森林面积	公顷	197165	194197	1.5
5．主要农产品产量	—	—	—	—
粮　食	吨	36505	35769	2.1
蔬　菜	吨	192891	184843	4.4
家禽肉	吨	8778	10554	-16.8
猪　肉	吨	11200	10840	3.3
花　生	吨	1424	1363	4.5
甘　蔗	吨	1998	1915	4.3
水　果	吨	216588	203992	6.2
茶　叶	吨	6081	5799	4.9
烤　烟	吨	2281	2189	4.2
水产品	吨	6784	6928	-2.1
四、工业生产	—	—	—	—
1．工业总产值（现行价）	万元	528445	704401	-25
规模以上	万元	409745	433401	-5.5
规模以下	万元	118700	271000	-56.2
2．规模以上工业企业发电量	万千瓦小时	509495	523816	-2.7
五、固定资产投资和房地产	—	—	—	—
固定资产投资	万元	735521	715309	2.8
其中：建筑安装工程	万元	583962	571783	2.1
设备购置	万元	28249	40271	-29.9
其他费用	万元	123310	103255	19.4
建筑业总产值	万元	104413	76169	37
职工平均人数	人	2037	1186	71.7
全员劳动生产率	元/人	512582	642234	-20.1
全部施工房屋面积	平方米	689586	1721042	-59.9
全年竣工房屋面积	平方米	295091	1201675	-75.4
房地产销售面积	万平方米	29.03	34.51	-15.9

续表 5

指　标　名　称	单位	2020 年	2019 年	+、-（%）
六、商业	—	—	—	—
社会消费品零售总额	万元	466406	512043	-8.9
其中：商品零售	万元	428018	461963	-7.3
餐饮收入	万元	38388	50080	-23.3
七、运输、邮电	—	—	—	—
1. 公路通车里程	公里	3234	3022	7.02
2. 铁路营运里程	公里	60	60	—
3. 内河通航里程	公里	108	108	—
4. 客运量	万人	150	260	-42.31
5. 旅客周转量	万人公里	18674	38818	-51.89
6. 货运量	万吨	480	1078	-55.47
7. 货运周转量	万吨公里	51870	118578	-56.26
8. 邮政业务总量	万元	6689	6047.63	10.61
9. 电信业务总量	万元	4848	4326	12.07
八、财政、金融	—	—	—	—
财政收入	万元	182863	163115	12.11
其中：一般公共预算本级收入	万元	71454	70422	1.46
财政支出	万元	626052	605711	3.36
银行存款余额	万元	1687048	1678906	0.48
住户存款余额	万元	1317946	1214802	8.49
银行贷款余额	万元	1008572	873285	15.49
九、教育、卫生	—	—	—	—
高等教育在校学生数	人	1037	1203	-13.79
中职学校在校学生数	人	1858	2039	-8.88
普通中学在校学生数	人	21924	20812	5.34
小学在校学生数	人	30836	31049	-0.69
幼儿园在园幼儿数	人	12993	12661	2.62
医院病床数	张	2300	2300	—
卫生技术人员	人	1754	1672	4.9

说明：生产总值的速度按 2015 年不变价计算

核算

地区生产总值情况表（按现行价格计算）

表 6　　　　单位：万元

指标名称	绝对额		构成（%）	
	2020 年	2019 年	2020 年	2019 年
地区生产总值	911028	899145	100	100
农林牧渔业	272824	251943	29.95	28.02
#农林牧渔专业及辅助性活动	3394	3063	—	—
工业	142293	149761	15.62	16.66
采矿业	2423	2259	—	—
#开采专业及辅助性活动	—	—	—	—
制造业	60343	63950	—	—
#金属制品、机械和设备修理业	92	114	—	—
电力、燃气及水的生产和供应业	79528	83552	—	—
建筑业	36360	27092	3.99	3.01
批发和零售业	70145	78895	7.7	8.78
批发业	29961	30707	—	—
零售业	40184	48188	—	—
交通运输、仓储和邮政业	15724	16439	1.73	1.83
铁路运输业	437	599	—	—
道路运输业	9399	9974	—	—
水上运输业	361	548	—	—
航空运输业	—	—	—	—
管道运输业	—	—	—	—
多式联运和运输代理业	76	48	—	—
装卸搬运和仓储业	1622	1599	—	—
邮政业	3829	3670	—	—
住宿和餐饮业	13622	16254	1.5	1.81

续表 6

指标名称	绝对额		构成（%）	
	2020 年	2019 年	2020 年	2019 年
住宿业	505	605	—	—
餐饮业	13116	15648	—	—
信息传输、软件和信息技术服务业	15351	12735	1.69	1.42
金融业	50569	48400	5.55	5.38
货币金融服务	45144	43818	—	—
资本市场服务	2123	1416	—	—
保险业	3302	3167	—	—
其他金融业	—	—	—	—
房地产业	78472	70606	8.61	7.85
房地产业（K 门类）	25239	26548	—	—
居民自有住房服务	53232	44058	—	—
租赁和商务服务业	8872	9592	0.97	1.07
科学研究和技术服务业	5157	5118	0.57	0.57
水利环境和公共设施管理业	1793	1636	0.2	0.18
居民服务修理和其他服务业	25636	26004	2.81	2.89
教育	64239	60726	7.05	6.75
卫生和社会工作	26454	24747	2.9	2.75
文化体育和娱乐业	1227	1467	0.13	0.16
公共管理社会保障和社会组织	82291	97731	9.03	10.87
第一产业	269429	248880	29.57	27.68
第二产业	178562	176738	19.6	19.66
第三产业	463037	473527	50.83	52.66
其他服务业	231021	239755	—	—
新营利性服务业	56244	54916	—	—
新非营利性服务业	174777	184839	—	—

地区生产总值情况表（按 2015 年不变价格计算）

表 7　　　　单位：万元

指标名称	2020 年	2019 年	以上年为 100 的速度（%）	
			2020 年	2019 年
地区生产总值	870020	855853	1.66	5.06
农林牧渔业	219588	212163	3.5	3.88
农林牧渔专业及辅助性活动	3789	3575	—	—
工业	178423	181462	−1.67	12.38
采矿业	3112	2863	—	—
#开采专业及辅助性活动	—	—	—	—
制造业	84628	87045	—	—
#金属制品、机械和设备修理业	126	148	—	—
电力、燃气及水的生产和供应业	90683	91555	—	—
建筑业	31983	24055	32.96	2.41
批发和零售业	70069	77352	−9.42	2.07
批发业	27467	28453	—	—
零售业	42601	48898	—	—
交通运输、仓储和邮政业	20036	20627	−2.87	−7.21
铁路运输业	542	752	—	—
道路运输业	12682	13399	—	—
水上运输业	415	614	—	—
航空运输业	—	—	—	—
管道运输业	—	—	—	—
多式联运和运输代理业	91	77	—	—
装卸搬运和仓储业	1715	1650	—	—
邮政业	4592	4135	—	—
住宿和餐饮业	13702	16523	−17.07	2.06
住宿业	569	692	—	—
餐饮业	13133	15831	—	—

续表 7

指标名称	2020 年	2019 年	以上年为 100 的速度（%）	
			2020 年	2019 年
信息传输、软件和信息技术服务业	13896	11573	20.07	—
金融业	45692	46427	-1.58	3.81
货币金融服务	41135	42169	—	—
资本市场服务	1426	1271	—	—
保险业	3131	2987	—	—
其他金融业	—	—	—	—
房地产业	57987	58402	-0.71	2.05
房地产业（K 门类）	20574	22770	—	—
居民自有住房服务	37413	35631	—	—
租赁和商务服务业	8339	8613	-3.18	—
科学研究和技术服务业	4631	4383	5.66	—
水利环境和公共设施管理业	1589	1428	11.27	—
居民服务修理和其他服务业	24008	23799	0.88	—
教育	59349	55054	7.8	—
卫生和社会工作	23962	22128	8.29	—
文化体育和娱乐业	1428	1662	-14.08	—
公共管理社会保障和社会组织	95337	90201	5.69	—
第一产业	215799	208588	3.46	3.81
第二产业	210280	205369	2.39	11.11
第三产业	443941	441896	0.46	3.09
其他服务业	232539	218842	6.26	4.65
新营利性服务业	52301	50030	4.54	—
新非营利性服务业	180238	168812	6.77	—

人口、计划生育

2020 年人口及出生、死亡情况表

表 8

单 位 名 称	总户数（户）	总人数（人）		当年出生、死亡				
		合计	其中：城镇人口	出生数（人）	出生率（‰）	死亡数（人）	死亡率（‰）	自然增长率（‰）
合 计	181516	552347	178952	5469	9.84	6944	12.49	–2.65
湖寮镇	38615	88876	68708	900	9.92	1726	19.02	–9.1
茶阳镇	16291	56086	13805	497	8.77	995	17.56	–8.79
高陂镇	28871	86025	19437	861	9.97	923	10.69	–0.72
青溪镇	6302	20743	4873	197	9.46	282	13.54	–4.08
三河镇	7926	20563	6886	182	8.82	162	7.85	0.97
大麻镇	13026	38575	6133	308	7.93	453	11.67	–3.71
银江镇	7827	27511	6196	224	8.13	246	8.93	–0.8
洲瑞镇	4466	18108	5269	160	8.75	415	22.69	–13.94
光德镇	9073	34941	7711	452	12.88	351	10.01	2.88
桃源镇	4242	19441	16577	245	12.57	150	7.7	4.87
枫朗镇	15683	52740	6597	510	9.65	450	8.51	1.14
百侯镇	9739	29601	10925	257	8.67	305	10.29	–1.62
大东镇	7292	23295	3152	370	15.95	195	8.41	7.54
西河镇	12163	35842	2683	306	8.54	291	8.12	0.42

说明：此表数据由县公安局提供

2020年计划生育主要指标情况表

表9

镇别	总人口数（人）	平均人口数（人）	出生人口（人）				政策生育率（%）	多孩率（%）	出生率（‰）	死亡率（‰）	自然增长率（‰）
			合计	男	女	性别比（%）					
总计	570286	571488	5098	2727	2371	115.01	6.97	2.13	8.92	6.67	2.25
湖寮镇	98803	99324	833	446	387	115.25	7.13	1.47	8.39	4.88	3.5
茶阳镇	55613	55885	424	222	202	109.9	5.98	1.88	7.59	6.55	1.04
高陂镇	89019	89242	834	427	407	104.91	7.34	2.32	9.35	8.55	0.8
青溪镇	20282	20353	151	77	74	104.05	5.45	1.97	7.42	4.96	2.46
三河镇	20993	21025	176	94	82	114.63	7.13	1.47	8.37	8.8	–0.43
大麻镇	39747	39795	313	171	142	120.42	6.11	1.91	7.87	7.26	0.6
银江镇	28729	28657	220	117	103	113.59	6.56	1.36	7.68	7.5	0.17
洲瑞镇	18142	18182	169	102	67	152.24	7.09	2.58	9.29	7.75	1.54
光德镇	36909	36720	441	221	220	100.45	9.07	3.35	12.01	6.7	5.31
桃源镇	19384	19329	243	125	118	105.93	9.11	3.93	12.57	5.28	7.29
枫朗镇	51801	51909	523	301	222	135.59	7.59	2.54	10.08	6.88	3.2
百侯镇	30478	30665	253	144	109	132.11	6.39	1.76	8.25	7.47	0.78
大东镇	23875	23739	262	142	120	118.33	7.71	3.12	11.04	5.52	5.52
西河镇	34675	34821	242	130	112	116.07	4.85	1.78	6.95	5.54	1.41
丰溪林场	1836	1842	14	8	6	133.33	6.52	2.72	7.6	3.8	3.8

说明：此表数据由县卫生健康局提供

农业

农业主要指标情况表

表 10

项　　　　目	单位	2020 年	2019 年	增减数	+、-（%）
一、年末耕地面积	亩	260971	260971	—	—
其中：水（旱）田	亩	204535	204535	—	—
二、粮食总产量	吨	36505	35769	736	2.1
其中：稻谷总产量	吨	31399	30695	704	2.3
三、瓜类（果用瓜）	吨	26374	25059	1315	5.2
四、烤烟总产量	吨	2281	2189	92	4.2
五、茶叶总产量	吨	6081	5799	282	4.9
六、水果总产量	吨	216588	203992	12666	6.2
其中：柚子	吨	176479	164993	11486	7
七、生猪饲养量	头	—	—	—	—
其中：年末存栏	头	101502	102258	-756	-0.7
年末出栏	头	154379	145312	9067	6.2
八、肉类产量	吨	21080	22429	-1349	-6
其中：猪肉产量	吨	11200	10840	360	3.3
九、牛年末存栏	头	11840	13108	-1268	-9.7
十、“三鸟”年末存栏	只	1377104	1656298	-279194	-16.9
十一、水产品产量	吨	6784	6928	-144	-2.1

2020年年末耕地面积情况表

表11　　单位：亩

单位名称	合计	其中		
		水田	水浇地	旱地
合计	260971	204535	605	55831
湖寮镇	12245	10247	168	1830
茶阳镇	33021	24479	19	8523
高陂镇	37835	29573	40	8222
青溪镇	17114	14611	—	2503
三河镇	11497	7685	—	3812
大麻镇	17368	14909	5	2454
银江镇	15316	12323	6	2987
洲瑞镇	11135	8942	70	2123
光德镇	11322	9826	—	1496
桃源镇	4950	3886	—	1064
枫朗镇	26748	18982	39	7727
百侯镇	18503	14215	1	4287
大东镇	15375	10923	187	4265
西河镇	26236	21901	70	4265
丰溪林场	1149	1096	—	53
洲瑞林场	652	621	—	31
大埔林场	505	316	—	189

说明：此表数据由县自然资源局提供

农业总产值情况表

表 12　　　　单位：万元

单 位 名 称	2020 年 现 价	2020 年 可比价	2019 年 现 价	发展速度 （%）
合 计	422733	403516	393437	102.6
湖寮镇	40565	38935	38065	102.3
茶阳镇	49037	46187	43548	106.1
高陂镇	45988	44287	43582	102.3
青溪镇	26812	26079	25838	100.9
三河镇	24878	23086	22839	101.1
大麻镇	41569	40892	39569	103.3
银江镇	30098	29387	29061	101.2
洲瑞镇	15112	13895	13722	101.2
光德镇	14012	13189	13099	100.7
桃源镇	9974	9890	9809	100.8
枫朗镇	37778	36256	35731	101.4
百侯镇	25815	24289	23900	101.6
大东镇	15512	14687	14561	100.8
西河镇	44585	41478	39136	105.9
丰溪林场	998	979	977	100.2

工业

全部工业基本情况情况表

表 13　　　　单位：万元

项　　目	企业数（个）	总产值（现价）	增加值（现价）	增加值（可比价）
合　　计	385	528445	154585	178423
一、规模以上	60	409745	122285	124825
1. 采矿业	1	10750	4387	4556
2. 制造业	53	214344	46974	47565
其中：陶瓷制造业	39	142523	31447	31900
3. 电力、燃气及水的生产和供应业	6	184651	70924	72704
其中：电力生产业	5	182112	70391	72129
二、规模以下	325	118700	32300	53598
1. 采矿业	41	—	—	—
2. 制造业	166	—	—	—
其中：陶瓷制造业	67	—	—	—
3. 电力、燃气及水的生产和供应业	118	—	—	—
其中：电力生产业	101	—	—	—

说明：此表数据为 2020 年 12 月底快报数

运输

机动车辆、民用船舶实有数情况表

表 14

指标名称	单位	合计		其中：私人	
		2020 年	2019 年	2020 年	2019 年
一、民用汽车	辆	28485	24787	27860	24313
1. 载　　客	辆	25300	22000	24800	21650
	客位	176200	143080	171450	132580
2. 普通载货	辆	3060	2663	3060	2663
	吨位	18160	12000	18160	12000
3. 专用载货	辆	50	50	—	—
	吨位	710	710	—	—
4. 其他专用	辆	15	14	—	—
5. 特　　种	辆	60	60	—	—
轮胎式拖拉机	辆	—	100	—	100
手扶拖拉机	辆	331	500	331	500
摩托车	辆	61200	63350	61150	63350
两轮摩托车	辆	60100	62840	60050	62840
其他机动车	辆	—	—	—	—
载货挂车	辆	49	24	49	24
机动车驾驶员	人	119600	119800	—	—
汽车驾驶员	人	52560	52320	—	—
二、机动船	艘	4	15	4	15
	吨位	110	653	110	653
	客位	32	—	32	—
其中：货船	艘	2	15	2	15
	吨位	110	653	110	653

说明：此表数据由县交通运输局提供

邮政、电信

邮政发展情况表

表 15

指　标　名　称	计算单位	2020 年	2019 年
一、邮政业务量	万元	6689	6047.63
其中：函　件	万件	26.53	12.54
报　纸	万份	206.92	229.08
杂　志	万份	11.37	11.05
集　邮	万枚	9.89	15.06
二、邮政通信工具	—	—	—
邮运汽车	辆	12	12
电子信箱总容量	个	—	—
语音信箱总容量	个	—	—
三、邮政通讯网	—	—	—
邮政局（支局）	处	20	20
其中：设在农村	处	17	17
邮路长度	公里	2143.5	2127.5
其中：航空邮路	公里	—	—
农村投递路线	公里	1815	1799
四、邮政通讯水平	—	—	—
平均每人每年发函件数	件	0.69	0.32
平均每百人每年订报刊数	件	0.05	0.06

说明：此表数据由中国邮政集团有限公司广东省大埔县分公司提供

电信发展情况表

表 16

指　标　名　称	计算单位	2020 年	2019 年
一、电信业务量	万元	4848	4326
其中：长途电话	万次	—	—
移动电话用户	万户	4.35	4.14
市内电话用户	万户	0.87	0.95
农村电话用户	万户	1.79	1.91
互联网宽带接入用户	万户	3.97	3.75
二、电信通信工具	—	—	—
电话机总数	万部	2.66	2.86
其中：市话话机	万部	0.87	0.95
三、电信通信网	—	—	—
电信局（支局）	处	15	15
其中：设在农村	处	13	13
长途电话电路	路	—	—

说明：此表数据由中国电信股份有限公司大埔分公司提供

贸易与餐饮业

社会消费品零售总额、商品销售总额及批发零售住宿餐饮业机构情况表

表 17

项　　目	单位	2020 年	2019 年	+、-（%）
社会消费品零售总额	万元	466406	512043	-8.9
按地域分：县城零售额	万元	313495	310134	1.1
县以下零售额	万元	152911	201909	-24.3
按行业分：商品零售	万元	428018	461963	-7.3
餐饮收入	万元	38388	50080	-23.3
商品销售总额	万元	468941	515765	-9.1
按行业分：批发业	万元	212983	219625	-3
零售业	万元	224857	257287	-12.5
住宿业	万元	2866	4030	-28.9
餐饮业	万元	28235	34823	-18.9
批发零售住宿餐饮业机构	—	—	—	—
其中：1. 限额以上批发零售业	个	11	10	10
2. 限额以上住宿餐饮业	个	1	1	—
3. 个体批发零售业	个	10814	9033	19.7
4. 个体住宿餐饮业	个	2146	1917	11.9

人民生活

2016—2020 年大埔居民家庭基本情况表

表 18

指标名称	单位	2016 年	2017 年	2018 年	2019 年	2020 年
一、人均可支配收入	元	15369	16857	18293	19705	20625
（一）工资性收入	元	5995	6729	7419	8183	8862
（二）经营净收入	元	4483	4771	5062	5294	4783
（三）财产净收入	元	497	486	511	535	586
（四）转移净收入	元	4394	4871	5301	5693	6394
二、人均生活消费支出	元	12096	13376	14114	15625	15822
（一）食品烟酒	元	4871	5297	5568	6146	6474
（二）衣着	元	368	422	484	553	553
（三）居住	元	2389	2664	2796	3116	3733
（四）生活用品及服务	元	624	741	798	799	819
（五）交通通信	元	1093	1223	1308	1281	1015
（六）教育文化娱乐	元	1206	1418	1483	1766	1356
（七）医疗保健	元	1099	1190	1196	1393	1403
（八）其他用品和服务	元	446	421	481	571	469
三、收入与上年同比增长	%	10.5	9.7	8.5	7.7	4.7

2016—2020 年大埔城镇居民家庭基本情况表

表 19

指标名称	单位	2016 年	2017 年	2018 年	2019 年	2020 年
一、人均可支配收入	元	20080	21977	23670	25256	26013
（一）工资性收入	元	8281	9557	10464	11365	12057
（二）经营净收入	元	5254	5618	6049	6560	6148
（三）财产净收入	元	1019	967	1036	1075	1171
（四）转移净收入	元	5526	5835	6121	6256	6637
二、人均生活消费支出	元	13721	15328	16104	18009	17945
（一）食品烟酒	元	5324	5901	6184	6897	7159
（二）衣着	元	525	585	669	791	791
（三）居住	元	2598	2614	2865	3325	4099
（四）生活用品及服务	元	744	963	1024	1000	976
（五）交通通信	元	1475	1692	1675	1623	1259
（六）教育文化娱乐	元	1530	1940	1978	2396	1755
（七）医疗保健	元	1154	1228	1209	1387	1296
（八）其他用品和服务	元	371	405	500	590	600
三、收入与上年同比增长	%	10.1	9.4	7.7	6.7	3.0

2016—2020 年大埔农村居民家庭基本情况表

表 20

指标名称	单位	2016 年	2017 年	2018 年	2019 年	2020 年
一、人均可支配收入	元	11520	12666	13743	14884	15777
（一）工资性收入	元	4127	4415	4842	5419	5987
（二）经营净收入	元	3853	4078	4228	4194	3556
（三）财产净收入	元	70	92	68	65	60
（四）转移净收入	元	3470	4081	4605	5206	6174
二、人均生活消费支出	元	10768	11779	12430	13554	13911
（一）食品烟酒	元	4502	4802	5046	5493	5857
（二）衣着	元	239	289	327	347	338
（三）居住	元	2218	2705	2737	2936	3403
（四）生活用品及服务	元	526	559	606	625	677
（五）交通通信	元	781	840	998	983	787
（六）教育文化娱乐	元	941	991	1064	1219	997
（七）医疗保健	元	1054	1159	1185	1398	1499
（八）其他用品和服务	元	507	434	467	553	353
三、收入与上年同比增长	%	10.4	10.0	8.5	8.3	6.0

财政、金融

财政收入情况表

表 21　　单位：万元

项　　目	2020 年	2019 年	+、−（%）
一般公共预算本级收入合计	71454	70422	1.46
一、增值税 25%	4605	4272	7.79
二、改征增值税 50%	5258	4134	27.2
三、企业所得税	2560	3620	−29.27
四、企业所得税退税	—	—	—
五、个人所得税 20%	766	895	−14.5
六、资源税	137	3273	−95.81
七、城市维护建设税	2052	2457	−16.48
八、房产税	1986	2298	−13.6
九、印花税	812	657	23.55
十、城镇土地使用税	510	554	−8.04
十一、土地增值税 50%	5589	4815	16.07
十二、车船税	702	631	11.22
十三、耕地占用税	12603	12756	−1.2
十四、契税	4172	4143	0.7
十五、烟叶税	835	806	3.59
十六、环境保护税	135	87	55.52
十七、其他税收收入	−3	92	−103.27
十八、专项收入	1950	2511	−22.33
十九、行政事业性收费收入	1424	8892	−83.99
二十、罚没收入	1133	1922	−41.05
二十一、国有资本经营收入	39	21	87.11
二十二、国有资源(资产)有偿使用收入	22741	10401	118.64
二十三、其他收入	—	—	—
二十四、政府住房基金收入	1426	1185	20.39
二十五、捐赠收入	22	—	—
基金收入	62987	44314	42.14
地方库收入	134441	114736	17.17
省库收入	17911	17828	0.47
中央库收入	30511	30551	−0.13
收入合计	182863	163115	12.11

财政支出情况表

表 22 单位：万元

项 目	2020 年	2019 年	+、-（%）
一般公共预算本级支出合计	487427	459770	6.02
一、一般公共服务	35446	57655	-38.52
二、公共安全	18465	15085	22.4
三、教育	75775	69014	9.8
四、科学技术	7361	7117	3.43
五、文化体育与传媒	12062	7775	55.14
六、社会保障和就业	95660	73306	30.49
七、卫生健康	59135	65521	-9.75
八、节能环保	9577	7010	36.63
九、城乡社区支出	56940	49610	14.78
十、农林水支出	52752	51361	2.71
十一、交通运输	36221	26672	35.8
十二、资源勘探电力信息等支出	702	701	0.19
十三、商业服务业等支出	2158	1698	27.1
十四、国土资源气象等支出	3648	2717	34.25
十五、住房保障支出	9805	7653	28.12
十六、粮油物资储备等事务	2868	2173	32
十七、灾害防治及应急管理支出	1776	8424	-78.91
十八、债务付息支出	2442	1595	53.09
十九、其他支出	4619	4646	-0.58
二十、债务发行费用支出	15	37	-60.67
基金支出合计	138625	145941	-5.01
支出总计	626052	605711	3.36

说明：此表数据由县财政局提供

银行存款计划执行情况表

表 23　　　　　　　　　　　　　　　　　　　　单位：万元

项　　目	2020 年末余额	2020 年初余额	+、-（%）
一、各项存款	1687048	1678906	0.48
（一）境内存款	1683805	1675441	0.5
1. 住户存款	1317946	1214802	8.49
（1）活期存款	610969	569351	7.31
（2）定期及其他存款	706977	645450	9.53
2. 非金融企业存款	132791	128117	3.65
（1）活期存款	120536	119746	0.66
（2）定期及其他存款	12255	8372	46.39
3. 机关团体存款	209815	301763	−30.47
4. 财政性存款	23253	30759	−24.41
5. 非银行业金融机构存款	—	—	—
（二）境外存款	3243	3465	−6.4
二、金融债券	—	—	—
三、卖出回购资产	—	—	—
四、借款及非银行业金融机构拆入	—	—	—
五、联行往来（净）	—	—	—
六、应付及暂收款	27136	24228	12
七、各项准备	20172	16550	21.89
八、所有者权益	108529	98376	10.32
九、其他	−230349	−276538	−16.7
资金来源总计	1612537	1541522	4.61

银行贷款计划执行情况表

表 24　　　　　　　　　　　　　　　　　　　　　　　　单位：万元

项　　目	2020 年末余额	2020 年初余额	+、-（%）
一、各项贷款	1008572	873285	15.49
（一）境内贷款	1008204	872960	15.49
1．住户贷款	646553	549969	17.56
（1）短期贷款	83787	84154	-0.44
（2）中长期贷款	562766	465815	20.81
2．企（事）业单位贷款	361651	622991	11.97
（1）短期贷款	77914	85550	-8.93
（2）中长期贷款	272979	237441	14.97
（3）票据融资	10758	—	—
（4）融资租赁	—	—	—
（5）各项垫款	—	—	—
3．非银行业金融机构贷款	—	—	—
（二）境外贷款	368	325	13.16
二、债券投资	114786	103940	10.43
三、股权及其他投资	6442	6442	—
四、买入返售资产	—	—	—
五、存放非银行业金融机构款项	—	—	—
六、联行往来（净）	466354	540801	-13.77
七、金银占款	—	—	—
八、外汇占款	—	—	—
九、应收及预付款	8378	8920	-6.08
十、投资性房地产	—	—	—
十一、固定资产	8004	8134	-1.6
资金运用总计	1612537	1541522	4.61

说明：此表数据由县人民银行提供

保险业务情况表

表 25　　　　单位：万元

项　　目	2020 年	2019 年	+、-（%）
财产保险	—	—	—
一、保险费合计	3854	3409	13.05
1. 企业财产险	89.9	88.44	1.65
2. 家庭财产险	85.6	84.36	1.47
3. 运输工具及责任险	1850	1635	13.15
4. 农业险	1284	1005	27.76
5. 责任险	324	306	5.88
6. 意外险	123.7	164.82	-24.95
7. 健康险	96.8	125.38	-22.79
8. 工程险	—	—	—
二、赔偿合计	1477	1235	19.6
1. 企业财产险	26.4	17.3	52.51
2. 家庭财产险	28.6	36.1	-20.73
3. 运输工具及责任险	980	778	25.96
4. 农业险	300	228	31.57
5. 责任险	51.6	62.7	-17.7
6. 意外险	29.4	23	27.83
7. 健康险	61	89.9	-32.15
8. 工程险	—	—	—
人寿保险	—	—	—
一、保费收入	8039	7382	9
二、赔款支出	608	390	56

说明：此表数据由县财产、人寿保险公司提供

教育、卫生

各类学校基本情况表

表 26

项　　目	单位	2020 年	2019 年	+、-（%）
一、高等学校	—	—	—	—
学校数	所	1	1	—
毕业生数	人	518	446	16.14
招生数	人	352	423	-16.78
在校学生数	人	1037	1203	-13.79
教职工数	人	10	10	—
#专任教师	人	7	7	—
二、中等师范学校	—	—	—	—
学校数	所	—	1	—
毕业生数	人	—	—	—
招生数	人	—	—	—
在校学生数	人	—	—	—
教职工数	人	—	36	—
#专任教师	人	—	34	—
三、普通中学	—	—	—	—
学校数	所	28	28	—
毕业生数	人	6852	6590	3.98
招生数	人	7838	7117	10.13
在校学生数	人	21924	20812	5.34
教职工数	人	2004	1915	4.65
#专任教师	人	1787	1822	-1.92
四、职业中学	—	—	—	—
学校数	所	1	1	—

续表 26

项　　目	单位	2020 年	2019 年	+、-（%）
毕业生数	人	1015	671	51.27
招生数	人	882	567	55.56
在校学生数	人	1858	2039	-8.88
教职工数	人	122	125	-2.4
#专任教师	人	109	110	-0.91
五、小　学	—	—	—	—
学校数	所	47	47	—
毕业生数	人	5025	4468	12.47
招生数	人	4535	5402	-16.05
在校学生数	人	30836	31049	-0.69
教职工数	人	1976	1998	-1.1
#专任教师	人	1842	1888	-2.44
六、幼儿园	—	—	—	—
幼儿园数	所	63	61	3.28
招生数	人	4595	4836	-4.98
在园幼儿数	人	12993	12661	2.62
教职工数	人	1109	1137	-2.46
#专任教师	人	727	733	-0.82
附：1. 成人教育在校学生数	人	—	—	—
2. 特殊教育在校学生数	人	159	114	39.47
3. 小学毕业生升学率	%	100	100	—
4. 初中毕业生升学率	%	98.19	98.09	0.1
5. 学龄儿童入学率	%	100	100	—

说明：此表数据由县教育局、开放大学提供

2020 年卫生机构、床位、人员情况表

表 27

项　　目	单位	总 计	其　中	
			县	乡　镇
卫生机构	个	24	10	14
病床位	张	2300	1650	650
卫生人员	人	2426	1265	1161
其中：1. 卫生技术人员数	人	1754	1022	732
执业医师	人	368	260	108
执业助理医师	人	633	333	300
注册护士	人	674	449	225
药剂人员	人	162	66	96
检验人员	人	77	52	25
其他	人	183	105	78
2. 其他技术人员	人	69	32	37
3. 管理人员	人	172	76	96
平均拥有病床	张/万人	69.5	—	—
平均拥有卫生技术人员	人/万人	53	—	—

说明：此表数据由县卫生健康局提供

文化、广播、电视

文化和广播、电视基本情况表

表 28

项　　目	计算单位	2020 年	2019 年
一、文化、文物事业机构	—	—	—
电影放映单位	个	—	—
艺术表演团体	个	1	1
文化馆	个	1	1
公共图书馆	个	1	1
公共图书馆藏书	千册	257.8	254.8
博物馆	个	1	1
二、文化、文物事业机构人员	—	—	—
电影放映单位	人	—	—
艺术表演团体	人	42	40
文化馆	人	16	14
公共图书馆	人	13	12
博物馆	人	21	20
三、广播电视事业基本情况	—	—	—
广播电台	座	1	1
乡镇调频广播电台	座	—	—
电视台	座	1	1
电视发射和转播台	座	2	2
电视人口覆盖率	%	—	—
有线电视台	座	—	—
四、杂志、报纸出版情况	—	—	—
杂志出版种数	种	—	—
总印数	万册	—	—
报纸出版种数	种	—	—
总印数	万份	—	—

说明：此表由县文化广电旅游体育局和县广播电视台提供

环境保护

环境保护基本情况表

表 29

项　　目	单　位	2020 年	2019 年
一、当年资金运用情况	—	—	—
竣工环保项目投资	万元	3006	362.97
安排治理污染资金	万元	3006	362.97
二、工业“三废”情况	—	—	—
废水排放量	万吨	20.5	75.88
其中：符合标准	万吨	—	—
废水排放达标率	%	—	—
废气排放量	万标立方米	2286635	2163885
其中：经处理量	万标立方米	2224523	2093839
废气处理率	%	97.3	96.8
二氧化硫排放量	吨	—	3486
粉尘排放量	万吨	0.027	0.03
粉尘回收量	万吨	32.16	30.64
粉尘回收率	%	99.9	99.9
固体废物产生量	万吨	45.95	52.63
固体废物综合利用	万吨	44.86	52.1
固体废物利用率	%	98	99
三、“三废”综合利用效益	—	—	—
综合利用产品产值	万元	201	195
综合利用利润	万元	39	36

说明：此表数据由梅州市生态环境局大埔分局提供

（摘自《大埔县统计年鉴（2020 年）》）

先进集体、先进个人、获奖成果名录

市级及以上先进集体名录

国家级先进集体一览表

表 30

单　位	授称时间	授予单位	荣誉称号
大埔县城	2020 年 10 月	全国爱国卫生运动委员会	国家卫生县城（2020—2022）
大埔县	2020 年 11 月	中国茶叶流通协会	2020 中国茶业百强县
大埔县	2020 年 12 月	博鳌国际康养文旅论坛、深圳候鸟之家健康旅居研究院	中国候鸟旅养小城百佳榜
大埔县博物馆	2020 年 12 月	国家文物局	国家二级博物馆
中国移动通信集团广东有限公司大埔分公司	2020 年 9 月	中国移动通信集团工会	中国移动模范职工小家
梅州市生态环境局大埔分局	2020 年 9 月	国务院第二次全国污染源普查领导小组办公室	第二次全国污染源普查表现突出集体
大埔县人民检察院	2020 年 11 月	中央精神文明建设指导委员会	继续保留“全国文明单位”
百侯镇侯南村	2020 年 11 月	中央精神文明建设指导委员会	全国文明村镇
广东粤电大埔发电有限公司	2020 年 12 月	中华全国总工会	全国厂务公开民主管理先进单位
百侯镇侯北村	2020 年 11 月	中央精神文明建设指导委员会	继续保留“全国文明村镇”
百侯镇侯南村	2020 年 1 月	国家林业和草原局	首批国家森林乡村
大麻镇大留村	2020 年 1 月	国家林业和草原局	首批国家森林乡村
青溪镇蕉坑村	2020 年 1 月	国家林业和草原局	首批国家森林乡村
银江镇坑口村	2020 年 1 月	国家林业和草原局	首批国家森林乡村
大埔县三河中山纪念堂	2020 年 11 月	国家文物局	全国重点文物保护单位革命文物名录

省级先进集体一览表

表 31

单　位	授称时间	授予单位	荣誉称号
大埔县	2020 年 6 月	广东省文化和旅游厅	第二批广东省全域旅游示范区
大埔县	2020 年 4 月	广东省文化和旅游厅	大埔县“三河坝红色主题历史文化游径”上榜第一批广东省历史文化游径名单
大埔县	2020 年 12 月	广东省文化和旅游厅、中共广东省委农村工作办公室	大埔县红色历史文化乡村游入选第二批省级乡村旅游精品线路
大埔县	2020 年 8 月	广东省文化和旅游厅、广东省工业和信息化厅	大埔县陶瓷文化之旅线路入选广东省级工业旅游精品线路
大埔县	2020 年 12 月	广东省文化和旅游厅	大埔县西河镇入选第二批广东省旅游风情小镇
大埔县水务局	2020 年 12 月	广东省水利厅	广东省水利系统文明单位
广东烟草梅州市有限公司大埔县分公司	2020 年 12 月	广东省普法办公室、广东省司法厅、广东省工业和信息化厅、广东省工商业联合会、广东省总工会	2019 年广东省“法治文化建设示范企业”
大埔县虎山中学	2020 年 11 月	广东省教育厅	广东省中小学校高水平艺术团队创建交流展示活动优秀奖
大埔县大埔小学	2020 年 12 月	广东省教育厅	广东省中小学广东音乐交流展示活动三等奖
大埔县虎山中学	2020 年 12 月	中共广东省委、广东省人民政府	广东省文明校园
大埔县税务局	2020 年 12 月	中共广东省委、广东省人民政府	广东省文明单位
大埔县税务局第一税务分局（办税服务厅）	2020 年 5 月	广东省妇女联合会	广东省“巾帼文明岗”

续表 31

单　位	授称时间	授予单位	荣誉称号
大埔县三河坝战役纪念园管理处	2020 年 7 月	广东省教育厅	广东省中小学生研学实践教育基地
大埔县林业局	2020 年 12 月	湘粤赣闽边界护林联防委员会	2018—2020 年度湘粤赣闽边界护林联防工作先进集体
枫朗镇	2020 年 8 月	广东省农业农村厅	广东省“一村一品、一镇一业”茶叶专业镇
大埔供电局大麻供电所	2020 年 1 月	广东电网有限责任公司	四星级模范职工小家
大埔供电局光德供电所	2020 年 1 月	广东电网有限责任公司	四星级模范职工小家
大埔供电局大东供电所	2020 年 1 月	广东电网有限责任公司	四星级模范职工小家
大埔供电局青溪供电所	2020 年 1 月	广东电网有限责任公司	四星级模范职工小家
大埔供电局湖寮供电所	2020 年 1 月	广东电网有限责任公司	四星级模范职工小家
百侯镇	2020 年 2 月	广东省爱卫会	广东省卫生镇
百侯镇侯南村	2020 年 1 月	广东省司法厅、广东省民政厅	广东省“民主法治示范村”
百侯镇	2020 年 8 月	广东省农业农村厅	广东省“一村一品、一镇一业”蜜柚专业镇
百侯镇侯北村	2020 年 8 月	广东省农业农村厅	广东省“一村一品、一镇一业”葡萄专业村
百侯镇新乐村	2020 年 8 月	广东省农业农村厅	广东省“一村一品、一镇一业”蜜柚专业村
百侯镇侯南村	2020 年 10 月	广东省妇联、广东省文明办	首批广东省家风家训实践基地
西河镇北塘村艺术部落	2020 年 4 月	广东省农业农村厅、广东省文化旅游厅	广东省休闲农业与乡村旅游示范点
西河镇省际联合检疫检查站	2020 年 10 月	中共广东省委、广东省人民政府	广东省抗击新冠肺炎疫情先进集体
西河镇漳北村	2020 年 12 月	广东省司法厅、广东省民政厅	广东省“民主法治示范村”

续表 31

单 位	授称时间	授予单位	荣誉称号
西河镇漳北村	2020 年 12 月	广东省委农村工作办公室、广东省农业农村厅、广东省人力资源和社会保障厅、广东省文化和旅游厅、南方报业传媒集团	第二届广东十大美丽乡村
大埔海事处（大埔海巡执法大队）	2020 年 1 月	中共广东海事局党组	广东海事局 2018—2019 年度先进集体
大埔海事处党支部	2020 年 6 月	中共广东海事局党组	广东海事局先进基层党组织
大埔海事处（大埔海巡执法大队）	2020 年 8 月	广东海事局	“平安三江”建设先进集体
大埔县	2020 年 12 月	中共广东省委、广东省人民政府	继续保留“广东省文明城市（县级）”
大麻镇小留村	2020 年 12 月	中共广东省委、广东省人民政府	继续保留“广东省文明村”
大埔供电局	2020 年 12 月	中共广东省委、广东省人民政府	继续保留“广东省文明单位”
湖寮镇城北社区	2020 年 12 月	中共广东省委、广东省人民政府	继续保留“广东省文明单位”
大埔县人民武装部	2020 年 12 月	广东省军区	新闻舆论工作先进单位
广州海珠（大埔）产业转移工业园管委会	2020 年 1 月	广东省工业园区协会	2019 年度优秀会员单位
广州海珠（大埔）产业转移工业园管委会	2020 年 1 月	广东省工业园区协会	2019 年度优秀协办单位
大埔县食品公司	2020 年 1 月	广东省肉类协会	2019 年度先进单位
大埔县陶瓷产业集群公共技术服务平台	2020 年 12 月	广东省工业和信息化厅	广东省中小企业公共服务示范平台
广东晖祥陶瓷有限公司	2020 年 7 月	广东省退役军人事务局	“建行杯”第二届广东省退役军人创业大赛传统产业及生活服务业行业组一等奖

续表 31

单　位	授称时间	授予单位	荣誉称号
大埔县张云栽实验小学	2020 年 1 月	广东省教育厅	第三批“广东省中小学艺术教育特色学校”
大埔县博物馆	2020 年 5 月	广东省文化和旅游厅	广东省博物馆服务最佳进步奖
大埔县博物馆	2020 年 5 月	广东省文物局	2020 年广东省弘扬社会主义核心价值观主题展览
大埔县博物馆团支部	2020 年 6 月	共青团广东省委员会	广东省五四红旗团支部

市级先进集体一览表

表 32

单　位	授称时间	授予单位	荣誉称号
大埔县公安局	2020 年 12 月	中共梅州市委、梅州市人民政府	梅州市抗击新冠肺炎疫情先进集体
大埔县公安局治安大队党支部	2020 年 12 月	中共梅州市委	梅州市先进基层党组织
大埔县税务局第一税务分局（办税服务厅）	2020 年 12 月	中共梅州市委、梅州市人民政府	梅州市抗击新冠肺炎疫情先进集体
大埔县	2020 年 5 月	梅州市扫黑除恶专项斗争领导小组	2019 年扫黑除恶先进县
中共大埔县委政法委员会	2020 年 7 月	中共梅州市委、梅州市人民政府	2019 年度梅州市安保维稳先进集体
大埔县卫生健康局	2020 年 12 月	中共梅州市委、梅州市人民政府	梅州市抗击新冠肺炎疫情先进集体
大埔县卫生健康局直属机关党委	2020 年 12 月	中共梅州市委	梅州市先进基层党组织
大埔县发展和改革局	2020 年 12 月	中共梅州市委、梅州市人民政府	2019—2020 年度梅州市文明单位
大埔县湖寮镇人民政府	2020 年 12 月	中共梅州市委、梅州市人民政府	梅州市抗击新冠肺炎疫情先进集体

续表 32

单 位	授称时间	授予单位	荣誉称号
中共湖寮镇城北社区总支部委员会	2020 年 12 月	中共梅州市委	梅州市先进基层党组织
大埔县税务局第一税务分局	2020 年 12 月	中共梅州市委、梅州市人民政府	梅州市先进集体
广东粤电大埔发电有限公司	2020 年 12 月	中共梅州市委、梅州市人民政府	梅州市先进集体
广东顺兴种养股份有限公司	2020 年 12 月	中共梅州市委、梅州市人民政府	梅州市先进集体
百侯镇	2020 年 7 月	中共梅州市委、梅州市人民政府	2019 年梅州市创建全国文明城市平安建设工作先进单位
大埔县交通运输局	2020 年 12 月	中共梅州市委、梅州市人民政府	梅州市抗击新冠肺炎疫情先进集体
大埔县科工商务局	2020 年 12 月	中共梅州市委、梅州市人民政府	梅州市抗击新冠肺炎疫情先进集体
大埔县公安局	2020 年 7 月	中共梅州市委、梅州市人民政府	2019 年度梅州市安保维稳工作先进集体
中共大麻镇委	2020 年 7 月	中共梅州市委、梅州市人民政府	2019 年度梅州市安保维稳工作先进集体

市级及以上先进个人名录

国家级先进个人一览表

表 33

姓 名	授称时间	授予单位	荣誉称号	所在单位及职务
邓加光	2020 年 8 月	中国关心下一代工作委员会、中央精神文明建设指导委员会办公室	全国关心下一代工作先进工作者	大埔县关工委执行主任
袁光明	2020 年 9 月	中国老区建设促进会	全国老促会群英谱优秀老区工作者	大埔县革命老区建设促进会会长

续表 33

姓　名	授称时间	授予单位	荣誉称号	所在单位及职务
谢杰新	2020 年 8 月	中国造血干细胞捐献者资料库管理中心	捐献造血干细胞荣誉证书	大麻镇中心卫生院医生
郭贤招	2020 年 4 月	中国造血干细胞捐献者资料库管理中心	捐献造血干细胞荣誉证书	大埔县居民
杨佐君家庭	2020 年 12 月	全国妇联	第十二届全国五好家庭	大埔县西河卫生院退休医生
蓝达瑾家庭	2020 年 12 月	全国妇联	第十二届全国最美家庭	梅州市华业建设有限公司大埔分公司负责人
刘增仁	2020 年 9 月	国务院第二次全国污染源普查领导小组办公室	第二次全国污染源普查表现突出个人	梅州市生态环境局大埔分局副局长
邓亿娜	2020 年 12 月	文化和旅游部	全国红色旅游五好讲解员	大埔县博物馆馆长

省级先进个人一览表

表 34

姓　名	授称时间	授予单位	荣誉称号	所在单位及职务
黄文斌	2020 年 7 月	广东陶瓷协会	2019 年度广东陶瓷行业工作先进个人	大埔县陶瓷行业协会秘书长
杨佐君家庭	2020 年 9 月	广东省妇联	广东省五好家庭	大埔县西河卫生院退休医生
丁练昌	2020 年 12 月	广东省生态环境厅	2020 年广东省第二次全国污染源普查工作表现突出个人	梅州市生态环境局大埔分局局长
涂学炜	2020 年 12 月	广东省生态环境厅	2020 年广东省第二次全国污染源普查工作表现突出个人	梅州市生态环境局大埔分局总量办副主任
张智浩	2020 年 4 月	中共广东省税务局委员会	广东省税务系统优秀共产党员	大埔县税务局税政二股正股级干部
黄森昌	2020 年 10 月	中共广东省委、广东省人民政府	广东省抗疫先进个人	大埔县人民医院呼吸与危重症医学科副主任

续表 34

姓 名	授称时间	授予单位	荣誉称号	所在单位及职务
黄森昌	2020 年 5 月	共青团广东省委	广东省青年“五四”奖章	大埔县人民医院呼吸与危重症医学科副主任
黄森昌	2020 年 4 月	中共湖北省委、湖北省人民政府	最美逆行者	大埔县人民医院呼吸与危重症医学科副主任
赖燕萍	2020 年 4 月	中共湖北省委、湖北省人民政府	最美逆行者	大埔县人民医院普外科副护长
邹益香	2020 年 4 月	中共湖北省委、湖北省人民政府	最美逆行者	大埔县人民医院呼吸与危重症医学科副护长
邹益香	2020 年 5 月	广东省护理学会、广东省护士协会	援鄂荣誉证书	大埔县人民医院呼吸与危重症医学科副护长
赖燕萍	2020 年 5 月	广东省护理学会、广东省护士协会	援鄂荣誉证书	大埔县人民医院普外科副护长
何维龙	2020 年 12 月	湘粤赣闽边界护林联防委员会	2018—2020 年度湘粤赣闽边界护林联防工作先进个人	广东大埔丰溪省级自然保护区管理处主任、大埔县林业局局长
黄锦锋	2020 年 3 月	广东省电力工程质量监督中心站	2019 年电力工程质量监督优秀个人	大埔供电局工程建设部质量及安全管理专责
吴燕君	2020 年 5 月	共青团广东省委	广东省优秀共青团干部	大埔县直属机关团工委书记
江中伟	2020 年 12 月	中共广东省委、广东省人民政府	广东省劳动模范	虎山中学教科处副主任
龚志通	2020 年 4 月	广东海事局	广东海事局优秀青年	大埔海事处一级行政执法员
陈锦烽	2020 年 8 月	广东海事局	“平安三江”建设先进个人	大埔海事处一级行政执法员
李会龙	2020 年 8 月	广东省文明办	2020 年第一季度“广东好人”	大埔县高富商实业有限公司董事长

续表 34

姓　名	授称时间	授予单位	荣誉称号	所在单位及职务
吴丽丽	2020 年 1 月	广东省工业园区协会	优秀通讯员	广州海珠（大埔）产业转移工业园管委会干部
杨润世	2020 年 12 月	广东省军区	新闻舆论工作先进个人	大埔县人武部政治委员
肖伟青	2020 年 12 月	广东省老促会、广东省源流杂志社	《源流》杂志十佳通讯员	大埔县融媒体中心时政新闻部主任
刘开湘	2020 年 7 月	广东省教育学会	广东省第一届百名优秀生物教师	大埔县大麻中学教师
刘开湘	2020 年 11 月	广东省教育学会	广东省第二批科技教育名师工作室主持人	大埔县大麻中学教师
范宝承	2020 年 12 月	广东省教育厅	初中语文正高级教师	大埔县湖山中学教师

市级先进个人一览表

表 35

姓　名	授称时间	授予单位	荣誉称号	所在单位及职务
杨文新	2020 年 7 月	中共梅州市委、梅州市人民政府	2019 年度梅州市安保维稳工作先进个人	大埔县退役军人事务局副局长
梁耀华	2020 年 12 月	中共梅州市委	梅州市抗疫优秀共产党员	大埔县市场监督管理局副局长
廖高基	2020 年 7 月	中共梅州市委、梅州市人民政府	梅州市平安建设先进个人	大埔县税务局总经济师
林汉勇	2020 年 12 月	中共梅州市委	梅州市抗疫优秀共产党员	大埔县公安局高陂派出所所长

续表 35

姓　名	授称时间	授予单位	荣誉称号	所在单位及职务
林汉勇	2020 年 12 月	中共梅州市委、梅州市人民政府	梅州市抗击新冠肺炎疫情先进个人	大埔县公安局高陂派出所所长
李映泉	2020 年 12 月	中共梅州市委、梅州市人民政府	梅州市抗击新冠肺炎疫情先进个人	大埔县公安局三河派出所副所长
肖伟青	2020 年 12 月	中共梅州市委、梅州市人民政府	梅州市抗击新冠肺炎疫情先进个人	大埔县融媒体中心时政新闻部主任
罗海涛	2020 年 12 月	中共梅州市委、梅州市人民政府	梅州市抗击新冠肺炎疫情先进个人	大埔县住房和城乡建设局局长
赖逢芬	2020 年 12 月	中共梅州市委、梅州市人民政府	梅州市抗击新冠肺炎疫情先进个人	大埔县交通运输局党组成员
肖高贤	2020 年 12 月	中共梅州市委、梅州市人民政府	梅州市抗击新冠肺炎疫情先进个人	大埔县科工商务局副局长
梁耀华	2020 年 12 月	中共梅州市委、梅州市人民政府	梅州市抗击新冠肺炎疫情先进个人	大埔县市场监督管理局副局长
黄伟胜	2020 年 12 月	中共梅州市委、梅州市人民政府	梅州市抗击新冠肺炎疫情先进个人	大埔县政协副主席、大埔县人民医院院长
丘国城	2020 年 12 月	中共梅州市委、梅州市人民政府	梅州市抗击新冠肺炎疫情先进个人	大埔县卫生健康局党组成员
谢维泰	2020 年 12 月	中共梅州市委、梅州市人民政府	梅州市抗击新冠肺炎疫情先进个人	大埔县妇幼保健院党委委员
连国栋	2020 年 12 月	中共梅州市委、梅州市人民政府	梅州市抗击新冠肺炎疫情先进个人	大埔县茶阳卫生院院长
钟　宇	2020 年 12 月	中共梅州市委、梅州市人民政府	梅州市抗击新冠肺炎疫情先进个人	大埔县湖寮卫生院副院长
罗庆晖	2020 年 12 月	中共梅州市委、梅州市人民政府	梅州市抗击新冠肺炎疫情先进个人	大埔县疾病预防控制中心免疫规划室主任
邱创衡	2020 年 12 月	中共梅州市委、梅州市人民政府	梅州市抗击新冠肺炎疫情先进个人	大埔县人民医院内三科主任
赖燕萍	2020 年 12 月	中共梅州市委、梅州市人民政府	梅州市抗击新冠肺炎疫情先进个人	大埔县人民医院普外科副护长

续表 35

姓　名	授称时间	授予单位	荣誉称号	所在单位及职务
邹益香	2020 年 12 月	中共梅州市委、梅州市人民政府	梅州市抗击新冠肺炎疫情先进个人	大埔县人民医院呼吸与危重症医学科副护长
丘旺华	2020 年 12 月	中共梅州市委、梅州市人民政府	梅州市抗击新冠肺炎疫情先进个人	大埔县中医医院医生
谢维泰	2020 年 12 月	中共梅州市委	梅州市抗疫优秀共产党员	大埔县妇幼保健院党委委员
连国栋	2020 年 12 月	中共梅州市委	梅州市抗疫优秀共产党员	大埔县茶阳卫生院院长
黄森昌	2020 年 12 月	中共梅州市委、梅州市人民政府	梅州市劳动模范	大埔县人民医院呼吸与危重症医学科副主任
刘流生	2020 年 7 月	中共梅州市委、梅州市人民政府	2019 年度梅州市安保维稳工作先进个人	大埔县信访局局长
洪旸锦	2020 年 12 月	中共梅州市委、梅州市人民政府	梅州市劳动模范	大埔供电局副总经理
李琦	2020 年 12 月	中共梅州市委、梅州市人民政府	梅州市劳动模范	广东粤电青溪发电有限责任公司生产经营部部长助理
郑春桃	2020 年 12 月	中共梅州市委、梅州市人民政府	梅州市劳动模范	禾肚里（梅州）生态农业科技发展有限公司董事长
郭　锐	2020 年 12 月	中共梅州市委、梅州市人民政府	梅州市劳动模范	广东裕丰陶瓷股份有限公司工程技术研究开发中心研发员
何政文	2020 年 7 月	中共梅州市委、梅州市人民政府	2019 年度梅州市安保维稳工作先进个人	湖寮镇党委书记
肖震欣	2020 年 7 月	中共梅州市委、梅州市人民政府	2019 年度梅州市安保维稳工作先进个人	大埔县公安局网络警察大队大队长

县级先进集体、先进个人名录

大埔县人民政府文件

埔府〔2020〕82号

大埔县人民政府关于表彰2019—2020学年度教书育人先进教师和扎根山区优秀教师的决定

各镇人民政府，丰溪林场，县有关单位：

2019—2020学年，全县广大教育工作者以习近平新时代中国特色社会主义思想为指导，积极实施县委“生态立县、实业富县、文旅兴县”发展思路，围绕“办强虎山中学、办大家炳职校、办特一批学校、办优初中教育”的工作目标，以提高教育教学质量为中心，深入实施素质教育，刻苦钻研，勤勤恳恳，任劳任怨，无私奉献，取得了显著的成绩，涌现出一批优秀教师。为表彰先进，树立榜样，县政府决定对虎山中学刘海象等100名教书育人先进教师、三河镇中心小学童维进等10名扎根山区优秀教师予以表彰。希望受表彰的教师发扬成绩，戒骄戒躁，再创佳绩。全县广大教师要向先进教师学习，学习他们热爱教育事业，勇于开拓进取的无私奉献精神，为全面推进我县教育事业均衡健康协调发展作出更大的贡献。

附件：1.大埔县2019—2020学年度教书育人先进教师名单

2.大埔县2019—2020学年度扎根山区优秀教师名单

大埔县人民政府

2020年9月7日

大埔县2019—2020学年度教书育人先进教师名单

虎山中学　刘海象　林志霞　张祥在　苏伟军　田婷娟　张占村
田家炳实验中学　李俊妮　曹庆旗　郭学宁　林坤珊　黄纯玉　刘伟淼
家炳第一中学　周秀芳　廖伟佳　刘维维　陈炳生　李永林
进光中学　谭华莲
大埔中学　张昭能　谢文辉
大麻中学　林国能　郭思丹
百侯中学　温华轩　许丽君
高陂中学　徐陕西　李冬凤
田家炳高级职业学校　张伟滔　廖志红
教师发展中心　曾繁昌
华侨第二中学　杨奕琴　吴八香
湖山中学　丘春梅　严　红
石云中学　赖旭晃
广德中学　张巧文
枫朗镇双溪学校　陈淑彬　邓梅金
大东镇实验学校　郭秋林　邱文杰
高陂镇平原学校　王君苑
家炳第二中学　吴良忠
家炳第五中学　黎远军
桃源中学　杨　娟
古埜中学　蔡远珍
洲瑞镇实验学校　蔡喜玲　刘千祥
家炳第八中学　杨志章
大麻镇英雅家炳学校　赖福平
三河中学　黄晓辉
三河镇梓里学校　刘育梅
青溪镇实验学校　朱巧花　张　玉
埔北中学　饶演兴
西河中学　李丽霞
西河镇横溪学校　汪素兰
湖寮镇中心小学　黄晓威
百侯镇中心小学　张广粦　杨继东

枫朗镇中心小学　杨子明　钟淑静　黄惠君
高陂镇中心小学　张育财　张献谋　邱思滔　黄中航　刘姝燕
光德镇中心小学　黄晶晶　黄福琴
桃源镇中心小学　李裕良
银江镇中心小学　廖日锋　黄　丽
大麻镇中心小学　丘启诚　肖巧连　余志琳
三河镇中心小学　黄敏林
茶阳镇中心小学　饶小丽　张秋丽　吴婷婷　邹均琳
西河镇中心小学　钟云珍
张云栽实验小学　廖永清　谢奕燕　连斯姜
大埔小学　李宇萍　赖惠琼　蓝　义
田家炳小学　吴柳丽　曹丽平　罗伟娟
大埔第二小学　张丽娜　黄绍庆　蓝满华
城东实验学校　赖淑平 刘禹满　罗意娟
直属机关幼儿园　杨惠敏
田家炳实验幼儿园　温玉玲
龙岗而芝幼儿园　饶丽琼
第二实验幼儿园　陈小辉
特殊教育学校　杨意发

大埔县 2019—2020 学年度扎根山区优秀教师名单

三河镇中心小学　童维进
大麻镇中心小学　郭金盛
枫朗镇中心小学　罗伟东
三河镇梓里学校　范建宁
银江镇中心小学　廖苑珍
光德镇中心小学　林爱花
百侯镇中心小学　杨劲祥
高陂镇中心小学　余进添
桃源镇中心小学　陈运才
大麻镇英雅家炳学校　黄娟玲

大埔县人民政府办公室　　2020 年 9 月 8 日印发

市级及以上获奖成果名录

国家级获奖成果一览表

表 36

单位（姓名）	授称时间	授予单位	荣誉称号	成果内容	所在单位及职务
广东省大埔陶研所	2020年12月	国家知识产权局	实用新型专利	一种陶瓷生产用的旋转装置	
李家谊	2020年8月	中国人生科学学会语言教育专业委员会全国语文教育研究中心全国中学语文教师教学基本功大赛组织委员会	在第九届全国初中语文教师基本功大赛优秀课例评比中，获优秀课例评比一等奖	优秀课例	大埔县平原学校教师
大埔县广东汉剧传承保护中心	2020年10月	中国民间文艺家协会民间戏曲艺术委员会、全国民间文艺展演组委会	获优秀节目	广东汉剧折子戏《巡营》	
郑永华	2020年10月	中国民间文艺家协会民间戏曲艺术委员会、全国民间文艺展演组委会	庆祝深圳经济特区成立40周年——全国民间文艺（说唱、小戏、小品、音舞）云端展演“深圳专场”活动中获优秀导演	广东汉剧折子戏《巡营》	大埔县广东汉剧传承保护中心主任
赖焱超	2020年10月	中国民间文艺家协会民间戏曲艺术委员会、全国民间文艺展演组委会	庆祝深圳经济特区成立40周年——全国民间文艺（说唱、小戏、小品、音舞）云端展演“深圳专场”活动中获优秀演员	广东汉剧折子戏《巡营》	大埔县广东汉剧传承保护中心干部
侯欢帝	2020年12月	中国田汉研究会、中国戏曲红梅荟萃组委会	在“2020深圳市青年戏剧月·中国戏曲红梅荟萃”演出中获“中国戏曲红梅银花”称号	广东汉剧折子戏《复勘》选段	大埔县广东汉剧传承保护中心实习生

续表 36

单位（姓名）	授称时间	授予单位	荣誉称号	成果内容	所在单位及职务
邓锦栋	2020年11月	中国陶瓷工业协会	第五届全国生肖“中国牛”陶瓷设计创作大赛金奖	中国青花金牛	大埔县发源发展有限公司总经理
罗学勤					大埔县发源发展有限公司设计师
李江亮					大埔县发源发展有限公司设计师
李金星	2020年11月	中国陶瓷工业协会	第五届全国生肖“中国牛”陶瓷设计创作大赛银奖	紫气东来	广东晖祥陶瓷有限公司设计师
朱建欢	2020年11月	中国陶瓷工业协会	第五届全国生肖“中国牛”陶瓷设计创作大赛创新设计奖	牛气冲天（手拉瓶）	广东富大陶瓷文化发展股份有限公司设计师
罗放荣					广东富大陶瓷文化发展股份有限公司设计师
李金星	2020年11月	中国陶瓷工业协会	第九届“大地奖”中国陶瓷创新与设计大赛特等奖	芭蕉仕女图	广东晖祥陶瓷有限公司设计师
邓诗敬	2020年11月	中国陶瓷工业协会	第九届“大地奖”中国陶瓷创新与设计大赛金奖	丹麦童话系列餐具	广东吉玉陶瓷股份有限公司技术中心主任
邓俊兴	2020年11月	中国陶瓷工业协会	第九届“大地奖”中国陶瓷创新与设计大赛金奖	套/2葡萄酒杯	广东昌隆陶瓷股份有限公司总经理、设计主管
李金星	2020年11月	中国陶瓷工业协会	第九届“大地奖”中国陶瓷创新与设计大赛金奖	花鸟《瓶》	广东漳联陶瓷有限公司设计师

续表 36

单位（姓名）	授称时间	授予单位	荣誉称号	成果内容	所在单位及职务
黄建宏	2020年11月	中国陶瓷工业协会	第九届“大地奖”中国陶瓷创新与设计大赛金奖	18寸手绘青花骨质瓷灯笼瓶《山居图》	大埔县怡丰园实业有限公司总经理、广东省陶瓷艺术大师
朱建欢	2020年11月	中国陶瓷工业协会	第九届“大地奖”中国陶瓷创新与设计大赛金奖	松龄鹤寿（手拉瓶）	广东富大陶瓷文化发展股份有限公司设计师
罗放荣					广东富大陶瓷文化发展股份有限公司设计师
郭煜强	2020年11月	中国陶瓷工业协会	第九届“大地奖”中国陶瓷创新与设计大赛金奖	高温手绘青花瓷坛——《春》	梅州峰联陶瓷有限公司董事长
卢万坚					梅州峰联陶瓷有限公司设计师
李亮珠					梅州峰联陶瓷有限公司设计师
郭伟亮	2020年11月	中国陶瓷工业协会	第九届“大地奖”中国陶瓷创新与设计大赛金奖	《新时代·民居乐》聚宝盆	梅州市亮鑫源实业有限公司总经理、设计主管
林留声					梅州市亮鑫源实业有限公司设计师
郭福康	2020年11月	中国陶瓷工业协会	第九届“大地奖”中国陶瓷创新与设计大赛金奖	多彩三角	梅州市溪山陶瓷有限公司董事长、广东省陶瓷艺术大师

续表 36

单位（姓名）	授称时间	授予单位	荣誉称号	成果内容	所在单位及职务
黄月云	2020年11月	中国陶瓷工业协会	第九届“大地奖”中国陶瓷创新与设计大赛银奖	山村新风貌	大埔县高陂镇金云轩陶瓷工艺美术创作室设计师
李金星					大埔县高陂镇金云轩陶瓷工艺美术创作室设计师
李金星	2020年11月	中国陶瓷工业协会	第九届“大地奖”中国陶瓷创新与设计大赛银奖	丰乐亭诗意	广东晖祥陶瓷有限公司设计师
郭晓辉					广东晖祥陶瓷有限公司设计师
郭双凤	2020年11月	中国陶瓷工业协会	第九届“大地奖”中国陶瓷创新与设计大赛银奖	水墨蓝氲	大埔县宏达陶瓷工艺厂设计师
邓锦栋	2020年11月	中国陶瓷工业协会	第九届“大地奖”中国陶瓷创新与设计大赛银奖	中国青花陶瓷牛	大埔县发源发展有限公司总经理
郭晓川	2020年11月	中国陶瓷工业协会	第九届“大地奖”中国陶瓷创新与设计大赛银奖	花颜初妆	梅州市埔瓷文化科技有限公司设计师
张光辉	2020年11月	中国陶瓷工业协会	第九届“大地奖”中国陶瓷创新与设计大赛银奖	溪山春晓(手拉瓶)	广东富大陶瓷文化发展股份有限公司设计师
罗放荣					广东富大陶瓷文化发展股份有限公司设计师

续表 36

单位（姓名）	授称时间	授予单位	荣誉称号	成果内容	所在单位及职务
刘钦志	2020年11月	中国陶瓷工业协会	第九届“大地奖”中国陶瓷创新与设计大赛银奖	釉下青花挂盘《山水·咏柳》	广东省大埔陶瓷工业研究所正高级工艺美术师
陈国新	2020年11月	中国陶瓷工业协会	第九届“大地奖”中国陶瓷创新与设计大赛银奖	《提梁记》	梅州金源海陶瓷发展有限公司设计师
郭伟亮	2020年11月	中国陶瓷工业协会	第九届“大地奖”中国陶瓷创新与设计大赛银奖	《幸福吉祥》对瓶	梅州市亮鑫源实业有限公司总经理、设计主管
吴似丹					梅州市亮鑫源实业有限公司设计师
范向隆	2020年11月	中国陶瓷工业协会	第九届“大地奖”中国陶瓷创新与设计大赛银奖	12寸西域风情花瓶	广东吉玉陶瓷股份有限公司首席工艺师
郭　豪	2020年11月	中国陶瓷工业协会	第九届“大地奖”中国陶瓷创新与设计大赛银奖	三足水仙盆——《流金岁月》	广东晏弘陶瓷股份有限公司经理
李奇良					广东晏弘陶瓷股份有限公司产品设计师
郭　欣					广东晏弘陶瓷股份有限公司厂长

省级获奖成果一览表

表 37

单位（姓名）	授称时间	授予单位	荣誉称号	成果内容	所在单位及职务
大埔县政协	2020 年 12 月	广东省政协	广东省政协“发挥人民政协专门协商机构作用”理论研讨会征文评选优秀奖	《谈基层政协协商民主制度化、规范化、程序化建设》	
房文博	2020 年 1 月	中共广东省委宣传部、“学习强国”广东学习平台	2019 年广东乡村微视频大赛二等奖	通过微视频展现大埔的秀美风光、深厚的人文底蕴	大埔县融媒体中心专题部主任
杨高伟					大埔县融媒体中心广告经营部职工
蓝建彬					大埔县融媒体中心总编辑
黄德志	2020 年 1 月	中共广东省委宣传部、“学习强国”广东学习平台	2019 年广东乡村微视频大赛三等奖	通过微视频展现大埔美丽乡村建设成效	大埔县融媒体中心专题部职工
杨高伟					大埔县融媒体中心广告经营部职工
张 媚					大埔县融媒体中心专题部职工
张帮丽					大埔县融媒体中心新媒体部副主任

续表 37

单位（姓名）	授称时间	授予单位	荣誉称号	成果内容	所在单位及职务
黄伟平	2020 年 1 月	中共广东省委宣传部、“学习强国”广东学习平台	2019 年广东乡村微视频大赛三等奖	通过微视频宣传推荐大埔世界长寿乡	大埔县融媒体中心主任（台长）
房文博					大埔县融媒体中心专题部主任
张晓鑫					大埔县融媒体中心专题部副主任
大埔县气象局	2020 年 9 月	广西壮族自治区气象局、中国气象报社	第二届全国气象短视频（广西赛区）创作大赛优秀奖	《气象行业的小小“螺丝钉”》	
陈　炜	2020 年 12 月	广东省人民检察院	第二届精品分析评选活动“优秀分析”	《大埔县人民检察院刑事“案件比”评价指标运行现状分析研判报告》	大埔县人民检察院五级检察官助理
刘怡玲	2020 年 12 月	广东省人民检察院	2020 年广东检察公益诉讼优秀理论成果	《英烈保护民事公益诉讼检察实践问题研究》	大埔县人民检察院第二检察部主任
张　惠					大埔县人民检察院五级检察官助理
余增昌	2020 年 9 月	广东省残疾人联合会	第八届广东省残疾人美术作品大赛绘画类一等奖	《家乡的风景》	洲瑞镇田背村村民
钟骐阳	2020 年 10 月	广东省残疾人联合会	“2020 年南粤扶残艺海有爱”第三届盲人声乐大赛美声民族三等奖	《青花的故乡》	桃源镇桃星村村民
刘钦志	2020 年 9 月	广东省工艺美术协会	2020 年广东省工艺美术精品展“岭南工匠杯”金奖	24 寸大身梅瓶釉下青花人物《妙舞清歌》	广东省大埔陶研所正高级工艺美术师

续表 37

单位（姓名）	授称时间	授予单位	荣誉称号	成果内容	所在单位及职务
游茂育	2020 年 9 月	广东省工艺美术协会	2020 年广东省工艺美术精品展“岭南工匠杯”银奖	11 寸直身灯笼瓶《富水长流》	广东省大埔陶研所工艺美术师
罗循永	2020 年 9 月	广东省工艺美术协会	2020 年广东省工艺美术精品展“岭南工匠杯”银奖	13 寸挂盘《水乐年华》	广东省大埔陶研所工艺美术师
游茂育	2020 年 11 月	广东省工艺美术协会	第十二届广东省陶瓷艺术精品展银奖	25 寸青花萝卜瓶《源远流长》	广东省大埔陶研所工艺美术师
罗循永	2020 年 11 月	广东省工艺美术协会	第十二届广东省陶瓷艺术精品展银奖	14 寸青花玉兰瓶《富贵荣华到白头》	广东省大埔陶研所工艺美术师
大埔海事处	2020 年 11 月	广东海事局	广东海事局公务船艇管用养修优秀视频案例	公务船艇“海巡 09743”管用养修视频案例	
大埔县地方志办公室	2020 年 9 月	广东省地方志办公室	2020 年全省年鉴质量评价二等年鉴	《大埔年鉴 2019》	
枫朗镇大埔角村	2020 年 6 月	广东省民政厅	第三批优秀村规民约和居民公约汇编	枫朗镇大埔角村村规民约	
刘绍武	2020 年 5 月	广东教育学会	广东省中学生物教学设计与教学论文评选二等奖	广东省中学生物教学设计与教学论文评选	大埔县虎山中学教师
邓文秀	2020 年 5 月	广东教育学会	广东省中学生物教学设计与教学论文评选二等奖	广东省中学生物教学设计与教学论文评选	大埔县虎山中学教师
张伟荣	2020 年 6 月	广东省教育厅中学数学专业委员会	广东省首届高考数学疑难问题教学设计二等奖	广东省首届高考数学疑难问题教学设计	大埔县虎山中学教师
张梅荣	2020 年 6 月	广东省教育厅中学数学专业委员会	广东省首届高考数学疑难问题教学设计二等奖	广东省首届高考数学疑难问题教学设计	大埔县虎山中学教师

续表 37

单位（姓名）	授称时间	授予单位	荣誉称号	成果内容	所在单位及职务
罗华伟	2020 年 6 月	广东省教育厅中学数学专业委员会	广东省首届高考数学疑难问题教学设计二等奖	广东省首届高考数学疑难问题教学设计	大埔县虎山中学教师
黄志相	2020 年 6 月	广东省教育厅中学数学专业委员会	广东省第二届中考疑难问题教学设计一等奖	广东省第二届中考疑难问题教学设计	大埔县华侨二中教师
肖永凡	2020 年 6 月	广东省教育厅中学数学专业委员会	广东省第二届中考疑难问题教学设计二等奖	广东省第二届中考疑难问题教学设计	大埔县家炳一中教师
陈权锋	2020 年 6 月	广东省教育厅中学数学专业委员会	广东省第二届中考疑难问题教学设计二等奖	广东省第二届中考疑难问题教学设计	大埔县古埜中学教师
葛悦发	2020 年 6 月	广东省教育厅中学数学专业委员会	广东省第二届中考疑难问题教学设计二等奖	广东省第二届中考疑难问题教学设计	大埔县大埔中学教师
郭贤框	2020 年 6 月	广东省教育厅中学数学专业委员会	广东省第二届中考疑难问题教学设计二等奖	广东省第二届中考疑难问题教学设计	大埔县湖山中学教师
丘祎慧	2020 年 8 月	广东教育学会	广东省第十届小学数学教师说课评选一等奖	广东省第十届小学数学教师说课评选	大埔县张云栽实验小学教师
陈世杏	2020 年 12 月	广东省中小学教育学会	广东省“一师一优课”教研成果获一等奖	《果酒和果醋的制作》教案设计	大埔县虎山中学教师
刘绍武	2020 年 11 月	广东省教育研究院	广东省中小学项目式学习案例评选三等奖	《腐乳制作》	大埔县虎山中学教师
黄碧琴	2020 年 11 月	广东省教育学会	广东省中学生物教学质量三等奖	教学论文与教学能力比赛	大埔县古埜中学教师
陈妙思	2020 年 12 月	广东省教育研究院	广东省中小学 3A 课堂教学范式资源征集优秀课例	广东省中小学 3A 课堂教学范式资源征集及活动展示	大埔县张云栽实验小学教师
林宝华	2020 年 11 月	广东教育学会	2020 年广东省中小学教育论文征文评选二等奖	2020 年广东省中小学英语教育论文征文评选	大埔县张云栽实验小学教师

续表 37

单位（姓名）	授称时间	授予单位	荣誉称号	成果内容	所在单位及职务
房德花	2020 年 11 月	广东教育学会	2020 年广东省中小学教育论文征文评选二等奖	2020 年广东省中小学英语教育论文征文评选	大埔县城东实验学校教师
罗小娥	2020 年 11 月	广东教育学会	2020 年广东省中小学教育论文征文评选三等奖	2020 年广东省中小学英语教育论文征文评选	大埔县百侯中小教师
张金娣	2020 年 11 月	广东教育学会	2020 年广东省中小学教育论文征文评选三等奖	2020 年广东省中小学英语教育论文征文评选	大埔县茶阳古村小学教师
肖　蔻	2020 年 11 月	广东教育学会	2020 年广东省中小学教育论文征文评选三等奖	2020 年广东省中小学英语教育论文征文评选	大埔县张云栽实验小学教师
陈秀清	2020 年 11 月	广东教育学会	2020 年广东省中小学教育论文征文评选三等奖	2020 年广东省中小学英语教育论文征文评选	大埔县张云栽实验小学教师
廖小丽	2020 年 11 月	广东教育学会	2020 年广东省中小学教育论文征文评选三等奖	2020 年广东省中小学英语教育论文征文评选	大埔县张云栽实验小学教师
黄静敏	2020 年 11 月	广东教育学会	2020 年广东省中小学教育论文征文评选三等奖	2020 年广东省中小学英语教育论文征文评选	大埔县大东实验学校教师
冯利婷	2020 年 11 月	广东教育学会	2020 年广东省中小学教育论文征文评选三等奖	2020 年广东省中小学英语教育论文征文评选	大埔县银江中小教师
刘群星	2020 年 11 月	广东教育学会	2020 年广东省中小学教育论文征文评选三等奖	2020 年广东省中小学英语教育论文征文评选	大埔县银江中小教师
罗秀霞	2020 年 9 月	广东教育学会	优秀教学录像课评比一等奖	广东省教学录像课评比活动	大埔县教师发展中心教师
李宇萍	2020 年 9 月	广东教育学会	优秀教学录像课评比一等奖	广东省教学录像课评比活动	大埔县大埔小学教师
杨　贤	2020 年 9 月	广东教育学会	优秀教学录像课评比一等奖	广东省教学录像课评比活动	大埔县大埔小学教师

续表 37

单位（姓名）	授称时间	授予单位	荣誉称号	成果内容	所在单位及职务
赖秀香	2020 年 9 月	广东教育学会	优秀教学录像课评比一等奖	广东省教学录像课评比活动	大埔县张云栽实验小学教师
罗秀琴	2020 年 9 月	广东教育学会	优秀教学论文评比二等奖	广东省优秀论文评比活动	大埔县大埔小学教师
廖艳梅	2020 年 9 月	广东教育学会	优秀教学论文评比三等奖	广东省优秀论文评比活动	大埔县张云栽实验小学教师
林友琴	2020 年 9 月	广东教育学会	优秀教学论文评比三等奖	广东省优秀论文评比活动	大埔县城东实验学校教师
江海燕	2020 年 9 月	广东教育学会	优秀教学论文评比三等奖	广东省优秀论文评比活动	大埔县大埔第二小学教师
罗秀霞	2020 年 9 月	广东教育学会	优秀教学设计评比二等奖	广东省优秀教学设计评比活动	大埔县教师发展中心教师
李宇萍	2020 年 9 月	广东教育学会	优秀教学设计评比二等奖	广东省优秀教学设计评比活动	大埔县大埔小学教师
刘春芳	2020 年 9 月	广东教育学会	优秀教学设计评比二等奖	广东省优秀教学设计评比活动	大埔县城东实验学校教师
刘思娜	2020 年 9 月	广东教育学会	优秀教学设计评比三等奖	广东省优秀教学设计评比活动	大埔县张云栽实验小学教师
陈清云	2020 年 9 月	广东教育学会	优秀教学设计评比三等奖	广东省优秀教学设计评比活动	大埔县张云栽实验小学教师
张琼林	2020 年 12 月	广东教育学会中学数学教学专业委员会	2020 年广东省中学青年教师数学问题讲授核心片段展示评比二等奖	数学问题讲授核心片段展示	大埔县虎山中学教师

续表 37

单位（姓名）	授称时间	授予单位	荣誉称号	成果内容	所在单位及职务
刘钢发	2020 年 12 月	广东教育学会中学数学教学专业委员会	2020 年广东省中学青年教师数学问题讲授核心片段展示评比二等奖	数学问题讲授核心片段展示	大埔县实验中学教师
饶素香	2020 年 9 月	广东省中小学教育学会	第三届青年教师教学素养比赛二等奖	《以生为本，培养学生自主学习的能力》论文	大埔县大埔小学教师
赖志惠等教师	2020 年 11 月	广东省教育研究院	广东省中小学项目式学习案例征集评选活动获“优秀案例”三等奖	广东省中小学项目式学习案例征集评选活动	大埔县西河镇中心小学教师
大埔县文化馆	2020 年 11 月	广东省文化和旅游厅	2020 广东省群众艺术花会（音乐舞蹈）铜奖	《水打禾头花花开》	
大埔县文化馆	2020 年 11 月	广东省文化和旅游厅	广东省文化和旅游志愿服务优秀项目	大埔县群众文化品牌——百姓舞台大家乐	
大埔县广东汉剧传承保护中心	2020 年 12 月	广东省文化和旅游厅	二等奖	音乐剧《血色三河》	
大埔县广东汉剧传承保护中心	2020 年 12 月	广东省戏剧家协会	优秀奖	小品《越来越好》	
罗亦欢	2020 年 7 月	广东省文化和旅游厅	广东省群众文艺作品评选省二等奖	《啊，客家女》	大埔县退休干部
皇甫彩虹					中国词作者
廖强华					大埔县文广旅体局股长

市级获奖成果一览表

表 38

单位	授称时间	授予单位	荣誉称号	成果内容
高陂镇古田村	2020 年 3 月	梅州市人民政府	第七批梅州市文物保护单位	武颂庐
茶阳镇街道	2020 年 3 月	梅州市人民政府	第七批梅州市文物保护单位	椿森第
湖寮镇岭下村	2020 年 3 月	梅州市人民政府	第七批梅州市文物保护单位	江东小筑
三河镇梓里村	2020 年 3 月	梅州市人民政府	第七批梅州市文物保护单位	杰庐
银江镇胜坑村	2020 年 3 月	梅州市人民政府	第七批梅州市文物保护单位	粤东地委机关旧址胜坑爱庐居
茶阳镇茅坪村	2020 年 3 月	梅州市人民政府	第七批梅州市文物保护单位	埔北区苏维埃政府旧址高乾昭稳堂
茶阳镇街道	2020 年 3 月	梅州市人民政府	第七批梅州市文物保护单位	大埔县工农革命政府公安局旧址

主 题 索 引

索引说明：

一、本索引采用主题分析方法，款目按汉语拼音字母（同音字按声调）顺序排列。

二、文中的类目题、分目题用黑体排版，其余用宋体排版。表格在其款目后注明“表”。

三、索引款目后的数字表示内容所在的页码，数字后面的拉丁字母（a、b）表示栏别（即版面的左右栏）。

四、同一主题的内容在文中多次出现的，在其款目后用不同的页码标明。

五、本索引对“特辑”“大事记”“人物”“附录”等篇不做内容主题分析。

A

B

C

E

F

G

H

J

M

N

P

Q

R

S

T

W

X

Y

Z